# REGISTRE CRIMINEL

# DU CHATELET

## DE PARIS

# REGISTRE CRIMINEL

# DU CHATELET

## DE PARIS

DU 6 SEPTEMBRE 1389 AU 18 MAI 1392

PUBLIÉ POUR LA PREMIERE FOIS

PAR LA SOCIETÉ DES BIBLIOPHILES FRANÇOIS

## TOME PREMIER

## A PARIS

IMPRIMÉ PAR CH. LAHURE

AVEC LES CARACTERES DE LA SOCIETÉ DES BIBLIOPHILES FRANÇOIS

M DCCC LXI

Pendant l'impreſſion de cet ouvrage la compoſition de la Société a ſubi les changements ſuivants :

M. le Comte de LA BÉDOYÈRE & M. BERIAH BOTFIELD ſont décédés, ce dernier membre laiſſant à la Société une ſomme de vingt & une livres ſterling.

M. Benjamin DELESSERT, Mme Gabriel DELESSERT, M. le Baron ERNOUF & M. le Baron FEUILLET de CONCHES ont donné leur démiſſion.

Ils ont été remplacés par M. le Vicomte de BEAUCHESNE, M. Octave de BÉHAGUE, M. le Comte Clément de RIS, Mme la Comteſſe de LA FERRONAYS, M. le Prince Augustin GALITZIN & M. Gabriel de BRAY.

Les exemplaires de MM. de LA BÉDOYÈRE, Benjamin DELESSERT & ERNOUF ſont devenus ceux de MM. de BEHAGUE, GALITZIN & de BEAUCHESNE.

Cette édition du *Regiſtre criminel du Châtelet de Paris* a été imprimée aux frais & avec les caractères de la Société des Bibliophiles françois, & tirée à *trois cent ſoixante exemplaires*, dont *trente*, in-4°, ſur papier de Hollande, & *trente*, in-8°, ſur papier ordinaire, pour les membres de la Société. Quand ce livre fut imprimé, les membres de la Société des Bibliophiles étoient :

I. — 1820. — M. le Comte ÉDOUARD DE CHABROL, ancien Maître des requêtes au Conſeil d'État.

II. — 1829, 16 mars. — M. le Comte DE LA BÉDOYÈRE, ancien Colonel de cavalerie.

III. — 1843, 5 avril. — M. le Baron JÉRÔME PICHON, *Préſident.*

IV. — 1844, 25 décembre. — M. YÉMENIZ.

V. — 1845, 26 mars. — M. le Baron DUNOYER DE NOIRMONT, ancien Maître des requêtes au Conſeil d'État.

VI. — 1846, 20 mai. — M. le Comte LANJUINAIS.

VII. — 1846, 20 mai. — M. ERNEST DE SERMIZELLES.

VIII. — 1846, 3 juin. — M. LE ROUX DE LINCY, *Secrétaire.*

IX. — 1846, 3 juin. — M. BENJAMIN DELESSERT.

X. — 1846, 22 juiilet. — Madame Gabriel DELESSERT.

XI. — 1847, 13 janvier. — M. le Baron ERNOUF.

XII. — 1847, 27 janvier. — M. Prosper MÉRIMÉE, Membre du Sénat, de l'Académie françoise & de celle des Infcriptions, Infpecteur des Monuments hiftoriques.

XIII. — 1849, 21 février. — M. GRANGIER de LA MARINIÈRE.

XIV. — 1849, 21 février. — M. le Comte FOY.

XV. — 1851, 28 mai. — M. Raoul de LIGNEROLLES.

XVI. — 1851, 24 décembre. — M. le Comte Henry de CHAPONAY.

XVII. — 1852, 14 janvier. — M. DURIEZ de VERNINAC, attaché d'ambaffade.

XVIII. — 1852, 14 janvier. — M. le Comte Georges de SOULTRAIT.

XIX. — 1852, 26 mai. — Madame STANDISH, née NOAILLES.

XX. — 1852, 15 décembre. — M. le Baron Fréd. de JANZÉ, *Tréforier*.

XXI. — 1854, 11 janvier. — M. le Marquis de BÉRENGER.

XXII. — 1856, 29 janvier. — M. Prosper BLANCHEMAIN.

XXIII. — 1856, 12 mars. — M. Paulin PARIS, Membre de l'Académie des Infcriptions, Profeffeur au Collége de France, &c.

XXIV. — 1858, 24 mars. — M. Charles SCHEFER.
premier Secrétaire interprète de l'Empereur.


## MEMBRES ADJOINTS ET ASSOCIÉS ÉTRANGERS.

I. — 1821. — M. le Prince Alexandre LABANOFF.
A. E.

II. — 1855, 23 janvier. — M. BERIAH BOTFIELD.
de Norton-Hall (Daventry), ancien Membre du Parlement, Membre de la Société Philobiblon de Londres
& du Roxburghe-Club. A. E.

III. — 1858, 12 mai. — M. Ambroise-Firmin DIDOT.
Membre du Conseil général de la Seine. M. A.

IV. — 1860, 11 janvier.—M. Marcellin de FRESNE.
M. A.

V. — 1860, 11 janvier. — M. le Baron FEUILLET de
CONCHES, Introducteur des ambassadeurs. M. A.


## MEMBRES CORRESPONDANTS.

La Société des Bibliophiles belges.
La Société Philobiblon de Londres.

# OBSERVATIONS

## PRÉLIMINAIRES.

CHARGÉ par la Société des Bibliophiles françois de publier l'ancien Regiſtre criminel du Châtelet, dont nous préſentons aujourd'hui le premier volume, nous devons dire en quelques mots comment nous avons pu connoître ce précieux document.

Amené, par quelques recherches ſur les métiers de Paris, à conſulter les regiſtres des bannières du Châtelet, qui, comme chacun ſait, renferment un grand nombre de ſtatuts & d'ordonnances ſur les anciennes corporations, nous avons eu l'occaſion de conſtater combien les archives du Châtelet étoient incomplètes.

M. le comte Arthur Beugnot, qui a publié (1) une liſte détaillée des regiſtres des bannières, après avoir ſignalé de regrettables lacunes dans ces liſtes, donnoit le premier les indications ſuivantes ſur un ancien regiſtre du Châtelet : « On aſſure qu'il exiſte à la bibliothèque Mazarine un

_____

(1) *Olim*, t. III, p. 1512-1513.

des regiſtres du Chàtelet, qui ſemble être un des plus anciens; mais les conſervateurs de cette bibliothèque en ont perdu la trace, ou craignent, en le communiquant, d'exciter les réclamations du garde des Archives du royaume (1) ».

Guidé par cette indication, & plus heureux que M. le comte Arthur Beugnot, nous avons pu prendre connoiſſance du manuſcrit de la bibliothèque Mazarine, & nous convaincre de ſon importance au double point de vue hiſtorique & judiciaire.

Ce curieux document ne devoit pas demeurer longtemps inconnu; il a été cité par M. Ch. de Beaurepaire, élève de l'Ecole des Chartes, dans ſon *Eſſai ſur l'aſile religieux dans l'Empire romain & la monarchie françoiſe* (2); mais nous ne croyons pas qu'il ait été conſulté par aucun des nombreux ſavants qui ſe ſont occupés de l'hiſtoire de Paris. Ils y auroient certainement trouvé les détails les plus intéreſſants & les plus précis ſur l'état des mœurs & ſur l'aſpect de la ville au XIVᵉ ſiècle.

Notre Regiſtre ne paroit pas davantage avoir été connu des auteurs qui ont écrit ſur cette époque de l'hiſtoire de France. Avec la connoiſſance d'un grand nombre de faits particu-

---

(1) *Olim*, t. III, p. 1513.
(2) *Biblioth. de l'École des Chartes*, 3ᵉ ſérie, t. V, p. 345.

liers, il leur auroit fourni de curieufes révélations fur les grandes compagnies, & fur plufieurs
chefs de bandes qui vinrent terminer une vie
triftement célèbre dans les fupplices réfervés aux
plus obfcurs coupables.

Enfin, au point de vue de l'ancienne procédure du Châtelet, les auteurs qui ont traité de
notre droit criminel auroient pu tirer de l'étude
de ce document les renféignements les plus neufs
& les plus précieux fur la forme & l'exécution
des jugements en cette matière.

Ces quelques lignes fuffiront pour faire com-
prendre l'importance du recueil de procès criminels que nous livrons au public, & nous nous
en tiendrons à ce fimple expofé, pour ne point
empiéter fur les confidérations développées dans
l'Introduction qui doit accompagner cette repro-
duction textuelle.

Un mot maintenant fur la méthode adoptée
pour la publication du texte. Nous avons penfé
que le meilleur parti à prendre, c'étoit de fuivre
exactement l'orthographe du manufcrit que nous
avions fous les yeux. Le manufcrit étant unique,
il n'eût pas été fans danger d'y apporter le moindre changement, la moindre modification; nous
nous fommes donc contenté de fuppléer les
mots évidemment omis, en les plaçant entre
crochets [], & de propofer, foit en notes, foit

entre parenthèfes, la reftitution des mots qui ont paru être des erreurs du copifte. Il va fans dire qu'il n'a point été fait de fuppreffions, fi ce n'eft dans les cas, d'ailleurs affez rares, où des alinéas entiers fe répétoient textuellement, & alors ces fuppreffions ont été indiquées en notes, avec des renvois aux paffages identiques. Les autres notes placées au bas des pages ont été généralement confacrées à la difcuffion de faits hiftoriques, ou à quelques détails fur les per-fonnages dont les noms appeloient une mention fpéciale ou des détails circonftanciés.

H. D.-A.

# INTRODUCTION.

De tous les témoignages que nous pouvons invoquer pour connoître l'état d'un pays à une époque déterminée, les documents judiciaires font peut-être les plus intéreffants & les plus fûrs. Les chartes & les tranfactions particulières peuvent nous révéler l'hiftoire de la propriété territoriale, fes modifications & fes mutations fucceffives : les chroniques confignent affurément des faits curieux pour l'hiftoire des mœurs, mais elles font le réfultat des informations perfonnelles d'un feul témoin affez rarement oculaire, dont l'exactitude & la fincérité ont toujours befoin d'un certain controle. Les procédures criminelles, au contraire, celles que le moyen âge nous a tranfmifes revêtues de tous les caractères d'authenticité défirables, nous préfentent des faits certains, en quelque forte légalifés; des récits dignes de toute confiance. C'eft donc là furtout qu'il faut aller chercher l'hiftoire des mœurs, & les plus fûrs moyens de nous initier à tous les fecrets de la vie privée de nos pères. Là fe retrouve l'hiftoire des générations paffées, de leurs ufages, de leurs conditions d'exiftence, de leurs fuperftitions & de leurs moyens de répreffion. Nous ne voulons point dire qu'on puiffe reconftituer l'hiftoire avec les plumitifs des tribunaux, avec les procès-verbaux des exécutions judiciaires; nous conftatons feulement que les documents judiciaires attribuent aux faits

relatés dans d'autres écrits un caractère de certitude &
de vérité qu'on chercheroit vainement ailleurs. On n'a
point encore recueilli tous les textes qui pourroient nous
retracer cette hiftoire intime du xive fiècle fi fouvent
& fi profondément remué par la guerre & par les dif-
cordes civiles. Mais nous avons eu le bonheur de ren-
contrer un de ces importants documents, forte de
gazette des tribunaux de trois années de la fin du
xive fiècle (1389-1392); & c'eft là ce que nous offrons
aujourd'hui à l'attention de tous les amis de notre hiftoire, fous les aufpices de la Société des Bibliophiles
françois.

Difons d'abord quelques mots du manufcrit que nous
publions : c'eft un regiftre in-fol. maximo écrit fur papier de coton à la fin du xive fiècle, & revêtu d'une re-
liure en parchemin qui paroît dater du fiècle dernier (1).
Compofé de 284 feuillets qui tout récemment ont reçu
une pagination régulière, il renferme 107 procès criminels inftruits par les juges du Châtelet, du lundi 6 feptembre 1389 au famedi 18 mai 1392. L'écriture eft, à
n'en pas douter, de la même époque que le texte du
manufcrit, bien qu'on y reconnoiffe l'œuvre de plufieurs
copiftes. Mais ces variations d'écriture ne portent aucun
préjudice à l'authenticité du manufcrit, puifque la rédaction en eft uniforme, qu'elle a été faite fous les yeux ou
fous la dictée du clerc criminel, & que chacun des procès
eft revêtu de fa fignature. Un manufcrit de cette efpèce
ne comportoit pas d'ornements; cependant le caprice ou

---

(1) Il eft confervé à la Bibliothèque Mazarine, où il eft coté $\frac{J}{480}$
A.

On lit au dos : PROCEZ DES CRIMINELZ AMENEZ AU CHATELET EN 1389.

la fantaifie des copiftes y a introduit çà & là quelques
lettres ornées affectant des figures de poiffons ou fur-
chargées de quelques figures d'hommes ou de femmes
aux profils grimaçants dans le goût de l'époque.

Notre regiftre donne, fur chaque affaire, des procès-
verbaux détaillés contenant l'inftruction, les interrogatoires des accufés & les jugements rendus. L'expofé
de chaque affaire, avec les dépofitions des témoins,
& l'arrêt de condamnation', fuivi du compte rendu de
l'exécution, occupe environ trois ou quatre pages du
manufcrit.

Les procès, avons-nous dit, font tous fignés de la
main d'Aleaume Cachemarée, clerc criminel de la prévôté de Paris : nous rapporterons ici tout ce que nous
avons pu recueillir fur la vie de ce grave perfonnage. Il
étoit, felon certaines apparences, d'origine normande : une
quittance, datée du lundi d'avant l'Affomption de 1361,
nous montre un Jean Aubery, dit Cachemarée, receveur
des profits & émoluments appartenant à la clôture et en-
forcement de la ville de Monftiervilliers (1). Elle dé-
charge Guillaume Truffebourc, commiffaire des impofi-
tions accordées au duc de Normandie en la vicomté de
Monftiervilliers, de la fomme de 1136 écus trois quarts
redus par lui fur preuves écrites & fournies (2). On ne
peut affirmer qu'Aleaume Cachemarée fût de la même
famille ; et, dans cette fuppofition affez invraifemblable,
fon nom de Cachemarée feroit une efpèce de furnom.
Nous l'avons rencontré pour la première fois dans une

---

(1) Montivilliers, arrondiffement du Havre (Seine-Inférieure).
(2) Bibliothèque impériale, collection Beaumarchais, *férie des quit-*
*tances.*

atteſtation datée du 20 février 1380-1, & donnée par le lieutenant général du bailliage de Caen (1). Cette pièce eſt ſignée de ſon nom, ſans aucune qualification; mais c'eſt apparemment comme clerc tabellion & garde du ſceau des obligations de la vicomté de Caen qu'il l'aura ſouſcrite, puiſque toutes les pièces de la même nature ſont ſignées d'ordinaire par celui qui les avoit libeliées (2). Deux autres quittances, l'une du dimanche 16 avril, l'autre du 13 mai 1385, nous le montrent pro-cureur du roi au bailliage de Caen & recevant pour ces fonctions 15 livres tournois de gages. La quittance du 16 avril eſt encore revêtue de ſon ſceau (3).

---

(1) Bibliothèque impériale, cab. des titres, 2e ſérie des originaux, doſſier de Sainte-Croix.

(2) On ne ſauroit dire combien de temps il poſſéda cet office, car on n'a plus retrouvé ſon nom dans les regiſtres du tabellionnage conſervés aux archives du Calvados. Le premier de ces regiſtres s'étend du mois de mai 1381 au 27 août 1383. C'eſt celui qui a été tenu par Aleaume Cachemarée, quoiqu'il ne porte pas l'indication du rédacteur. Le ſe-cond regiſtre eſt complet & porte le nom de Colin Du Vernay, le ſuc-ceſſeur préſumé de Cachemarée dans l'office de clerc tabellion. Nous devons ce renſeignement à M. E. Châtel, archiviſte du Calvados.

(3) Bibliothèque impériale, cabinet des titres, 1re ſérie des originaux. Nous donnons ici ce petit cachet que nous avons fait graver d'après le document où il ſe trouve appendu. Nous y joignons la ſignature de Cachemarée qui a été reproduite d'après un des feuillets de notre re-giſtre.

Cachet et ſignature d'Al. Cachemarée.

Les autres documents qui fe rapportent encore à notre Cachemarée ne manquent pas d'intérêt & nous révèlent au moins ce que pouvoit être au xive fiècle le procureur du roi d'un bailliage, furtout s'il étoit à la hauteur de fes fonctions.

Cette même année (1385), un navire de guerre anglois chargé de paffagers ayant échoué fur la côte de Lengronne (1), petite paroiffe du littoral, qui faifoit partie de la terre & juftice du roi, Yon, fire de Garencières, châtelain & capitaine des château & ville de Caen, & l'amiral de France, Jean de Vienne, revendiquèrent l'épave qui appartenoit de droit au roi. La caufe fut portée devant le parlement (2), & Aleaume Cachemarée, mandé à Paris pour défendre devant le grand confeil les droits du roi. On ne connoît pas les détails du procès. On fait feulement, par une pièce confervée à la Bibliothèque impériale (3), que fon voyage de Paris dura vingt-cinq jours, du 17 feptembre au 12 octobre, qu'il dut paffer encore trente-fix autres jours, du 18 octobre au 21 novembre, en voyages & en démarches, & que la chambre des comptes lui alloua, pour toute cette befogne, 46 livres 10 fols tournois, à raifon de 15 fols par jour ; ladite fomme comptée par le vicomte de Rouen.

Le 18 décembre fuivant, Aleaume Cachemarée part de nouveau de Caen pour fe rendre à Paris. Voici à

(1) Langrune-fur-Mer, canton de Douvres, arrondiffement de Caen (Calvados).

(2) On trouve dans un regiftre du parlement, fous la date du 2 janvier 1385-6, un mémoire ou plutòt un plaidoyer qui paroît fe rapporter à cette affaire. (*Confeil & plaidoiries*, Arch. de l'Emp. X, 1473, fol. 25 v°.)

(3) Cabinet des titres, 1re *férie des originaux*, cartons fupplémentaires.

quelle occafion : Un grand nombre d'édifices religieux
menaçoient ruine, & le haut clergé, c'eft-à-dire les cardinaux, poffeffeurs des principaux revenus eccléfiaftiques, refufoient d'en abandonner une partie pour leur
reftauration. L'attention du roi avoit été attirée fur ce
point & il avoit décidé que des commiffaires feroient
choifis, habiles & fidèles, accoutumés à vivre de peu,
& ne réclamant pour falaire que leurs frais de déplacement; on devoit les charger d'avifer à la fituation &
de triompher de la réfiftance & des chicanes des gens
d'affaires des cardinaux (1). Les règlements relatifs à
cette mefure furent promulgués le 6 octobre 1385 (2),
& Aleaume Cachemarée, l'un des commiffaires, venoit
pourfuivre devant le parlement de Paris l'exécution de
l'ordonnance royale. Il refta abfent de Caen du 18 décembre 1385 au 14 janvier 1385-6, & nous avons de
lui la quittance par laquelle il reconnoît avoir reçu de
Jehan Le Grant, vicomte de Caen, la fomme de 20 livres
tournois que la cour lui a allouée comme indemnité de
voyage pour les caufes contenues dans le mandement
publié à cette occafion par le bailli de Caen (3).

On le voit encore, dans le courant de février fuivant,

---

(1) *Chronique du religieux de Saint-Denis*, liv. VI, ch. 12, t. I, p. 401
de l'édit. donnée par M. Bellaguet.

(2) Ordonnance qui prefcrit au prévôt de Paris & aux baillis & fénéchaux ce qu'ils doivent faire pour mettre en bon état les biens dé-
pendants des bénéfices & pour mettre en fûreté les effets de fucceffion
des évêques & des autres bénéficiers. Paris, hôtel Saint-Paul, 6 octobre 1385. Un arrêt du parlement, donné le 16 février fuivant, enjoint
aux baillis & fénéchaux de faire obferver cette ordonnance. (*Ordonnances des rois de France*, t. VII, p. 133 & 134 & *Preuves des libertés de
l'Eglife gallicane*, t. II, 1re partie, p. 8-10.)

(3) Bibliothèque impériale, *collection Beaumarchais*, férie des quittances.

à Paris, fiégeant pendant huit jours au grand confeil & recevant 7 livres 10 fols tournois pour un déplacement de quinze jours, foit 10 fols tournois par jour, & cela, dit le mandat, pour certaines affaires du bailliage de Caen intéreffant le roi. Trois ans après, probablement en récompenfe de fon zèle & de fon honnêteté, le roi Charles VI le nommoit clerc criminel de la prévôté de Paris, en remplacement de M<sup>e</sup> Andry Le Preux, nommé procureur du roi au Châtelet; & il étoit inftitué & reçu dans ces nouvelles fonctions le famedi 24 juillet 1389 par Jean de Folleville, chevalier, confeiller du roi & garde de la prévôté de Paris. Aleaume Cachemarée a pris foin de nous en inftruire lui-même dans le titre qu'il a placé en tête de notre regiftre. C'eft en cette qualité de clerc criminel de la prévôté de Paris qu'il figne tous les procès, & affifte à l'exécution des jugements comme au fupplice des condamnés.

Il rempliffoit cette charge depuis dix-huit mois, quand un procès lui fut intenté devant le parlement par l'Univerfité, &, en même temps que lui, à Dreux d'Ars, auditeur au Châtelet, & à Jehannin Le Queux, valet de la geôle. Voici quelle en avoit été l'occafion (1).

Un écolier nommé Alain, ayant été incarcéré au Châtelet, un autre écolier de fes amis, Yves de Kaerloguen, maître ès arts & bachelier en décret, l'y alla voir : mais quand il voulut fe retirer, le valet de la geôle, Jean Le Queux, refufa formellement de le laiffer fortir. Yves protefta en vain de fa qualité d'écolier de l'Univerfité & des priviléges qu'elle lui affuroit; on ne l'écouta pas,

---

(1) Le document relatif à cette curieufe affaire nous a été communiqué par *M. le baron Jérôme Pichon.*

\*

& on le conduifit dans une prifon appelée Oubliette, autrement dite le Pré-aux-Clercs, particulièrement affectée
aux voleurs; il y refta trois nuits & trois jours. privé,
au moins l'affirma-t-il, de feu, de lit, de lumière, &
même de nourriture pendant un jour entier. L'Univerfité
s'émut de fa difparition; les promoteurs de l'évêque de
Paris s'adreffèrent à Dreux d'Ars, auditeur au Châtelet,
ainfi qu'à Aleaume Cachemarée, & n'obtinrent d'eux aucun renfeignement. Mais le jeune frère d'Yves, qu'ils
envoyèrent à fa recherche, fut plus heureux; il apprit
de la bouche d'un fergent nommé Chiefdeville, blâmé
plus tard pour fon indifcrétion, que l'on retenoit en prifon Yves de Kaerloguen; & bientôt, grâce aux follicita-
tions des promoteurs, il fut remis en liberté fans finance,
mais fans obtenir remife de la copie de fon écrou. Ré-
clamation de l'Univerfité, mandement de par le roi, en
vertu duquel information eft faite & ajournement donné
à Dreux d'Ars, à Aleaume Cachemarée & à Jehannin Le
Queux.

L'Univerfité demande qu'ils faffent tous les trois
amende honorable : que Le Queux foit mis en prifon de
la même manière & autant de temps qu'Yves de Kaerloguen, & qu'il y refte en outre jufqu'à pleine fatiffaction
des dépens, dommages & intérêts : que le procureur du
roi foit adjoint dans la caufe; enfin que Jehannin Le
Queux réponde en perfonne.

Les défendeurs répondent en fomme qu'il y a un clerc
au Châtelet chargé de l'enregiftrement des prifonniers
amenés, & qui remet le lendemain de l'emprifonnement
le regiftre d'écrou au juge & au clerc; ils ajoutent qu'un
ordre formel du prévôt enjoint d'arrêter & de mettre
immédiatement en prifon toute perfonne qui s'introduit

au Châtelet & fe procure les noms des prifonniers, pour les communiquer à la cour de l'official : que Yves de Kaerloguen étoit venu au Châtelet ; qu'il avoit pris par écrit les noms des prifonniers ; qu'on l'avoit vu fe dirigeant avec un prifonnier vers l'entrée de la prifon des Chaennes ; & que, pour ce délit, il avoit été juftement mis en prifon fermée, conformément aux ordres du prévôt ; le papier de fa dépenfe attefte d'ailleurs qu'il avoit été nourri. Pour ce qui les concerne chacun fpécialement, Dreux d'Ars avoit dû ignorer l'emprifonnement : Yves de Kaerloguen n'ayant pas été amené du dehors, il n'avoit pas été enregiftré, & perfonne, ni le clerc criminel, ni aucun autre, ne pouvoit rien favoir de ce qui le concernoit. Aleaume Cachemarée n'avoit pas le regiftre d'écrou : ce n'eft pas lui qui relâche les prifonniers : il ne délivre d'écrou que fur le vu du regiftre conftatant l'emprifonnement ; il déclaroit de plus qu'en fa qualité de clerc en habit & poffeffion de tonfure, il ne devoit pas faire amende honorable. Pour Jean Le Queux, il affuroit que maître Yves ne s'étoit pas déclaré clerc de l'Univerfité, & qu'en le retenant, il n'avoit fait qu'exécuter l'ordre du prévôt. Les trois défendeurs ajoutoient que le procureur du roi devoit prendre leur défenfe & être adjoint dans la caufe, mais que maître Yves & l'Univerfité ne pouvoient être reçus.

L'Univerfité & maître Yves, tout en reconnoiffant les faits du procès, foutenoient qu'il n'avoit jamais été défendu de vifiter les prifonniers : d'ailleurs Jean Le Queux n'étoit pas clerc du Châtelet & n'avoit pas charge d'arrêter les gens ; il avoit donc commis un abus de pouvoir ; fon devoir eût été de prévenir Dreux d'Ars & Aleaume Cachemarée ; & fi, par fuppofition, il avoit été en droit d'arrêter maître Yves, il eût dû fe contenter de lui ôter fon écritoire & de le mettre dans une prifón haute. L'Univerfité infiftoit fur ce point, que maître Yves devoit être enregiftré & ne l'avoit pas été ; que, dans tous les cas, il n'auroit pas dû être retenu trois jours fans être interrogé ; &, s'il avoit été nourri dans fa prifon, on favoit donc qu'il y étoit ; d'ailleurs, ajoutoit-elle, cet emprifonnement d'un clerc n'eft pas un fait ifolé, mais un abus des plus fréquents & des plus intolérables.

Le parlement ordonna une enquête. Les deux parties plaidèrent contradictoirement le 12 janvier 1390-91. Puis enfin, le 5 juillet fuivant, la cour, ftatuant fur le tout, déclara Dreux d'Ars, auditeur au Châtelet de Paris, Me Aleaume Cachemarée, clerc du prévôt de Paris, & Jehannin Le Queux, valet de la geôle, abfous de la demande de l'Univerfité & de Me Yves de Kaerloguen, & releva ce dernier des dépens (1).

Un an ou deux s'écoulent. On fuppofe, d'après un renfeignement que nous fournit un arrêt du parlement, que c'eft au commencement de 1393 : Aleaume Cachemarée eft remplacé comme clerc criminel (2) par Pierre Le Guïant (3) & nommé huiffier du parlement. C'eft en cette qualité qu'il eft chargé, en 1396, de faire une en-

---

(1) Parlement, *confeil & plaidoiries civiles.* (Arch. de l'Emp., X, 1475, fol. 175 v°-176 r° & 345 r°.)

(2) Arrêt du parlement contre le clerc du regiftre criminel du Châtelet, pour raifon de contrats & actes par lui reçus (28 janvier 1407-8). Il eft dit dans cet arrêt que Pierre Le Guïant avoit exercé honorablement, fidèlement & diligemment cet office de clerc criminel pendant environ quinze années. (S. Fr. Langloix, *Traité des droits, privilèges & fonctions des Confeillers du roi, Notaires, Gardes-Notes & Gardes scel au Châtelet de Paris.* Paris, 1738, in-4°, p. 310.)

(3) L'arrêt du parlement du 28 janvier 1407-8 nous donne les noms

quête criminelle fur certains faits dont le chambellan du
roi accufe plufieurs perfonnes de s'être rendues coupables, & qu'une commiffion de Charles VI, en date du
18 décembre, le charge d'ajourner en parlement les in-
culpés (1). L'année fuivante (1397), une autre affaire
défagréable lui arrive dont il fe tire moins heureufement
que de celle de l'écolier. La femme d'un bourgeois de
Paris, nommé Pierre le Forfené, meurt fans enfants, dans
une maifon de la rue Tirechappe, qu'elle poffédoit en
communauté avec fon mari & qui étoit fife en la haute
juftice du For-l'Évêque ; le corps n'eft pas encore enlevé
que deux notaires du Châtelet, Nicaife Le Mufnier &
Étienne Boileau, requis par les exécuteurs teftamen-
taires de la défunte, fe préfentent, commencent l'inventaire des biens, que le temps ne leur permet pas d'ache-
ver, & pour la fûreté & confervation du refte, appofent
leurs cachets & leurs armes fur plufieurs chambres & fur
différents meubles. Le procédé étoit régulier, mais il n'en
parut pas de même à l'évêque de Paris, qui, en fa qualité
de haut jufticier, pouvoit avoir des droits fur les biens de
la défunte; il voulut que de nouveaux fcellés fuffent ap-
pofés & envoya deux de fes gens à cet effet. Le premier
étoit Denis Le Moine, fergent de l'évêque & agiffant à
la requête de Jean Generet, procureur de l'évêque; le
fecond, Aleaume Cachemarée, huiffier au parlement,
qualité qui rendoit fon intervention plus impofante, &
fe difant gardien du For-l'Évêque. Cette appofition de

---

des clercs criminels qui avoient précédé Aleaume Cachemarée : ce font
Jean de La Règle & Andry Le Preux. (S. Fr. Langloix, ouvrage déjà
cité, p. 309.)

(1) Parlement, *criminel* (Archives de l'Emp., X, 8846, fol. 152 r°.

ſcellés conſtituoit un abus de pouvoir contre lequel les intéreſſés réclamèrent. Le parlement, ſaiſi de l'affaire, rendit le 8 juin un arrêt par lequel il déclaroit l'acte du ſergent de l'évêque & du gardien du For-l'Evêque attentatoire aux droits du roi, & condamnoit l'évêque à une amende (1).

Cinq années ſe paſſent ſans qu'aucune pièce faſſe mention d'Aleaume Cachemarée (2). Nous le retrouvons en 1406 toujours huiſſier au parlement de Paris et, de plus, procureur de la communauté des ſergents à cheval du Châtelet. Un différend s'eſt élevé entre les ſergents à cheval & les ſergents à verge. Le parlément a rendu le 3 juillet un arrêt contre les ſeconds, &, ſept jours après, le 10, Aleaume Cachemarée ſe tranſporte, en ſa double qualité, au haut ſiége & autres auditoires royaux du Châtelet de Paris & y lit à la fois l'arrêt du parlement & deux ordonnances, l'une du roi Charles V, du 8 juin 1369 (3); l'autre du roi Charles VI, du 4 août

---

(1) S. Franç. Langloix, ouvrage déjà cité, p. 169 & ſuiv.

(2) Notons ici pour mémoire les quelques documents qui font mention d'Aleaume Cachemarée entre les années 1402 & 1405. Nous le voyons chargé de pluſieurs miſſions au nom de la cour. Le 16 juin 1402, il va à Anvers pour le procureur du roi; le 15 février 1403-4, J. Le Fevre eſt ſubrogé en ſon lieu & place pour la garde des biens & l'exécution du teſtament de J. Tabari, évêque de Thérouanne; le 15 janvier 1404-5, il reçoit l'ordre de ſurveiller l'emploi de certaines ſommes dépoſées par Charles de Savoiſy en vertu d'une condamnation & d'exiger l'achat d'une rente affectée à la conſtruction d'une chapelle au profit de l'Univerſité de Paris; le lendemain, il rend compte à la cour de ſes démarches à cet égard; enfin le 28 février 1404-5, il eſt envoyé au pays de Pons de Cardilhac pour l'exécution d'un arrêt. (Parlement, *Matinées*, III, IV, fol. 246 r°, V, fol. 46 r° & 79 r°. (Arch. de l'Emp. X, 4785, 4786 & 4787).

(3) *Ordonnances des rois de France*, t. V, p. 194.

1388 (1), confirmative de la précédente, fur le même
fujet, en même temps qu'il charge Regnault Chuchy,
crieur juré du roi, de publier à fon de trompe lefdits
arrêts & ordonnances dans tous les carrefours de la ville
de Paris & dans tous les lieux accoutumés à faire cris (2).

Cinq ans plus tard, une faute affez grave l'expofoit à
une peine difciplinaire. Les membres du parlement
s'étant affemblés le 19 août 1411, Aleaume Cachemarée
& fes quatre collègues défignés pour faire le fervice pendant le mois d'août ne parurent pas & leur abfence fut
conftatée : il n'y eut pas un huiffier pour introduire les
membres du parlement, le feul qui fût à la difpofition de
la cour ayant été envoyé à la recherche du prévôt de
Paris & du prévôt des marchands. Sur cet incident, dé-
libération de la cour & condamnation de chacun des
huiffiers à une amende de 20 fous parifis au profit de la
chapelle de la falle du Palais, avec injonction à Robert
Chaurre, huiffier, de procéder fans retard à cette exécution (3).

Le mois fuivant, le 22 feptembre 1411, Aleaume Ca-

---

(1) *Ordonnances des rois de France*, t. VII, p. 207.

(2) *Livre rouge vieil du Chaftellet*, olim Bibliothèque impériale, cart. 8,
ol. xjᴵˣ & x vᵒ & xjᴵˣ xj rᵉ, nunc Archives de l'Emp., Y., 2.

(3) Parlement, *Conseil*, XIII, fol. 169 vᵒ (Arch. de l'Emp., X, 1479.)
A quelque temps de là (12 février 1411-12), le même fait s'étant renou-
velé, malgré les difpofitions des ordonnances qui exigeoient la préfence d'au moins fix huiffiers au parlement pendant la durée de chaque mois, la cour rappela la condamnation & les noms des délinquants
& ordonna qu'ils feroient exécutés, à moins d'excufes légitimes; les
huiffiers dont l'abfence venoit d'être conftatée durent payer une amende
de 40 fous, fans préjudice des peines qui feroient portées contre eux
s'ils commettoient de nouveau la même faute. Parlement, *Matinées*,
VII, fol. 221 vᵒ & *Ordinationes antiquæ*, fol. 8 rᵒ-12 rᵒ (Arch. de l'Emp.,
X, 4789 & X, 8591.)

chemarée choifit pour ſon procureur Nicolas Rapin,
comme nous l'attefte l'extrait d'un regiftre des audiences
du Châtelet (1), commençant au mercredi des Cen-
dres 1410 & finiſſant au 23 novembre 1411 incluſive-
ment.

C'eſt maintenant dans un regiftre du conſeil du parlement, commençant au 12 novembre 1414 & finiſſant
au 23 octobre 1428, que nous retrouverons le nom
d'Aleaume Cachemarée.

De ſanglantes diſcordes agitoient Paris. Le duc de
Bourgogne, Jean ſans Peur & ſon parti, étoient en dis-
grâce depuis l'aſſaſſinat du duc d'Orléans : le comte
d'Armagnac, beau-père de la victime, étoit tout-puiſſant
& exerçoit une autorité abſolue ſur les affaires du Dauphin Charles. Mais les choſes changent bientôt de face ;
la reine Iſabeau de Bavière, dont la mauvaiſe conduite
a été dénoncée au roi, eſt exilée à Tours. Le duc de
Bourgogne profite de la circonſtance pour ſoumettre par
les armes les villes de Picardie & pour faire ſur Paris
une tentative, vigoureuſement repouſſée. Le roi juge
alors néceſſaire de ranimer les défaillances de ſes amis &
de s'entourer de tous ceux dont le dévouement lui eſt
connu. Le jeudi 5 août 1417, on apporte au parlement
une ordonnance datée de la veille & adreſſée au connétable, au chancelier, au parlement & à tous les juſticiers
& officiers, par laquelle le roi exigeoit le ſerment de fidé-
lité des préſidents, &, en ſuivant le rang, des conſeillers
de la chambre des enquêtes & de celle des requêtes,
des greffiers & notaires du parlement, puis des huiſſiers,

_____

(1) Collection Clairambault, *Mélanges*, vol. 474. p. 38.

parmi lefquels figure Aleaume Cachemarée (1). Mais le
28 (2) du même mois, fous la preffion d'événements de
plus en plus menaçants, « le roi veut & ordonne en fon
grand confeil pour maintenir la ville de Paris en plus
grant feurté, paix & tranfquilité & autres caufes, le de-
part & efloignement de ladite ville de Paris d'aucuns
confeillers & officiers de ladite cour nommez & efcripz
en certain roole, fauf à eulz corps, *honneurs*, offices &
biens quelzconques. Dans ce roole eftoient efcripz &
nommez Maiftres Jehan de Longueil, G. Petit-Saine,
G. de Seris, G. de Befze, G. de Selfoy, G. de Gy,
Eftienne Joffron, Ja. Branlart, Eftienne Dez Portes,
G. Perriere, J. de Saint-Rommain, Hugue de Morueil,
& Ph. Le Begue, confeillers du roy, J. Aguenin, procureur du roy, J. Hue, J. Milet, notaires, J. Du Bois,
greffier criminel, G. de Buymont, Ja. de Buymont,
Tho. Raat & Al. Cachemarée, huiffiers dudit parlement,
foubz ombre de ce que on les foufpeçonnoit d'eftre
favorifans ou affectionnez au duc de Bourgongne... »
Des préfidents & des confeillers du parlement furent
députés le même jour au grand confeil pour y repréfenter
que les difgraciés étoient innocents & pour faire rapporter la mefure qui les frappoit. On voulut bien reconnoître qu'ils n'étoient « accufez, convaincuz, ne attains

---

(1) Félibien, *Hiftoire de Paris*, revue par D. Guy, Alexis Lobineau,
t. II, p. 784, d'après le regiftre du parlement, *Confeil*, XIV, fol. 100 v°
(Arch. de l'Emp., X, 1480.)

C'eft par erreur que l'auteur de cette hiftoire a imprimé *alias Cachemarée*, le texte porte *Al. Cachemarée*.

(2) C'eft fans doute par erreur que le regiftre du parlement porte :
*famedi xxix*; la véritable date eft le *famedi* 28. Le 29 août de l'année
1417 eût été un dimanche.

d'aucunes faultes, » mais on ne voulut pas revenir fur leur banniffement : on le déguifa feulement fous des lettres du roi & de la cour contenant pour chacun d'eux fauf-conduit & fauve garde, & portant qu'ils étoient envoyés dans diverfes parties du royaume « pour cer-taines befoignes touchant le fait du roy & de la cour (1). »

Cet expédient ne conjure pas le danger du dehors. Le duc de Bourgogne, qui a noué des intelligences avec Ifabeau de Bavière, fe rend exprès à Tours pour la déli-vrer de la refpectueufe captivité où elle eft tenue, & la conduit à Chartres & de là à Troyes, deux places qui lui font toutes dévouées. Une première confpiration, qui a pour objet de leur livrer Paris, eft découverte & déjouée par le prévôt Tannegui du Chaftel. Mais comme en ce moment le roi d'Angleterre eft occupé à conquérir la Normandie, on craint que le duc de Bourgogne ne foit de connivence avec lui ; &, pour le défarmer, on lui offre la paix à Montereau (17 mai 1418). Dans la nuit du 28 au 29, Perrinet Le Clerc introduifoit dans Paris Villiers de l'Ifle-Adam, gouverneur de Pontoife pour le duc de Bourgogne, avec 800 hommes d'armes ; le 12 juin, les Parifiens maffacroient les partifans du comte d'Arma-gnac ; le 18, le parlement étoit caffé, en même temps que tous les offices royaux étoient remis en la main du roi pour que le duc de Bourgogne eût toute facilité d'y pla-cer fes créatures, & le 14 juillet, Jean fans Peur & Ifa-beau de Bavière faifoient leur entrée dans Paris aux cris de : Vive Bourgogne !

Le 22 juillet fuivant, le parlement fut rétabli par let-tres-patentes, & le nouveau chancelier, Euftache de

---

(1) Parlement, *Confeil*, XIV, fol. 104 r°. (Arch. de l'Emp., X, 1480.)

Laiftre, y inftitua tous les officiers nommés par le roi,
ou, pour mieux dire, par le duc de Bourgogne. Jean
Rapiout fut fait préfident; Petit-Saine & les autres exilés
y furent honorablement placés : le 4 août, Cachemarée,
ainfi que fes confrères, furent appelés à reprendre leurs
offices d'huiffiers de la cour (1), dont le nombre fe
trouva alors élevé pour la première fois de neuf à treize.
Le 17, neuf d'entre eux prêtèrent ferment, mais le compte
rendu de la féance ne mentionne pas le nom de Cachemarée (2). Comme nous ne favons où il s'étoit retiré depuis fon exil, peut-être fe trouvoit-il trop éloigné pour
avoir eu le temps d'être prévenu de l'ordonnance royale,
& d'arriver; peut-être attendoit-il les événements. Le
10 feptembre, le duc de Bourgogne eft affaffiné fur le
pont de Montereau. Cachemarée voyant fon ancien pro-
tecteur mort ne fe foucie probablement pas de revenir
à Paris; & le 19 feptembre, fept huiffiers feulement,
parmi lefquels il ne figure pas, jurent avec divers officiers de la cour le maintien de la paix & de l'union du
royaume de France (3).

Le Dauphin Charles, que l'ancien prévôt de Paris,

----

(1) *Ordonnances des rois de France*, t. X, p. 464-465, d'après le *Livre croifé*, fol. 35 r° & v°. (Archives de l'Emp., X, 8592.) C'eft par erreur que les auteurs du recueil des ordonnances ont imprimé *Cachemaire*; le texte du *Livre croifé* porte *Cachemarde*.

(2) Parlement, *Confeil*, XIV, fol. 142 r°. Cependant il ne pouvoit ignorer que des lettres patentes données à Paris le 9 juin 1418 avoient révoqué les confifcations, condamnations, profcriptions & autres me-fures de rigueur portées contre les partifans du duc de Bourgogne, depuis qu'il avoit quitté Paris. (*Ordonnances des rois de France*, t. X, p. 453.)

(3) Parlement, *Confeil*, XIV, fol. 147 r° & v° (Arch. de l'Emp., X, 1480), & Félibien, *Hiftoire de Paris*, revue par D. Guy Alexis Lobineau, t. IV, p. 571 & 572.

Tanneguy du Chaſtel, avoit enlevé pendant la fameuſe nuit du 28 au 29 mai, pour le ſouſtraire à la fureur de la faction bourguignonne, s'étoit retiré au ſud de la Loire avec un petit cortége de partiſans dévoués, & avoit ſubſtitué au titre de lieutenant général, que ſon père lui avoit donné, celui de régent du royaume. Le 21 ſeptembre, il donnoit, à Niort, des lettres-patentes en vertu deſquelles il établiſſoit à Poitiers une cour ſouveraine du royaume pour tenir lieu du parlement de Paris & la compoſoit des principaux membres du parlement & du Châtelet qui s'étoient exilés pour le ſuivre (1).

De nouveaux mécontents vinrent, à une époque que nous ne pouvons préciſer, augmenter dans le parlement de Poitiers comme dans ſon armée, les partiſans du Dauphin. Aleaume Cachemarée fut du nombre. En 1422, il remplit les fonctions d'huiſſier au parlement de Poitiers. Le Dauphin avoit dû pourvoir à l'entretien de ſes magiſtrats, que leur exil avait privés de la meilleure partie de leurs biens, & pluſieurs pièces nous atteſtent ſa ſollicitude à cet égard. Des lettres-patentes, données à Mehun-ſur-Yèvre le 24 novembre 1422, fixent à la ſomme de 76 ſous par mois les gages des huiſſiers (parmi leſquels ſe trouve Aleaume Cachemarée) & leur attribue une autre ſomme de 6 livres 5 ſous tournois pour leurs robes (2). D'autres lettres-patentes du même jour leur accordent une gratification de 38 ſous tournois qui leur ſera comptée par Miles Chaligault en dehors de leurs gages (3), comme cela ſe fit en même temps pour les

---

(1) *Ordonnances des rois de France*, t. X, p. 477.

(2) *Liber accordorum in Pictavis*, fol. 59 rº. (Arch. de l'Emp., X, 8593.)

(3) *Id., ibid.*, fol. 59 vº. (Arch. de l'Emp., X, 8593.)

autres officiers du parlement, qui avoient dû abandonner leurs biens. En effet, les Anglois, qui occupoient Paris, confifquoient chaque jour toutes les propriétés qu'ils découvroient, & nous les voyons, en 1423, s'emparer de la maifon que poffédoit Aleaume Cachemarée, dans la rue des Marmoufets (1). Cette même année, une ordonnance du Dauphin, devenu le roi Charles VII, datée du 3 mai & enregiftrée le 17 à Poitiers par le parlement, confirme dans leurs offices les huiffiers du parlement nommés pendant fa régence, Aleaume Cachemarée en tête (2). Il figure encore à ce titre, mais le fecond feulement, ainfi que fon fils, Pierre Cachemarée, dont la qualité n'eft pas défignée, dans un compte de Miles Chaligault pour l'année finie en octobre 1423, où fe trouvent rappelées les lettres-patentes du 24 novembre, & meurt au mois de mai 1426 (3).

Après avoir fait connoître ce que les documents nous

---

(1) Voici comment cette maifon eft défignée au compte des confifcations de Paris, du 20 décembre 1423 à la faint Jean-Baptifte 1427 : « Maifon qui fut à Aleaume Cachemarée, fcife rue des Marmouzets, tenant d'une part au long de la rue du Val-d'Amour, dite de Glatigny, & d'autre part à la petite ruelle de l'Image-Sainte-Catherine, aboutiffant par derrière audit Mre Jouvenel ; au gouvernement de laquelle eft commis Me Gilles Le Beau, clerc de la chambre des comptes du roi. » (H. Sauval, *Hiftoire & recherche des antiquités de la ville de Paris*, t. II, p. 318.)

(2) *Ordonnances des rois de France*, t. XIII, p. 26-28, d'après le *Liber accordorum in Pictavis*, fol. 64 r°. (Archives de l'Emp., X, 8593.)

(3) Cette date & le nom du fils de Cachemarée paroiffent avoir été ajoutés par Gaignières, on ne fait d'après quel document, à l'extrait du compte de Miles Chaligault. (*Officiers du parlement de Paris*, fol. 138 v°, cabinet des titres, 315.)

Notons ici, pour mémoire, qu'Aleaume Cachemarée fut délégué par le parlement de Poitiers pour l'exécution du teftament de Simon de Cramaut, cardinal de Reims & évêque de Poitiers, le 1er février 1422-23,

ont appris du rédacteur de notre regiftre, effayons d'apprécier le manufcrit que nous livrons à la publicité. C'eft une forte de journal de tout ce qui s'eft paffé de plus important pour le grand criminel pendant deux années (1). Il renferme tous les éléments d'une ftatiftique criminelle pour cette époque défaftreufe de notre hiftoire. Il préfente un tableau des plus animés de nos guerres avec les Anglois & retrace plufieurs épifodes des luttes acharnées foutenues contre les grandes compagnies dont les adhérents prenoient auffi le nom d'Anglois. On y trouve de précieufes indications qui permettent de reconftituer la biographie de certains chevaliers & écuyers françois qui comptent plus de trahifons que de fervices & dont la vie entière ne fut qu'un long brigandage.

Nous voulons parler de ces chefs de bandes qui firent durant une partie du XIV$^e$ fiecle la force des hordes indifciplinées répandues dans nos campagnes & la terreur des provinces qu'ils mettoient à feu & à fang. On peut fignaler, entre autres, Symon de Verrue, Guillaume de Bruc, Jehan Le Brun, Hennequin du Bos, & Mérigot

---

& qu'il fut chargé par la même cour de dreffer l'inventaire des biens de Jean Odard, chevalier, le 16 février 1423-4, & celui de Maurice Hubert, procureur du roi au parlement, le 17 novembre 1425. (*Liber accordorum in Pictavis*, déjà cité, fol. 92 r°, 93 r°, 97 v°.)

(1) En effet, l'année même où fut commencée la rédaction de notre regiftre, Charles VI, par lettres-patentes données à Paris le 20 mai 1389, inveftiffoit le prévôt de Paris des pouvoirs néceffaires pour faire arrêter tous les meurtriers, voleurs, faux monnoyeurs & autres criminels répandus dans le royaume, en quelque juridiction qu'ils fuffent trouvés, & lui enjoignoit d'inftruire leurs procès & de les livrer aux exécuteurs de la juftice partout où il le jugeroit convenable. (*Livre rouge vieil du Chaftellet*, olim Bibl. imp., cart. 8, fol. vj$^{xx}$ iiij r°, nunc Archives de l'Emp., Y. 2, & de La Mare, *Traité de la police*, t. I, p. 122.)

Marchès (1). Il y a auffi de curieux détails fur un
écuyer, nommé Jaquet Le Baftart, qui s'étoit fait, en
Limoufin, mouche de l'armée françoife pour le compte
des Anglois, & fur le trop fameux capitaine Geoffroy
Tefte-Noire (2), qui avoit été le compagnon d'armes de
Mérigot Marchès (3). D'autres procès, d'un intérêt en
quelque forte politique, nous révèlent les faits à la charge
de religieux ou de laïcs que la clameur publique accufoit
d'avoir empoifonné les fontaines & les puits (4), & nous
apprennent l'audacieux attentat d'un ermite venu à
Paris pour empoifonner Charles VI (5). Il faut noter
encore, comme procès importants pour la biographie au
XIVᵉ fiècle, le procès de Colette La Buquette (6), à caufe
d'un bâtard attribué à Jean Le Mercier, confeiller de
Charles VI; & celui de Pierre Fournet, chevaucheur du
roi (7), condamné pour n'avoir pas remis au duc de
Berry & à l'évêque de Poitiers les lettres dont il étoit
porteur. Tous ces procès complètent ou rectifient les récits de Froiffart & ceux des autres chroniqueurs de la
même époque fur lefquels ils répandent un jour tout
nouveau. Enfin on peut placer au nombre des curiofités
judiciaires les procès de plufieurs forcières (8), de quel-

---

(1) Tome I, p. 1, 14, 52, 879; tome II, p. 177-213.

(2) Tome I, p. 56 & fuiv., 23 & fuiv.

(3) Cette circonftance explique comment M. P. Allut, p. 99 de fon
ouvrage intitulé : *Les routiers au XIVᵉ fiècle*, Lyon, 1859, a été amené
à confondre ces deux chefs de bandes fous le nom d'*Aymerigot Tefte-
noire.*

(4) Tome I, p. 419-480; tome II, p. 1-6.

(5) Tome I, p. 310-322.

(6) Tome II, p. 119-130.

(7) Tome I, p. 516-556.

(8) Tome I, p. 327-363; tome II, p. 280-343.

ques juifs (1), d'un faux monnoyeur (2), celui d'un charretier convaincu d'avoir juré le vilain ferment (3), & les jugements rendus contre des gens prévenus de fimples contraventions, telles que la récolte du verjus en temps prohibé (4).

Dans notre temps où les crimes & les délits contre la sûreté publique ne font peut-être guère moins fréquents que dans les temps anciens, mais où la répreffion de la juftice eft beaucoup moins rigoureufe & moins implacable, nous éprouvons un ferrement de cœur involontaire en lifant le récit de toutes ces tortures multipliées & de ces condamnations capitales (5) appliquées à des malfaiteurs qui ne feroient fouvent punis de nos jours que d'un

---

(1) Tome II, p. 43-54. — (2) Tome I, p. 480-494.

(3) Tome II, p. 353-357.

(4) Tome I, p. 301-305; tome II, p. 248-255.

(5) Quoi qu'il en soit de ces rigueurs, il faut noter d'utiles réformes introduites dans la procédure criminelle et quelques adouciffements apportés à la pénalité par le roi Charles VI. C'eft d'abord une ordonnance donnée à Abbeville le 4 avril 1392-3 qui décide que les biens des Juifs convertis ne feront plus confifqués à l'avenir, une autre ordonnance donnée à Paris au mois de novembre de l'année 1394, qui abolit l'ufage de rejeter le témoignage des femmes en matière civile, une troifième ordonnance enfin donnée à Paris le 12 février 1396-7 qui accorde aux criminels la confeffion avant leur fupplice. Un chroniqueur contemporain fait l'honneur de cette innovation à Pierre de Craon, qui auroit obtenu cette ordonnance du roi Charles VI, & il attribue au même perfonnage plufieurs fondations pieufes deftinées à perpétuer le fouvenir de cette œuvre de miféricorde. Heureufe infpiration vraiment digne du Chriftianifme de faire ainfi defcendre un rayon de la lumière divine dans les profondeurs ténébreufes des cachots & de permettre qu'une parole de confolation tombée d'en haut vint adoucir l'horreur du dernier fupplice! (*Ordonnances des rois de France*, t. VII, p. 557 & 592; t. XII, p. 185, & t. VIII, p. 122; & *Chronique du religieux de Saint-Denis*, t. II, p. 532 & 534 de l'édit. donnée par M. Bellaguet.)

emprifonnement plus ou moins long. L'épreuve de la queſtion n'exiſte plus à l'honneur de l'humanité. Louis XVI l'a fait difparoître de notre procédure criminelle; & peut-être s'il n'avoit pas devancé les réclamations du parlement y eût-il été foumis lui-même. Car que n'auroit-on pas efpéré d'attendre contre la reine & contre tous les François fufpects des révélations d'un tyran tel que Louis XVI! Dieu merci, nous le répétons, la torture n'exiſte plus fur aucun point de la grande république chrétienne. A Dieu ne plaife qu'on nous entende prononcer un feul mot pour la défendre, nous qui trouvons la légiſlation de nos jours parfois trop févère! Nous devons feulement reconnoître avec chagrin que tous ces voleurs, empoifonneurs & meurtriers, que l'on étendoit tour à tour fur le hideux chevalet, ne manquent guère d'ajouter à ce que l'on favoit déjà d'importantes révélations qui mettent fur la trace d'autres crimes & d'autres coupables, & qui en affurent le châtiment. Pourtant un de ces malheureux, un feul, il eſt vrai, perfiſte au milieu des tourments dans fes premiers aveux; quelques autres, après s'être laiſſé arracher tout ce qu'on paroiſſoit leur demander, s'empreſſent le lendemain de démentir tout ce qu'ils ont pu dire la veille. Et la juſtice humaine n'auroit-elle pas dû toujours renoncer à l'efpoir de découvrir le crime dans la crainte de commettre celui de torturer l'innocence!

Avant de terminer cette introduction, qu'il nous foit permis de payer un juſte tribut de reconnoiſſance à toutes les perfonnes qui ont bien voulu nous aider de leurs confeils, & particulièrement à M. Paulin Paris, membre de l'Inſtitut, dont le favoir & les bienveillants avis ne nous ont jamais fait défaut pendant le cours de cette publication. Qu'il veuille bien trouver ici l'expreſſion de notre gratitude pour les ſoins qu'il a donnés à l'édition dont nous avions été chargé par la Société des Bibliophiles françois.

-----

*Concordance des manuſcrits cités dans les notes de cet ouvrage\*.*

Suppl. Lat. 1319 = Lat. 11219.

Suppl. Lat. 1412 = Lat. 9067.

Cartul. 8. (Arch. de l'Emp., Y 2.)

Anc. f. Fr. 7473[2] = Fr. 1316.

Anc. f. Fr. 8357[55] = Fr. 2755.

Tell. Louv. 9350[1],[39]. = Fr. 4274. (Arch. de l'Emp., Y 1.)

Anc. f. Fr. 10297 = Fr. 5699.

Suppl. Fr. 5[6] (4) = Suppl. à D. Grenier, 330. Chartes de Chaalis, XVIII.

Suppl. Fr. 98[22] = Fr. 10138.

Suppl. Fr. 108 = Fr. 11709.

-----

\* Les changements ſurvenus depuis peu dans le claſſement de pluſieurs fonds de manuſcrits conſervés à la Bibliothèque impériale, nous mettent dans la néceſſité d'indiquer les nouvelles cotes & les nouveaux numéros qui ont été ſubſtitués aux anciens aujourd'hui hors d'uſage.

# REGISTRE CRIMINEL

# DU CHATELET.

C'EST LE PREMIER PAPIER DES PROCÈS DES PRISONNIERS CRIMINELZ ADMENEZ OU CHASTELLET DE PARIS DEPUIS LE SAMEDI XXIIII[E] JOUR DE JUILLET MIL CCC IIII[XX] ET NEUF, QUE MOY, ALEAUME CACHEMARÉE (1), FU RECEU ET INSTITUÉ EN LIEU DE MAISTRE ANDRY LE PREUX, CLERC DE NOBLE HOMME MONS. JEHAN, SEIGNEUR DE FOLEVILLE (2), CHEVALIER, CONSEILLIER DU ROY NOSTRE SIRE ET GARDE DE LA PREVOSTÉ DE PARIS, COMMENÇANT LE LUNDI VI[E] JOUR DE SEPTEMBRE, EN L'AN DESSUS DIT.

## SIMON DE VERRUE, ESCUIER.

### 6 feptembre 1389.

L'AN DE GRACE MIL TROIS CENS QUATRE VINS ET NEUF, le lundi vj[e] jour de feptembre, en jugement fur les carreaux par devant monf. le prevoft, prefens maiftres

---

(1) Voy. dans l'Introduction ce que j'ai dit d'Aleaume Cachemarée.
(2) C'eft le 23 janvier 1388-9 que Jehan de Folleville fut reçu prévôt

I                                                                    A

Guillaume P[orel] (1), confeiller du roy noftre fire en fon
parlement; Dreue d'Ars, auditeur du Chaftellet & lieutenant dudit monf. le p[revoft]; Andry le Preux, procureur
du roy noftre fire oudit Chaftellet, & Denis de Baufmes,
advocat illec; fu fait venir Symon de Verrue, efcuïer, de
la parroiffe de Marigny, à quatre lieues prez de Poitiers,
prifonnier admené oudit Chaftellet, & envoïé par ledit
maiftre Denis de Baufmes, maire de la juridicion de Saint-
Magloire, efquelles prifons de Saint-Magloire il eftoit
detenu prifonnier pour caufe d'unes heures de Noftre
Dame par lui p[rinfes] & emblées, fi comme ledit maire
difoit; & que ainfi comme ycellui maire avoit voulu proceder à l'examen & inter[rogatoire] dudit prifonnier,
pour favoir de fon eftat, vie & renommée, & la manière
comment & où il avoit prinfes icelles he[ures], ycellui
prifonnier s'eftoit advoué gentilhomme & de noble lignée (2); & pour ce que de perfonne noble ledit maire

---

de Paris (Reg. du parlem., confeil & plaid. civiles, VII, p. 229). Avant
d'entrer en poffeffion de fon office de garde de la prévôté de Paris, il
étoit confeiller au parlement de Paris (Reg. du parlem., confeil & plaid.
civiles, VII, 93). Jehan de Folleville remplaça Audoin Chauveron, Limoufin de naiffance, créature du duc de Berry, qui quitta la prévôté de
Paris au moment où Charles VI éloigna de lui fes oncles, & gouverna
avec les confeillers de fon père. (Voy. la chronique manufcrite attribuée,
par M. Vallet de Viriville, à Guillaume Coufinot, Biblioth. impér., anc.
fonds franç. 10297, fol. 62.)

(1) Il fuffira d'avertir ici, une fois pour toutes, que les mots ou parties de mots placés entre crochets font des reftitutions. Le mauvais état
du manufcrit, rogné de trop près par le relieur, les a rendues néceffaires;
ailleurs il a fallu rétablir des mots entiers pour compléter le fens de la
phrafe.

(2) Il étoit, je crois, de la même famille que Jehan de Verrue, chevalier, qui, le 3 août 1345, reçut fes gages pour avoir fervi fous le gouvernement de l'évêque de Beauvais, avec un écuyer de fa compagnie,
dans les guerres de Saintonge. — Je trouve auffi un Jehan de Verrue
mentionné dans une montre de Jehan de Tuffé, chevalier, ladite montre
paffée au Mans, le 20 juillet 1392. (Biblioth. impér., titres fcellés de
Clairambault, vol. I, fol. 368; vol. 112, fol. 8739, & vol. 108,
fol. 8460.)

n'avoit voulu congnoiſtre, euſt requis audit monſ. le
prevoſt que dudit priſonnier il congneuſt & euſt la delivrance juſques ad ce qu'il euſt prouvée ſa nobleſſe, iaquelle lui fu nyée par devant nous par ycellui maire, ſa[uf]
à icellui maire que ou cas que ycellui priſonnier ne prou-
veroit ſa nobleſſe par lui alleguée, qu'il lui feuſt rendus
comme ſon ſubjet & juſtiçable, & prins en ſa haulte
juſtice, en requerant à monſ. le prevoſt que, p[our] ce
faire, il lui donnaſt terme tel qu'il verroit convenir; lequel priſonnier, ſur ce interrogué, & par ſerement,
diſt, confeſſa & ſe advoua eſtre homme noble & de noble
lignée, ſi comme il avoit oy dire ou pays d[ont] il eſtoit
nez aus gens qui l'avoient eu en garde, & autrement ne
le ſavoit, & de ce ſe rapportoit [à] ce que meſſire Jehan
Gouffier, chevalier, en diroit & depoſeroit; & oultre ce,
congnut & confeſſa que, par l'eſpace de huit ans & plus,
il a chevauché par le pays avecques pluſieurs chevaliers
& eſcuïers, dont à preſent il n'eſt rec[ord] des noms, pendant lequel temps il a prins en pluſieurs lieux & à diverſes
fois grant quantité de vivres, denrées, pain, vin, oës,
poulles, pouſſins, pigons, moutons, fain & avene, ès
hoſtelz des bonnes gens demourans au p[lat] pays, ſanz
ce qu'il en païaſt oncques denier ne maille. Dit auſſi que
trois ans a ou environ, autrement du temps n'eſt record,
il eſtant en la ville de Chanevoles, oudit pays de Poitiers, il print & embla en [l'hoſtel] d'une ſienne parente,
nommée Jehanne La Verrue, une couſtepointe, laquelle
il vendi, n'eſt record à qui, ij [frans], deſquelx deux
frans il acheta des chauſſes & des ſolers pour lui; et d'ilec
s'en vint à une abbaye de dames de religion que l'en
appelle la Croix Gironde, ouquel au prieur d'icelle
abbaye il print & embla un cheval bay ſeellé & bridé
qui pour lors valoit bien xxx ſ. t., & lequel cheval il
vendi en la ville de Chaſteauleraut la ſomme de xv ſ. t.
Dit avecques ce, ſur ce requis, que en ladite abbaye

A 2

il avoit demouré avecques ledit prieur par l'efpace de
deux mois & plus, avant ce qu'il preniſt le cheval deſſus
dit, par la maniere que dit eſt; & que ainſi qu'il avoit
acouſtumé de mener boire ledit cheval, à un jour dont
il n'eſt record, il mit la ſelle ſur ledit cheval & s'en ala
d'icelle abbaye, & avecques lui emmena ycellui cheval
par la maniere que dit eſt deſſus.

Diſt oultre que, cinq ſepmaines a ou environ, il, eſtant
en l'oſtel d'un ſien oncle demourant audit lieu de Marigny,
trouva un certain ciſel bien tranchant, & ycellui muſſa en
ſon ſain, en intencion que s'il veoit que temps & lieu
feuſt, que dudit ciſel il peuſt ouvrir aucunes ſerrures de
coffres pour prendre & appliquer à ſon prouffit ce qu'il
trouveroit en yceulx. Et que, xv jours a ou environ, lui
eſtant en l'abbaye de Saint-Denis en France, environ
heure de grant meſſe, ainſi comme il eſtoit derriere le
grant autel d'icelle egliſe, auprès d'une des chappelles
eſtans illec, il vit une aumaille eſtant en ycelle chappelle,
laquelle eſtoit ouverte, & lors il, à l'ayde d'une groſſe
pierre joignant à ladite chappelle, monta par deſſus l'uys
d'icelle chappelle, en laquelle chappelle & aumaile il
print unes heures de Noſtre Dame, leſquelles il miſt en
ſon ſain, ſanz ce que en icelle aumaille il preniſt aucune
autre choſe, jà ſoit ce qu'il y euſt pluſieurs autres fors
biens, comme un galice, livres & aournemens d'egliſe.
De laquelle egliſe, oudit jour, il ſe parti & vint à Paris, & d'ilec ala à Saint-Marcel-lez-Paris, en une taverne
en laquelle il but en la compaignie d'aucuns dont il ne
ſcet les noms; & dit, ſur ce requis, que ſon entente
eſtoit que, quant il auroit beu audit lieu de Saint-Marcel,
de ſoy en aler oudit pays de Poitiers par devers ſes
amis. Maiz aſſez toſt après ce qu'il ot beu, il fu prins &
admené priſonnier à S. Magloire, ne ſcet la cauſe pour
quoy, jà ſoit ce que par la garde de juſtice dudit lieu lui
ait eſté par pluſieurs fois requis qu'il deiſt la verité de ſa

vie & gouvernement; maiz pou ou neant n'avoit voulu refpondre par devant lui, pour ce qu'il eftoit nobles homs & de noble lignée, & que pour tel il s'eftoit reputé & advoué, & encore reputoit & advouoit.

VEUE LA CONFESSION duquel Symon de Verrue, ledit monf. le prevoft demanda aufdiz prefens affiftens & confeillers qu'il eftoit bon à fere dudit Simon prifonnier, & comment l'en procederoit contre; lefquelx tous d'une oppinion delibererent qu'il feuft mis à queftion, pour plus à plain favoir la verité de la vie, eftat & gouvernement dudit prifonnier, tant fur ce que dit eft, comme des autres cas, crymes & larrecins par lui faiz, fe aucuns faiz en avoit; & ad ce fu condempné par ledit monf. le prevoft.

EN ENTERINANT LEQUEL JUGEMENT, ycellui prifonnier fu mis à queftion fur le petit & le grant trefteau, & affez toft après ce, congnut & confeffa que, deux mois a ou environ, lui eftant en la ville de Chinon, print en l'oftel de Guillaume de Signy, fon coufin germain, une houppellande fur drap d'engletine (1) fourrée de connins, une petite cote avecques un chapperon de noir, en un coffre eftant oudit hoftel, lequel coffre il froiffa à une pierre.

Dit avecques ce, que au prieur de Signy, fon parent, environ ledit temps, il trouva en fon hoftel un petit coffre, lequel il rompi à une groffe pierre, & en ycellui coffre print lx fols t. en menue monnoye; & lefquelx houppellande, petite cofte & chapperon de noir lui furent refqueux & hoftez par fondit coufin, à deux lieues par deçà Chinon, emmi les champs, là où fondit coufin qui le pourfuïoit l'ataigny. Lequel fon coufin, par tant qu'il ot fefdiz biens ainfi par lui mal prins, le leffa aler où il voult, fanz lui fere autre dommage ou deftourbier.

(1) *Sic.* Engleterre?

A 3

Diſt encores que à une abbaye nommée Lencloiſtre (1),
à deux lieues de Chaſteauleraut, il vit & arriva depuis
qu'il fu party dudit lieu de Chinon; en laquelle abbaye,
qui eſt de dames de religion, il print en une des chambres des dames de leans trois cuevre-chefs de lin, & auſſi
en ycelle chambre print un galice d'argent qu'il trouva,
& ycellui deſpeça en trois pieces à l'ayde d'une groſſe
pierre dont il froiſſa ledit galice, & les pieces miſt &
muſſa en ſon ſain; & quant il fu au dehors de ladite
abbaye, les miſt en gaiges en une taverne, ſur un homme
appellé Simon de Mermignac, pour la ſomme de douze
ſols, que ycellui homme lui bailla en argent, tant ſur ce
qu'il avoit deſpendu en ſondit hoſtel par deux nuis qu'il
y avoit jeu, beu & mengé, comme en argent ſec.

Et, ce fait, fu mis hors de ladite gehine, & mené chauffer au feu de la cuiſine dudit Chaſtellet; auquel lieu il
perſevera & continua eſdites confeſſions par lui faites,
& oultre diſt que ledit galice il avoit prins en la ville de
Chaſteauleraut, en une aumailes eſtans en une chappelle
de l'egliſe dudit lieu, à un ſoir qu'il s'eſtoit logez en ladite egliſe; & ycelles aumailes avoit rompues d'une groſſe
pierre qu'il avoit trouvé à ſes piez, au plus prez de ladite aumaile, avecques x ſols en menue monnoye, qui
eſtoient mis & envolepez en un petit drapeau de linge
blanc, & ycellui drapeau enté & bouté en un gan. Et
autre choſe ne print en ycelle aumaille, jà ſoit ce qu'il y
euſt pluſieurs biens, comme aournemens appartenans à
une egliſe, chaſubles & autres choſes appartenans à dire
& chanter meſſe.

Congnut avecques ce que, demi an a ou environ, autrement n'eſt record du temps, qu'il eſtoit en ladite

---

(1) L'Encloiſtre ou Lencloiſtre en Chanfrenois, prieuré dépendant du
monaſtère de Fontevraud. Voy. *Clypeus Fontebraldensis*, & D. Houſſeau,
Coll. de Touraine, t. XVIII, p. 213 & 214.

eglife à Chafteauleraut, en laquelle les gens du pays re-
trayent leurs biens pour la guerre, ainfi comme il vouloit yffir hors de ladite eglife, vit & apperçut, à une
perche eftant en ycelle eglife, une robe de drap burel
grife, qui eft robe à femme, & ycelle robe tira jus de ladite perche, & l'emporta mucer en un arbre de chefne
eftant en la foreft au plus prez de ladite eglife; laquelle
robe eftoit fengle, fanz aucune fourreure ou doubleure.

Dit encores que au partement qu'il fift d'un homme
d'armes de la roufte des Galois, nommé Grantifel, quant
il leffa à fervir, qui fu environ l'an quatrevins & un, que
le roy noftre fire ala premierement en la guerre de Flandres, il print & ofta à fondit maiftre, en fa male, la fomme
de cinq frans en or & cinq frans en menue monnoye, &
un annel d'or ou d'argent, ne fcet lequel, fur lequel avoit
affis un très groz pelle blanc & fin du groz d'un groz poiz,
& lequel pelle lui fut ofté par un religieux de ladite
eglife de Chafteauleraut auquel il avoit congnoiffance,
avecques un cheval morel fellé & bridé, fur lequel il chevauchoit ou fervice dudit Galois, & lequel cheval il
vendi, an & demi a ou environ, la fomme de iiij l. tournois, au feigneur de Clervaut, de laquelle fomme il n'ot
oncques denier ne maille.

APRÈS LESQUELLES CONFESSIONS ainfi faites par ycellui
Symon de Verrue, & recitées en la prefence de lui &
dudit maiftre Denis de Baufmes, garde de la juftice defdiz de Saint-Magloire, demandé fu par ledit monf. le
prevoft audit maiftre Denis s'il vouloit encores pourfuir
fa requefte d'avoir la congnoiffance dudit Symon, lequel
fe advouoit noble & de noble lignée, & que il fouffrift
faire dudit Symon juftice & raifon, & que volentiers luy
feroient données lettres que ce ne portaft aucun prejudice, ores ou pour le temps avenir, à ladite juridicion
de Saint-Magloire, & voulfift confentir que ycellui pri-

fonnier feuſt juſticié comme par main ſouveraine. Lequel maiſtre Denis, après ce qu'il ot eu ſur ce conſeil aux conſeillers de ladite egliſe de Saint-Magloire, rapporta & diſt qu'il ſe conſentoit que par main ſouveraine & ſanz prejudice de ſadite juridicion de Saint-Magloire, pourveu que de ce il euſt lettres comme di eſt, que dudit priſonnier feuſt faite tele juſtice comme ledit monſ. le prevoſt & leſdiz conſeillers verroient qu'il feuſt à fere de raiſon, en ſoy deportant de la requeſte par lui cy devant faite.

ET, CE FAIT, ledit monſ. le prevoſt demanda à honorables hommes & ſages maiſtre Dreue d'Ars, lieutenant dudit monſ. le prevoſt; Jehan Delcy, Jaques du Boys, Denis de Baufmes, advocaz; P. Gilbert, Robert de Pacy, Girart de La Haye, Robert de Tuillieres, Jehan Soudant, Oudart de Fontenoy, Nicolas Chaon, Arnoul de Villers, Jehan de Bar, & Robert Petit-Clerc, examinateurs oudit Chaſtellet, qui preſens avoient eſté aus confeſſions faites par ycellui Symon de Verrue, leurs advis & oppinions qu'il eſtoit bon à fere dudit Symon, & comment l'en procederoit contre lui; tous leſquelx furent d'oppinion que ycellui priſonnier eſtoit un très fort larron, & que veu ce que dit eſt, & les reiteracions des larrecins par lui commis & faiz, ycellui Simon eſtoit dignes de recevoir mort pour ſes demerites, c'eſt aſſavoir d'eſtre pendus. Veues leſquelles confeſſions & oyes les oppinions deſdiz conſeillers, ycellui monſ. le prevoſt condempna ad ce ledit priſonnier, & en ſa preſence.

LEQUEL jugement fu executé ledit lundi, vjᵉ jour de ſeptembre, l'an deſſuſdit.

Et n'avoit aucuns biens.

AL. CACHEMARÉE.

## ADENET LE BRIOYS.

1ᵉʳ feptembre 1389.

L'AN DE GRACE MIL TROIS CENS QUATRE VINS ET NEUF, le mercredi premier jour de feptembre, par devant m·nf. le prevoft, lui eftant en jugement fur les carreaux, fu attaint & fait venir Adenet le Bryois, detenu prifonnier ou Chaftellet de Paris, à la requefte de Geffroy de Meaux, fellier, jufques ad ce que ycellui Adenet ait garanti audit Geffroy un certain frain à mule qu'il dit par lui lui avoir efté vendu, & lequel frain les gens & officiers de monf. le conte de Dampmartin dient leur avoir efté emblé en l'eftable dudit monf. le conte à Paris. Lequel Adenet, fur ce juré & interrogué de dire verité, & par ferement, dift & afferma par fondit ferement qu'il eftoit homme de labeur & ouvrier des baffes euvres (1), & que deux jours a, ou environ, lui eftant ès halles, un compaignon qu'il ne congnoift & dont il ne fcet le nom, lui bailla le frain de mule dont cy deffus eft faite mencion, lui pria & requift que ycellui frain il voulfift porter vendre, & que l'argent qu'il en recevroit il lui apportaft; & pour ce, print ledit frain & le apporta audit Geffroy, lequel il lui vendi la fomme de dix fols parifis, & atant fe parti de l'oftel dudit Geffroy. Et dit, fur ce requis, que oncques puis il ne vit cellui qui ledit frain lui bailla pour porter vendre.

LE JEUDI ixᵉ jour dudit mois de feptembre, en jugement fur les carreaux par devant ledit monf. le prevoft, prefens maiftre Dreue d'Ars, lieutenant; maiftre Martin Double (2), Adam Malaifie, advocas; maiftres Girart de

_____

(1) Vidangeur. Voy. *Dict. de Trévoux*, à Œuvre.

(2) C'eft lui que le Religieux de Saint-Denis (t. I, p. 237 de l'édi-

La Haye, Pierre Gilbert, Robert de Tuillieres, Jehan de Bar, Nicolas Bertin & Jehan Soudant, examinateurs; fu de rechef fait venir ledit Adenet le Brioys, qui ne voult aucune autre chofe confeffer que dit a deffus. Et pour ce, veu fon eftat, & afin de favoir dudit prifonnier la verité dudit frain & de fon gouvernement, furent d'op-pinion que ledit Adenet feuft mis à queftion. pour favoir par fa bouche la verité de la maniere de la prinfe d'icel-lui frain.

LE SAMEDI xj\* jour dudit mois de feptembre iiij\*\* & neuf, en la prefence dudit monf. le prevoft, ledit Ade-net le Bryois fu mis à queftion fur le petit trefteau, & illec congnut & confeffa avoir prins ycellui frain de mule ès eftables aus chevaux de l'oftel dudit monf. le comte de Dampmartin, eftant à Paris, lequel frain eftoit pendu à une cheville de boys en ladite eftable, & ledit frain avoir vendu la fomme de x f. parifis audit Geffroy de Meaux. Dit avecques ce, que deux ans a, ou environ, ainfi comme il paffoit à un matin auprez de l'oftel Jehan de L'Olive, il trouva un hoftel ouvert ouquel il entra, & en icellui print une houppeilande courte de drap marbré double, laquelle il trouva fur une huche eftant en ycellui hoftel, & valoit bien, à fon advis, environ xvj fols, & ycelle ufa pour fon veftir, fanz ce qu'il la vendefift. Dit oultre, que un an a, ou environ, lui & autres ouvriers des baffes euvres eftans & faifans leurdit meftier en la place Maubert, en l'oftel du Cheval-Blanc, ils prindrent & emblerent oudit hoftel un petit hanap de madre, qui pour lors valoit environ xx fols, lequel hen-

---

tion de M. Bellaguet) cite parmi les trois cents bourgeois arrêtés depuis le 12 janvier 1382-3, & enfermés dans diverfes prifons; & il lui donne le titre d'avocat au Châtelet. Juvénal des Urfins rapporte le même fait. Voyez encore, au fujet de Martin Double, l'anecdote racontée dans *le Ménagier*, t. II, p. 116, & Sauval, t. III, p. 664 & 666.

nap Guillemin des Halles, dudit meftier, demourant auprez de Glatigny, retint pour ledit pris, & le feurplus
de la valeur d'icellui hanap, rabatu fa part & porcion qui
lui en povoit competer & appartenir, bailla ycellui Guillemin à lui qui parle & à un autre compaignon dont il
n'eft reccord du nom, qui avecques lui & ledit des Halles
avoient prins ycellui hanap. Dift & confeffa encore que
fix ans a, ou environ, autrement du temps ne fe recorde,
il, eftant mucé ou lieu que l'en dit le Petit Boys de Paris,
entre la ville de Paris & Meleun, paffa par devant lui un
compaignon nommé Guillemin, lequel il congnoiffoit de
long temps, & eftoit devers Chaalons en Champaigne,
lequel Guillemin, fanz ce qu'il fe donnaft en aucune maniere garde de lui qui parle, il feri d'une maffue en la
tefte, dont il le tua, en entencion d'avoir l'argent qu'il
pençoit que ycellui Guillemin portaft fur foy; & toutes
voies il ne trouva fur ycellui Guillemin que x fols, lefquelx il print & appliqua à fon prouffit. Dit auffi que
deux ans a, ou environ, que lui & autres compaignons
dont il ne fcet les noms, fors d'un nommé Caftille, fouperent enfemble à l'enfeigne de l'Efcreviffe, à la porte
Baudet; & quant ilz orent foupé, dirent li uns aus autres
qu'ilz s'en alaffent coucher au lieu que l'en dit le port au
Fain de Paris, eftant fur Saine, auquel lieu, ainfi que
parolles fe meurent entre lui & ledit Caftille d'une part,
& un des compaignons qui avoit foupé avecques lui,
comme dit eft, d'autre part, ycellui Caftille fery d'un
coufteau ycellui homme, & affez toft après ce, il qui
parle de rechef fery fur ycellui homme, & tant qu'il le
tuerent & lefferent pour mort en la place au Fain. Dit
avecques ce, que ainfi comme le roy noftre fire aloit en
Flandres ou fecond veage (1), lui & autres compaignons
bretons, dont il ne fcet les noms, fe affemblerent enfem-

---

(1) En août 1383.

ble pour aler oudit veage; & ainsi comme il estoient à
deux lieues prez de la ville d'Arras, trouverent quatre
hommes, ne scet dont ilz estoient, & yceulx tuerent audit lieu, en entencion d'avoir leurs biens qu'il portoient
sur eulx, desquelx biens il ot à sa part vint francs; & dit
que, depuis ledit fait, il ne vit aucun d'iceulx compaignons.

Lequel Adenet, après ce qu'il fu mis hors de ladite
question & gehine, & qu'il estoit au feu en la cuisine dudit Chastellet, persevera, continua & rattiffia les confessions cy devant par lui dites; & oultre ce, congnut &
confessa que xvj ans a, ou environ, au temps n'est record,
lui estant logé ou chasteau de Mirebaut, trouva une jeune
fille de l'aage de xxiiij ans ou environ, avecques laquelle
il jeut la nuit qu'il vint oudit chastel, & ycelle congnut
charnelment contre son gré & volenté.

Veues les confessions duquel Adenet, qui lui furent
leues & recitées en la presence dudit monf. le prevost,
de maistres Jehan Truquam, lieutenant (1); Dreue d'Ars,
auditeur; Pierre Gilbert, Miles de Rovroy, Arnoul de
Villers, Robert de Tuillieres & Jehan Soudant, examinateurs, & par lui confessées de rechef par la maniere
que dit est, les dessus diz furent d'oppinion que ycellui
Adenet le Bryois, veu & consideré ce que dit est, ycellui
Adenet estoit un très fort murdrier & larron, & qu'il estoit
dignes d'estre, pour ses demerites, trainé & pendu. Lesquelx oppinions oïz, & consideré ce que dit est, ycellui
Adenet fu condempné à estre justiciez comme tel par ledit monf. le prevost.

(1) Sur Jean Truquam, voy. Sauval, *Antiquités de Paris*, III, 665, &
*Hist. de Flamel*, 1761, in-12. — Il mourut le 2 avril 1406, & fut enterré
à Saint-Jacques de la Boucherie. (De La Mare, *Traité de la Police*, I, 213.)

LEQUEL ADENET, lui eſtant auprez de la juſtice, à la fin de ſes jours & darrenier tourment, congnut & confeſſa à moy, Aleaume Cachemarée, clerc dudit monſ. le prevoſt, commis de lui à faire faire ladite execution, preſens Jehan Le Foreſtier, Jehan Soutil & Phelipot Damade, ſergens à cheval du Chaſtellet de Paris, ꝗue lui & un nommé Perrin Petit, en eulx en venant de la ville de Meleun, & paſſant par la Ferté-Gaucher, ainſi comme ilz eſtoient logez en un hoſtel Dieu en ladite ville, ycellui Perrin print de nuit, en une bourſe d'un homme eſtant couché en ladite hoſtellerie, xl ſols en menue monnoye, dont il beut ſa part dudit argent. Et avecques ce, diſt que lui, ledit Perrin, & autres qui ouvroient ès aigoux de l'eveſque de Paris, environ deux ans a, un nommé Thiebaut qui ouvroit avecques eulx eſdiz aigoux, fu par ycellui Perrin, qui lors avoit hayne audit Thibaut, fait cheoir en yceulx aigoux, eſquelx il ala de vie à treſpaſſement; pour lequel fait lui & ledit Perrin furent longuement priſonniers au Palais & à Saint-Eloy, & depuis ce, par la pene de priſon, mis au delivre. Dit oultre que lui, un nommé Henry le Sauveur, dit le Convers, & autres ouvrans du meſtier des baſſes euvres, eſtans en l'oſtel Guillaume d'Anfrenet, treſorier des guerres, en ycellui temps fu par ledit Henry fait certain larrecin oudit hoſtel, montant à xx l. ou environ, duquel il qui depoſe n'ot oncques riens, maiz ſeulement iiij ſols qu'il gaigna la nuit qu'il ouvra oudit hoſtel, en la compaignie dudit Perrin. Et que ainſi comme les gens dudit hoſtel ſceurent & apperceurent ledit larrecin avoir eſté fait oudit hoſtel, il en orent ſoufpeçon contre lui, pour laquelle ſoufpeçon, jà ſoit ce qu'il n'y euſt riens de ſon fait, comme dit eſt, il fu batu & navré en la teſte.

APRÈS leſquelles confeſſions ainſi congneues par ledit Adenet, le jugement cy deſſus eſcript donné contre ledit

Adenet fu executé ledit famedy xj<sup>e</sup> jour de feptembre l'an mil ccc iiij<sup>xx</sup> & neuf.

Et n'avoit aucuns biens.                    AL. CACHEMARÉE.

## GUILLAUME DE BRUC, ESCUIER.

### 24 feptembre 1389.

L'AN DE GRACE MIL TROIS CENS QUATRE VINS ET NEUF, le vendredi xxiiij<sup>e</sup> jour de feptembre, par Pierre de La Mote & Pierre Caloire, clers de monf. le chancellier de France (1) & concierge du palays du roy noftre fire à Paris, fu rapporté à monf. le prevoft, lui eftant en jugement fur les carreaux, que du commandement de bouche à eulx fait par ledit monf. le chancellier, il avoient fait admener prifonnier ès prifons dudit Chaftellet Guillaume de Bruc, efcuïer, afin que par ledit monf. le prevoft lui feuft faite raifon & juftice felon certaines confeffions faites par ledit efcuïer, devant honorable homme & fage maiftre Henry de Marle, advocat en parlement & bailli d'icelle conciergerie. Defquelles la teneur enfuit.

L'AN MIL TROIS CENS QUATRE VINS ET NEUF, le famedi xviij<sup>e</sup> jour de feptembre, fu admené prifonnier en la conciergerie du palays royal à Paris, Guillaume de Bruc, né de Redon en Bretaigne, fi comme il dit, par Bernart de Laigny, fergent d'armes du roy noftre fire, & par Gervaife du Tartre, fergent à verge du Chaftellet de Paris, à la requefte & pourchas de Jaques Reboutin, efcuïer, conneftable des arbaleftriers de la garnifon de Saintes en Poitou, lequel Jaques le foufpeçonne de lui avoir ofté & emblé plufieurs chofes & robes en fon hoftel, à Cham-

(1) Arnaud de Corbie.

bely le Hauberger, pour ce qu'il a esté trouvé saisi d'un chapperon double, mi-parti de brunette d'un costé, & de l'autre rouge & brunette, que ledit Jaques dit estre sien.

ET, CE JOUR, DIST ET DEPOSA par son serement, ledit Jaques, que vray estoit que le ij⁰ jour du mois de janvier darrenierement passé on lui osta & embla à son hostel, à Chambly, les choses qui s'ensuivent, c'est assavoir : un chapperon double mi-parti de brunette d'un costé, & de l'autre rouge & brunette. Item, une houppellande de vert d'Engleterre fourrée d'escureux, longue jusques aus piez. Item, une espée du pris de trois frans. Item, une houppellande de gris drap de Monstreviller, doublé de pers, & longue jusques aus piez. Item, une piece de drap. Item, une piece de drap vermeil contenant trois aulnes & demie ou environ. Item, un sac de cuir fourré de chaz. Item, une demie aulne de brunette violette. Item, unes chausses blanches semelées. Item, que environ a huit jours, on lui osta & embla, en sondit hostel, deux chevaux, l'un grison pommelé & l'autre baïart. Et que environ a trois sepmaines, il trouva ledit prisonnier qui avoit sur sa teste ledit chapperon, & pour ce requist à un sergent que il mist la main à lui.

GERVAISE DU TARTRE, sergent à verge du Chastellet de Paris, demourant en la rue Saint-Martin, dit & depose par son serement, que environ a trois sepmaines, à la denonciacion & requeste dudit Jaques, il print ledit prisonnier qui avoit ledit chapperon sur sa teste; lequel prisonnier leur requist que il le menassent en la rue Saint-Jaques, & il leur enseigneroit où ; & en passant par devant Saint-Severin, s'en fouy & se bouta en franchise oudit moustier.

BONIFACE DE PRUNACZ dit & depose par son serement qu'il scet bien que ledit Guillaume de Bruc est cellui que

ledit fergent à verge avoit prins, & que il avoit ledit
chapperon en franchife à Saint-Severin (1).

ET LEDIT JOUR FEISMES venir par devant nous, Henry
de Marle, bailly de ladite conciergerie, ledit prifonnier,
lequel, en la prefence de maiftre Giles Labat (2), procureur en parlement; Bernart de Laigny, fergent d'armes;
Pierre Fredon & autres, nous feifmes jurer que il nous
diroit verité de ce que nous lui demanderions, lequel
nous refpondi que fi feroit-il. Auquel nous demandafmes
de quel eftat il eftoit & de quel meftier, lequel nous refpondi que il eftoit de nul meftier, maiz eftoit gentilhomme, & avoit pourfuy & pourfüioit les guerres, &
avoit efté ou fervice & en la compaignie de plufieurs
gentilshommes (3). Et oultre lui demandafmes où il avoit
prins ledit chapperon, & pourquoi il s'eftoit bouté en
franchife à Saint-Severin, lequel prifonnier nous refpondi
que ce ne fcet-il pas, & que oncques n'avoit veu ledit
conneftable duquel nous lui faifions demonftrance. Requis s'il avoit efté à Saint-Severin, dit que oïl par plufieurs fois pour oïr meffe. Requis d'un feel d'argent qu'il
avoit, où il avoit efté gravé & où il l'avoit prins, dit à
Angers. Requis s'il avoit point de cheval, dit que non.

----

(1) Il faudroit, pour compléter le fens : il avoit ledit chapperon *eftant*
en franchife.

(2) Dès l'an 1383, il exerçoit ces fonctions de procureur au parlement. Compromis dans la fédition des Maillotins par quelques actes
arbitraires, il dut prendre la fuite au retour du roi à Paris; mais il
obtint, en juillet 1383, des lettres de rémiffion à la requête du maréchal
de Sancerre (Tréfor des chartes, reg. 123, 14). Sa grace fut complète,
puifque, comme on le voit, il fut rétabli dans l'exercice de fes fonctions.
(Voy. *Ménagier de Paris*, t. I, p. 137, note.)

(3) Il ne dit pas qu'il avoit été au fervice du roi de France; c'eft ce
qui réfulte de la revue du fire de Cliffon, où il eft nommé comme faifant partie de fa compagnie, compofée de cent foixante-cinq écuyers
aux gages du roi. Cette revue eft paffée à Vannes le 1er janvier 1375-6.
(Voy. D. Morice, *Hift. de Bretagne*, preuves, t. II, col. 101.)

ITEM, que ledit jour a esté trouvé par Pierre Chevalier que ledit feel a esté gravé à Paris, en rue Neufve Nostre-Dame, par Jehan Bourdon. Avecques ce, a esté trouvé un cheval que ledit prisonnier avoit en la rue du Temple, aus Maillez, par ledit Gervaife du Tartre.

LESQUELLES CHOSES confiderées, la confeffion & variacion dudit prisonnier, & oy l'oppinion des deffus nommez, nous difons que ledit prisonnier est digne d'estre mis à queftion pour favoir la verité par fa bouche.

ET LE LUNDI enfuïant, en la prefence de Enguerran Vaufaillon, maiftre Jehan Dubert, Pierre de La Mote, Robin Cochereau & plufieurs autres, feifmes venir par devant nous ledit prisonnier, auquel de rechef nous deifmes que nous deift verité où il avoit prins ledit chapperon, & qu'il avoit fait des autres chofes qu'il avoit prinfes avec. Lequel prisonnier dit qu'il l'avoit acheté, & que oncques ne les avoit prinfes ne emblées. Et pour en favoir la verité, le feifmes eftandre en ladite queftion. Et, après ce, nous dift & requift que pour Dieu merci nous le feiffions mettre jus, & que il nous diroit tout, & que nous feiffions de lui ce qu'il nous plairoit. Et lors le feifmes delier, mener & affeoir devant le feu; & là, de fa plene volenté & hors de toute gehine, nous dift & conffa ce qui s'enfuit : c'est affavoir, que environ le jour de l'an darrenierement paffé, il ala en pellerinage à Nostre-Dame de Pontoife, & de là à Chambly, où il fu un jour & une nuit. Et ainfi qu'il mufoit en la ville, il vit ledit Jaques Reboutin emmi la rue, qui lui fembla eftre riche homme & de grand eftat; & pour ce, demanda à un homme qui là eftoit, qu'il ne congnoift ne ne fcet nommer, qui eftoit ledit Jacques & où il demouroit, lequel lui refpondi que c'eftoit un Lombart & homme d'armes, & qui faifoit affez de biens à ceulx de la ville & du pays, & qu'il leur preftoit

I                                                          B

de l'argent quant ilz en avoient meftier. Et, celle nuit, ledit prifonnier advifa l'oftel dudit Jaques, & monta par
deffus les murs du jardin dudit hoftel, & ala en la granche
de leans, qui eftoit defclofe, où il print une efchelle,
laquelle il dreça contre les murs de la chambre dudit
Jaques, en laquelle il entra par une feneftre, & là dedans
print ledit chapperon mi-parti & les autres chofes deffus
nommées, excepté la demi aulne de brunette, lefquelles
il enfardela enfemble, & les porta & muffa en un boys
qui eft emprez ladite ville de Chambly, où elles furent
trois ou quatre jours. Et ce pendant, vint à Paris, & puis
les retourna querir & les aporta à Paris, chez un freppier
qui demeure en la rue Saint-Germain l'Aucerrois, à
l'ymage Noftre-Dame, fur quoy il a eu & emprunté du
dit freppier xxviij f. par., excepté les trois aulnes &
demie de drap vermeil, que il fift taindre en brunete &
fift faire une houppelande, laquelle il a baillée en garde
& leffiée pour demi franc en l'oftel du Cigne, en la grant
rue Saint-Jacques. Requift qui eftoit avecques lui à faire
ledit larrecin, dit, par le dampnement de fon ame, qu'il
n'y avoit homme du monde, & que nuls n'en favoit riens,
fors lui tout feul.

Item, nous congnut & confeffa que, environ a viij ou
ix ans, il demoura avecques Guillaume Rabaut, demourant à Renes en Bretaigne, auquel il ofta & embla onze
frans, que il print en une boifte que ledit Guillaume
avoit muffée en fon celier. Item, que environ a fept ans,
il print & embla par nuit deux chevaux à la Gaffegnie en
Bretaigne, qui eftoient à deux marchans qui les avoient
mis en une eftable, & valoient bien xxx fr.; & avecques,
print & emporta leurs efpées & leurs brydes; & defquelx
chevaulx il bailla l'un à un fien frere nommé Gieffroy de
Bruc (1). Et dit, fur ce requis, que fondit frere ne fa-

_____

(1) C'eft fans doute lui qui reçut des marques de la libéralité de

voit riens dudit larrecin, fors quant il s'en defcouvry à lui. Item, que environ a cinq ans, il embla un autre cheval en la ville de Mauleon en Bretaigne, qui valoit bien xx fr. Item, dit que environ a vij ans, il print par force une jeune femme mariée à un coufturier demourant à Saint-Aubin du Cormier en Bretaigne, à laquelle il ot compaignie charnelment, oultre le gré & volenté de ladite femme.

Item, dit que il a demouré avecques meffire Jehan de Pierre Buffiere, chevalier, à Chafteauneuf en Auvergne, & que ainfi que il chevauchoit avec fondit maiftre, il fu prins par un homme d'armes de la garnifon de Ventadour, qui le mena prifonnier audit lieu de Ventadour. Et convint que il feift ferement à fon maiftre qui l'avoit prins que il fe armeroit avecques ceulx de leans contre tout homme. Et avec lefquelx ledit prifonnier a demouré l'efpace d'un an & plus, durant lequel temps il s'eft armé & chevauché avecques eulx & en leur compaignie, où l'en a pillié, robé, bouté feux, prins prifonniers & admené audit Ventadour. Et auffi a efté prefent à affaillir & prendre le chaftel de Mouftiers, où il y ot deux hommes dudit chaftel qui furent tuez par ceulx de Ventadour, l'un de trait & l'autre à la barriere.

Item, dit que en retournant de Flandres, de l'un des voyages que le roy noftre fire y a darrenierement fait, il print & embla, en une petite ville qu'il ne fcet nommer, ne fe elle eft en Artois ou en Flandres, un mantel à

---

Jean V, duc de Bretagne. Voulant le récompenfer de fes fervices, & l'indemnifer de fes dépenfes pour l'entretien de plufieurs hommes d'armes qu'il avoit menés en fa compagnie, tant en Bretagne que dans les deux voyages qu'il avoit faits en France, le duc lui affigna une fomme de cent livres à percevoir fur fes recettes ordinaires & extraordinaires. Le mandement conftitutif de cette fomme eft daté de Vannes, 26 avril 1409. (*Hift. de Bretagne*, par D. Morice & D. Taillandier, t. II, preuves, col. 816.)

homme & une cote à femme, lefquelx il porta en Guyenne, où il les a vendus ne fcet combien.

Item, dit & confeffe que environ a un mois, il ala à Saint-Marcel advifer par où il pourroit entrer en un grand hoftel neuf qui eft au deffus de la boucherie, du cofté de Noftre-Dame des Champs, &, environ minuit, apporta une efchelle qu'il avoit prinfe à Noftre-Dame des Champs, en un coulombier, & monta par deffus les murs des vignes & du jardin de leans, & dreça ladite efchelle, & entra par une feneftre en la chambre du clerc de leans, & print en fa bource, qui eftoit foubz le chevet de fon lit, où il dormoit, ne fcet combien d'argent; & fi print fes clefs, & ala à un coffre, lequel il en cuida deffermer & ouvrir, maiz il ne pot, & pour ce remift l'argent en la bourfe dudit clerc & les clefs là où il les avoit prinfes, afin que on ne s'apperceuft que il euft efté homme leans, & s'en retourna fanz autre chofe fere, & rapporta ladite efchelle oudit coulombier; & à un autre jour retourna par nuit oudit hoftel, & monta par deffus les murs comme dit a deffus, maiz n'y pot & ne ofa riens faire, pour les chens de leans qui l'abayerent trop fort. Requis qu'il vouloit fere oudit hoftel, & s'il avoit intencion de y tuer ne murdrir ame de leans, dit que non, & qu'il n'y vouloit entrer fors pour embler tout ce qu'il euft peu trouver & prendre de bon.

Item, dit que, environ a viij jours, il fut femblablement par nuit à Saint-Germain des Prez, & print une efchelle en une des tuilleries qui font prez de l'abbaye, & monta par deffus les murs du jardin d'un hoftel qui eft prez de la porte par où on va de Paris à la boucherie Saint-Germain (1), ouquel jardin a un grant coulombier, & cuidoit entrer &

_____

(1) Cette porte eft celle de Buffy, qu'on paffoit, en effet, pour aller de Paris, par la rue Saint-André des Arts, aux boucheries de Saint-Germain, fituées à l'endroit où aboutit aujourd'hui la rue de l'Échaudé

monter ès chambres de leans, maiz il n'y pot ne ofa monter,
pour les chens de leans qui l'abayerent, &c., & s'en ala
fanz autre chofe faire. Et en oultre, 2 dit & confeffé que
il a efté en plufieurs voyages, affemblées & chevauchées
de gens d'armes, avecques lefquelx il a pillié & robé, prins
chevaulx, jumens, beufs, vaches & autres chofes, &
d'iceulx a prins argent de ceulx à qui ilz eftoient avant
que il les leur ait voulu rendre.

Lequel Guillaume de Bruc fu attaint en jugement
fur les carreaux, le famedi fecond jour du mois d'ottobre
l'an mil ccciiij$^{xx}$ & neuf, par devant maiftre Jehan Truquam, lieutenant de monf. le prevoft, prefens maiftre
Henry de Marle, advocat en parlement; maiftre Dreue
d'Ars, auditeur; Jehan Soudant, Robert de Pacy, examinateurs ou Chaftellet; maiftre Michel Pailler & maiftre
Jean Ferrebouc. Lequel, aprez ce qu'il ot juré fur les
fains Euvangilles de Dieu qu'il diroit verité de ce qui lui
feroit demandé par ledit lieutenant, & que les confeffions cy devant efcriptes, par lui faites en la conciergerie
du Palais, par devant ycellui maiftre Henry de Marle,
lui eurent efté leues à grant diftance & par articles, l'un
après l'autre, dift & afferma par fon ferement que jà foit
ce que autreffois il peuft bien avoir congneu avoir fait
ycelles, & par devant ledit maiftre Henry, neantmoins
elles ne foient pas vrayes, & ycelles avoit dites par force
crainte & paour de gehine, en laquelle ycellui maiftre
Henry l'avoit mis ou fait mettre. Et, ce fait, demandé fu
ausdiz affiftans leurs opinions, & que l'en avoit à fere
& proceder fur les fais deffus diz contre ledit prifonnier.
Tous lefquelx, confiderées les confeffions & denegacions

(près la rue du Four). Il eft bien probable que le jardin *ouquel a un
grant coulombier* étoit placé fur le bord du chemin devenu depuis la rue
du Colombier (aujourd'hui le commencement de la rue Jacob).

faites par ycellui Guillaume de Bruc, delibererent & furent d'oppinion que, pour ſavoir la vraye verité par ſa bouche de ce, ycellui Guillaume feuſt mis à queſtion, & ad ce fut condempné par ledit lieutenant.

EN ENTERINANT LEQUEL JUGEMENT, ledit Guillaume de Bruc, priſonnier, fu fait deſpoiller, lié à la queſtion ſur le petit treſteau, avant ce que l'en lui euſt donné comme pou ou neant d'eaue à boire, requiſt inſtanment que d'icelle gehine l'en le voulſiſt faire mettre hors, & il diroit vraye verité des cas dont accuſé avoit eſté. Lequel priſonnier, après ce qu'il euſt eſté chauffé bien & deuement, fu ramené par devant nous ſur leſdiz carreaux, ouquel lieu, en la préſence des deſſus diz, il recommenda l'ame de ſoy à Dieu, à la benoite Vierge Marie & à toute la ſainte Trinité de Paradis, en eulx requerant que ſes meffaiz, torfaiz & peſchez lui voulſiſſent pardonner; & congnut, rattiffia & approuva les larrecins, efforcement de femme & chevauchées deſſus diz, par lui avoir eſté faiz; & yceulx avoir congneu par devant ledit maiſtre Henry, & encores congnoiſſoit eſtre vrais, en diminuant & oſtant d'icelle confeſſion l'article qui fait mencion que, en revenant du voyage de Flandres, il deuſt prendre & embler un mantel à homme & une coſte à femme (1); car il a prins ſur le dampnement de l'ame de lui que oncques en ſa vie il ne entra ne fu oudit pays de Flandres, ne n'y print aucuns biens. Et oultre augmenta, en ſadite depoſicion & confeſſion, avoir prins & emblé, en la chambre dudit conneſtable, ladite demie aulne de brunete qu'il avoit exceptez en ſa confeſſion non avoir prinſe ne emblée (2). Et auſſi que en la boiſte dont ſadite confeſſion fait mencion, en laquelle il print onze frans, il

---

(1) Voy. ci-deſſus, p. 19 & 20.
(2) Voy. ci-deſſus, p. 18.

avoit bien cent francs, & toutefvoies n'en print-il plus
que yceulx onze frans. Laquelle boifte il print en un
coffre en l'oftel, où il le print & rompi la ferrure du
coffre ouquel ladite petite boifte eftoit.

ITEM, LE LUNDI enfuivant, iiij<sup>e</sup> jour dudit mois d'ottobre mil ccc iiij<sup>xx</sup> & neuf, en jugement fur les carreaux,
par devant maiftre Jehan Truquam, lieutenant, prefens
maiftres Guillaume Drouart, lieutenant dudit monf. le
prevoft; Martin Double, advocat du roy; Dreue d'Ars,
auditeur; Jehan de Bar, Jehan Soudant, Oudart de Fontenoy, examinateurs; Michel Marchant, Oudart de Montchauvet, Denis de Baufme, advocas oudit Chaftellet, &
Jehan de La Folie, receveur de Paris; le deffus dit Guillaume de Bruc, prifonnier, fu fait venir, lequel perfevera
& continua ès confeffions par lui faites cy devant efcriptes,
lefquelles lui furent leues mot l'un après l'autre. Et oultre
ce, congnut que quant il fu prins par fon maiftre, qui
eftoit des gens & ferviteur d'un nommé Teftenoire (1),
capitaine & chef du fort de Ventadour, il fift ferement
à fondit maiftre de le fervir contre tous ceulx qui povoient vivre & mourir; en la compaignie duquel fon
maiftre, dont il n'eft record du nom, & auffi dudit Tefte-
noire & foubz lui, il a par plufieurs fois chevauché, porté

---

(1) Froiffart parle fouvent de Geoffroi Tefte-Noire. Le chapitre qu'il
a confacré au récit de fes derniers moments & de fa mort eft rempli de
circonftances fabuleufes. Tout en faifant, dans cette chronique, la part
de la fiction, on n'en eft pas moins obligé d'y recourir pour tout ce qui
concerne l'organifation des grandes compagnies & l'hiftoire de leurs
chefs, encore fi peu connues. Voici, du refte, l'indication des chapitres
de Froiffart qui renferment quelques détails fur Geoffroi Tefte-Noire :
liv. II, chap. XLVII, p. 57, 58, en 1379; chap. CCXIV, p. 286, 287,
en 1383; liv. III, chap. XC, p. 645-647, en 1387; chap. XCVII,
p. 664, 665, en 1387; chap. XCIX, p. 674, en 1387; chap. CXIII,
p. 705, en 1388; chap. CXXXII, p. 750, 751, en 1388; liv. IV,
chap. XI, p. 34-40, en 1389 & 1390; ce dernier chapitre eft poftérieur

le bacinet, lui armé de jaque & de cote de fer, couru, pillié & rançonné les gens & pays d'environ le fort de Mouftiers, eftant affez prez dudit lieu de Ventadour, lequel fort de Mouftiers eftoit en l'obeiffance du roy noftre fire au temps que par ycellui Teftenoire, fondit maiftre & lui qui parle fu prins & mis en la fubjeccion dudit Teftenoire, à laquelle prinfe il ot deux hommes tuez par la maniere que dit a en la confeffion par lui faite devant le deffus dit maiftre Henry de Marle. Congnut auffi que ou fervice de fondit maiftre & foubz le gouvernement dudit Teftenoire, il fu & fervi yceulx l'efpace de quatre mois ou environ, & en la compaignie de leurs gens & ferviteurs couru ou pays d'environ ledit lieu de Ventadour en fourraige ; & dift & congnut, fur ce requis, que pendant le temps d'iceulx iiij mois qu'il fu ès chevauchées devant dites & ès diz fourrages faiz par les varlets & ferviteurs d'icellui Teftenoire, il fe feuft bien & par plufieurs fois efchappez de la compaignie de fes compaignons. Maiz il lui eftoit advis en fa confcience que, s'il feuft partis d'iceulx Teftenoire & fon maiftre fanz prendre congé d'yceulx, & qu'il le quitaffent du ferement deffus dit à eulx fait, qu'il feroit parjures & auroit menti ; pour fauver laquelle fa foy & ferement, il fervi fondit maiftre & retourna par le temps deffus dit tous

---

à la mort de Tefte-Noire. D'autres chroniqueurs ont auffi parlé de ce chef de bande ; je citerai entre autres l'Anonyme de Saint-Denis, t. I, p. 500-503 de l'édition publiée par M. Bellaguet, & Juvénal des Urfins, p. 360 & 361 de l'édition du *Panthéon littéraire.* Ces deux paffages fe rapportent à l'année 1388, & font relatifs à la prife de Montferrand. Baluze a raconté, d'après Froiffart, les négociations tentées par le comte d'Armagnac pour la reddition de Ventadour, occupé par Geoffroi Tefte-Noire (*Hift. de la maifon d'Auvergne*, t. I, pag. 202). M. de Fréville a publié un mémoire fur les grandes compagnies au xivᵉ fiècle (*Biblioth. de l'École des Chartes*, première férie, t. III, p. 258-281), mais ce mémoire, affurément fort curieux, pourroit être complété avec les documents fournis par notre Registre.

jours oudit fort de Ventadour. Congnut auſſi que pour
cauſe de paroles injurieuſes meues par entre ſondit maiſtre
& lui, & que ycellui ſon maiſtre le vouloit batre, il pria
& requit audit Teſtenoire que le ſerement à lui fait il lui
vouſliſt remettre, diſant que ſanz ſon congé il ne s'en
vouloit point partir; & ne vouloit plus ſervir ſon maiſtre,
pour cauſe des injures qui avoient eſté dites par entre
eulx. Lequel Teſtenoire remiſt à lui qui parle ſondit
ſerement, & partant ſe parti dudit lieu de Ventadour,
& s'en vint veoir ſon pere & ſes amis eſtans ou pays de
Bretaigne, par la fourme & maniere que deſſus a depoſé.

Veues lesquelles confeſſions faites par ycellui Guillaume de Bruc, les rattiſſicacions, approbacions & perſeveracions par lui faites en la preſence des deſſus diz
confeillers, la vie & gouvernement d'icellui, & l'eſtat de
ſa perſonne, leſdiz confeillers preſens delibererent &
furent d'oppinion que ycellui Guillaume de Bruc, pour
les cauſes devant dites, feuſt traynez, & d'illec menez ès
halles, & en l'eſchaffaut feuſt, comme traittres du roy
noſtre ſire & de ſon royaume, decapitez, & en après ce,
le corps & la teſte mis & pendus à la juſtice. Et ainſi
prononçaſmes & jugaſmes.

Item, le mercredi enſuivant, vie jour dudit mois
d'ottobre oudit an iiijxx & neuf, ycellui Guillaume de
Bruc, après que il ot eſté traynez & qu'il fu ès halles
monté ſur l'eſchaffaut où l'en cope les teſtes, en la preſence de maiſtre Jehan Truquam, lieutenant, & de pluſieurs des gens du Chaſtellet, illec aſſemblez pour veoir
la juſtice, ſupplia & requiſt, comme puis huit ans ença
il euſt & ait eſté homme de mauvaiſe vie & gouvernement, pillié & robé pluſieurs bons ſeigneurs & marchans,
& qu'il veoit bien qu'il eſtoit à la fin de ſes jours, que
en l'onneur de Dieu, de la Vierge Marie, & de toute la

benoite & fainte Trinité de Paradis, l'on voulfift oïr, efcouter & efcripre les pechez, larrecins & mauvaiftiez par lui faites & commifes puis le temps deffus dit. Auquel, par ledit maiftre Jehan, fu dit & accordé que volentiers il & les affiftans illec les orroyent, & ycelles feroit efcripre le mieulx qu'il pourroit par le clerc juré de monf. le prevoft.

LEQUEL GUILLAUME, difant lui eftre remenbrant des extorcions, mauvaiftiez & larrecins par lui commifes, congnut publiquement que, au partir qu'il fift de la ville de Ventadour, il trova un bon homme de plat pays, en la bourfe duquel il print deux francs qui eftoient en ycelle.

Item, lui eftant en la ville de Perac en Lymofin, de nuit, il entra en un hoftel, ouquel il print & embla une robe, un blanchet & une cote, avecques viij f. qui eftoient en la bourfe de l'omme en quel hoftel il print les chofes deffus dites.

Item, en la ville de Charros en Berry, en un hoftel où il eftoit logez, en la bourfe de fon hofte, lui eftant couché, iiij fr. en or; & en la bourfe d'un autre homme qui eftoit logez oudit hoftel, iiij blans.

Item, il monta à une efchelle, de nuit, ou fort de Charros, lequel il avoit advifé par plufieurs fois par deffus les murs, ouquel il rompi les coffres eftans à la dame dudit lieu, efquelx coffres il print & embla plufieurs joyaulx & anneaulx qui eftoient à icelle dame, n'eft record quelx joyaulx, pour ce qu'il y a bien vj ans qu'il fift ycellui larrecin; & lefquelx joyaulx il bailla, dès lors qu'il les euft prins, en garde à un homme nommé Berthier Guichart, demourant au Blanc en Berry, lequel les a encores.

Item, en la ville de Ron en Poitou, en une hoftellerie en laquelle il fe bouta de nuit, en la bourfe d'un homme qui eftoit logé leans & qui dormoit, viij ou ix fr. en or.

Item, en la ville de Couloigne la Royal, plufieurs & grant quantité de draps de fanguine & de brunette, jufques au nombre de xxj aulnes, en deux pieces, dont il y en avoit xvj aulnes en fanguine, lefquelles il bailla en garde audit Berthier. En laquelle ville femblablement il print de nuit lesdiz draps, & auffi v ou vj frans en or, qui eftoient ou coffre d'un homme d'icelle ville, lequel il rompi; & entra en l'oftel d'icellui par les feneftres de fon hoftel; & avecques ce, print de nuit en ycelle ville de Couloigne, en l'oftel Jehan Beuf, vij ou viij aulnes de drap ne fcet de quelle couleur, & lequel il emporta, & depuis le vendi ne fcet en quel lieu, combien ne à quelz perfonnes.

Item, confeffa que, en la ville de Mauleton, il print & embla, à un homme logé en un hoftel de ladite ville, un franc qui eftoit en la bourfe dudit homme, & auffi fon cheval, de poil gris, qui eftoit en l'eftable dudit hoftel, lequel cheval valoit bien xx fr., fi comme il dit.

Item, à Martigny Briant en Anjou, il defpendi fur fon hofte où il eftoit logé iiij fr., pour ce qu'il eftoit malade; & quant il fu guery, il fe parti dudit hoftel fanz riens païer.

Item, à Clichon, il print & embla, au marefchal de ladite ville, un franc qui eftoit en fa bourfe, & auffi une robe de camelin qui eftoit chez ledit marefchal.

Item, au feigneur de Montfaucon, il print & embla trois taffes d'argent; maiz depuis il les remift au lieu où il les avoit prinfes; & neantmoins il y print & embla trois blans.

Item, à Bour-neuf-en-Rays en Bretagne, il print & embla, en la bourfe d'un bon homme qui dormoit, trois frans en or & autre menue monnoye.

Item, à Nannis (1), à deux lieues de la Rochelle, il print & embla, en la bourfe de la femme de l'ofte où eftoit

(1) Peut-être *Anis*.

logé, fix frans en or & autre monnoye; & la nuit que ce fut fait, il print auffi & embla, en la bourfe d'une bonne femme de ladite ville qui dormoit, xij fous.

Item, en venant à Orleans, il print & embla à la Ferté Nebaut, en la bourfe d'un bon homme, un franc d'or.

Item, à Thory en Beauffe, il print & embla vij pieces & deux frans en autre monnoye.

Item, à Eftampes, xxiiij f. en la bourfe d'un homme qui eftoit logé en une hoftellerie de ladite ville.

Item, à Chaftres foubz Montlehery, trois barrettes & un franc en menue monnoye à marchans qui dormoient.

Item, à Pevriers, à un bon homme & à une bonne fame, iiij fr., deux en or & deux en menue monnoye.

Item, à Marcilly les Nonnains, v ou vj livres d'efpice-rie, unes mouffles fourrées de drap, & un mantel doublé de pers & de mourée.

Item, en Advignon, v ou vj blans en une hoftellerie.

Item, à deux lieues d'Avignon, il rompi bouticles à poiffon, efquelles bouticles il print certaine quantité de poiffon.

Item, à Tournon fur le Rofne, il print & embla, en un hoftel de ladite ville, ix taffes d'argent & xxx ou xl fr., pelles(1), joyaulx & autres biens, qui eftoient en un coffre qu'il print & emporta; & que lefdites taffes il mift en un buiffon, où il ne fu que jufques deux ans après, qu'il ne les y trouva pas; & lefdites pelles & joyaulx il mift en une vielle maifon de ladite ville, où il retourna depuis, maiz pas ne les trouva, & furent ainfi perdues.

Item, à Hedé en Bretaigne, il print & embla deux taffes d'argent, & environ vj fr.

Item, à deux lieues par deça Maizieres fur Meufe, il print & embla fur le prevoft dudit lieu, en retournant d'Almaigne, fon chapperon, deux paire de chauffes, uns

---

(1) Perles.

folers, fa dague, une efpée, un pennart, & v ou vj blans qui eftoient en fa bourfe.

Item, affez prez d'illec, viij f. qui eftoient en la bourfe d'un bon homme, & uns folers qu'il avoit.

Item, à l'abbé de Tournon, il print & embla en fa chambre, en unes bouges, xxvj fr., deux pierres de faffirs & licorne, & eftoient bien gros, & auffi un feel d'argent; l'un defquelx faffirs il vendit iiij f. à Saint-Quentin, & l'autre fu perdu.

Item, il tint le parti du duc de Bretaigne, & fu à prendre foubz le viconte de La Belliere (1) La Rochediré, qui tenoit le parti du roy.

Item, dift que lui eftant avecques Teftenoire, il a couru avecques autres par plufieurs fois.

Item, à Ailly en Picardie, il print & embla deux taffes & deux gobelez d'argent, qu'il a vendus fur le pont (2), & deux çaintures d'argent qu'il embla auffi, dont l'une eft fur fon hofte du Signe, en la rue Saint-Jaques, demi an a ou environ, & eft feellée fi comme il dit; & auffi print en ladite ville x ou xij fr.

Item, depuis Noël darrenierement paffé, il print & embla, chez un foulon demourant à Pontoife, un drap de fanguine, & le porta en un boys où il leffa; & depuis il retourna oudit boys querir ledit drap, maiz pas ne le trouva.

Item, en karefme darrenierement paffé, il print & embla à Sercelles robes à femme, c'eft affavoir : une houppellande de marbré, qui eft à la Serpe, en la rue Saint-Jaques; un chapperon gris doublé de fanguine, du drap dont il fift faire des chauffes, & demie aulne de vert, & un fardellet lié où il y a plufieurs chofes.

Item, il print & embla à un bon homme d'Efcouen

(1) Jean Raguenel, neveu de la première femme de du Guefclin.
(2) Le pont au Change.

deux ou trois frans qui eftoient fur ledit homme; & cuida defrober la dame de Montmorency.

Item, à Maigny, il print & embla en bourfes de marchans vj ou vij fr., avecques une efpée.

Item, fur un prieur de Beauvoifins, il print & embla un mantel fangle, un feel d'argent & viij f., & auffi un drap de couleur fanguine, qu'il vendi xxviij f.

Item, fur le clofier de l'abé de Corbie, il print & embla deux ou trois frans, vij cueillers d'argent, & des cuevrechefs & bourfettes d'argent, laquelle bourfette eft à la Serpe, & lefdiz cuevrechefs au Signe, en la rue Saint-Jaques.

Item, en un autre hoftel à Corbie, il print & embla un manteau fur un bon homme.

Item, à Choify, à l'enfeigne de l'Efpée, il print & embla trois faintures de fer, dont il en y a une dorée, defquelles il donna une à fon hofte de Laon, & l'autre il donna auffi, & la tierce le prevoft de Laon a devers lui.

Item, à l'Ille Bouchart en Poitou, il print & embla en l'hoftel d'un homme environ xx fr.

Item, confeffa que en alant aux noces monf. de Berry, & lui eftant à Montbafon, il print & embla en la male du fire de Partenay, une houppellande vert, une cueiller d'argent & certaine quantité de fretin d'argent; laquelle houppellande il bailla en garde à l'ofte de l'Efcu de France, où il eftoit logé, & ledit fretin il vendi ne fcet à qui ne combien.

Item, à Conflans Sainte-Honorine, il print & embla une cueiller d'argent & une barrette qui eftoit au prieur dudit lieu, & que ycelle barrette eft au Signe, en la rue Saint-Jaques, & ladite cueiller aus Maillez, ou carrefour du Temple.

Item, à Corbueil, une çainture d'argent à ufage de homme, & ycelle baillée en gaige à une juifve non mariée.

Item, à Senliz, il mal print & embla unes heures, &

que ycelles font chez un fergent demourant par-deçà le marché, ouquel hoftel il loge en gaige de cinq fols.

Item, confeffa que la licorne prinfe fur l'abé de Tournon deffus nommé, & l'efpée prinfe à Corbueil, eftoient & font fur l'ofte du Plat d'Eftain, en la rue Saint Jaques.

Item, confeffa avoir prins & emblé, environ Pontoife, ne fcet en quel lieu, unes bouteilles & un manteau, qui font aus Maillez devant diz.

Item, congneut auffi que l'année paffée, environ le temps que le roy fe ordenoit pour aler en Almaigne, il eftant ès fauxbours de la ville de Vernon, print & embla illec de nuit, en un fardeau de draps, deux demi draps de fanguine, & lefquelx, quant il s'en ala oudit voyage, il leffa en garde à Jehan Le Breton, fon hofte, demourant à Laon.

Item, & dudit lieu de Vernon, ala en la ville d'Eftrepigny, en laquelle de nuit il print & embla, en un hoftel d'icelle ville, quatre gobelez, quatre taffes d'argent, la houppellande qu'il a veftue, doublé de deux draps de marbré, & une autre houppelande fourrée de cuifettes, laquelle eft à Laon fur fondit hofte Jehan le Breton; & lefquelles chofes prinfes à Eftrepigny il porta à Laon, & bailla en garde à fondit hofte; & lui a l'en depuis ce dit que le prevoft de Laon avoit deux defdiz gobelez & deux defdites taffes d'argent. Lefquelles chofes par lui prinfes à Eftrepigny il muça en un certain boys eftant affez prez de l'oftel meffire Phelippe de Carleville, chevalier, jufques ad ce [que] il ot fait ce qu'il avoit empenfé de fere, & dont il pariera plus à plain cy après. Item, confeffa que d'illec il fe tranfporta en l'oftel d'icellui meffire Phelippe, ouquel la dame & plufieurs autres damoifelles eftoient, qui moult fort entendoient à faire aoufter & mettre leurs biens ens. Ouquel il frequanta continuelment par trois jours à la fois, en eftat d'efcuïer, & l'autre fois en eftat de laboureur; & advifa la maniere comment l'en

fermoit & ouvroit l'uys de la chambre d'icelle dame, ouquel avoit un grant huys & un petit guichet qui fermoit
à reffort, & lequel grant huys tenoit à une barre de boys
que l'en reculoit dedens le mur quant l'en le vouloit ouvrir. Et, pour ce, de nuit & oudit temps, il monta par
une efchelle qu'il ala querre affez prez de l'oftel dudit
chevalier, par deffus les murs de la cour d'icellui hoftel
vint aus feneftres de la fale dudit hoftel, lefquelles il
trouva ouvertes, & par ycelles entra en ladite fale, vint
à l'uys petit de la chambre d'icelle dame, qu'il trouva
fermé, & auffi le grant huys; la barre duquel huys il
recula à la pointe de fa dague, entra en ycelle chambre,
ala au lit de la dame, & à fa petite cote print les clefs
qui pendoyent à un petit fermillet; de l'une defquelles
clefs, pour ce qu'il en y avoit plufieurs, & à très grant
pene il ouvry un grant coffre, ouquel il fouilla tant qu'il
trouva un petit coffret, lequel il print & emporta, avecques deux taffes d'argent qu'il trouva fur ycellui grant
coffre, en un eftuy de cuir; lequel coffre il recloy fanz
fermer, & à ycellui leffa pendre lesdites clefs; & ledit
eftuy de cuir leffa en la fale dudit hoftel, duquel il s'en
yffi par la maniere qu'il y eftoit venu. Ouquel (1) petit
coffre, le lendemain matin, il rompy & defpeça ou boys
& en la place où il avoit lefliez les diz gobelez & taffes
d'argent par lui muffées, prinfes & emblées en ladite
ville d'Eftrepigny, & trouva en ycellui environ xxv fr.
en or, un annel d'or à un levrier blanc, unes paternoftres
d'argent à frefes de pelles, un chapeau & une coiffe d'or,
une paternoftres d'or, viij cueillers d'argent, deux paire
de heures, une çainture à perles, un plat d'argent, un
chandelier d'argent rompu, avec plufieurs autres joyaulx,
çaintures, fermeillez, & autre menu fretin d'argent dont
il n'eft recort. Toutes lefquelles chofes par lui prinfes

(1) Il faudroit *lequel*.

fur ycellui meffire Phelippe il leffa & bailla en garde à fondit hofte à Laon, fauf ledit annel à levrier blanc, qui eft
fur un juif demourant à Paris, en la rue des Juifs, auprez
d'un puys, duquel juif il ne fcet le nom; & les paternoftres d'argent, qu'il mift auffi à Paris en gaige fur un
autre Juif duquel il ne fcet le nom; & lefdites deux taffes
d'argent, qu'il prefta à maiftres Guillaume & Olivier, defquelx il ne fcet les furnoms, tenans les efcolles de grant-
maire à Laon, pour ce qu'ils font de fa congnoiffance &
du pays dont il eft nez. Et jura & afferma par ferement,
& fur fa part qu'il entendoit à avoir en Paradis, que il fu
feul à fere ycelle larrecin faite fur ledit meffire Phelippe,
& que oncques homme ne femme n'en fceut aucune chofe
ne n'euft aucun prouffit, finon lui tant feulement.

Item, dift que defdiz deux demi draps de fanguine prins
à Vernon, il vendi aufdiz maiftres d'efcolle huit aulnes
à la mefure de Laon, l'aulne au pris de xviij f., dont il
reçupt xxiiij f., & le refidu il bailla & leffa en garde à
Laon, à fondit hofte. Et dit, fur ce requis, que fondit
hofte ne fcet aucunement fe lefdiz biens par lui baillez
en garde font emblez ou non, pour ce qu'il ne lui en
demanda oncques riens, & auffi qu'il ne lui en dift riens.

Item, congnut que en alant oudit voyage d'Almaigne,
en paffant parmi la ville de Choify, prez de Compiegne,
il fe loga en ladite ville, à l'enfeigne de l'Efpée, ouquel
hoftel de nuit il entra en la chambre du feigneur & de la
dame de leans, & illec, en un coffre dont il rompi la ferrure, il print un petit drappel noué enfemble, ouquel
avoit environ lxxvj pieces d'or & cinq agneaulx d'or,
dont à l'un eft un faffir, lequel il a mis en gaige à Paris,
fur fon hoftceffe des Maillez, ou carrefour du Temple; un
à un ruby, fur fondit hofte, à Laon; un à aymant, fur
Marot, Juif, demourant à Noyon, & lequel ycellui Marot bailla en gaiges à l'ofte du Dragon, demourant en ladite ville de Noyon, pour la fomme de xx f. qu'il devoit

I C

audit hofte pour defpence par lui faite en fon hoftel; un autre à meffire Robert de Guite, capitaine de Saint-Malo; & un autre ruby il leffa en gaiges ou pays de Liege, à un Lombart dont il ne fcet le nom. Dift oultre, & congnut, & print fur l'arme de lui, & la mort qu'il attendoit à avoir & fouffrir prefentement, que à toutes les larrecins cy-deffus defclairées & devifées, il a ycelles faites toutes, ou la plus grant partie d'icelles, de nuit, lui feul, fanz avoir acompaigné aucuns compaignons, leur dit ou de-noncié, ne auffi que nul ait eu part ne prouffit efdites larrecins, fur ce juré, requis & diligenment examiné.

ET, CE FAIT, ycellui Guillaume fu decapité, &, en après ce, mené à la juftice, & illec, le corps & la tefte pendus.        AL. CACHEMARÉE.

CY APRÈS s'enfuivent les biens qui ont efté trouvez en la ville de Paris, dont mencion eft faite plus à plain [ès] confeffions dudit Guillaume de Bruc, par honorable homme & fage maiftre Jehan Truquam, lieutenant de monf. le prevoft, appellé avecques lui Jehan Selvet, fer-gent à verge ou Chaftellet de Paris, & moy, Aleaume Ca-chemarée, clerc criminel de la prevofté de Paris, le deffus dit mercredi vj^e jour d'ottobre mil ccciiij^xx & neuf.

Primo, en la grant rue Saint-Jaques, en l'oftel Jehan Le Grant, à l'enfeigne du Plat d'Eftain, ycellui Jehan fu juré & examiné de dire verité fur ce que l'en lui deman-deroit; lequel, fur ce requis, congnut avoir, des biens dudit feu Guillaume, une vielle efpée & unes befaces liées enfemble, ne fcet qu'il avoit en ycelle, & riens autre chofe.

Item, en ladite rue Saint-Jaques, en l'oftel Jehan de Sur l'Eftanc, à l'enfeigne du Cigne, ycellui Jaques congne[ut] avoir, des biens dudit feu Guillaume, un fachet de cuir feellé, ouquel fut trouvé, par les deffus diz, une fainture à ufa[ge] de femme, affife fur un tiffu afuré, & au lonc une grene de vermeil garnie & ferrée d'argent, boucle & mordant, avecques boillons & barreaux d'argent. Item, un autre tiffu de foye afuré, dont la ferrure avoit efté oftée, avecques deux cuevrechefs de lin affez viels & ufez.

Item, en ycelle rue de S. Jaques, à l'enfeigne de la Serpe, Jehan Menart, hofte dudit hoftel, congneut avoir, des biens dudit feu Guillaume, une houppellande de marbré & un chapperon gris doublé de fanguine. Item, plufieurs pie[ces] de drap marbré & vert, liez enfembie en un cuevrechef, taillez à fere robes.

Item, aus Maillez, ou carrefour du Temple, en l'oftel Jehannin Daufin, ledit Jehannin congnut avoir, des biens dudit feu Guillaume, une bouteille de fpartille de cuir, un gros anneau à faffir & une verge, avecques un cheval bay, qui a efté vendu au prouffit du roy la fomme de.... (1), à Jehan, marchant poulailler.

Item, fe tranfporterent les deffus diz en la rue de la Juirrie, à Paris, en laquelle, après que plufieurs juifs & juifves eftans & demourans en ycelle, auprez du puys, orent efté examinez s'il avoient aucuns des biens enfeignez par ledit feu Guillaume, dirent & affermerent par leurs loys qu'il n'avoient aucuns d'iceulx bi[ens].

Commiffaire fur fes biens, maiftre Jean Truquam, lieutenant, &c.

_____

(1) Ici un blanc dans le manufcrit.

C 2

# GERVAISE CAUSSOIS.

20 octobre 1389.

L'AN DE GRACE MIL CCC IIII$^{xx}$ ET NEUF, le mercredi xx$^e$ jour d'ottobre, en jugement fur les carreaux, par devant maiftre Jehan Truquam, lieutenant de monf. le prevoft; prefens maiftre Beraut Breffon, efleu à Paris fur le fait des aydes; Dreue d'Ars, auditeur; Martin Double, advocat du roy ou Chaftellet; Andry Le Preux, procureur du roy illec; Nicolas Bertin, Jehan Soudant, Arnoul de Villers, examinateurs oudit Chaftellet, & Jehan Le Conte, cirurgien juré du roy noftredit fire oudit Chaftellet; furent faiz venis & attains Jehannin Levefque, Jehan Le Preftre & Gervaife Cauffois, prifonniers detenus oudit Chaftellet, c'eft affavoir : lefdiz Jehannin Levefque & Gervaife, à la requefte dudit Jehan Le Preftre, difant ycellui Preftre que il a recongneu ès mains dudit Levefque certaine ferraille, comme boucles, virolles, cheines & autres menues ferrailles de fer, lefquelx, puis xv jours ençà, lui avoient efté oftées des aulmaires où il a acouftumé à mettre en garde fes ferrailles, en l'eglife de Saint-Lyeffroy, à Paris; & pour ce, requeroit que par monf. le prevoft elles lui feuffent baillées & delivrées comme fes biens, & à lui appartenans. Lequel Jehannin Levefque dift que verité eftoit que par lui avoient ycelles ferrailles que maintenoit ledit Preftre fiennes, efté achetées & à lui vendues par le deffus dit Gervaife Cauffois; & pour ce, requeroit que par monf. le prevoft feuft fceu par la bouche dudit Gervaife la verité de ce, & yceulx Jehan Le Preftre & Jehan Levefque eftre mis hors de prifon.

Et, ce fait, fu fait jurer ledit Gervaife, fur les fains Euvangilles de Dieu, que de ce, & d'autres chofes qui lui feroient demandées, il diroit verité; lequel dift & afferma par ferement, & en fa confcience congnut qu'il eftoit nez

de la ville du Mans, & d'icelle ville s'eftoit partis trois ans
ou environ, & eftoit venus demourer en la ville de Paris,
en laquelle, & auffi en la ville de Saint-Denis en France,
il avoit par lonc temps, & à plufieurs & diverfes fois, ouvré avec plufieurs marefchaux, duquel meftier il eft; &
auffi ès armées & chevauchées qui ont efté faites par le roy
ou pays de Flandres, a alé ouvrer de fon meftier de marefchal, fanz ce que efdiz voyages il feift aucun mal. Di
auffi, fur ce requis, que environ la Saint-Jehan darrenierement paffée, il fut prins & emprifonné ou Chaftellet de
Paris, pour caufe d'une bride par lui vendue à un felier
de la rue Saint-Denis, nommé Papin, la fomme de iij f.,
pour laquelle caufe il fu emprifonné oudit Chaftellet, &
delivré par les graces de la royne par lui faites à Paris, à
caufe de fon joyeux advenement; depuis lequel temps
il a tousjours demouré & ouvré dudit meftier de marefchal en la ville de Saint-Denis en France. De laquelle
ville il fe parti mercredi darrenierement paffé, & vint à
Paris au gifte; & le lendemain, qui fu jeudi xiiij^e jour
dudit mois d'ottobre, ainfi comme il eftoit en l'eglife de
Saint-Lieffroy, environ heure de vefpres, vit & apperçut
une petite chambre eftant en ycelle eglife ouverte, en
laquelle il trouva un marteau de fer à deux pointes, lequel eft un marteau à maçon, & ycellui print & emporta; &, en paffant par devant l'oftel du Cigne, en la
rue des Recommandarreffes, vendi ycellui marteau deux
fols par. à un homme, ne fcet fon nom, maiz il eft
bien record que c'eft cellui deffus dit nommé Jehannin qui lui fut monftré. Dift auffi que lundi darrenierement paffé, environ heure de vefpres, il print en
ycelle eglife de Saint-Lyeffroy, & ou lieu & en la place
où prins avoit ycellui martel, les boucles, chaines &
autres menues ferrailles deffus dites, lefquelles lui furent
monftrées, & ycelles advoua avoir prinfes & les avoir
venduesz audit Jehannin Levefque, la fomme de iij f. par.

VEUE LAQUELLE confeffion dudit Gervaife Cauffois, &
adveu d'icelles ferrailles & marteau, par l'advis & deliberacion des deffus diz affiftens, meifmes yceulx Jehannin
Levefque & Jehan Le Preftre hors de prifon; & oultre,
veu l'eftat dudit Gervaife Cauffois, & les perfeveracions
& continuacions, avecques le facrilege par lui fait & reiteré par plufieurs fois en ladite eglife de Saint-Lyeffroy,
les deffus diz confeillers delibererent & furent d'oppinion
que, pour favoir plus à plain de la vie & gouvernement
dudit prifonnier, attendu qu'il eft fcabieux (1), qu'il feuft
mis à queftion. Lequel le fu fur le petit trefteau, & illec
congnut que, un an a ou environ, autrement n'eft record
du jour, lui eftant en l'oftel du Sejour monf. de Berry,
print, en l'un des lis des varlez qui gardent les chevaux
& Sejour dudit monf. de Berry, une paire de draps de
lit, lefquelx il vendi ès halles de Paris, à un marchant,
ne fcet qui il eft, defquelx draps il reçupt viij f. p. Et,
ce fait, fu mis hors d'icelle queftion, & mené chauffer au
feu en la cuifine du Chaftellet, ouquel lieu il perfevera
& continua ès confeffions cy deffus dites & efcriptes, &
ycelles afferma eftre vrayes, & par lui avoir efté faites
par la maniere que dit eft.

ITEM, LE JEUDI enfuivant, xxj$^e$ jour dudit mois d'ottobre mil ccc iiij$^{xx}$ & neuf, en jugement fur les carreaux,
par devant le deffus dit maiftre Jehan Truquam, lieutenant; prefens maiftre Beraut Breffon, efleu; Dreue d'Ars,
auditeur, & Arnoul de Villers, examinateurs, &c., fu de
rechef fait venir le deffus dit Gervaife Cauffois, lequel,
après ce qu'il ot juré & affermé, en fa confcience & fur
les faintes Euvangilles de Dieu, que il diroit verité de
tous les larrecins & mauveftiez [que] faites avoit, & que
il ne voult autre chofe congnoiftre que dit a deffus, par

_____

(1) Galeux.

l'advis & oppinion defdiz confeillers. ledit prifonnier
fut fait defpoiller, lié & attaché à la queftion, pour le
gehiner de rechef; & requift que, en l'onneur [de] fon
createur, noftre feigneur Jhefu-Crift, l'en le defliaft &
mift hors d'icelle queftion. & il diroit verité des autres
larrecins que commis avoit.

Lequel prifonnier fu mis hors d'icelle queftion & admené en jugement, comme dit eft; & illec cong[nut] &
confeffa de fa pure & franche volenté, fanz aucune contrainte. que, un an a ou environ, lui eftant en la ville
d'Arras, il print de jour, en un hoftel, un mantel de drap
violet, court & fangle, & ycellui vendi en ladite ville
xv.... Item, en s'en venant de ladite ville d'Arras, &
paffant parmi la ville de Bapalmes, entra en un hoftel
qu'il trou[va] ouvert, ouquel il print deux paire de draps
de lit qui eftoient fur une fourme, & yceulx vendi en la
dite v[ille] neuf fols. Item, trois ans a, il print en la ville
de Saint-Germain en Laye, à une haye, une nape contenant trois aulnes, & ycelle vendi, en la ville de Louveciennes, v f. Item, en la ville d'Argentueil, demi an a ou
environ, un drap de lit eftant à une haye, lequel il vendi
à Paris, ès halles, ix f. Item, en la ville de Hauberviller,
trois quars [d'an] a ou environ, une nape qui eftoit en un
hoftel qu'il trouva ouvert, mife fur une queue wyde, laquelle il vendi. à Saint-Denis, cinq blans. Item, en la
ville de Franconville, en un hoftel. fur un banc, une
fainture & une bou[rfe] à femme, en laquelle avoit
xvij blans, lefquelx, & auffi ladite fainture & bourfe, il
rendi, pour ce qu'il fu pourfu[ivi] par les gens d'icelle
ville. Item, en la ville de Vittry, un pou avant vendenges
darrenierement paffées, un drap de lit qui eftoit à une
haye, & ycellui vendi en ladite ville iij f. par. Item, deux
ans a ou environ, en la ville de Bourgeel. une couverture
de layne royée. laquelle eftoit fur un banc en un hoftel
d'icelle ville. qu'il trouva ouvert, & ycelle vendi, ou

jour qu'il la print, en la ville de la Villete Saint-Ladre, la fomme de xix f. Item, demi an a ou en[viron], en la ville de Puteaux, un manteau de violet fangle & court qui pendoit à une feneftre, lequel il vendi en la ville de Saint-Cloud. Item, deux ans & demi a ou environ, en la ville du Bourc la Royne, en l'oftel [de] la Souche, un chapperon double à ufage de homme, lequel eftoit fur une petite fourme, & ycellui chapperon vendi, [à] un freppier ès halles, la fomme de v f. Item, demi an a ou environ, en la ville Monftereul foubz le bo[ys], en une court, deux efcuelles d'eftain, lefquelles il vendi iij f. iiij d., à un compaignon dont il ne fcet le nom. [Et], ce fait, fut remis en la prifon de laquelle il avoit efté attaint.

ITEM, le vendredi enfuivant, xxij⁰ jour dudit mois d'ottobre mil ccciiij<sup>xx</sup> & neuf, par devant maiftre Jehan Truquam, lieutenant; prefens maiftre Dreue d'Ars, auditeur; Martin Double, Denis de Baume, Elyes Le Jengouleur, Eftie[nne] Regnart, advocas ou Chaftellet; Arnoul de Villers, Jehan de Bar, examinateurs oudit Chaftellet; fu veu, leu & vifité le procès deffus dit; par l'oppinion defquelx, & après ce que ledit prifonnier ot perfeveré & continué ès confeffions cy deffus efcriptes par lui faites, il fu deliberé que ledit Gervaife, pour les caufes & confeffions par lui faites, cy deffus efcriptes, feuft comme larron executez à mort, c'eft affavoir pendu. Oyes lefquel[les] oppinions & veu ledit procès, ycellui prifonnier fu ad ce condempné par ledit monf. le prevoft.

LEQUEL GERVAISE Cauffois fu mené à la juftice le famedi xxiij⁰ jour dudit mois d'ottobre & an deffus dit, à laquelle, en la prefence de Aleaume Cachemarée, clerc de ladite prevofté, commis dudit monf. le prevoft à faire fere ledit jugement; François Dargies, Germain de Saint-

Martin, & d'autres plufieurs fergents à cheval & à verge
du Chaftellet, continua & perfevera ès confeffions cy
deffus efcriptes par lui faites; &, oultre ce, congnut que,
environ Pafques darrenierement paffées, lui eftant emprès
Greve, entra de jour en un hoftel qu'il trouva ouvert, &
en ycellui print un peliçon de connins qui eftoit fur un
banc, lequel il vendi ij fr. à un freppier demourant ès
halles. Item, en la Cité de Paris, auprez de l'oftel de
l'Efcreviffe, prez d'un barbier, environ la Saint-Leu &
Saint-Gile darrenierement paffé, ot un an, il print un
manteau de violet qui eftoit oudit hoftel, en la cuifine,
lequel il vendi xxiiij f., ne fcet à qui. Item, au Palays,
en l'oftel Jehan d'Orléans, un an a ou environ, une
chaudiere qui eftoit emmy la court de fon hoftel, laquelle
il vendi à un compaignon de Vanves xxiiij f. Item, dift,
fur ce requis, que aufdites larrecins fere il n'ot oncques
compaignon aucun, ne auffi ne fu compaignon à aucun,
où larrecins aucunes feuffent faites, autres que celles deffus dites par lui confeffées, ne ne cognoift compaignon
aucun qui foit larron, parce que lefdites larrecins il a
faites tout feul & de jour. Et, ce fait, fu ledit jugement
prononcié contre ycellui Gervaife executé.

Et n'avoit nuls biens.       AL. CACHEMARÉE.

# KATHERINE, FEMME HENRYET DU ROQUIER.

### 8 octobre 1389.

L'AN DE GRACE MIL TROIS CENS quatre vins & neuf,
le vendredi viijᵉ jour d'ottobre, en jugement fur les
carreaux, par devant maiftre Jehan Truquam, lieutenant;
prefens maiftre Dreue d'Ars, auditeur du Chaftellet;
Jehan de Bar & Jehan Soudant, examinateurs oudit
Chaftellet, fu attainte & fait venir Katherine, femme

Henryet du Roquier, prisonniere oudit Chastellet, pour
ce que l'en dit que elle est maquerelle publique & commune, & aussi que, puis naguere, elle a vendu, baillé &
livré une jeune fille nommée Margot, seur dudit son
mary, laquelle estoit aprentisse en son hostel, à un chevalier, lequel a eu son pucelage. Laquelle Katherine, sur
ce jurée & examinée, par serement, dist & afferma en sa
conscience que elle congnoissoit bien ladite Margot sa
seur, & que, puis demi an ença, elle lui a esté baillée par
ses pere & mere, afin de la aprendre le mestier & euvre
de broderie. Laquelle fille elle a depuis lors, & jusques
ad present, gardée bien & deuement, ainsi comme raison
est; & que alors qu'elle lui fu baillée, elle tenoit & encores tient en sa conscience que elle est bonne fille &
pucelle, dont elle se rapporte ou dit d'icelle Margot,
jurée & examinée premierement & en sa presence. Dit
aussi qu'elle est povre femme seulle, desnuée de sondit
mary, laquelle l'espousa en la ville d'Avignon, iiij ans a
passé & plus, non sachant les usages de la ville de Paris;
consideré que elle est du pays d'Arragon, & que quant
sondit mary l'amena en ce pays, il lui dist qu'il la meneroit demourer en la ville de Compiegne, en l'ostel de
son pere; lequel, quant il lui eust menez, & esté illec
par aucun temps, il ramena demourer à Paris, un an a ou
environ, en la rue des Estuves; & ycelle, environ Pasques
darrenierement passées, a lessiée toute seule, & s'en est alez
demourer & servir le conte de Bouloigne, son maistre,
duquel il est queux.

MARGOT DU ROQUIER, aagée de xviij ans ou environ,
& demourant en l'ostel de ladite Katherine, femme du
dit Henryet du Roquier, son frere, née de la ville de
Compiegne, jurée & examinée par serement de dire verité sur le cas touchant l'emprisonnement d'icelle Katherine, dist & afferma par serement, & en la presence d'icelle

Katherine, que, environ Pasques darrenierement passées, son pere l'amena en la ville de Paris veoir ladite Katherine sa seur; laquelle, quant il eurent veu, sondit pere requist à ycelle Katherine que elle voulsist prendre en garde & gouvernement elle qui parle; laquelle il lui bailla, & promit ycelle garder bien & deuement, & la aprendre son mestier de broderie. Depuis lequel temps, en un jour que l'en mengoit char, autrement n'est recordé du jour ne du temps, ladite Katherine lui dist que messire Jehan Braque, chevalier (1), lui avoit mandé que elle alast parler à lui pour une chambre que il lui vouloit louer pour sa demeure; & pour ce, en la compaignie de sa seur, elle ala en l'ostel dudit chevalier; & quant ilz furent montez en une chambre en l'ostel dudit chevalier, il & ladite Katherine parlerent ensemble longuement; &, ce fait, ycellui chevalier appella elle qui parle à part, lui requist que elle voulsist estre s'amie; & elle lui respondi que non seroit, & que elle n'avoit que fere à lui, disant : *Sire, pour Dieu, lessiez-moy aler!* Lors sadite seur dist à elle qui parle que elle feist ce que ledit chevalier vouldroit. Et faignoit lors ycelle Katherine que elle plourast, & ycellui chevalier lui promist donner, pour l'avancement de son mariage, xxx fr. Lequel chevalier, assez tost après ce, se parti d'icelle chambre, & en ycelle lessa elle qui parle & Kath[erine] avecques un sien maistre d'ostel, dont elle ne scet le nom, auquel ycellui chevalier commanda qu'il feist souper ycelles femmes en

---

(1) Il avoit été successivement maître des eaux & forêts en Normandie, maître d'hôtel & chambellan du roi. C'est ainsi qu'il est désigné dans différentes pièces originales des années 1379, 1387, 1389 & 1394. Il fut ensuite conseiller & gouverneur des finances de Valentine, duchesse d'Orléans. Il étoit seigneur de Saint-Maurice sur l'Averon (Bibl. impér., cabinet des titres, ancienne & nouvelle série des titres originaux). Jean Braque possédoit aussi l'hôtel du Luat, sis à Sarcelles, qui fut saisi quand il embrassa le parti du roi d'Angleterre. (Sauval, *Antiquités de Paris,* t. III. pag. 325 & 584.)

fa chambre. Lequel maiftre d'oftel fift mettre la table, leur aporta à boire & à menger; maiz elle depofant ne voult oncques menger, pour le courroux que elle avoit de ce qu'il convenoit que elle feift la volenté dudit chevalier, jà foit ce que, tant par ladite Katherine comme par ycellui chambellan, elle fu par plufieurs fois requife que elle voulfift boire & menger. Dit auffi que, affez toft après fouper, ycellui chevalier retourna en ladite chambre, commanda à fondit chambellan qu'il feift coucher Katherine en la chambre qui eftoit prez de la fienne, & partant les mift hors de fadite chambre; & commanda à elle qui parle que elle fe couchaft avecques lui, & en fon lit; auquel commandement elle n'ofa defobeir, &, pour ce, celle nuit coucha avecques ycellui chevalier, lequel la defpucella & congnut charnelment, & ot fa compaignie par deux fois. Et l'endemain matin fe leva premierement ledit chevalier, & bailla à elle qui parle deux frans, en lui difant que elle pençaft de bien faire, & s'en retournaft en l'oftel & compaignie d'icelle Katherine. Laquelle depofant, quant ledit chevalier fu party d'icelle chambre, fe leva & ala en la chambre où ladite Katherine avoit couché, laquelle elle trouva toute veftue; & à ycelle Katherine dift comme ycellui chevalier lui avoit baillé deux frans en or, lefquelx elle lui bailla, & yceulx mift en fa bourfe. Et, ce fait, fe partirent, elle qui parle & ladite Katherine, de l'oftel dudit chevalier, & vindrent en l'oftel d'icelle Katherine, ouquel continuelment elle a demouré depuis le[dit] temps que elle fu defpucellée, qui a efté puis Pafques darrenierement paffées jufques ad prefent, fanz avoir compaignie d'au[cun] homme, quel qu'il foit, finon dudit chevalier. Lequel, iiij ou v jours après ce qu'il l'ot defpucellée, la renvoya qu[erre] par fondit maiftre d'oftel, avecques lequel elle depuis le temps deffus dit, a efté par iij ou iiij fois, dont aus deux premieres fois que elle y ala, après ce qu'elle ot efté defpucellée, il lui donna à deux fois un franc, lequel elle bailla à ladite Katherine, & aus autres fois ne lui donna aucune chofe. Dit auffi que, de l'argent deffus dit, fadite feur Katherine lui acheta des chauffes, des folers & des chemifes; & autre ch[ofe] n'en a eu, fors que elle lui a dit que la premiere fois que elle fu retournée de la compaignie dudit chevalier, quant ycelle Katherine la fift baigner, elle avoit bien defpendu environ viij f. Dit oultre, que depuis ce que ycellui maiftre d'oftel dudit chevalier la fu venue querre la premiere fois après ce qu'elle ot efté defpucellée, pour aler en l'oftel d'icellui chevalier, ladite Katherine lui a envoyé une ou deux fois, voulfift ou non, & que quant elle difoit que elle n'y vouloit pas aler, elle blafmoit moult fort elle qui parle; & pour ce que elle n'y vouloit aler, l'a batue une fois ou deux.

A LAQUELLE KATHERINE, après ce que ladite Margot ot depofé ce que devant eft dit, demandé fu par ledit lieutenant s'il eftoit vray ce que ladite Margot avoit dit & depofé, laquelle congnut que verité eftoit que elle avoit mené fadite feur Margot en fa compaignie fur le dit chevalier, & que quant elle ala en fondit hoftel, elle y aioit en entencion de louer dudit chevalier une chambre pour fa demeure. Duquel chevalier, quant elle ot longuement parlé à lui afin d'avoir ladite chambre, elle voult prendre congé pour s'en retourner en fondit hoftel au gifte, maiz il ne lui voult donner congé, difant qu'il eftoit trop tart, & que l'endemain matin il la feroit, & auffi fadite feur, convoyer par fes gens en fon hoftel. Pendant laquelle nuit, ycellui chevalier requift Margot d'eftre s'amie; maiz pour ce que elle & ladite Margot ne vouldrent accorder plenement la volonté dudit chevalier, il dift à elles que fe elle ne faifoit fa volenté, que il la bailleroit à fes varlez & garçons, qui en feroient tout leur plaifir. Oyes lefquelles parolles, & que ycellui chevalier promift à elle qui parle, & à ladite Margot fa feur, qu'il lui donroit xxx fr. pour l'avancement de fon mariage, verité eft que elle dift à fadite feur qu'il valoit mieulx que elle feift la volenté & plaifir dudit chevalier que ce qu'il la baillaft à fefdiz varlez & garçons. Dit auffi que, en ycelle nuit, elle fceut bien que ycellui chevalier coucha avecques fadite feur, & que l'endemain elle lui dift qu'il lui avoit donné deux frans, lefquelx elle qui parle mift en fa bourfe, & d'yceulx lui acheta des chemifes, chauffes & folers, & auffi defpendi environ viij f. deux ou trois jours après qu'il furent retournez de l'oftel dudit chevalier, quant elle fift baigner ycelle fa feur. Dit oultre que, depuis ce, ycellui chevalier l'a envoïé querre par fon maiftre d'oftel, laquelle elle luy a envoyée aucune fois avecques ycellui maiftre d'oftel, & aucune fois toute feule, fanz ce que, pour cefte caufe, elle l'ait blafmée, batue ou ferue en aucune maniere.

ITEM, le famedi xvj<sup>e</sup> jour dudit mois d'ottobre, l'an mil ccciiij<sup>xx</sup> & neuf, en jugement fur les carreaux, par-devant maiftre Jehan Truquam, lieutenant; prefens maiftres Dreue d'Ars, auditeur du Chaftellet; Jehan Wilquin, Pierre Alefpée, Hugues Le Grant, Jaques du Boys, Michel Marchant, Guillaume Rabigois, advocas oudit Chaftellet; Pierre Picot, auditeur; Robert Petit-Clerc, Jehan de Bar, Jehan de Tuillieres, Nicolas Chaon, examinateurs en ycellui Chaftellet; Jehan Paftourelle, Jehan Cherpentier, Jehan Salmon, Guillaume Lomoy, Jehan du Chefne (1), Denifot de Beloy & Henri Le Grant, procureurs oudit Chaftellet; fu leu, vifité & confeillé

_____

(1) Il étoit, dès l'an 1385, procureur au Châtelet. C'eft fans doute lui dont l'auteur du _Ménagier_ raconte les noces, t. II, p. 116. En 1400-1 (5 février), le parlement de Paris le maintint dans la jouiffance d'une

lefdiz procez & confeffion deffus efcrips. Tous lefquelx
delibererent & furent d'oppinion que, veu & confideré
la confeffion d'icelle Margot, en laquelle ladite Katherine s'eft rapportée, & auffi celle de ladite Katherine,
que ycelle Katherine avoit defervi, & devoit eftre comme
maquerelle tournée ou pillory, & illec brulée pour fes
demerites; fauf lefdiz maiftres Pierre Alefpée, Guillaume
Rabigois, Hugues Le Grant, Jehan Salmon, Henry Le
Grant & Jehan Wilquin, qui dirent que elle feuft tournée
ou pillory feulement. Oyes lefquelles oppinions, & veu
ledit procès, ycelle Katherine fu par ledit lieutenant
condempnée à eftre tournée ou pillory & brulée comme
maquerelle, & en oultre que, audit lieu du pillory, feuft
cryé la caufe pour laquelle ledit jugement a efté donné
contre ladite Katherine prifonniere.

LEQUEL JUGEMENT fu executé au lieu acouftumé, le
famedi xxiij$^e$ jour d'ottobre l'an mil ccciiij$^{xx}$ & neuf.

AL. CACHEMARÉE.

# JEHANNIN LA GREUE, DIT RAOULET DE LAON.

### 23 feptembre 1389.

L'AN DE GRACE MIL TROIS CENS quatre vins & neuf,
le jeudi xxiij$^e$ jour de feptembre, en jugement fur
les carreaux, par devant monf. le prevoft de Paris, prefens maiftres Jehan Truquam, lieutenant; Dreue d'Ars,

---

rente fur une maifon fife à Romainville, dont Louis Blanchet, premier
fecrétaire du roi, vouloit lui faire le rembourfement. Voy. *Le Ménagier*,
I, p. LXXXV.

auditeur; Andry Le Preux, procureur du roy ou Chaftellet de Paris; fu attaint Jehannin La Greue, varlet pelletier, prifonnier oudit Chaftellet, pour foufpeçon qu'il
n'ait mal prins & emblé à Eftienne Tube deux cens de
menuvair. Item, à Guillemin Renout, demourant en rue
Neufve Saint-Merry, un peliçon de connins; & à Robin
de Senlis, demourant à Sainte-Croix en la Bretonnerie,
un autre peliçon de connins. Et lefquelx biens, c'eft
affavoir yceulx deux cens de menuvair, ledit Jehannin
avoit portez vendre audit Guillemin Renout, qui les
avoit achetez la fomme de iiij fr., dont il lui avoit baillé
un efcu de xviij f. d'erres, & le refidu devoit venir querir en fon hoftel à un autre jour enfuivant; & lequel
menuvair ycellui Eftienne Tube pourfuivoit eftre fien,
& lefdiz peliçons de connins il avoit vendus, ès halles
de Paris, à certains freppiers que l'en ne congnoiffoit.
Lequel prifonnier, juré fur les fains Euvangilles de Dieu
de dire verité, tant de ce que deffus eft dit comme d'autres chofes fur quoy il feroit requis, dift & afferma par
fon ferement, & fur ce requis, qu'il eftoit nez de la ville
de Rouen, de laquelle ville il s'eftoit parti bien jeune, &
eftoit venu demourer à Paris, en laquelle ville il avoit
aprins le meftier de pelleterie, fanz ce que oncques il
euft efté à fere ne fait aucun mal ou larrecin, feuffent les
chofes deffus declarées ou autres, ne ne favoit que c'eftoit,
& oncques n'avoit prins, vendu, acheté ou livré menuvair, peliçons de connins, aus deffus diz ou à autres, ne
auffi ne les congnoiffoit, ne favoit qui ilz eftoient, &
faifoient mal de le ainfi injurier, en rappellant ycelles
injures à fon courage, difant qu'il eftoit clerc, en habit
& en poffeffion de tonfure, & que l'en ne voulfift attemp-
ter en aucune maniere à fa perfonne. Requis s'il favoit
lire, dit que non; jà foit ce qu'il lui feuft monftré plufieurs lettres & livre pour favoir s'il congnoiffoit lettre
aucune. Lequel prifonnier tousjours dift qu'il ne con-

gnoiſſoit lettre aucune, tant parce que, quant il ot eu couronne, il ne aprint ne ne fu puis à l'eſcolle, ne n'a ycelle eſcolle point frequanté, ne auſſi aprins à lire, maiz a aprins & mis tout ſon temps & ſon eſtude à aprendre ſon meſtier de pelleterie, duquel il ſe vit; comme pour ce que, quant il ot couronne, il n'avoit aprins fors ſa paternoſtre, & d'icelle paternoſtre ſon feu pere l'avoit fait aprendre ſanz point de moyen ſon ſautier; & que quant il ot eu couronne, ſondit pere le oſta de l'eſcole & le fit aprendre ſondit meſtier. Auquel temps il eſtoit moult jeune. Ne ſcet dire ou depoſer de quel aage il eſtoit lors, ne le lieu où l'en lui donna couronne; maiz verité eſt que l'eveſque de Rouen lui donna couronne à la requeſte de ſondit pere : devant lequel eveſque il ſe agenoilla, &, lui eſtant à genouls, lui donna une buffe, fiſt une croix de ſa main ſur ſa teſte & le fiſt lyer d'un bandeau (1). Ne ſcet, il qui parle, s'il diſt aucune choſe devant ycellui eveſque; & d'ilec ſe parti, & s'en ala au barbier fere fere ſa couronne, de laquelle couronne il ot lors lettre qui lui couſta x ſ., & ycelle ot en garde un ſien parrain demourant audit lieu de Rouen, du nom duquel il ne ſe recorde.

Auquel Jehannin La Greue, veue ſadite confeſſion, a eſté prefix terme de envoïer querre ſadite lettre de tonſure audit lieu de Rouen dedens xvᵉ, en lui diſant que ſe, dedens ledit temps, il ne appert deuement

---

(1) L'accuſé veut ſans doute parler ici du ſacrement de confirmation, indiqué par la buffe ou ſoufflet qu'il reçut de la main de l'évêque. On ne doit admettre à la tonſure que ceux qui ont reçu le ſacrement de confirmation, & l'évêque rappelle cette obligation aux ordinands avant les premières cérémonies. Ceux qui ne peuvent juſtifier de la réception du ſacrement ſont immédiatement confirmés; c'eſt ce qui fait que les lettres de tonſure énoncent quelquefois en même temps la réception des deux ſacrements.

d'icelle, ledit monſ. le prevoſt procedera à l'encontre
de lui ainſi qu'il appartendra à faire de raiſon.

🙙🙚

# JEHANNIN DE SOUBZ LE MUR,
## DIT ROUSSEAU.

### 3 octobre 1389.

ITEM, LE DIMENCHE tiers jour d'ottobre l'an mil ccc
iiij$^{xx}$ & neuf deſſus dit, par devant maiſtre Jehan Truquam, lieutenant, &c., lui eſtant en jugement ſur les
carreaux, preſens maiſtres Ernoul de Villers & Pierre
Gilbert, examinateurs ou Chaſtellet, fu fait venir Jehannin de Soubz le Mur, dit Rouſſeau, priſonnier oudit
Chaſtellet, pour ſouſpeçon d'avoir mal prins & emblé,
en l'oſtel Gaultier de Reſſons, eſpicier, demourant à Paris, en la grant rue Saint-Denis, un pain de cire peſant
environ livre & demie, lequel pain, quant il vit que les
gens de l'oſtel dudit Gaultier s'apperçurent qu'il eſtoit
perdu, il geta par une feneſtre ou celier dudit Gaultier.
Lequel priſonnier, juré ſur les ſains Euvangilles de Dieu
de dire verité ſur ce que dit eſt, & auſſi de ce que l'en
lui demanderoit, diſt & afferma par ſon ſerement qu'il
eſt homme de labour, qui gaigne ſa vie à porter la hoſte,
ſervir les maçons, & aler par le pays quant il treuve qui
lui veult envoyer, pour avoir la ſubſtentacion de lui &
de ſa femme; et que a aucune fois il ſe entremet de ouvrer de meſtier de cordouennier, homme bien nez, de
bonne vie & renommée, ſanz avoir eſté reprins d'aucun
meffait, & que longtemps il a demouré en la ville d'Orleans, dont il eſt natif, &, après ce, eſt venu demourer
à Coulomyers en Brye, auquel lieu il s'eſt mariez, iij ans
a ou environ, à une jeune fille d'icelle ville, nommée

Guillemete, aagée de xvij ou xviij ans, laquelle fa femme
il a leffiée, un mois a ou environ, en ladite ville de Coulomyers, & eft venus à Paris pour gaigner, pour ce que
l'en y gaigne plus que l'en ne fait audit lieu de Coulomyers. Dit avecques ce qu'il eft preudomme & loyal, &
que oncques par lui ne de fon fceu le pain de cire deffus
dit ne fu prins; &, pour ce, requiert, confideré qu'il eft
en poffeffion & habit de clerc, que l'en ne attempte en
aucune maniere à fa perfonne, difant qu'il eft clerc, &
que par feu l'eveíque d'Orleans, il ne fcet lequel, ou le
darrenier ou le penultime evefque trefpaffé (1), lui eftant
en ladite ville d'Orleans, lui fu donnée couronne, dont
il n'ot oncques lettre aucune. Requis qu'il aprenoit quant
l'en lui donna couronne, où ce fu, que l'en lui dift,
qu'il fift & dift, & de quel eftat ou habit cellui qui lui
donna eftoit & avoit veftu, & auffi que l'en lui fift & dift,
dit par fon ferement qu'il aprenoit fes vefpres & avoit
aprins fa paternoftre. Lequel evefque lui fift, comme aus
autres enffens, quel chofe il ne fcet; maiz il fe recorde
bien que il dift le ver qui fe commance *Dominus pars* (2),
& plus n'en fcet dire, ne auffi ne fcet lire ou congnoiftre
lettre quelconques. Dift auffi qu'il ne fcet quelle heure
de jour il eftoit quant l'evefque lui donna couronne, ne
qu'il avoit veftu, parce qu'il a xvj ans & plus que ce fu;

---

(1) Hugues II, Faïdit, évêque d'Orléans du 30 janvier 1364 au
16 juin 1371; ou Jean V, Nicot, qui occupa le même fiége depuis le
13 juillet 1371 jufqu'à l'année 1383. (Voy. *Gall. Chrift.*, t. VIII,
col. 1476.)

(2) On fe demande comment un criminel qui, comme on le verra plus
loin, n'avoit rien de commun avec les clercs dont il réclamoit les priviléges, pouvoit être auffi bien renfeigné fur les cérémonies eccléfiaftiques.
Le verfet cité eft le verfet 6 du pfaume 15, que récite chacun des ordinands au moment où il eft tonfuré; par conféquent, pour l'accufé, prouver
qu'il avoit prononcé ces mots, c'étoit prouver qu'il étoit clerc. Voy.
*Pontificale Romanum*, p. 18 de l'édition in-8 publiée en 1741, à Bruxelles,
avec fig.

& auſſi que, depuis ce qu'il ɔt couronne, il ne fu à l'eſcolle, maiz a tousjours aprins depuis meſtier pour gaigner
ſa vie, comme preudomme doit fere.

ET, POUR CE, par ledit maiſtre Jehan Truquam, lieutenant, a eſté, audit Jehannin de Soubz le Mur, prefix
terme de monſtrer & enſeigner deuement de ſa lettre de
tonſure, ou de teſmoings qui doyent valoir à ſon entente
obtenir, juſques à viij jours, en lui faiſant aſſavoir que,
ſe il n'enſeigne d'icelle, l'en procedera à l'encontre de
lui ainſi qu'il appartendra à fere de raiſon.

## JEHAN LE BRUN.

8 octobre 1389.

LE VENDREDI VIIIᵉ JOUR D'OTTOBRE L'AN MIL trois
cens quatrevins & neuf, fu admené priſonnier ou
Chaſtellet de Paris Jehan Le Brun, nez de la ville de
Harefleu, & par Mᵉ Jehan Truquam, lieutenant, envoïé
querre ès priſons de Baubigny, appartenans à Nicolas Le
Mire (1), eſquelles ycellui Brun eſtoit detenu priſonnier,
pour ſoufpeçon d'avoir mal prins & emblé un peliçon de
connins en l'oſtel Robert de Senlis, demourant à Sainte-
Crois de la Bretonnerie de Paris, duquel peliçon mencion eſt faite en l'accuſacion de Jehannin La Greue, cy

(1) Baubigny, aujourd'hui arrondiſſement de Saint-Denis (Seine), étoit
un fief mouvant de l'abbaye de Saint-Denis, poſſédé, dès le commencement du xivᵉ ſiècle, par la famille Le Mire. En 1321, Jehan Le Mire
rendit hommage à l'abbé de Saint-Denis à raiſon de ce fief. Il exiſte
auſſi pluſieurs aveux de Nicolas Le Mire pour les années 1352 & 1367.
Jeanne La Mireſſe, ſa fille, hérita de Baubigny & le tint en fief au
même titre. (Bibl. impér., cab. des titres, 2ᵉ ſérie des originaux. Voy.
auſſi Lebeuf, *Hiſt. du Diocèſe de Paris*, t. VI, p. 280.)

deſſus enregiſtré (1), afin que par ycellui lieutenant ledit
Brun feuſt examinez tant ſur la vie, eſtat & gouvernement dudit Greue, comme ſur pluſieurs autres priſonniers
eſtans ou Chaſtellet, deſquelx l'en dit ycellui Brun ſavoir
leurs faiz. Lequel Jehannin Le Brun, juré aus ſains Euvangilles de Dieu qu'il diroit verité de ce qu'il ſauroit & qui
lui feroit demandé, congnut & confeſſa de ſa pure volenté, ſanz aucune force ou contrainte, & par ſerement,
ſur ce requis, que durant le temps que les jouſtes furent
darrenierement à Saint-Denis en France (2), il ſe acompaigna & accointa d'une femme nommée Guillemete, fille de
péché, avecques laquelle il coucha par pluſieurs nuis, tant
en la ville de Saint-Denis comme ès blez eſtans emmi les
champs; &, environ xv jours après ce, fiança ycelle Guillemete, & elle lui, de leurs conſentemens, & promiſtrent
l'un à l'autre faire foi & leaulté de mariage. Avecques
laquelle, après ce & devant, il a eu compaignie charnelle.
Laquelle Guillemete, preſente à ycelle confeſſion, a dit
& teſmoigné ycelles promeſſes & compaignie eſtre vrayes.
Et pour ce que ſur la teſte dudit Brun avoit le ſigne &
caratere de tonſure, oye ſa confeſſion, & ſur la deliberation, advis & conſeil de maiſtres Dreue d'Ars, auditeur;
Jehan Soudant, Robert de Tuillieres, Nicolas Chaon,
Pierre Gilbert & Robert de Pacy, examinateurs oudit
Chaſtellet; ycellui Jehannin Le Brun, comme bigaſme,
a eſté, par ledit lieutenant, condempné à eſtre rez tout
jus. Lequel jugement fu executé cedit jour d'ui.

LEQUEL JEHAN LE BRUN, après ce que il ot eſté examinez ſur l'eſtat d'aucuns priſonniers eſtans oudit Chaſtellet, & qu'il ot dit & affermé pour verité, en la preſence dudit Jehannin La Greue, que ycellui Jehannin

---

(1) Voy. ci-deſſus, p. 47-50.
(2) A la fête de la Pentecôte (17 mai) de l'an 1388.

La Greue eſtoit un fort larron, & avoit non Raoulet de Laon, ne ne ſavoit lettre aucune, maiz avoit fait fere ſa tonſure puis un an ença, ycellui Jehannin Le Brun fu, par ledit lieutenant, rendu & baillé audit Nicolas Le Mire comme ſon priſonnier, le mardi xix<sup>e</sup> jour dudit mois d'ottobre iiij<sup>xx</sup> & neuf.

L'AN MIL TROIS CENS quatrevins & neuf, le lundi xxv<sup>e</sup> jour dudit mois d'ottobre, fu envo[ié] querre, par ledit monſ. le prevoſt, le deſſus dit Jehan Le Brun, priſonnier ès priſons de Baubigny, & admené priſonnier oultre le guichet du Chaſtellet, pour ce qu'il fu rapporté par le maire garde de la juſtice de Baubigny, teſmoigné & affermé que ycellui priſonnier avoit confeſſé par devant lui eſtre traitre du roy noſtre ſire, diſant que dudit priſonnier plus avant ne ſe vouloit entremettre de ſa confeſſion & examen que fait avoit, duquel examen & confeſſion il baiſſa copie, en requerant audit monſ. le prevoſt avoir deſcharge & delivrance d'icellui priſonnier. De laquelle confeſſion faite par ycellui priſonnier, audit lieu Baubigny, bailléc par ledit maire garde d'icelle juſtice, la teneur s'enſuit :

ITEM, confeſſa ledit Jehannin que, environ Paſques darrenierement paſſées, il, Jehan du Boys, Jehan de Saint-Cloud & le Beaubarbier, venoient de Berry, & un appellé Le Normant ; & quant ilz furent emprez Vittry, ès blez, il qui parle frappa le premier ledit Normant d'un baton, & Jehannin de Saint-Cloud l'eſcheva (1) de tuer par nuit, & le deſpoillerent de ſa robe, c'eſt aſſavoir : d'un mantel double de drap vert, & l'autre d'un vermeil d'Engleterre, & une houppellande longue d'un fin vermeil d'Engleterre, fourrée de gris, & deux paire de chauſſes ſeme-

_____

(1) Acheva. *Eſcheve*r ſignifie ordinairement éviter.

lées, qui furent vendues, en la place Maubert, xxvj f.,
lefquelx furent beuz. Et il qui parle ot un fermillet d'argent doré à iiij pelles, & le vendi à Mahieu, fon hofte,
v f., qu'il defpendi en fa maifon; & un chapeau de bievre
que Jehan du Boys ot, & le Barbier ot le mantel, & Jehan
de Saint Cloud ot la houppellande.

ITEM, confeffa ledit Jehannin que il eft filz d'un Navarras appellé Damiglet, qui demeure à Cherebourt, &
eft homme d'armes, & eft né d'une lieue près de Leftelie,
& il qui parle eft né du clos du Coutentin, affez prez de
Valongnes, filz d'icellui Damiglet de bas (1) & d'une
femme née de Cotentin, laquelle chevauchoit avecques
lui; & lui qui parle a efté tousjours avecques les Englois
& Navarras en Guyenne & ou clos de Cotentin, a bouté
feux & prins prifonniers françois, rançonnez & mis à
mort.

ITEM, confeffa le dit Jehannin que il fe mift en la route
de meffire Guillaume de Lignat (2); & lors fe parti Jehannin de Saint-Py, lors efcuïer, de la Rochefouquaut, &
demanda qui favoit le chemin à aler à Poitiers. Lors il qui
parle, & un appelé Jaquet Le Baftard, dift audit feigneur
qu'il le garderoit bien & le meneroit bien fon chemin.
Et lors le menerent autre chemin, & le mena à un villaige
où il n'y a que une maifon, appellée Senaye, là où il favoit bien que les Englois eftoient en enbufche; & là fut
prins Jehannin de Saint-Py, qui eft ad prefent chevalier,

---

(1) Bâtard. Voy. Du Cange, au mot *Baftardus*.

(2) Sur Guillaume de Lignac, voy. Froiffart, liv. III, chap. 61, 88,
97; t, II, p. 570, 573, 642, 644 & 665, de l'édition du *Panthéon littéraire*, par Buchon. C'eft un des capitaines qui accompagnèrent du Guefclin en Efpagne. Il exifte deux quittances de fes gages (7 février &
28 mars 1386) pour fes fervices dans cette expédition avec Gauthier de
Paffac. (Catal. des archives de Jourfanvault, 1, nos 55 & 302). En 1387,
il affiégeoit Geoffroi Tête-Noire dans le château de Ventadour.

& plufieurs autres efcuïers qui eftoient en fa compaignie.
Et plus n'en voulons enquerir.

LEQUEL JEHAN LE BRUN, prifonnier, le dit xxv° jour
d'ottobre, eftant en jugement fur les carreaux, par devant
monf. le prevoft, prefens maiftre Jehan Truquam, lieutenant; maiftre Nicolas Chaon, examinateurs oudit Chaftellet; fu fait jurer aus fains Euvangilles de Dieu qu'il
diroit verité tant fur la confeffion par lui faite audit lieu
de Baubigny, comme d'autres chofes qui lui feroient demandées. Et, ce fait, ycellui prifonnier eftant ou petit
parc, de deffus les carreaux, fanz aucune force ou contrainte de gehine, congnut & confeffa de fa pure, franche
& liberal volenté, que les confeffions cy devant efcriptes,
par lui congneues à la juftice dudit lieu de Baubigny, &
à lui leues, eftoient vrayes & contenoient verité, & les
avoit congneues & encore congnoiffoit eftre vrayes, &
perfeveroit en ycelles. Et, oultre ce, congneut que fondit pere le admena bien petit enffent demourer en la ville
de Harfleu, en laquelle il aprint meftier de marefchal; &
que, viij ans a ou environ, il fe parti d'icelle ville de
Harfleu, vint en la ville de Rouen pour ouvrer dudit
meftier, fe loga à l'Efcu de France, devant les Carmes
de Rouen, & illec, à une forge prez dudit hoftel, ouvra
l'efpace de viij jours ou environ. Pendant lequel temps,
fe vint loger, oudit hoftel de l'Efcu de France, un efcuïer,
fi comme il lui eftoit lors en advifion. de bel eftant (1) &
de grant, nommé jaquet Le Baftart, dit Dam[i]ens, aagé
de xxviij ans ou environ, lequel eft parant & repaire bien
fouvent fur un tapiffier demourant oultre la Croix du
Tirouer, au bout de la rue des poulies; lequel Jaquet
pria & requift ycellui prifonnier qu'il chevauchaft avecques lui, & il le monteroit bien & bel, le meneroit en la

(1) De *belle apparence, de bon air.*

guerre ou pays de Lymofin, au lieu de la Soufterrene, duquel lieu & forterefſe il eſtoit ſaudoyer; & que s'il le vouloit bien & loyaulment ſervir, il le feroit riche homme; à laquelle requeſte dudit Jaquet il qui parle ſe acorda, & avecques lui ſe parti de ladite ville de Rouen, ala audit lieu de la Soufterrene, ouquel pays de Lymofin il a demouré en ſaudoierie, tant ſoubz ledit Jaquet comme ſoubz le gouvernement d'un Englois nonmé Blanche-barbe, capitaine de Corbefin, par l'eſpace de vj ans con-tinuelment. En la compaignie duquel Jaquet il chevaucha comme gros varlet par un an ou environ, & vit comme ycellui Jaquet ſe partoit de ladite fortereſſe en la compai-gnie de Pierre Le Biernois (1), Englois, chevaucherent par le pays, prindrent François, & yceulx admenerent priſonniers audit lieu de la Soufterrine. Lequel Jaquet il qui parle vit bien & apperçut qu'il eſtoit mouche des Englois contre les François, & que aucune fois il paſſoit au plus prez des embuſches faites par les François, & les adviſoit ſanz eulx dire aucune choſe, & chevauchoit tout oultre au devant d'eulx, faignant qu'il ne les euſt point veuz; & quant il avoit yceulx eflongiez tant qu'ilz po-voient avoir perdu la veue de lui, il ſe retournoit tout court par un autre chemin, le plus couvert qui ſavoit, droit audit lieu de la Soufterrine, ou là où les Englois eſtoient embuſchez; & lors leur faiſoit ſon rapport tel qu'il l'avoit trouvé, lequel rapport il qui parle lui a au-cune fois oy dire & rapporter auſdiz Englois. Leſquelx Englois, ſelon ce qu'il ouoient le rapport dudit Jaquet,

---

(1) Pierre le Biernois joua un rôle fort important dans nos guerres avec les Anglois. Il étoit, en 1388, capitaine de Chaluſſet; il commandoit, à la même époque, un corps de troupes conſidérable pour le temps; Froif-ſart, qui en exagère ſans doute le chiffre, le porte à cinq cents combat-tans. Il eſt, du reſte, ſouvent parlé de lui dans cet hiſtorien. Voy. liv. II, chap. 47, & liv. III, chap. 99, 100, 101, 112, 113; t. II, p. 56, 58, 667, 677, 700, 705, de l'édition du *Panthéon littéraire*, par Buchon.

chevauchoient, une fois plus de gens, & une autre fois moins, & se retrayoient audit lieu & forteresse de la Sousterrine. Et a veu que, à aucunes des chevauchées que ont faites yceulx Engloix, esquelles il a esté par plusieurs fois, & par le rapport dudit Jaquet sanz autre, plusieurs chevaliers, escuïers & autres gens de commun, tenans le par[ti] & bien vueillans du roy nostre sire, ont esté prins & emprisonnez audit lieu de la Sousterrine, & mis à raençon; & que lui qui parle & ledit Jaquet en ont aucune fois prins & aidié à prendre li uns à l'autre, &, en après ce, mis à finance, & ycelle finance eue & receue.

Dit avecques ce, que, soubz ledit Blanchebarbe & en sa compaignie, il a demouré en ladite forteresse de Corbefin par l'espace de vj ans continuelz, alé en four- rerie, chevauché comme gros varlet & talvassier, oudit pays, avec les autres varlez de la garnison dudit lieu de Corbefin, prins vins, blez, advenes, feurres, foings. moutons, beufs, vaches, pain, pors, poulailles & tous autres vivres, sur les subgez & tenans le parti du roy nostredit seigneur, sanz en païer denier aucun, par force & contrainte, contre la volenté d'iceulx subgez; & yceulx biens admenez en ladite forteresse de Corbefin, pour aidier à vivre & soustenir les autres soudoyers englois estans en ycelle forteresse; et par plusieurs fois chevau- ché armé de jaques, de cote de fer, capeline, gantelez & demie lance, en la compaignie dudit Blanchebarbe & des autres compaignons de la garnison d'icelle forteresse de Corbefin, par lesquelx plusieurs François ont esté prins & admenez audit lieu & fort de Corbefin; veu aussi que ycellui Jaquet aloit & venoit seurement en ycelle forte- resse de Corbefin, & ès forteresses de Saint-Jehan, Cre- ton, la Grange, Chalu, Saint-Marc, & d'autres villes & chasteaux voisins d'ilec environ, paisiblement, comme le- dit Blanchebarbe, Englois, son maistre, les capitaines desquelles forteresses lui faisoient très bonne chere ou

meilleur qu'il ne faifoient les uns aus autres, & que quant
il fe partoit d'eulx, il lui demandoient s'il vouloit compaignie, & quant les revendroit veoir.

Dift auffi, fur ce requis, que ès voyages & chevauchées
cy-deffus dites par lui faites, il ne vit oncques feu bouter,
ne n'en bouta aucuns, ne ne fu auffi où feu feuft bouté,
forterefse françoife prinfe ne efchielée, ne femme ravye
ou prinfe à force, ne auffi n'y congneuft oncques François
nul qui alaft ne ne compaignaft yceulx Englois, fi non un
chevalier du clos de Conftentin, nommé meffire Jehan de
Sezay, lequel eft homme bien aagez, & a un fien frere
nommé meffire Robert de Cranq, chevalier, lequel eft Englois, maiz il n'eft pas record en quel pays il fe tient, ou à
Chierbourc ou en Guïenne. Lequel meffire Jehan de Sezay,
il, durant le temps qu'il a fervy yceulx Jaquet & Blanchebarbe, il a veu aler & venir paifiblement en la compaignie defdiz Englois, & entre[r] efdites fortereffes
englefches, auffi paifiblement comme faifoient fefdiz
maiftres; & que ycelluy de Sezay par plufieurs fois il a
veu chevaucher avecques yceulx Jaquet & Blanchebarbe
ès cources & chevauchées que l'en faifoit; & eftoit ycellui de Sezay homme bien monté à iiij chevaulx. Toutefvoies il fe recorde bien que il ne vit oncques que ledit
de Sezay chevauchaft armez de fa perfonne en la compaignie des deffus diz, ne fcet la caufe pour quoy; maiz
fes trois varlez eftoient bel & bien armez comme lui &
les autres groz varlez d'icelles fortereffes englefches. Et,
avecques ce, fe recordent qu'il a environ trois ans que
darrenierement il vift ycellui de Sezay oudit pays de
Lymofin. Duquel de Sezay l'en pourra oïr nouvelles &
favoir plus à plain fon eftat par un efcuïer du pays de
Conftentin, appellé Chiffrevaft (1), qui eft capitaine de

---

(1) Ce nom eft ici altéré; il s'appeloit Jehan de Siffrevaft. C'eft lui
qui eft porté fur la montre d'Olivier de Mauny, chevalier banneret.

Valoignes; auquel efcuïer foit demandé le chevalier de Sezay, à qui il ot debat de parolles en la forterefle de Briquebec, ou temps que le fiege eftoit devant Chierbourc, & lequel chevalier ycellui efcuïer appella traitre Navarrois. Requis qu'il gaignoit par an à fervir yceulx Jaquet & Blanchebarbe, & quel prouffit il avoit des prifonniers, &c., dit par fon ferement qu'il ne gaignoit aucun falaire prefix, ne n'avoit auffi aucun prouffit particulier defdiz prifonniers, parce que il avoit dit à fefdiz maiftres qu'il ne vouloit gaigner que leur volenté, & lui avoit fouffift avoir efté bel & bien monté, & armé comme il avoit efté, & bien gouverné, fanz avoir d'yceulx aucun autre prouffit fingulier. Et pour ce qu'il veoit que fondit darrenier maiftre Blanchebarbe ne lui faifoit aucun autre prouffit qu'il avoit acouftumé de fere, & qu'il ne lui bailloit pas de l'argent à la value qu'il en avoit gaigné & gaignoit efdites cources, chevauchées & pillaiges, fe parti de la compaignie & fervice dudit Blanchebarbe fanz fon fceu & congé, & en admena un roncin fur lequel il avoit acouftumé de chevaucher, qui eftoit à fondit maiftre Blanchebarbe, lequel cheval valoit bien environ xxx fr., & vint droit en la ville de Paris, fanz ce qu'il feift ou feuft à fere aucun mal en venant dudit lieu de Corbefin à Paris. En laquelle ville de Paris il vint & arriva deux ans a ou environ, & autrement n'eft record du temps. Lequel avoit pour lors fur lui la fomme de xv fr. en or, qu'il avoit apportez dudit pays de Lymofin. Auquel lieu de Paris il vendi fondit cheval, fe vefti de neuf bien & honneftement, &, en

---

paffée à Sablé, le 1er feptembre 1371, fous le gouvernement du connétable de France. Nous le voyons enfuite, à partir du 17 octobre 1386, défigné dans différentes quittances comme écuyer d'écurie du roi & capitaine de Valognes, charge dont il reçut les gages & qu'il conferva au moins jufqu'au 10 novembre 1394. (Voy. D. Morice, *Hift. de Bretagne*, preuves, t. I, col. 1655, & t. II, col. 620.; & cab. des titres, 2e férie des orig., doff. Chiffrevaft & Siffrevaft.)

ceſt eſtat, ſe tint long temps ſanz rien fere ou ouvrer, juſques ad ce que tout l'argent qu'il avoit fu deſpendu, tant au
jeu de dez comme en la taverne, comme aus filletes de vie.

ITEM, congnut & confeſſa que, environ an & demi a,
lui eſtant ſur monſ. le conneſtable, où l'en jouoit à la
paulme, un compaignon nommé Jehannin de Saint-Cloud,
chauſſetier, demourant à Saint-Cloud, vint à lui & lui diſt
qu'il lui donroit chopine de vin; alerent boire enſemble,
& illec s'entreacompaignerent, & tant que ycellui de
Saint-Cloud & lui alerent au bordeau de Tiron, ouquel
il prindrent une fille de peché qui illec ſeoit au bordeau,
laquelle ilz menerent boire à la ville de la Piſſote, prez
des vignes du boys de Vinciennes, & avecques eulx
eſtoit un compaignon nommé Perrin de Creux. Eſquelles
vignes, & en ſa preſence, ycellui de Saint-Cloud & auſſi
ledit du Creux, orent compaignie charnelle à ladite fille;
&, après ce, d'un gros eſchalas qu'il print en ycelle
vigne, fery ycelle fille un coup ſur la teſte, duquel elle
chey à terre; &, ce fait, s'aproucha d'icelle fille, &, d'un
petit couſtel qu'il avoit à ſa ſainture, lui copa la gorge.
Laquelle morte, lui qui parle & ledit de Saint-Cloud
deveſtirent & deſpoillerent, & la robe que elle avoit
veſtue porterent vendre ès villes de Saint-Cloud & de
Mante, ne ſcet combien. Lequel Jehannin reçupt l'argent
d'icelles robes, & n'en ot oncques, lui qui depoſe, denier
aucun, jà ſoit ce que tout feuſt beu, mengé & deſpendu
par eulx enſemble. En alant à laquelle ville de Mante,
ycellui de Saint-Clou demanda à lui qui parle s'il avoit
point de tonſure reſe; & il lui diſt que non, & que oncques n'en n'avoit point portée. Et, pour ce, par le conſeil
dudit de Saint-Cloud, & pour eſchever la juridicion &
punicion de la court temporelle, fiſt lors fere ſa premiere
couronne ès forbours de ladite ville de Mante, à un barbier qui lors y demouroit.

Item, dift qu'il a oy dire à un nommé le Beaubarbier, qui reppaire en la place Maubert, & eft un très grant homme, aagé de xxx ans ou environ, que lui & un nommé Gilet Le Bourguignon, duquel il n'a aucune congnoiffance, rompirent le tronc de Saint-Ladre environ la Noftre-Dame en feptembre darrenierement paffée, & vit que ycellui Beaubarbier lui difoit : *Regarde l'argent que je tiens, c'eft de l'argent du tronc de S. Ladre. Moy, ledit Gilet & Raoulet de Laon, dit la Greue, deffus dit, en avons eu noftre part.* Ne fcet, il qui depofe, qu'il povoit avoir d'argent en la main d'icellui Barbier, parcequ'il ne le compta pas, maiz il fe recorde bien qu'il n'y avoit point d'or.

Item, dift que, environ un pou après Pafques darrenierement paffées, que lui & Jehannin du Boys, qui eft un varlet fervant qui va partout, aagé de xxvj ans ou environ, fe partirent de la ville de Montargis, en leur compaignie un jeunes homs de bel eftat, nommé Jehannin Le Normant, vindrent enfemble jufques à Villeneuve Saint-George, en laquelle ilz trouverent les deffus diz Beaubarbier & Saint-Cloud, beurent illec enfemble tous cinq ; &, en venant à Paris, Beaubarbier dift à lui qui parle qu'il ameroit mieulx eftre pendus qu'il venift à Paris ainfi mal veftus qu'il eftoit, & Le Normant devant dit feuft fi bien veftus qu'il eftoit. Lors icellui Beaubarbier & lui qui parle, eftans environ les vignes de Vittry, prindrent complot enfemble de tuer ycellui Normant. Et, quant ilz vindrent au dehors d'icelles vignes, il qui parle, d'un baton qu'il tenoit, fery ledit Normant un coup par la tefte, duquel il le fift cheoir à terre ès blez eftans au plus prez du chemin, & Beaubarbier le acheva de tuer d'une groffe pierre qu'il trouva à fes piez, de laquelle il fery plufieurs coups ledit Normant fur la tefte ; & dift qu'il eftoit environ une ou deux lieues (1) en la nuit

---

(1) C'eft-à-dire *heures*. Voy. Du Cange, au mot *Leuca* 2.

quant ledit fait fu fait & acompli. Lequel Normant ils deveſtirent, & des biens d'icellui ot à ſa part un petit fermeillet d'or, qui eſtoit attaché à un chappeau de bievre
que portoit ſur ſa teſte ledit Normant; ledit Jehannin
du Boys, le chappeau de byevre où eſtoit attaché ledit
fermeillet d'or; ledit de Saint-Cloud, deux paire de
chauſſes ſemelées & une longue houppellande de drap
vermeil fourrée de gris rouge; ledit Beaubarbier, un
manteau double à uſage de homme, court, de drap vermeil pardehors & de noir pardedens, avecques environ
vij frans en or & en argent, que ilz beurent & menge-
[rent], & deſpendirent, celle nuit qu'il fu tuez, enſemble
en la ville de Paris, où il vindrent boire, n'eſt reccord
du lieu ne de la taverne, le juppon duquel murdy ycellui
de Saint-Cloud print & le vendi le lendemain, en la ville
de Saint-Cloud, xij ſ., leſquelx ilz burent & deſpendirent
enſemble audit lieu, le lendemain matin dudit fait &
murdre advenu.

Item, diſt que, en aouſt darrenierement paſſé, ot un an
ou environ, lui & ledit Beaubarbier, [&] Perrin Le Breton,
reppairant en la rue des Eſcouffles, à Paris, & lequel eſt
de la congnoiſſance du ſeigneur des Bouteilles (1), dudit
lieu, marchant de peaulx de mouton à fere parchemin,
& un nommé Gilet Le Bourguignon, repairant partout,
ſe partirent de la ville de Paris, en entencion d'aler gaigner, & eulx eſtans au delà de la ville de Vauderl[and],
à une lieue prez de Louvres en Pariſy, ainſi comme entre
nuit & jour, trouverent un marchant qui menoit ſel ſur
un petit cheval fauvelet à courte queue; lequel homme
ledit Perrin Breton print aus corps, le abatirent à terre
de deſſus ſon dit cheval, & illec le ferirent de pluſieurs
coups de couſteaux, & tant qu'il fu tuez; en la bourſe

_____

(1) Le maitre de la maiſon ayant pour enſeigne *les Bouteilles*. On peut
en dire autant du *ſeigneur du Cigne*, mentionné ci-après.

ou taffe duquel homme ilz prindrent vij bians. Lequel
homme mort, & le fel qu'il menoit ilz lefferent illec, fanz
deveftir ycellui homme ne defrober autrement; et ledit
cheval menerent en la ville de Mante, en laquelle ville
il le vendirent, un ou deux jours après ledit fait advenu,
à un homme qui eftoit de la congnoiffance du feigneur
du Cigne, demourant en ycelle ville; & d'icellui cheval
orent trois frans, lefquelx ilz defpendirent enfemble en
ladite ville, fanz ce que alors il feiffent aucun autre mal,
murdre ou larrecin quelconques. En alant en laquelle
ville de Mante, affez prez & ou chemin de Pierrefrite,
à un quart de lieue prez du lieu où ycellui homme qui
conduifoit fel fu tué, il trouverent ledit Beaubarbier &
Caifin du Vivier, tixerrant de toilles, demourant à Paris,
lequel eft homme jeune de xxx ans ou environ, & rouffeau. Lefquelx Beaubarbier & Caifin eftoient garniz chafcun d'une efpée & d'une taloche, arc & fayetes, & ledit
Caifin d'une cote de fer & d'un bracelez de fer, qu'il
avoit veftus & miz; en leur compaignie eftoit ledit de
Saint-Cloud, garny d'une dague. Lefquelx parlerent li
uns aus autres, & s'entredemanderent s'il avoient riens
gaigné; lefquelx, tant d'une partie comme d'autre, dirent
que non : et atant fe departirent enfemble. De laquelle
ville de Mante lui & ledit Breton, qui eft varlet de Olivier
Pafquier, ferviteur de monf. le conneftable (1), fe partirent & alerent enfemble en la ville de Vernon, & ledit
Bourguignon s'en ala là où il voult, ne fcet où. En laquelle ville de Rouen ilz ne gaignerent aucune chofe; &
d'ilec fe partirent, & alerent ou voyage que fift le roy
noftre fire en Almaigne (2), fanz ce que, en alant en ycellui voyage ne en retournant, ilz feiffent oncques aucun

---

(1) Il eft nommé dans le partage des biens d'Olivier de Cliffon. Voy.
D. Morice, *Hift. de Bretagne*, preuves, t. II, col. 819.

(2) En juillet 1388.

murdre ou larrecin, finon prendre vivres pour eulx. Duquel voyage d'Almaigne lui retourné en la ville de Paris, fe acompaigna du deffus dit Jehannin La Greue, dit Raoulet de Laon; Jehannin d'Eftain & Hennequin Le Flament, repairans par tout. Et d'icelle ville fe partirent enfemble en entencion d'aler gaigner; alerent en la ville de Brye Conte Robert, voulans aler droit à Prouvins. Et ainffi qu'il pafferent par un boys que l'on dit Guigneputain, fe arrefterent illec, ouquel lieu ilz trouverent un jeune homs qui eftoit à pié, & ycellui, fanz lui dire mot aucun, aterrerent illec de coups de bafton, & ledit Raoulet lui copa la gorge. Auquel homme mort il print une bourfe qu'il avoit pendue à fa poitrine, en laquelle avoit xij f. feulement; & ycellui homme lefferent tout veftu, & ne lui ofterent aucune chofe du fien que dit eft cy deffus, en la place où il avoit efté tuez. Dift avecques ce, que eulx tous enfemble, ce fait, vindrent en la ville de Meaulx à la my-may darrenierement paffé, à la foire qui y eftoit, en entencion de gaig[n]er. En laquelle ville de Meaulx, lui & lefdiz Raoulet & Jehannin d'Eftain prindrent de jour, en l'eftal d'un chauffetier, iiij paires de chauffes; les unes de violette, à ufage de femme, lefquelles il donna à Guillemete, s'amie; unes de pers, unes vermeilles & unes de vert. Et auffi prindrent à plufieurs merciers environ x ou xij dagues; lefquelles dagues & chauffes ilz mirent en gaiges ès tavernes de ladite ville de Meaulx pour leurs defpens faiz en ycelles. Dift auffi que, en ycelle ville, & en un mefme jour que lefdites chauffes & dagues furent prinfes, ilz prindrent deux grans chauderons neufs, lefquelx ilz apporterent à Paris, & yceulx vendirent en la grant rue Saint-Martin, x f. par. l'un, & l'autre xij; lequel argent ilz defpendirent enfemble.

Item, dift que, depuis ce qu'il a efté delivré de prifon de Chaftellet par les graces de la royne, il feul a prins &

I                                           E

gaigné, d'une vielle merciere qui vent mercerie derriere Saint-Innocent, xij coiffes de foye, lefquelles il a vendues xij f. à Affeline (1), femme Jehan de Warluz, prifonniere ou Chaftellet. Item, depuis ce, & à la porte Baudoir, fur un faifeur de bourfes & mercier, un coufteau à ufage de femme, avecques une bourfe, laquelle bourfe il a baillée & donnée à ladite Guillemete s'amie. Item, durant le temps qu'il fu en ladite ville de Meaulx, il print & embla à un efpicier environ iij l. de poudre eftans en un fachet de cuir, de laquelle, quant il s'en fu aidié & prins fa volenté, il vendi le demourant d'icelle iij f. à un nommé Drouy, mercier.

Item, dift que durant le voyage que l'en fift en Flandres, quant l'en cuida paffer en Engleterre (2), il & autres compaignons bretons, ne fcet quel nombre, ne auffi les noms d'iceulx, entrerent par force en l'eglife de Bailleul, rompirent coffres, aumailes & huys de reveftiaires eftans illec, & en ycelle prindrent plufieurs veftemens, aournemens & autres chofes que l'en trouvera leans, chafcun du mieulx qu'il pot, dont il ot fa part defdiz veftemens de draps de foye, & d'iceulx fift fere de la robe pour foy veftir. Et auffi fu en une autre eglife affez prez dudit lieu de Bailleul, laquelle femblablement il defroba par la maniere que dit a de ladite eglife de Bailleul. Durant lequel voyage il eft reccord que à iij ou iiij filles pucelles il ot compaignie charnelle oultre leur gré & volenté.

Et femblablement, ou pays de Vendofme & ailleurs, où il a converfé & repperé, a eu compaignie charnelle à plufieurs filles pucelles, lefquelles il a defpucellées par force & contre leurs volentez, n'eft record où, en quel lieu, ne en quel pays, ne auffi des noms ne du nombre d'icelles, pour les multiplicacions & reiteracions dudit

---

(1) *Sic*, pour *Ameline*.
(2) En 1386.

peché, ouquel il eſt encouru par pluſieurs & diverſes
fois, & pour les autres crymes, excès & delis par lui commis en ce & autrement, comme dit a cy deſſus plus plainement. Item, diſt que, iij ſepmaines a ou environ, lui
& Jehannin de Saint-Omer, dit Couſin, pionnier, repairant partout, de jour prindrent, à l'uys d'un pelletier
demourant en la rue de Sainte-Croix de la Bretonnerie,
un peliçon de connins qui eſtoit à ſa feneſtre, & ycellui
porta pour vendre en la ville de Baubigny, pour lequel
fait il fu illec arreſté & detenu priſonnier. Item, diſt que,
un mois a ou environ, il print, en la ville de Saint-Denis
en France, ou clos à l'abé, neuf aulnes de napes ou environ, que l'en avoit miſes ſecher en ycellui cloz, & leſquelles l'en moilloit pour blanchir, leſquelles napes il
vendi xiij ſ. à ladite Ameline, femme dudit Jehan de
Warlus. Item, lui & ledit Raoulet, environ la Noſtre-
Dame en ſeptembre darrenierement paſſée, ès Champeaux
à Paris, emblerent iiij coiffes de ſoye, iiij anneaux d'argent & deux dagues, leſquelles choſes ilz vendirent audit de Warlus & à ladite Ameline, ſa fiencée, n'eſt record quelle ſomme d'argent. Et diſt, ſur ce requis, que
de preſent il n'eſt record d'aucuns autres meſſaiz par lui
faiz; &, pour ce, requiert qu'il ait temps de ſoy adviſer.

Le mardi xxvie jour dudit mois d'ottobre l'an iiij^xx
& neuf deſſus dit, par devant monſ. le prevoſt, preſens
maiſtres Jehan Truquam, lieutenant; Dreue d'Ars, auditeur; Martin Double, advocat; Andry Le Preux, procureur du roy ou Chaſtellet; Jehan Delcy & Michel Marchant, advocas oudit Chaſtellet; Jehan de Bar, Pierre
Gilbert, Nicolas Chaon, Robert de Tuillieres, Arnoul de
Villers, Jehan Soudant, Jehan de Tuillieres, Robert de
Pacy & Girart de La Haye, examinateurs oudit Chaſtellet; fu fait venir en jugement ſur les carreaux le deſſus
dit Jehannin Le Brun, priſonnier, auquel fu leu & recité

le procès & confeſſion par lui faites, cy devant eſcriptes, & lui demandé ſe elles avoient par lui ainſi eſté congnues, & ſe elles eſtoient vrayes par la maniere que eſcriptes ſont. Lequel priſonnier, ſur ce juré par ſerement, & requis, diſt que autreffois il les avoit congneues, & encore les congnoiſſoit & confeſſoit eſtre vrayes, par la fourme & maniere que elles contiennent & ſont eſcriptes. Et, ce fait, fut ledit priſonnier fait remettre ès priſons dont il eſtoit partis. Lequel monſ. le prevoſt demanda auſdiz conſeillers preſens leurs oppinions ſur la confeſſion d'icellui priſonnier, & qu'il eſtoit bon à fere; tous leſquelx, veu & conſideré ce que dit eſt, delibererent & furent d'oppinion que ycellui Jehan Le Brun, priſonnier, eſtoit dignes de ſouffrir mort, comme traittes du roy noſtre ſire, c'eſt aſſavoir : qu'il feuſt traynez, decapitez, &, après ce, le corps & la teſte d'icellui pendus à la juſtice du roy noſtre ſire. Et ad ce fu, par ledit monſ. le prevoſt, condempné ycellui Jehan Le Brun.

Et pour ce que ycellui priſonnier avoit accuſez pluſieurs perſonnes, dont les aucuns eſtoient priſonniers oudit Chaſtellet, & les autres non, & qu'il diſoit que ledit Raoulet de Laon & autres qui portoient tonſure n'eſtoient point clers, maiz avoient fait fere leurs couronnes par la maniere que dit & confeſſa là en ſon procès cy deſſus declaré, fu dit, par l'advis conſeil & oppinion deſdiz conſeillers, & ordené que, pour aydier à convaincre yceulx priſonniers par lui accuſez, l'en ſurſſerroit quant ad preſent de fere execucion de la perſonne dudit priſonnier juſques ad ce que, par ledit monſ. le prevoſt, ſeroit ſceu & congneu des accuſacions faites par ycellui priſonnier contre aucuns autres priſonniers eſtans oudit Chaſtellet.

Item, oudit jour et an, par l'advis & deliberation

defdiz confeillers, attendue & confiderée la confeffion
faite par ledit Jehan Le Brun, prifonnier, & auffi l'accufacion par lui faite & dite audit Jehannin La Greue, dit
Raoulet de Laon, & en fa prefence; meefmement que le
temps que l'en lui avoit prefigé de monftrer fa lettre de
tonfure eftoit, lonc temps avoit, paffé, & qu'il ne favoit
mot de lettre, ne ne congnoiffoit lettre l'une de l'autre,
pour favoir d'icelle tonfure la verité, & auffi des crymes
& larrecins par lui faiz & commis; meefmement que par
lui furent vendus les ii<sup>c</sup> de menuver dont fon emprifonnement fait mention; qu'il feuft mis à queftion.

EN LAQUELLE QUESTION ledit Raoulet fu mis fur le
petit trefteau; & ainfi comme l'en lui vou[loit] donner à
boire, requift à grant inftance que l'en le meift hois
d'icelle, difant qu'il diroit verité, & qu'il n'eftoit point
clerc, & auffi qu'il avoit bien deservi la mort, & enfeigneroit la maniere comme lui & autres avoient f[ait] fere
leurs couronnes. Et, pour ce, fu mis hors d'icelle, mené
au feu de la cuifine en la maniere acouftumée; ouquel
lieu, fanz aucune contrainte, de fa volenté & fanz gehine,
congnut & confeffa que, environ la fefte de No[ël] darrenierement paffé, lui, Jehan Le Brun deffus nommé,
Jehannin Coufin, dit de Saint-Omer, & Jehannin d'Eftain,
eftans enfemble e[n] la ville de Paris, en une taverne, &
illec buvans, ainfi comme ilz orent parlé longuement li
uns à l'autre fur le fait des larrecins par eulx faiz & commis, fu demandé à lui qui parle, par yceulx fes compaignons, ne fcet le[fquelx], s'il avoit point de tonfure. Lefquelx compaignons lui confeillerent, afin d'efchever la
prinfe & punicion de la juftice temporelle, qu'il feift fere
fa couronne, & que dores en avant il portaft ycelle. Lui
dirent auffi & enfeignerent la maniere comme il diroit
qu'il avoit eu couronne par aucun evefque ou arceveque,
s'il eftoit emprifonné par juftice laye pour aucun cas cri-

minel ou civil, afin d'efchever la punicion & contrainte
d'icelle, & pour alonger fa vie, difant que, pendant le
temps que l'en lui donneroit terme de prouver & mon-
trer qu'il avoit eu tonfure, Dieux le ayderoit, & à eulx
auffi, & que aucune grace ou bien leur en pourroit bien
venir. Lequel confeil il creuft; & lors, au partir de la
taverne où il avoient beu, fift fere nouvellement & la
premiere fois le figne de tonfure; lequel figne de tonfure
il a, depuis ledit temps, tousjours continué & encore
porte, fanz ce que oncques par evefque aucun lui feuft
donnée couronne autrement que dit eft. Congnut auffi,
fur ce requis, premierement juré aus fains Euvangilles
de Dieu, que les chofes deffus dites par lui conffées
font vrayes, & auffi celles qui s'enfuivent : c'eft affavoir,
que, deux ans a ou environ, lui eftant fur un pelletier
en la ville de Chartres, du temps ne du nom duquel
pelletier il n'eft record, par le clerc de l'aumofnier de
Chartres lui fu baillé pour fourrer une longue houppellande de drap pers, avecques de la panne noire pour
fourrer ycelle; laquelle houppellande & panne il apporta
en la ville de Paris, fanz le fceu ou congé d'icellui clerc,
& ycelle vendi à un freppier ès halles, ne fcet fon nom,
ne auffi ne fauroit enfeigner fa demeure, la fomme de
xij f. par.

Item, dift que quant il ot fait faire fadite tonfure, lui
& ledit Jehannin d'Eftain fe partirent de Paris enfemble,
en entencion d'aler gaigner en aucun lieu, s'il povoient
trouver où & de quoy; & appelle le mot de gaigner,
embler. Alerent en la ville de Montdidier, en laquelle il
ne firent aucune chofe; d'ilec vindrent à Rouen, en laquelle ville ledit d'Eftain embla de la mercerie, comme
coufteaux, bourfe de cuir & autres menues chofes, lefquelles il apporterent à Paris, & ycelles vendirent, ne
fcet à qui ne en quel lieu, la fomme de xij f. par., dont
il ot fa part & moitié.

Item, dift que, puis Pafques darrenierement paffées, &
un pou après ycelles, lui & ledit Jehannin Coufin eftans
en la place aus Chas, adviferent un pan de menu vair qui
pendoit à une corde en l'oftel d'un pelletier, contre l'huys
de fa maifon, lequel pan, qui contenoit environ ij^c de
vair, il prindrent, & ycellui vendirent, ne fcet à qui ne
en quel lieu, la fomme de iiij fr., dont il reçurent fur
ycelle vente la fomme de xviij f. par. en or, qu'il & ledit
Coufin departirent enfemble par moitié.

Item, dift que, environ viij jours paravant ce qu'il
feuft admené prifonnier ou Chaftellet, ainfi comme gens
marchandoient & achetoi[en]t fruit, poires, frommages
& autres chofes, à une poroyere (1) demourant affez prez
de Sainte-Croix de la Bretonnerie, il feul copa à icelle
poroyere fa bourfe, en laquelle avoit viij blans ou environ.

Item, dift que lui & un nommé Perrin Quatre Dois,
qui, pour fes demerites, a efté jufticiez à Saint-Denis en
France, environ la Penthecoufte darrenierement paffée,
alerent boire en l'oftel de la Pomme de Pin, en la Cité,
ouquel hoftel ilz prindrent une xij^e d'efcuelles, lefquelles
ilz vendirent x f. à une femme nommée Ameline, femme
de Jehan de Warlus, freppier, demourant à la porte de
Montmartre, prifonniere ou Chaftellet. Dift auffi que,
par plufieurs fois, lui feul a emblé en la ville de Paris &
en plufieurs lieux, que plas que efcuelles, le nombre
lx pieces & plus, lefquelles il a vendues, tant à icellui
de Warlus comme à fadite femme, n'eft recort quelle
fomme d'argent, parce que à la fois il apportoit deux ou
trois que plas que efcuelles, & à l'autre fois plus ou
moins.

Item, dift que lui & ledit Coufin, un pou avant ce que
la royne venift à Paris, entrerent de jour en l'oftel d'une
bonne femme qui demeure derriere la porte de Mont-

---

(1) Fruitière.

martre, ouquel hoftel ilz prindrent, fur un coffre, une
cote hardie à ufage de femme, ne fcet de quel couleur
de drap, laquelle eftoit fourrée d'u[ne] panne noire, &
ycelle vendirent à la femme dudit de Warlus, ou jour
mefmes qu'il la prindrent, la fomme de viij f. par., dont
il ot fa part.

Item, dift que lui, Jehan Le Brun deffus nommé, Jehannin d'Eftain & Hennequin le Flament, un pou après ce
que le roy fu venu du voyage d'Almaigne (1), fe partirent enfemble de la ville de Paris, en entencion de gaigner, po[ur] aler en la ville de Prouvins; lefquelx, quant
ilz vindrent en un boys que l'en nomme Guigneputain,
environ heure de nonne, fe arrefterent illec, &, par là,
devant eulx paffoit un homme de pié qui leur fembla
eftre affez homme d'eftat, lequel homme ilz arrefterent;
ce fait, le aterrerent à terre de coups de baftons, dont
ilz le ferirent fur la tefte, & quant il qui parle le vit à
terre, tira un petit couftel à trancher pain qu'il avoit fur
lui, duquel il copa la gorge audi[t] homme, & ne lui
ofterent aucuns de fes biens, finon une petite bourfe qu'il
avoit pendue à fa poitrine, en laquell[e] avoit xij f. par.
ou environ, lefquelx ilz defpendirent; & d'ilec s'en retournerent en la ville de Meaulx, & ne alerent point en
ladite ville de Prouvins, où ilz avoient entreprins d'aler,
pour caufe dudit cas advenu, & que, par aucune fortune,
ilz ne feuffent prins de juftice.

Item, dift que, un pou avant Noël darrenierement
paffé, lui & Richart de Compieg[ne], pionnier, repairant
partout, acompaignez d'une fille de péché nommée Jehan-
nete de Valenciennes, qui fu amie du Ca[mus] de Saint-

---

(1) Le roi quitta Paris le 8 juillet 1388; la paix fut conclue le
13 octobre; l'armée fe mit en marche vers la fin de ce mois, & le roi
étoit de retour à Reims pour la fête de la Touffaint. Voy. le Religieux
de Saint-Denis, t. I, pag. 529, 545, 553, 555, de l'édition de M. Bellaguet.

Quentin, & eulx estans à un soir à Petit-Pont, virent &
apperceurent que un marchant meneur de marée menoit
iiij chevaulx les uns après les autres, & attachées par les
queues; auquel marchant il osterent le chev[al] qui estoit
le darrenier, & copperent d'un cousteau le chevestre à
quoy il estoit attachez au cheval de devant. Leque[l]
cheval il qui parle mena celle nuit mesmes en la ville de
Pontoise, & illec, au lendemain matin, le vendi la somme
de lx s., desquelx, quant il fu retourné à Paris, il bailla
la moitié audit de Compiegne.

Item, dist que lu[i] & Jehannin d'Abeville, qui est
Picart, jeunes homs aagé de xxij ans ou environ, n'est
record de quel mestier il est[oit], un pou avant ce que la
royne venist à Paris, prindrent par iiij jours entresuivans,
en trois hostels de fourbisseurs d'espées demourans en la
grant rue Saint-Denis, trois espées, desquelles ilz vendirent l'une v s., ne scet à qui, l'autre il mis[t] en gaige
sur son hoste Mahieu, & la tierce, ledit Jehannin d'Abeville appliqua à son prouffit & en fist sa volenté.

Item, dist que, tant en la compaignie des dessus diz
compaignons comme tout seul, il a esté à fere & fait de
soy plusieurs autres larrecins en plusieurs lieux & diverses
fois, desquelles, pour la multiplicacion d'icelles, il n'est
record ad present; & dist, sur ce requis, que le premier
larrecin qu'il feist oncques fu de la houppellande de pers
qu'il apporta de Chartres vendre à Paris. Dist aussi que,
depuis ce, il s'est tousjours entremis de fere larrecins. Et,
ce fait, requist que l'en lui voulsist donner temps & terme
de soy adviser, & il nous dira tout ce qu'il a fait & dont
il se pourra adviser; & aussi requerra audit Jehannin Le
Brun qu'il le vueille adviser & enseigner des larrecins
qu'il saura qu'il aura commis.

# HONORÉ DU PUIS.

9 octobre 1389.

Honoré du Puis, né de la ville de Lyſieux en Normandie, priſonnier detenu oudit Chaſtellet, pour
ſouſpeçon de la deſroberie faite par lui & Gervaiſe Le
Deſiré à Jehan Donc, couſturier, demourant à la Croix
Neufve, & duquel larrecin ledit Gervaiſe fu trouvé ſaiſi,
fu attaint par devant monſ. le prevoſt & fait venir en
jugement ſur les carreaux, preſens maiſtres Jehan Truquam, lieutenant; Dreue d'Ars, auditeur, & Andry Le
Preux, procureur du roy noſtre ſire ou Chaſtellet de Paris, le ſamedi ixe jour d'ottobre l'an mil ccciiijxx & neuf.
Lequel priſonnier fu fait jurer aus ſains Euvangilles de
Dieu, ſur le dampnement de l'ame de lui & ſa part qu'il
entendoit à avoir en Paradis, qu'il diroit verité de ce que
l'en lui demanderoit; lequel, & par ſerement ſur ce requis, diſt & afferma pour verité qu'il eſtoit clerc, & que
jà pieçà l'eveſque de Carpentras, lors arceveſque de
Rouen (1), lui donna couronne en la ville de Lyſieux.
Ne ſcet en quel lieu ycellui eveſque eſtoit, qu'il lui fiſt,
qu'ii diſt à icellui qui parle; n'eſt auſſi record à quelle
heure ce fu, ne de quel drap ou habit ledit eveſque eſtoit
veſtus, parce qu'il eſtoit lors jeune de l'aage de viij ans
ou environ; maiz il ſe recorde bien que de ce il ot lettre,
laquelle ſon pere print & ot en garde devers ſoy, auquel
ſon pere il a, depuis trois ans, oy dire qu'elle avoit eſté
arſe, en ſon hoſtel à Lyſieux, par les Englois, qui, puis
xvj ans a ou environ, ont eſté en ycelle ville de Lyſieux

---

(1) Il s'agit ſans doute ici de Guillaume de L'Eſtrange, qui, après
avoir été évêque de Carpentras de 1375 à 1376, fut élevé à l'archevêché de Rouen, qu'il occupa de 1376 au 11 mars 1389. (Voy. *Gall.
Chriſt.*, t. I, col. 908, & t. XI, col. 84.)

& ars ycelle ville(1). Diſt auſſi que, au temps qu'il ot couronne, il aprenoit ſon ſaultier; laquelle couronne eue, il
leſſa de tous poins l'eſcolle & s'en vint demourer, dès
ledit temps, à Paris, pour aprendre meſtier, en laquelle
ville il a aprins le meſtier de tixerrant de toilles. Requis
ſe il ſcet lire ne congnoiſtre lettre aucune à lui ſur ce
monſtrée, dit que non, par ce que dit eſt, & qu'il n'a
point frequanté l'eſcolle ne auſſi aprins à lire. Diſt auſſi,
ſur ce requis, qu'il ſcet bien ſa paternoſtre juſques au
*Credo*, & plus n'en ſcet. Requis qu'il eſpeliſe *Pater*, diſt
qu'il ne ſauroit.

Et, pour ce, fu dit par ledit monſ. le prevoſt, audit
Honoré du Puis, priſonnier, qu'il envoïaſt querre ſa lettre
de tonſure, ou autrement en enſeignaſt deuement comme
il avoit eu ycelle dedens xv jours, lequel terme lui fu
prefixé pour tous delais, ou ſinon que l'en procederoit
contre lui ainſi qu'il ſeroit à faire de raiſon.

## JEHAN DE SOUBZ LE MUR, DIT ROUSSEAU.

### 9 octobre 1389.

ITEM, LEDIT SAMEDI ixe jour dudit mois d'ottobre iiijxx
& neuf, par devant monſ. le prevoſt, preſens les deſſus
diz maiſtres Jehan Truquam, lieutenant; Dreue d'Ars,
auditeur, & Andry Le Preux, procureur du roy ou Chaſtellet, fu fait venir en jugement ſur les carreaux Jehan
de Soubz le Mur, dit Rouſſeau, priſonnier oudit Chaſtellet, detenu pour cauſe d'un pain de cire blanche, peſant
environ livre & demie, par lui prins & emblé en la grant

---

(1) En 1368, Liſieux fut pris & brûlé par Charles le Mauvais (L. du
Bois, *Hiſt. de Liſieux*, t. I, p. 125). Mais de pluſieurs documents cités
dans le *Gallia Chriſt.*, t. XI, col. 788, 810, il ſemble réſulter que cette
ville fut repriſe & détruite une ſeconde fois.

rue Saint-Denis, ou jour d'yer, en l'oftel de Gaultier de Reffons, efpicier, duquel il fu trouvé faifi. Lequel prifonnier fu fait jurer aus fains Euvangilles de Dieu qu'il diroit verité de tout ce que l'en lui demanderoit; &, ce fait, par ferement fur ce requis, congnut de fa pure volenté, & fanz aucune contrainte, qu'il eftoit nez de la ville d'Orleans (1), en laquelle il avoit aprins meftier de conréeur de cuirs, & que d'icelle ville il s'eftoit parti deux ans a ou environ, & eftoit alé ouvrer dudit meftier en la ville de Coulomiers en Brye, en laquelle il s'eftoit mariez à une jeune fille de l'aage de xviij ans ou environ, nommée Guillemete, demourant à l'enfeigne de la Hache, à Saint-Germain des Prez. Dift auffi que, paravant ce qu'il apreniſt audit meftier de conroyer cuirs, fon pere, qu'il avoit lors, le fift aprendre à l'efcolle fa paternoftre & fes fept feaumes, & lui fift avoir couronne, dont il a lettre, ne fcet où elle eft, ne que fondit pere en a fait, parce qu'il eft alez de vie à trefpaffement. Requis fe il fcet fa paternoftre, & qu'il la die, dift que oïl jusques au Credo, laquelle paternoftre il a dite telement quellement. Requis fe il fcet lettre, dit que non tant foit pou, & n'en eft nul befoing, car paffez font trois ans qu'il fu prins & emprifonné ou Chaftellet, pour caufe d'une bourfe de foye & d'une çainture d'argent que l'en difoit par lui avoir efté prinfe & emblée fur Petit-Pont, pour lequel cas il, comme clerc, avoit, par le prevoft qui lors eftoit, efté rendus à la cour de l'official, &, d'icelle court, delivré par les graces & au joyeux advenement de la royne (2) fait à Paris. Requis qu'il fift, qu'il dift, & auffi que lui fift ou dift l'evefque qui lui donna couronne, quelle heure du jour il eftoit, & qu'il avoit veftu, dit par fon

_____

(1) Ici l'accufé modifie d'une manière affez notable fa dépofition du 3 octobre. Voy. ci-deffus, pag. 50.

(2) C'eft le dimanche 22 août 1389 que la reine fit fon entrée dans Paris. (Reg. du parlem., confeil & plaid., X, 1474, fol. 326 r°.)

ferement qu'il eftoit ainffi comme heure de prime. Et de
tout ce que dit eft à lui requis n'eft autrement record,
parce qu'il a xx ans & plus que ladite tonfure lui fu
faite & donnée, puis lequel temps il a tousjours continué
à fere ledit meftier de conréer cuirs, fanz avoir entendu
à faire aucune autre chofe, ne auffi aprins à lire ou efcripre.

Et, ce fait, fu prefixé terme à xvᵉ audit prifonnier
de monftrer & enfeigner ce qu'il a dit & affermé pour
verité, cy-deffus efcript, à caufe de fadite tonfure, &
commandé & enjoint que, dedens ledit temps, il aporte
ou enfeigne deuement de fa lettre de tonfure, ou finon,
confideré qu'il ne fcet congnoiftre lettre aucune, que
par ledit monf. le prevoft fera procedé à l'encontre de
lui ainfi qu'il appartendra à faire par raifon.

Item, ledit jeudi xxviijᵉ jour du mois d'ottobre mil
ccciiijˣˣ & neuf, en jugement fur les carreaux, par devant
ledit monf. le prevoft, prefens maiftres Jehan Truquam,
lieutenant; Dreue d'Ars, auditeur; Martin Double, advocat, & Andry Le Preux, procureur du roy noftre fire
ou Chaftellet de Paris; Nicolas Bertin, Jehan Soudant,
Jehan de Bar, Robert de Tuillieres, Girart de La Haye,
Pierre Gilbert, Jehan de Tuillieres, Nicolas Chaon, examinateurs oudit Chaftellet, & Regnault de Foleville,
furent veues & leues les confeffions de Honnoré du Puis
& Jehannin de Soubz le Mur, dit Rouffeau, cy deffus
efcriptes, & auffi yceulx fait venir en jugement par devant ledit monf. le prevoft, pour favoir d'eulx s'il avoient
les lettres ne tonfure dont ilz s'eftoient aidiez, confideré
que le terme & temps à eulx prefix eftoit paffé, lefquelx
refpondirent qu'ilz ne les fauroient comment avoir : c'eft
affavoir, ledit Honoré par ce que fa lettre avoit efté arfe,
& ledit Jehannin parce qu'il ne favoit que fon feu pere
avoit fait de fadite lettre, par la fourme & maniere que
plus à plain eft contenu en leurs depoficions efcriptes en

ceſt preſent procès. Tous leſquelx preſens delibererent & furent d'oppinion, attendu que de ceſte matiere ledit monſ. le prevoſt avoit parlé à monſ. le chancellier & à autres du grant conſeil du roy (1), leſquelx lui avoient dit & reſpondu, conſideré que un homme naiſt pur lay, & qu'il doit eſtre tenus & reputez toute ſa vie pour tel, s'il ne appert de lettre de tonſure, ou qu'il ſache lire ou eſcripre ; & meeſmement que toute preſumpcion eſt contre eulx, puiſqu'il ne ſcevent lire, que ilz ſoient lays, & aient prins & fait fere leurs couronnes, qui ſont & doivent eſtre dites abuſives, &, veues les confeſſions & accuſacions deſdiz Jehan Brun & Raoulet de Laon, que pour ſavoir par yceulx priſonniers la verité de leurs delis & meſſaiz, & s'il avoient tonſure ou non, qu'il feuſſent mis à queſtion ; & ad ce furent par ledit monſ. le prevoſt condempnez.

EN ENTERINANT lequel jugement, le deſſus dit Honoré du Puys fu mis à queſtion ſur le petit treſteau, et aſſez toſt après ce, requiſt que l'en le voulſiſt mettre hors, diſant que en verité il n'eſtoit point clerc, & que ſadite tonſure il avoit fait fere, un pou paravant la Saint-Jehan darrenierement paſſée, en la cité de Paris, à un barbier qu'il ne congnoiſſoit, afin d'eſchever la punicion de la juſtice temporelle, & que, s'il eſtoit prins par ycelle juſtice, que comme clerc il feuſt rendu à l'official, diſant en ſoy que tousjours vient-il aucuns grans ſeigneurs ou dames qui font graces aux priſonniers de la court eſpirituelle pluſtoſt & plus ſouvent que à ceulx de la court temporelle ; & au ſeurplus de autres crymes par lui commis, diroit verité, maiz que il feuſt hors d'icelle queſtion. De laquelle il fu mis hors et mené chauffer en la cuiſine

(1) Cf. Reg. du parlem., conſeil & plaid. (X, 1474), VII, fol. 332 v° et 333 r°.

en la maniere acouftumée. En laquelle cuifine & hors
d'icelle queftion, ycellui Honoré perfevera & continua
en ladite confeffion par lui faite; &, oultre ce, congneut
que, pour caufe d'une bourfe à femme par lui coppée a
Petit-Pont, en laquelle avoit environ v f. en menue monnoye, il fu prins par les fergens du roy & admené prifonnier en Chaftellet, environ la Magdalene darrenierement paffée; efquelles prifons il a efté jufques à la venue
de la royne faite à Paris, que il fu delivré par les graces
que elle fift. Et dift que jà foit ce que au temps qu'il fu
prins il euft couronne, neantmoins, pour ce qu'il ne favoit
lire ne efcripre, & auffi qu'il n'avoit point de lettre de fa
tonfure, ledit monf. le prevoft ne l'avoit voulu rendre
aus gens de monf. l'evefque de Paris qui l'avoient requis.

Item, dift & congneut que le vendredi enfuivant après
fadite delivrance, lui feul veant qu'il n'avoit point d'argent, ala en la place de Petit-Pont où l'en vent le poiffon
d'eaue doulce, à un foir & en ycellui lieu copa une bourfe
de cuir à ufage de femme, en laquelle avoit en blans de
iiij d. piece, iiij f., & en tournois & parifis, autres iiij f.

Item, depuis ce, en un jour de famedi, ès halles, ou
lieu où l'en vent toilles, il copa une bourfe de cuir à
une femme, en laquelle bourfe avoit trois frans en or &
iiij f. en menue monnoye.

Item, environ la Saint-Jehan darrenierement paffée, lui
& un compaignon qu'il ne congnoift, ne fcet fon nom,
alerent oultre la porte Saint-Denis, en une eftable à chevaux, en laquelle il print un petit cheval noir, lequel il
baillia à fondit compaignon pour vendre, & de l'argent
dudit cheval ot à fa part xvj f.

Item, un pou avant Noël darrenierement paffé, en la
place où l'en vent les oignons, ès halles, il copa à une
femme de villaige une bourfe de cuir qui pendoit à fa
fainture, en laquelle avoit xxiiij f. ou environ.

Item, ce jour mefmes, efdites halles, ou lieu où l'en

vent les pos de terre, il copa femblablement, à une autre
femme de villaige, une bourfe de cuir, en laquelle avoit
environ xij f. en blans de iiij d. piece.

Item, en la grant boucherie de Paris, à un jour de jeudi,
au foir, un pou paravant fa premiere prinfe, copa à une
chamberiere une bourfe de cuir qui pendoit à fa fainture,
en laquelle avoit vij blans de iiij d. la piece. Et plus ne
fcet quant ad prefent des larrecins par lui faites & commises, requerant que l'en le vueille leffer, & il fe advifera des autres larrecins par lui faites; &, pour ce, fu
fait mettre en la prifon dont il eftoit partis.

Et semblablement oudit jour fu le deffus dit Jehannin de Soubz le Mur, dit Rouffeau, mis à queftion fur le
petit trefteau, lequel ne voult riens dire, & en après fur
le grand trefteau, ouquel lieu il congnut que, vij ans a
ou environ, lui eftant en la ville d'Orleans, s'acompaigna
d'un nommé Perrin Amiot, demourant en ladite ville,
lequel eft filz de Perrot Amiot, fergent du roy noftre fire
en ycelle ville d'Orleans; de Jehan Blanchet, tixerrant
de draps, demourant en la Bretonnerie, lequel a efpoufé
la niepce d'un nommé Gratepance, & n'a ycellui Blanchet
que un œil; & de Jehannin Mahiet, tixerrant de draps,
demourant en ycelle ville d'Orleans. Et après ce qu'il
orent longuement parlé enfemble, ledit Perrin Amiot lui
dift qu'il faifoit que fol (1) qu'il ne portoit tonfure, veu
que fouvent il fe entrebatoit avecques compaignons, &
que fe d'aucune aventure il eftoit prins par la juftice laye,
qu'il feroit perdus; &, pour ce, par le confeil dudit Perrin, fift lors fere en ladite ville d'Orleans fa premiere
tonfure, laquelle il n'avoit oncques mès eue ne portée.
Requerant que d'icelle queftion il feuft mis hors, & il
diroit verité de tous les crymes par lui faiz & commis,

_____

(1) La Fontaine a dit auffi _faire que fage_, fable 2 du livre V.

dont il en y avoit plufieurs, lequel prifonnier fu mis hors d'icelle & mené choffer en la cuifine en la maniere acouftumée. En laquelle, & hors d'icelle queftion, il perfevera & continua en la confeffion cy-devant par lui faite & dite, difant qu'elle contenoit verité, nonobftant ce que premierement il avoit dit & allegué qu'il euft eu tonfure d'evefque. Et oultre ce, congnut que jà pieça il fu prins par les gens de l'evefque de Paris, pour caufe d'un debat qu'il avoit eu en la terre dudit evefque avecques un compaignon dont il ne fcet le nom, lequel il avoit batu & aidié à batre en la compaignie d'aucuns compaignons, n'eft record de leurs noms ne où ce fu quant de prefent, pour ce qu'il a bien v ou vj ans que le fait fu fait, pour lequel il fu prifonnier en la court de l'official par l'efpace de vj mois & plus. Lequel evefque ou fon official, pour la povreté de lui, & auffi la prifon par lui foufferte, le banyrent de l'evefché de Paris jufques à trois ans, à pene de xx mars d'argent. Pendant lequel temps, & nonobftant ycellui ban, il ala & vint parmi la ville de Paris; & dift que lui qui parle & ledit Perrin Amiot prindrent à Petit-Pont, fur une bourfiere qui fait bourfes au lez devers le pont Neuf (1), une bourfe de foye à boutons d'argent dorez, avecques une fainture à homme à boucle & mordant d'argent. Et ainfi comme il buvoit en une taverne prez de la porte Saint-Honoré, il fu advifé par un fergent de l'official, nommé Jehan Gaucher, & un autre fergent fon compaignon, duquel il ne fcet le nom; lefquelx fergens lui dirent qu'il eftoit bany de l'evefché de Paris, & que le temps dudit ban duroit encore. Lefquelx le prindrent, & d'illec, tout au lonc de la ville & par-deffus Grant-Pont, le menerent ès prifons dudit evefque eftans prez

---

(1) Des expreffions analogues font employées, dès l'an 1292, dans *le Livre de la taille de Paris*, pour défigner le côté droit ou le côté gauche des anciennes voies. Voy. *Paris fous Philippe le Bel*, par Géraud, p. 6, 7, 11, &c., *paffim*.

I                                                                F

de Noftre-Dame de Paris, par devant maiftre Robert de Denis, pour lors official d'icellui evefque, lequel lui diſt que il eſtoit parti de la court de leans ſanz faire aucune compoſicion, & que ſe ſes amis euſſent voulu qu'il eſtoient riches & poiſſans, & euſſent bien compoſé à lui, diſans que jamaiz de leans ne partiroit s'il n'avoit grace d'aucun grant ſeigneur ou dame.

Diſt auſſi que, par devant ledit official, il confeſſa avoir prins & emblé, lui & ledit Perrin, les bourſe & ſainture deſſus dites; pour laquelle cauſe il fu condempné en oubliete. Defquelles priſons il eſt yſſu nagueres par les graces de la royne faites en la court dudit evefque.

Diſt auſſi que pour ce qu'il congneuſt devant ycellui official avoir pluſieurs biens en ſon hoſtel à Saint-Marcel, qui bien valoient la ſomme de iiij$^{xx}$ livres, ycellui official fiſt yceulx prendre par ſes ſergens, ſi comme la femme de lui qui parle lui a dit au temps & paravant ce qu'il feuſt condempné, durant auſſi ladite condempnacion, & depuis ſadite delivrance. Defquelx biens il n'a pu avoir ou recouvrer aucuns, jà ſoit ce que pluſieurs fois les ait requis.

Item, congnut que, paravant ladite prinſe & depuis ycelle delivrance, lui, ledit Perrin Amiot & Jehan Blanchet, ont à pluſieurs & diverſes fois prins & emblé des fromages & des perdrix au ſoir, ainſſi comme il paſſoient par Petit-Pont, juſques au nombre de vj pieces de perdrix & vij ou viij frommages.

Item, diſt que, en l'oſtel dudit Gaultier, eſpicier, il print & embla le pain de cire duquel il fu trouvé ſaiſi, pour laquelle cauſe il a eſté mis priſonnier ou Chaſtellet.

Item, diſt que, quatre ans a ou environ, en plain jour, lui & ledit Perrin Amiot emblerent, ès halles de Paris, vij aulnes de drap de brunette que l'en avoit mis ſecher au ſoleil, lequel drap il vendi, & en ot à ſa part xvj ſ., & ledit Amiot ot le reſidu. Ne ſe recorde pas combien il le vendi, ne à qui.

Item, dift que, iij ans a ou environ, autrement du temps n'eft record, lui & ledit Blanchet prindrent & emblerent, ès halles de Paris, à l'eftal & perche d'un pelletier, un peliçon de connins, qu'il vendirent ne fcet combien, ne qu'il en ot à fa part.

Item, dift que, v ans a ou environ, en tel temps que de prefent, lui & un fien frere eftans logez en rue Neufve Saint-Merry, à l'enfeigne de la Heufe, oy crier emmi la rue : Haro le murtre. Auquel qui parle fu dit que l'en tuoit un fien frere; &, pour ce, descendi haftivement de la chambre où il eftoit logez, tenant un badelaire nu en sa main. Lequel qui parle, quant il vint emmi la rue, apperçut que deux hommes fe entrebatoient de leurs efpées ou badelaires, qu'il avoient fachez nus, & dont il gettoient moult fort l'un à l'autre, s'aproucha de l'un defdiz compaignons, defquelx il ne congnoiffoit aucuns, & dudit badelaire qu'il tenoit, fery l'un d'iceulx parmi la gorge tout au travers, lequel chey illec. Ne fcet fe dudit coup il mouru ou non, parce qu'il se retray en l'oftel dont il eftoit partis fanz plus fere.

Item, dift que un nommé Gervaife Le Defiré, qui eft de la ville de Rouen, & par ledit monf. le prevoft nagueres rendu comme clerc à l'official, eft un très fort & grant larron, fi comme il a oy dire aus compaignons du meftier, lequel Gervaife n'eft point clerc, parce qu'il a efpoufé une fille de peché qui eft putain publique, demourant à Rouen vers Rofebec, ou lieu où l'en vent le poiffon de mer, affez prez de l'eglife Saint-Ouen de Rouen.

VEUES LESQUELLES confeffions faites par yceulx Honoré du Puis & Jehannin de Soubz le Mur, dit Rouffeau, à eulx leues en jugement fur les carreaux, efquelles il ont perfeveré & continué, & en la prefence des deffus nommez confeillers, yceulx confeillers furent tous d'oppinion que lefdiz prifonniers portoient & avoient porté faulfes couronnes & abufives, &, par ce, devoient eftre rez tous jus comme purs lais, & ad ce furent condempnez par ledit monf. le prevoft, & pour ce furent rez tout jus oudit jour.

OUQUEL JOUR DE JEUDI xxviij<sup>e</sup> jour dudit mois d'ottobre iiij<sup>xx</sup> & neuf, après difner, vint pardevers ledit monf. le prevoft Pierre Caloire, clerc de noble & puiffant feigneur monf. Arnault de Corbie, chevalier, chancellier du roy noftre fire, lequel clerc dift que, à la requefte de reverend pere en Dieu monf. l'evefque de Paris, ledit monf. le chancellier, fon maiftre, mandoit audit monf. le prevoft que lui, fon lieutenant, le procureur & confeil du roy noftre fire, feuffent, après difner, pardevant lui, en fon hoftel, en la rue de la Verrerie, pour oïr certaines requeftes que ledit monf. l'evefque vouloit fere contre ycellui monf. le prevoft, & pour refpondre à ycelles. Auquel lieu furent ledit monf. le chancellier, honorables hommes & fages maiftres Simon Foifon, prefident en parlement; Jehan Paftourel, prefident en la chambre des comptes, & Jehan de Voifines, maiftre des requeftes de l'oftel du roy noftre fire; ledit monf. l'evefque, & maiftre Jehan Filleul, advocat en parlement (1); maiftres Jehan Merlet & Robert Caret, promoteurs de la court dudit monf. l'evefque; ledit monf. le prevoft; maiftres Jehan Truquam, fon lieutenant; Andry Le Preux, procureur du roy noftre fire oudit Chaftellet; Arnoul de Villers, examinateur, & Aleaume Cachemarée, clerc juré en ladite prevofté.

---

(1) Il eft cité par le Religieux de Saint-Denis, t. I, p. 237, de l'édition donnée par M. Bellaguet, parmi les trois cents bourgeois arrêtés, depûis le 12 janvier 1382-3, pour avoir pris part à la révolte des Maillotins. Mais il parvint fans doute à s'évader, puifque les lettres de rémiffion qu'il obtint, en août 1383 (*Tréf. des Ch.*, reg. 123, 83), difent qu'il s'enfuit de Paris. Il étoit alors âgé de vingt-fix ans, & notaire au Châtelet. (Voy. *Ménagier de Paris*, t. I, p. 136, note.)

LEQUEL MONS. L'EVESQUE se complaint dudit monf. le
prevoft aufdiz monf. le chancellier & autres du confeil
du roy, pour ce qu'il avoit condempné à rere, & de fait
fait rere lefdiz Honoré du Puys & Jehannin de Soubz le
Mur, dit Rouffeau, lefquelx, au temps de leurs prinfes
& emprifonnemens, eftoient en habit & poffeffion de tonfure. Auquel monf. l'evefque, après ce que par ledit
monf. le prevoft euft efté recité & rapporté la maniere
comme l'en avoit procedé contre yceulx prifonniers, felon
ce que efcript eft cy-deffus, & auffi monftré certains arrez
de la court de parlement faifans & fervans à la matiere
d'iceulx prifonniers, qui s'efforçoient de porter, &, de
fait, portoyent faulfes tonfures & abufives, attendues
leurs confeffions, lefquelles devoient & doivent eftre
prinfes & entendues en leurs prejudices, fu dit par ledit
morf. le chancellier & confeil du roy qu'il fe deportaft
de plus avant requerre les deffus diz prifonniers qu'il
repetoit & requeroit à avoir, & qu'il n'eftoient pas teles
perfonnes, veues leurs dites confeffions & depoficions,
qu'il deuffent joïr ne ufer de privillege de clerc. Lequel
monf. l'evefque, après plufieurs altercacions & allegua-
cions par lui fur ce faites, requift audit monf. le chancellier & confeil du roi que aucuns autres de meff. du
confeil du roy, non eftans officiers du roy oudit Chaftellet, alaffent veoir & examiner yceulx prifonniers par lui
repetez, difant que s'il perfeveroyent & continuoient en
leurs deffus dites confeffions, que volentiers il fe depor-
teroit de plus avant repeter yceulx.

ET, CE FAIT, par le commandement dudit monf. le chancellier, vint & fut prefent en jugement fur les carreaux,
oudit Chaftellet, honorable homme & fage maiftre Simon
Foifon, prefident du roy noftre fire en fon parlement a
Paris, par devant lequel, l'un après l'autre, furent oys
& examinez les deffus diz prifonniers repetez, c'eft affa-

voir Honoré du Puys & Jehannin de Soubz le Mur, dit
Rouffeau, tant fur la maniere de la poffeffion de tonfure
par eulx & chafcun d'eulx prinfe, comme fur le cas principal des crymes & malefices par eulx commis & perpetrez. Efquelles confeffions & depoficions yceulx prifonniers perfev[er]erent & continuerent.

LESQUELLES CONFESSIONS & depoficions faites par
yceulx prifonniers repetez par ledit monf. l'evefque,
comme clers, recitées & rapportées le mercredi iij jour
de novembre mil ccciiij xx & neuf, par devers ledit monf.
le chancellier, par la bouche dudit maftre Simon Foifon,
prefens ad ce honorables hommes & fages maiftre Jehan
Paftourel, prefident du roy noftre fire en fa chambre des
comptes; maiftres Jacques de Ruilly, prefident des requeftes du palays; maiftre Jehan de Voifines, confciller
& maiftre des requeftes de l'oftel du roy; maiftre Jehan
de Ceffieres, notaire du roy & greffier criminel en parlement, & maiftre Henry Mauloue, fecretaire dudit feigneur; fu dit & commandé par ledit monf. le chancellier
& autres deffus diz confeillers du roy, audit monf. le prevoft, qu'il procedaft à l'abfolucion ou condempnacion
defdiz Honoré du Puys & Jehannin de Soubz le Mur, dit
Rouffeau, par la fourme & maniere qu'il verroit que à
fere feroit de raifon.

ITEM, ET AVEC CE, par ledit monf. le chancellier &
confeil du roy deffus nommez, fut dit & deliberé que
d'ores en avant des prifonniers qui de prefent font oudit
Chaftellet, & d'aucuns autres qui y pouroient venir pour
cas de cryme ou autrement, qui fe advoueroient & porteroient pour clers, lefquelx ne fauroient lire, efcripre
ou chanter, ne auffi congnoiftre lettre aucune, ou qui
ne vouldroient dire, prouver & monftrer qu'il euffent eu
tonfure ou lettre & tiltre fouffifant de ce, que à leurfdites

couronnes, ne aus repeticions que feroit ycellui monf. l'evefque ou fes commis & deputez, attendu le malice d'iceulx prifonniers, & la voye par eulx ouverte pour evader la punicion & juridicion du roy noftre fire, foy aucune ne foit adjouftée, ne auffi ne foit aucunement deferé à proceder à l'abfolucion ou condempnacion d'iceulx prifonniers; & ou cas que yceulx prifonniers vouldront prouver & monftrer qu'il aient eu tonfure ou lettre, que l'en leur donne terme prefix de enfeigner de ce. Lequel terme paffé, pour favoir la verité par leurs bouches s'il ont tonfures abufives ou non, qu'il foient mis à queftion. Et ainfi le commanderent & enjoignirent yceulx monf. le chancellier & autres confeillers dudit feigneur audit monf. le prevoft eftre fait, gardé, enteriné & accompli bien & deuement.

## JEHAN DE SAINT-OMER, DIT COUSIN.

### 3 novembre 1389.

JEHAN DE SAINT-OMER, DIT COUSIN, prifonnier oudit Chaftellet, par l'accufacion de Jehan Le Brun & Jehannin La Greue, dit Raoulet de Laon, cy-deffus efcrips (1), fu attaint & fait venir en jugement fur les carreaux, pardevant ledit monf. le prevoft, ledit mercredi iij^e jour de novembre mil ccciiij^{xx} & neuf, prefens maiftres Jehan Truquam, lieutenant; Martin Double, advocat du roy; Dreue d'Ars, auditeur; Arnoul de Villers & Robert de Tuillieres, examinateurs en Chaftellet, & Regnault de Foleville, efcuïer. Lequel Coufin, fur ce juré aus fains Euvangilles de Dieu, dift & afferma par fon ferement,

_____

(1) Voy. ci-deffus, p. 47-50, et p. 52-73.

fur ce requis, qu'il avoit autreffois veu yceulx Jehan Le
Brun & Raoulet de Laon, efquel[x] il n'avoit oncques
veu mal, ne auffi n'avoyent-ilz en lui, s'il ne vouloient
mentir, difant qu'il eftoit clerc, non marié, en habit &
poffeffion de tonfure, & que par feu monf. l'evefque de
Therouenne (1), darrenierement trefpaffé, lui fu donné
couronne, xvj ans a ou environ, en l'oftel dudit evefque,
eftant à Therouenne, prez de l'oftel par où l'en va à la
ville de Hefdin, affez loing de la grant eglife de Therouenne; & de ce il ot lettre, laquelle il ne fcet qu'elle
eft devenue, parce que depuis ce qu'il ot eu tonfure, il
ne demoura en ycelle ville, maiz a tousjours depuis efté
demourant à Paris, à Troyes, à Prouvins & en autres
plufieurs bonnes villes du royaume, où il a gaigné fa vie
au meftier de couftur[ier] & de ouvrer de pionnerie,
fanz ce qu'il ait fait aucun mal. Dift avecques ce, que,
comme clerc, autreffois il a efté rendus par la juftice de
la Queue en Brye à monf. l'evefque de Paris; efquelles
prifons il avoit efté mis pour caufe d'un compaignon
qu'il avoit navré. Et femblablement par la juftice de
Saint-Magloire avoit efté rendus audit evefque, pour
ce que l'en difoit qu'il avoit emblé certaines efcuelles
d'eftain; des prifons duquel evefque il avoit efté delivré
par les graces de la royne. Et dift, fur ce requis, qu'il
ne fcet congnoiftre ne lire lettre aucune.

VEUE LAQUELLE confeffion faite par ycellui Coufin,
prifonnier, & les accufacions d'yceulx Jehan Le Brun &

---

(1) Je ne faurois dire quel eft cet évêque récemment décédé, puifque
cette indication ne peut s'appliquer ni à Adhémar Robert, mort en 1375,
ni à Pierre II d'Orgemont, mort en 1384. Il eft difficile de croire que
l'accufé veuille défigner un évêque nommé Simon, qui s'étoit retiré auprès de l'antipape Clément VII, & qui fuccomba en 1390. On s'explique
d'ailleurs facilement que cet évêque eût été bien accueilli par le fou-
verain pontife, qui avoit été lui-même évêque de Thérouenne fous le
nom de Robert de Genève, 1361-1368. (Voy. *Gall. Chrift.*, t. X, col. 1564.)

Raoulet de Laon, qui dient & afferment en leurs confciences que il n'eft point clerc, & que autreffois il luy
ont oy dire, & auffi que, par fon confeil, ledit Raoulet
fift fere premierement fa tonfure, & que ycellui Coufin
eftoit & eft le maiftre de ceulx qui font & donnent les
couronnes aus autres leurs compaignons, yceulx prefens
confeillers delib[er]erent & furent d'oppinion, attendu
l'ordenance cy devant efcripte, faite par monf. le chancellier & autres du grant confeil du roy, afin de favoir la
verité d'icelle tonfure par la bouche dudit Coufin, qu'il
feuft mis à queftion, attendu que quant il fu prins &
admené prifonnier ou Chaftellet, il fu trouvé muffé en
fes chauffes trois efcus couronnez neufs. Et ad ce le condempna ledit monf. le prevoft.

EN LAQUELLE queftion ledit Jehan Coufin fu mis fur
le petit trefteau, & un petit d'eaue jettée fur lui. Lequel
tantoft requift que pour Dieu l'en le voulfift mettre jus,
& il diroit verité de tout ce qu'il avoit fait, & qu'il avoit
bien & gaigné à mourir.

HORS DE LAQUELLE gehine, ycellui Coufin, de fa volenté & fanz aucune contrainte, juré, &c., dift, & afferma
par fon ferement que, v ans a ou environ, lui & un jeunes
homs de fon aage & de fon tour, pionnier, repairant &
demourant partout, duquel il s'eftoit accompaigné, & en
la compaignie duquel, pour caufe d'aucuns compaignons
demourans environ Prouvins, où il avoient longuement
ouvré de pionnerie enfemble, aufquelx il avoient eu
noife & riote, & que ilz s'eftoient par plufieurs fois com-
batus les uns aus autres, pour occafion defquelx debas il
avoit efté prifonnier audit lieu de Prouvins, ès prifons
du roy, & ledit Jehannin du Boys auffi femblablement
emprifonné, lequel, pour ce qu'il avoit tonfure, avoit
efté rendus à la cour de l'official, afin d'efchever la pu-

nicion de la juftice temporelle, en laquelle fe d'aventure
aucune il eftoit emprifonné pour cryme ou delit quelconques, & qu'il ne feuft jufticiez, par le confeil dudit
Jehannin du Boys, qui lui dit qu'il ne moroit nul prifonnier en la cour dudit official, & que tousjours l'en en
yffoit par detencion de longue prifon, nouvel advenement d'arceveque ou autre grant feigneur, qui faifoient
delivrer yceulx prifonniers, il fift nouvellement & premierement fere fa couronne en ladite ville de Prouvins,
difant que, paravant ce, il n'avoit oncques eu tonfure
ne porté ycelle, non obftant chofe qu'il ait, paravant ce,
dit, confeffé ou propofé.

Item, congnut que le premier larrecin qu'il fift fu en
la ville de Paris, prez de Saint-Ynocent, ouquel lieu à
un mercier il print un petit annel d'argent, lequel ne
valoit pas xij d.; & que paravant ce qu'il feift faire fadite
tonfure, il n'avoit oncques mès fait larrecin; foubz umbre
de laquelle couronne il a par plufieurs fois & plus hardiement emblé.

Item, dift que, un mois a ou environ, après ce qu'il
fu delivré de la court l'official, par les graces de la royne,
il feul, de jour, print & embla, en la rue de la Bretonnerie, un pelicon de connins qui pendoit au devant de
l'uys d'un pelletier en ladite rue demourant; & fe mieulx
euft peu prendre oudit hoftel, prins l'euft. Lequel peliçon, affez toft après ce, il bailla à Jehan Le Brun pour
le porter vendre, prefent ad ce ledit Brun, qui dift qu'il
eftoit vray, & que, pour caufe dudit pelicon, il fu arrefté
prifonnier à Baubigny, par la maniere que plus à plain eft
contenu en fa confeffion.

Item, dift que, environ mi-may darrenierement paffé,
à un cry de haro qui fu fait en la rue du Bourc-l'Abé, il
entra en l'oftel d'un homme qui avoit efté navré, ouquel
hoftel il print vj efcuelles d'eftain qui eftoient fur une
huche, pour lefquelles il fu mené prifonnier à Saint-

Magloire, ès prisons dudit lieu, & d'icelles rendu à l'evesque de Paris, comme clerc, & desdites prisons delivré par les graces de la royne, par la maniere que dit a cy-dessus.

Item, dist que, puis la delivrance à lui faite par la royne des prisons de l'evesque, il ala en la ville d'Amyens se loger en un hostel ouquel l'en osteloit gens, & y coucha une nuit. Et auprez de la chambre où il gisoit, avoit un coffre, lequel il cuida desrober; mais il ne pot, pour les gens qui estoient couchez en ycelle. Ouquel lendemain, ainsi comme environ midi, il monta en la chambre où il avoit geu la nuit precedent, veans son hoste & hostesse en laquelle chambre où ledit coffre estoit, il entra, &, d'unes tenailles de fer qu'il portoit communement avecques lui, &, à l'ayde d'icelles, ouvry la serrure d'icellui coffre, ouquel il print tout ce qu'il trouva d'argent qui estoit dedens, c'est assavoir vij fr. en or.

Item, dist que, deux ans a ou environ, ainsi comme il estoit logé en un petit villaige par-deçà Tours, en soy choffant au soir avecques son hostesse, il vit & apperçut que sadite hostesse mussoit en un coffre qui estoit à l'entrée de l'uys de sa chambre un petit drappellet noué. Ne savoit lors qu'il avoit dedens. Lequel qui parle, veant que ledit coffre n'estoit point fermé, se releva de nuit du lit où il estoit couché, pour venir à icellui coffre, ouquel coffre il print ledit drappelet noué, & s'en vint recoucher. Le lendemain qu'il fu jour, & hors dudit hostel, regarda qu'il avoit dedens ledit drappellet, ouquel il trouva trois escus couronnez de xviij s. par. la piece, & un gros annel d'argent, qu'il a vendu à Paris, à un tabletier prez de Saint-Ynocent, la somme de iiij s. par. Item, dist, present ledit Raoulet de Laon, que eulx deux ensemble, puis un an ençà, oultre la porte Saint-Honoré, prindrent une houppellande sangle à usage d'omme, ne fcevent de quel drap, laquelle ilz vendirent xvj f. à un freppier demourant ès halles.

Item, dient, yceulx Coufin & Raoulet, que, un an a ou environ, eulx, &, en leur compaignie, Jehannin d'Eftain, deffus nommé, au-devant de l'uys & chappelle Eftienne Haudry, prindrent une relique d'argent que l'en avoit mis à l'uys d'icelle chappelle, pour demander pour Dieu, & afin que les bonnes gens feiffent leurs au-mofnes; ouquel relique n'avoit dedens finon fendail ver-meil & autres menues chofes de drappeaux & cuevre-chefs de foye; & l'argent dudit relique vendi à plufieurs & par menues parties, ledit Jehannin d'Eftain, la fomme de xxiiij f., fi comme il leur dift, lefquelx ilz departirent enfemble, comme compaignons font en tel cas l'un à l'autre.

Item, dift que lui & ledit Jehannin d'Eftain, ès jouftes qui darrenierement ont efté faites à Saint-Denis en France, fe bouterent de jour en l'oftel d'un preftre demourant en ycelle ville, ouquel il trouverent un manteau court dou-blé de drap pers & vert, lequel il prindrent, & ycellui vendirent à Paris, ès halles, la fomme de xxvj f., dont il ot la moitié.

Item, dient, yceulx Jehannin Coufin & Raoulet, que, enfemble & chafcun par foy, il ont emblé plufieurs & grant quantité de plas, efcuelles, quartes & pintes d'eftain, dont ilz ne fauroient nommer ou defigner les lieux où prins ont yceulx, quant, ne en quel lieu, ne auffi où il les ont vendues, pour la multiplicacion defdiz fais, & reitera-cions par eulx & chafcun d'eulx encourus en ce que dit eft touchant ycelle veffelle d'eftain.

Item, environ Noël darrenierement paffé, en la rue du Sac, où l'en crioit le feu en l'oftel d'un chevalier, il fe bouta dedens ycellui hoftel, ouquel il print & apporta hors d'icellui un moyen bacin à laver mains & unes chauffes vermeilles, qu'il trouva fur le banc au-devant

du feu; lequel bacin, ainſi comme il yſſoit hors dudit
hoſtel, lui fu reſqueux & oſté ne ſcet par qui, & leſdites
chauſſes il appliqua à ſon prouffit.

❦

## ESTIENE BLONDEL.

### 3 novembre 1389.

Estiene Blondel, né de la ville de Jargueau, ſi comme
il dit, priſonnier detenu oudit Chaſtellet, & admené
en la compaignie du deſſus dit Couſin, pour ſoufpeçon
qu'il ne ſoit compaignon, complice & conſentant des
larrecins faites par ycellui Couſin, fu fait venir & attaint
en jugement ſur les carreaux, le mercredi iije jour de
novembre l'an mil ccciiijxx & neuf deſſus dit, par-devant
monſ. le prevoſt, preſens maiſtre Jehan Truquam, lieutenant; Martin Double, advocat du roy en Chaſtellet;
Dreue d'Ars, auditeur; Robert de Tuillieres, Ernoul de
Villers, Nicolas Chaon, examinateurs, & Regnault de
Foleville, eſcuïer. Lequel priſonnier, juré & par ſerement de dire verité de ce que demandé lui ſeroit, diſt
& afferma par ſon ſerement, ſur ce requis, qu'il eſtoit
mariez, en la ville de Jargueau, à une jeune femme nommée Deniſe, laquelle avoit un petit filz de lui; & que
ſadite femme & enffens il avoit leſſiée puis trois ſepmaines
ença, & s'en eſtoit venus à Paris pour gaigner & ouvrer
de pionnerie, pour ce que l'en n'en ouvroit point ou
pays dudit lieu de Jargueau, duquel meſtier il eſt. Diſt
auſſi que lui eſtant en l'aage de viij ans ou environ, ſes
parens & amis le menerent en la ville d'Orleans, pardevers l'eveſque Nico (1), qui pour le temps eſtoit, en la

_____

(1) Jean V Nicot, 13 juillet 1371-1383 (*Gall. Chriſt.*, tome VIII,
col. 1476). Le Religieux de Saint-Denis (t. I, p. 705 de l'édition don-

chambre dudit evefque, environ heure de tierce, lequel
evefque lui demanda s'il favoit lire; & il & fefdiz amis
refpondirent que non, & promiftrent audit evefque qu'il
le feroient aler à l'efcolle; moiennant laquelle promeffe,
ycellui evefque, feul eftant en fadite chambre, lonc
veftu, n'eft record s'il avoit houffe ou habit de preftre
qui vueille chanter meffe, ne de quel drap il eftoit veftu,
lui donna, en la faifon de karefme, en un jour de mercredi, tonfure de clerc, &, en ce faifant, lui donna une
buffe, fanz autre chofe lui faire ou dire; & de ce ot
lettre, ne fcet où elle eft ne que elle eft devenue, par
ce que depuis il ne lui chalu d'avoir ou recouvrer ycelle.
Et dift que, depuis ce qu'il ot eu ladite couronne, fefdiz
amis le envoyerent à l'efcolle par l'efpace de deux ans
ou environ, & aprint fa paternoftre & fes fept feaumes.
Et dift, fur ce requis, qu'il ne fcet lire en aucune maniere, ne congnoiftre un A d'un B, *nec e contra*. Requis
fe il fcet fa paternoftre & fon *Credo*, dift par ferement
qu'il fcet bien fadite paternoftre, maiz ledit *Credo*, non.
Requis fe il congnoift de guaires lonc temps le deffus dit
Coufin, dit qu'il a environ deux ou trois jours qu'il ont
acompaigné l'un l'autre, & que en lui il ne vit oncques
mal aucun.

VEUE LAQUELLE confeffion, attendu que ycellui
Eftienne eft mariez & ne fcet congnoiftre lettre aucune,
les deffus diz prefens confeillers furent d'oppinion & delibererent que, pour favoir la verité de la tonfure dudit
prifonnier, il feuft mis à queftion, affavoir fe il perfeverroit en ycelle confeffion ou non; & ou cas qu'il perfeveroit en ycelle, que l'en lui prefixaft terme competent

née par M. Bellaguet) dit qu'on l'appeloit à jufte titre la perle des
jurifconfultes, & rapporte qu'il fut choifi, en 1391, comme chef d'une
députation envoyée au roi par les Orléanois, pour le prier de ne pas
détacher le duché d'Orléans du domaine de la couronne.

pour ycelle envoïer querre, & s'il ne le confeffoit, que l'en procedaft au feurplus contre lui ainfi que raifon feroit; & ad ce fu ledit Eftienne condempné par ledit monf. le prevoft.

En LAQUELLE queftion, ycellui Eftienne Blondel, prifonnier, fu mis fur le petit trefteau, & congnut & confeffa non eftre clerc, & que, par le confeil d'un nommé Jehannin Durant, demourant à Orleans, qui eft coufturier, homme moyen hault, il, puis trois mois a ou environ, fift faire fadite tonfure premierement, & que oncques mès paravant ycellui temps il n'avoit porté tonfure quelconques, nonobftant chofe que paravant cy deffus efcripte il euft dit ne affermé. Lequel Durant, quant il lui confeilla à prendre ycelle couronne, lui promift que s'il le vouloit fuir, qu'il le feroit riches homs, & qu'il yroyent gaigner enfemble; difant que, afin d'efchever la haftive juftice temporelle, qu'il eftoit bon & neceffité qu'il euffent chafcun une tonfure, afin que s'il eftoient prins par la juftice laye, que, comme clers, il feuffent rendus à l'official. Et, pour ce, firent fere enfemble leurs couronnes, avant ce qu'il partiffent d'icelle ville d'Orleans, par un barbier demourant en ycelle ville. Requerant inftanment que l'en le voulfift mettre hors de ladite queftion, & il diroit verité de tous les larrecins que fais avoit, dont il y en avoit plufieurs, & avoit bien gaigné & defervi à morir. Et, pour ce, fu ycellui prifonnier fait mettre hors de ladite queftion, & mener en la cuifine pour foy chauffer en la maniere acouftumée.

Hors DE LAQUELLE queftion, ycellui Eftienne Blondel, prifonnier, perfevera & continua en ladite confeffion par lui faite en ycelle gehine, difant pour verité qu'il avoit prins tonfure par la maniere que dit eft, & que lui & ledit Durant, un pou avant la vénue de la

royne faite à Paris, se partirent d'icelle ville d'Òrleans
pour venir à Paris, en laquelle ville de Paris, avant ycelle
venue & durant la feste de ladite royne, il ont prins &
emblé, par plusieurs & diverses fois, environ xx escuelles
d'estain, qu'il ont vendues, en ladite ville, aus potiers
d'estain, & l'argent ont parti ensemble par moitié.

Item, congnut que, lui & Raoulet de Laon dessus
nommé, durant ycelle feste, emblerent, en rue Neufve
Saint-Merry, une houppellande de pers sengle, que a
vestue ledit Raoulet, laquelle lui fu baillée du consente-
ment de lui, dudit Cousin, & de Jehannin d'Abeville
dessus nommé.

Item, dist que puis xv jours ença, lui estant en la ville
de Chartres, en la compaignie dudit Cousin, il print &
embla, sur un chauffetier, unes chausses de brunette,
lesquelles il a chaucées; & en l'ostel de l'Escu de Bretaigne, en ladite ville de Chartres, ouquel lui & ledit
Cousin estoient logez, en unes bouges qu'il trouva cu-
vertes, estans sur un lit, en une chambre auprez de
celle où il avoient jeu la nuit precedente, unes paire de
chausses, l'une blanche, l'autre vermeille, lesquelles
chausses ledit Cousin a chaussées; toutes ycelles chausses
prinses en un jour en ycelle ville de Chartres.

Item, dist que, un mois a ou environ, lui & ledit Durant
sont alez de nuit ou pays du Perche, ouquel ilz ont desrobé
en trois eglises, l'une eglise estant à un quart de lieue de
l'autre, en chascune d'icelles eglises, & tout en une nuit,
prins un galice, sanz autre chose prendre ou emporter
d'icelles eglises; lesquelx galices ycellui Durant a fondus
en lingot & en plate, & de l'argent qu'il a receu d'iceulx,
a eu à sa part la somme de xx s. Lesquelles eglises ycellui
Durant ouvroit à un crochet de fer qu'il portoit avecques
lui sur soy.

Item, dist que, en passant parmi les villaiges, en venant
de ladite ville d'Orleans à Paris, d'ilec ou pays du Perche

& lieux voifins, il & ledit Durant ont prins & emblé, par plufieurs & diverfes fois & journées, & en plufieurs lieux, le nombre de lx efcuelles que plas d'eftain, lefquelx il vendoient aux plus prouchaines villes là où il les trouverent à vendre, dont il a tousjours eu fa part & porcion. Et dit avecques ce, que quant lui & ledit Durant fift fere leurs couronnes enfemble en ycelle ville d'Orleans, ilz promiftrent & jurerent li uns à l'autre que jamaiz jours de leurs vies ne feroient aucun autre meftier que gaigner où ilz pourroient trouver à gaigner, lequel gaing il entendoit & entend embler; & que de tout ce qu'il gaigneroient, il feroient bonne part, porcion & compaignie enfemble; & que, à cefte caufe & occafion, pour efchever la juridicion laye, il avoient fait faire leursdites couronnes, & non pour autre caufe on tiltre quelconques que il qui parle euft ou fceuft. Lequel Durant, depuis ce qu'il furent en ladite ville de Chartres, & qu'il ot eu fa part defdiz galices, il ne vit; maiz lui dift qu'il vouloit aler à la Rochelle & ou pays d'environ, foy adventurer à gaigner; & lui qui parle dift qu'il vouloit s'en retourner à Paris. Et lors s'acompaigna dudit Coufin, avecques lequel, pour le brief temps qu'il ont eu enfemble, il n'a aucune chofe gaigné ou prouffité, ne auffi n'a ledit Coufin, où il ait eu part ou porcion aucune. Et plus n'en fcet fur tout, diligenment requis, interrogué & examiné.

## JAQUET AUGUIER, DIT HUCHIER.

### 4 novembre 1389.

L'AN DE GRACE MIL TROIS CENS quatrevins & neuf, le jeudi iiij<sup>e</sup> jour de novembre, en jugement fur les quarreaux, par devant monf. le prevoft, prefens maiftres

I                                    G

Jehan Truquam, lieutenant; Arnoul de Villers, Robert de Tuillieres, Robert de Pacy, examinateurs; Jehan de La Folie, receveur de Paris, & Eftiene Le Fevre, huif-fier de parlement; fu attaint & fait venir Jaquet Auguier, dit Hucher, né de la ville de Lille, prifonnier oudit Chaftellet, accufé, en fa préfence, par Jehan Le Brun & Raoulet de Laon, cy-deffus nommez, qu'il eft homme houllier publique, menant filles de vie par le pays, & alant de nuit parmi la ville de Paris, pour vouloir gaigner comme euix faifoient. Et en leur compaignie, le vendredi aouré darrenierement paffé, environ heure de viij heures en la nuit, qu'il virent un chartier qui fe difoit charretier de madame Katherine de France, feur du roy, auquel chartier, qui avoit acheté du poiffon à Petit-Pont, ainfi comme il s'en aloit en fon hoftel, rue Saint-Jaques, por-tant une lanterne en fa main, ycellui Jaquet, d'un gros baton qu'il tenoit, rompi & caffa ycelle lanterne, &, oultre ce, lui & yceulx Jehannin Le Brun, Raoulet & un nommé Hennequin, qui eftoit compaignon dudit Jaquet, rompirent audit chartier une bourfe qui pendoit à fa poi-trine, ycelle emporterent, & l'argent qui eftoit dedens burent & defpendirent celle nuit en une taverne dite à la Granche, eftant à Petit-Pont, de laquelle, quant ilz fe partirent, ilz cuidierent entrer en l'oftel d'une poiffon-niere par les feneftres de fon hoftel, qui eftoient ouvertes, pour la cuidier defrober; maiz il ne porent, pour les voi-fins qui regardoient fur ycelles feneftres. Et auffi que jà foit ce qu'il porte couronne, qu'il n'eft point clerc, & qu'il luy oy dire & confeffer. Lequel prifonnier, juré aux fains Euvangilles de Dieu de dire verité fur ce que dit eft & autres chofes que l'en lui demanderoit, dift & af-ferma par fon ferement, fur ce requis, qu'il n'eftoit point clerc, & que la tonfure qu'il portoit, il avoit fait fere de fa volenté, darrenierement, quant l'en lui feift & ap-pareilla fes cheveux; et auffi que oncques il ne fu à l'efcolle, ne ne fcet congnoiftre ou lire lettre aucune. Et quant aufdites accufacions contre lui faites, dift par fon ferement qu'il n'en eftoit riens, maiz eftoit preudomme, de bonne vie & renommée, & qui volentiers gaignoit fa vie au meftier de hucher, dont il eftoit varlet.

Veue laquelle accufacion & confeffion faite par ycellui Jaquet Auguier, hucher, prifonnier, & confiderées ycelles denegacions par lui faites, les deffus diz prefens confeillers delib[er]erent & furent d'oppinion, pour favoir plus à plain la verité d'iceulx cas, & autres crymes & delis par lui commis, qu'il feuft mis à queftion; & ad ce fu ycellui Jaquet, par ledit monf. le prevoft, condempnez.

En laquelle queftion il fu mis fur le petit trefteau, ouquel lieu il ne voult riens dire, &, pour ce, fu mis fur le grant trefteau. Lequel, comme il y ot un pou efté, requift inftanment que l'en le voulfift mettre jus & hors d'icelle queftion, difant & affermant par fon ferement qu'il avoit bien defervi à avoir la mort, & qu'il diroit la verité de tous les crymes & delis par lui commis, faiz & perpetrez; &, pour ce, fu mis hors d'icelle queftion, & mené choffer en la cuifine en la maniere acouftumée.

Hors de laquelle queftion, ycellui Jaquet, & par ferement, dift & afferma que, environ le vendred[i] aouré darrenierement paffé, lui, ledit Jehannin Le Brun, un appellé Hennequin, varlet hucher, demourant partout, & eft Hennuye[r], fe partirent de l'oftel de la Granche, à Petit-Pont, en laquelle il avoient beu enfemble, en entencion d'aler gaigner aucune chofe pour eulx vivre, & que ainfi comme ilz vindrent à Petit-Pont, au lieu où l'en vent poi[ffon] d'eaue doulce, environ viij heures en la nuit, virent un bon homme qui avoit acheté du poif-

ſon, lequel s'en vouloit ale[r] en ſon hoſtel, en la rue
Saint-Jaques; auquel homme, qui depuis il a oy dire qu'il
eſtoit chartier de madame Kat[herine] de France, ainſi
comme il fu environ l'enſeigne du Turbot, à Petit-Pont.
il qui parle, d'un petit baton de fagot qu'[il] tenoit en ſa
main, rompi à icellui charretier une lanterne qu'il portoit, &, avecques ce, miſt ſa main à la poitrine dudit
chartier, à laquelle pendoit une petite bourſe de cuir,
laquelle il rompi, & ycelle, avecq[ues] l'argent qui eſtoit
dedens, deſpendirent celle nuit en l'oſtel de la Granche.
de Petit-Pont deſſus dit.

Diſt avec[ques] ce, que quant il eurent beu & deſpendu
ledit argent, lui & leſdiz Brun & Hennequin ſe partirent
d'icelle taverne, & prindrent complot enſemble d'aler
deſrober une poiſſonniere ou frommagere qui demouroit
lors aupre[z] de Petit-Pont, en l'oſtel de laquelle ilz cui-
derent entrer par les feneſtres du bouge d'embas; maiz il
n[e] porent, pour ce que, en voulant ce fere, ilz furent
apperceuz des voiſins de la rue; & par tant ſe partirent
d'enſemb[le] celle dite nuit ſanz aucune autre choſe fere.

Item, diſt que, environ un pou paravant la Penthecouſte
darrenierement paſſé[e] ot un an, il eſtant en la compaignie dudit Hennequin & d'un nommé Jehannin Favas,
couſturier, homme marié, demou[rant] vers Clermont en
Beauvoiſis, burent enſemble en la compaignie d'un brodeur & d'un autre dont il ne ſcet le nom, à l'enſeigne de
la Selete, prez Sainte-Oportune; lequel brodeur requiſt
lors audit Favas, & auſſi à lu[i] & auſdiz compaignons,
comme il voulſiſſent, pour l'amour de lui, batre & villener un autre brodeur nommé Cloz Unire, du pays de
Honguerie, en leur diſant qu'il leur donroit à ſouper, &
paieroit pour eulx environ xvj ſ. qu'il avoient illec deſ-
pendus enſemble, & que, ce fait, il donroit à chaſcun
deſdiz compaignons unes bonnes paire[s] de chauſſes. A
la volenté duquel brodeur acomplir yceulx compaignons

s'accorderent; & ce jour mefme[s], au foir, efpierent ycellui feu Cloz, pour vouloir enteriner leurs promeffes, & fe bouterent en un petit porche eftant affez prez de l'oftel dudit Cloz, pour le vouloir batre & injurier quant il vendroit foy coucher en fon hoftel, & illec furent l'efpace de heure & demie ou environ, & atant fe partirent fanz riens fere celle dite nuit, en leur compaignie tousjours ledit brodeur.

Dift avecques ce, que deux ou trois jours après ce que dit eft, lui & lefdiz compaignons fi vindrent boire en ladite taverne de la Selle, afin de veoir fi ledit Cloz partiroit de fon hoftel, qui y eftoit, fi comme ledit brodeur leur avoit dit; lequel Clos il virent partir de fondit hoftel pour s'en vouloir aler droit en la rue Saint-Denis; lequel Clos il pourfuirent moult fort & afprement, en entencion de luy batre & injurier, & ycellui attaindrent environ la place aus Chas, en laquelle place il le abatirent à terre de plufieurs cops de baftons qu'il lui donnerent, fanz autre chofe lui faire, pour la multitude des gens qui illec furvindrent; & fe partirent, l'un çà, l'autre là, afin qu'il ne feuffent apperceuz ou congneuz, & que par les gens de juftice il ne feuffent menez en prifon.

Dift encores que, pour acomplir leurfdites promeffes, environ la veille ou furveille de ladite Penthecoufte, eulx cinq enfemble fe affemblerent de nuit au portail de ladite eglife de Sainte-Opportune, en entencion d'aler battre ledit Cloz, qu'il favoient bien qui eftoit couchez en fa chambre, fi comme ledit brodeur leur avoit dit. Et, pour ce, alerent à l'uys du porche par où l'en montoit en la chambre dudit Cloz, lequel huys ils trouverent fermé, & le fery, il qui parle, du pié, en entencion de lui cuidier rompre; maiz il ne pot. Lefquelx, afin que les voifins ne les oyffent ou apperceuffent, ouvrirent ledit huys aus pointes des dagues qu'il portoient; &, ce fait, lui & ledit Jehannin Favas, demourant en la rue au devant dudit huys, & par

maniere d'esbatement, ſe prindrent à chanter haut & cler
de leur povoir, afin que les voiſins ne peuſſent pas ſi
aiſiement oïr aucune noiſe, ſe leſdiz compaignons le faiſoient, à l'entrée de la chambre dudit Cloz; & les autres
trois compaignons monterent en hault, & oy comme ilz
rompirent l'uys de la chambre d'icellui Cloz. Ne ſcet que
lors ilz firent audit Cloz, ne s'il le batirent ou non, parce
que lui & ledit Favas demourerent emmi la rue, par la
maniere que dit eſt; & toutefvoies diſt, ſur ce requis,
que quant leſdiz trois compaignons furent deſcendus de
ladite chambre, ilz dirent à lui qui parle, & audit Favas
ſon compaignon, qu'il avoient très bien batu iedit Cloz.
Et, ce fait, ſe departirent l'un de l'autre, & lui & ledit
Favas alerent celle nuit esbatre parmi la ville de Paris,
ſanz fere aucun mal, juſques au lendemain matin qu'il
fu grant jour, qu'il ſe retrahy ſur ſon maiſtre, demourant
en la grant rue Saint-Jaques. Ne ſcet où ycellui Favas ne
leſdiz iij autres compaignons alerent.

Diſt auſſi que, ij ou iij jours après ce que dit eſt, fait
& advenu, il oy dire, environ ladite egliſe de Sainte-
Opportune, comme ledit Cloz avoit eſté batus, & qu'il
avoit eſté mort. Et plus n'en ſcet quant de preſent, ſur
ce requis.

## JEHANNIN FONTENE.

### 6 novembre 1389.

JEHANNIN FONTENE, né de la ville de Rouen, laboureur & vigneron, priſonnier ou Chaſtellet de Paris,
accuſé par les deſſus diz Jehan Le Brun, Raoulet de Laon
& Jehannin de Saint-Omer, dit Couſin, d'eſtre homme
de mauvaiſe vie & renommée, houllier (1), homme vaca-

---

(1) Débauché.

bond, joueur de faulx dez, frequentant foires & marchez,
& lequel il ne virent oncques fere aucun labour ne gaigner à aucune chofe fere, jà foit ce qu'il aient veu ycellui Fontene tousjours avoir de l'or & de l'argent en fa
bourfe, & auffi veftu de longues houppellandes jufques ès
piez, bien fourrées; & eft ycellui Fontene retonteur (1)
& recepteur de larrons, fi comme, en la foire qui darrenierement a efté à Lufarches, il ont oy dire à Jaquemin
de Bouloigne & autres telz compaignons gaigneurs d'aven-
tage comme eulx font; fut fait venir par devant monf. le
prevoft, lui eftant en jugement fur les carreaux, le fa-
medi vj<sup>e</sup> jour de novembre l'an mil ccciiij<sup>xx</sup> & neuf, preſens maiftres Jehan Truquam, lieutenant; Jehan de Cef-
fieres, notaire du roy noftre fire & greffier cryminel en
parlement; Dreue d'Ars, auditeur; Ernoul de Villers,
Oudart de Fontenoy, Robert de Tuillieres, examinateurs
en Chaftellet, et Regnaut de Foleville, efcüier. Lequel
Jehannin Fontene, prifonnier, accufé par lefdiz Brun &
Coufin de ce que dit eft, & à lui par eulx recité en fa
prefence, fur ce juré aus fains Euvangilles de Dieu qu'il
dira verité de ce que dit eft, & auffi de tout ce que l'en
lui demandera, dift & afferma par ferement, fur ce requis, qu'il eftoit homme de pene & de labeur, & n'avoit
oncques veu ne congneu yceulx Brun, Coufin & Jaquemin de Bouloigne, par quoy il les congneuft ne euft auffi
aucune congnoiffance d'eulx, maiz eftoit homme qui fe
vivoit & gouvernoit à la pene de fon corps le mieulx
qu'il povoit; & n'avoit auffi oncques veu ne veftu houppellande fourrée, ne maintenu la vie que lefdiz Brun &
Coufin difoient contre lui.

VEUES lefquelles denegacions faites par ycellui Fontene, prifonnier, & les accufacions defdiz Brun & Cou-

---

(2) *Sic*, pour retenteur.

fin, qu'il afferment en leurs confciences eftre vrayes, la maniere des refponfes faites par ledit prifonnier & fon maintien, lefdiz confeillers prefens delib[er]erent & furent d'oppinion, attendu ce que, en toutes les autres accufacions faites par yceulx Brun & Coufin, ilz ont efté trouvez difans verité, & confiderées leurs affirmacions, que pour favoir de ce & de la vie dudit Fontene, prifonnier, la verité par fa bouche, qu'il feuft mis une fois feulement à queftion. Et ad ce fu, par ledit monf. le prevoft, condempnez.                    .

EN LAQUELLE queftion ycellui Fontene fu mis fur le petit trefteau; & affez toft après ce que l'en lui ot jetté un petit d'eaue fur lui, requift inftanment qu'il feuft mis hors d'icelle, difant & affermant en fa confcience qu'il diroit & congnoiftroit tous les larrecins qu'il avoit faiz, dont il en y avoit plufieurs; &, pour ce, fu mis hors de ladite queftion, & mené chauffer en la cuifine en la maniere acouftumée.

HORS DE LAQUELLE queftion, fanz aucune force ou contrainte, ycellui Fontaine, prifonnier, congnut & confeffa que, demi an a ou environ, ainfi comme il ot beu en la compaignie d'aucuns compaignons dont il n'eft reccord des noms, à l'enfeigne du Chafteau, vers la Croix du Tirouer, il vit & apperçut deux hennaps d'argent qui eftoient fanz garde, au bout d'une table, des affietes dudit hoftel, lefquelx hennaps il print & muffa en fon fain, & yceulx, ce jour mefmes, vendi, oultre Petit-Pont, à un homme hoftellier qu'il trouva vers la place Maubert. N'eft record de fon nom, de fa demeure, ne quelle fomme d'argent il les vendı.

Item, femblablement et environ ledit temps, ainfi comme il faifoit femblant de regarder s'il trouveroit aucuns compaignons qui beuffent à l'enfeigne du Heaume, à la porte Baudoir, il vit, comme au lieu où la dame de leans reçoipt fon argent, l'un des clers ou varlez dudit hoftel qui mift auprez de ladite dame deux gobelez d'argent, dont elle ne fe prenoit de garde en aucune maniere, lefquelx il print & mift foubz un manteau qu'il avoit lors veftu, & yceulx gobelez, ce jour mefmes, vendi fur Grand-Pont, à un changeur, la fomme de vj fr. & demi.

Item, dift que, trois mois a ou environ, ainfi comme il marchandoit des chauffes à l'ymage Sainte-Catherine, foubz les pillers devant Saint-Ynocent, il print & embla unes paire de chauffes vermeilles, qu'il a chauffées.

Item, environ ledit temps, à l'enfeigne de la Tefte-Noire, ainfi comme il faifoit femblant d'acheter du drap pour fere un chapperon, il print le drap d'un chapperon de brunete, lequel il vendi, à un freppier demourant ès halles, iij f.

Item, dift que, deuz ans & demi a ou environ, lui eftant pour lors logé en la rue de la Harpe, à l'enfeigne de l'Efcu-Saint-George, ainfi comme il paffoit par la fale où il avoit difné grant quantité de gens, vit & apperçut que fur le dreffeoir d'icelle fale eftoient demourez deux hennaps d'argent, lefquelx il print & emporta ce jour mefmes, & vendi fur Grant-Pont, à un changeur, la fomme de cinq frans d'or, qu'il en ot & reçupt.

Item, dift que, vj ans a ou environ, ainfi comme il eftoit logez, à heure de difner, en un hoftel en la ville de Pontoife, il vit & apperçut une houppellande de drap gris fengle à ufage d'omme, qui eftoit pendue à une perche d'une chambre prez du lieu où il buvoit, laquelle houppellande il print par devers foy, & ycelle, ou jour que prinfe l'avoit, vendi en ladite ville de Pontoife, à un freppier, xiij f.

Item, dift que, cinq ans a ou environ, en paffant parmi la ville de Saint-Denis, & buvant d'une chopine de vin en une taverne, il print, oudit hoftel, un petit manteau court fangle de drap marbré, qui eftoit fur une table en l'oftel où il buvoit, lequel mantel il vendi, avant qu'il partift d'icelle ville, vj f., à un homme qu'il ne congnoift.

Item, dift que, vj ans a ou environ, ainfi comme il ot defchaucé un fien maiftre qu'il fervoit lors, appellé Jehan Le Fevre, lequel Fevre eftoit de l'efchançonnerie du roy, eulx eftans logez en ladite ville de Pontoife, & en couchant fondit maiftre, il print & ofta à icellui fon maiftre, en une bourfe qui pendoit à fa poitrine, un franc en or. Et dift, fur ce requis, que, à toutes lefdites larrecins par lui faites, il a efté tout feul, ne n'en fauroit nommer ou enfeigner aucuns autres compaignons dudit meftier, fi non lefdiz Brun & Coufin, qu'il a tousjours oy dire & reputer à plufieurs compaignons eftre larrons très grans.

Et, ce fait, par devant ledit monf. le prevoft, lui eftant en jugement fur les carreaux, prefens maiftres Jehan Truquam, lieutenant; Dreue d'Ars, auditeur; Martin Double, advocat; Andry Le Preux, procureur du roy ou Chaftellet; Jehan Delcy, Denis de Baufmes, Jaques du Boys & Michel Marchant, advocas oudit Chaftellet; Pierre Picot, auditeur d'embas; Nicolas Blondel, maire de Saint-Martin; Ernoul de Villers, Robert de Pacy, Oudart de Fontenoy, Robert de Tuillieres & Nicolas Chaon, examinateurs oudit Chaftellet; furent faiz venir & attains, des prifons où il eftoient, les deffus diz Jehannin La Greue, dit Raoulet de Laon; Honoré du Puis, Jehannin de Soubz le Mur, dit Rouffeau; Jehannin de Saint-Omer, dit Coufin; Eftienne Blondel, Jaquet Auguier, dit Hucher, & Jehannin Fontene; aufquelx, & à chafcun d'eux à par foy, fu leu & recité leurs procès & confeffions par eulx faites, cy-devant efcriptes, efquelles confeffions, eulx & chafcun d'eulx perfevererent par la fourme & maniere que efcriptes font, difans icelles par

eulx ainſi avoir eſté faites, dites & recongnues que
eſcriptes ſont, & que elles contenoient & contiennent
verité, ſauf tant que ledit Jehannin Rouſſeau diſt & afferma
par ſon ſerement que jà ſoit ce qu'il euſt, par ſadite confeſſion, chargé, empeſché ou occupé Jehan Blanchet,
neantmoins il n'avoit pas de ce dit verité, & l'avoit fait
par hayne qu'il avoit à lui, pour cauſe de ce que, par
pluſieurs fois, il l'avoit blaſmé des folies qu'il faiſoit, de
ce auſſi qu'il ne faiſoit meilleur chere & compaignie à ſa
femme Guillemete deſſus dite, & que quand il avoit demandé audit Blanchet de l'argent à preſter, qu'il ne lui
en avoit point voulu bailler à ſon beſoing.

VEUES ET OYES leſquelles confeſſions, ledit monſ. le
prevoſt demanda aux deſſus diz preſens conſeillers leurs
advis & oppinions qu'il eſtoit bon eſtre fait deſdiz priſonniers. Tout leſquelx, tout veu & conſideré, attendu
que leſdiz priſonniers & leurs meffaiz eſtoient deppen-
dens l'un de l'autre, & auſſi que, par le moyen dudit
Jehan Le Brun & par ſon accuſacion, les deſſus diz priſonniers avoient eſté attains & convaincus, que, en tant
comme il touche ycellui Jehan Le Brun, de preſent l'en
ſurſſeiſt de fere executer le jugement cy-deſſus eſcript
contre lui fait & donné.

Item, & que leſdiz Jehannin La Greue, dit Raoulet de
Laon, & Jaquet Auguier, dit le Hucher, feuſſent executez comme murdriers & larrons, c'eſt aſſavoir trainez & 
pendus.

Item, & auſſi leſdiz Honoré du Puis, Jehannin de
Soubz le Mur, dit Rouſſeau; Jehannin de Saint-Omer,
dit Couſin; Eſtienne Blondel & Jehannin Fontene, &
chaſcun d'eulx, comme larrons, feuſſent executez & pendus. Lequel monſ. le prevoſt les condempna ad ce.

LEQUEL Jehannin La Greue, dit Raoulet de Laon, en-

femble tous les deffus diz prifonniers condempnez, ont
efté, aujourd'uy vj<sup>e</sup> jour de novembre mil ccciiij<sup>xx</sup> &
neuf, menez à leur darrenier tourment; & n'a ycellui
Raoulet de Laon dit aucune autre chofe ou cas nouvel
par lui fais & commis, autre que cy deffus eft efcript,
qui lui porte aucun prejudice.

ITEM, au lieu deffus dit, Jaquet Auguier, cy-deffus
nommé, congnut que, lui & un nommé Theven[in] de
Louvain, de Laon, chauffetier, demourant & repairant
en Marché-Palu, fur un chauffetier appelé Guiot, lequel
Thevenin tient une fille de peché en Glatigny, & ont
leur chambre auprez de l'hoftel des Marmouf[ez], en la
Cité, en un porche au deffus d'une pafticiere, vefve
femme, & a nom, l'amie dudit Thevenin, Perrotine, reppairant en la Bouclerie; puis v ans ença qu'il ont efté
compaignons enfemble, ont prins & emblé, par plufieurs
fois & en divers lieux, plufieurs & grant quantité de
robes, comme manteaulx, houppellandes, cotes hardies
à femme & fourrées, & plufieurs autres larrecins; & en
yceulx perfeveré par tant & diverfes journées, de nuit
& de jour, que, pour la multiplicacion d'iceulx, il ne les
fauroit nombrer ne enfeigner. Lefquelx biens, ainfi par
eulx prins & emblez, ilz vendoient le plus toft qu'ilz
povoient, & l'argent jouoient aus dez. Et dift que, puis
ledit temps (1), il [&] ledit Thevenin ont pou ou neant
gaignié (2) à ouvrer de leurs meftiers, & ont tousjours
pourfeu & frequenté ledit fait, tant à Paris, ès villages
d'environ, ou païs de Lannois & de Soiffonnois; et que
quant il fe prenoyent à ouvrer des meftiers qu'ils fa-
voyent, il le faifoient afin qu'on ne fe donnaft garde de

_____

(1) A partir de cet endroit, on remarque un changement affez notable dans l'écriture & l'orthographe du manufcrit.
(2) Ici le copifte, par une erreur évidente, répétoit une partie de la
phrafe précédente, que nous avons dû fupprimer.

quel part leur venoit l'argent qu'il defpendoyent chafcun jour.

Item, dift que, luy & un nommé Alari Quarri, couftu-rier, demourant partout, lequel a pere & mere demou-rans ès louag[es] monf. d'Anjou, ont tenu lonctemps enfemble une chambre en un porche en la rue des Gra-veliers, & que, en yver derrenierement paffé, ot un an, eulx eftans couchiez aus Efcumes, en la ville de Pontoiffe, au partement qu'ilz firent dudit hoftel, prindrent unne couftoipointe qui eftoit fur le lit où il avoient jeu, la-quelle il vendirent, en ladicte ville, viij f.

Item, dift que, lui & ledit Thevenin, en venant, le vendredi aouré derrier paffé, de Soiffons, le grant che-min droit à Paris, avec eulx une fille de pechié amie du-dit Thevenin, fu requis par icellui Thevenin qu'il le delivra[ft] d'icelle fille, difant qu'il ne povoit avoir bien avecques elle, & auffi qu'il ne s'en povoit departir. A la requefte duquel, eulx eftans à l'entrée de la foreft devers ladicte ville (1) de Soiffons, il feri icelle fille, d'une hache qu'il tenoit, un coup par la tefte, duquel elle chei à terre, &, de fait, ledit Thevenin li coppa la gorge, icelle leif-fant morte en la place, la defpoillant, & fa robe & ce qu'elle avoit fur elle prindrent & emporterent le ven-dredi, & de l'argent qu'il en receurent ot fa part & por-cion.

Item, femblablement, les deffus diz Honoré du Puis, Jehannin de Soubz le Mur, dit Rouffeau; Jehannin Saint-Omer, dit Coufin, & Jehannin Fontaine, ne cogneurent aucune autre chofe que deffus ont dit, fauf que icellui Coufin requift à honorable homme & fage maiftre Jehan Truquan, lieutenant, &c., qui prefent eftoit, que, pour lui & à fes defpens, feift faire, par aucun homme tout

---

(1) Le manufcrit porte *fille*.

nu, ou voyage ou pelerinaige qu'il s'eftoit vouez faire à Noftre-Dame de Pontoife, en jurant & affermant en fa conscience icellui pelerinaige ou voyage avoir promis juré à faire.

Item, dift que Guillemin de Lorraine, frequentant vers Couloimiers en Brye, & aucune foiz à Paris, à l'enfeigne de la Chaiere, devant Saint-Andrieu des Ars, lequel Guillemin eft du grant & de la façon de lui, a ij petis barbillons de barbe tant feulement, aagié de xx ans ou environ, & s'acompaigne d'un autre compaignon nommé Jehannin de Tournay, du grant dudit Guillemin, & plus gros que lui, print & embla, en la ville de la Ferté Gauchier, en l'oftel d'un oblier, un cheval, fi comme il ouy lors dire audit Guillemin.

Item, dift que lui & un nommé Jehan du Boys, né de Moret en Gaftinois, lequel Jehan du Boys frequante ou pays de Champaigne, &, quant il vient à Paris, fe loge à l'image Noftre-Dame, en la rue aus Oës, lequel du Bois eft homme d'affez grant, hault & brun, deux ans a ou environ, prindrent en la ville de Villeneuve la Droudague (1), à iiij lieues par delà Sens, deux draps de lit. un feurcot de brunette, une cofte de rouffet à ufage de femme; lefquelz biens eftoient mis en un fac en l'oftel où il buvoient lors, & iceulx vendirent n'eft record à qui, où, ne combien.

Item, dift qu'il a ouy dire par plufeurs fois à un nommé Henriet du Sep, autrement dit de Valentiennes, nez d'icelle ville, hault homme & jeune, que il eftoit entre-jetteur de gobelez & de hennaps d'argent, & qu'il en avoit emblé plufeurs.

ITEM, le deffus dit Eftienne Blondel, lui eftant audit

_____

(1) Aujourd'hui Villeneuve la Dondagre, arrondiffement de Sens (Yonne).

derrenier torment, prefens maiftres Jehan Truquan, lieutenant; Nicolas Bertin, examinateur; Andriet Le Preux,
clerc; Robin Pince, Jehan Le Foreftier, François Dac-
giers(1), fergent à cheval, & autres plufeurs, cogneut que,
durant la fefte de la royne, il, feul, fe bouta devers le foir
en l'oftel d'un pafticier demourant en la grant rue Saint-
Anthoine, ouquel il print une cofte hardie à ufage de
femme, ne fcet de quel couleur, fourriée de porpres bien
ufées par deffoubz, &, par les efpaules, de connins, &
le corps de toile, laquelle il porta & bailla en gaiges, en
la ville de Chartres, à un juif qui a un vifaige mefgre,
& demoure à l'appofite d'une grant yraigne de fer ha-
chiée, pour la fomme de deux fr. x f.; par ainfi que s'il
ne la rachetoit dedens le jour de la Sainct-Audarien
prouchain venant, que icelle cofte eftoit acquife audit
juif.

Item, dift que, ledit temps ou environ, il print à la
fontaine de Jouvent, à Paris, un hanap de madre qu'il
trouva fus un coffre. Ne fcet qu'il eft devenus.

Item, dift que, deux ans a ou environ, qu'il eftoit
couchiez en la ville de Chaumont en Saloigne, avec un
varlet marchant, ainfi comme ilz parloient enfemble en
eulx couchant, ledit varlet lui dift qu'il avoit bien l frans
fur lui, pour occafion defquelx avoir yl ala avec ledit
compaignon, en entencion de les avoir, jufques environ
x lieues par delà, qu'il fe mift un petit derriere ledit
varlet, & icellui feri d'un couftel qu'il portoit parmi le
corps, par le cofté, duquel coup il chei, & illec moru.
Auquel varlet, quant il l'euft très-bien ferchié, il ne
trouva que xij d., fans prendre aucune autre chofe du
fien, & illec le leffa & s'en retourna en ladicte ville de
Chaumont.

Item, dift que, durant la fefte de la royne, lui & ledit

Coufin, qui buvoyent en une taverne au Lonc, ou content & hayne de ce que la dame de l'oftel ne les voult logier une nuit pour un blanc, il prindrent en icelui hoftel une cofte hardie de drap gris, fourrée de penne noire, à ufage de femme, laquelle robe icelui Coufin vendi, lequel il lui en bailla à fa part ij f.

Item, dift que, lui eftant en l'aage de xvj ans ou environ, ainfi qu'il gardoit, affez près de la ville où il fu nez, les beftes aus champs, c'eft affavoir : vaches, jumens, aineffes, il, par x fois & plus, n'eft record du nombre, a eu compaignie à icelles beftes, ainfi comme icelles beftes eftoient couchiées au champs, aucune foiz, & auffi aucunes autres fois a eu afaire & compaig[nie] aufdictes beftes ainfi que elles eftoient couchées ès eftables. Dift auffi que, à une chienne qu'il menoit avecques lui aus champs pou[r] garder icelles beftes, il a eu afaire & compaignie à icelle chienne par plufeurs fois. Et dift, fur ce requis, que, depuis ledit temps, il a efté par plufeurs foiz à confeffion & receu fon Sauveur, mais dudit pechié ne fe offa oncques confeffer à preftre aucun.

VEUE la confeffion duquel Eftienne Blondel, & attendu fa condampnacion cy-devant efcripte, par l'advis & deliberacion defdiz prefens, fut dit & deliberé, & condempné icellui Eftienne à eftre ars au devant de la juftice comme bougres.

Tous lefquelx jugemens des deffus dis Jehannin La Greuc, dit Raoulet de Laon; Jaquet Auguier, dit Huchier; Jehannin de Soubz le Mur, dit Rouffeau; Honoré du Puis, Jehannin de Saint-Omer, dit Coufin; Jehannin Fontaine & Eftienne Blondel; furent executez le famedi xvj<sup>e</sup> jour de novembre mil ccciiij<sup>xx</sup> & neuf.

Et n'avoient aucuns biens, fauf lefdis Coufin & Jaquet Auguier, lefquelx ont efté baillez au retenir par declaration.

LE MERCREDI ix<sup>e</sup> jour dudit mois de mars l'an deſſus dit, le deſſus nommé Jehan Le Brun, prinſonnier, fu mené à ſ[on] derrenier tourment, l'eſchauffaut ès hales; & illec, en la preſence de maiſtres Jehan Truquan, lieutenant; Jehan Soudant, examinateurs; Jehan Le Foreſtier, Robert Pince, Guillot Piart, ſergens à cheval; Jaquet Le Piquart, Deniſoit Ono (1), Jehannin Raimbot, Perrin de Sain[s], ſergent à verge, & autres pluſeurs ſergens tant à cheval comme à pié, fu dift & recité par ledit lieutenant, audit priſonnier, les confeſſions par lui faittes, eſqueles il perſevera & continua comme devant avoit fait; &, ce fait, lui feurent leues les accuſacions cy-deſſus eſcriptes, & les noms des accuſez par lui en ſadicte confeſſion & autres faictes à part, eſqueles confeſſons & accuſacions par lui faictes, en tant comme il touche les cas & fais dont chergez a les deſſus nommez Raoulet de Laon, dit Jehannin La Greue; Jaquet Le Piqu[art], dit Damiens (2); Jehannin de Saint-Cloud, Beaubarbier, Gilet Le Bourguignon, Jehannin du Bois, Perrin Le Breton, Jehannin d'Eſtain, Hennequin Le Flament, Jehannin de Saint-Omer, dit Couſin, Jehan de Warlus & Ameline ſa femme, Richart de Compiengne, Jaquet Auguier, d[it] Le Huchier; Jehannin Fontaine, Raoulet du Pré, dit Baquet; Guillemin des Aubiers, Gilet Malingre, dit Bruyere; Olivier

---

(1) Un fait arrivé à Deniſot Ono, dans l'exercice de ſes fonctions, prouvera que les arreſtations n'étoient pas toujours ſans dangers. Guillemin Carrouge, valet couturier de la reine, venoit d'être arrêté pour un délit; pluſieurs ſergens à verge, au nombre deſquels étoit Deniſot, ſe mettoient en devoir de le conduire au Châtelet, malgré ſa réſiſtance, lorſque Guillemin, irrité, aſſéna deux coups de poing dans la poitrine de Deniſot; puis, comme, à raiſon de cette violence, les ſergents du Châtelet traitoient plus durement le priſonnier, il alla juſqu'à mordre un des doigts de Deniſot. Cette anecdote eſt conſignée dans des lettres de rémiſſion accordées à Guillemin Carrouge, le 15 octobre 1389. (Bibl. impér., cabinet des titres, 1<sup>re</sup> ſérie des titres originaux, doſſier Carrouge.)

(2) *Sic*, pour Jaquet Le Baſtart, dit Damiens. Voy. ci-deſſus, p. 56.

Le Bouchier, d[it Le] Lyon; Jehannin de Roigny, dit Le
Page, & Bertran Waine; il a continué & perfeveré en
iceulx, difant & affermant perfecuiter que les accufacions
contre eulx par lui faictes eftoient vrays.

ITEM, ET EN TANT qu'il touche les accufacions cy-
deffus efcriptes par lui faictes contre les deffus nommez.
meffire Jehan de Cefay, chevalier; Perrin de Creux.
Caifin du Vivier, Thomaffin Le Valois, Perrin du Quefnoy, Jehannin de Briençon, Colin Petit. dit L'Enfant;
Perrin Nor...., Jehan Phelipot, dit Grant-Jehan; Jaquot
de Baillon, Michelet d'Auxerre, Yvonnet Poulalet, Robinet de Gournay, Watelet, & Jaquemin, [diz] de Mar-
bray; Le Camus de Saint-Quentin; dift & afferma par fon
ferement & fur la part qu'il entendoit à avoir en Paradis.
que e[n] eulx il n'avoit oncques veu ou fceu mal aucun.
& que lefdittes accuf[ac]ions il avoit controuvées, ma-
chinés & penfées contre ch[afcun] d'eulx, par la temptacion & ennortement de l'ennemy, & les avoit controuvées fur eulx afin d'efchever, & qu'il ne mouruft pas fi
très to[ft], en penfant en foy que, quant il ne fauroit plus
arme encufer, que de lui l'en feroit juftice. Defqueles
accuf[ac]ions il fe repentoit m[oult] fort, comme trifte
& marry d'avoir fait icelles, & que c'eftoit le pechié
que oncques il euft fait dont il fe doubtoit plus encourir
en l'indignacion de noftre feigneur Jhefu-Crift. Et autre
chofe ne voult cognoiftre; &, pour ce, de lui en entrefuïant ledit jugement & enterina[nt] icellui, fu ledit
jugement executé, c'eft affavoir le col coppé, &, en
après, le corps & la tefte menez à la juftice du roy, &
illec pend[uz].

Et n'avoit ledit Jehan Le Brun aucuns biens.

AL. CACHEMARÉE.

# JEHAN LORENS.

9 novembre 1389.

L'AN DE GRACE mil ccc quatrevins & neuf, le mardi ixᵉ jour de novembre, par davant noble homme meſſire Jehan, ſeignour de Foleville, chevalier, conſeillier du roy noſtre ſire & garde de la prevoſté de Paris; preſens maiſtres Dreue d'Ars, lieutenant; Martin Double, advocat; Andrieu Le Preux, procureur du roy en Chaſtellet; Jehan de Bar, R[obert] de Tuilli[er]es, Nicolas Bertin, Jehan Soudant, examinateurs oudit Chaſtellet, & Regnault de Foleville, eſcuïer; fu attaint & fait venir en jugement ſur les quarreaux Jehan Lorens, prinſonnier oudit Chaſtellet, admené à la requeſte de Colin Couſin, buffetier, diſant qu'il l'a deſrobé & emblé ſon argent en ſon coffre, en ſon hoſtel. Lequel prinſonnier, juré aus ſaintes Evangiles de Dieu de dire verité ſur ce que dit eſt, & autres choſes qui lui ſeroient demandées, cogneut, par ſerment ſur ce requis, qu'il eſt nez du païs du Dalphiné, & de la ville de Grinople, homme de labeur de bras & ouvrier ès vignes. Requis la cauſe pour quoy il ot l'oreille deſtre coppée, diſt que, vij ans a ou environ, il eſtoit en la compaignie & ſoubz le conte de Savoye, qui menoit guerre pour noſtre ſaint pere le pappe contre ceulx qui tiennent le parti du pappe Berthelemi (1), le-

---

(1) Bartolomeo Prignani, Napolitain & archevêque de Bari, élevé au trône pontifical en 1378, ſous le nom d'Urbain VI, par les ſeize cardinaux qui ſe trouvoient à Rome après la mort de Grégoire XI (*Art de vérifier les dates*, t. III, p. 393 de l'édition in-8 donnée, en 1818, par M. de Saint-Allais). Le pape déſigné ici comme le pape légitime, celui qui fut reconnu comme tel dans pluſieurs pays de la chrétienté, étoit Clément VII. On verra dans Papon (*Hiſt. génér. de Provence*, t. III, p. 228-231) & dans Guichenon (*Hiſt. généal. de la Maiſon de Savoie*, t. I, p. 423-426) l'origine & la ſuite de cette guerre, & l'appui prêté à l'antipape par Amé VI, dit le Verd, comte de Savoie.

quel conte il fervoit comme gros varlet, & eſtoit monté
fur un roncin eſtant à icellui conte; & pour ce que ledit
conte voult aler en un pays. & meſſire Amaurry de Beau-
mont, chevalier, feigneur de la Terraiche, en un autre
pays & contrée, tout feur le gouvernement dudit conte
de Savoye, & en la guerre de noſtre faint pere le pappe.
il leſſa icelui conte de Savoye, & s'en ala chevauchier
comme gros varlet en la compaignie dudit meſſire Amaurry.
Lequel, quant il fu retourné en l'oſt & chevauchiée dudit conte, pour ce qu'il s'en eſtoit partis fans fon fceu &
congié, & en emmené le cheval dudit conte, jà foit ce
qu'il [l']euſt ramené quant il retourna au fervice d'icellui
conte, fu par icellui conte commendé à aucuns fes gens
& ferviteurs que l'en lui coppaſſent fadite oreille deſtre,
laquele il lui coperenc, fans ce qu'il feuſt reprins, attaint
ou convaincu d'aucun autre blafme ou reprouche.

Diſt avec ce, que, fept mois a ou environ, il vint
premierement demourer en la ville de Paris, en laquelle
il fe loga en l'oſtel dudit buffetier; &, durant icelui temps
juſques à prefent, a eſté logez continuelment de nuit; &
de jour eſt alez gaignier fa vie à porter la hote au pont
Neuf, &, ailleurs, ès vendenges qui ont eſté faictes environ Paris. Et tant que dimenche derrenierement paſſé,
environ heure de vefpres, lui eſtant en l'oſtel dudit buffetier, entra en fa chambre, en laquele il aperceut un
coffre ouvert, ouquel, en pluſeurs drapeaux liez par
parties, il print tout l'argent qu'il trouva. Ne fcet quel
nombre ou fomme; mès tout l'argent qu'il print en icelui
coffre eſt en la taſſe de laquelle il a eſté trouvé faify, en
laquelle ont eſté trouvez & nombrez en fa prefence, en
blans neufs de viij d. & de iiij d. parr. la piece, xxviij f.;
deux efcuz couronnez, la piece de xviij f. pour la piece;
un florin d'or à cheval de xvj f. pour piece; & en petis
parrifis & tournois par lui prins oudit coffre, les parties
qui s'enfuivent, c'eſt affavoir : pour ladicte taſſe, qu'il

avoit achatée iiij ſ.; une coſte hardie à uſage de femme,
de drap marbré, qu'il avoit achatée pour unne ſienne fiancée, laquelle il devoit eſpouſer oudit jour d'uy; & dudit
argent par lui prins oudit coffre, paya pour icelle xxvj ſ.

Item, pour un chaperon doublé de drap vert à uſage
de femme, vj ſ.

Item, pour un annel d'argent & un petit coſtel à tren-
chier pain, à un manche de letton, iij ſ.

Item, pour la lettre d'eſpouſailles prinſe de l'office (1)
de Paris, x ſ.

Item, pour deſpence par lui faicte, tant ledit dymenche
au ſoir comme le lundi enſieuvant derrenier paſſé, au
diſner, pour lui & ſadicte fiancée, & autres en leur compaignie, x ſ. par. ou environ.

Et pour ce qu'il ne voult plus avant cognoiſtre des
crimes, & deliz, & larrecins par lui fais & commis, demandé fu par ledit monſ. le prevoſt, auſdiz preſens conſeilliers, qu'il eſtoit bon à faire dudit prinſonnier. Par
l'oppinion deſquelz fu deliberé, conſideré ce que dit eſt,
& qu'il avoit chevauchié en routes avec gent d'armes,
que pour ſavoir plus à plain des crimes par lui commis,
qu'il fuſt mis à queſtion, en laquelle il fu mis ſur le petit
treſteau. Et ainſi comme l'en lui commeinça, & ot jetté
un petit d'eau ſur lui, requiſt à grant inſtance qu'il fuſt
mis hors d'icelle queſtion, diſant qu'il diroit verité; &,
pour ce, fu mis hors icelui prinſonnier de ladicte queſtion, & le mené au feu en la cuiſine pour ſoy choffer
en la maniere acouſtumée. Auquel lieu, hors d'icelle
queſtion, & ſanz aucune contrainte, icellui priſonnier,
ſur ce juré de rechief aus ſains Evangiles de Dieu qu'il
diroit verité de ce que l'en lui demanderoit, diſt & afferma par ſon ſerement les choſſes deſſus dictes par lui
congneues eſtre vrays, & eſdittes confeſſions perſevera

_____

(1) *Sic*, ſans doute pour l'official.

& continua, & oultre, & confeſſa ſans aucune contrainte
que, vj ans a ou environ, un pou paravant la Saint-Jehan-
Baptiſte, lui & Perrin Le Mouſtier, demourant en la ville
de Monbouot on Dalphiné, alerent en la ville de Crolay,
en l'oſtel de Jehennete La Bougueigne, femme marié, &
laquelle Jehennete eſtoit amie dudit Perrin, ſi comme il
lui diſt, en entencion de la veoir, boyre & mengier
avecques elle. Ouquel hoſtel, quant il orent eſté ainſi
comme le quart d'une heure, ledit Perrin diſt à icelle
Jehennete que elle alaſt avecques lui en ſa chambre, en
li diſant que il vouloit avoir ſa compeignie. Laquelle
reſpondi que jà ſoit ce que autres foiz elle euſt fait le
plaiſir & volenté dudit Perrin, toutefvoies ſon entente
n'eſtoit pas que dores en avant elle feiſt plus riens pour
lui en ce cas dont requiſe l'avoit. Lequel Perrin, de ce
ayré & courroucé, print un baſton qu'il trouva en l'oſtel
d'icelle Jehennete, duquel il la fery un coup ſur la teſte
droit en l'oyée, duquel coup elle chei à terre toute
morte. Et, ce fait, ledit Perrin print les clefs qui pendoient à la ſainture d'icelle Jehennete, deſquelles il ouvry un coffre eſtant à une chambre oudit hoſtel, duquel
coffre il apporta, en un ſachet de toile, la ſomme de xvj fr.
en menue monnoye. Ne ſcet s'il y print aucuns autres
biens, pour ce qu'il ne fu pas preſent quant ledit coffre
fu ouvert. Et diſt que luy & ledit Perrin partirent enſemble ladiĉte ſomme d'argent, & en ot à ſa part viij frans,
leſquelx il compterent en l'oſtel de Jehennete, avant ce
qu'il partiſſent d'icellui. Et, ce fait, ſe partirent dudit
hoſtel, & s'en alerent chaſcun là où bon lui ſembla, ne
oncques puis ne vit icellui Perrin. Diſt auſſi, ſur ce requis, que ladiĉte femme n'ot oncques que ledit coup, &
ne la fery ou bouta en aucune maniere, ne auſſi n'a eſté
avec icellui Perrin ou autre à aucun autre crime, larrecin
faire, ne de ſoy ſeul n'a fait aucuns autres cas que cy-
deſſus ſont exprimées & declairées.

ᴇꜱQᴜᴇʟᴇꜱ confeſſions, de rechief après ce que ledit prinſonnier fu ramené ſur les quarreaux, il continua & perſevera en icelles. Et, pour ce, veues icelles, que lui ont eſté leues & reicitées en ſa preſence, leſdiz preſens conſeilliers furent d'oppinion que ledit priſonnier feuſt punis comme larron; & que, pour ce qu'il avoit eſté preſent à la mort d'icelle Jehennete, qu'il feuſt liez les mains devant, comme compeignon dudit fait. Et ad ce fu condempnez par ledit monſ. le prevoſt.

ʟᴇQᴜᴇʟ jugement fu executé le xᵉ jour dudit moiz. Et n'avoit icellui larron aucuns biens.

ᴀʟ. ᴄᴀᴄʜᴇᴍᴀʀᴇ́ᴇ.

# JEHAN LE RESTIS.

### 8 novembre 1389.

ʟ'ᴀɴ ᴅᴇ ɢʀᴀᴄᴇ mil ccc quatre vins & neuf, le lundi viijᵉ jour de novembre, par devant noble homme monſ. Jehan, ſeigneur de Foleville, chevalier, conſeillier du roy noſtre ſire & garde de la prevoſté de Paris, en jugement ſur les quarreaux, preſens meiſtre Dre[ue] d'Ars, lieutenant; maiſtres Martin Double, advocat, & Andrieu Le Preux, procureux du roy ou Chaſtellet de Paris; maiſtres Jehan de Bar & Nicolas Chaon, examinateurs oudit Chaſtellet, fu attaint & fait venir Jehan Le Reſtis, nez de la ville de la Souſterrine, ou païs de Limoſin, prinſonnier detenuz oudit Chaſtellet, pour ſouſpeçon qu'il n'oit mal prins & emblé une houpelande de drap (1) gris longue & ſengle, une autre houpelande de pers cler ſengle, longues juſques environ les genoulx,

---

(1) Le manuſcrit porte *darp*.

H 4

avecques environ pié & demi de roigneures de ladicte
houpelande de pers sengle; & laquelle avoit esté doublée
de sarge vermeille, si comme il apparoit aus fermeilleres
d'icelle houpelande; un tabart court de drap pers mabré,
doublé de drap blanchet, & comme fourreure de connins
sauvages en maniere de houpelande. Lesquelz biens icellui prisonnier exposoit en vente dymenche derrier passé,
environ heure de prime, ès hales, en l'ostel de Perrin
de Cornouaille, sergent à verge & garde des hales de
Paris. Lequel prisonnier fu, sur ce, fait jurer aus sains
Evangilles de Dieu que il diroit verité tant du fait dessus
dit, & là où il avoit prins iceulx biens, comme d'autres
choses qui lui seroient demandées. Et, ce fait, requis de
quel vie, estat & gouvernement il estoit, dist qu'il estoit
homme laboureur de vignes, et avoit ouvré ou païs de
Garges & de Gonnesse l'espace de deux mois & plus, paravant vendenges derrenierement passées, durant icelles
& après; & que iceulx biens il avoit prins samedi darrenierement passé, environ heure de vespres, prins en ladicte ville de Garges, en l'ostel d'un escuïer qu'il ne
scet nommer, en soy païant de son salaire qu'il lui devoit,
ne scet quel somme d'argent; & que, pour ce que il
n'avoit denier ne maille, avoit iceulx, oudit jour d'ier
matin, prins & aportez à Paris, & mis & exposez en
vente, pour soufpeçon de laquelle chose, celui à qui il
avoit exposé en vente iceulx biens le avoit admené prisonnier oudit Chastellet. Et disoit que, au surplus, tout
le temps de sa vie il avoit esté & estoit homme de bonne
vie, renommée, sans avoir en lui aucun blasme ou reprouche.

ET, CE FAIT, vint par devant ledit monf. le prevost
le dessus dit Perrin de Cornouaille, lequel afferma par
son serement que, ou jour d'ier, depuis ce qu'il ot amené
prisonnier oudit Chastellet le dessus dit Jehan Restis, les

deffus dis biens lui furent, & à pluſeurs autres frippiers
ſes compaignons, demourans à Paris, recommandés par
un eſcuïer nommé Jehan de La Court-Neuve, demourant
en la ville de Garges, diſant & declairant iceulx biens,
par la forme & maniere que deffus ſont eſclarcis, avoir
eſté prins & emblez en ladicte ville de Garges, en l'oſtel
de Jehan Buhord, eſcuïer, ſon oncle, demourant audit
lieu de Garges, ſamedi derrier paſſé, ne ſcet à quel heure,
avec unes chauſſes vermeilles qui jà pieçà avoient eſté
ſemelées.

VEUES LESQUELES accuſacions & denegacions de verité
faictes par icellui priſonnier, attendu ſon eſtat & maniere
de reſponce, les deffus diz preſens conſeilliers furent
d'oppinion que, pour en ſavoir plus à plain la verité par
ſa bouche, tant du cas deffus dit comme d'aucuns autres,
ſe l'en povoit, qu'il feuſt mis à queſtion. Et ad ce fu
condempnez par ledit monſ. le prevoſt.

EN ENTERINANT lequel jugement, icellui priſonnier,
en ſoy deſpoullant & deſchauſſant, cognut de ſa volenté,
ſans aucune contrainte, que, un mois a ou environ, lui
eſtant en la ville de Tremblay, ainſi comme à heure de
prime, entra en l'oſtel d'une femme demourant aſſez près
du mouſtier d'icelle ville, ouquel, pendant le temps que
icelle femme entra en ſon jardin, il print un ſeurcot &
une coſte hardie à uſage de femme, de drap gris, ſans
fourreure aucune, & iceulx porta vendre en la ville de
Chartres, à un frepier, duquel il receut pour ces choſes
la ſomme de diz ſoulz pariſis.

CE FAIT, pour ce que autre choſe ne voult cognoiſtre,
fu mis à queſtion ſur le petit treſteau; & illec, cogneut
& confeſſa que les chauces vermeilles qu'il avoit chaucées, il, avec les deſſus dis biens par lui expoſez en

vente, avoit prins famedi derrier paffé en ladicte ville de
Garges, en l'oftel d'un efcuïer duquel il ne fcet le nom,
fans le fceu ou lifcence d'icellui; mais avoit iceulx biens
prins en entencion de gaigner & en fere fon proufit au
mieulx qu'il porroit; & que lefdis biens il avoit prins
enfemble, environ heure de vefpres, fur un coffre eftant
en une des chambres dudit hoftel.

Item, dift que, trois mois a ou environ, lui eftant couchié avec une fille de vie nommée Alifon, demourant à
Montlehery, depuis ce qu'il ot eu compeignie à elle,
print & embla celle dicte nuit, en la bourfe d'icelle fille,
deux frans en or qui y eftoient, & iceulx appliqua à fon
prouffit.

Item, dift que, en la ville de Gaigny (1), deux mois a ou
environ, il print une farpe, laquelle il vendi, en la ville
du Tremblay, ij f.

Item, dift que, vj ans a ou environ, lui & v autres
compaignons dont il ne fcet les noms, en la ville du Puy
en Berry (2), prindrent vj beufs qu'ils trouverent, de
jour, pafturans auprès d'icelle ville du Puy, lefquelz ilz
menerent en la ville de la Soufterrine, & illec les vendirent xij frans, dont il ot à fa part deux frans.

Et, en après ce, fu, lui prifonnier, mis fur le grant
trefteau, lequel requift à grant inftance que l'en le voul-
fit mettre hors d'ilec, & qu'il diroit verité de tout ce
qu'il avoit fait, &, par efpecial, de ce qu'il avoit efté
traitre du roy. Et, pour ce, fu mis hors d'icelle queftion,
& menez choffer en la cuifine en la maniere acouftumée.
Lequel de rechief fu fait jurer qu'il diroit verité; &, ce
fait, cogneut, & afferma, & perfevera efdictes confeffions
par lui fettes, cy devant efcriptes, difant icelles eftre

_____

(1) Gagny, arrondiffement de Pontoife (Seine-&-Oife).
(2) Arrondiffement de Bourges (Cher).

vrayes & contenir verité. Et, oultre ce, cogneut de fa
pure volenté, fans aucune force ou contrainte de queftion, que vj ans a ou environ, autrement du temps ne
du jour n'eft record, il eftant à une lieue près de ladicte
ville de la Soufterrine, dont il fu nez, fu prins illec &
emmenez, par les Engleiz eftans de la garnifon de Salucet (1), audit lieu de Salucet; & là, un Engleiz nommé
Le Biernois, capitaine dudit fort (2), lui fift promettre
& jurer qu'il le ferviroit bien & loyaument contre toutes
perfonnes. Auquel fervir, pour efchaper qu'il ne païaft
aucune rençon, pource qu'il eftoit povres homs, il fe
accorda. Et ledit capitaine lui promift baillier, & de fait
bailla un fauf conduit, lequel il print & accepta, afin
qu'il peuft feurement aler & venir entre les François &
les Engleiz; lequel fauf conduit il print & accepta, foubz
ombre duquel fauf conduit, il, par trois ou quatre fois,
s'eft partis à pié dudit fort de Salucet, venu efpier les
François, qui aucune fois fefoient embuches près dudit
lieu de Salucet; lefquelz, quant il les apercevoit, il nom-
broit à fon povoir, & raportoit aufdis Engleiz le nombre
qu'il eftoient; lefquelz, par fon rapport, aucune foiz font
failliz hors & couru fus aufdis François, & aucune fois
non. Et dit que le plus grant nombre de gens d'armes
qu'il veift oncques faillir dudit lieu de Salucet, pour aler
fur les François & le pays de patis eftant illec environ,
eftoient iij^c lances, jà foit ce que dedens icellui fort de
Salucet foient le nombre de v^c hommes d'armes, fans les
gros varlez.

Dift auffi que, en la compaignie des Engleiz de la garnifon dudit lieu de Salucet, il eft allé à pié aucune foiz

---

(1) Chalucet, château-fort à deux lieues de Limoges. Des documents
authentiques du 6 juin & du 21 feptembre 1382, nous apprennent qu'a
cette époque le château de Chalucet étoit occupé par les Anglais. (Ordonn. des rois de France, t. XII, p. 123 & 126.)

(2) Voy. ci-deffus, p. 57, la note fur Pierre Le Biernois.

xxiiij lieues loings dudit lieu de Salucet, & aucune fois
plus, & l'autre moins, efpier les François; & que, par le
moyen des rappors qu'il fefoit, ont efté prins, à diverfez
foiz, plufeurs François, comme xxiiij hommes, plus &
moins; à la prinfe defquelz xxiiij il ot d'iceulx François
iiij, qui par iceulx Engleiz furent tuez en les admenant
audit lieu de Salucet; & auffi, à deux autres courfes efqueles il fu, furent mis à mort v hommes françois par
iceulx Engleiz. Avecques lefquelz il s'en retournoit à pié
audit lieu de Salucet, lefquelz lui payoyent fes defpens
de bouche; & quant il eftoit retournez audit lieu de Salucet, ceulx en la compaignie defquelz il avoit efté rap-
portoi[en]t audit capitaine ce qu'il avoit fait; lequel capitaine, pour chafcun voyage qu'il faifoit dont rapport lui
eftoit fait par la maniere que dit eft, lui bailloit pour fon
falaire ij f. par. Et dift, fur ce requis, que autre falaire,
gaing ou prouffit, il n'ot onques d'iceulx Engleiz, ne de
chofe qu'il gaignaffent ou pillaffent, ne ne fu auffi en lieu
où feu fuft bouté ou mis, finon ès bois où iceulx Engleiz
& lui fe logoyent de nuit & de jour à la fois, quant il
aloyent en courrerie. Auquel lieu de Salucet il fervi
icellui capitaine, par la maniere que dit eft, trois mois
ou environ; & dudit lieu de Salucet fe parti à la fin defdis trois mois ou environ, heure de prime, en menant
abeuvrer deux des chevalx dudit capitaine, lefquelz,
quant ilz orent beu, il leiffa aler audit lieu & fort de
Salucet; & il s'en afouy & s'en vint mucer ès bois qui
font à demie lieue d'icellui lieu de Salucet, & d'ilec
fe parti & s'en vint demourer & gaignier fa vie audit
lieu de la Soufterrine; & ledit fauf conduit leiffa oudit
fort de Salucet quant il voult mener boire iceulx chevaulx.

LE MARDI ixᵉ jour de novembre mil ccc quatre vins
& neuf, par davant monf. le prevoft, prefens maiftres

Dreux d'Ars, lieutenant; Martin Double, Andrieu Le Preux, procureur du roy ou Chaſtellet; Jehan de Bar, Robert de Tuillieres, Nicolas Bertin, Jehan Soudant & Renault de Foleville, fu de rechief fait venir ledit Jehan Reſtis, auquel furent leues les confeſſions cy deſſus eſcriptes, eſquelles il perſevera & continua par la fourme & maniere que dites les avoit ou jour d'yer, & que elles contiennent verité, diſans que elles eſtoient vrayes ainſi comme eſcriptes ſont, & leſqueles li furent leues mot après autre; & ne ſavoit aucuns autres cas, crimes ou deliz par lui commis.

Veus lesqueles confeſſions, les deſſus diz conſeillers furent d'oppinion, attendu l'eſtat dudit Jehan Reſtis, & les delis par lui commiz, cogneuz & confeſſez, avec la reiteracion & perſeveracion par lui fais, que icellui priſonnier, comme traytres du roy & larron, fuſt punis, c'eſt aſſavoir : trainé, decolé, & le corps & teſte d'icellui pendu à la juſtice du roy noſtre ſire. Oyes leſqueles oppinions & veu icellui procès, ledit priſonnier fu ad ce, par ledit monſ. le prevoſt, condempnez.

Lequel jugement fu executé le mercredi xᵉ jour dudit moiz de novembre mccciiij^{xx} & neuf.

Et n'avoit aucuns biens.

Al. Cachemarée.

# GIRART FOURRE.

### 14 novembre 1389.

L'an de grace mil ccc iiij^{xx} & neuf, le dymenche xiiij^e jour de novembre, par devant maiſtre [Jehan Truquan, lieutenant de monſ. le prevoſt de Paris, en la

prefence de honorables hommes & fages maiftre Dreue
d'Ars, auditeur; maiftre Elye de Jengoulour, advocat;
maiftres Jehan Le Conte & Jehan Le Grant, cirurgiens
jurez du roy noftre fire ou Chaftellet de Paris, fut attaint
& admené en jugement fur les quarreaux, oudit Chaftellet, Girart Fourre, cherpentier, né de la ville de Baufmes
les Nonnains, oultre la Sone (1), & à prefent demourant en
la ville d'Aucerre, fi comme il difoit, prifonnier, admené
oudit Chaftellet cedit jour, pour foufpeçon de la mort
faite & perpetrée en la perfonne de feu Andry Sore,
jadiz demourant en ladicte ville d'Aucerre; lequel Andry
fut, jeudi darrenierement paffé, tué ou lit où il eftoit
couché, par nuit, & en l'oftel de Jehan Trotin, demourant à Paris, en la rue de la Mortellerie, où ycellui feu
Andry s'eftoit logé, & femblablement ledit Girart. Et
lequel feu Andry avoit depuis efté porté par nuit hors
dudit hoftel, & enfouy en un fumier de fiens, fur la riviere de Saine, où ledit corps fut trouvé entre pourceaux, qui ycellui avoient defouy dudit fumier. Lequel
Girart, fur ce que dit eft examiné par ledit lieutenant,
& par ferement interrogué, confeffa plenement & fanz
aucune contrainte, que verité eftoit que, xxv ans avoit
ou environ, il avoit demoré & encore demouroit en la
ville d'Aucerre, & s'eftoit entremis tant de cherpenterie
comme de tenir fermes & marchez du roy noftre fire; &
avecques ce, dift & confeffa que mercredi darrerement
paffé, ot xv jours, il fe parti de laditte ville d'Aucerre &
s'en vint à cheval à Paris, feul, en entencion de faire &
baillier à nos feigneurs les reformateurs une fupplicacion
ou requefte à l'encontre des perfonnes qui s'enfuivent:
c'eft affavoir, de Guillaume Paillart, Domengin de Do-
neure, Perrin Dannay le jeune & un appellé Chalardin(2).

---

(1) Baumes-les-Dames, chef-lieu de canton (Doubs).
(2) On trouve Jehan Chalardin & Dymenchin de Mez, qualifiés bour-

tous demourans en laditte ville d'Aucerre; pour pluſeurs
griefs, extorcions & empeſchemens inraiſonnables à lui
faiz par les deſſus nommez, dès l'an lxvij, à cauſe de l'im-
poſicion du vin vendu en gros, dès ledit temps, en ladite
ville d'Aucerre. Et diſt que, lui arrivé à Paris, il ſe loga
en la rue de Mortellerie, à Paris, en l'oſtel du deſſus
nommé Jehan Trotin; & que, viij jours après ou environ, ſe loga ſemblablement oudit hoſtel Andry Sore,
aagé de iiijˣˣ ans ou environ, procureur à la court l'official d'Aucerre, & demourant à Vermenton; ouquel hoſtel
eſtoit paravant eulx logé, ſi comme il diſoit, un appellé
Durant Le Boucher, demourant en ladite ville d'Aucerre.
Et diſt que eulx trois ont tousjours, depuis ce, jeu &
giſoient oudit hoſtel, en une chambre par hault, & cou-
choit, il qui parle & ledit Durant, en un lit, & ledit
Andry ſeul en un autre lit, prez d'eulx; & que mercredi
darrenier paſſé ot viij jours, ledit Durant ſe parti dudit
hoſtel & s'en ala à Aucerre, ſi comme il le leur diſt lors,
ne oncques puis ne le virent; &, pour ce, il qui parle
& ledit Andry ont tousjours depuis couché enſemble en
un lit & en ladite chambre, laquelle gette veue ſur la
riviere de Saine.

Item, diſt & confeſſa ledit Girart, que, jeudi darrenierement paſſé, lui & ledit Girart eſtans couchez enſemble
oudit lit, & pour ce que ycellui Andry avoit grant finance
d'argent, laquelle il lui avoit monſtrée pluſeurs foiz, il
qui parle, environ mienuit, conçupt en ſoy & adviſa que
il tueroit ledit Andry & lui embleroit la finance deſſus
dite. Et diſt que, pour mettre à execucion & effect ſa
mauvaiſe volenté, il ſe miſt & aſſiſt ſur la forcelle dudit
Andry, & lui eſtoupa de ſa main ſon nez & ſa bouche,

geois d'Auxerre, dans un bail fait en 1379, par les bourgeois de la
ferme de la diminution de la pinte de vin vendu en détail à Auxerre
(Archives de la ville d'Auxerre, caſe D, paquet 6, n° 1). *Note communiquée par M. Quantin.*

tant qu'il le eftaigny & fift mourir, en fi brief temps
comme l'en mettroit à aler du Chaftellet de Paris à la
place de Greve; &, ce fait, print (1) les draps dudit lit.
&, de l'un d'iceulx, lya ou feigni ledit Andry au travers
du corps, & l'aultre drap il noa à cellui dont il avoit
ainfi lié ledit Andry; &, ce fait, avala ycellui Andry
tout nu à terre par une des feneftres de ladite chambre.
&, après ce, il qui parle fe avala par lefdiz draps à terre.
& puis porta ycelluy Andry fur ladite riviere de Saine.
& le enfouy en un tas de fiens qui eftoit près d'iluec, où
il trouva un grant treteau à fieur d'aiz, & le apporta à l'endroit defdites feneftres, par lefqueles, & à l'ayde dudit treteau, il monta & entra en ladite chambre, où il fut & ala
& vint parmi icelle, fanz foy coucher, jufques environ le
point du jour, que il print foubz le chevel du lit [du]
deffus dit Andry fa taffe, en laquelle il trouva ijᶜ & x efcuz
en or, fanz y trouver autre monnoye; &, ce fait, fe parti
dudit hoftel & s'en ala en l'eglife Saint-Gervaiz, où il oy
meffe, & de ladite eglife s'en ala au Palays, où il ne demoura gueres que il s'en retourna oudit hoftel de fondit
hofte, où lui fut dit par la dame d'icelluy que elle avoit
fait le lit où il qui parle & ledit feu Andry avoient couché, & qu'elle y avoit trouvé du fanc, en lui difant
qu'elle doubtoit que entre il qui parle & ycellui Andry
euft eu aucun debat; & à laquelle femme il dift & refpondi que non avoit; maiz neantmoins, pour doubte que
dudit cas l'en ne fe feuft aperceu, il fe parti dudit hoftel
& s'en ala au gifte à Argentueil; & le lendemain bien
matin s'en retourna à Paris, & fe tranfporta en l'oftel
d'un marchant de chevaux demourant près de Saint-
Honoré, où il acheta un petit cheval gris garni de felle
& de bride, le pris & la fomme de vj efcuz d'or; &, ce
fait, ala boire avecques le courratier qui lui acheta ledit

(1) Le manufcrit porte *pour*.

cheval; & quant ilz orent beu, il ſe parti de Paris en
entente d'aler à Aucerre, & print ſon chemin par deſſus
le foſſez par dedens la ville, & s'en aïa par la porte Saint-
Anthoine juſques oultre la ville de Montgiſon (1), où il fu
prins & arreſté par Guillaume Le Roux, eſcuïer, demourant en ladite ville d'Aucerre, contre lequel il ſe miſt à
deffenſe, & tant qu'ilz navreüerent l'un l'autre; mais
neantmoins il fut prins par ycelluy Guillaume & autres
qui y ſourvindrent; & que, en le admenant priſonnier,
ycellui eſcuïer luy oſta à Paris, en l'oſtel de ſondit hoſte,
par devant lequel ilz paſſerent, ijᶜ ij eſcuz en or, & un
qu'il avoit changé en menue monnoye. Et diſt que des
ijᶜ & x eſcuz d'or deſſus diz, ainſi par lui emblez audit
Andry, il bailla l'un d'iceulx à l'oſte de la Croix de Fer,
en la Mortellerie, pour ce qu'il le lui devoit, à cauſe de
deſpens de bouche par lui prins oudit hoſtel. Et diſt que
ycellui Andry eſtoit venu de ladite ville d'Aucerre à
Paris empetrer unes lettres du roy noſtre ſire pour eſtre
changeur en ladite ville d'Aucerre. Et auſſi y avoit apporté les eſcuz deſſus diz en entencion d'avoir menue
monnoye pour faire le fait de ſondit change. Et diſt que
les chauſſes dudit Andry il miſt & muſſa en un tas d'aiz
qui ſont près de ladite riviere de Saine; & ſa robe, ſon
chaſperon, ſa chemiſe & ſes brais, il avoit miſes & portées en un tas de fiens qui eſtoit & eſt prez de cellui où
le corps d'icellui Andry fu mis & enfouy.

Item, diſt, jura & afferma par ſon ſerement, ledit Girart, que oncques mès il ne fiſt murdre ne larrecin, excepté celuy de preſent, lequel il fiſt par temptacion de
l'ennemi; &, avecques ce, que ſon hoſte, ſon hoſteſſe,
ne autre perſonne quelconque, n'en avoit eſté ne n'eſtoit
de conſentement; mais lui ſeul l'avoit & a fait, tel & par
la fourme & maniere que deſſus eſt dit.

_____

(1) Montgeron, arrondiſſement de Corbeil (Seine-&-Oiſe).

I                                                                    I

Item, dift & confeffa ycelluy Girart, après ce que dit eft, que quant il fut prins par ledit Guillaume, par la maniere que dit eft, ycelluy Guillaume le admena par Ville Neufve Saint-George, où il fu & a jeu cefte nuit, & que, de ladite ville, il a efté au matin admené prifonnier oudit Chaftellet.

Item, dift & afferma par fondit ferement, qu'il fut & a efté prefent que fon hofte deffus dit prefta audit feu Andry, à fon vivant, vij f., & que auffi ilz compterent depuis enfemble tant de ce que en quoi ledit Andry eftoit tenu à fondit hofte, pour caufe de preft à lui fait, comme pour defpens faiz par ledit Andry en l'oftel de fondit hofte; & que finablement fut trouvé entre eux que ycelluy Andry devoit & eftoit tenu à fondit hofte en la fomme de iij fr. viij f.

Item, le lundi xv⁰ jour dudit mois d'ottobre (1) l'an iiij^xx et neuf deffus dit, en jugement fur les quarreaux, par davant monf. le prevoft, prefens maiftres Jehan Truquan, lieutenant; Martin Double, advocat du roy noftre fire; Dreux d'Ars, auditeur; Jehan Delcy, advocat; Robert Petit-Clerc, Robert de Pacy, Ernoul de Villers & Nicolas Chaon, examinateurs dudit Chaftellet, & Jehan de La Folie, receveur de Paris; fu attaint & fait venir ledit Girart Forme (2), prifonnier, lequel perfevera & continua en la confeffion par lui faite au jour d'yer, cy-deffus efcripte, à lui leue, laquelle il dift & afferma par ferement eftre vraye, & par lui avoir efté cogneue en la forme & maniere qu'elle contient.

_____

(1) *Sic.* C'eft novembre qu'il faut lire. Qu'on ne s'étonne pas fi les copiftes chargés de la tranfcription de notre regiftre ont laiffé échapper quelques erreurs de dates. M. de Rozière (*Biblioth. de l'École des Chartes,* 2ᵉ férie, t. III, p. 148-154) a remarqué la même inexactitude dans les dates de plufieurs pièces des regiftres du Tréfor des Chartes.

(2) *Sic,* pour Girart Fourre.

Veue laquele confeſſion, les deſſus dis preſens conſeillers delibererent & furent d'oppinion que icellui Girat Forme, comme murdrier & larron, feuſt trainez & pendus; & ad ce fu condempné par ledit monſ. le prevoſt.

Lequel jugement fu executé oudit xv^e jour d'ottobre(1), ſauf ce que, pour cauſe des bleceures & navreures qu'il lui avoient eſté faites à la prinſe par ledit Guillaume Le Roux, ledit monſ. le prevoſt ordonna qu'il ne feuſt point traynez.

Et n'avoit aucuns biens.

Al. Cachemarée.

## ROBINET DE GOURNAY.

2 décembre 1389.

L'an de grace mil ccc quatrevins & neuf, le jeudi ij^e jour decembre, en jugement ſur les quarreaux, par devant maiſtre Jehan Truquan, lieutenant; preſens maiſtres Dreux d'Ars, auditeur; Oudart de Fontenoy, Nicolas Bertin & Robert de Tuillieres, examinateurs dudit Chaſtellet; fu attaint & fait venir des priſons dudit Chaſtellet Robinet de Gournay, couſturier, nez de la ville de Rouen, priſonnier detenu eſdites priſons, pour ſoufpeçon qu'il n'euſt mal prins une vieille houpelande de drap vert longue & ſengle, boutonnée devant, & une petite coſte juſte de drap vert, doublée par le corps de toille, à laquelle petite cote n'avoit aucuns boutons, ou fermeilleures, ou eouillez (2) fais, ne auſſi les manches atachiées à icelle coſte, jà ſoit ce qu'il expoſaſt les choſes

_____

(1) *Sic*, pour novembre.
(2) Œillets.

I 2

deffus dites à vendre ès hales, & aufli que les manches
d'icelle petite cofte, qui eft toute neuve, feuffent trouvées fur lui & en fon fain muffées. Lefqueles robes avoient
efté recommendées comme perdues & adirées aus frepiers
demourans ès hales deffus dites.

Lequel prifonnier, fur ce juré aus fains Evangiles de
Dieu de dire verité de ce que dit eft, & des autres larrecins par lui faites & commifes, cogneut & confeffa de
fa volenté, fans aucune contrainte de gehine, que,
viij jours ou environ avant la Touffains derrenierement
paffée, qu'il eftoit lors demourant en la ville de Meleun,
fur un coufturier duquel il ne fcet le nom, parce qu'il
ne avoit demouré avecques lui en fondit hoftel que iiij
ou cinq jours, à un certain jour dont il n'eft record, un
preftre curé demourant environ une lieue par delà ladite
ville de Melun, vint par devers fondit maiftre, lui requift qu'il lui baillaft un de fes varlès, pour mener avecques lui en fondit hoftel ouvrer & lui faire certaines
chofes qu'il avoit à faire. Lequel fon maiftre bailla lors
audit prefte curé lui qui parle, & s'en ala avecques icellui prefte en fondit hoftel, ouquel il tailla icelle petite
cote de vert deffus dite, la coufi par la forme & maniere
que elle eft, & vit, comme icellui prefte aloit fouvent
hors de fondit hoftel, que il print icelle cofte vert, ladite houpelande de vert, & une cofte hardie à ufage de
femme, de drap vert & fengle; lefqueles par lui prinfes
en l'oftel dudit prefte il apporta en la ville de Bris Contre
Robert (1), en laquelle ville il mift en gaiges de v f. ladite cofte hardie, à une coufturiere demourant en icelle
ville, ne fcet comment elle a nom, parce qu'il ne fift que
paffer parmi icelle ville & foy en venir droit à Paris.

Dift aufli que, lui venu à Paris, verité eft qu'il porta
icelle houpelande & petite cofte de vert ès hales, pour

_____

(1) Brie-Comte-Robert, arrondiffement de Melun (Seine-&-Marne).

icelles cuider vendre; mais il ne pot, pour ce qu'il fu prins & enprifonné par la maniere que dit eft cy deffus.

Item, cogneut que, po avant aouft derrerement paffé, ainfi qu'il ouvroit en la ville de Compiengne, fur un coufturier, il print & ofta un chaperon fengle de drap pers, à ufage d'omme, lequel il vendi, en ladite ville, iij f.

Item, en foy en venant de ladite ville de Compiengne à Senlis, & oudit temps, ainfi qu'il buvoit d'une chopine de vin en icelle ville de Senlis, à un jour de dymenche, il vit & aperceut unes patrenoftres d'ambre que la dame de l'oftel où il buvoit avoit mifes & leifées fur un dre-çoir enmi la fale, lefqueles patrenoftres il print, & icelles vendi en ladite ville de Senlis, & oudit jour, iiij f., n'eft record à quele perfonne.

Item, cogneut que, un an a ou environ, à un village par deçà la ville du Blanc en Berry, de nuit, en la com-peignie de deux compeignons qu'il ne fcet nommer, en-trerent en l'oftel d'un bon homme d'icellui villaige, & en l'eftable aus chevaux, en laquele ilz entrerent ne fcet comment ne par quelle maniere, & illec fu prins un des chevaux dudit homme. Ne fait qu'il valoit, ne de quel poil il eftoit, ne auffi qu'il fu vendu, parce que, depuis ledit temps, il ne vit iceulx compaignons. Et dift, fur ce requis, que de cellui cheval il n'ot oncques prouffit aucun.

Item, dift que, trois ans a ou environ, ainfi qu'il ou-vroit en ladite ville de Rouen, fur un coufturier, il print demie aulne de drap vermeil qui valoit environ x f., & d'icellui drap fift faire unes chauffes pour lui, qu'il a ufées.

Item, dift que, après ce que dit eft, il fe mift à chemin en venant de ladite ville de Rouen à Mante, & lui eftant à ij lieues par deçà icelle ville de Rouen, fe acompaigna d'un nommé Hennequin, qui eft Picart, grant homme

I 3

brun, de l'aage de xxviij ans ou environ, & d'un autre compaignon qui eſtoit avec ycellui Hennequin, duquel il ne ſcet le non; & ainſi comme ilz furent alez enſemble environ demie lieue, aconceurent (1) un homme de pié qui aloit le chemin devant eulx; leſquielz tous quatre enſamble alerent boire en la ville de Chandoiſel, aſſez près du Pont Saint-Pierre; &, en buvant, ſambloit que ledit Hennequin cogneuſt bien icellui homme, qui eſtoit en habit d'omme marchant de village, parce que icellui Hennequin parloit à lui plus ſouvent, & il lui faiſoit plus grant ſemblant que à ſondit compaignon ne à lui qui parle. Auquel homme icellui Hennequin, par maniere d'eſbatement, ainſi comme chaſcun vouloit païer ce qu'il avoit deſpendu, demanda s'il avoit de l'argent aſſez, lequel homme lui reſpondi que ouyl. Et, ce fait, ſe partirent d'icelle ville de Chandoiſel, & cheminerent enſamble ainſi comme lieue. Et lors ledit Hennequin print icellui homme par la poitrine, diſant qu'il lui bailleroit l'argent que portoit ſondit compaignon, lui qui parle preſens ad ce, qui audit homme ne miſt oncques la main, ne auſſi ne fu feru ou baſtu en aucune maniere. Et, ce fait, vit & fu preſent que ledit Henequin print tout l'argent qu'il trouva que ledit homme avoit en ſa taſſe (2), & en bailla à lui qui parle, pour ſa part, trois frans. Lors leiſſerent ledit homme ou lieu où il avoit eſté deſrobé, & vindrent tous iij enſamble juſques en la ville de Mante, que leſdiz Hennequin & ſon compaignon ſe partirent d'icelle ville, & il qui parle demoura en icelle pour ouvrer de ſondit meſtier.

Item, diſt que, environ la Saint-Jehan-Baptiſte derre-

---

(1) Rejoignirent. Voy. Du Cange, au mot *Attendere* 4.

(2) Bourſe. Voy. la *Notice des émaux, bijoux & objets divers expoſés dans les galeries du muſée du Louvre*, par M. de Laborde, IIᵉ partie, documents & gloſſaire.

nierement paſſée, ot un an, lui eſtant en la ville de Bourges en Berry, ſur un couſturier où il avoit ouvré, demanda à un des varlès oudit hoſtel, avecques lequel il avoit ouvré, de quel part ne là où il avoit tant eſpargnié d'argent qu'il avoit en ſa bourſe; lequel compaignon lui reſpondi haſtivement qu'il l'avoit emblé à un de ſes compaignons demourant oudit hoſtel. Et lors il qui parle reſpondi à icellui compaignon, duquel il n'eſt record du nom, que s'il n'en avoit ſa part, il le accuſeroit. Et lors icellui compaignon de ſadite bourſe ſacha un franc en or, qu'il bailla à lui qui parle, afin qu'il ſe teuſt & ne l'accuſaſt point.

Item, diſt que, lui eſtant en la ville de Montdidier, où il ouvroit ſur un couſturier demourant en icelle ville, environ la Saint-Jehan derrierement paſſée, il print un chapperon de drap violet double, à uſage de femme, boutonné de boutons plas d'argent eſmeilliez, lequel chaperon il a mis en gaiges de iiij ſ. en l'oſtel de Jehannin Bazart, couſturier, demourant en la ville de Creſpi en Valois. Laquelle boutonneure (1) il vendi, en icelle ville de Creſpi, xx ſ. En l'oſtel duquel couſturier il a ouvré par l'eſpace de iij ſepmaines ou environ, pendant lequel temps il qui parle, d'iceulx xx ſ., a acheté aulne & demie de drap marbré, qui eſt oncore à retondre, ſi comme de ce parlera plus à plain Jehannin Le Manſſel, couſturier, demourant en ladite ville de Creſpi. Et icellui drap a mis & leiſſé en gaiges de ij ſ. vj d. qu'il devoit à l'oſtel du Signe, eſtant en icelle ville de Creſpi en Valois. Et plus ne ſcet ne n'eſt record d'autres larrecins ou mauvaiſtiez par lui faites & commiſes, ſi comme il a affermé par ſerement.

Le samedi iiije jour [de] decembre m ccc iiijxx & neuſ,

---

(1) Garniture de boutons. Voy. Du Cange, au mot *Bottonatura.*

I 4

par davant monf. le prevoft, prefens maiftres Jehan Truquan, lieutenant; Dreux d'Ars, auditeur; Martin Double,
advocat du roy; Jehan Delcy, Michel Marchant, Jafques
du Bois, advocas en Chaftellet; Oudart de Fontenoy,
Miles de Rouvroy, Gerat de La Haye & Robert de Pacy,
examinateur oudit Chaftellet, fut fait venir & attaint en
jugement fur les quarreaux Robinet de Gournay, prifonnier oudit Chaftellet, cy-deffus nommé, lequel, après ce
qu'il ot juré & par ferment qu'il diroit verité des crimes
& larrecins par lui fais, commis & perpetrez, cogneut
que il n'eftoit record qu'il euft fais autres cas que ceulx
qui par lui furent cogneuz & confeffez jeudi derrerement
paffé. Et, ce fait, lui fu leue fa confeffion cy-devant
efcripte, en laquelle il continua & perfevera, & par ferement afferma icelle, par la maniere que efcripte eft,
contenir verité. Lequel prifonnier fu renvoyez en la prifon dont il eftoit partis. Et, après ce, fu par ledit monf.
le prevoft demandé aufdiz prefens confeillers leurs advis
& oppinions qu'il eftoit bon de faire dudit prifonnier.
Tous lefquelz, veue la confeffion dudit prifonnier, furent d'oppinion & delibererent que c'eftoit un très-fort
larron & efpieur à chemin, & ne les povoit l'en efpargnier qu'il ne feuft dignes de fouffrir mort comme larron,
& eftre de ce pugny de pugnicion tele que d'eftre pendu.
Veues & ouyes lefqueles oppinions & procès cy-deffus
efcript, icellui monf. le provoft condempna ad ce ledit
Robinet de Gournay, prifonnier.

CEDIT iiije jour de decembre, fu ledit Robinet de
Gournay mené à fon derrenier tournement, & ne confeffa autre chofe que deffus eft efcript; &, pour ce, fu
ledit jugement executé.

Et n'avoit aucuns biens.

AL. CACHEMARÉE.

## COLIN PETIT, DIT L'ENFANT.

### 17 novembre 1389.

L'AN DE GRACE MIL TROIS CENS quatre vins & neuf, le mercredi xvij<sup>e</sup> jour de novembre, par devant maiftre Jehan Truquan, lieutenant de monf. le prevoft, prefens honorables hommes & fages maiftres Dreux d'Ars, auditeur; Nicolas Bertin, Robert de Pacy, Oudart de Fontenoy, Jehan de Bar & Nicolas Chaon, examinateurs oudit Chaftellet, fu attaint & fait venir en jugement fur les quarreaux Colin Petit, dit L'Enfent, demourant à Troyes, prifonnier, admené oudit Chaftellet, pour ce que, au jour d'yer, à un efcot où il buvoit, en la compaignie de maiftre Robert Le Meigre, il fu, ofté audit maiftre Robert un franc en or & efcu en or de xviij f. parr.; & auffi que Jehan Le Brun, prifonnier oudit Chaftellet, l'a acufé en fa prefence d'eftre homme vacabond, qui ne fait aucune euvre de fes bras, lequel il a veu aler frequenter & compaignier feu Perrin IIII-Dois & un nommé Sarrafin, qui, pour leurs demerittes, ont efté executés à mort; & auffi un autre compaignon nommé Richart de Compeigne, tous larrons; en la compaignie defquelz, & ou pays de Brye, il a veu icellui prifonnier porter la roiz comme ribaut en chemife. Lequel prifonnier Colin Petit, fur ce juré aus fains Euvangiles de Dieu de dire verité de tout ce qui lui fera demandé, dift & afferma par ferement, fur ce requis, après plufieurs altercacions & variacions par lui faites & dites, que jeudi derrerement paffé, jour de Saint-Martin d'iver, lui eftant en la ville de Vittry, en une taverne, en la compaignie d'un barbier demourant en icelle ville, & buvant en la taverne, il requift audit barbier qu'il lui feift fa tonfure, & il lui donroit chopine de vin; lequel lui fift fa couronne qu'il portoit. Et dift auffi que, paravant ce, il n'avoit oncques eu cou-

ronne d'evefque, ne auffi n'en avoit porté aucune; laquele couronne il avoit fait faire pour fa fimplefce, fans
penffer à aucun autre mal, ne qu'il fe doubtaft d'aucun
meffait, crime ou delit qu'il euft fait ou commis. Et des
autres accufacions contre lui faites, cy-devant efcriptes,
dift qu'il n'en eftoit riens, mais tousjours a vefcu bien &
honneftement, fanz aucun reprouche, gaignié fa vie à la
peine & traveil de fon corps, & de fondit meftier de
coufturier.

VEUES LES ACCUSACIONS & denegacions faites par icellui Colin Petit, & la maniere comme il avoit faite fa tonfure, par l'oppinion des deffus dis prefens confeillers.
fu deliberé que icellui Colin Petit feuft rez tous jus
comme homme lay; & oultre delibererent, attendues &
confiderés les chofes deffus dites, que, pour favoir plus
à plain defdis cas par la bouche dudit prifonnier, qu'il
feuft mis à queftion.

EN ENTERINANT LEQUEL jugement, icellui Colin Petit
fu mis fur le petit trefteau, & illec cogneut que, deux
ans a ou environ, il eftant en la ville de Bourges en Berry,
en une abbaye eftant en icelle ville, print, fur une huche
qui eftoit en unes des chambres de ladite abbaye, trois
quartiers de drap de brunete, avec un franc en blans
qui eftoit en une petite boifte de fuft fur ledit coffre ou
huche.

Item, que, environ Pafques derrenierement paffées,
lui & un compaignon dont il ne fcet le nom, ainfi comme
il avoient fait traire, à l'enfeigne du Heaume, au pont
de Chalenton, une chopine de vin pour eulx boire, prindrent, fur une table eftant oudit hoftel, un mantel court
de drap de brunete fengle, lequel il emporterent, & icellui
vendirent à Paris, à un frepier demourant ès hales, la
fomme de xx f. parrifis, dont il ot à fa part ij f. Et dift

qu'il fe partirent dudit hoftel fans boire le vin qu'il
avoient fait traire.

Et, ce fait, requift à grant inftance qu'il feuft mis hors
d'icelle queftion, difant qu'il diroit & cognoiftroit verité
des larrecins qu'il avoit faites & commifes. Et, pour ce,
fu fait mettre hors de ladite queftion ledit Colin, & mener chauffer en la cuifine, ainfi qu'il eft acouftumé à
faire; en laquelle cuifine, & auffi en jugement fur les
quarreaux, prefens les deffus diz, icellui Colin Petit,
prifonnier, hors de ladite queftion, perfevera & continua ès confeffions cy-deffus efcriptes, par lui faites & à
lui leues mot à mot; & oultre, cogneut & confeffa de fa
volenté, fans aucune contrainte de gehine, que, deux
ans a ou environ, lui & un nommé Hennequin, qui eft
Picart, ne fcet de quel meftier il eft, lequel eft un affez
hault homme brun, & va de ville à autre, eftans en la
ville d'Orliens, prindrent deux aulnes de blanchet en
unne taverne où il buvoyent en icelle ville d'Orliens,
lefqueles il vendirent xvj f. à un homme de ladite ville,
dont il ot à fa part viij f.

Item, en la ville de Troyez, un an a ou environ, en
la maifon de Jehan, donc il ne fcet le furnom, demourant en ladite ville, icellui Hennequin print une paire de
chauffes de drap pers. N'eft record fe ledit Hennequin
les ufa ou lui qui parle.

Item, environ Noël derrenierement paffé, ainfi qu'il
ouvroit de fon meftier de couturier en la ville de Corbueil, en l'oftel d'un boulengier, il vit & [a]perceut un
petit coffre eftant auprès de la chambre dudit boulengier, ouquel coffre, qui eftoit ouvert, il print en menue
monnoye xx f. ou environ; &, ce fait, fe parti de l'oftel
d'icellui boulengier fanz fon fceu ou congié.

Item, deux ans a ou environ, il buvant en une taverne
en la ville de Trayneau, près des hales d'icelle ville, vit
& aperceut un coffre qui eftoit en une chambre près du

lieu où il buvoit, qui eſtoit ouvert, ouquel coffre il print environ xx ſ. en menue monnoye.

Item, diſt que, troys ans a ou environ, autrement n'eſt record du temps, il & ledit Hennequin, Picart, prindrent en la ville de Fourches, en l'oſtel d'un homme qui faiſoit taverne, près de l'oſtel d'un eſcuïer demourant en ladite ville, unne coſte hardie à uſage d'omme & une coſte ſimple à femme, qui eſtoient de drap pers, & ycelles robes porterent en la ville de Bray ſur Saine pour vendre, leſquelles il vendirent illec iij fr., & d'iceulx ot la moité. Et diſt, ſur ce requis, que lui & ledit Henequin furent compaignons enſamble environ iij ſepmaines, pendant lequel temps icellui Hennequin porta par pluſieurs foiz la roiz comme ribaut en chemiſe.

Item, diſt que, cinq ans a ou environ, qu'il comença à fere premierement larrecin, il, paſſant par la ville de Nengis, trouva un mantel ſengle de drap vermoil, qui eſtoit mis contre une haye pour ſeicheir, lequel il print & appliqua à ſon prouffit, & icellui vendi, lui venu en ladicte ville de Troyes, la ſomme de xij ſ. par., qu'il en receupt.

Item, depuis ledit temps, ainſi comme il paſſoit parmi la ville de Orvilliers, vit & aperceut que unne bonne femme, qui menoit ſes beſtes aus champs paſturer, avoit leiſſée l'uys de ſondit hoſtel ouvert; entra en icellui, ouquel il print iij robes à uſage d'omme, boutonnées devant, ne ſcet de quele couleur, avec pluſieurs robes, linges, qui eſtoient enſamble ſur un coffre, à l'entrée de la chambre dudit hoſtel, leſqueles robes & linge il vendi, en ladite ville de Troyes, cinq ou vj frans, n'eſt record lequel.

Item, diſt que, lui & nommé Perrin Le Plaſtrier, gros homme brun & de moyen eſtat, iiij ans a & demi ou environ, s'acompaignerent enſamble en icelle ville de Troyes, & lors promiſtrent & jurerent l'un à l'autre eſtre d'ores en avant compaignons, & que de tout ce qu'il feroyent & gaigneroyent, tant de jour comme de nuit, l'un en l'abfence de l'autre, il partiroyent enfamble & par moytié egaument. Lefqueles promeffes ainfi par eulx faites, icellui Perrin li mouftra xvj frans en or qu'il avoit en fa bourfe, defquelz il li en bailla viij. Et, ce fait, en entencion d'aler gaignier, fe partirent de ladite ville de Troyes pour aler à Dijon. En laquelle ville de Digon, il ouy dire audit Perrin que, affez près d'icelle ville, il avoit gaignié (1) un cheval, lequel il avoit vendu, duquel pour fa part il lui bailla environ xx f. en menue monnoye.

Item, à Chafteillon fur Saine, an & demi a ou environ, lui & ledit Perrin prindrent, en l'oftel d'un bon homme d'icelle ville qui faifoit taverne, une cofte hardie, & un autre fimple de drap vert fengles, à ufage de femme, lefqueles robes il vendirent, en ladite ville de Dijon, la fomme de iiij frans, dont ii ot à fa part ij fr.

Item, en icelle ville, en un autre jour & le landemain de ladite defrobeerie, il prindrent, en l'oftel d'un autre homme demourant en icelle ville, une cofte hardie à boutons, avec une houpelande tout de drap pers, & une cofte fimple dudit drap, tout à ufage d'omme, lefqueles robes il veftirent & icelles ont ufées.

LE JEUDI ENSUIANT, xviijᵉ jour dudit mois de novembre m ccc iiijˣˣ & neuf, par devant maiftre Jehan Truquam, lieutenant, prefens maiftre Dreux d'Ars, auditeur, fu attaint & fait venir en jugement fur les quarreaux le deffus nommé Colin Petit, dit L'Enfant, prifonnier, auquel fu leue & recitée fa confeffion fy-devant efcripte, par lui faite ou jour d'yer; lequel prifonnier perfevera & continua en icelle, affermant par ferement icelle eftre

---

(1) C'eft-à-dire enlevé ou volé. Voy. ci-deffus, p. 97, l'explication de ce mot.

vraye par la forme & maniere que dite l'avoit, & auffi que efcripte eft cy-deffus. Et, ce fait, fu remis & envoyé ès prifons dont il eftoit partis.

SAMEDI iiije jour dudit moiz de decembre m ccc iiijxx & neuf, par devant monf. le prevoft, prefens maiftre Jehan Truquan, lieutenant; Martin Double, advocat du roy; Dreux d'Ars, auditeur; Jehan Delcy, Michel Marchant, Jaques du Bois, advocas en Chaftellet; Oudart de Fontenoy, Miles de Rouvroy, Girart de La Haye & Robert de Pacy, examinateurs oudit Chaftellet; fu fait venir en jugement fur les quarreaux le deffus dit Colin Petit, dit L'Enfant, prifonnier, auquel fu leue & recitée la confeffion cy-deffus efcripte, par lui faite; lequel prifonnier, en continuant & perfeverant en icelle, dift & afferma par fon ferement icelle par lui autrefois avoir efté faite & cogneue, & que elle contenoit verité par la fourme & maniere que elle eft efcripte. Et, ce fait, fu demandé par ledit monf. le prevoft, au deffus dis prefens, leurs oppinions fur ce que dit eft, & qui eftoit bon à faire dudit prifonnier; tous lefquelz delibererent & furent d'oppinions, confideré ladite confeffion & reyteracions de larrecins faites & commifes par plufieurs foiz par icellui prifonnier, qu'il eftoit larron, &, pour ce, devoit eftre puny comme tel. Veues lefquelles oppinions, & ouye la confeffion dudit prifonnier & ce prefent procès, icellui monf. le prevoft condampna ledit Colin Petit, prifon (1), à eftre executé & pendu comme larron.

CEDIT iiije jour de decembre fut ledit jugement executé. Et n'avoit aucuns biens.

AL. CACHEMARÉE.

(1) Prifonnier.

# THOMASSIN LE VALOIS, DIT DE LAON.

### 24 novembre 1389.

L'AN DE GRACE MIL TROIS CENS quatrevins & neuf, le mercredi xxviij<sup>e</sup> jour de novembre (1), par devant monf. le prevoft, prefens maiftre Pierre de Lefclat & Guillaume Porel, confeillers du roy noftre fire en parlement; Jehan de Ceffires, notaire du roy, griffcier criminel oudit parlement; Jehan Truquan, lieutenant; Pierre Gillebert, Erneul de Villers & Robert de Pacy, examinateurs oudit Chaftellet; fu attaint & fait venir en jugement fur les quarreaux Thomaffin Le Valois, dit de Laon, prifonnier, né du païs de Breban, prifonnier detenu oudit Chaftellet, accufé en fa prefence par Jehan Le Brun, prifonnier oudit Chaftellet, difant que icellui Thomaffin eft homme vacabond, houllier publique, menant femmes par le païs, joueur de dez, qui a efté ribaut en chemife, & lequel il a veu frequenter & fuir la compaignie de Gillequin du Bar-le-Duc, larron. Et auffi que jà pieçà, lui ayant à amie une fille de pechié nommée Mufeau de Brebis, feant hors de la ville de Verberie, aus champs, il a ouy dire, ou temps qu'il eftoit oudit païs, que icellui Thomaffin occift & murdrit pour elle un compaignon qui eftoit venu à elle pour avoir fa compaignie. Lequel Thomaffin, fur ce juré & requis par ferement, cogneut que jà pieçà, & par plufieurs fois, il avoit frequenté, fuy & mené par le païs ladite Mufeau de Brebis & autres filles de pechié; & auffi oudit païs de Verberie il avoit ouvré par lonc temps en l'oftel de meiftres Phelipe de Sermeifes, chevalier, & fait & aidié à faire les foffez d'environ la fortereffe du chaftel dudit chevalier, pendant lequel temps, & aus feftes, il venoit aucune fois jouer & esbatre

---

(1) *Sic*, mais c'eft le 24 novembre qu'il faut lire.

en ladite ville de Verberye, en la compaignie d'icelle Muſeau de Brebis, s'amie. Et quant audit homme occiz, ne auſſi qu'il feuſt compaignon dudit Gillequin, il n'en eſtoit riens, mais eſtoit homme de bonne vie & honneſte converſacion, jà ſoit ce qu'il ſoit verité que pluſieurs & diverſes fois il ait joué aux dez & au driguet (1), comme compaignons s'esbatent; & diſt que oncques il ne fu en gentillece, c'eſt à ſavoir ribaut en chemiſe.

Veus lesqueles accuſacions, confeiſſons & denegacions faites par icellui Thomaſſin Le Valois, priſonnier, & auſſi l'eſtat & maintieng de ſa perſonne, et la maniere re[ſpo]ndue, & auſſi qu'il ſamble qu'il ne face que controuver ce qu'il diſt, ledit monſ. le prevoſt demanda auxdiz preſens conſeillers leurs advis & oppinions qu'il leur ſambloit eſtre bon à faire dudit priſonnier. Tous leſquelz delibererent & furent d'oppinion que pour ſavoir plus à plain, par la bouche d'icellui priſonnier, la verité deſdites accuſacions & des autres crimes, s'aucuns en avoit fais, attendu ce que l'en a, en autres acuſacions faites par ledit Jehan Le Brun, l'en avoit trouvé icellui avoir dit & adveuées par pluſieurs fois confeſſions des priſonniers, icelles accuſacions eſtre vrayes, qu'il feuſt mis à queſtion. Et ad ce fu condempnez par ledit monſ. le prevoſt.

En enterinant & accompliſſant lequel jugement, icellui priſonnier fu fait de rechief venir en jugement par devant ledit monſ. le prevoſt, & requis s'il vouloit aucune autre choſe dire ou confeſſer que fait avoit, en lui diſant que s'il ne cognoiſſoit doulcement & amiablement les crimes par lui commiz & perpetrez, que il feroit mis

(1) Ou dringuet. Du Cange penſe que c'eſt peut-être quelque choſe d'analogue au trictrac.

à queſtion, & que l'en les lui feroit dire & cognoiſtre par
ſa bouche (1). Lequel priſonnier diſt & reſpondi comme
fait avoit paravant. Et, pour ce, fu mis à ladite queſtion
ſur le petit & le grant treſteau. Et ne voult aucune choſe
cognoiſtre qui lui portaſt prejudice. Si fu oſté d'icelle
queſtion, mené choſer en la cuiſine en la maniere acouſtumée, &, en après ce, remis en la priſon dont il eſtoit
partis.

Le samedi iiij^e jour de decembre m ccc iiij^xx & neuf,
par devant monſ. le prevoſt, preſens maiſtre Jehan Truquan, lieutenant; Dreux d'Ars, auditeur; Oudart de
Fontenoy, Miles de Rouvroy & Pierre Gillebert, examinateurs en Chaſtellet, fu attaint deſdites priſons, &
fait venir en jugement ſur les quarreaux, le deſſus dit
Thomaſſin Le Valois, priſonnier, & par ledit monſ. le
prevoſt interrogué s'il eſtoit aviſé de lui dire verité des
accuſacions contre lui autrefois dites & pourpoſées, &,
s'il en eſtoit adviſez, d'en reſpondre. Lequel priſonnier
diſt qu'il n'en ſavoit aucune choſe, & d'icelles eſtoit pur
& innocent.

Et, ce fait, fut fait deſpoullier, & de rechief lié &
attachié à ladite queſtion, & mis ſur le petit treſteau.
Et, avant ce que l'en lui donnaſt à boire eau ou que
l'en en jettaſt aucune ſur lui, requiſt à grant inſtance
que d'ilec l'en le voulſiſt mettre hors, & qu'il diroit verité de toutes les choſſes deſſus dites. Lequel priſonnier
fu mis hors d'icelle queſtion, menez chauffer en la cuiſine, & d'illec de rechief admenez en jugement ſur les
quarreaux, par devant ledit monſ. le prevoſt & les autres

---

(1) Cette formule étoit de ſtyle; elle s'eſt conſervée dans la rédaction
des procédures juſqu'au milieu du xviii^e ſiécle; on la retrouve ſouvent
dans les jugements criminels imprimés à cette époque, & il eſt probable
qu'elle s'eſt maintenue juſqu'à l'abolition de la queſtion.

I                     K

conseillers presens dessus dis. En la presence desquelz icellui prisonnier, sur ce juré aus sains Evangilles de Dieu, & par la part qu'il attent avoir en Paradis, cogneut & confessa de sa pure, franche & liberal voulenté, sans aucune autre contrainte de question, & print sur l'arme de lui, qu'il est verité que, v ans aura en quaresme prochainement venant, en un jour de dymenche, ainsi qu'il venoit de l'ostel dudit maistre Phelipe de Maisieres, chevalier, ouquel il avoit ouvré par lonc temps, comme dit est dessus, en ladite ville de Verberie, en passant entre le moulin qui est au bout d'icelle ville, en alant le droit & grant chemin de Compiengne, & en s'en venant dudit moulin à Verberie, au devant d'une croix qui est illec, ouquel lieu ladite Museau de Brebis, son amie, avoit acoustumé de seoir pour gaigner sa vie à la peine de son corps, il vist troys compaignons, ne scet leurs noms, ne de quel lieu ilz sont, là où ilz aloyent, ne de quel part ilz venoyent, lesquelz troys compaignons estoient arrestez au devant d'icelle femme, laquele ilz avoient batue & encore batoyent quant il arriva sur eulx, ausquelz compaignons il qui parle dist ces paroles ou samblables : *Vous faites mal & pechié de batre ceste povre fille, qui riens ne vous demande.* Lesquelles paroles ouyes par iceulx troys compaignons, l'un d'iceulx sacha un grant badelare qu'il portoit, en disant à lui qui parle : *Te faut-il parler de ce?* Et dudit badelaire fu feru, il qui parle, par la teste un ou deux coups avant ce qu'il se meist à deffense; &, ce fait, sacha un grant pennart qu'il avoit pendu à sa sainture, se mist à deffense contre iceulx iij compaignons. Lesquelz deux d'iceulx se departirent d'illec & prindrent leur chemin alant droit à Compiengne; & lui qui parle & cellui desdiz compaignons qui l'avoit feru & navré se combatirent ensamble par tele maniere, que icellui compaignon demoura illec en la place moult navré. Et, ce fait, il qui parle & ladite son amie Museau de Brebis se departirent dudit lieu de Verberie, & vindrent demourer en la ville de Paris; auquel lieu de Verberie ne oudit païs, il qui parle, pour caufe dudit homme qui fu mort, fi comme il lui fu rapporté environ un mois après ce que dit eft, ne ofa depuis aler converfer ne repairer aucunement.

Item, cogneut que, vij ans a ou environ, il & un compaignon nommé Paicon Le Rouffelet, qui eft alez de vie à trefpaffement, en paffant par la ville de Vaux foubz Laon, & au bout d'icelle ville, trouverent environ iiij aulnes de toille qui fechoient à une haye au bout d'icelle ville, laquele toile il prindrent & appliquerent à leur prouffit, & d'icelle firent faire des chemifes & des brayes pour eulx.

Item, dift que, en efté derrier paffé ot vj ans ou environ, il qui parle eftant logiez en la ville du Levon en Bourgoigne (1), print en l'eftable de fondit hofte, à un vefpre, un cheval de poil gris, & icellui admena en la ville de Reins, en laquelle il le vendi v frans. Et dift que à cellui à qui il vendi ledit cheval, & qui lui avoit donné à difner quant il lui avoit païé iceulx v frans, en foy partant de l'oftel dudit homme de Reins, il print, fur un banc eftant emmi la fale de l'oftel d'icellui homme, une houpelande de drap cler fengle, laquelle il a veftue & ufée. Et fi dift que alors qu'il print celle houpelande, elle valoit bien xvj f. ou environ.

Item, dift que, v ans a ou environ, autrement du jour ne du temps n'eft record, il fe loga à un foir en la ville de Douillet, près de la Fere fur Oife, &, à fon couchier, lui fu baillé, par la dame de l'oftel où il eftoit logiez, une cofte hardie de drap pers fengle, à ufage d'omme, pour foy couvrir la nuit, & laquelle fu mife fur fon lit

---

(1) Doulevent ou Doulevant, chef-lieu de canton, arrondiffement de Vaffy (Haute-Marne).

par la dame dudit hoftel; laquele cofte hardie, au partement qu'il fift dudit hoftel le landemain matin, il emporta
avecques foy, & icelle vendi la fomme de ij frans, à un
frepier demourant à Laon, nommé le Grant Colart.

Item, dift que en la ville de Eftuveles foubz Laon (1),
ainfi qu'il buvoit à un hoftel en ladite ville, il print deux
viez draps linges qui eftoient fur un banc enmi la maifon,
& iceulx leffa en gaiges de fon efcot qu'il avoit defpendu
en une ville qu'il ne fcet nommer, affez près d'ilec, le landemain qu'il euft prins iceulx draps. Et dift que à celui
à qui il bailla iceulx draps linges en garde, pour ce qu'il
ne les vouloit prendre, il dift qu'il venoient de bon lieu,
& que fa mere, qui demouroit à Laon, les lui avoit
bailliez pour vendre, pour ce qu'elle n'avoit point d'argent pour lui baillier.

Item, cogneut que durant le temps qu'il ouvra à faire
les foffez dudit chevalier, il & les autres compaignons
pionniers qui avecques lui ouvroyent ont, par plufieurs
fois, de nuit, alé en la ville de Vigneul, en laquelle ilz
ont prins, fans le fceu des gens d'icelle ville, plufieurs
oyes, oifons, poules, pouffins, comme vj oyes à une fois,
plus & moins, & de la poulaille famblablement; & que
quant ilz trouvoyent les poulailliers fermez, qu'il les
rompoient, et efdiz poulliers prenoyent tout ce qu'il leur
fambloit bon, fans en païer denier ne maile aucune; lefqueles oyes, & oifons, & poulailles par eux prins, ilz
mengoyent & defpendoyent. Et dift, fur ce requis, que
depuis ce qu'il euft debat & noife audit lieu de Verberie,
il ne fift ou fu à faire aucun murdre ou larrecin quelconques. Et, ce fait, fu icellui prifonnier fait remettre
en la prifon dont il eftoit partis.

VEUE LAQUELE CONFESSION faite par icellui Thomaf-

_____

(1) Eftouvelles, arrondiffement & canton de Laon (Aifne).

fin Le Valois, prifonnier, ledit monf. le prevoft demanda aufdiz prefens confeillers leurs advis & oppinions fur ce. Tous lefquelz, attendues les reiteracions, multiplicacions & valeur des larrecins par ledit prifonnier cogneuz & confeffez par plufieurs foiz, cy-deffus efcrips; confideré auffi l'eftat de fa perfonne & la maniere comme icellui homme fu occis audit lieu de Verberie, delibererent & furent d'oppiniou que icellui Thomaffin feuft pugniz comme homicide & larron, c'eft affavoir les mains liées devant, & pendus comme larron. Lefquelz oppinions ouyes, & confideré auffi ladite confeffion, & veu ce prefent procès, icellui Thomaffin fu ad ce, par ledit monf. le prevoft, condempnez.

Lequel Thomaffin, oudit iiij[e] jour de decembre, fu mené à fon derrenier tourment, & illec perfevera efdites confeffions par lui faites, & autre chofe ne cognut ou confeffa. Et atant fu ledit jugement executez.

Et n'avoit aucuns biens.

Al. Cachemarée.

# RAOULIN DU PRÉ, DIT BACQUET.

### 22 novembre 1389.

L'an de grace mil trois cens quatrevins & neuf, le lundi xixe jour de novembre (1), par devant monf. le prevoft, prefens maiftre Jehan Truquam, lieutenant; Dreue d'Ars, auditeur; Martin Double, advocat; Andry Le Preux, procureur du roy noftre fire ou Chaftellet; Robert Petit-Clerc, Robert de Pacy, Oudart de Fontenoy, Jehan de Bar & Robert de Tuillieres, examinateurs

---

(1) Sic, pour le 22 novembre; le 19 novembre était un vendredi.

oudit Chaftellet; fu attaint & fait venir en jugement fur
ies carreaux Raoulin du Pré, dit Bacquet, prifonnier oudit Chaftellet, pour foufpeçon qu'il ne foit larron, &
compaignon de Jehan Le Brun (1), accufé en fa prefence
par ledit Brun, difant qu'il eft homme vacabond, alant
par le pays, frequentant foires & marchez, fuyant les
ribaux & ribaudes, menant femmes par le pays, & houllier publique, & auffi joueur de dez & de dringuet ès foires
& marchez, où il va & vient, ou au moins varlet de Rai-
lart de Chaufour, efcuïer, lequel tua & murdry, puis un
an a ou environ, un homme qui eftoit famillier de l'evefque de Tournay ou de Cambray, en la place Maubert, à
Paris; & lequel prifonnier eft homme de très-male renommée entre les compaignons faifans leur meftier de larrecin;
& auffi que par juftice deux de fes freres ont efté executez
en la ville de Laon. Lequel Raoulet du Pré, dit Bacquet,
prifonnier, jura aus fains Euvangilles de Dieu qu'il diroit
verité fur ce que dit eft & autres chofes qui lui feroient
demandées; dift & afferma par ferement, fur ce requis,
qu'il eftoit clerc, en habit & poffeffion de tonfure, né de la
ville d'Abbeville, homme bien renommé, & qui gaignoit
fa vie au mieulx qu'il povoit à conryer cuirs, dont il
eftoit ouvrier, & dudit meftier avoit ouvré lonc temps à
Paris, à Laon, à Amiens & ailleurs. Requis s'il eft mariez ou s'il a fiancé Jehennete de Valenciennes, fa concu-
bine, fille de pechié, demourant en Glatigny, dift par
fon ferement qu'il a longuement frequenté & fuy icelle
Jehennete de Valenciennes, laquelle eft s'amie, & que
oncques il ne l'efpoufa ou fiança, ne ne promift la prendre à femme ou efpoufe; & de ce fe rapporte à tout ce
que elle en vouldra dire & depofer, lui prefent. Et quant
aufdites accufacions contre lui faites, il n'en eftoit riens,
mais d'icelles eftoit pur & innocent, & les nyoit.

(1) Voy. ci-deffus, pages 52 & fuiv., le procès de Jehan Le Brun.

LAQUELE JEHENNETE de Valenciennes fu incontinent faite venir en jugement en la prefence dudit prifonnier. Jurée & interroguée fur icelles fiançailles de en dire la verité, laquelle Jehennete dift & afferma par fon ferement, en la prefence dudit Raoulin, comme dit eft, que trois mois a & plus, autrement n'eft record[e] du jour, icellui prifonnier vint à elle en Glatigny, où elle eftoit affife à fon huys, avecques plufieurs autres filles demourans en icellui lieu. lequel la requift, celle fois & autres plufieurs paravant ce, que elle voulfift eftre s'amie par amours; & lors li promift que il li feroit & tendroit bonne compaignie tant comme elle vouldroit. Et, pour ce, celle nuyt & autres plufieurs enfuyvant, coucherent l'un avec l'autre; & tant que, en un jour dont elle n'eft recorde, elle dift à icellui prifonnier qu'elle ne vouloit plus que icellui prifonnier repairaft envers elle, s'il ne ly promettoit à eftre fon mary, & que les autres filles d'icelle rue l'en blafmoient, difans qu'elle fouftenoit & governoit un houllier avecques elle. Lequel prifonnier lors print elle qui parle par la main deftre, & luy promift, par la foy & ferement de fon corps, eftre fon mary, & qu'il ne auroit ne ne prendroit autre femme à mariage & efpoufe; & femblable promeffe fift, elle qui parle, audit prifonnier.

Dift auffi que, depuis ce, elle qui parle & ledit prifonnier ont couché enfamble par plufieurs fois, tant en la ville de Paris, en la ville de Vayly fur Aifne (1), à Noftre-Dame de Lieuce (2), comme à Soiffons & ailleurs. En laquelle ville de Vaily, pour ce que icellui prifonnier avoit grant cognoiffance de plufieurs compaignons demourans en icelle ville & ou païs d'environ, quant l'en demandoit audit prifonnier fe elle qui parle eftoit fa

---

(1) Arrondiffement de Soiffons (Aifne).

(2) Notre-Dame de Lieffe, arrondiffement de Laon (Aifne), pèlerinage célèbre & très-anciennement connu.

femme, elle a ouy dire & refpondre audit prifonnier que ouyl; & famblable refponce faifoit, elle qui parle, quant l'en li demandoit fe icellui prifonnier eftoit fon mary. Et dift, avec ce, que s'il n'euffent dift l'un de l'autre qu'il eftoient efpoufez en plufieurs defdites villes où ilz ont efté, que les hoftes fur qui il fe herbergoyent ne les euffent pas fouffers couchiez en leurs maifons comme ilz faifoyent. Et, ce fait, fu remis ledit prifonnier en la prifon dont il eftoit partis, & ladite de Valenciennes envoyé & mife hors dudit Chaftellet.

Et, POUR CE, FU DEMANDÉ par ledit monf. le prevoft aus deffufdiz prefens confeillers, leurs oppinions & advis qu'il feroit dudit prifonnier, & s'il devoit eftre rez tout jus comme bigafmes ou non, & auffi s'il feroit mis à queftion, pour favoir la verité par fa bouche des accufacions deffus dites. Tous lefquelz furent d'oppinion & delibererent, ouy le rapport par lui fait en la depoficion d'icelle de Valenciennes faite en fa prefence, & la confeffion d'icelle femme, à laquelle icellui prifonnier n'a aucunement contredit, qu'il n'eftoit pas tel qu'il deuft jouyr de previiege de clerc, mais devoit eftre rez tout jus comme bigafmes (1), attendu que, depuis icelles promeffes par lui faites à ladite de Valenciennes, il a cogneu avoir eu compaignie charnelle à elle par plufieurs fois. Et auffi delibererent que, pour favoir la verité de la vie dudit prifonnier par fa bouche, confideré fa confeffion, ce qu'il eft houllier & homme mal renommé, & que par Guillaume Coffart, dit Floridas, prevoft forain de Laon, pour ce prefent, a efté dit & tefmoigné que un ou deux des

---

(1) Suivant les règles du droit canon, il devoit être déclaré bigame pour avoir fait des promeffes de mariage à Jehennete de Valenciennes. C'est ici une bigamie interprétative, qui entraînoit la déchéance du privilége clérical. Voy. Du Cange, au mot *Bigami*, et la Collection de décifions de Denifart, édit. de 1771, au mot *Bigame*.

freres dudit prifonnier ont efté executez à mort pour leurs demerites, par le predeceffeur de lui prevoft dudit lieu, fi comme il l'a ouy dire par plufieurs fois, que icellui prifonnier feuft mis à queftion. Et ad ce faire & enteriner ledit prifonnier fu condempné par icellui monf. le prevoft.

Et, ce fait, ledit prifonnier fu rez tout jus oudit jour.

ITEM, LE MARDI XX$^e$ (1) jour dudit mois de novembre m ccc iiij$^{xx}$ & neuf, en enterinant ledit jugement, le deffus dit Raoulin du Pré, dit Bacquet, fu mis à queftion fur le petit & le grant trefteau; lequel ne voult aucune chofe confeffer en fon prejudice, &, pour ce, fu fait remettre en la prifon de laquelle il avoit efté attaint.

ET SAMBLABLEMENT, le mercredi enfuivant, xxiiij$^e$ jour dudit mois de novembre, fu icellui Raoulin de rechief mis à queftion fur le petit trefteau, & en après fur le grant, lequel requift que l'en le voulfift mettre hors d'icelle, & il diroit verité des murdres & larrecins par lui fais & commis, dont il en y avoit plufieurs. Et, pour ce, fu mis hors d'icelle queftion, & mené choffer en la cuifine en la maniere acouftumée; & illec, nonobftant chofe qu'il euft promife ou jurée, ne voult aucune chofe confeffer en fon prejudice; &, pour ce, fu fait remettre en la prifon donc il eftoit partis.

ITEM, LE SAMEDI iiij$^e$ jour de decembre m ccc iiij$^{xx}$ & neuf, par davant monf. le prevoft, prefens maiftres Jehan Truquam, lieutenant; Dreux d'Ars, auditeur; Jehan Delcy, Michel Marchant, Jaques du Bois, advocas en Chaftellet; Oudart de Fontenoy, Miles de Rouvroy, Gerart de La Haye & Robert de Pacy, examinateurs ou-

---

(1) *Sic*, mais c'eft le 23 novembre qu'il faut lire.

dit Chaftellet, fu attaint & fait venir en jugement fur les
carreaux Raoulet du Pré, dit Bacquet, prifonnier oudit
Chaftellet, cy-deffus nommé, auquel, par ledit monf. le
prevoft, fu dift qu'il deift verité des larrecins & murdres
par lui fais, & en efpecial d'un certain murdre commis &
perpetré le mercredi iiij° jour de novembre (1), l'andemain
du jour de la fefte aus Mors, derrerement paffé, entre la
ville de Vaily & celle d'Aify (2), environ à demie lieue
dudit lieu & ville de Vaily ; & auffi du larrecin fait à icellui
homme murdi. Auquel temps & jour icellui prifonnier
eftoit en icelle ville de Vaily, &, pour ledit fait, s'en
eftoit venus d'icelle ville & païs de Vaily en la ville de
Paris. Ou, fe il ne difoit verité, confideré que dudit cas
advenu par la maniere que dift eft, il eftoit tout informez
par meff. Jehan [de] Clamecy, chevalier, & Gilles de Clamecy, fon frere, qui eftoient en icelle ville de Vaily audit
jour, qu'il le lui feroit dire en ladite queftion. Lequel prifonnier, fur ce juré & affermé par ferement de dire verité, après ce qu'il ot fait & dift qu'il n'en eftoit ne n'en
favoit aucune chofe, & qu'il euft efté defpouilliez tout
nu, & lié & ataché par les mains à ladite queftion, afin
qu'il deift de ce la verité, & auffi fait plufieurs variacions
en ce, requift que il feuft defliez, & qu'il diroit verité
de ce que dit eft, & autres choffes qu'il avoit faites &
commifes. Et, pour ce, fu defliez & admenez fur lefdis
carreaux en jugement ; &, en la prefence des deffus dis,
cogneut & confeffa de fa volenté, fans aucune autre force
que dit eft cy-deffus, que, nonobftant les denegacions
& affirmacions par lui cy-devant efcriptes & faites, verité eftoit & eft que, à l'encommencement de vendenges
derrenierement paffées, il fe parti de Paris pour foy en
aler gaignier en vendenges en la ville de Vaily, & que

(1) *Sic*, pour le 3 novembre.
(2) Aify, arrondiffement de Soiffons (Aifne).

quant il parti de Paris, il dift à icelle Jehennete de Valenciennes, s'amie, à laquelle il avoit ouy dire par plufieurs fois qu'elle vouloit aler en pelerinage à Noftre-
Dame de Lieuce, que fe elle & autres en fa compaignie
aloyent audit lieu de Lieuce, que elle s'en revenift par
la ville de Vaily, & que en l'oftel du Roy des Ribaux,
eftant en ladite ville de Vaily, elle orroyent nouvelles
de lui qui parle. En laquelle ville de Vaily, & en l'oftel
dudit Roy des Ribaux, il a continuelment efté durant
icelles vendenges, & aucune foiz porté la hofte en vendenges, afin de gaignier de l'argent, lequel argent, quant
il avoit gaigné, il le aloit employer à l'aventure au jeu
du driguet, que lors tenoit en icelle ville de Vaily Jehannin Belenfant, lequel jeu il a le plus du temps d'icelles
vendenges frequenté & fuy, & à icellui gaignié fa vie au
mieulx qu'il a peu & fceu.

Dift avec ce, que iij ou iiij jours avant la fefte de la
Toufains derrerement paffée, ladite Jehennete de Valenciennes, s'amie, vint & arriva en icelle ville de Vaily, en
laquelle ville ilz ont efté enfamble jufques le mercredi
après la fefte (1) du jour des Mors, heure d'après difner,
qu'il & ladite de Valenciennes fe partirent, &, cedit jour,
vindrent gefir au foir bien tart & ariverent en la ville de
Soiffons. Ouquel jour de mercredi, au matin, un petit
avant prime, lui qui parle & un nommé Le Rouffellet,
demourant à Laon, en entencion & volenté de gaignier
fur le premier homme où il verroyent leur avantage, pour
gaignier aus champs, fe partirent de ladite ville de Vaily,
& pafferent l'eaue, en faifant famblant qu'ils voulfiffent
aler droit en la ville d'Aify; en alant en laquelle ville, ainfi
qu'il furent à demie lieue loings de Veily, & qu'ilz pafferent l'eaue, virent & aperceurent un homme de village qui
aloit devant eulx le chemin qu'il aloyent; auquel homme,

---

(1) Le manufcrit porte fic.

pour le attaindre, icellui Rouffelet fe avança d'aler devant
plus touft que ne fift lui qui parle, lequel le fuy de plus
près qu'il pot; & avant ce qu'il venift à iceulx homme
& Rouffelet, trouva que ledit Rouffelet l'avoit abatu à
terre d'un coup de couftel qu'il lui avoit donné fur la
tefte. Auquel homme, il qui parle, fans plus mot dire,
donna & fery iij coups d'un badelare qu'il avoit pendu
à fa fainture parmi le corps; lequel, ainfi feru & navré,
il lefferent en la place, au bout d'une haye, emmy le
chemin, tout mort; & à icellui ofterent fa taffe & fa fainture, &, de l'argent qui eftoit en icelle taffe, ot, il qui
parle, à fa part, iiij frans. Et dift, fur ce requis, que, ce
fait, il & ledit Rouffelet retournerent en ladite ville de
Vaily, beurent & desjeunerent enfamble, & auffi ladite de
Valenciennes; & quant ilz orent desjeuné, prindrent congié li uns des autres; & il qui parle & ladite Jehennete
de Valenciennes s'en vindrent cedit jour gefir à Soiffons
par la maniere que dit eft; & le jeudi enfuyvant, au gifte
à le Vignen (1); le vendredi, au gifte à Roiffy, & le famedi, au gifte à Paris. Et ainfi qui buvoient enfamble
oudit jour de famedi, aus Maillès, en la Cité, fu prins
& admené prifonnier oudit Chaftellet, fanz ce qu'il feuft
trouvez faifant aucun meffait. Et dift, fur ce requis, que
oncques jour de fa vie il ne fu faifant, participant ou
confentant d'autre murdre ou larrecin que icellui deffus
dit.

VEUE LAQUELE confeffion, ledit monf. le prevoft demanda aufdis prefens confeillers leurs advis & oppinions
fur ce. Tous lefquelz delibererent & furent d'oppinion,
tout confideré, & l'eftat & gouvernement de la perfonne
dudit prifonnier, qu'il eftoit murdrier & larron, & qu'il
feuft pour ce pugnis, c'eft affavoir trainez & pendus

---

(1) Peut-être Levignen, arrondiffement de Senlis (Oife).

comme murdrier. Oyes lefqueles oppinions & veue icelle
confeffion, & ledit monf. le prevoft condampna ad ce
ledit prifonnier Raoulet du Pré, dit Bacquet.

CEDIT JOUR, LEDIT Raoulet fu mené à fon derrenier
tourment, & ne voult aucune autre chofe confeffer que
ce deffus dit; mais, en corrigant fadite confeffion par lui
faite, dift & afferma par fon ferement, & fur la mort qu'il
atendoit à avoir & recevoir prefentement, que audit fait
faire icellui Rouffet n'avoit efté prefent, faichant, confortant ne aydant, ne auffi il qui parle, nonobftant chofe
qu'il ait cy-devant cogneue par devant icellui monf. le
prevoft.

OUQUEL iiije jour de decembre iiijxx & neuf fu ledit
jugement executé.

Et n'avoit icellui Raoulet aucuns biens.

AL. CACHEMARÉE.

# JEHAN DE WARLUS ET AMELINE, SA FEMME.

## 28 octobre 1389.

L'AN DE GRACE MIL TROIS CENS quatrevins & neuf, le
jeudi xxviije jour d'ottobre, par davant monf. le prevoft, lui eftant en jugement fur les carreaux, prefens
maiftre Jehan Truquam, lieutenant; Dreux d'Ars, auditeur; Martin Double, advocas; Andrieu Le Preux, procureux du roy noftre fire; Guillaume Drouart, lieutenant
dudit monf. le prevoft; Michel Marchant, Oudart de
Monchauvet, advocas; Robert Petit-Clerc, Pierre Gillebert, Jehan Soudant & Robert de Tuillieres, examina-

teur; furent attains & fait venir Jehan de Warlus &
Ameline, fa femme, prifonniers detenuz oudit Chaftellet,
& accufez en leurs prefences par Jehan Le Brun & Raoulet La Greue, dit de Laon (1), prifonniers detenuz oudit Chaftellet, difans que quant eulx & leurs compaignons
larrons avoient prins & emblé aucuns biens, & ilz aloyent
par devers iceulx mariez les leur vendre, iceulx mariez
leur difoyent : *Alez hardiement, & me apportez tout ce que
vous gaignerez, & tantouft tout fera ars, & n'en fera jà plus
parlé.*

Dient auffi, c'eft affavoir ledit Brun, que naguaires il a
vendu à ladite Ameline ix aulnes de touailles toutes neuves
mouilliées, par lui prinfes (2) & emblées à Saint-Denis
en France, la fomme de xiiij f.

Item, avoir venduz aufdiz mariez une houpelande à
homme fourrée de louftres, laquelle eftoit de drap merlé,
& d'icelle ot vj f. feulement.

Item, leur vendi iiij coiffes de foye, un boureau, &
iiij angneaux d'argent, & deux dagues, tout à une fois,
n'eft record quelle fomme, & plufieurs autres biens dont
il n'eft memoratif quant à prefent, pour la multiplicacions des larrecins qu'il lui a vendues. Et ledit Raoulet
avoit prins & emblé plufieurs plaz, pos & efcuelles
d'eftain, par lui vendues à ladite Ameline.

Item, lui avoir vendu plufieurs coftes & autres robes
qu'il avoit emblées, n'eft record quelles fommes, ne où
il les avoit mal prinfes, pour la multiplicacion des chofes
qu'il leur avoit bailliés & vendues; & que iceulx mariez
difoient à lui qui parle que quant il auroit aucune chofe,
qu'il le lui portaft, & leur faift un figne du doy contre fon
nez, en paffant par devant eulx, fans parler à lui ne dire

---

(1) Voy. ci-deffus, p. 66, 67, 71, 72, les procès de Jehan Le Brun &
de Raoulet La Greue, dit de Laon.

(2) Le manufcrit porte *perufes*.

mot aucun. Lequel qui depofe, & auffi ledit Brun, recordant defdites enfeignes, diftrent, depoferent enfemble,
en la prefence defdiz mariez, que plufieurs fois ilz alerent
ès hales devers lefdiz mariez, fe partoient dudit marché,
& que quant ilz leur fefoient le figne deffus dit, iceulx
mariez fe partoient dudit marché li uns après l'autre, &
aloyent boire enfamble en une taverne, en laquelle ilz
vendoient les biens par eux prins & emblez aufdiz mariez; et dient que ce qui valoit xx ou xxx f., ilz le don-
noyent aufdiz mariez pour viij ou x f.

Item, dift, ledit Raoulet, qu'il dift à ladite Ameline
qu'il avoit un lit à vendre, combien qu'il n'en euft point;
laquelle Ameline lui refpondi qu'il le lui portaft de nuit,
& elle le acheteroit.

Item, arreftez prifonniers à la requefte de Jehan Du-
ret, demourant au Corbeillon, en la rue au Feurre, pour
lui donner garantie de trois hennaps de madre qu'ilz li
ont venduz la fomme de xxxvj f., lefquelz font pourfuis
pour emblez, avec une couverture vermeille de farge.
Lefquelz prifonniers, après ce que feparéement ilz orent
efté fais jurer aus fains Euvangilles de Dieu de dire verité fur ce que dit eft, & des autres chofes que l'en leur
demanderoit, cognurent & confefferent qu'ilz font nez,
c'eft affavoir : Jehan de Warlus de la ville de Cambray,
& Ameline d'environ la ville de Valenciennes; & que,
puis iij ou iiij ans a ou environ, ilz fe acointerent li uns
de l'autre en la ville de Saint-Quentin en Vermendois,
fiancerent l'un l'autre, & depuis tousjours ont continuelment efté enfamble, ufé de fait & marchandife de regra-
terie & acheté menus mefnages, robes, chapperons &
autres linges; & en ceft eftat fe font vefqus bien & loyal-
ment, au mielx qu'ilz ont peu.

Dient avec ce, ladite Ameline qui parle, que, de fait
de marchandife de leurdit meftier, elle a le plus garde &
gouverne, parce que elle eft & demeure le plus à l'oftel

de fon amy & mary, lequel va par viile gaignier & ouvrer
pour avoir & fouftenir leurs vies. Et dient tous d'un co-
mun afentement que ilz fe recordent bien que d'iceulx
Brun & Raoulet ilz ont, par plufieurs & diverfes fois,
acheté plufieurs menues robes, comme petites coftes,
chaufes & chapperons, pos, plaz, efcuelles, lefquelz ilz
achetoyent bien & raifonnablement, & les payoient; &
auffi avoit acheté icelle couverture & hennaps deffus diz
d'un compaignon nommé Perrin Quatredois, demourant
à Saint-Denis.

Cogneut auffi, elle qui parle, avoir acheté dudit Brun
ix aulnes de nappes mouilliées, dont elle païa à icellui
xiiij f. par. Et dient, fur ce requis, que quant ilz achetoyent les chofes deffus dites d'iceulx Brun & Raoulet,
ilz leur difoient que elles venoient de bon lieu & loyal
acqueft. Et ne fera jà fceu ou prouvé contre eulx avoir
dites les paroles que ont depofé iceulx Brun & Raoulet,
c'eft affavoir que il i aportaffent hardiement tout ce qu'il
gaigneroient, & que tout feroit ars. En nyant le feurplus
defdites accufacions contre eulx faites.

APRÈS LESQUELES chofes ainfi faites, ledit monf. le
prevoft demanda aufdiz prefens confeillers leurs oppinions comment il eftoit bon de proceder à l'encontre
d'iceulx de Warlus & Ameline. Tous lefquelz, veu l'eftat
d'iceux & la confeffion par eux faitte, avec les denegacions & accufacions contre eulx propofées, & auffi que,
par le procès fait par davant le bailli de Saint-Denis, eft
apparu, par la confeffion faite par icellui Perrin Quatredois, executé illec pour fes demerites, avoir prins &
emblé la couverture & hennaps de madre deffus diz, par
lui venduz à icelle Ameline; delibererent & furent d'oppinion que pour favoir par leurs bouches la verité defdites accufacions, que ilz fuffent mis à queftion. Oyes
lefquelles oppinions & veu le procès deffus dit, ledit

monf. le prevoft condampna ad ce iceulx de Warlus &
Ameline en leurs prefences.

En enterinant lequel jugement, pour ce que
iceulx prifonniers ne vouldrent aucune autre chofe cognoiftre que dit eft deffus, furent li uns après l'autre mis
à queftion fur le petit & le grant trefteau, & ne vouldrent cognoiftre aucune chofe qui leur portaft prejudice.
Si furent mis hors d'icelle queftion, menez choffer en la
maniere acouftumée, & en après remis chacun feparéement ès prifons dont ilz avoyent efté attains.

Item, le mardi, xxj<sup>e</sup> jour de decembre, l'an mil
ccc iiij<sup>xx</sup> & neuf deffus dit, par davant monf. le prevoft,
prefens maiftres Dreux d'Ars, lieutenant dudit monf. le
prevoft; Oudart de Fontenoy, Girart de La Haye, Pierre
Gillebert, Andrieu Le Preux, procureux du roy; Nicolas Bertin, Robert de Pacy, examinateur, & Jehan de La
Folie, recepveur de Paris, furent fais venir en jugement
fur les carreaux lefdis prifonniers Jehan de Warlus &
Ameline, lefquelz, fans aucune force ou contrainte, cogneurent avoir acheté defdiz Brun & Raoulet, & auffi
de Perrin Quatredois, les chofes qui enfuivent, c'eft
affavoir : ledit de Warlus, dudit Brun, une houpelande
de drap violet, retournée à l'envers, fourrée de connins,
donc le drap valoit iij f., & la penne environ ix f., à
une fois.

Item, à une autre fois avoir acheté defdiz Brun &
Raoulet ij dagues, ij coiffes de fil, la fomme de vij f.

Item, auffi avoir acheté d'iceulx, un mois au devant
qu'il fu prins & emprifonné, deux aneaux d'argent, la
fomme de ij f. par. Et dift que lors qu'il acheta icelles
chofes d'iceulx Brun & Raoulet, il penfoit bien que elles
ne venoient pas de bon lieu. Et dift que la premiere
cognoiffance qu'il ot à eulx fu par le moyen de ce que,

I                                                L

en buvant enſemble, ilz li changerent deux blans en
petiz deniers. Et icelle Ameline cogneut avoir acheté
dudit Perrin Quatredois, un mois au devant de ſa priſe,
la ſarge vermeille trouvée en ſon hoſtel par maiſtre Jehan
Soudant, examinateur, la ſomme de xx ſ. par. Et, pour
ce que autre choſe que dit eſt ne vouldrent cognoiſtre,
furent de rechief, & par deliberacion deſdiz conſeillers,
mis à queſtion ſur le petit & le grant treſteau. Et illec
ne vouldrent confeſſer autre choſe que dit eſt deſſus. Si
furent mis hors d'icelle queſtion, menez choſſer en la
maniere acouſtumée, & remis en la priſon dont un chaſcun d'eux eſtoit aujourd'uy partis.

ITEM, LE MERCREDI ENSUIVANT, xxiijᵉ jour dudit mois
de decembre, l'an deſſus dit, par davant monſ. le prevoſt, preſens maiſtres Dreux d'Ars, lieutenant dudit
monſ. le prevoſt; Oudart de Fontenoy, Girart de La
Haye, Pierre Gillebert, Robert de Pacy, Nicolas Bertin.
Robert de Tullieres & Nicolas Chaon, Miles de Rouvroy & Erneul de Villers, examinateurs; furent de rechief
attains & fait venir en jugement ſur les carreaux leſdiz
Jehan de Warlus & Ameline, priſonniers, leſquelz, après
ce que l'en leur euſt dit qu'ilz deiſſent verité des autres
larrecins par eulx achetées d'iceulx Brun, Raoulet &
Perrin Quatredois, ou, s'il ne le diſoyent, que l'en le
leur feroit dire par force, & que aucune chouſe ne vouldrent confeſſer, furent de rechief, li uns après l'autre,
remis & liez à ladite queſtion, & ſur le petit treſteau &
ſur le grant fu miz & eſtendu ledit de Warlus, qui aucune choſe ne voult confeſſer; &, pour ce, fu oſté &
mis à part. Et ladite Ameline, après ce que elle fu liée
à la queſtion & miſe ſur le petit treſteau, ainſi comme
l'en vouloit mettre & jetter eaue ſur elle, requiſt inſtam-
ment que hors d'icelle queſtion l'en les meiſt, & elle
diroit verité. Si fu miſe hors d'icelle, & ramenée en ju-

gement fur lefdiz quarreaux, en la prefence defdiz confeillers & dudit monf. le prevoft. Et illec, fans aucune
force ou contrainte, cogneut & confeffa avoir dit, & par
plufieurs fois, à iceulx Brun, & Raoulet, & Quatredois,
lefquelz elle penfoit bien & creoit, & encore croit &
tient qu'ilz eftoient & font larrons, & que les biens
qu'ilz prenoyent & lui vendoient, ilz avoient mal prins,
qu'ilz li apportaffent tout ce qu'il auroient, & elle leur
feroit valoir ce qu'il vaudroit. Et que ledit Raoulet elle
par plufieurs foiz a veu aler efdites halles, qui de fa main
fignoit elle qui parle, que elle alaft après lui; & lors
y aloit & achetoit de lui ce qu'il avoit à vendre. Et
dift que elle fe recorde que une foiz elle acheta dudit
Raoulet une cofte hardie de marbré, dont elle li païa
xxiiij f. par.

APRÈS LESQUELES chofes ainfi faites, ledit monf. le
prevoft demanda aufdis confeillers leurs advis & oppinions comment il eftoit bon de proceder à l'encontre
d'iceulx prifonniers. Tous lefquelz, attendu les accufacions deffus dites, contre eulx propofées, & en leurs
préfences, par iceulx Brun & Raoulet; les confeffions
faites par iceulx prifonniers, qui nyoient avoir dit & en-
feigné la maniere comment ilz metteroyent leur doy à
leur nez en figne qu'ilz avoient aucune chofe à vendre,
& que lefdis prifonniers ont cogneu & confeffé le moins
qu'ilz ont peu, l'eftat d'iceulx & peine de prifon par eulx
foufferte; delibererent & furent d'oppinion que iceulx
prifonniers feuffent tournez ou pillory ès hales, illec crié
les caufes de leur jugement, &, en après, baniz de la
ville, viconté & prevofté de Paris, à tousjours, c'eft
affavoir : ledit de Varlus fur peine d'eftre pendu, & Ameline d'eftre enfouye toute vive, comme larron; & larro-
neffe, ou fubftoiteurs & fubftoitereffes de leurs larrecins.
Oyes lefqueles oppinions & veu ledit procès, lefdis de

Warius & Ameline furent, & en leurs prefences, condempnez à eftre tournez ou pillory & banis à tousjours,
comme dit eft deffus.

LEQUEL jugement fu executé ledit xxiiij^e de decembre
m ccc iiij^xx & neuf.

AL. CACHEMARÉE.

PERRIN DU QUESNOY.

24 novembre 1389.

L'AN DE GRACE MIL TROIS CENS QUATREVINS & neuf,
le mercredi xxiiij^e jour de novembre, par davant
monf. le prevoft, prefens maiftres Jehan Truquam, lieutenant; Dreux d'Ars, auditeur; Pierre Gilebert & Robert de Pacy, examinateurs en Chaftellet de Paris; fu fait
venir en jugement fur les carreaux Perrin du Quefnoy,
prifonnier oudit Chaftellet, par l'accufacion de Jehan Le
Brun, prifonnier auffi oudit Chaftellet. En la prefence
duquel Perrin, icellui Brun dift & afferma par ferement
qu'il cognoiffoit lonc temps avoit ledit Perrin, lequel il
avoit veu en fa compaignie boire & mengier, par plufieurs foiz couchié enfamble, plufieurs nuiz frequenté
& fuy feu Perrin Quatredois, executé pour fes demerites; Richardin de Compiengne & Jehannin de Saint-
Cloud, larons, murdriers, auquel icellui Brun, ou temps
qu'il les a frequentez & fuis, il a ouy dire & affermer que
icellui Perrin eftoit un très-grant & fort larron, murdrier, houllier publique, qui tient une fille en Glatigny,
nommée Lucete, joueur de faux dez, & cabufeur d'un
jeu que l'en appelle la chevillete, & à croix & à pile,
homme vacabond, qui riens ne fait. Lequel auffi il aucune fois veu veftu de houpelandes courtes, fourrées

d'efcurieux, & à la fois de longues houpelandes, &, avec
ce, l'a veu qu'il n'avoit fur lui de robe qui vaulfift aucune foiz x ou xij f. A femblablement veu, ou temps
qu'il couchoient enfamble, que quant icellui Perrin venoit au foir pour foy couchier, & qu'il lui difoit qu'il
n'avoit denier ne maille, que, le lendemain ou à un ou
deux jours après, icellui Perrin en apportoit très-large-
ment; ouquel temps icellui Perrin jouoit aus dez. Lequel
Perrin, prifonnier, fur ce juré aus fains Euvangilles de
Dieu qu'il dira verité de ce que dift eft deffus, & d'aucunes autres chofes qui lui feroient demandées, dift &
afferma par ferement qu'il eft nez de la ville de Tournay,
& que lonc temps a il eft venuz demourer à Paris; &
illec a aprins chauffes à faire, auquel meftier il a ouvré
par lonc temps à Paris, à Reins, à Laon, à Soiffons, à
Noyon & ailleurs, & auffi à gaignier fa vie le mielx qu'il
a peu ou fceu. Requis fe ladite Lucete eft s'amie, & s'il
la maintient, dift pour verité que ouyl; & peut bien eftre
que aucune foiz il a de l'argent que elle a gaignié &
gaigne à la peinne de fon corps. Requis s'il cognoift ledit
Jehan Le Brun, Richart de Compiengne & Jehannin de
Saint-Cloud, ne auffi ledit feu Perrin Quatredois, dift par
fon ferement que non, & que avecques eulx jour de fa
vie il ne compaigna, beut, menga ou coucha avec aucun
d'iceulx compaignons deffus nommez, ne n'avoit oncques
veu iedit Brun au devant de ce qu'il venift & feuft ceans
admenez prifonnier.

Le jeudi IXᵉ jour de decembre, l'an deffus dit, par
davant monf. le prevoft, prefens maiftres Jehan Truquam, lieutenant; Dreux d'Ars, auditeur; Robert Petit-
Clerc, Jehan de Bar, Jehan de Tuillieres, Pierre Gillebert, Robert de Pacy, Nicolas Bertin, Girart de La Haye,
Oudart de Fontenoy, Miles de Rouvroy, Arnoul de Villers, Robert de Tuillieres, Nicolas Chaon & Hutin de

Ruit, examinateurs oudit Chaftellet; fu fait venir en jugement fur les carreaux le deffus nommé prifonnier Perrin du Quefnoy, & par ledit monf. le prevoft interrogué fur ladite accufacion, afin de favoir s'il vouldroit aucune autre chofe cognoiftre que deffus a dift, difant que s'il ne li difoit verité, qu'il la lui feroit dire par fa bouche & le mettroit à queftion. Lequel prifonnier refpondi que autre chofe ne favoit dire ou refpondre que ce que deffus a refpondu. Si fu fait traire à part, & remis en la prifon où eftoit icellui prifonnier. Et, ce fait, fu recité & leu le procès, accufacion, confeffion & denegacions touchant ledit Perrin, prifonnier, en la prefence des deffus diz confeillers, & par ledit monf. le prevoft leur demandé leurs oppinions & advis fur ce. Tous lefquelz delibererent & furent d'oppinion, confiderées icelles accufacions & la maniere des refponces, conftance & eftat dudit prifonnier, mefmement que par lefdiz maiftres Jehan Truquam & Dreux d'Ars fu tefmoigné qu'il fe recordoyent bien que autreffois icellui prifonnier avoit efté foupeçonné & emprifonné oudit Chaftellet, pour foufpeçon qu'il ne feuft joueur de faux dez, & à la buchette & chevillete; que pour favoir par la bouche dudit prifonnier la verité de fa vie, gouvernement & eftat, & auffi defdites accufacions faites par icellui Brun, qu'il feuft miz à queftion. Et ad ce fu condempné par ledit monf. le prevoft.

Item, le jeudi ensuiant, XVIe jour dudit moiz de decembre, l'an mil ccciiijxx & neuf, par davant monf. le prevoft, prefens maiftres Jehan Truquam, lieutenant; Dreux d'Ars, auditeur; Ernoul de Villers, Girart de La Haye, Oudart de Fontenoy, Pierre Gillebert & Robert de Tullieres, examinateurs, fu fait venir fur les carreaux en jugement, & trait hors des prifons où il avoit efté mis, le deffus dit prifonnier Perrin du Quefnoy, auquel

fu, par ledit monſ. le prevoſt, demandé s'il vouloit aucune autre choſe cognoiſtre ou confeſſer que dit eſt &
avoit cy-deſſus, en lui diſant que s'il ne lui diſoit de
ce la verité doulcement, qu'il la lui feroit dire par ſa
bouche & le feroit mettre à queſtion. Lequel priſonnier,
ſur ce juré & requis, diſt par ſon ſerement qu'il ne ſaroit
autre choſe dire que diſt a cy-deſſus. Et, pour ce, [en]
enſuïant ledit jugement, fu deſpouilliez & liez à ladite
queſtion, & mis ſur le petit treſteau. Lequel priſonnier,
en ceſt eſtat, cogneut que, un an a ou environ, ainſi
qu'il eſtoit couchiez de nuit en une hoſtellerie en la viile
de Dampmartin, & que par la dame dudit hoſtel li ot
eſté bailliée une houpelande de drap pers ſengle, pour ſoy
couvrir de nuit, ainſi qu'il ſe parti au matin, le landemain,
dudit hoſtel, il print & emporta avec ſoy ladite houpelande & un chaperon de meſmes, qui pendoit à une
perche en la ſale dudit hoſtel; & iceulx houpelande &
chaperon aporta & vendi à Paris la ſomme de xiiij ſ. Et,
ce fait, fu ledit priſonnier mis à queſtion ſur le grant
treſteau. Et lors incontinent requiſt qu'il feuſt mis hors
d'illec, & qu'il diroit verité des murdres & larrecins qu'il
avoit fais & commis, & auſſi des cabuſeries & tromperies,
donc il en y avoit pluſieurs. Si fu mis hors d'icelle queſtion, & mené choffer en la cuiſine en la maniere acouſtumée.

En laquele cuisine et hors de queſtion, & auſſi
en jugement ſur les carreaux, par devant ledit monſ. le
prevoſt, & preſens les deſſus diz conſeillers, ledit Perrin
du Queſnoy, priſonnier, après ce qu'il ot eſté très-bien
eſchauffé, veſtu & reſchauffé, fu fait jurer ſur les ſains
Euvangilles de Dieu qu'il diroit verité, lequel priſonnier
cogneut de ſa volenté & perſevera en la confeſſion de la
houpelande & chaperon cy-deſſus eſcripte, par lui faite.
Et, oultre ce, cogneut & confeſſa que, puis un an a, lui

eftant couchié avec ladite Lucete, s'amie, à un matin que elle eftoit levée d'emprès lui, il ala à un petit coffre appartenant à icelle Lucete, qui eftoit ouvert, ouquel il print une petite bourfe qui eftoit dedens icellui coffre, & en laquelle bourfe avoit ij fr. ou xl f. en menue monnoye.

Item, dift que, deux ans a ou environ, lui eftant couchié en l'oftel de la Clef, près Saint-Euftace, en une chambre où il avoit plufieurs liz, en un defquelz lis avoit un compaignon qui eftoit couchié en icellui, fe leva de fon lit pour aler piffier, &, en ce faifant, print en la bourfe dudit compaignon, qui portoit à fa poitrine, un franc d'or qui eftoit en icelle; & plus n'avoit d'argent en la bourfe, car fe plus en y euft trouvé, plus en euft prins.

Item, femblablement de nuit, puis Pafques ença, lui eftant couchié en l'oftel Henriet Le Clert, fergent de la xijᵉ, demourant en la Juerie, s'eft levez de fon lit, &, en la bourfe d'un compaignon qui eftoit couchiez en un lit affez près de lui, print viij blans qui eftoient en icelle bourfe.

Item, dift que, durant le temps que le roy a efté darrenierement logiez au Louvre, il, par plufieurs journées & diverfes fois, a coppé le nombre de xij mordans de fainture, tant dorez comme à dorer; lefquelz il, & un compaignon nommé Ymbelet, de la langue françoife, jeufnes homs comme de l'age de xxxij ans ou environ, de forme pareille à lui qui parle, & du hault d'icellui, ont vendus à Paris, & d'iceulx a eu fa part & la moitié, n'eft record quelle fomme d'argent quant ad prefent.

Item, dift que, fix fepmaines a ou environ, lui & un compaignon nommé le Grant Bourguignon, en alant de Paris à Eftampes, affez près de Montlehery, trouverent un compaignon fur le chemin, à une taverne près dudit lieu de Montlehery, beurent enfamble, ouquel lieu ilz jouerent & firent tant qu'il firent jouer ledit compaignon au jeu de la chevillete, & à icellui jeu gaignerent audit compaignon deux frans. Et dift qu'il n'eft pas en la poiffance d'omme, quel qu'il foit, s'il ne fcet la maniere comment l'en jeue audit jeu, qu'il ne perdift à icellui.

Item, en alant dudit lieu de Montlehery droit à Chartres, il & ledit Bourguignon fe logerent en la ville de Bleiz, en laquelle ilz jouerent audit jeu à leur hofte, & à icellui gaignerent vj frans en blans de iiij d. t. piece, avec une dague qui eftoit garnie par-deffus d'argent.

Item, en icelle ville de Chartres, en l'oftel à l'Efcu de France, où ilz eftoient logiez, jouerent à un compaignon qui oudit hoftel eftoit logié, & à icellui gaignerent par cabuferie la fomme [de] deux frans.

Item, à un compaignon qui trouverent fur le chemin en alant en icelle ville de Chartres, gaignerent au jeu de ladite chevillete, enmi les champs, viij f.

Item, un mois a ou environ, en la place Maubert, à un compaignon qu'il trouva illec, à un dé affis fur un manteau, il gaigna vint gros d'Engleterre.

Item, cogneut avoir jeué audit jeu d'un dé par xx fois & plus, & gaigné à icellui environ viij frans.

Item, & famblablement avoir gaigné, & par plufieurs & diverfes fois, audit jeu de la chevilete, environ x ou xij frans.

Item, un an a ou environ, lui eftant logiez au Pot d'Eftain, près Saint-Jaques de l'Ofpital, de nuit, print oudit hoftel une houpelande courte, fourrée d'efcurieux, avec un pourpoint de fuftenne, à un compaignon qui eftoit logiez oudit hoftel avec lui qui parle, & eftoit, icellui compaignon, Flament; laquelle houpelande & juppon il qui parle a apliquez à fon ufage; & dudit hoftel fe parti avant jour, afin que ledit Flamant ne fe aperceuft de fefdites robes à lui prinfes & emblées.

Item, dift que, demi-an a ou environ, lui & Henriet,

qui eſt Lorrain, demourant au coing du Bour l'Abé, & a
une femme nommée Margarite, qui eſt des filletes de la
rue Percée, & eſt icellui Henriet hault homme brun,
eſtans logiez de nuit en l'oſtel au Pot d'Eſtain, en la rue
Saint-Jaques, ainſi comme ilz eſtoient couchiez en une
chambre où il avoit pluſieurs liz, & des compaignons
couchiez en iceulx, ſe leva de nuit de ſon lit, feignant
qu'il voulſiſt aler piſſier de l'eaue, s'adreça au lit où un
deſdiz compaignons eſtoit, & en la bourſe d'icellui print
vij frans en or qui y eſtoient, dont il en bailla iiij audit
Henriet.

Item, cogneut que, environ la foire de Compiengne
derrenierement paſſé ot un an, pour debat & paroles qui
ſe meurent, en icelle ville de Compiengne, entre lui &
un nommé Gieffroy de Louvain, du païs de Breban, à un
jeu de palme où ilz jouoient l'un contre l'autre en icelle
ville de Compiengne, & qu'ilz ſe furent entre-deſmentis
par pluſieurs fois, & auſſi que li uns ot dit à l'autre qu'il
le courrouceroit là où il le trouveroit, ſceuſt, il qui parle,
que ledit Gieffroy eſtoit partis d'icelle ville de Compiengne, en venant le chemin droit à Noyon. Pour laquelle cauſſe, il qui parle, en ſa compaignie un appellé
Huguelin de Hollande, du païs de Lorraine, ſe partirent
d'icelle ville de Compiengne, vindrent au giſte en ladite
ville de Noyon. Lequel qui parle & ſondit compaignon
ſe logerent à l'enſeigne de la Cloche; & lui eſtant en
icellui hoſtel, vit & aperceuſt ledit Gieffroy & un autre
compaignon qui eſtoit avecques lui, leſquelz eſtoient
logez au devant oudit hoſtel de la Cloche, à l'enſeigne
du Mouton. Lequel qui parle & ſondit compaignon Huguelin, le landemain matin, ſe partirent d'icelle ville de
Noyon, tantoſt après ce que il orent veu que icellui
Gieffroy eſtoit partis d'icelle ville de Noyon. Lequel
Gieffroy, ſi toſt comme il qui parle vit & aperceuſt icellui, l'eſcria moult fort auprès d'un val eſtant par-delà la-

dite ville de Noyon, auprès de la ville de Babeuf, difant:
*A mort!* Et pour ce qu'il qui parle vit que icellui Gieffroy commença à foy enfouyr, il qui depofe, d'une darde
qu'il avoit & tenoit en fa main, jetta icelle après ledit
Gieffroy, de laquele darde il le fery & attaigny entre
deux efpaules, & dudit cop chei icellui Gieffroy illec à
terre tout mort. Requis s'il le defroba en aucune maniere, dift que non, jà foit ce qu'il euft ouy dire que fur
lui avoit la valeur de xl fr. & plus. Et dift avec ce que
ledit Huguelin ne mift oncques la main ou fery icellui
Gieffroy, ne ne fceuft la volenté que il qui parle avoit
empenfé de batre ou villener icellui feu Gieffroy, lequel Gieffroy il qui parle leffa illec mort, & dudit lieu
s'en alerent droit en la ville de Saint-Quentin en Vermendois.

Item, cogneut que, puis un an ença, lui eftant en la
ville de la Fere fur Oife, en l'oftel de Jehan Pince, fon
coufin, cordouennier, homme aagé de xxxvj ans ou environ, qui demeure affez près de la porte par où l'en va
à Laon, & eft coufturier, non marié, tenant une fillette
de pechié avecques lui, fondit coufin li dit que par un
homme nommé Gieffroy, de la Hollande, fembiablement
coufturier, il avoit efté batu & injurié très-grandement;
& pour ce, en entencion de le batre, fe partirent d'icelle
ville de la Fere, & alerent au gifte en la ville de Saint-
Goubain, pour cuider trouver icellui Gieffroy, afin de
le batre s'il l'euffent peu trouver. Lequel celle nuit il ne
virent point. Mais, le landemain matin, virent & apperceurent que icellui Gieffroy fe parti de fa maifon, &
print le chemin à aler d'icelle ville de Saint-Goubain à
Anifi le Chaftel. Lequel Gieffroy lui qui parle & fondit
coufin aconceurent en un bois, à une lieue d'icelle ville
de Saint-Goubain, le efcrierent: *A mort!* &, ce fait, il
qui parle le fery d'une dague qu'il portoit deux coups
en la poitrine, & fondit coufin, d'un grant badelare, le

fery auſſi iij coups, & illec le leſſerent mort, ſans ce qu'il
lui oſtaſſent ou deſrobaſſent aucune choſe du ſien.

Item, cogneut que, an & demi a ou environ, ainſi qu'il
eſtoit partis de la ville de Hauſt en Haynaut, en ſa compaignie une fille de pechié qui eſtoit s'amie, Jaquemin de
Saint-Omer, conroyer, aagié de xxvj ans ou environ, &
Hennequin de Bruges, Flamant, demourant en ladite ville
de Hauſt, & en eulx venant le chemin droit à la ville de
Tondu ſur l'Eſtanc, encontrerent un compaignon nommé
Ernoulet, demourant en icelle ville de Tondu, en ſa
compaignie un compaignon dont il ne ſcet le nom. Lequel
Ernoulet s'efforça de vouloir avoir icelle fille, pour laquele cauſe, paroles ſe meurent entre eulx, & par telle
maniere, que il qui parle feri icellui Hernoulet d'un eſpée
qu'il portoit un coup en la poitrine, & ledit Jaquemin,
d'une piſque de Flandres qu'il portoit, un coupe par la
teſte dudit Ernouvel, preſent à ce ledit Hennequin, qui
aucun mal ne li feiſt. Deſqueles navreures icellui Raoulet
aia illec en la place de vie à treſpaſſement. Et diſt, ſur ce
requis, que le compaignon qui eſtoit avecques icellui Ernoulet s'enfouy quant il vit que entre eulx ſe meut le
debat deſſus dit. Et plus ne ſcet, quant à preſent, ne n'eſt
record d'aucuns autres crimes ou malefices par lui fais &
commis; &, pour ce, fu fait remettre en la priſon dont
il eſtoit partis.

Ce fait, fu ledit procès & confeſſion faite par icellui
Perrin du Queſnoy leu & recité par davant ledit monſ. le
prevoſt, preſens maiſtres Jehan Truquam, lieutenant;
Dreux d'Ars, auditeur; Pierre Gilebert, Oudart de Fontenoy, Girart de La Haye, Nicolas Bertin, Miles de Rouvroy, Ernoul de Villers & Jehan de Tullieres, examinateurs oudit Chaſtellet; & par ledit monſ. le prevoſt
demandé leur advis & oppinions ſur ce qu'il eſtoit bon
à faire. Tous leſquelz, veu & conſideré ce que dit eſt

deſſus, & les confeſſions faites par icellui priſonnier, avec la multiplicacion & perſeveracion de murdres & larrecins par lui fais & commis, comme dit eſt, delibererent & furent d'oppinion qu'il eſtoit un très-fort larron & murdrier, & que, comme tel, il feuſt pugniz, c'eſt aſſavoir, trainez & pendus. Leſqueles oppinions ouyes, & veu la confeſſion dudit priſonnier, ledit monſ. le prevoſt condempna ad ce icellui priſonnier.

LEQUEL jugement fu executé le vendredi, xxiiij<sup>e</sup> jour de decembre, l'an mil ccciiij<sup>xx</sup> & neuf.

Et n'avoit aucuns biens.

AL. CACHEMARÉE.

## COLIN DE LA SALE.

### 7 février 1389-90.

L'AN DE GRACE MIL TROIS CENS quatrevins & neuf, le lundi vij<sup>e</sup> jour de fevrier, par davant monſ. le prevoſt, lui eſtant en jugement ſur les carreaux, preſens maiſtres Jehan Truquam, lieutenant; Dreux d'Ars, auditeur; Andrieu Le Preux, procureur du roy; Jehan de Bar, examinateur; Jehan de La Folie, receveur; fu attaint & fait venir des priſons dudit Chaſtellet Colin de La Sale, nez de la ville de Paris, feiſeur d'eſpingles, accuſé en ſa preſence par Perrete Langoute, chamberiere d'eſtuves, demourant aſſez près de la Croix du Tiroir, diſant que, iiij ſepmaines a ou environ, à un jour de jeudi, icellui priſonnier, qui ne ſe ſavoit où couchier, & qui avoit hurté à pluſieurs huys du voiſine pour y cuider entrer, afin de ſoy couchier en yceux, vint hurter à ſon huys, li requiſt que, pour bien & aumoſne, & auſſi pour la cognoiſſance que elle avoit à lui, que elle le voulfift herbergier pour celle nuit; mefmement qu'il eftoit tart, & auffi comme environ ix heures en la nuit. A la requefte duquel Colin elle fe inclina, & celle nuit coucha en fadite chambre, en fon lit, & elle en un autre lit affez près d'ilec, tout en une chambre. Et ou landemain qui fu vendredi, elle, qui fe leva plus matin pour fa befoigne, ainfi comme elle avoit acouftumée, que ne fift ledit prifonnier, fu requife par icelui prifonnier d'aler à l'enfeigne du Molinet, en la rue des Graveliers, dire au clert dudit hoftel que aus enfeignes que icellui prifonnier avoit leffié ledit jeudi precedent, en leur hoftel, une bouteille plaine de vin, qu'il lui voulfift envoyer le poiffon qu'il y avoit leiffié en garde avec ladite bouteille, afin que lui & elle fe desjeunaffent enfamble. Laquelle qui parle dift que voulentiers elle yroit, & y ala; au clert duquel hoftel du Molinet elle parla, lequel lui refpondi que bien cognoiffoit ledit prifonnier, mès du fien, feuft vin, bouteille ou poiffon, n'avoit aucune chofe en garde, ne autres biens quelconques appartenans à icellui prifonnier. Et, ce fait, retourna, elle depofant, en fadite chambre & hoftel. Et lui fu dift par les voifins que ledit prifonnier s'eftoit partis de fadite chambre, & en avoit porté avecques foy aucuns de fes biens qu'il avoient veuz. En laquelle fa chambre elle ala, & quant elle ot quis & ferchié fes befoingnes & mefnage, trouva que elle avoit perdue une cofte hardie à ufage de femme, de drap marbré fengle, qui bien valoit xvj f.

ITEM, accufé en fa prefence par Amelot, femme Jehannin Le Normant, difant que, environ le mois d'aouft, que elle eftoit fiancée avec fondit mary, icellui fon mary, à un matin qui fe parti de fa chambre, eftant logiez en un porche au-deffous de la demeure où la mere de elle qui parle & ainfi elle depofant demouroient, vint à elle qui parle, lui dift qu'il aloit ouvrer en fa befoingne, lui

bailla la clefs de fa chambre, difant que il avoit leiffié
couchié en icelle le deffus dit prifonnier; & que quant
elle penferoit qu'il feuft levez, que elle alaft le deffermer
la chambre & le mettre hors, & feift fon lit & ordonnaft
fa chambre ainfi comme elle favoit qu'il le convenoit
faire, & auffi que elle avoit acouftumé de faire. Mais
ainfi comme environ heure de prime, que elle ala en
ladite chambre pour vouloir mettre hors d'icelle le deffus
dit prifonnier, elle trouva qu'il s'en eftoit partis & avoit
deffait la gache où l'en fermoit ledit huys; & auffi vit &
aperceut que à fondit fiancé l'en avoit ofté de fadite
chambre unes chauces de drap pers toutes comme neuves,
& une eftraintes (1), appartenans à fondit fiancé; lefquelles choufes elle avoit acouftumé de trouver pendues
à une perche en fadite chambres.

Dift auffi que au foir, quant fondit fiancé fu revenu
d'ouvrer, & qu'il ot efté en fadite chambre, il dift à elle
qui parle que l'en lui avoit ofté, puis le matin qu'il s'eftoit
partis de ladite chambre, lefdites chauces & eftraintes; &
lors elle lui re[fpo]ndi que elle ne favoit qui ce avoit fait,
finon ledit prifonnier, lequel de fadite chambre s'eftoit
partis fans congié, & avoit rompu la gache de l'uys
d'icelle chambre par la maniere que dit eft cy-deffus.

ITEM, SEMBLABLEMENT accufé, & en fa prefence,
comme dit eft, par Guillemete, femme feu Pierre Vy-
maches, difant que paravant la venue de la royne, fondit
mary & elle vendirent audit prifonnier un petit cheval
qu'ilz avoient, la fomme de xxxij f. par.; & que pour ce
qu'il (2) ne les vouloit de ce païer, fondit feu mary le fift
convenir en Chaftellet, par davant monf. le prevoft ou

(1) Sorte de vêtement, peut-être haut-de-chauffes. Voy. du Cange,
au mot *Stricta* 4.
(2) Le manufcrit porte *elle*.

fon lieutenant. Ou content de laquelle chofe, ledit prifonnier conceuft très-grant hayne contre lui, & tant que
durant la fefte de la royne, ou jour que les delivrances
des prifonniers de Chaftellet furent faites, & que iceulx
prifonniers alerent à Saint-Poul pardevers la royne, pour
elle mercier de la grace que elle leur avoit faite (1), fondit
feu mary, pour veoir fes chofes, ala audit lieu de Saint-
Pol, &, en s'en revenant, fu encontré par le deffus dit
prifonnier, lors eftant monté fur un cheval; lequel prifonnier, d'un bafton qu'il tenoit en fa main, fery fondit
feu mary en la tefte, telement que, environ iij jours
après, fondit feu mary ala de vie à trefpaffement. Et lui,
eftant couchié au lit de la mort, dift par plufieurs foiz à
elle qui parle qu'il moroit des coups que ledit prifonnier
lui avoit donnez, & que elle fe gardaft bien de lui; car
elle favoit bien que fe icellui prifonnier la trouvoit en
fon avantage, qu'il lui en feroit & donneroit autant.

ITEM, AVEC ce, accufé en fa prefence, comme dit eft,
par Gilon, femme Bertaut Maffé, demourant en la rue
Guerin-Boiffeau, à l'enfeigne de la Faux, difant que en
la fepmaine de la Thiphaine derrerement paffée, du jour
n'eft recorde, ledit prifonnier fe coucha une nuit en leur
hoftel bien & deument, ainfi qu'il appartient à faire :
mais au matin, quant elle qui parle ala en la chambre où
il avoit jeu, pour faire fon lit, ne trouva en icellui lit
que un drap feul, qui bien valoit vj f. Et quant elle demanda à icellui prifonnier où eftoit ledit drap, icellui
prifonnier li refpondi qu'il ne favoit; & atant fe parti de
fondit hoftel, fan[s] ce que oncques puis elle ait eu ou recouvré icellui drap à lit.

---

(1) Pour la date de la délivrance des prifonniers graciés lors du
joyeux avénement de la reine Ifabeau de Bavière, voy. la note ci-après,
p. 180.

Item, accusé oultre, & en sa presence, par Henry Carete, cousturier, demourant près Saint-Magloire, disant que lui, ledit prisonnier & Jehan Balet, dymenche derrerement passé, ot un mois ou environ, beurent ensemble en une taverne oultre Petit-Pont, n'est record du lieu; auquel Jehan Balet, qui lors avoit vestu un manteau, ledit prisonnier requist qu'il voulsist prester ledit manteau pour un po couvrir ses espaules, & qu'il avoit moult grant froit; lequel Valet, de bonne foy, cuidant que icellui prisonnier deist verité, despouilla ledit manteau & le bailla audit prisonnier, lequel d'icellui manteau a fait sa voulenté, sans ce que il le ait aucunement rendu à icellui Balet.

Item, & oultre ce, accusé, & en sa presence, par Fremine Jehenne, demourant en la rue Guerin-Boisseau, disant que, environ la Saint-Eustace derrerement passée, elle presta & bailla audit prisonnier une paire de draps & une custode, pour tendre & mettre par maniere de parement en ladite eglise; lesquelz biens icellui prisonnier n'a voulu aucunement rendre à elle qui parle, jà soit ce que plusieurs fois l'en ait requise, mais en a fait sa volenté.

Et, ce fait, fu ledit prisonnier fait jurer aus sains Evangilles de Dieu qu'il d[i]roit verité des choses dites contre lui, proposées & accusées, sur peine d'estre reputé pour parjeure & infame, d'estre tourné ou pillory, & que ce qu'il juroit, & en après seroit trouvé vray contre lui, feust tenu & reputé pour larrecin. Lequel prisonnier, après plusieurs confessions & denegacions par lui faites, cogneut & confessa par serement les choses qui ensuivent estre vrayes, c'est assavoir : que, le vendredi matin qu'il ot couchié le jeudi precedent en la chambre de la dessus dite Perrete La Langoute, chamberiere d'estuves, & que, pour ce qu'il ne povoit faire & acomplir sa volenté, il

I             M

envoya icelle au Molinet, en la rue des Graveliers, dire
au clert dudit hoftel les chofes dittes par icelle Perrete.
pendant lequel temps que elle ala oudit hoftel, il fe parti
de la chambre d'icelle Perrete, & emporta ladite cofte
hardie de marbré appartenant à icelle Perrete, laquele
il vendi vj f. à un frepier demourant en la Juerie, du
nom duquel il ne fe recorde.

ITEM, COGNEUT que, environ le mois d'aouft derrerement paffé, il coucha une nuit en la chambre dudit
Jehannin Le Normant, & au partir qu'il fift de ladite
chambre, print & emporta lefdites chauffes de pers &
eftraintes donc accufez a efté par Amelot, famme dudit
Jehannin Le Normant, lefquelles chofes il vendi viij blans,
ne fcet à qui.

ITEM, COGNEUT femblablement que, environ la Thie-
phaine derrerement paffée. qu'il jeut en l'oftel de Gilon.
femme Bertaut Maffé, au partir qu'il fift dudit hoftel, il
print l'un des draps du lit où il avoit jeu, & icellui vendi,
ne fcet à qui, la fomme de vj f. parifis.

ITEM, COGNEUT auffi avoir pieça acheté un cheval du
deffus dit Pierre Vimaches, la fomme de xxxij f. par.;
& pour tant de ce qu'il n'avoit de quoy les païer de ladite fomme, il, cellui Pierre, le fift convenir par davant
monf. le prevoft ou fon lieutenant; mais que, ou content
de ce, il ait feru ou batu icellui Pierre, dift qu'il ne
feroit jà fceu ou prouvé contre lui.

ITEM, COGNEUT avoir prins & emprunté de Jehan Balet, en la compaignie duquel il avoit beu avec Henry
Carette, le mantel dudit Balet, par la maniere que dift l'a
& cogneu icellui Henry; lequel mantel il vendi, à un
frepier demourant vers les hales, la fomme de vj f. par.

ITEM, COGNEUT, ledit prifonnier, avoir emprumpté de
la deffus dite Fremine Jehenne, environ la fefte de Saint-
Euftace derreniere paffée, une paire de draps & une
cuftode, pour aider à tendre & parer icelle eglife de Saint-
Euftace, lefquelz biens il vendi, lors qu'il les ot emprun-
tez, n'eft record, quand de prefent, à qui ne combien.

VEUES LESQUELES accufacions faites contre ledit Colin
de La Sale, prifonnier, & les confeffions & denegacions
par icellui faites, confideré l'eftat de la perfonne dudit
prifonnier, & qu'il eft homme de male renommée, fu dift
& deliberé, par les deffus dis prefens confeillers, que
pour favoir plus à plain, par la bouche dudit prifonnier,
la verité des cas deffus dis, & d'aucuns autres par lui
commis, qu'il feuft mis à queftion. Et ad ce fu condempné
par ledit monf. le prevoft.

LEQUEL COLIN, prifonnier, fu de rechief fait venir par
devant ledit monf. le prevoft, & requis s'il vouloit autre
chofe dire, cognoiftre ou confeffer que dift avoit, en lui
difant que ce autre chofe ne vouloit cognoiftre, que l'en
lui feroit dire par fa bouche. Et pour ce qu'il ne voult
aucune autre chofe confeffer, fu defpouillié, mis & lié à
la queftion fur le petit trefteau, & ainfi comme l'en lui
ot donné un petit à boire, requift inftanment que l'en le
voulfift mettre hors d'icelle, & il diroit verité des crimes
& delis par lui fais & commis, donc il lui y avoit plufieurs. Si fu mis hors d'icelle queftion, & mené choffer
en la cuifine en la maniere acouftumée.

EN LAQUELE cuifine, après ce qu'il ot efté choffé &
hors de toute queftion, fans aucune force ou contrainte,
icellui Colin, prifonnier, & par ferement, cogneut &
confeffa que, en hayne & contempt de ce que feu Pierre
Vimaches, pour raifon dudit cheval, l'avoit fait adjour-

M 2

ner par davant ledit monf. le prevoft, pour eftre paié des xxxij f. deffus dis, qu'il avoit acheté icellui cheval, ainfi comme il venoit de l'oftel de Saint-Poul, là où la royne eftoit, au temps que les jouftes à caufe de fon joyeux advenement furent au Temple (1), en la grant rue Saint-Anthoine, & affez près dudit hoftel, lui eftant monté fur un cheval & tenant un bafton en fa main, encontra d'aventure ledit Pierre Vimaches, &, recordant du dommage qu'il lui avoit fait pour raifon dudit cheval, fery icellui Pierre d'un bafton de fagot qu'il tenoit en fa main un ou plufieurs coups fur la tefte, n'eft record quans coups il li donna; defquelz coups ledit Pierre chei à terre; ne fcet s'il moru à caufe d'iceulx, ou nom. Et, ce fait, fans defcendre defur ledit cheval, s'en ala fon che-chemin là où il aloit pour befoingnier.

Dift auffi, fur ce requis, que, environ un mois après, il ouy dire que icellui Pierre ala de vie à trepaffement; mais de ce ne fe doubta en aucune maniere, pour ce que icellui Pierre eftoit homme de grant aage, & qu'il lui eftoit advis que les gens difoient qu'il eftoit alez de vie à trefpaffement de fa mort naturele, & pour la feibleffe & grant aage d'icellui; & ne ouy oncques dire que pour raifon d'iceulx coups de bafton qu'il lui donna ledit Pierre alaft de vie à trefpaffement.

COGNEUT AVEC CE, icellui prifonnier, que affez toft

(1) La reine Ifabeau de Bavière fit fon entrée à Paris le dimanche 22 août 1389. Voy. ci-deffus, p. 76. Les jours fuivants, du lundi 23 au famedi 28 août, furent marqués par des divertiffements de toute forte, & des joutes auxquelles le roi lui-même prit part (*Chron. du Religieux de Saint-Denis*, t. I, p. 615 de l'édition de M. Bellaguet). Ce font peut-être ces joutes que Charles VI veut défigner dans le mandement par lequel, en mai 1391, il accorde une gratification de 100 fr. « aux che-vaucheurs, armeuriers, peintre & varlet de fon grant cheval, qui le fervirent aux jouftes derrenierement faictes à Paris. » (*Catal. des archives de Jourfanvault*, I, n° 653.)

après ce que le roy & noſſeigneurs ſes oncles furent revenus en la ville de Paris (1), & retournez de l'Eſcluſe,
quant l'en cuida paſſer en Engleterre, à un ſoir qu'il qui
parle, un nommé Paſtourelle, Guillemin des Bruïeres &
un autre compaignon nommé Perrin, tous lors varlés de
Thiebaut, varlet de chambre de monſ. de Berry, eſtans
en l'oſtel du Pot d'Eſtain, en la rue Saint-Martin, où ilz
avoient fait traire une pinte de vin pour boire enſamble,
fu veu & aviſé par icellui Perrin, & diſt à lui & à autres
deſſus dis qu'il avoit veu paſſer par davant ledit hoſtel
un ſergent du roy nommé Jehan de Verberie, lequel, ou
temps paſſé, avoit fait pluſieurs injures & deſplaiſirs audit
Thiebaut, leur maiſtre, & que icellui Thiebaut lui avoit
dit, & à pluſieurs autres ſes varlés, que, en quelque lieu
que ledit ſergent feuſt trouvez, qu'il feuſt batus & que
l'en lui coppaſt les jambes. Et lors, ſens plus dire, diſtrent
d'un commun aſſentement li uns à l'autre : *Alons le batre;
il eſt bien à point;* parce qu'il eſtoit lors ainſi comme heure
d'entre chien & leu, c'eſt aſſavoir que l'en alume chan-
deilles, un pou devant Noël. Et atant ſe partirent de ladite taverne, c'eſt aſſavoir ledit Bruyeres le premier, lequel Bruïeres, d'un couſtel qu'il avoit ſur lui, feri & navra
icellui ſergent, ne ſcet en quelle partie de ſon corps, parce
qu'il eſtoit nuit, comme dit eſt. Auquel ſergent, quant
lui qui parle arriva audit debat & conflit, d'un baſton de
fagot qu'il tenoit en ſa main, donna deux coups par les
eſpaules, & d'iceulx l'abati à terre. Lequel ſergent fu
lors par iceulx varlez, & chaſcun d'eulx, feruz & batus de
pluſieurs coups, le leiſſerent illec en la place, &, ce fait,
s'en retournerent oudit hoſtel du Pot d'Eſtain, boire
ladite pinte de vin qu'ilz avoient fait traire, comme dit
eſt; laquele, quant ilz orent beue & païée, ilz s'en alc-

---

(1) Le roi quitta Paris le 5 août 1386; il étoit de retour à la Touſſaint.
Voy. la *Chron. du Religieux de Saint-Denis*, t. I, p. 449-455 & 459-461.

rent en l'oftel des Becques, emprès Saint-Magloire, ouquel eftoit logiez ledit Thiebaut, leur maiftre, & Simonnet, fon frere; auquel Simonnet ledit Perrin dift lors
comme ilz avoient batu ledit fergent, & icellui Simonnet
refpondi que c'eftoit bien fait, fi comme depuis il a ouy
dire & confeffer par plufieurs fois audit Perrin. Et dift,
fur ce requis, que oncques il ne ouy que ledit Thiebaut
parlaft en aucune maniere de la bateure dudit fergent,
ne auffi qu'il en deift aucune chofe à lui qui parle.

LE MARDI viij^e jour dudit mois de frevrier mil ccciiij^xx
& neuf, par davant monf. le prevoft, lui eftant en jugement fur les carreaux, prefens maiftres Guillaume Porel,
confeiller du roy noftre fire en fon parlement; Jehan
Truquam, lieutenant dudit monf. le prevoft; Martin
Double, advocat; Andrieu Le Preux, procureur du roy;
Jehan Delcy, Michel Marchant, Jaques du Bois, Denis
de Baufmes, Nicolas Blondel, advocas; Dreux d'Ars,
auditeur; Jehan de Tuillieres, Robert Petit-Clerc, Ernoul de Villers & Robert de Tuillieres, examinateurs
oudit Chaftellet, fu fait venir & attaint le deffus dit Colin de La Sale, prifonnier; en la prefence duquel les
confeffions cy-deffus dites & efcriptes furent leues &
recolées; & en icelles, fans aucune force ou contrainte,
& par ferement, a continué & perfeveré, & ycelles afferme
eftre vrayes, & par lui avoir efté faites & comiffes en la
forme & maniere que redigées font en efcript; &, oultre
ce, cogneut que, lonc temps a, autrement du jour ne de
l'an n'eft record, lui eftant couchié en la rue Saint-Sau-
veur, avec une fille de vie nommée Jehennete, au partir
& defcouchier qu'il fift, au matin, de la chambre d'icelle
Jehennete, elle abfente, il print un des draps dudit lit
& une pinte d'eftain eftant fur la table en la chambre
d'icelle Jehennete, lefquelz drap & pinte il vendi, n'eft
record à qui, v f. par.

Item, cogneut, fur ce requis, que, environ xv<sup>e</sup> au-devant de ce que ledit fergent feuft par lui & les deffus dis batu & navrez, lui & autres plufieurs des varlés dudit Thiebaut, n'eft record à prefent les noms d'iceulx, eftans en la compaignie dudit Simonnet, oudit hoftel des Vef-ques, leur fu dift par ledit Simonnet, frere dudit Thie-baut, icellui Thiebaut lors abfent & eftant en l'oftel de Neele, par devers monf. de Berry, que lui qui parle & les autres varlés de fondit frere ne mengeroyent d'ores en avant de fon pain, fe lui qui parle ou les autres varlés de fondit frere ne le vengoyent dudit fergent qui avoit injurié & viliené très-grandement fondit frere. Et, ce fait, fu icellui prifonnier remis & mené en la prifon dont il eftoit partis.

Lequel procès, veu & leu en la prefence defdiz con-feillers, fu, par ledit monf. le provoft, demandé leurs advis & oppinions fur ce. Tous lefquelz delibererent & furent d'oppinion, confidéré les larrecins commiffes & reiterées par plufieurs fois par icellui prifonnier, avec-ques les occifions dont en icellui procès eft faite men-cion, combien qu'ilz n'avoient pas efté ne furent fais de propos advifé, que icellui Colin de La Sale eftoit digne de mourir, c'eft affavoir d'eftre pendu. Lefquelx oppinions oïz, & leu ledit procès, ycellui Colin fu ad ce condampné par ledit monf. le prevoft, prefens les deffus nommez.

Le mercredi ix<sup>e</sup> de fevrier fu ce jugement exécuté. Et n'avoit nuls biens.

AL. CACHEMARÉE.

## JEHANNIN LE VOIRRIER.

### 22 mars 1389-90.

L'AN DE GRACE MIL TROIS CENS quatrevins & neuf, le mardi xxij<sup>e</sup> jour de mars, au commendement de meſſeigneurs de parlement, fut admené des priſons du Palays, priſonnier ou Chaſtellet de Paris, Jehannin Le Voirrier, demourant partout, par Jehan Fauvel, huiſſier de parlement, & Pierre Chevalier, garde deſſdites priſons, eſqueles ledit Jehannin avoit eſté mis du comandement de meſdiz ſeigneurs, pour ce que hier il avoit eſté ou fut trouvé copant le mordant de la ſainture d'argent d'un homme en la chambre de parlement, où meſdiz ſeigneurs eſtoient. Et diſoit & rapportoit icellui Fauvel, par meſdiz ſeigneurs, que ilz mandoient & avoient volu & ordonné que par monſ. le prevoſt de Paris feuſt cogneu du cas deſſus dit, en faiſant ſur ce, audit Jehannin Le Voirrier (1), raiſon & juſtice, &, en oultre, ſe meſtier eſtoit & comme de raiſon ſeroit.

CE JOUR DE MARDI, par devant maiſtres Jehan Truquan, lieutenant de monſ. le prevoſt, lui eſtant en jugement ou petit parquet du Chaſtellet de Paris, fut attaint & admené le deſſus nommé Jehannin Le Voirrier, priſonnier, aagé de vint-deux ans ou environ, &, tant ſur ce que deſſus eſt dit comme ſur ſon eſtat, où il fu né, examiné & interrogué par ſerement. Lequel priſonnier, en la preſence de honorables hommes & ſages maiſtre Dreue d'Ars, auditeur; maiſtres Girat de La Haye, Nicolas Bertin & Jehan de Bar, examinateurs, cogneut & confeſſa que il avoit eſté & fu né en la ville du Mans, où ſa mere demeure, & que oncques il ne aprint meſtier ne marchandiſe, mais

---

(1) Le manuſcrit porte *Boirrier*.

a tousjours efté varlet fervant & homme vacabond; & que hier, lui eftant au Palays, en la chambre de parlement, où l'en plaidoit, avecques plufieurs autres, il vit & apperceut le mordant d'une çainture d'argent que un homme, qu'il ne cognoiffoit ne ne cognoift, avoit entour lui, lequel mordant, par temptacion de l'ennemi, il copa hors de ladite çainture d'um petit couftel qu'il avoit; lequel mordant valoit bien x f. ou environ, & non plus; pour laquelle caufe il fu prins & mis ès prifons dudit Palays. Et difoit par fon ferement qve c'eftoit le premier mordant que il euft oncques copé, en requerant fur ce grace & mifericorde audit maiftres Jehan Truquam.

Après laquelle confeffion ainfi faite par ledit prifonnier, pour ce que jà pieça il avoit efté & fu admené prifonnier au Chaftellet, pour avoir emblé une taffe d'argent en l'oftel monf. de Berry, à Wiffeftre (1), donc il avoit eu & a remiffion, qui encores ne lui eft pas veriffiée, & en eft encores prifonnier eflargi oudit Chaftellet; & qu'il difoit que oncques ne autre chofe il n'avoit meffait oultre ce que deffus eft dit; furent mandez en jugement, oudit petit parquet, honorables hommes & fages maiftres Dreux d'Ars, auditeur, & Michel Marchant, advocat; Jehan de Tuillieres, Girart de La Haye, Jehan de Bar, Nicolas Bertin & Nicolas Chaon, examinateurs; auxquelx fu recité ce que deffus eft dit par ledit maiftre Jehan Truquam. Et, ce fait, leur demanda comment l'en avoit à proceder à l'encontre dudit prifonnier. Tous lefquelz dirent & furent d'oppinion que, veue la confeffion d'icellui prifonnier, ce que autrefois il avoit fait autre larrecin, dont il avoit & a remiffion, qui encores ne lui eft pas verifiée, maiz eft encore prifonnier eflargi, que icellui prifonnier, afin de favoir par fa bouche de fes autres

---

(1) Aujourd'hui Bicêtre.

faiz & larrecins la vérité, il devoit eftre mis à queftion, & n'en povoit ne devoit eftre efpargné. Lefquelx oppinions oïz, & confideré ce que deffus eft dit, il fut ad ce, par ledit maiftre Jehan Truquam, condempné.

VEU lequel jugement interlocutoire donné [contre] icellui prifonnier, ledit prifonnier fu mandé en jugement fur les carreaux, oudit Chaftellet, & par ledit lieutenant lui fu dit que de fes autres larrecins il deift & confeffaft plainement la verité, ou autrement l'en lui feroit dire & confeffer. Lequel prifonnier dift de rechief que plus ne autre chofe il n'avoit oncques meffait que ce que deffus dit, c'eft affavoir d'avoir copé ledit mordant, en quoy il perfevera, & emblé ladite taffe d'argent, dont il avoit remiffion. Pour quoy, en enterinant & accompliffant ledit jugement interlocutoire, ycellui prifonnier fu defpoillié & lié à la queftion. En laquele, fenz autre contrainte lui fere, congnut & confeffa par devant ledit lieutenant, en la prefence de maiftre Dreue d'Ars, auditeur; maiftre Jehan de Ceffires, greffier criminel en la court de parlement; maiftres Girart de La Haye, Jehan de Bar, Nicolas Bertin & Nicolas Chaon, examinateurs; que verité eftoit que, un an avoit ou environ, lui eftant à la forge Jehan de Candé, orfevre (1), demourant au Mans, en laquelle il fouffloit, il mal print & embla iij groz tournoys qui y eftoient.

Item, congnut & confeffa que, avant la venue de la royne à Paris, il print & embla à Me Climent de Reillac, advocat en parlement, en l'oftel duquel il demouroit lors, un heuyau de fer, qu'il vendi depuis xij d. en la Ferronerie.

Item, confeffa que, troys fepmaines a ou environ, il print & embla à Thevenin Le Maçonnet, fon frere, de-

_____

(1) Le manufcrit porte *orfeuce*.

mourant à Gaigny, un pic, en l'oſtel Jehan de Billi, en la ville de Villemonble, où ſondit frere maçonnoit, lequel pic il vendi depuis viij blans devant Saint-Ynocent.

Item, confeſſa que, aujourd'ui a xvᵉ jours, lui eſtant à Saint-Pol, où le roy faiſoit ſa feſte, il wida la bourſe de Perrin Le Bourſier, varlet de garde-robe, qui tendoit tapis du roy en une ſale ; laquelle bourſe il trouva enmi ladite ſale, & en ycelle trouva cinq eſcus d'or, donc il c'eſt veſtu.

Item, confeſſa que dymenche derrenier paſſé ot xv jours, lui eſtant en l'oſtel monſ. de Touraine, où il eſtoit alé veoir les dances, & que ſur le ſoir, en regardant ycelles, il oſta une petite dague ſans gaigne à un homme qui l'avoit pendue à ſa ſainture ; & laquelle dague il vendi depuis, à un mercier du Palays, ij ſ. par.

Item, confeſſa que, iij ans a ou environ, que il ſervoit en l'abbaye Saint-Vincent du Mans, il, ſur l'anuitement, à un jour dont il n'eſt record, entra en une des chambres d'icelle abbaye, en laquelle il trouva un coffre qui n'eſtoit point fermé, & en ycellui print & embla x ou xij blans, ne ſcet lequel. Et auſſi print & embla en icelle abbaye deux vielz camails d'un bacinet, leſquelz il vendi depuis iij ſ. à Hebert Corbin, feurbiſſeur, demourant en ladite ville du Mans.

Item, confeſſa que, environ devant la S. Jehan-Baptiſte derreniere paſſée a eu un an, que il demoroit au Mans avecques ſa mere, il congnut charnelement, par une fois, une jument qui eſtoit à ſadite mere.

Item, confeſſa que, la vaille ou ſeurveille de ladite feſte de Saint-Jehan, il ſe parti d'avecques ſadite mere, & ſe aloa a Thibaut Le Henapier, hoſtellier, demourant en la rue Saint-Vincent, ès fauxbours d'icelle ville du Mans, pour le ſervir parmi ſondit hoſtel comme varlet, & que à un jour dont il n'eſt record, en menant boire des chevaulx qui eſtoient en l'oſtel de ſondit maiſtre, il

fe loga oudit hoftel un bon homme qui chevauchoit une
jument; & dit que, lui retourné oudit hoftel de abeuvrer
lefdiz chevaux, il femblablement cognut & ot compaignie
charnelle par deux fois à ladite jument, en l'eftable dudit
hoftel, où elle eftoit.

Item, après ce que ladite confeffion ot efté & fut leue
de mot à mot audit prifonnier, lui fu demandé fe fadite
confeffion eftoit vraye; lequel dift, jura & afferma par
fon ferement que ouil, & en ycelle perfevera. Et, avecques ce, confeffa, oultre ce que deffus eft dit, que à un
chevalier que il ne cognoiffoit, il avoit & a copé un
couftel qu'il avoit pendu à fa çainture, & ycellui efchangé
à un blanc & une dague qui lui fu baillée fur le Petit-
Pont de Paris.

Item, le mercredi enfuïant, xxiij^e jour de mars,
oudit an mil ccc iiij^xx & neuf, par davant monf. le prevoft, lui eftant en jugement fur les carreaux, prefens ad
ce maiftres Jehan Truquam, lieutenant; Martin Double,
advocat; Andrieu Le Preux, procureur du roy; Pierre
Gillebert, Erneul de Villers, Nicolas Bertin, Robert de
Tullieres, Jehan de Bar, Jehan de Tuillieres & Nicolas
Chaon, examinateurs du Chaftellet, en la prefence defquelz le procès & confeffions faites par ledit prifonnier,
cy-devant efcrips, furent leuz & vifitez mot après autre.
Et en icelles confeffions par lui, oudit jour d'ier, faites
par la forme & maniere que efcriptes font, continua &
perfevera icellui prifonnier, difant & affermant par ferement que elles contenoient verité, & par lui avoir efté
faites & commifes en la maniere que dit eft cy-deffus.
Et, pour ce, fu fait traire erriere fur lefdiz carreaux, &
par ledit monf. le prevoft demandé auxdiz prefens confeillers leurs advis & oppinions qu'il eftoit bon eftre fait
de la perfonne dudit Voirrier, prifonnier. Tous lefquelz
delibererent & furent d'oppinion que, confideré la grace

& remiffion à lui ottroyé par le roy noftre fire, pour raifon du hanap d'argent dont deffus eft faite mencion, laquelle n'eftoit encore aucunement verifiée, & auffi que,
en l'expedicion d'icelle, il eftoit cheuz & mis, vendredi
derrerement paffé, en un deffaut des eflargis ; les larrecins par lui commifes & faites paravant & depuis la date
de ladite remiffion, donc en icelle n'eft aucunement faite
mencion, avec les reiteracions d'iceulx crimes & larrecins,
& auffi dudit pechié horrible de compaignie charnelle,
par lui reiteré par iij fois, en befte appellée jument, que
comme bougres il feuft executez, & qu'il eftoit dignes
de recevoir mort, c'eft affavoir d'eftre ars. Veu lequel
procès & confeffions faites par icellui prifonnier, & oyes
auffi les oppinions defdiz confeillers, icellui prifonnier
fu ad ce condampnez par ledit monf. le prevoft en fa
prefence.

OuQUEL jourd'uy, ledit Jehannin Le Voirrier, en enfüiant ledit jugement, fu mené à fon derrenier tourment
en la place aus Pourceaux, oultre la porte Saint-Honnoré ; & illec, en la prefence de honorables hommes &
fages maiftres Jehan Truquam, lieutenant dudit monf.
le prevoft ; Nicolas Bertin, examinateur du roy noftre
fire ou Chaftellet de Paris, oultre & par-deffus les confeffions cy-deffus efcriptes, par lui cogneues, congneut
& confeffa que, ou temps qu'il eftoit varlet & famulier
de maiftre Clement de Reillac, advocat en parlement, il
mal print & embla, en la chambre dudit fon maiftre, une
efpée, laquelle il vendi, affez toft après que prinfe l'ot,
en la rue Saint-Denis, à un fourbiffeur, la fome de xvj f.
par., & iceulx appliqua à fon prouffit.

Item, cogneut que, puis trois fepmaines ençà, il eftant
ou Palaiz, en la chambre des reformateurs, où yl y avoit
plufieurs gens, & ainfi comme l'en plaidoit devant iceux
reformateurs, tira une dague que un efcüier avoit pendue

à fa fainture hors de la gaigne, & icelle vendi, affez toſt après, la fomme de iiij f., à un cuſtellier faifeur de man-ches de badelares (1), demourant auprès dudit Palaiz. entre la rue de la Calendre & l'uys de Saint-Eloy. Et autre chofe ne voult cognoiſtre que dit eſt cy-deſſus.

ET, CE FAIT, fu, ou jour deſſus dit, ledit jugement executé.

Et n'avoit aucuns biens.

AL. CACHEMARÉE.

# PERRIN DES CHAMPS.

### 23 mars 1389-90.

L'AN DE GRACE MIL TROIS CENS quatrevins & neuf, le mercredi xxiij<sup>e</sup> jour de mars, par davant monf. le prevoſt, lui eſtant en jugement fur les carreaux, prefens maiſtres Jehan Truquam, lieutenant dudit monf. le pre-voſt, & Nicolas Bertin, Erneul de Villers & Pierre Gil-lebert, examinateurs du roy noſtre fire oudit Chaſtellet, fu fait venir & attaint des prifons où il eſtoit Perrin des Champs, chartrier, demourant à Nanterre, admené pri-fonnier oudit Chaſtellet, à la denonciacion de Jehan du Chemin, fon maiſtre, demourant à Lay, pour ce qu'il diſt qu'il lui a emblé un cheval fauve & plufieurs autres biens. Lequel prifonnier, examiné fur ce que dit eſt, & dont il eſt nez, & de fa vie, renommée & converſacion, diſt & afferme par fon ferement fur ce fait aus fains Evan-

---

(1) Dès le xiii<sup>e</sup> fiècle, les couteliers faifeurs de manches formoient une profeſſion diſtincte & féparée de celle des couteliers proprement dits. Les uns & les autres étoient régis par des ſtatuts particuliers. Voy., p. 47-51, *Le livre des Métiers*, d'Étienne Boileau, publié par Depping.

gilles de Dieu, qu'il eft nez de la ville ou chaftel de Grez
en Gaftinoiz, & que tout le temps de fa vie il a efté &
eft chartier, & mene chevaux de labour; & quant à la
prinfe dudit cheval, après plufieurs variacions & denegacions par lui faites, & que par ledit monf. le prevoft
lui fu dit que fe de ce ne difoit la verité, que l'en le li
feroit dire, & feroit mis à queftion, cogneuft & confeffa
de fa voulenté, fans aucune force ou contrainte, que,
xv jours a ou environ, autrement du temps ne du jour
n'eft record, finon que ce fu de nuit, que en l'eftable &
hoftel dudit du Chemin, fon maiftre, de nuit, il mal print
& embla icellui cheval de poil fauve, & le mena & bailla
en garde, dymenche derrenierement paffé ot viij jours,
au matin, à Marin Peterin, demourant à Courbevois, près
du port de Nuilly, & oncques puis ne vit icellui Marin,
ne auffi ledit cheval, qui pour lors valoit environ x frans.

Et dift avec ce que fon entente eftoit de aler dymenche
derrenierement paffé, au matin, querre ledit cheval &
païer la defpence que faitte avoit en l'oftel dudit Marin,
fe n'euft efté ce que, le famedi precedent derrenierement
paffé, il fu prins & admené prifonnier ou Chaftellet, pour
la caufe cy-deffus dite; duquel cheval fon entente eftoit,
fe avoir l'euft peu, d'en faire fon plaifir & prouffit.

Item, cogneut que, deux ans a ou environ, lui eftant
ferviteur de Jehan Rofe, demourant à Befon, print de
nuit, en la prarie d'icelle ville, deux jumens appartenans
audit Rofe, & icelles en amena jufques en la ville de
Saint-Mor des Foffez, en laquelle ville icelles jumens
furent pourfuies & recogneues, &, [par] les gens qui pour-
fuioient icelles, remenés en l'oftel dudit de Befon, fon
maiftre, fi comme il lui fu tefmoignié par aucuns des gens
d'icelle ville, qui le dirent à lui qui parle, en la ville de
Paris, en iaquelle il ont depuis ledit temps parlé à lui.
Et dift que au temps qu'il print lefdites deux jumens,
elles valoyent bien viij l. t.

Item, cogneut que, un an a ou environ, lui eftant couchié en un lit en la ville de Gonneffe, avec un compaignon dont il ne fcet le nom, de nuit, print en la bourfe
dudit compaignon quatre viez blans qui y eftoient; &
mieulx euft prins s'il euft peu trouver.

Item, trois ans a, en ladite ville de Gonneffe, en l'oftel
de Thevenin Hervy, demourant audit lieu, de nuit, mal
print en ycellui hoftel un chaperon fengle de drap pers,
à ufage d'omme, lequel il vendi, à Paris, xij d.

Item, cogneut que, lui eftant varlet chartrier de Jehan
Le Plaftrier, demourant à Maifons fur Saine, vers le pont
de Chalenton, fachant que fondit maiftre avoit grant affi-
nitié avec le feigneur de La Coquille, demourant ou cymetiere Saint-Jehan, vint par devers lui, vj ans a ou
environ, autrement du temps ne fe recorde, & ycellui
emprunta, ou nom de fon maiftre, ij frans, lefquelz il
print & appliqua à fon fingulier prouffit, fans en dire
aucune chofe à fon maiftre, &, yceulx deux frans par lui
receuz, ne retourna puis devers fondit maiftre, & ainfi
fe parti fans fon fceu ou congié.

LE JEUDI ENSUIANT, xxiij[e] (1) jour de mars mil ccciiij[xx]
& neuf, par davant monf. le prevoft, lui eftant en jugement fur les carreaux, prefens maiftres Dreux d'Ars, lieutenant; Andrieu Le Preux, procureur du roy; Michel
Marchant, Nicolas Blondel, Denis de Baufmes, advocas;
Girart de La Haye, Robert de Pacy, Nicolas Bertin,
Ernoul de Villers & Nicolas Chaon, examinateurs du roy
noftre fire oudit Chaftellet; fu fait venir & attaint le
deffus dit Perrin des Champs, prifonnier oudit Chaftellet, en la prefence duquel feurent leues les confeffions
cy-deffus efcriptes, par lui faites, efquelles icellui prifonnier, fans aucune force ou contrainte, continua, perfe-

_____

(1) *Sic*, pour le 24 mars.

vera & afferma le contenu en icelles eftre vray, & par lui
avoir efté faiz, commis & perpetrés en la fourme & maniere que efcrips font; &, en oultre, cogneut que, ou
temps qu'il eftoit varlet chartier de Thevenin fon maiftre,
demourant à Gonneffe, ainfi comme il eftoit couchié en
l'eftable aux cheveaux dudit Thevenin fon maiftre, & en
la compaignie d'un autre chartrier, il print de nuit unes
chauces de drap pers, à ufage d'omme, qui y eftoient, en
l'eftable defdiz chevaux, lefqueles chaufes il qui parle
appliqua à fon prouffit, & icelles a ufées. Et dift qu'il
n'eft record de quelle valeur elles eftoient, ne du temps
qu'il print icelles.

Item, cogneut que, ij ans aura à la Saint-Jehan d'efté (1)
prochainement venant, il eftant en l'oftel de Jehan Briffet,
demourant à Argentueil, print en icellui un mantel fengle
de drap marbré à ufage d'omme, lequel il aporta vendre
à Paris, & icellui vendi illec la fomme de vjˢ f. par.

Item, en la ville de Macy, en l'oftel Jaquet de Vannes,
fon maiftre, un an a ou environ, un autre mantel fengle
de drap marbré, par lui vendu à Paris, un an a ou environ, la fomme de viij f. par.

Item, & avec ce, que naguaires, lui eftant couchié en
la ville de Charronne, en une chambre où il y avoit deux
autres compaignons, que lui qui parle eftoit logiez &
couchiez, avoir prins la chemife de l'un d'iceux compaignons, & laquelle il a de prefent veftue, & celle que
pour lors avoit veftue, icelle avoit mis ou lieu de celle
qu'il print.

Item, cogneut que, par iiij fois du moins donc il fe
recorde, lui eftant couchié (2) avec plufieurs compaignons
charretiers, s'eft de nuit refveillez d'emprès eulx, &, ce
fait, ferchié leurs bourfes, qu'il portoient à leur poitrine.

---

(1) La nativité de faint Jean-Baptifte, le 24 juin.
(2) Le manufcrit porte *choucié*.

esquelles il a prins deux soulz, & non plus, parce qu'il n'y avoit plus, mais ce plus y eust trouvé, prins l'eust volontiers.

Item, cogneut que, x sepmaines a ou environ, il print sur la nuit, en l'ostel de Thomas François, demourant à Nanterre, une bride à cheval de hernoiz, laquelle il a engaigiée de iiij blans, en l'ostel d'un tavernier demourant à Cormeilles en Parrisy, près du moustier d'icelle ville.

Cogneut aussi que, trois sepmaines a ou environ, lui estant pour lors varlet de Guillot Marez, demourant à Nanterre, print, à un matin qu'il se parti de sondit hostel, une bride à cheval de hernoiz, laquelle il porta en la ville d'Argentuil, & icelle engaiga en ladite ville, en l'ostel d'un tavernier nommé Le Conte, pour la somme de viij d. par., qu'il avoit despendus oudit hostel. Et, ce fait, fut ledit prisonnier trait arriere & remis à part ès prisons dont il estoit partis.

Et par icellui monsf. le prevost demandé fu ausdiz conseillers leurs advis & oppinions que bon estoit à faire dudit prisonnier; tous lesquelz, veues lesdites confessions & perseveracions par lui faites, delibererent que ledit prisonnier estoit larron, & aussi avoit fait plusieurs traysons à sesdiz maistres en tant comme il confessoit estre leur varlet & serviteur, & que depuis il les avoit fait plusieurs roberies; attendues aussi les multiplicacions & reiteracions de larrecins par lui commises, & la valeur d'icelles, cogneues & confessées, & le lonc temps qu'il a continué icelles, que comme larron il feust executez, c'est assavoir pendus. Veu lequel procès & confessions faites par icellui prisonnier, avec leurs advis & oppinions desdiz conseillers, icellui monsf. le prevost condempna ledit prisonnier, & en sa presence, à estre pendu comme larron.

LEQUEL jugement fu exécuté ce jour.

Et n'avoit icellui prisonnier aucuns biens.

AL. CACHEMARÉE.

## MARION DU VAL.

### 24 mars 1389-90.

L'AN DE GRACE MIL TROIS cens quatrevins & neuf, le jeudi xxiiij[e] jour de mars, par davant monf. le prevoft, lui eftant en jugement fur les carreaux, prefens maiftres Dreux d'Ars, lieutenant; Andrieu Le Preux, procureur du roy; Michel Marchant, Denis de Baufmes, Nicolas Biondel, advocas; Girart de La Haye, Nicolas Bertin, Ernoul de Villers, Robert de Pacy & Nicolas Chaon, examinateurs du roy noftre fire ou Chaftellet de Paris; fu faite venir & attainte des prifons dudit Chaftellet Marion du Val, naguaires chamberiere de Hennequin le Tainturer, fergent à verge oudit Chaftellet, prifonniere, detenue à la requefte dudit Hennequin & de fa femme, pour ce que, fans leur fceu & congié, elle a ouvert un leur coffre, & en ycellui a prins plufieurs aneaux d'or & autres chofes, lefquelz eile en a portez & s'en eft fuye atout. Laquelle prifonniere, fur ce jurée aus fains Euvangilles de Dieu de dire verité, cognent & confeffa, fanz aucune force ou contrainte, que mercredi derrenierement paffé, ot xv jours ou environ, elle eftant feule en l'oftel dudit Hennequin, fon maiftre, à heure d'après difner, que fefdiz maiftres & maiftreffe eftoient alez hors de leurdit hoftel, trouva d'aventure un coffre eftant en la chambre d'iceulx Hennequin ouvert, ouquel coffre, combien qu'il y euft plufieurs fermeilles d'or, d'argent, hennaps, gobelez, dragoirs & autre vaiffelle

N 2

d'argent, avec plufieurs robes appartenans à la femme,
dudit Hennequin. elle, par temptacion de l'ennemi, print
en icellui coffre deux aneaux d'or, l'un à un rubis &
l'autre à une groffe pelle, avec une verge d'or, qui li
furent monftrez en jugement par devant les deffus diz,
& lefquelz elle cogneuft eftre ceulx que prins avoit
oudit coffre. Et, ce fait, porta yceulx & bailla en garde
à damoifelle Jehennette de La Haye, afin que fur iceulx
aneaux elle emprumptaft de l'argent pour li baillier.

Cogneut avec ce, que oudit coffre elle print deux parifis d'argent, l'un doré & l'autre non, lefquelz elle a
vendues, & l'argent appliqué à fes ufage & affaire; &
que fi toft comme elle ot prins ce que dit eft deffus, elle
fe parti de l'oftel & demeure defdiz Hennequin & fa
femme fans leur fceu & congié. Et autre chofe ne voult
cognoiftre ou confeffer, jà foit ce que iceulx Hennequin
& fa femme ayent dift & affermé par leurs fermens que
oudit coffre furent lors prins aucuns autres biens, defquelz, quant de prefent, ilz ne font recors, fauf d'une
petite verge d'or qui lors fu prinfe avec lefdiz deux
aneaux & verge.

VEUE LAQUELLE confeffion faite par icelle Marion,
prifonniere, fu demandé par ledit monf. le prevoft aufdiz
prefens confeillers qu'il eftoit bon à faire d'icelle prifonniere, & par quele maniere l'en avoit à proceder contre
elle. Tous lefquelz furent d'oppinion que, veu l'eftat de
fa perfonne, qui eft femme de pechié & petite renommée,
la traïfon par elle faite aufdiz Hennequin & fa femme,
fes maiftre & maiftreffe, & la confeffion d'icelle, que pour
favoir par fa bouche fe elle avoit fait ou commis aucuns
autres crimes ou larrecins, elle feuft mife à queftion; &
que ou cas que elle ne cognoiftroit autre chofe que dit
eft deffus, attendu que lefdiz deux aneaux & verge d'or
font en nature & reftituez à iceulx mariez, que, au jeudi

abfolu (1), elle feuft eflargie de prifon; & ce elle cognoiffoit oultre ce que dit eft deffus, que juftice & raifon li
feuffent fais & acompliz. Et ad ce fu ladite prifonniere
condempnée par ledit monf. le prevoft.

Et, ce fait, en enterinant ledit jugement, fu de rechief fait venir par davant ledit monf. le prevoft ladite
Marion, prifonniere, & li fu demandé par ledit monf. le
prevoft & enjoint que elle deift verité des autres biens
par elle prins ou coffre d'iceux mariez, & en efpecial
d'une verge d'or petite, dont elle n'avoit rien confeffé,
ou, fe elle ne le difoit de fa volenté, que par force l'en
le li feroit dire, & feroit mife à queftion. Et pour ce que
icelle prifonniere ne voult autre chofe confeffer que dift
eft deffus, fu faite defpouillier, mife & lyé à la queftion
fur le petit trefteau; & illec, affez toft après que elle y
ot efté mife & jetté l'eaue fur elle, requift que l'en la
voulfift mettre hors d'icelle, & elle diroit verité de ce
que dit eft, & des autres crimes & larrecins par elle commiz & perpetrez, donc il en y a plufieurs. Si fu oftée &
mife hors d'icelle queftion, & menée chauffer en la cuifine en la maniere acouftumée; & illec, fanz aucune force
ou contrainte, cogneut & confeffa, oultre & par-deffus les
chofes deffus dites par lui cogneues & confeffées, que ou
coffre defdiz Hennequin & fa femme, quant elles print les
deux aneaux & verge d'or dont deffus eft faite mencion,
elle, avec ce, print une autre petite verge d'or, laquelle,
affez toft après ce que prinfe l'ot, elle engaiga pour xij d.
à une femme nommée Taffine, ouvriere de bources, demourant aus Troys Efcus, en la rue du Feurre, derriere
Saint-Innocent.

Item, cogneut que, durans les feftes de Noël derrenie-

---

(1) Le jeudi faint. Ce jour de folennel pardon pour l'Églife étoit confacré, au moyen âge, à la délivrance des criminels.

rement paſſées, que elle ſervoit en l'oſtel Guillaume de
Couloigne, elle print oudit hoſtel un chapperon de violet
à uſage de femme, doublé tout d'un drap, & vault icellui
chapperon ij ſ. ou environ; lequel chapperon elle a baillié
en garde à la femme d'un charretier, duquel elle ne ſcet
le nom, demourant auprès de l'oſtel dudit de Couloigne.

Item, que durant le temps que elle a ſervi & demouré
avec une femme bourſiere nommée Gilete, demourant
en la rue des Arcis, à l'enſeigne où pend l'eſpée, elle
eſtant ſeule en la chambre de ſadite maiſtreſſe, environ
heure d'après diſner, trouva un des coffres d'icelle Gilete
ouvert, ouquel elle print ij ſ. par., qui eſtoient miz &
eſtendus ſur les draps de lui qui eſtoient en icellui coffre.

Item, & avec ce, ſur icelle Gilete, ſa maiſtreſſe, avoir
prins & emblé un tiſſu de ſoye aſurée, peſant environ
once & demie, lequel tiſſu elle a vendu, n'eſt recorde à
qui, ne quant ce fu, la ſomme de xviij ſ. par., & icelle
ſomme appliquée à ſon prouffit.

Item, cogneuſt que, un an a ou environ, elle lors ſer-
vante une ſienne maiſtreſſe chaſubliere nommée Gilete La
Lingiere, & laquelle eſt allée de vie à treſpaſſement puis
deux ans a ou environ, & pour lors demourant en la rue
des Arcis, aſſez prez de l'hoſtel de ladite feu Gilete, à
Paris, mal print & embla en icellui hoſtel deux aulnes de
toille, deſquelles elle qui parle fiſt faire des chemiſes pour
elle.

Item, en l'oſtel d'icelle feu Gilete, environ ledit temps,
print un chapperon à uſage de femme, doublé de deux
draps, l'un pers, l'autre vermeil, lequel elle vendi viij ſ.

Item, en l'oſtel d'une femme nommée Alips, demourant en la rue des Arcis, aſſez près de l'oſtel de ladite
feu Gilete, une coiffe de ſoye, laquelle elle donna, ſi
touſt comme prinſe l'ot, à une ſienne voiſine nommée
Katherine, n'eſt recorde ſon ſeurnom, ne quant ce fu.

Item, un an a ou environ, en l'oſtel d'une lavendiere

demourant emprès le temple, elle mal print une bourſe de cuir blanc, laquelle elle miſt ſur ſoy, porta & uſa ycelle.

Item, cogneut que, puis iij mois a ou environ, elle eſtant aus eſtuves, en la rue Saint-Martin, print oudit hoſtel, ès aumailles (1) d'icellui hoſtel, une envelope de toile, laquelle elle a uſée.

Item, un an a ou environ, en l'oſtel d'icelle Gilete, un chaperon de drap pers ſengle, à uſage d'homme, lequel elle vendi ij ſ., avec un ſeurpliz aſſez vueil & un drap de lin de lé & demi, leſquelz elle bailla à une ſienne commere pour lors giſant d'efant à l'Oſtel-Dieu de Paris; une paire de ſaint Pierres de terre painte ou coffre d'une des filles d'icelle Gilete, enſamble une chemiſe à uſage d'homme, par li vendue ij ſ., avec un queuvrechié vieil que une des voiſines de ladite Gilete avoit baillié à buer (2) en l'oſtel d'icelle feue Gilete, ſa maiſtreſſe, lequel eſt encore par devers elle & en ſa garde.

Item, LE SAMEDI enſuïant, xxvjᵉ jour dudit mois de mars mil ccciiij×× & neuf, par devant monſ. le prevoſt, preſens maiſtres Dreux d'Ars, lieutenant; Martin Double, advocat; Andrieu Le Preux, procureur du roy; Michel Marchant, Denis de Baufmes, Jaquet du Bois, Eſtienne Renart, advocas; Ernoul de Viellers, Oudart de Fontenoy, Jehan de Bar, Nicolas Chaon, examinateurs du roy noſtre ſire oudit Chaſtellet; fu attainte & fait venir en jugement ſur les carreaux ladite Marion du Val, priſonniere, laquele, ſans aucune force ou contrainte, perſevera & continua ès confeſſions par elle faites, cy-devant eſcriptes, à li leues mot après autre; &, en oultre, cogneut, ſanz aucune contrainte, avoir prins, deux ans a, en l'oſtel

_____

(1) Armoires.
(2) Laver, leſſiver.

N 4

d'icelle Gilete Lingiere, un vieil blanchet appartenant à ladite Gilete, fa maiftreffe, lequel blanchet elle a ufé & appliqué à fon prouffit, & ce dès lors elle dift à fadite maiftreffe.

Item, cogneut que, demi-an a ou environ, en la rue des Eftuves, vers Saint-Martin des Champs, en l'oftel d'une femme nommée Guillemete, retordereffe de fil, elle print un drap linge de ley & demi, lequel elle vendi vj f.

Item, cogneut avoir prins en l'oftel de la Sele, en la rue Saint-Martin, un demi-faint de letton (1), lequel elle a ufé & porté par lont temps fur foy, & encores eft par devers elle qui parle.

Item, environ ledit temps, fur ladite Gilete Lingiere, un chaperon fengle à ufage de femme, lequel valoit lors environ xvj d., icellui chaperon elle donna à fa commere, gifant lors d'enfant à l'Oftel-Dieu de Paris, avec un petit ceuvrechié de foye, que elle donna aus petis enfans pour faire des poupines, & une nappe contenant deux aulnes & demie, par elle bailliés en garde à une femme nommée Guillemete, revendereffe, demourant en la rue des Arcis. Et autre chofe ne voult cognoiftre. Si fu remife en la prifon donc elle eftoit partie.

Et, ce fait, par ledit monf. le prevoft fu demandé aufdiz prefens confeillers leurs advis & oppinions qu'il eftoit bon eftre fait de ladite prifonniere. Tous lefquelz delibererent & furent d'oppinion, attendues les petites valeurs d'une chafcune des parties de larrecins par li faites cy-deffus efcriptes, & par elle cogneus & confeffés, la jeuneffe d'icelle, ce auffi que le deffus dit Hennequin

---

(1) Ceinture avec des pendants garnis de métal. Voy. la *Notice des émaux, bijoux & objets divers expofés au mufée du Louvre*, par M. de Laborde, IIe partie, documents & gloffaire.

Le Tainturier eft fatiffait & s'eft tenus pour content des aneaux & verges d'or par elles prinfes cy-devant efcriptes, que il n'y avoit pas caufe pour quoy elle deuft fouffrir mort, mais confeillerent que elle feuft tournée ou pillory, &, en oultre, tenue prifonniere au pain & à l'eaue un mois oudit Chaftellet, & que oudit pillory feuft crié la caufe pour laquelle elle eftoit mife en icellui pillory. Veues lefquelles confeffions faites par ladite Marion, & oyes lefdites oppinions, ledit monf. le prevoft condempna ad ce ladite Marion.

Lequel jugement fu executé oudit xxvj[e] jour de mars.

AL. CACHEMARÉE.

## FLEURENT DE SAINT-LEU.

### 4 janvier 1389-90.

L'AN DE GRACE MIL TROIS cens quatrevins & neuf, le mardi au foir, iiij[e] jour de janvier, par devant maiftre Jehan Truquam, lieutenant de monf. le prevoft, prefens maiftres Ernoul de Villers, Robert de Pacy, examinateurs; fu admené en la chambre baffe du clert dudit monf. le prevoft, par Gilet de Loche, fergent à verge du Chaftellet de Paris, Fleurent de Saint-Leu, comme prifonnier, pour ce que, par les maiftres jurez & vifiteurs des orfevres, lui fu dift que, en la grant boucherie de Paris, il avoit efté trouvez coppant le mordant de la fainture de un compaignon qu'il ne cognoiffoient, lequel avoit icellui prifonnier prins le coufteau ou poing tout nu. Lequel prifonnier fu prefentement defpouilliez & defchaucez tout nu, & en l'une de fes chauces fu trouvé le bout d'un mordant d'argent coppé, au bout duquel mordant avoit pendu une petite cheifne d'argent, & au bout d'icelle cheifne une fonnette d'argent. Et auffi, en une des bourſes dudit priſonnier, un autre mordant de ſainture coppé à une cheiſne d'argent pendu au bout d'icellui mordant, & auſſi ledit couſtel tout nu, ſans ce que icellui priſonnier portaſt ſur lui aucune gayne à mettre le couſtel. Lequel priſonnier, ſur ce juré, requis & examiné, cogneut & confeſſa par ſon ſerement qu'il eſtoit nez de la ville de Baileuval en Beauvoiſiz (1), filz d'un tonnellier demourant en icelle ville, lequel meſtier il avoit, tout le temps de ſa vie, aprins ce qu'il avoit peu; & que, depuis ce qu'il avoit commencé à aprendre ledit meſtier, il avoit continué le mieulx qu'il avoit peu & ſceu, tant oudit païs de Beauvoiſis, en Lannois, en Soiſſonnois, comme à Paris & ès villes voiſines, ſans ce qu'il euſt oncques eſté reprins, attaint ou convaincu d'aucun mauvès cas ou crime.

Congneut auſſi que, oudit jour d'uy après diſner, ainſi comme il venoit de Greve en Chaſtellet, il trouva, au bout de la Vennerie, un compaignon qu'il ne cognoiſt, lequel lui oppoſa à vendre leſdiz couſteau ſans gaigne & mordant à ſainture trouvez ſur lui, deſquelz il païa ij ſ. par., & icellui mordant à ſainture bouta en ſadite chauſſe. Et quant à l'autre mordant de ſainture que l'en diſt par lui avoir eſté coppé, & lequel fu trouvé à ſes piez, ou lieu & en la place où il fu prins, par leſdis compaignons orfevres, diſt par ſon ſerement qu'il n'en fu oncques faiſant, ſachant, conſentant ou participant. Et, ce fait, fu ycellui priſonnier veu & regardé en la preſence de pluſieurs qui là eſtoient preſens, pour ſavoir s'il avoit le ſigne de tonſure ſur ſa teſte, ou non. Ouquel lieu ne fu trouvé aucun ſigne de tonſure ſur la teſte dudit priſonnier. Et, pour ce, fu commandé par ledit lieutenant, à la garde de la geole du Chaſtellet, que icellui priſonnier il enregiſtraſt ou livre de la geole, & l'eſtat ouquel il eſtoit

---

(1) Bailleval, arrondiſſement de Clermont (Oiſe).

venu priſonnier (1), & l’enfermaſt tout ſeul en une priſon, afin que par aucun il ne ſe feiſt faire ſur ſa teſte le ſigne de tonſure.

Le mercredi enſuïant, v<sup>e</sup> jour dudit moiz de janvier, l’an deſſus dit, par devant monſ. le prevoſt, lui eſtant en jugement ſur les carreaux, preſens maiſtres Jehan Truquam, lieutenant; Dreux d’Ars, auditeur; Andrieu Le Preux, procureur du roy; Robert de Pacy, Ernoul de Villers, Robert de Tuillieres, Oudart de Fontenoy, Nicolas Chaon, examinateurs ou Chaſtellet; fu rapporté audit monſ. le prevoſt, par Eſtienne Dargies, jeolier du Chaſtellet; Loyſet Joſſon, clert de la jeole; maiſtre Jehan Le Queu (2) & un nommé Maumonté, ſerviteurs de la geole, que ainſi comme ilz mettoyent & enfermoient ou jour d’ier icellui priſonnier, et que de pluſieurs choſes ilz orent parlé enſamble, ledit priſonnier leur cogneut & confeſſa que en la ville de Compiengne il avoit une ſienne amie nommée Marguerite, laquelle il avoit fiancée, & qu’il vouldroit qu’il pleuſt à Dieu que elle peuſt ſavoir l’eſtat en quoy il eſtoit & eſtoit, afin que elle pourveiſt (3) ſur la delivrance dudit priſonnier, ſi comme il leur diſt & afferma lors.

---

(1) Il y avoit à la geole un clerc chargé de tenir un regiſtre des criminels amenés au Châtelet; il devoit y énoncer le motif de leur arreſtation. Ce regiſtre étoit remis le lendemain au juge, & collationné par le clerc criminel, qui liſoit à rebours la liſte écrite la veille. Ces détails nous ſont révélés, le 5 juillet 1391, à l’occaſion de l’arreſtation d’un nommé Yves, qui, de lui-même & ſans l’autoriſation du prévôt de Paris, s’étoit ingéré de dreſſer la liſte des priſonniers détenus au Châtelet, pour la communiquer à la cour de l’official (Arch. de l’empire, *Conſeil & plaid. civiles*, VIII, 345). *Note communiquée par M. le baron Jérôme Pichon.*

(2) C’eſt ce Jehan Le Queu qui arrêta M<sup>e</sup> Yves au moment où il tranſcrivoit les noms des priſonniers, & le mit en priſon fermée. Il eſt dit dans le procès qu’il étoit queux du Châtelet, & n’avoit pas d’autre office. Voy. la note précédente.

(3) Le manuſcrit porte *pourreiſt.*

LEQUEL PRISONNIER fu prefentement attaint des prifons où il eftoit, & fait venir par davant ledit monf. le
prevoft, & par icellui monf. le prevoft fait jurer fur les
fains Evangiles de Dieu qu'il diroit verité de tout ce qui
lui feroit demandé & requis. Lequel prifonnier, ce fait,
dift qu'il eftoit clert, en poffeffion & habit de tonfure, &
que l'en fe gardaft bien de touchier a fa perfonne. Et pour
ce que fur fa tefte eftoit le figne de tonfure fait comme
tout de nouvel, fu mandé, par ledit monf. le prevoft,
Macé Mifery, barbier juré du roy noftre fire ou Chaftellet, & lui commandé que ledit prifonnier il vifitaft bien
& diligemment, fe le figne de tonfure qu'il portoit eftoit
bon, vray & loyal. Lequel barbier juré, & par fon ferement, rapporta & dift qu'il avoit veu & diligemment vifité le figne de tonfure que ledit prifonnier avoit fur fa
tefte, lequel n'avoit point efté rez ou tondus par main de
barbier, mais avoit efté & eftoit frefchement faite, comme
d'un jour ou d'une nuit, & plumée aus mains, c'eft affavoir efrachié & tiré l'un des cheveux après l'autre.

ET, POUR CE, fu demandé par ledit monf. aufdiz prefens confeillers, & rapporté le procès cy-deffus efcript,
& à iceulx demandé leur advis & oppinions fur ce. Tous
lefquelz furent d'oppinion, veu le malice dudit prifonnier, lequel avoit efté miz tout feul en une prifon, comme
dit eft, ce auffi que lefdiz mordans avoient efté trouvez
fur lui comme frefchement coppez, & que quant il fu
premierement mis prifonnier oudit Chaftellet, il n'avoit
aucun figne de tonfure fur fa tefte, que il feuft rez tout
jus, comme celui qui de figne de tonfure avoit & vouloit
ufer mains que deuement, confideré qu'il ne favoit lire,
cognoiftre lettre, ou efcripre aucunement. Ouyes lefquelles oppinions, icellui prifonnier fu ad ce condempnez
par ledit monf. le prevoft, & icellui jugement prefentement executez.

ET, CE FAIT, fu de rechief ledit prifonnier fait venir par davant ledit monf. le prevoſt, &, en la preſence deſdiz preſens conſeillers, fait jurer de dire verité; lequel, ſur ce requis & par ſerement, après pluſieurs variacions par lui ſur ce faites, cognent & confeſſa que, un an a ou environ, ainſi qu'il aloit oudit païs de Beauvoiſis, environ ladite ville de Bailleuval, de ville à autre, en une d'icelles villes du nom de laquelle il n'eſt record, il vit & apperceut laquelle dite Marguerite qui ſe desjeunoit ſeule en une taverne, avec laquelle il ſe desjeuna; pendant lequel temps il pria & requiſt par pluſieurs fois icelle Marguerite, qui eſtoit & eſt belle fille, de l'aage de xxiiij ans ou environ, que elle voulſiſt eſtre s'amie, & il i promettoit que jamès à bien qu'il euſt elle ne faudroit. Laquelle Margarite, par pluſieurs & diverſes fois, eſcondit & refuſa lui qui parle d'eſtre s'amie; & tant que, après pluſieurs paroles, elle lui diſt que s'il lui vouloit promettre à eſtre ſon mary, & qu'il la fiançaſt, elle feroit voulentiers tout ſon plaiſir, & ſadite requeſte li accorderoit. Lequel qui parle, meu de l'amour que ſon cuer avoit desjà miſe en icelle Marguerite, promiſt & enconvenança lors à icelle Marguerite, par la foy & ſerement de ſon corps, & leurs mains deſtres pour ce bailliés li uns à l'autre. que il feroit ſon mary & la eſpouſeroit, en li promettent foy & crantement de mariage. Et atant ſe partirent d'icelle ville, lui qui parle & ladite Marguerite s'amie, laquelle, depuis ledit temps, il a menée à Sanlis, à Paris, à Noyon, à Laon, à Compiengne, & avec icelle, depuis ledit temps & fiances par entre eulx faites, il a couchié de nuit, par pluſieurs fois, eu compagnie charnelle à elle, où elle demeure & ſert. Requis ſe, au temps qu'il fiança icelle Marguerite, elle eſtoit pucelle, diſt par ſon ſerement qu'il n'eſt record ſe alors elle eſtoit pucelle ou non. Requis ſe oncques, depuis ledit temps & fiançailles faites entre eulx, icelle Marguerite lui a point requis qu'il la eſpouſaſt, diſt par son ferment que ouyl; mais il lui refpondoit tousjours que elle attendift jufques ad ce qu'il feuffent un pou plus riches, & ainfi il paffoit le temps.

Veues lesqueles confeffions, accufacions & denegacions faites par icellui prifonnier, & confideré le procès cy-deffus efcript, ledit monf. le prevoft demanda aus deffus diz prefens confeillers qu'il lui deiffent leurs advis & oppinions fur ce, & qu'il eftoit bon à faire au furplus dudit prifonnier. Tous lefquelz furent d'oppinion, attendu ce que dit eft deffus, & qu'il denyoit avoir coppé les mordans de fainture qui fur lui, & en fes chaufes & bourfes. furent trouvez coppez, & auffi que, veue fadite confeffion, il eftoit & devoit eftre reputez commes purs bigames; que, comme tel, pour favoir par fa bouche la verité là où il avoit prins & emblez iceulx mordans, avec les autres crimes & malefices par lui fais & commis, s'aucuns en y avoit, qu'il feuft mis à queftion. Et ad ce, comme bigafme, fut ledit prifonnier condempné par ledit monf. le prevoft.

Lequel prifonnier fu de rechief fait venir par davant monf. le prevoft. Requis qu'il deift la verité des crimes & malefices par lui fais, commis & perpetrez, & auffi la maniere comment il avoit coppé iceulx mordans de fainture, ou, s'il ne lui difoit, qu'il la lui feroit dire par fa bouche, & le feroit mettre à queftion. A quoy refpondi icellui prifonnier que autre chofe ne faroit dire, cognoiftre ou confeffer que deffus a dit & cogneu. Et, pour ce, fu mis à queftion fur le petit & le grant trefteau; & illec cogneut & confeffa que, ou jour d'yer, à la grant boucherie de Paris, il, feul, avoit coppé lefdiz deux mordans de fainture; & plus ne autre chofe ne voult cognoiftre ou confeffer qui lui portaft prejudice. Si fu mis hors d'icelle queftion, & menez choffer en la cuifine en la maniere acouſtumée. En laquelle cuiſine, & hors d'icelle queſtion, il continua & perſevera en la confeſſion par lui cy-devant faite, eſcripte, deſdiz deux mordans de ſainture par lui coppés; &, pour ce, fu fait remettre en la priſon de laquelle il eſtoit au jour d'ier partis.

Item, le ſamedi enſuïant, viij<sup>e</sup> jour dudit moiz de janvier. par davant ledit monſ. le prevoſt, lui eſtant en jugement ſur les carreaux, preſens maiſtres Jehan Truquam, lieutenant; Dreux d'Ars, auditeur; Andrieu Le Preux, procureur du roy; Jaques du Boys, Jehan Delcy, Michel Marchant, advocas; Ernoul de Villers, Oudart de Fontenoy, Pierre Gillebert, Girart de La Haye & Robin de Tuillieres, examinateur, fu attaint & fait venir le deſſus dit Fleurot de Saint-Leu, priſonnier, lequel, ſans aucune force ou contrainte, perſevera & continua ès confeſſions par lui faites, cy-deſſus eſcriptes, diſant & affermant par ſerement icelles eſtres vrayes, & par lui avoir eſté faites & commiſes par la fourme & maniere que eſcriptes ſont. Et, pour ce, fu fait traire (1) arriere ſur les quarreaux à part, & par ledit monſ. le prevoſt fu demandé auſdis preſens confeillers qu'il eſtoit bon à faire dudit priſonnier, &. s'il avoit aſſez confeſſez par quoy il deuſt prendre mort. Touz leſquelz furent d'oppinion que, quant de preſent, il ne leur eſtoit pas advis que bon feuſt que l'en procedaſt à la condempnacion dudit priſonnier, pour ſi petit de larrecin qu'il avoit cogneu avoir fait, mais delibererent que ycellui priſonnier feuſt par pluſieurs fois mis oncore à queſtion, pour ſavoir de lui plus à plain les autres crimes & deliz par lui faiz, commiz & perpetrez.

Et, pour ce, oudit jour, fu icellui priſonnier mis à queſtion ſur le petit & le grant treſteau, & ne voult au-

(1) Le manuſcrit porte trait.

cune autre chofe cognoiftre ou confeffer que deffus avoit
dit. Si fu ofté hors d'icelle, mené choffer en la maniere
acouftumée, &, affez toft après, ramené fur lefdiz quarreaux, & mis de rechief à la queftion de la pelote (1); &
autre chofe ne voult dire que fait avoit paravant. Si fu
mis hors d'icelle, mené choffer, &, en après, remis en la
prifon dont il eftoit partis.

ITEM, LE JEUDI xiij<sup>e</sup> jour dudit mois, ledit prifonnier,
après ce qu'il ot efté miz à queftion fur le petit & le grant
trefteau, ofté hors d'icelle, & lui eftant au feu en la cuifine, cognent que trois ans a ou environ, autrement du
temps ne du jour n'eft record, il fe acointa d'une fille de
vie feante au bordeau, en la ville de Senlis, laquelle lors
il fiança, & icelle efpoufa en l'eglefe de Saint-Pierre de
Senlis, laquelle fille eft demourant de prefent en la ville
de Compaigne, ne fcet où ne en quel lieu.

ITEM, LE SAMEDI ix<sup>e</sup> jour d'avril après Pafques, mil
ccciiij<sup>xx</sup> & dix, par davant ledit monf. le prevoft, lui
eftant en jugement fur les carreaux, prefens maiftres
Pierre de Lefclat & Guillaume Porel, confeillers du roy
noftre fire en fon parlement; Jehan de Ceffieres, notaire
du roy noftredit feigneur, & greffier criminel oudit parlement; Guillaume Drouart; Jehan Truquam, lieutenant
dudit monf. le prevoft; Dreux d'Ars, auditeur; Miles de
Rouvroy, Jehan Soudant, Ernoul de Villers & Gieffroy

---

(1) La queftion de la pelote eft peut-être celle que l'on donnoit en
garrottant le patient avec des cordes ferrées jufqu'à les faire pénétrer
dans les chairs. Une femme nommée Béatrix Maffot, accufée d'avoir
volé trente francs, fe plaignoit, le 30 avril 1392, de ce que, pour ce
fait, le prévôt de Nogent en Baffigny l'avoit appliquée à la queftion. Il
confirmoit les dépofitions de la plaignante en difant qu'on lui avoit mis
un chapelet de cordes, mais qu'on l'avoit laiffée, pour ce qu'elle s'étoit
dite groffe (Arch. de l'empire, *Confeil & plaid. civiles*, IX, 107). *Document communiqué par M. le baron Jérôme Pichon.*

Goibe, examinateurs du roy noftre fire oudit Chaftellet; fu attaint & fait venir le deffus nommé Florot de Saint-Leu, prifonnier, lequel, ès confeffions par lui faites cy-deffus efcriptes, & à lui releues, continua & perfevera en icelles, fans aucune force ou contrainte, & afferma elles par lui autrefois avoir efté faites. Et, ce fait, fu fait trayre arriere fur les carreaux, & par ledit monf. le pre-voft demandé auxdiz prefens confeillers qu'il eftoit bon eftre fait, & la maniere comme l'en avoit à proceder contre ledit prifonnier. Tous lefquelx, attendu la diftance du temps qui avoit efté entre le premier & le fegont des mordans d'argent par lui coppez, ce auffi qu'il fu trouvé faify d'un autre mordant quel il n'a voulu confeffer, le coufteau nu fanz gaigne qui fur lui fu trouvé, lequel eftoit moult affilé & trenchoit moult bien, comme il ap-parut aus deffus diz par l'infpection d'icellui, l'eftat & vefture dudit prifonnier, & la maniere des cas advenus, delibererent & furent d'oppinion que l'en ne le pourroit efpargner qu'il ne feuft executez comme larron, & qu'il eftoit dignes & avoit deffervi à recevoir mort tele comme au cas appartient, c'eft affavoir d'eftre pendu.

Veues lesquelles oppinions & le procès deffus dit, ledit monf. le prevoft condempna icellui Fleurot, prifon-nier, à eftre executez comme larron; & icellui jugement pronunça en la prefence dudit prifonnier.

Lequel jugement fu, ledit ix$^e$ jour d'avril l'an deffus dit, executé.

Et n'avoit aucuns biens.

AL. CACHEMARÉE.

I O

# JEHANNIN BRIGON.

30 avril 1390.

L'AN DE GRACE MIL TROIS CENS quatrevins & diz, le famedi derrenier jour d'avril, par davant monf. le prevoft, lui eftant en jugement fur les carreaux, prefens maiftres Jehan Truquam, lieutenant; Martin Double. advocat du roy; Dreux d'Ars, auditeur; Miles de Rouvroy, Robert de Tuillieres, Ernoul de Villers, Nicolas Bertin, Nicolas Chaon; fu fait venir & attaint Jehannin Brigon, chafublier, filz de Pierre Brigon, des prifons dudit Chaftellet, efquelles il eftoit detenus prifonnier, pour foufpeçon qu'il & fondit pere, de prefent prifonnier oudit Chaftellet, n'ayent mal prins & emblé une piece d'argent fondue, pefant marc & demi ou environ, que icellui Pierre expofoit en vente fur le pont, avec plufieurs autres menues pieces & fraitin d'argent; & auffi que icellui Jehannin, prifonnier, n'ait emblé une cuillier d'argent & le couvercle d'un gobelet d'argent doré, dont il a efté trouvé faify; lefquelz couvercle & cuillier il avoit mufſées en fon faing, avec plufieurs autres menues chofes, & brivez ou cedules de lettres de juifs. Lequel prifonnier, fur ce juré aus fains Evangiles de Dieu de dire verité, & où il avoit prins lefdites pieces d'argent, dift & afferma, & cognent par ferement iceulx couvercle & cuillier d'argent avoir trouvez en la fepmaine peneufe (1) derrenierement paſſée, qu'il fe parti prifonnier des prifons dudit Chaftel, ou feurre du lit où il & Jehennete de Bar, fa fiancée, avoient couché & coucherent celle dite nuit qu'il fe parti prifonnier dudit Chaftellet; & lefquelz couvercle & cuillier il avoit mis en un petit coffre bien enfermé ou feurre dudit lit. Et dift, fur ce requis, que oncques jour de fa vie il

_____

(1) La femaine fainte.

ne mouftra lefdites pieces d'argent & cuillier à fezdiz
pere, fiancée, ne à fa fueur, qui eftoit & demouroit avec
lui, ou autre perfonne quelconque.

LAQUELE Jehennete de Bar, fur ce jurée & examinée
de dire verité, & en la prefence dudit Jehannin Brugon,
prifonnier, après plufieurs variacions & denegacions par
li faites fur ce que l'en le accufoit d'avoir veu & fceu en
quel lieu & quant elle avoit premierement veu lefdiz
couvercle & cuillier d'argent, cogneut & confeffa, par
fon ferement fur ce fait aus fains Evangiles de Dieu, que
quelque chofe que dift ou nyé euft ou ait autrefois faite,
toutefvoies verité eft que, mercredi derrenierement paffé,
environ jour faillant, lefdiz pere & filz arriverent en l'oftel
d'elle qui parle, eftant à la fontaine Maubué, ouquel lieu
& chambre, & en fouppant enfamble, ainfi comme par
maniere d'esbatement, ledit Jehannin Brigon, prifonnier,
mouftra à elle qui parle lefdiz couvercle d'argent doré &
cuillier donc deffus eft faite mencion, difant que iceulx
il avoit achetez en la ville de Chartres, puis iiij fepmaines
en ençà, pendant le temps que eulx avoient ouvré dudit
meftier de chafublier en la grant eglife dudit lieu de
Chartres, de l'argent que gaigné avoit à ouvrer en icelle
eglife, avec la fomme de iiij frans ou environ, qui eftoient
lors fur lui, & qu'il mouftra fur la table à elle qui parle;
&, fans autre chofe faire ou dire, lors fouperent enfamble
lefdiz pere & filz, & elle qui parle, avec une chamberiere qui les fervoit; & atant s'en alerent coucher.

ET, CE FAIT, fu demandé audit Jehan Brigon, prifonnier,
que [de] ce que dit eft il deift verité, ou l'en lui feroit
dire par force, & feroit mis à queftion. Lequel prifonnier
dift & afferma par ferement que, nonobftant chofe par lui
cogneue & dite, cy-deffus efcripte, toutefvoies verité eft
que lefdiz couvercle & cuillier d'argent il a achetez en

ladite ville de Chartres deſſus dite, durant le temps qu'il
a ouvré en l'egliſe d'icelle ville, à un compaignon orfevre demourant en icelle ville de Chartres, duquel il ne
ſcet le nom; & que leſdites pieces il a apportées à Paris,
en ſon hoſtel, mercredi derrenierement paſſé au ſoir, &
icelles mouſtra à ladite Jehennete, avec leſdiz iiij frans,
ainſi comme ilz eſtoient enſamble au ſouper en ſadite
chambre.

Aprés leſqueles choſes ainſi faites, ledit monſ. le prevoſt demanda auſdiz preſens conſeillers leurs advis &
oppinions comment l'en avoit à proceder contre ledit
Brigon. Tous leſquelz, conſideré l'eſtat & perſonne dudit
priſonnier, que pour ſouſpeçon de pluſieurs crimes avoit
pieçà eſté empriſonné & eſlargi des priſons dudit Chaſtellet, & encores eſtoit; veu icellui procès, avec les accuſacions deſſus dites, denegacions d'icellui, depoſicion
de ladite Jehennete, & confeſſion après faite par icellui
priſonnier; delibererent & furent d'oppinion que pour
ſavoir par ſa bouche la verité là où il avoit prins leſdiz
couvercle & cuillier d'argent, il feuſt mis à queſtion. Et
ad ce fu condampné ledit priſonnier par mondit ſeigneur
le prevoſt.

En enſuïant & enterinant lequel jugement, pour ce
que ledit Jehannin Brigon, priſonnier, ne voult autre
choſe cognoiſtre que dit eſt, fu mis à queſtion ſur le petit
& le grand treſteau; & quant il y ot un petit eſté, & que
l'en li ot jetté un petit d'eaue ſur lui, requiſt que l'en le
meiſt hors d'icelle, & il diroit verité. Si fu oſté & mis
hors d'icelle queſtion, & mené choffer en la cuiſine en la
maniere acouſtumée. Et pour ce qu'il ne voult autre
choſe cognoiſtre que dit eſt deſſus, fu de rechief ramené
& mis à queſtion de la pelote, en laquelle il ne voult
autre choſe confeſſer. Si fu mis hors d'icelle, & mené

choffer en la cuifine, & en aprés remené en la prifon
dont il eftoit partis.

Le lundi enfuiant, ij<sup>e</sup> jour de may l'an deffus dit, fu
rapporté à monf. le prevoft, lui eftant en jugement fur
les carreaux, prefens maiftres Jehan Truquam, lieutenant;
Dreux d'Ars, auditeur; Andrieu Le Preux, procureur du
roy; Robert de Tuillieres, Nicolas Bertin, Gieffroy Goibe,
examinateur, & Jehan Landry, procureur du roy à Montlehery; par honorables & difcretes perfonnes.... (1),
prieur, &....., foubzgretain de l'eglife de Saint-Victor, pro-
teftans que, chofe qu'il deiffent, il ne tendoient que à fin
civile, que iceulx pere & filz, prifonniers, iiij ans a ou environ, avoient demouré & ouvré en ladite eglife de Saint-
Victor de la fefte de Touffains jufques environ la Chandel-
leur derrenierement paffée; depuis lequel temps, il, par
plufieurs fois, avoient alé & venu en ladite abbaye bien
& paifiblement, & fanz ce qu'il euffent ouy d'eulx dire
aucun mal ou reprouche. Mais eft verité que, un an a ou
environ, il fu prins & emblé, en la chambre de l'abbé
dudit hoftel (2), un breviaire appartenant audit abbé, qui
bien valoit xxx frans; &, paravant ce, avoit efté prins,
en une des eftudes d'icelle abbaye, appartenant à un des
religieux d'icelle eglife, en un petit coffre, la fomme de
viij frans en or; &, à une autre fois puis ledit an, en une
autre eftude defdiz religieux, une cuillier d'argent ployé
à charnieres & une xij<sup>e</sup> de queuvrechiez, tous en une
piece.

---

(1) Le prieur dont le nom eft refté en blanc dans le manufcrit, est
Guillaume-Philippe, qui exerça cette charge de 1389 à 1400, fous le
gouvernement de Pierre IV Le Duc, abbé de Saint-Victor, du 8 octobre 1383 au 15 juin 1400. Voy. *Antiquitates abbat. S. Victoris Paris.*,
aut. P. Joanne de Toulouze, t. I, p. 200 & 201. (Bibl. impér., Saint-
Victor, 1039.)

(2) Pierre IV Le Duc.

Difoient auffi que, le jour du vendredi aouré derrenierement paffé, ainfi comme l'en commençoit à faire le fervice d'icelle eglife, l'en print & ofta, en la chambre &
foubz les piez dudit lit dudit prieur, un fien breviaire
qui bien valoit xx frans & plus, & eftoit cloz à bons gros
fermaux d'argent efmaillez. Requis queles perfonnes ilz
foufpeçonnoyent d'avoir faites lefdites larrecins, dient
en leur confcience qu'il ne fcevent qui en mefcrere; mais
verité eft que le famedi, veille de Pafques derrenierement
paffés, il vint à leur cognoiffance, par la bouche de Robin
Meriot, vendeur de livres, demourant devant Saint-Innocent, que oudit jour de vendredi, heure d'après difner,
l'en lui avoit aporté un breviaire qui eftoit par cahiers,
afin qu'il le achetaft, lequel ne le voult lors acheter, pour
ce qu'il lui fu advis qu'il eftoit de ladite abbaye, & auffi
que par icellui Robin leur fu dit que Jaquete de Claye,
femme vefve, demourant près de Saint-Mathelin, en la
rue Saint-Jaques, avoit icellui breviaire en garde; à laquelle femme il prieur qui parle ala parler. Alors li dift
que ledit Jehannin Brigon, prifonnier, lui avoit baillié,
& lequel elle cognoiffoit bien de lonc temps. Et autre
chofe n'en favoient dire ou depofer, ne ne vouloient
auffi, pour doubte qu'il ne feuffent irreguliers. Et lequel
breviaire lui a efté rendu par ladite Jaquete.

LEQUEL Jehannin Brigon, prifonnier, fur ce juré aus
fains Evangilles de Dieu de dire verité, & auffi où il avoit
prins une fainture d'argent qu'il avoit donnée à ladite
Jehennete, fa fiancée, eulx eftans enfamble en la ville
de Clermont en Auvergne, dift & afferma, & cognut par
ferment, queles denegacions qu'il ait faites, que il eft
verité que, en ladite ville de Clermont, il acheta ladite
fainture d'argent, & icelle bailla à fadite fiancée. Dift auffi
que le jeudi d'après Pafques derrenierement paffées, en
eulx alant de Paris en ladite ville de Chartres, ainfi qu'il

furent oultre la ville de Saint-Cler de Gommer (1), fondit pere & lui aconceurent deux compaignons qui aloyent au devant d'eulx, avec lefquelz il alerent un petit de chemin, parlerent enfamble, & tant que l'un d'iceulx compaignons expofa à lui qui parle ledit couvercle de gobelet d'argent doré & cuillier d'argent, lefquelz il achetta, c'eft affavoir : ledit couvercle xl f. t., & cuillier xij f. par.

Cogneut avec ce, [que] par plufieurs & diverfes foiz, & lont temps, il a ouvré de fondit meftier de chafubles en ladite eglife de Saint-Victour, alé & venu en icelles moult de fois, fans ce que il y feift ou commeift oncques aucun crime ou delit, feuft defdiz breviaires, argent ou queuvrechiez. Mais eft verité que, le vendredi aouré derrenierement paffé, ainfi comme à l'entrée du fervice, & environ heure de tierce, il ala en ladite abbaye en pelerinage, par devocion, comme l'en a acouftumé d'aler, & d'illec, après ce qu'il ot fait fa devocion en icelle eglife, s'en retourna en la ville de Paris pour difner. Ouquel jour, ainfi comme il aloit en esbatement oultre la porte Saint-Victor, & près d'icelle abbaye, environ heure de vefpres, il encontra d'aventure un compaignon nommé Guillemin de Bourges, lequel lui bailla le breviaire donc deffus eft faite mencion, lequel breviaire lors n'avoit aucuns ays ou fermaux d'argent. Et, ledit breviaire ainfi par lui prins & receu dudit Guillemin de Bourges, icellui Guillemin fe parti haftivement de fa compaignie, & lui leffa icellui breviaire, duquel, pour ce qu'il ne favoit à qui il eftoit ne où le rendre, il rapporta, ledit famedi veille de Pafques, audit Robin Meriot, lequel ne le voult pas acheter; &, pour ce, le porta & bailla en garde à ladite Jaquete de Claye, ainfi comme environ heure de difner, à laquelle il qui parle dift que fe ledit Robin ve-

(1) Gometz-le-Châtel, ou Saint-Clair, arrondiffement de Rambouillet (Seine-&-Oife).

noit demander ledit breviaire, que elle le li baillaſt, en prenant de lui la ſomme de trois frans, qu'il lui avoit vendu icellui breviaire, & que ledit argent elle lui gardaſt juſques ad ce qu'il reveniſt querre.

Dit, avec ce, que ledit breviaire il bailla à icelle Jaquete à garder, par la maniere que dit eſt, pour la cognoiſſance qu'il avoit à elle, de ce que, par pluſieurs fois, ſondit pere & lui qui parle avoient eſté logiez en l'oſtel d'icelle Jaquete.

Cogneut auſſi que, aſſez toſt après ce qu'il fu mis hors des priſons du Chaſtellet, en eulx en alant en icelle ville de Chartres, paravant & depuis, il a veu que ſondit pere portoit ſur lui & en ſa bourſe la piece d'argent fondue dont il a eſté trouvé ſaiſy. N'eſt record de quel lieu elle li vint, ne où il print icelle; laquelle piece eſtoit lors couverte de fil noir. Et pour ce que il ne voult autre choſe cognoiſtre que dit eſt, fu de rechief mis à queſtion ſur le petit & le grant treſteau, & illec ne voult choſe confeſſer qui lui portaſt prejudice. Si fu mis hors d'icelle, mené choffer en la cuiſine en la maniere acouſtumée, &, en après, remis ès priſons dont il avoit eſté attaint.

Le mardi enſuïant, iij<sup>e</sup> jour dudit moiz de may mil ccciiij<sup>xx</sup> & dix, par devant ledit monſ. le prevoſt, preſens maiſtres Jehan Truquam & Guillaume Drouart, lieutenans dudit monſ. le prevoſt; Dreux d'Ars, auditeur; Andrieu Le Preux, procureur du roy; Nicolas Bertin, Girart de La Haye, Robert de Tuillieres, Robert de Pacy, Nicolas Chaon, examinateurs, & Oudart de Monchauvet, advocat oudit Chaſtellet, fu attaint en jugement ſur les quarreaux le deſſus nommé Jehannin Brigon, priſonnier, lequel, après ce que par mondit ſeigneur le prevoſt lui fu commandé & enjont qu'il deiſt verité deſdites accuſacions deſſus eſcriptes, ou, s'il ne le diſoit, que il le feroit mettre à queſtion pour en ſavoir par ſa bouche

la verité. Lequel prifonnier, après ce qu’il ot fait ferement de dire verité, cogneut & confeffa, fans aucune
force ou contrainte de gehine, que, nonobftant les confeffions cy-deffus enregiftrées, par lui cogneus, la verité
eft tele que, lui eftant en la ville de Chartres, le landemain de la fefte faint George derrenierement paffée, ainfi
comme un pou après foleil levant, il entra en l’oftel de
maiftre Regnaut de Molins, chamberier en l’eglife de
Chartres, ouquel hoftel il avoit efté plufieurs fois & joué
à la palme, &, foubz umbre de ce, entra en une baffe
chambre dudit hoftel, en laquelle avoit un coffre tout
ouvert, ouquel coffre il print le couvercle d’argent doré
duquel eft faite mencion cy-deffus, avec vj efcus & deux
frans en or eftans oudit coffre, & iceulx biens print &
emporta avec foy au defceu des gens de l’oftel audit
chamberier.

Cogneut avec ce, icellui prifonnier, que fondit pere
& lui, eftant en ladite ville de Chatres, fu mis par fondit
pere en gaiges fur les juifs un blanchet (1) fourré de connins à ufage de femme, fur lequel il emprunta deux frans,
fi comme il ouy dire lors à fondit pere, lequel difoit à lui
qui parle qu’il l’avoit aporté en icelle ville de Chartres
au temps que premierement il qui parle fu emprifonné
oudit Chaftellet, & que une de fes filles, fuer de lui qui
parle, lui avoit icellui blanchet baillé quant il fe parti
d’ele de ladite ville de Paris, aus temps deffus dit.

Cogneut oultre que, un pou paravant ce qu’il prenift
ledit couvercle d’argent doré, ainfi que par un des religieus de l’abbaye de Saint-Jehan (2), eftant en ladite ville
de Chartres, il fu mené boire en unne chambre d’icelle
abbaye, &, fur un dreçoir eftant en icelle chambre, print

(1) Vêtement de drap blanc. Voy. Douët-d’Arcq, *Comptes de l’Argenterie des rois de France*, p. 351.
(2) Saint-Jean en Vallée, près Chartres.

la cuiller d'argent de laquelle il fu trouvé faify. Dit auffi
que, le vendredi aouré derrenierement paffé, ainfi comme
à heure de tierce, & que l'en vouloit commencer à faire
le fervice en l'eglife de Saint-Victor, il, pour la grant
cognoiffance qu'il avoit en icelle eglife & aus religieus
dudit hoftel, pour ce qu'il avoit plufieurs fois ouvré en
icelle eglife, monta ou dortoir de ladite eglife, & illec,
en la chambre & aus piez du lit dudit prieur, print un
breviaire, ne fcet à qui il eftoit, lequel breviaire il print
& apporta avec foy; & d'illec ala aus champs, rompi &
froiffa à une pierre les ays dudit breviaire, & les fer-
maillieres d'argent qui eftoyent en icellui porta vendre,
oudit jour, à Saint-Innocent, & iceulx vendi la fomme
de vij f. par. Et dit, fur ce requis, que oncques jour de
fa vie il ne commift aucun autre larrecin oudit hoftel.

Cogneut avec ce, que, iij ans a ou environ, lui eftant
en la ville de Grignoble, ou college des Cordeliers, en
laquele il trouva un coffre ouvert, & en icellui coffre
print un autre petit coffre fermé qui pefoit grandement,
ne fcet qu'il avoit dedens ledit coffre, parce qu'il ne ou-
vrit point icellui, & que fi toft qu'il ot prins ledit coffre,
il fe ala bouter en franchife (1) en une autre eglife d'icelle
ville, & en laquele, fi toft comme il y fu, il trouva un
preftre, par l'ennortement duquel, & de fon confeil, il
rendi ledit coffre, fans ce qu'il ouvrift ou prenift aucune
chofe en icellui coffre.

Dift avec ce, que environ la fepmaine après la Saint-

---

(1) Pour échapper aux pourfuites de la juftice. Voy. l'*Effai fur l'afile
religieux dans l'empire romain & la monarchie françoife*, par M. Ch. de
Beaurepaire (*Biblioth. de l'École des Chartes*, 3e férie, t. IV, p. 351-
375, 573-591, & t. V, p. 151-175, 341-359). L'auteur de ce mémoire
a eu tort de dire, p. 345, que les mentions d'afiles étoient rares dans
les anciens recueils d'arrêts; cette affertion eft certainement trop abfo-
lue. Nous trouverons plus d'un exemple de pareille chofe au cours de
notre Regiftre, que M. de Beaurepaire cite à l'appui de fon opinion.

Jehan derrenierement passée., environ heure de prime,
se bouta en une taverne estant en la ville d'Avignon, &,
en une chambre près du lieu où il vent lors, print une
coste de fer qui pendoit à une perche en ycelle chambre,
laquelle coste de fer il print & emporta en la ville de
Beaune, & illec lui fu ostée par la justice du lieu, & miz
en prison, pour ce qu'il fu accusé d'avoir prins ledit
coffre en la chambre dudit cordelier, &, en après ce, mis
hors, pour la peine de la prison, sans ce qu'il feust mis
à question aucunement.

Cogneut avec ce, que, iiij ans a ou environ, lui estant
logiez en une hostellerie en la ville de Lengres, en unes
aumailles qui estoit ouvertes, print une boutonneure
d'argent qui estoit en icelles aumailles, lesqueles il vendi
la somme de vij s. par.

Item, dist que, environ ladite ville d'Avignon, paravant
le departement de sondit pere & de lui, ou chemin, ne depuis jusques environ la Toussains derrenierement passée,
il n'avoit veu ou sceu que sondit pere eust tasses d'argent
aucunnes; que sondit pere les lui moustra à Paris, en sa
chambre, et que la premiere fois qu'il veist oncques la
piece d'argent fondue donc son pere fu trouvé saisy, il
le vit en ladite ville de Chartres, environ iiij ou vj jours
après ce qu'ilz furent arrivez pour ouvrer en ladite ville
de Chartres. Et autre chose ne voult cognoistre. Si fu
fait trait arriere sur les quarreaux.

Après lesquelles confessions faites par ledit prisonnier, ledit mons. le prevost demanda ausdis presens conseillers comment l'en avoit à proceder contre ledit Jehannin Brigon, prisonnier. Tous lesquelz, veues lesdites
denegacions par lui faites par plusieurs foiz, avec les
confessions dessus dites, consideré les autres accusacions
autrefois faites contre ledit prisonnier, avec la renommée
d'icellui, l'estat & gouvernement dudit prisonnier, deli-

bererent & furent d'oppinion que il eftoit un très-fort larron, & que l'en ne le pouvoit efpargnier qui ne feuft executez comme larron. Ouyes lefqueles oppinions & veu le procès deffus dit, ledit Jehannin fu ad ce condempné par ledit monf. le prevoft, & en ça prefence.

LEQUEL jugement fu executé ledit jour.

Commiffaire fur fes biens, maiftre Miles de Rouvroy, examinateur.

                                AL. CACHEMARÉE.

## PHELIPOT LE CLERC.

### 22 mai 1390.

L'AN DE GRACE MIL TROIS cens quatrevins & dix, le dymenche xxijᵉ jour de may, en jugement fur les quarreaux ou Chaftellet de Paris, par davant maiftre Jehan Truquam, lieutenant de monf. le prevoft, fu attaint & admené Phelipot Le Clert, laboureur, demourant à Aunoy lez Bondiz (1), prifonnier, admené oudit Chaftellet par Jehan des Bordes, fergent (2) du roy noftre fire au Bourgeel, pour ce que hier, environ vefpres, il mal print & embla, en l'oftel Regnaut Daillier, demourant à Drancy, un feurcot fourré & un pliçon de connins tout neuf, deux paires de draps de lin, une nape & une piece de toile de lin, lefquelx chofes eftoient en un coffre en l'oftel dudit Regnaut. Lequel Phelipot fu fur ce examiné & interrogué par ferement, & confeffa que il fu nez de Coinchy

_____

(1) Aujourd'hui Aulnay-lès-Bondy, arrondiffement de Pontoife (Seine-&-Oife).

(2) Le mot *fergent* eft fuivi, dans le manufcrit, des mots *à verge*, barrés.

l'Abbaye, près de Chasteautherry (1), & à tousjours esté
chartrier, & demourant tant à Montmorency, à Paris
comme environ, & que, trois ans a ou environ, il est
demourant en ladite ville d'Aunoy, où il a tenues fermes
ou moysons, & y tient encore de present la ferme de la
femme que Jehan Guillaume, espicier, demourant à Paris,
prez de l'escolle Saint-Germain, a nagueres espousée. Et
pour ce que il n'avoit pas assez chevaux pour sadite ferme
faire, hyer ot xv jours ou iij sepmaines, s'en vint à Paris
en entencion d'avoir un cheval, lequel il acheta de Pas-
quier & Jehannin, diz Aubery, freres, voituriers, demourans à Paris, prez de l'escolle Saint-Germain, la somme de
iiij l. & viij s. par., pour laquelle somme païer ilz lui donnerent temps & terme jusques à la Saint-Remy prochainement venant; lequel cheval il a encore par devers lui.
Et pour ce qu'il ne lui sembloit pas prouffitable pour fere
son labour, se parti hier de son hostel en entencion de
venir à Paris, pour le dire ausdiz freres, & que en passant par la ville de Drancy, prez dudit Aulnoy, cogneust
en soy qu'il estoit un povres homs & ne pourroit païer
ledit cheval; pour quoy il se arresta en icelle ville, où
l'en chantoit vespres, & se bouta en un hostel dont l'uis
estoit sairé, ouquel hostel il n'y avoit homme ne femme,
&, par temptacion de l'ennemi, print & embla, en un
coffre qui y estoit, un fardelet qui estoit lié & enveloppé
d'un drap linge, &, ce fait, se parti dudit hostel, &, en
soy alant par le jardin d'icellui, se advisa qu'il avoit mal
fait de ce qu'il avoit fait, &, pour ce, lessa ledit fardel
oudit jardin, & s'en ala droit à Paris; & que quant il fu
à Rovroy, prez du Bourgeel, pour ce qu'il vit qu'il estoit
tart, & qu'il creoit qu'il ne feroit riens à Paris, s'en
retourna pour venir en son hostel à Aunoy, & que, en
retournant, il fu prins ou grant chemin, prez d'icelle

_____

(1) Coincy, arrondissement de Château-Thierry (Aisne).

ville de Drancy, par le fergent du Bourgeel, qui l'a admené prifonnier oudit Chaftellet.

LE LUNDI enfüiant, xxiije jour dudit mois de may, par
davant ledit lieutenant, en la prefence de maiftre Beraut
Brefon, efleu à Paris; maiftres Miles de Rouvroy &
meftre Gieffroy Le Goibe, examinateurs oudit Chaftellet;
fu attaint & admené ledit prifonnier, & lui fu dit que
de ce que dit eft, & de fes autres faiz, il deïft & confeffaft plenement la verité, ou, autrement, l'en la lui
feroit dire. Lequel dift qu'il avoit fait ce que dit eft par
la maniere qu'il l'avoit confeffé, & non autrement, &
que plus ne autre chofe il n'avoit meffait en fa vie. Pour
quoy fu par ledit lieutenant demandé aus deffus nommez
leurs oppinions, & comment l'en avoit à proceder contre
ledit prifonnier. Lefquelz dirent que, veue la confeffion,
& que le fergent deffus nommé rapporta & afferma que
icellui prifonnier fu prins ès boys prez dudit Drancy, où
il s'en eftoit fuy, pour ce que plufieurs gens de la ville de
Drancy le pourfuivo[ien]t, & que là environ on avoit faiz
plufieurs larrecins; afin de favoir la verité de ce que dit
eft & de fes autres meffaiz, il devoit eftre mis à queftion.
Lefquelx oppinions oïz, & veu ce que deffus eft dit, fu
par ledit lieutenant dit & ordenné que ainfi feroit fait.

CE JOUR DE lundi, en accompliffant ledit jugement,
fu ledit prifonnier mis à queftion. Et après ce qu'il fu
eftandu en icelle, requift qu'il feuft ofté hors, & il diroit
la verité de tout ce qu'il avoit meffait. Lequel, après ce
qu'il fu bouté hors d'icelle queftion, dift & confeffa que,
deux ans avoit ou environ, il mâl print & embla, à Gro-
lay foubz Montmorency, par jour, une cofte fimple &
un pliçon à famme, qu'il vendi depuis en la frepperie de
Paris, ne fcet à qui, xxiiij f. par.

Item, confeffa que, demi-an avoit ou environ, par

jour, il embla à une bonne femme vefve, demourant à Saurain, iiij efcuelles d'eftain, qu'il vendi, à Paris, iiij f.

Item, confeffa que, un an a ou environ, il print & embla à une nommée La Belociere, vefve, demourant à Aunoy, un feurcot long de fin drap, fourré d'une penne blanche, une cote fimple de mefmes, une çainture ferré d'argent, à laquelle pendoit une bourfe de foye vuyde; lefqueles chofes il vendi depuis en la frepperie de Paris, ne fcet à qui, vj frans d'or.

Item, confeffa que, iiij ou v ans avoit ou environ, que il fervoit un tonnelier demourant à Reins, ledit tonnelier lui envoya querir cinq frans en la ville de Ourge, à un homme qui les lui devoit; lefquelx v frans il receupt dudit homme, & atant s'en ala fans plus retourner ne les bailler audit tonnelier, fon maiftre.

item, confeffa que, à la Saint-Martin derrenierement paffé, il print & embla, en la bourfe du varlet Gilot Le Belocier, d'Aunoy, qui dormoit en un lit en l'eftable aus chevaux, iij petis florins de Florence & un autre grant eftrange.

Item, confeffa que, au Blanc-Mefnil, il print & embla, en l'hoftel de Jaquet Moiat & fa femme, par jour, une cote fimple à femme & une houppelande de gris; ouquel hoftel il n'y avoit homme ne femme. Lefquelles robes il vendi à Paris, ne fcet à qui, xxvj f.

Item, confeffa que, demi-an avoit ou environ, il ouvry à force l'uys de l'oftel d'une bonne femme demourant à Cloye, ouquel hoftel il entra, &, en une huche qui eftoit dedens, print & embla plufieurs pieces de linge, ne fe recorde quelles, qui bien valoient vj frans; lequel linge il a depuis vendu par parties & à plufieurs perfonnes. Et difoit, ycellui prifonnier, que plus ne autre chofe il n'avoit meffait que les larrecins deffus declarez, lefquelx il avoit faiz lui feul, & fanz ce que fa femme ne autre perfonne en fceuft oncques aucune chofe.

LE MARDI enfuïant, xxiiije jour dudit mois de may, en jugement fur les quarreaux, par davant maiftre Jehan Truquam, lieutenant de monf. le prevoft, en la prefence de maiftre Jehan Acart, maiftre Girart de La Haye, Nicolas Chaon & Geffroy Le Goybe, examinateurs, fu leu & recité le procès cy-deffus efcript, prefent ledit prifonnier, qui fa confeffion afferma eftre vraye, & en ycelle perfevera. Et, ce fait, fu par ledit lieutenant demandé aus deffus nommez leurs oppinions; lefquelz dirent que, veu ledit procès, les continuacion & perfeveracion faites par ledit prifonnier, fon eftat, ce qu'il deleffoit à faire fon labour pour telz larrecins, ycellui prifonnier eftoit un mauvaiz larron; & furent d'oppinion que, comme tel, il feuft pendus.

APRÈS LESQUELX oppinions ainfi donnez contre ycellui prifonnier, ledit monf. le prevoft vint en jugement fur les quarreaux oudit Chaftellet, & de rechief fu leu ledit procès, prefent ledit prifonnier, qui oncore à fa confeffion perfevera. Et, ce fait, fu dit par ledit monf. le prevoft, & veu tout ledit procès, avecques lefdiz oppinions, que ycellui prifonnier devoit eftre pendu fanz aucune efpargne; & ad ce le condempna.

LE MERCREDI xxve jour de may, fu ce jugement exécuté.
Et n'avoit aucuns biens en la terre du roy.

AL. CACHEMARÉE.

# JAQUET DE LYEMBOIS.

3 mai 1390.

L'AN DE GRACE MIL TROIS CENS quatrevins & dix, le mardi iiij<sup>e</sup> jour de may, par davant maiſtre Jehan Tru-quam, lieutenant de monſ. le prevoſt, preſens maiſtres Ernoul de Villers & Nicolas Bertin, examinateurs du roy noſtre ſire ou Chaſtellet, fu attaint & fait venir en juge-ment ſur les carreaux Jaquet de Lyembois, priſonnier detenu oudit Chaſtellet, pour la deſroberie par lui faite à Coiſme de Grimaude (1), eſcuïer, ſon maiſtre, auquel il a emblé quatre eſcus de xviij ſ. par. piece, un mantel double, un houſeaux, deux plaz, deux eſcuelles d'eſtain & pluſieurs autres choſes; & auſſi pour ce qu'il a eſté trouvé ſaiſy de deux autres plaz d'eſtain muſſez en ſon ſain. Lequel priſonnier, ſur ce interrogué, cogneut & confeſſa par ſon ſerement eſtre né de la ville de Douay, en laquelle, puis xx ans ençà, il ne demoura aucunement, mais a touſjours depuis ſervi chevaliers & eſcuïers, ſuy les guerres, &, en après, ſervi comme valet de chevaux monſ. l'eveſque de Paris (2) juſques environ le Noël derrenierement paſſé, qu'il ala ſervir ledit Coeſme, ſon maiſtre; que, environ le mi-quareſme derrenierement paſſé, ſondit maiſtre eſtant logié en la rue Pierre-au-Lart, en l'oſtel de meſſire Guillaume Caſſinel, chevalier (3),

---

(1) Il étoit capitaine des arbalétriers génevois, qui firent, en 1378, ſous le gouvernement de Jean de Vienne, grand amiral de France, le ſiége du château de Pont-Audemer. C'eſt à ce titre que, le 10 juin de cette même année, il reçut en prêt ſur ſes gages, & ſur ceux du conné-table & des vingt & un arbalétriers de ſa compagnie, la ſomme de cent ſept francs d'or. (Bibl. imp., coll. *Beaumarchais*, provenant de la Ch. des Comptes, ſérie des quittances.)

(2) Pierre IV d'Orgemont, évêque de Paris de janvier 1384 à juil-let 1409. Voy. *Gall. Chriſt.*, t. VII, col. 140-142.

(3) Guillaume Caſſinel, deuxième du nom, ſeigneur de Romainville,

trouva d'aventure ouvert un grant coffre eſtant en ladite chambre, & ouquel coffre avoit un autre petit coffret fermé, ouquel petit coffret il qui parle avoit pluſieurs fois veu que ſondit maiſtre y avoit mis & mettoit ſon argent; & lors lui qui parle, par l'art & temptacion de l'ennemy, d'unes tenailles à eſrachier cloux de piez de chevaux, qu'il trouva d'aventure, eſracha les cloux à quoy la ferreure dudit petit coffret eſtoit atachiée, & lors il qui parle print oudit petit coffret, à heure de matin, deux eſcus d'or de xviij ſ. piece.

Cogneut auſſi que le lendemain, environ matin, enſuïant ce que dit eſt, il ala ou lieu où ledit coffre eſtoit, & en icellui print un autre eſcu de xviij ſ. piece; leſquelz iij eſcus il appliqua à ſon prouffit. Et, ouitre ce, cogneut que, au partir qu'il fiſt de l'oſtel de ſondit maiſtre, il print une paire de houſeaux qui pendoient à la perche de la chambre à ſondit maiſtre, leſquelz il vendi, en la ville de Paris, iij ſ.; & un mantel viel, doublé de deux draps, lequel il porta en la ville d'Amiens, & ycellui vendu en ladite ville la ſomme de viij ſ. par. Et quant aux deux plaz & eſcueles d'eſtain, & autres choſes que l'en diſt par lui avoir eſté prinſes en l'oſtel de ſondit maiſtre, diſt par ſon ſerement qu'il n'en eſt riens.

Cogneut avec ce, que les deux plas d'eſtain deſquelz

---

de Pompone & de Ver. Il ſe qualifioit écuyer, ſergent d'armes du roi, dans une quittance du 28 juillet 1371, par laquelle il déclaroit avoir reçu une ſomme de trente francs d'or, pour avoir accompagné Sance Lope vers Calais & dans les autres parties du royaume. Il fut reçu à Arras, le 16 ſeptembre 1386, en qualité de chevalier, avec huit écuyers de ſa compagnie, pour ſervir ſous le comte de Dammartin dans l'expédition que le roi ſe propoſoit de faire en Angleterre. Enfin il étoit, en 1389, maître d'hôtel de la reine Iſabeau de Bavière, comme le prouve une ordonnance de Charles VI, qui lui attribuoit une ſomme allouée, le 5 & le 22 mars 1384, à Jean Blanchet. (*Hiſt. généal. & chron. de la Maiſon royale de France*, t. II, p. 40 & 41, & Bibl. imp., Cabinet des titres, 1re *ſérie des titres originaux*, doſſier Caſſinel.)

il fu trouvé faify, ainfi comme il venoit, dymenche derrenierement paffé, de la ville de Laigny droit à Chiele, &
en paffant par les prez qui font fur la riviere de Marne,
il trouva iceulx plas fur ladite riviere, & les apporta &
avoit fur lui quant il fu prins & admené prifonnier oudit
Chaftelet. Et ne fera jà fceu ou prouvé contre iui que
aucun autre fait ou crime il ait commis, en quelque maniere que ce foit, que ceulx deffus dis, par lui cogneuz,
requerant que de ce ledit lieutenant voulfift de lui avoir
pitié & iui extendre fa grace.

ITEM, LE JEUDI, xix<sup>e</sup> jour dudit mois de may, l'an
deffus dit, par devant monf. le prevoft, lui eftant en
jugement fur les carreaux, prefens maiftres Dreux d'Ars,
lieutenant; Jehan de Tuillieres, Girart de La Haye, Ernoul de Villers, Nicolas Bertin, Robert de Pacy, Nicolas
Chaon & Gieffroy Le Goebe, examinateurs; fu de rechief
fait venir le deffus dit Jaquet de Lyembois, prifonnier,
lequel ès confeffions par lui faites, cy-devant efcriptes,
continua & perfevera en icelles, fanz aucune force ou
contrainte, difant & affermant par ferement icelles confeffions eftre vrayes, & que oncques ne meffift autre chofe
que dit eft cy-deffus. Et, ce fait, fu fait traire arriere fur
lefdis quarreaux, & par ledit monf. le prevoft demandé
aufdiz prefens confeillers leur advis & oppinions comment l'en avoit à proceder contre icellui prifonnier. Tous
lefquelz, veu l'eftat & perfonne d'icellui prifonnier, qui
a continué & frequenté roufte de gens d'armes, lefdiz
larrecins, & reiteracions d'iceulx, par lui fais & cogneuz,
& la traïfon par lui commife contre fondit maiftre, en
rompant fondit coffre, delibererent & furent d'oppinion
que, pour favoir par fa bouche la verité des autres crimes
& deliz faiz & commiz par ledit prifonnier, il feuft mis à
queftion. Et ad ce fu condempné par ledit monf. le
prevoft.

LEQUEL prifonnier fu de rechief fait venir en jugement par devant ledit monf. [le prevoft], & lui fu commandé que des crimes par lui commis il deïft verité, ou l'en le lui feroit dire, & feroit mis à queftion; lequel, pour ce que autre chofe ne voult cognoiftre que dit eft, en enfuïant ledit jugement, fu mis à queftion fur le petit & le grant trefteau; & requift inftanment que l'en le voulfift mettre hors d'icelle, & il diroit verité des crimes par lui commis, dont il en avoit fait plufieurs. Si fu mis hors d'icelle queftion, mené choffer en la cuifine en la maniere acouftumée.

HORS DE laquelle queftion, fans aucunne force ou contrainte, icellui prifonnier cogneut & confeffa que les deux plaz d'eftain defquelz il fu trouvé faify en foy en venant d'icelle ville de Laigny à Chielle Sainte-Baudour, en paffant parmi la ville de Milly fur Marne, & ou dimenche deffus dit, il entra pour boire en l'oftel d'un marefchal qui vendoit vin en ycelle ville, &, en buvant une chopine de vin qu'il avoit fait traire, print yceulx plas, qui eftoient fur une tablete de plaftre affez près du lieu où il avoit beu; lefquelz plas il apporta avec foy, fans le fceu des gens dudit marefchal.

Cogneut avec ce, que puis l'entrée de quarefme derrenierement paffé, qu'il eftoit allez en la ville de Cofne fur Loire, pour trouver maiftre à fervir, s'il euft peu, en foy en venant d'icelle ville de Cofne à Aucerre, fe herberga de nuit en un village dont il n'eft record du nom. Au partir duquel hoftel, il print un drap linge qui avoit efté mis ou lit où il avoit geu, & lequel drap il apporta vendre en icelle ville d'Aucerre, lequel il vendi illec la fomme de iiij f.

Item, cogneut avoir prins, en ycelle ville d'Aucerre, deux efcuelles d'eftain en l'oftel où il eftoit logié, lefquelz il vendi, en la ville de Joigny, la fomme de xx d. t.

Item, en paffant par la ville de Saint-Aubin (1), avoir famblablement prins deux efcuelles & une faliere d'eftain, qu'il vendi, en ycelle ville de Sens, xx d. par.

Item, cogneut avoir prins, en l'oftel où il eftoit logié en la ville de Senz, deux efcuelles d'eftain & un chandelier de cuivre, lefquelz il vendi en un village qui eft entre la ville de Senz & Paris, duquel il ne fcet le nom, la fomme de ij f. par.

Item, cogneut que, en paffant par la ville de Mouftereau-fault-Yonne, en un hoftel où il buvoit, avoir prins quatre efcuelles d'eftain, lefquelles il apporta en la ville de Paris, & iilec les vendi, n'eft record à qui, la fomme de viij blans.

Le jeudi xxvj<sup>e</sup> jour dudit mois de may mil ccciiij<sup>xx</sup> & dix, par devant monf. le prevoft, lui eftant en jugement fur les carreaux, prefens maiftres Jehan Truquam, Guillaume Drouart, lieuxtenans; Jaques du Bois, advocas; Dreux d'Ars, auditeur; Andrieu Le Preux, procureur du roy; Milles de Rouvroy, Nicolas Bertin, Robert de Tuillieres & Robert de Pacy, examinateurs; le deffus dit prifonnier, Jaquet de Lyembois, fu attaint & fait venir, lequel, de fa volenté, fans aucune force ou contrainte, continua, perfevera & conffa les crimes & larrecins cy-deffus efcrips par lui avoir efté faiz & commiz par la fourme & maniere qui font efcrips, fu fait traire arriere fur lefdiz quarreaux, & par ledit monf. le prevoft demandé aufdiz confeillers leurs advis & oppinions qu'il eftoit bon à faire dudit prifonnier. Tous lefquelz, veu le procès & confeffions dudit prifonnier, attendu les perfeveracions, & reiteracions, & traïfon de larrecins deffus diz, par lui faiz & commiz par plufieurs, & diverfes fois & journées, tant à fondit maiftre comme à autre, delibe-

_____

(1) Saint-Aubin-fur-Yonne, arrondiffement de Joigny (Yonne).

rerent & furent d'oppinion qu'il feuſt penduz comme
larron. Ouyes leſqueles oppinions & veu ledit procès,
ledit monſ. le prevoſt le comdempna ad ce.

LE SAMEDI xxviijᵉ jour de may l'an deſſus dit, le deſſus nommé Jaquet de Lyembois fu mené à ſon derrenier
tourment; lequel, eſtant prez de la juſtice, & en adjouſtant à ſa confeſſion cy-deſſus eſcripte, diſt & confeſſa par
devant moy, Aleaume Cachemarée, clerc de monſ. le
prevoſt, commis & envoyé par lui à fere mettre à exccu-
tion le jugement cy-deſſus contre lui donné, en la preſence de Jehan Le Foreſtier, Roger Le Gras, Jehannin
Pennevaire, Guillemin du Val, Jehan Gilles, Guillaume
d'Aveſne, ſergens à cheval; Jehan Pucet, Caſin de Saint-
Liger, Simon d'Orenge, Guillemin Rougin, Deniſot de
Chaumont, Robin Le Charlier, Hennequin de Creſecques
& Jehan Rely, ſergens à verge du roy noſtre ſire ou
Chaſtellet de Paris; que au temps que monſ. l'eveſque
de Paris & meſſ. Ernault de Corbie eſtoient à Pavie en
Lombardie (1), ledit monſ. l'eveſque avoit une levriere
qui eſtoit en chaleur, & à un ſoir, à un jour donc il n'eſt
record, que touz les varlez eſtoient alez en esbatement à
la court du ſeigneur dudit lieu, ſe print à jouer à ycelle
levriere, qui eſtoit demourant en l'oſtel où eſtoit logiez
monſ. l'eveſque, la coucha à terre, & ot compaignie
charnelle à ycelle levriere une fois ſeulement.

Item, confeſſa que, eulx eſtans logez en la ville d'Avignon, il ot par x ou xij fois, ou plus, compaignie charnelle à une juifve.

_____

(1) En 1386, Pierre d'Orgemont reçut de Charles VI la miſſion d'aller
trouver le comte de Vertus en Italie. On ſait d'ailleurs qu'à la même
époque, l'évêque de Paris fut chargé, avec Arnaud de Corbie, de négociations auprès du pape Clément VII, réſidant à Avignon. Le chancelier de France accompagna auſſi ſans doute Pierre d'Orgemont en Italie.
(_Gall. Chriſt._, t. VII, col. 140, & _Hiſt. généal. & chronol. de la Maiſon
royale de France_, t. VI, p. 347 A.)

Item, confeffa que, à Paris, en l'oftel des Tournelles, appartenant audit monf. l'evefque, il print & embla un franc d'or qui eftoit ou coffre meff. Jehan de Bar, chappellain dudit evefque; auquel coffre pendoit la clef d'icellui.

Item, confeffa que, un an avoit ou environ, il mal print & embla, ès eftables dudit evefque, trois paires d'efperons neufs qui eftoient penduz en ycelle eftable, & yceulx vendi aus efperonniers de Paris, ne fcet à qui, viij f. par.; & dit que lors on les demandoit fort. Et plus ne autre chofe ne confeffa.

Ce jour de famedi, le deffus nommé Jaquet de Lyembois fu ars prez de la juftice, pour la caufe cy-deffus efcripte.

Et n'avoit nus biens.

AL. CACHEMARÉE.

# JEHAN PETIT.

### 19 mai 1390.

L'AN DE GRACE MIL TROIS CENS quatrevins & dix, le lundi xixe jour de may, par devant monf. le prevoft, prefens maiftres Dreux d'Ars, lieutenant; Jehan de Tuillieres, Girart de La Haye, Miles de Rouvroy, Nicolas Bertin, Ernoul de Villers, Nicolas Chaon & Gieffroy Le Goebe, examinateurs du roy noftre fire ou Chaftellet de Paris; fu fait venir & attaint en jugement fur les carreaux Jehan Petit, prifonnier, detenu oudit Chaftellet, pour ce que, en jugement par devant le fiege ou auditoire de maiftre Pierre Piquot, auditeur oudit Chaftellet, il, ou jour d'yer, coppa un mordant d'argent pendant à la taffe de Regnault Jourdin, demourant à la Coquille, ou carrefour de la porte de Paris. Lequel prifonnier, interrogué fur ce que dit eft, & de fa vie & gouvernement, cogneut & confeffa par ferement qu'il eft nez de la ville de Thies-Hebert, près du Boucachart en Normendie (1), affez prez de Montfort, & que, puis xv jours ençà, il, [en] entencion de fervir, eft venus en la ville de Paris.

Dift auffi que, puis un an a ou environ, il a continuelment chevauché en la compaignie de plufieurs efcüiers dudit païs, qui font alez esbatre parmi le royaume de France, & que ou jour d'yer, pour ce que l'argent qu'il avoit apporté de ladite ville de Thies-Hebert ii eftoit failli, il, tenté de l'art de l'ennemy, eftoit venus oudit Chaftellet, en la place où les nottaires font, & illec, en un auditoire où l'en plaidoit, avoit, à l'ayde d'un petit couftel qu'il portoit, & lequel lui a aujourd'uy efté mouftré, coppé le mordant d'argent pendant à la taffe d'un homme qui eftoit au devant dudit auditoire, & duquel mordant il fu trouvé fafy. Et dift que oncques mais ne fift aucun autre larrecin que celui que dit eft.

VEUE LAQUELLE confeffion faitte par ledit prifonnier, ledit monf. le prevoft demande aufdiz prefens confeillers leur advis & oppinions comme l'en avoit à proceder contre lui. Tous lefquelz, veu ledit mordant, le lieu & place là où il fift & commift le delit deffus dit, eftat & perfonne d'icellui, & que toute prefumpcion eftre contre lui que fe mieulx euft trouvé, que plus volentiers l'euft prins & coppé; confideré auffi qu'il eft homme vilotier & vacabont, & qui, par fa confeffion, eft filz d'un laboureur de bras, & homme coufturier, qui de fondit meftier n'a ouvré puis qu'il vint en ladite ville de Paris; delibererent & furent d'oppinion que pour favoir plus à plain par fa bouche la verité de fa vie & gouvernement, que l'en ne le povoit efpargnier qu'il ne fuft mis à quef-

---

(1) Bourgachard, arrondiffement de Pont-Audemer (Eure).

tion; & ainſi fu dit & prononcé par ledit monſ. le
prevoſt.

Après leſqueles choſes ainſi faites, ledit monſ. le prevoſt fiſt de rechief venir ledit Jehannin Petit, & lui diſt
qu'il deiſt verité des autres crimes & delis par lui commis, ou autrement l'en li feroit dire. Lequel, pour ce
que autre choſſe ne voult cognoiſtre que dit eſt, en enterinant ledit jugement, fu deſpouillié, mis & lié à ladite
queſtion ſur le petit treſteau, & ainſi comme l'en lui vouloit donner de l'eaue, requiſt inſtanment que hors d'icelle
queſtion l'en le voulſiſt mettre, & ii diroit verité des
autres crimes & larrecins par lui commiz. Si fu mis hors
d'icelle queſtion, mené choffer en la cuiſine en la maniere acouſtumée, & en après ramené en jugement ſur
les quarreaux.

Hors de laquelle queſtion, & ſans aucune force ou
contrainte, ledit priſonnier cogneut & afferma par ſerement que puis Noël derrerement paſſé, autrement du
jour n'eſt record, lui eſtant oudit Chaſtellet, en la grant
ſale où l'en plaide & au dehors du grant parc, coppa un
mordant de ſainture d'argent blanc à un homme qu'il ne
cognoiſt.

Item, puis xv jours ençà, & hors dudit grant parc,
coppa un autre mordant d'argent, leſquelz deux mordans
il qui parle a vendu, par deux fois chaſcun mordant,
iij ſ., à un mercier nommé Hennequin, qui porte une
tablete de mercerie à ſon coul parmi la ville de Paris,
lequel a ſa demeure vers la porte Baudet, ne ſcet en
quel lieu.

Item, que, trois mois a ou environ, ou temps que la
royne giſoit d'enfant au Louvre (1), ainſi comme l'en

---

(1) Cet enfant étoit ſans doute la deuxième fille de Charles VI, Iſabelle

dreçoit à mengier au dreçoir de la fale dudit hoftel, coppa un autre mordant d'argent à un efcuïer qui eftoit illec, & icellui vendi, la fomme de iij f., à un mercier du païs de Piquardie, portant tablete à fon coul parmi la ville de Paris, duquel il ne fcet le nom, ne quel part il demeure.

Item, durant les jouftes qui ont efté faites à cefte fefte de may, en la Coufture de Sainte-Katherine, & par deux jours l'un après l'autre, il a coppé, en chafcun d'iceulx jours, un mordant d'argent, l'un defquelz il a vendu au-dit Hennequin la fomme de iiij f. par., & l'autre mordant il a mis en gaiges de vij blans, & baillié à un nommé Jehannin, clerc du chauderon, au devant l'egiefe Saint-Merry.

Item, cogneut que lundi derrerement paffé, lui eftant hors du grant parc dudit Chaftellet, il coppa un autre mordant d'argent, lequel il vendi au deffus dit Henne-quin, & oudit jour meifmes, la fomme de iij f. vj d. Et autre chofe ne voult confeffer.

LE JEUDI XXvjᵉ jour dudit mois de may, l'an deffus dit, par devant monf. le prevoft, lui eftant en jugement fur les carreaux, prefens maiftres Jehan Truquam, lieute-nant; Dreux d'Ars, auditeur; Andrieu Le Preux, procu-reur du roy; Miles de Rouvroy, Nicolas Bertin, Robert de Tullieres & Robert de Pacy, &c.; fu veue, leue & recitée, en la prefence du deffus dit Jehannin Petit, pri-fonnier, les confeffions par lui faites, cy-deffus efcriptes, & tout le procès; efqueles confeffions il, fanz aucune force ou contrainte, continua & perfevera, difant que oncques plus de mal n'avoit fait que ceulx deffus diz par lui confeffez. Et, pour ce, fu fait traire erriere à part

---

de France, qui naquit au Louvre le 9 novembre 1389. Voy. les notes fur les enfants de Charles VI & d'Ifabeau de Bavière, publiées par M. Vallet de Viriville, *Biblioth. de l'École des Chartes*, 4ᵉ férie, t. IV, p. 47.

fur les quarreaux; &, ce fait, fu par ledit monf. le prevoft demandé aufdis prefens confeillers leurs advis &
oppinions comme l'en avoit à proceder contre ledit Jehannin Petit, & s'il eftoit prenable de juftice, ou nom. Tous
lefquelx delibererent & furent d'oppinion que, pour favoir plus à plain la verité par fa bouche des autres crimes
& deliz par lui commis, autres que ceulx deffus diz, qu'il
feuft pugniz comme larron, c'eft affavoir pendu, & qu'il
eftoit homme capable de punicion, & agiez pour recevoir tele pugnicion; & fe autre choufe ne confeffoit que
dit eft deffus, que l'en lui coppaft une des oreilles, &
feuft bany à tousjours de la ville & habitacion de Paris,
& de dix lieues à l'environ, fur peine de la hart.

Le samedi enfuïant, xxviij° jour dudit mois, l'an deffus dit, par devant monf. le prevoft, lui eftant en jugement fur les carreaux, prefens maiftres Jehan Truquam,
lieutenant; Dreux d'Ars, auditeur; Andrieu Le Preux,
procureur du roy; Beraut Briffon, efleu fur le fait des
aydes; Girart de La Haye, Jehan de Bar, Nicolas Bertin,
Robert de Pacy, Robert de Tuillieres, Nicolas Chaon,
Hutin de Ruit & Gieffroy Le Goybe, examinateur, fu
fait venir & attaint des prifons où il eftoit le deffus dit
Jehannin Petit, prifonnier, lequel continua & perfevera
ès chofes cy-deffus efcriptes, par lui faites. Et pour ce
que autre chofe ne voult confeffer, afin d'entretenir [&]
acomplir le jugement deffus dit, fu fait defpouillier, lié
& atachié à ladite queftion; & ainfi comme l'en vouloit
jetter de l'eaue fur lui, requift inftanment que l'en le
meift hors d'illec, & il diroit verité. Si fu mis hors
d'icelle, & de rechief admené par devant ledit monf. [le
prevoft]; &, oultre les confeffions cy-deffus efcriptes,
cogneut & confeffa par ferement que, ou voyage fait par
le roy en Alemaingne, il coppa une bourfe à un compaignon qui dormoit en un logis affez près dudit lieu où il

estoit logiez, en laquelle bourse avoit xv s. ou environ.

Item, un an a, en la ville de Candelet, en un hostel où il estoit couché avec un homme, coppa la bourse qui pendoit à la poitrine de son juppon, en laquelle avoit xv s.

Item, oudit voyage d'Alemaigne, avoir prins un chapperon rouge à usage d'omme, lequel il vendi xx d. par.; & icellui print sanz le sceu de celui à qui il estoit.

Item, an & demi a, à une haye qui estoit assez près de la ville de Montfort, avoir prins une robe linge qu'il a usée.

Item, avoir prins, oudit voyage d'Alemaigne, une houppellande rouge, par lui vendue la somme de xv s. par.

Item, en Haynaut, oudit voyage, en une huche que il & un compaignon rompirent à une hache, prindrent en icelle v frans; & est en un village près de la ville de Mons; & avoit deux frans en or, & le residu en autre monnoye blanche.

Item, un [an] a ou environ, il osta par force, à l'un des filz Jehan Le Grant, tavernier, demourant prez de Quihebert, vers Montfort, un franc d'or que ledit [filz], qui estoit aagé de xij ans environ, tenoit en sa main.

Item, deux ans a ou environ, en un village près de Montfort, où il & un homme estoient couchiez ensamble, print & embla un franc en la bourse dudit homme.

Item, à un autre compaignon où il dormoit v s. tournois.

Item, au derrer voyage d'Alemaigne, il print & embla, en la bourse de l'un des varlez de son maistre avecques lequel il estoit couchié, v s.

Item, au varlet Jehan de Marchy, escuïer, compaignon de son maistre, en sa tasse, quant il dormoit, v frans.

VEUES LESQUELES confessions faites par icellui prisonnier, ledit mons. le prevost demanda ausdis presens con-

feillers qu'il eftoit bon à faire d'icellui prifonnier, &
comment l'en procederoit contre lui. Tous lefquelz, enfamble maiftre Michel Marchant, Denis de Baufmes,
Jaques du Bois, Oudart de Montchauvet, advocas, &
Miles de Rouvroy, examinateurs, auquel le procès fu
leu mot après autre, furent tous d'oppinion, confideré
que ledit prifonnier confeffoit eftre agiez (1) d'une fienne
fuer qu'il a ou pays de fa nativité, & laquele a jà eu
enfans en mariage, & qui eft de l'aage de xvij ans &
plus, qu'il eftoit prenables de recevoir pugnicion de
juftice; & attendues les multiplicacions, reiteracions de
crimes par lui faiz & commiz, tant oudit Chaftellet comme
ailleurs, par plufieurs fois; veu auffi l'eftat de fa perfonne
& figure d'icellui, que comme larron il feuft executé,
c'eft affavoir pendu, fauf & excepté les deffus dis maiftres
Beraut, La Haye, Chaon, Robert de Tuillieres & Goebe,
qui furent d'oppinion qu'il feuft mené au cul d'une charrete, tout batant, jufques à la juftice, &, illec, bany de
la ville, viconté & prevofté de Paris à tousjours, fur
peine de la hart, &, illec, lui coppé l'oreille deftre.

Veues lefquelles confeffions faites par ledit prifonnier,
& ouyes icelles oppinions, ledit monf. le prevoft dift
que, quant de prefent, l'en furferoit d'acomplir & enteriner aucun defdis jugemens; que, fur ce, chafcun penfaft & advifaft la plus feure & meure oppinion, & il
meifmes en parleroit à aucuns confeillers & auffi y penf-
feroit. Et, ce fait, lui retourné oudit Chaftellet, feroit
ou furplus & acompliroit raifon & juftice dudit prifonnier. Lequel prifonnier, après ces choufes, fu fait mettre
en la prifon dont il eftoit attaint & partis.

MERCREDI enfuïant, premier jour de juing, oudit an

---

(1) *Sic*, pour *plus agiez*. On lit en marge du manufcrit, d'une écriture
du xvᵉ fiècle : *Nota aagez de xviij ans.*

mil ccciiij^xx & dix, par devant mons. le prevoft, prefens maiftres Guillaume Porel, confeiller du roy noftre fire en fon parlement; Jehan Truquam, lieutenant dudit mons. le prevoft; Dreux d'Ars, auditeur; Andrieu Le Preux, procureur du roy; Girart de La Haye, Miles de Rouvroy, Ernoul de Villers, Nicolas Bertin & Gieffroy Le Goebe, examinateurs oudit Chaftellet, fu fait venir en jugement fur les carreaux dudit Chaftellet le deffus dit prifonnier Jehannin Petit, lequel ès confeffions cy-deffus efcriptes, à lui releus mot après autre, & fans aucune force ou contrainte, continua, perfevera & afferma pour verité, & par ferement, icelles par lui avoir efté faites, commifes & perpetrées par la forme & maniere que cy-deffus font efcriptes. Et, pour ce, fu fait traire arriere à part fur lefdis carreaux.

Ces choses ainfi faites par ledit monf. le prevoft, fu demandé aufdis prefens confeillers leurs advis & oppinions qu'il eftoit à faire dudit prifonnier, & que fur ce il avoit parlé à plufieurs fages hommes, notables & confeillers, qui fur ce lui avoient dit leurs advis & oppinions, & auffi avoit penfé & advifé en cefte maniere, & confideré plufieurs choffes. Tous lefquelz femblablement refpondirent qu'ilz avoient eu de ce deliberacion avec plufieurs fages, [oïz] leurs avis, & veues les confeffions faites par ledit prifonnier, & reiteracions de crimes par lui fais & commis, & perpetrez par plufieurs fois, veu l'aage & perfonne d'icellui prifonnier, delibererent & furent d'oppinion qu'il eftoit perfonne agiée de prendre & recevoir pugnicion de juftice, et que l'en ne le povoit efpargnier qu'il ne feuft executez comme un très fort larron. Ouyes lefqueles opinions, & veu le procès deffus dit, icellui prifonnier, pour ce prefent en jugement par devant ledit monf. le prevoft, fu condempné à eftre pendu comme larron, & icellui jugement prononcié en fa prefence.

CEDIT jour de mercredi, premier de juing iiij<sup>xx</sup> & dix, le jugement cy-deſſus, prononcié contre ledit Jehannin Petit, priſonnier, fu executé.

Et n'avoit aucuns biens.

AL. CACHEMARÉE.

## PERRIN LE GAY.

31 mai 1390.

L'AN DE GRACE MIL trois cens quatrevins & dix, le mardi xxxj<sup>e</sup> jour de may, en jugement ſur les car- reaux ou Chaſtellet de Paris, par devant maiſtre Jehan Truquan, lieutenant de monſ. le prevoſt de Paris, en la preſence de honorables hommes & ſages maiſtres Dreue d'Ars, auditeur; Miles de Rouvroy, Girart de La Haye & Gieffroy Le Goybe, examinateurs oudit Chaſtellet, fu attaint & admené Perrin Le Gay, ouvrier de bras, pri- ſonnier oudit Chaſtellet, à la requeſte de Loys Bernier, maçon, demourant à Pentin, pour ce qu'il diſoit qu'il lui avoit emblé les oſtils de carriere qui s'enſuient, c'eſt aſſa- voir : un barreau, un mail, trois coings, un pic, tous de fer, qui bien valoit v fr. ou environ. Lequel priſonnier, ſur ce examiné & interrogué par ſerement, & auſſi ſur ſon eſtat & gouvernement, diſt & confeſſa plenement que il avoit eſté & fu né en la ville d'Ay, près de Chaſ- teau-Thierry, en laquelle ville d'Ay & environ il a bien ouvré ès vignes viij ans ou environ, & que, trois ans a ou environ, il s'eſtoit parti dudit pays pour venir gai- gner & ouvrer à Paris ou environ, où il euſt peu trover à gaigner. Durant eſquelz trois ans il a touſjours eſté & de- mouré tant à la Chappelle Saint-Denis, en l'oſtel Pierre de Dormans (1), comme à Pentin, en l'oſtel du deſſus nommé

<hr>

(1) Pierre de Dormans, ſeigneur de Nozay, fils de Jean de Dormans.

Loys Bernier, & ailleurs environ Paris. Et que [pour] ce
que ycelluy Loys ne le vouloit païer de ce qu'il lui povoit
devoir, il, mercredi derrier paffé, environ vefpres chan-
tées, fe tranfporta en la carriere du deffus nommé Loys,
affife prez de ladite ville de Pentin, en laquelle il avoit
ouvré certain temps pour ledit Loys, fon maiftre, & en
icelle cariere, par temptacion de l'ennemi, & comme tout
yvre qu'il fe difoit eftre, print & emporta à une fois les
oftils deffus dis, & iceulx engaiga, pour xviij f. par., en
l'oftel d'un appellé Le Moyne, demourant à Fontenoy,
lez le boys de Vinciennes (1), & que iceulx il avoient
entencion de rendre & reftituer audit Loys fitouft qu'il
euft peu avoir gaigné auffi argent. En l'oftel duquel Loys
il ne fu depuis ledit fait, ne le vit oncques puis, que lundi
derrenierement paffé il le trouva en la carriere dudit
Moyne, affife prez d'icelle ville de Fontenoy, & le fift
prendre & amener prifonner oudit Chaftellet. Et difoit
par fon ferement que plus ne autre chofe il n'avoit meffait oultre ce que deffus eft dit.

APRÈS LAQUELLE confeffion ainfi faite par ledit prifonnier, vindrent & furent prefens en jugement fur les carreaux, oudit Chaftellet, honorables hommes & fages
maiftres Guillaume Porel, confeiller du roy noftre fire
en fon parlement; Beraut Breffon, efleu à Paris fur le fait
des aydes; Dreue d'Ars, auditeur; Miles de Rouvroy,
Jehan de Bar, Girart de La Haye, Nicolas Chaon, Nicolas
Bertin, examinateurs oudit Chaftellet; auquelx fu, par le

---

procureur au parlement de Paris. Il avoit époufé Marguerite de Louans,
fille de Simon de Louans, chevalier. En 1397, après la mort de fa
femme, Pierre de Dormans ut vendre en fon nom & au nom de fes enfants les terres de Poufanges & de Chabanois. Voy. *Hift. généal. &
chronol. de la Maifon royale de France*, t. VI, p. 334, C.

(1) Aujourd'hui Fontenay-fous-Bois, arrondiffement de Sceaux
(Seine).

lieutenant deſſus nommé, recité la confeſſion dudit priſonnier, & comment contre lui l'en avoit à proceder;
leſquelx dient & furent d'oppinion que, veue ladite confeſſion, l'eſtat d'icellui priſonnier, qui eſtoit homme vacabond, & qui avoit commis traïſon envers ſon maiſtre,
en tant comme il le defroba de ce que dit eſt, ycelluy
priſonnier feuſt mis doulcement à queſtion, conſideré la
valeur dudit larrecin, afin que par ſa bouche on ſceuſt de
ſes autres fais la verité. Leſquelx oppinions oïz, fut par
ledit lieutenant dit & ordonné que ainſi feroit fait.

Ce jour de mardi, ledit priſonnier fu de rechief fait
venir & examiné, & ne confeſſa autre choſe que deſſus
eſt dite, pour quoy il fu mis à queſtion. En laquelle, &
depuis ce qu'il en fu oſté & mis hors, il diſt & confeſſa
par davant ledit lieutenant, en la preſence des deſſus
nomez, oultre ce que deſſus eſt dit, que verité eſtoit
que, un an avoit ou environ, il mal print & embla de
Thomas de Cuy, eſcuïer, demourant à Cuy, prez de
Chaſteau-Thierry, un jaques qui bien valoit lx ſ., lequel
il vendi depuis xxx ſ. en la ville d'Eſpernay, ne ſcet à qui.

Item, confeſſa que, en yvrer derrenier paſſé, en une
ville à iiij lieues par deça Chaſteau-Thiery, il print &
embla unes chauſſes à un ſien compaignon qui batoit
avecques lui en une granche de ladite ville, leſqueles il
vendi depuis ij ſ. par., ne ſcet à qui ne en quel lieu.

Item, confeſſa que, oudit yver, en ouvrant ou boys
d'Eſpernay, il print & embla une coignée à un ſien compaignon qui eſtoit avecques lui oudit boys, laquelle coi-
gniié il vendi depuis iij ſ. & demi, à un fevre demourant
à Damery. Et auſſi embla à un autre compaignon une
ſerpe, qu'il vendi audit fevre iij ſ. par.

Item, confeſſa que, oudit yver, lui eſtant à Conchy
l'Abaye, il trouva un chapperon à homme ſur une table,
lequel il print, embla, & le vendi depuis xij d.

I                                            Q

Item, confeſſa que, en la ville de Gandelus, où il demouroit, en l'oſtel d'un boulengier, il print & embla une eſpée, laquelle il vendi, à Lyſy, iij ſ. par., ne ſcet à qui.

Item, confeſſa que, oudit yver derrenierement paſſé, lui, un appellé Thomas Endouein, d'icelle ville d'Ay; Robinet Hutin, cherpentier, de Damery; Oudart le Maçon, d'Eſpernay; Coletton Le Fournier, boulengier à Bixeu ſur Marne, & deux autres compaignons de ladite ville donc il ne ſcet les noms, burent en une taverne où ilz aſſemblerent d'aventure, & que, en buvant, parolle ſe meurent entre aucuns de la compaignie, tant que ledit Thomas le frappa, en lieu d'un autre, d'un gros baton ſur le braz, pour laquelle cauſe il frappa icellui Thomas d'um couſtel ſur la teſte, dont il ala, deux ou troys jours après, de vie à treſpaſſement; duquel cas les deſſus nommez ont eu remiſſion, qu'il a depuis veue, ſi comme il dit.

Item, confeſſa que, deux ans & demi avoit environ, que il ſervoit un appellé Thomas Le Muſnier, demourant en la ville de Nevers, lequel il ne ſervy que vj ſepmaines ou environ, en l'oſtel duquel il print & embla un tabar (1) de camelin (2), lequel il a bien veſtu iij mois, & depuis le vendi iiij ſ. par., ne ſcet à qui ne en quel lieu.

Item, que en venant de ladite ville de Nevers à Beaune, il embla un jipon en une ville près de ladite ville de Beaune, lequel il vendi iij ſ. par.

Item, oudit retour, il ſe alia à un eſcuïer demourant à Recé, prez de Chaalons, pour le ſervir comme vigneron, avecques lequel il ne demoura que deux mois, que il le bati, &, pour ce, s'en parti; & pour ce qu'il ne le vouloit païer, lui embla deux paires de chauſſes, l'une paire

---

(1) Manteau. Voy. du Cange, au mot *Tabardum*.

(2) Drap brun, dans la fabrication duquel il entroit du poil de chèvre. (Voy. Douët-d'Arcq, *Comptes de l'argenterie des rois de France*, p. 355.)

grife & l'autre perce, lefquelles chauffes il vendi depuis viij f. par.

Item, confeffa que, en venant d'icelle ville de Nevers, il, & plufieurs autres compaignons qu'il ne cognoifoit ne ne cognoift, fe arrefterent à Sarré, prez de Chaalons, burent illec en une taverne, & pour ce que l'un defdiz compaignons voult emporter un gobelet de voirre, l'un d'iceulx le frappa d'un couftel par le corps, donc il mourit; pour lequel fait, deux d'iceulx compaignons furent prins & emprifonnez, & lui & les autres s'enfuirent.

Item, dift & confeffa depuis que lui-mefmes le fery d'une pinte fur la tefte & auffi d'un couftel par la poitrine.

Item, confeffa que, deux ans a ou environ, en venant d'icelle ville d'Ay à Mouftereul où fault Yonne, lui & autres qu'il ne cognoift burent enfamble en une taverne d'icelle ville de Mouftereul, &, après plufieurs paroles rioteufes entre eulx, frappa l'un d'iceulx compaignons, à l'ayde des autres d'un couftel qu'il avoit, duquel cop il ala de vie à trefpaffement.

LE MERCREDI enfuïant, premier de juing, par devant monf. le prevoft, en la prefence de maiftre Guillaume Porel, confeiller du roy noftre fire en fon parlement; maiftre Jehan Truquam, lieutenant dudit monf. le prevoft, & Dreue d'Ars, auditeur; Andrieu Le Preuz, procureur du roy; Girart de La Haye, Milles de Rouvroy, Ernoul de Villers, Nicolas Bertin & Gieffroy Le Goybe, examinateurs oudit Chaftellet; fu attaint & admené en jugement fur les [quarreaux], oudit Chaftellet, Perrin Le Gay, prifonnier deffus nommé, auquel fu leue fa confeffion cy-deffus efcripte, laquelle il affeima eftre vraye, & en ycelle perfevera. Et, ce fait, fut par ledit monf. le prevoft demandé aus deffus nommés leurs oppinions. Tous lefquelz dirent & furent d'oppinion que, veu ce procès, ledit prifonnier eft un mauvaiz murdrier & lar-

ron, &, comme tel, il feuſt trainé & pendu. Leſquelx
oppinions oïz, il fu ad ce condempné par ledit monſ. le
prevoſt, & icellui jugement prononcié en ſa preſence l'an
& le jour deſſus diz.

Ce jour de mercredi fu ce jugement executé.
Et n'avoit aucuns biens.

AL. CACHEMARÉE.

GIRART DOFFINAL.

7 mars 1389-90.

L'AN DE GRACE MIL TROIS cens quatrevins & neuf,
le lundi vij<sup>e</sup> jour de mars, en jugement ſur les carreaux, ou Chaſtellet de Paris, par devant maiſtre Girart
de La Haye, examinateur oudit Chaſtellet, ad ce commis
par monſ. le prevoſt, en l'abſence de ſon lieutenant, & en
la preſence de maiſtre Jehan de La Folie, receveur de Paris; Ernoul de Villers, Nicolas Chaon & Robert de Pacy,
examinateurs; fu attaint & admené Girart Doffinal, ſellier,
né de Bartanne (1), ſi comme il diſoit, priſonnier admené
oudit Chaſtellet, à la requeſte de Eſtienne Michel, ſergent d'armes du roy noſtre ſire, pour ce qu'il diſoit que
un ſien frere l'avoit trouvé en ſa chambre, en laquelle il
avoit arrachée la ſerrure d'un coffre qui y eſtoit, & avoit
fait un fardel qu'il en vouloit porter; & auſſi pour ſouſpeçon qu'il n'euſt emblé audit Michel un breviaire qui lui
fu emblé en ſa chambre le jour precedent. Lequel Girart
Doffinal, priſonnier, ſur ce examiné & interrogué par ſerement, diſt & confeſſa qu'il eſtoit clert, & que, dix ans

_____

(1) Peut-être Barbentanne, arrondiſſement d'Arles-ſur-Rhône (Bou-
ches-du-Rhône). On verra ci-après, p. 245, le même endroit nommé
Barbatenne.

avoit ou environ, meffire Bertin Raffin (1), evefque de Rodès, lui donna couronne en ladite ville, en l'eglife des Freres Meneurs, & que ledit evefque lui fift dire le vers de *Dominus pars*, lui donna une buffe, & le conferma d'un bandel environ le front, & du crefme auffi, & que, paravant ce, il avoit leu en un livre là où il avoit efté examiné par un prefte, & eftoient avecques lui plufieurs autres compaignons, & que, en la ville d'Avignon, il avoit efté à l'efcolle, où il avoit aprins jufques à fes *pars* (2), & que de fadite couronne il avoit lettre dudit evefcé, qui eftoit en l'oftel fon pere, demourant en ladite ville de Barbatenne.

APRÈS LAQUELLL refponfe ainfi faite & donnée par ledit Girart, prifonnier, pour ce qu'il ne favoit lire mot de lettre, lui fu dit & donné temps & terme prefix, nonobftant qu'il euft fur lui le figne de tonfure, de mouftrer & exiber le tiltre d'icelle tonfure dedens vj fepmaines lors prochain après enfuïant, fur peine d'eftre decheu de la plus mouftrer d'ores en avant, & que, ledit temps paffé, & il ne apparoit audit monf. le prevoft du tiltre de tonfure comme par lui alleguée, que l'en procederoit à l'encontre de lui ainfi qu'il feroit à faire de raifon. Lequel prifonnier refpondi que icellui tiltre il envoyeroit querre, & en enfeigneroit deuement dedens icellui terme prefix. Et fu fait mettre en la prifon que l'en dift la Fouffe (3), afin que chafcun peuft parler à lui, & qu'il ne fe peuft

---

(1) C'eft fans doute lui que les bénédictins nomment Bertrand III, dit Raffin, & qui fut évêque de Rodez de 1379 à 1386. Il portoit le nom de Raffin avant d'être élevé à l'épifcopat, & étoit Gafcon d'origine. (Voy. *Gallia Chrift.*, I, col. 223.)

(2) Le livre mentionné ci-deffus eft le pfautier, qui fervoit à examiner ceux qui fe préfentoient pour être tonfurés. A fes *pars* eft ici peutêtre pour *Tu es pars*, foit le verfet 6 du pfaume xv, que récitoit chacun des ordinands au moment de la cérémonie de la tonfure. Voy. ci-deffus, p. 51, note 2.

(3) Les ftatuts de la geôle du Châtelet de Paris, rédigés dans la pre-

excuser de non avoir trouvé message ou à qui parler. Et
les choses furent signifiés à maistre Jehan Melot (1), pro-
meteur dudit office, affin d'y pourveoir comme au cas
appartendra par raison.

LE MARDI vij<sup>e</sup> jour de juing mil ccciiij<sup>xx</sup> & diz, en
jugement sur les carreaux, par davant monf. le prevost,
presens mess. Baudes de Vaumiller (2), chevalier du guet;
maistres Jehan Truquam, lieutenant; Martin Double,
advocat; Andrieu Le Preux, procureur du roy; Dreux
d'Ars, auditeur; Denis de Bausmes, advocat; Girart de
La Haye, Ernoul de Villers, Robert de Pacy, Nicolas
Chaon, examinateurs; fu fait venir & attaint le dessus dit
Girart Doffinal, prisonnier, auquel fu demandé s'il avoit
aucunes lettres de sa tonsure dont il estoit vantez par la
maniere que dit est; lequel, & par son serement, dist &
afferma que non, jà soit ce qu'il y ait envoyé passez sont
vj sepmaines & plus; & autre chouse plus avant ne voult
cognoistre, jà soit ce qu'il deist tousjours qu'il ne savoit
lire ou cognoistre lettre aucune.

CES CHOSES ainsi faites, fu demandé par ledit monf. le
prevost ausdis presens conseillers leurs advis & oppinions

_____

mière moitié du XIVe siècle, & la révision publiée par Hugues Aubriot
de ces mêmes statuts, le lundi 28 juin 1372 (Bibl. imp., _Suppl. franç._,
108, fol. 144, r° & v°, & _Tell. Louv._, 9350 A. 39, fol. 91 r°-93 v°),
donnent quelques détails sur cette prison. Il en est aussi fait mention
dans l'ordonnance de Henri VI, roi d'Angleterre & de France (Paris,
mai 1425). L'article 163 de cette ordonnance nous apprend que ceux
qui étoient en état de soutenir cette dépense devoient payer un denier
par nuit, comme droit de geôlage (_Ordonn. des rois de France_, t. XIII,
p. 101). Sauval n'a pas oublié la Fosse dans l'énumération des prisons
du Châtelet, & l'on voit dans un compte du domaine de Paris, en 1492,
que les prisonniers y étoient descendus au moyen d'une poulie de cuivre.
(Sauval, _Antiquités de Paris_, III, 338, 502.)

(1) _Sic_, pour Jehan Merlet.
(2) _Sic_, pour Vauviller.

comme l'en avoit à proceder contre ledit prisonnier,
mesmement que par ledit monf. le prevost fu rapporté
& relaté la question qui est de telz & samblables clers qui
ne scevent lire ou cognoistre lettre aucune, il avoit parlé
au grant conseil du roy nostre sire & à aucuns autres de nos
seigneurs de la court de parlement, lesquelz lui avoient
commandé & ordonné (1) que tous telz gens qui se advoueroient & porteroyent pour clers, auquelz temps et terme
avoit esté prefix d'enseigner de leurs tiltres de tonsure,
& qui ne saroient lire ou cognoistre lettre aucunne, &
lequel terme seroit expiré, que pour savoir la verité de
leurs bouches s'ilz estoient clers, & avoient eu couronne
à juste cause, ou non, ou qui les avoyent prins de leur
auttorité, ilz feussent mis à question, & que, selon ce qui
confesseroient, que l'en procedast contre eulx à leur ab-
solucions ou reddicions comme clers, s'ilz estoyent clers,
&, si non, à leurs condampnacions comme à faire seroit
de raison. Tous lesquelz, ouy le rapport dudit monf. le
prevost, delibererent & furent d'oppinion que pour savoir de sa vie & estat, de ladite tonsure, &'des crimes &
larrecins par lui commis, la verité par sa bouche, il feust
mis à question. Et ad ce condempna icellui monf. le prevost ledit prisonnier, & en sa presence.

En ENTRETENANT lequel jugement, ledit prisonnier fu

---

(1) Cette ordonnance du parlement de Paris a déjà été invoquée ci-
dessus, p. 86-87, au cours du procès de Jehan Le Brun & de ses com-
plices. Quelques années avant cette décision, émanée du grand conseil,
une convention passée entre le roi & l'évêque de Paris, Aimery de
Maignac (1370-1384), car on ne peut assigner une date plus exacte à ce
document, avoit déterminé dans quels cas les clercs seroient justiciables
de la juridiction ecclésiastique, ou de la juridiction civile (Guérard,
*Cartulaire de l'église Notre-Dame de Paris*, t. I, p. 4). Une note placée
en tête de cette importante transaction nous fait connoître que, dans le
principe, l'évêque de Paris avoit exclusivement, & privativement à la
justice civile, la connoissance des clercs en habit & en possession de
tonsure.

de rechief fait venir en jugement fur les carreaux, en la
prefence des deffus diz; lequel, pour ce que aucune chofe
ne voult confeffer, fu fait defpoiller, mis à queftion fur le
petit trefteau, & ainfi comme l'en le voult mettre fur le
grant trefteau, requift à grant inftance que l'en le meift
hors, & des crimes & larrecins par lui commis, dont il
en avoit fait plufieurs, il diroit verité, & avoit bien defervi la mort. Si fu mis hors d'icelle queftion, mené choffer en la cuifine en la maniere acouftumée.

HORS DE laquelle queftion, & fans aucune force ou
contrainte, icellui prifonnier, juré aus fains Evangiles
de Dieu de dire verité, cogneut & confeffa par ferement
que, trois ans a ou environ, il eftant en la ville d'Avignon,
en laquelle il eftoit alez pour gaigner, c'eft affavoir pour
embler, afin d'efchever la pugnicion de la juridicion temporelle, fe par aucune aventure il eftoit prins ou ap-
prehendé, fift premierement lors (1) faire fa tonfure, &
que oncques au devant de ce il n'avoit porté ne eu tonfure d'evefque aucun, & que quelque chofe qu'il euft
paravant dit d'icelle tonfure, la verité eftoit & eft tele.

Et auffi cogneut qu'il eftoit nez de la ville de Rouergue
en Limofin.

Cogneut avec ce, que alors qu'il fift faire fadite tonfure, il qui parle, en fa compaignie Nicolas Boutin, fe
trenfporterent en l'oftel du grant maiftre de Rodes (2),
eftant lors logiez en Avignon, & auffi comme à heure de

---

(1) On lit en marge du manufcrit, d'une écriture du xvᵉ fiècle:
« Confeffa n'avoir oncques eu tonfure d'evefque, & l'avoir fait faire
« en Avignon, pour efchaper des mains de juftice. »

(2) Jean-Fernandez de Heredia, grand prieur d'Aragon, de Saint-
Gilles & de Caftilie, qui fut élu grand maître en 1376, pendant fon
féjour a Avignon, où il mourut en mars 1396. (Voy. *Art de vérifier
les dates*, t. V, p. 319-320, de l'édition in-8 donnée par M. de Saint-
Allais.)

difner, & que ledit maiftre de Rodes difnoit, fe bouterent en une des chambres dudit grant maiftre, en laquelle
il prindrent toute la robe qui troverent en icelle chambre,
montant à la fomme ou valeur de cinq cens frans, comme
manteaux fourrez, houfpelandes de draps de foye efcar-
lates, & autres veftements defquelz il n'eft record. Lefquelz biens ainfi par eulx prins ilz mirent partie en gaignes
fur aucuns marchans lombars demourans en ladite ville
d'Avignon. Et affez toft après ce, & ou jour mefmes,
fu, lui qui parle, prins par les fergens du marefchal du
pappe, mis emprifon pour ledit cas & larrecin par lui
commis, & illec mis par v ou vj fois à queftion; & en
après, pour la peine de prifon, & que il ne vouloit aucune chofe confeffer, fu mis hors de prifon par le chamberier du pappe.

Item, confeffa que, environ Noël derrenierement paffé,
en un hoftel eftant en la grant rue Saint-Denis, ne fcet
quel, il print & embla un feurcot à femme fourré de
menuver, que il vendi depuis à Jehennete La Boyteufe,
freppiere, demourant ou Bourc l'Abbé, xlviij f. par.

Item, confeffa que, environ quarefme prenant, fur
l'anuytement, en l'oftel d'un pelletier demourant en la
rue Saint-Honoré, prez de la Croix du Tirouer, il print
[&] embla une manche d'une fourreure de martres & une
cote hardie à femme fourrée de connins, lefquelles chofes
il vendi depuis à Jehennete La Chapeliere, taverniere,
demourant en la rue du Coq, trois efcus d'or.

Item, confeffa que, environ ledit temps, il print &
embla ès halles de Paris, prez de la Tonnelerie, un tabart
double, environ vj heures après midy; lequel il vendi
depuis à Engerran Jouen, boucher de monf. de Bourbon,
un efcu de xviij f.

Item, confeffa que, au lendit derrenierement paffé, en
faifant la beneiçon, copa la fainture d'um marchant, à
laquelle pendoit une taffe, laquelle il print & embla, &

en ycelle trouva fept fr. en or & environ iiij$^{xx}$ blans, & atout ledit argent s'en vint jouer aus dez à Paris.

Item, confeffa que, environ la venue de la royne darrenierement paffée, il print & embla, environ midy, en un hoftel affis en la rue aus Lombars, une houppelande fourrée de martres, qui eftoit pendue à une perche, & auffi une taffe d'argent; lefquelles chofes il engaiga depuis, c'eft affavoir : ladite houppelande pour iiij frans, à un juif demourant à Paris, lequel il ne cognoift, & la taffe d'argent pour xxiiij f. par., en l'oftel d'un bon homme qui a une petite femme qui rotift petiz haftelez, au bout de la rue de la Herpe, par devers le Petit-Pont.

Item, confeffa que, iiij mois avoit ou environ, il print & embla à Paris, ne fcet en quelle rue ne en quel hoftel, deux robes à femme fourrées, l'une de conins, & l'autre d'aigneaux, lefquelles povoient bien valoir x frans, & ycelles vendi à un cordouennier demourant près de la rue de la Herpe, ne fcet combien.

Item, confeffa que, environ Noël derrenierement paffé, il print & embla, par jour, en un hoftel affis en la rue Saint-Denis, qu'il ouvry de fon couftel, une houppellande de violet à ufage de homme, qui bien valoit x frans, & laquelle il donna pour iiij frans à un jeunes homs, freppier, qu'il trouva en la Frepperie.

Item, confeffa que, environ Noël derrenierement paffé, il print & embla en un hoftel un mantel à fons de cuve, qu'il vendi depuis, xij f. par., à un freppier de la Frepperie, que l'ofte de Noftre-Dame, ès halles, cognoift bien; & dift que Guiot Le Nain favoit bien ledit larrecin & eut fa part dudit argent, & auffi a beu & mengé par plufieurs foiz avecques lui fanz rien païer, afin que il ne accufaft il qui parle des larrecins qu'il faifoit.

Item, confeffa que, environ trois ans a, chez une hoftelliere de la ville de Rodas, nommée Pouvrete, il print & embla iiij taffes d'argent & un chappellet de peiles qui bien valoit xl fr., & auſſi print & embla xxx frans en or qui eſtoient en une huche, laquelle il ouvry de ſon couſtel; leſquelles choſes il engaiga & joua aus dez à un marchant de Rodas, nommé Guillaume Vallée; pour lequel larrecin il fu empriſonné en ladite ville de Rodas environ xv jours après, eſquelles priſons il ne fu que un an & un mois, que il fu delivré moyennant cinq cens frans, qui furent bailliez par ſes amis à l'eveſque de Rodas.

Item, confeſſa que, environ vj ans a, en ladite ville de Rodas, chez un hoſtellier nommé Pierre du Bos, il print & embla xv frans, iiij agneaulx d'or, en l'un deſquelz avoit un ſaffir qui bien valoit xv frans; leſquelles choſes il deſpendi depuis mauvaiſement.

Item, confeſſa que, ou royaume de Naverre, en la cité de Panpelune, où il eſtoit alez pour gaigner, il print & embla, en une hoſtellerie où eſtoit logé le maiſtre d'oſtel du roy de Navarre, deux cens florins d'Arragon, cinq ou vj anneaulx d'or qui valoyent outre (1) deux cens fr., & auſſi le ſignet d'or dudit roy de Navarre; leſquelles choſes eſtoient en un petit coffret appartenant audit maiſtre d'oſtel. Pour lequel fait il ſe parti & s'en ala au Bourget, à vij lieues de Panpelune, où il fu trouvé par le varlet dudit maiſtre d'oſtel, qui ſur lui trouva tout ledit larrecin, & pour lequel il l'amena priſonnier en ladite ville de Panpelune, & que en le admenant par ycelle ville, il ſe eſchappa dudit varlet, & ſe bouta en franchiſe à l'oſpital de Ronceval (2), où il fu viij jours, & puis s'en ala ou païs de Thouleuſe.

Item, confeſſa que, au retor du royaume de Navarre, il s'en ala à Montpellier, & illec print & embla, en l'ouſtel d'un vigneron qui eſtoit alé aus champs, xv fr. d'or

---

(1) Le manuſcrit porte *autre*.
(2) Roncevaux, bourg ſitué dans la province de Panpelune, entre Panpelune & Saint-Jean-Pied-de-Port.

qui eftoient en une huche, laquelle il ouvry de fon couftel.

Item, confeffa que, demi-an a ou environ, il, Nicolas Boutin, demourant à la Rochelle; maiftre Regnault de Beaupuis, preftre; Bellafin de Plorant, demourant prez d'Avignon; prindrent & emblerent, à un change de la-dite ville, deux cens frans en or, qui furent partis entre eulx.

Item, confeffa que, vij ans avoit ou environ, il ne fina de embler par tout le pays où il a depuis efté, & que ad ce faire il commença à Thouleufe la Gaillarde, & que, depuis ce, il a tant fait de larrecins que il ne lui fouvient & ne fauroit nombrer.

SAMEDI xj$^e$ jour de juing, l'an deffus dit, par davant monf. le prevoft, maiftres Jehan Aillembourfe, bailli des exempcions de Touraine (1); Jehan Truquam, Guillaume Drouart, lieutenans dudit monf. le prevoft; Dreux d'Ars, auditeur; Andrieu Le Preux, procureur du roy; Miles de Rouvroy, Jehan de Bar, Ernoul de Villers, Robert de Pacy & Robert de Tuillieres, Nicolas Chaon & Gieffroy Le Goybe, examinateurs ou Chaftellet de Paris; fu attaint & fait venir en jugement fur les carreaux le deffus dit prifonnier Girart Doffinal, auquel fu leu les confeffions ci-deffus efcriptes, mot aprés autre, efquelles confeffions icellui prifonnier, fans aucune force ou contrainte, per-

***

(1) Le bailli des refforts & exemptions de Touraine, d'Anjou & du Maine, avoit fon fiége à Tours; fubftitué, pour les droits de juridiction, aux fénéchaux des comtes d'Anjou, il connoiffoit par privilége de toutes les caufes des eccléfiaftiques & des perfonnes exemptes, des infractions de fauvegarde, des crimes de lèfe-majefté & de fauffe monnoie, &, en général, de tous les cas royaux. Voy. le réglement & l'ordonnance des 16 décembre 1370 & 8 octobre 1371 (Ordonn. des rois de Fr., p. 369 & 428-430). On trouve Pierre d'Ailgembourfe (& non pas Jean Aillem-bourfe) indiqué comme bailli des exemptions pour les années 1380, 1390 & 1391. Voy. D. Houffeau, Coll. de Touraine, t. XIX, fol. 190 v°.

fevera & continua en icelles, difant & affermant par ferement icelles avoir faites & cogneues par la fourme &
maniere que dit & efcript eft cy-deffus.

Veues lefquelles accufacions, denegacions & confeffions cy-deffus efcriptes, faites par icellui Girart, & par
plufieurs fois par lui cogneues, avec les reiteracions
d'iceulx crimes & deliz par lui fais, commis & perpetrez,
& les continuacions & perfeveracions faites en iceulx,
ledit monf. le prevoft demanda aufdis prefens confeillers,
& à maiftres Oudart de Fontenoy & Ernoul de Villers,
examinateurs oudit Chaftellet, leurs advis & oppinions
qu'il eftoit expedient à faire dudit prifonnier. Tous lefquelz, confiderés les confeffions cy-deffus efcriptes,
delibererent & furent d'oppinion que ledit Girart, prifonnier, feuft executez & mis à mort, comme larron très-
grant & fort qu'il eftoit, & que, pour iceulx crimes &
larrecins par lui commis, il feuft penduz. Oyes lefquelles
oppinions & veu ledit procès, icellui monf. le prevoft
condempna ledit Girart Doffinal, prifonnier, à eftre executé & pendu comme larron.

Le mardi enfuïant, xiiij⁰ jour dudit mois de juing mil
ccciiij^xx & dis, par la bouche dudit monf. le prevoft, lui
eftant en jugement fur les carreaux, fu attaint des prifons
dudit Chaftellet le deffus dit prifonnier Girart Doffinal,
auquel, en la prefence de honorables hommes & fages
maiftres Jehan Truquam, lieutenant; Dreux d'Ars, auditeur; Miles de Rouvroy, Jehan de Bar, Oudart de Fontenoy, Ernoul de Villers, Robert de Pacy, Nicolas Chaon
& Gieffroy Le Goybe, examinateurs; pour ce que autre
chofe ne voult cognoiftre ou confeffer que dit eft deffus,
& que en ycelles confeffions par lui faites & efcriptes
par la forme & maniere que contenu eft en ce prefent
procès, fu ledit jugement confeillé contre lui oudit jour

de famedi derrenierement paffé, dit, proferé & fentencié
par ledit monf. le prevoft, & condempné à eftre pendu
comme larron.

LEQUEL prifonnier, oudit xiiij$^e$ jour de juing iiij$^{xx}$ &
dix, fu mené à la juftice à fon darrenier tourment, & illec
dit & afferma par ferement que, nonobftant chofe qu'il
ait dite ou confeffé avoir nom Girart Doffinal, toufte-
voyes il avoit nom Girart Emmelart, nez en la tour de
Tefter, à une lieue près de Marcillac, à trois lieues prez
de Rodès, laquelle tour lui appartenoit par fucceffion de
fes pere & mere, à laquelle tour a plufieurs villages &
maifons qui deivent plufieurs menus cens, & blez jufques
à troys cens fextiers ou environ, & plufieurs poulles &
chapons; & le tiltre & lettres que a iceliui Girart, pour
raifon d'icelle tour, font audit lieu de Rodès, en l'oftel
maiftre Remon Poillardes, procureur dudit Girart. Et dit,
il qui parle, qu'il a un frere qui eft moynes à Conques
l'Abbaye (1), eftant à troys lieues prez de ladite tour,
lefquelz moynes font noirs veftus.

ET, CE FAIT, fu ledit jugement executé l'an & xiiij$^e$
deffus dit.

Et n'avoit aucuns biens.       AL. CACHEMARÉE.

☙

# MARGUERITE DE BRUGES.

### 21 mars 1389-90.

L'AN DE GRACE MIL trois cens iiij$^{xx}$ & neuf, le lundi
xxj$^e$ jour de mars, par davant maiftres Jehan Truquan,
lieutenant, prefens maiftres Dreux d'Ars, auditeur; Er-

---

(1) Sainte-Foi de Conques, abbaye de l'ordre de Saint-Benoît, qui
faifoit partie du diocèfe de Rodez.

noul de Villers & Nicolas Bertin, examinateurs du roy
noftre fire oudit Chaftellet du roy noftre fire, à Paris; fu
faite venir en jugement fur les quarreaux Marguerite de
Bruges, femme Pierre Le Marefchal, marchant de chevaux, demourant près de la Sale du Compte de Dampmartin, prifonniere detenue oudit Chaftellet, à la requefte
de Colin Le Rotiffeur, autrement dit Hennequin, demourant en la rue aus Oës, pour ce qu'il dit qu'elle l'a fait
battre & navrer. Laquelle prifonniere, examiné fur ce
par ferement, dit que plufieurs fois elle a veu & cogneu
ledit Colin & fa femme, lefquelz font fes comperes, & de
fondit mary, d'un enfant eu par la famme dudit Colin,
avec lefquelz fondit mary & elle ont plufieurs fois beu
& mengé enfamble, fans ce que elle ait eu, ou temps
paffé, hayne quelconques audit Colin.

LE MARDI enfuiant, xxije jour dudit moiz, l'an deffus
dit, fu rapporté à maiftres Jehan Truquam, lieutenant
dudit monf. le prevoft, par maiftres Jehan Le Conte,
cirurgien juré du roy noftre fire, que ledit jour au matin, icellui Rotiffeur eftoit alez de vie à trefpaffement,
par les navreures qui faites lui avoient efté lundi darrenierement paffé au foir.

LE VENDREDI xxve jour d'icelluy mois de mars, l'an
deffus dit, furent admenez prifonniers ou Chaftellet de
Paris Jaquet Quenal & Jehannin de Fine, pour foufpeçon de la mort dudit Colin Le Rotiffeur. Lefquelz, pour
ce qu'il eftoient clers, furent rendus à l'official de Paris
le xxixe jour dudit mois. Et le jeudi enfuiant, darrenier
jour dudit mois, rapporta audit maiftre Jehan Truquam,
lieutenant, honorabie homme maiftre Jehan Merlet, promoteur de la court de l'official, que, par devant ledit
official, lefdiz Jaquet & Jehannin avoient cogneu avoir
feru, batu & navré ledit Rotiffeur, mais il n'avoient

oncques volu cognoiftre que lefdites bateures il euffent
faites à la denonciacion, promocion ou requefte d'icelle
prifonniere; & que, pour occafion defdiz crimes par eulx
cogneuz, ilz eftoient ordonnez eftre mis ès prifons dudit
office que l'en appelle oubliete.

ET, POUR CE, veues ces chofes, fu comendé & commis par ledit maiftres Jehan Truquam, lieutenant, honorable homme & fage maiftre Nicolas Bertin, examinateur
de par le roy noftre fire oudit Chaftellet de Paris, pour
foy imformer de la vie, renonmée, converfacion de ladite prifonniere, & auffi fe elle eft en rient coulpable,
confentant ou chargiée, par fa confeffion ou autrement,
des bateures faites audit Rotiffeur, avec les circonftances
& dependences dudit fait. De laquelle informacion faite
par ledit examinateur, & rapporté par devers ledit monf.
le prevoft, la teneur enfuit.

INFORMACION par moy faite, Nicolas Bertin, examinateur, & cetera, du commandement de honorable homme
& fage maiftre Jehan Truquam, lieutenant de monf. le
prevoft de Paris, à la requefte de Hannequin Le Rotiffeur, & contre Marguerite, femme de Pierre Le Marefchal, dit Pimant, prifonniere ou Chaftellet de Paris, fur
ce que ledit Hannequin dit, & maintient, & prent fur
l'ame de lui, que le jour d'ier, environ ix ou x heures
de nuit, ainfi comme il s'en venoit de la rue nommée la
rue de la Sale au Conte de Dampmartin, qui aboutit à
l'opofite du Bourc l'Abbé, de veoir fes chevaulx de une
eftable que il a en ladite rue, en fon hoftel en la rue aus
Oës, certains compaignons, jufques au nombre de deux
ou troys, que ledit Hennequin ne cognoift, le vindrent
affaillir, & le batirent & navrerent mout anormement,
&, par efpecial, li firent une grant playe de taille au-deffus du jouyer, en difant que ce avoit efté à la requefte &

pourchas de ladite Marguerite; & fur les circonftances(1)
& defpendances de ce, l'an mil ccciiij^xx & neuf, le mardi
xxij^e jour de mars & ès jours enfuïant, de laquelle bature
mort fe eft enffuie le jeudi enfuïant.

JEHENNETTE, fille de Jaquemart Le Guiternier, demourant ou Bourc l'Abbé, de l'aage de xx ans ou environ, fi comme elle dit, temoing, jurée, ouyée & examinée, l'an deffus dit, le vendredi xxiiij^e jour dudit mois
de mars après enfuïant, fur ledit cas, dit & deppofe, par
fon ferement fait aus fains Evangilles de Dieu, que le
jour d'uy a viij jours, environ folail couchant, fi comme
elle eftoit en l'oftel Guillemette La Richarde, demourant
oudit lieu du Bourc l'Abbé, avecques un nonmé Jacob,
qui eft de Tournay, qui mouftre jeux de bateaux (2) ès
halles de Paris, autrement ne fcet dire fon fournom, lui
dift, cogneuft & confeffa que, puis iiij jours ençà, il avoit
très-bien batu & navré ledit Hennequin. Requis fe ledit
Jacob lui dift point pourquoi ne à quelle caufe, dit que
non, ne elle ne fcet. Requis de la vie & renommée de
ladite Marguerite, dit que ledit Jacob a efté & eft fon
amy, & repairé plufieurs fois avecques elle, [& que elle]
eft mal renommée de fon corps; & oy dire plufieurs fois
à plufieurs perfonnes que ledit Pierre, fon mary, la print
au bordel, & depuis l'efpoufa; & plus n'en fcet.

MARION, femme Jehannin Marceau, chandellier de fuif,

---

(1) Le manufcrit porte *emanftances.*
(2) Ce mot a été expliqué par l'éditeur du *Ménagier,* t. I, p. 147,
note 1. Les bateaux, d'où vient notre mot de bateleurs, étoient, fuivant lui, de petits vafes comme nos gobelets, dont on fe fervoit pour
exécuter des tours. Les rois de France eux-mêmes ne dédaignoient pas
ce genre de divertiffement. On trouve dans des comptes de 1354 et 1355,
rapportés par Sauval (*Antiquités de Paris,* III, 530), la mention de plufieurs joueurs ou méneftrels de bateaux honorés des marques de la mu-
nificence du roi Jean.

I　　　　　　　　　　　　　　　　R

demourant en la rue aus Oës, de l'aage de xxv ans ou environ, ſi comme elle dit, examinée l'an & jour deſſus diz, dit & deppoſſe par ſon ſerement que des batures elle ne ſcet riens deppoſer, mais elle a oy dire par pluſieurs fois à laditte Marguerite que ce eſtoit l'omme du monde que plus elle haïoit que ledit feu Hennequin, & que encores le feroit-elle getter mort ſus le carrel, & en deuſt eſtre menée au gibet de Paris. Dit oultre, que le ſoir que le cas advint, elle vit ledit Jacob & Jehannin, ſon compaignon, aler & venir parmi la rue, & aler en la maiſon de ladite Marguerite; & auſſi a, par pluſieurs foiz, ledit Jacob repairé avecques elle en ſondit hoſtel; & oy dire que il la maintenoit; & ſi dit que elle a veu pluſieurs fois tencier ladite Marguerite audit Hennequin & à ſa femme; & plus n'en ſcet.

GUILLEMETTE La Richarde, demourant au Bourc l'Abbé, examiné l'an & jour deſſus diz, dit & deppoſa, par ſon ſerement ſolempnelment ſait aus ſains Evangilles de Dieu, que aujourd'uy a viij jours, &c. (1).

JEHANNIN de Premont, courratier de chevaulx, demourant en ladite rue de la Sale au Conte de Dampmartin, de l'aage de xxx ans ou environ, ſi comme il dit, teſmoing, juré, oy & examiné, l'an & jour deſſus dis, dit & deppoſe par ſon ſerment que, environ un mois a ou deux, autrement n'eſt record du temps, lui eſtant en ladite rue, aſſis à ſon huis, vit & oy ladite Marguerite qui parloit à ſa femme, qui eſtoit à ſon huis avecques lui, & lui diſoit que leſdiz Hennequin & ſa femme lui avoient fait & dit pluſieurs injures & villennies, & que

---

(1) Ici, Guillemette La Richarde répète dans les mêmes termes la dépoſition de Jehennette, fille de Jaquemart Le Guiternier. Voy. ci-deſſus, p. 257.

elle ne mengeroit ne recevroit jamais Noſtre Seigneur juſques à tant que ilz lui euſſent admendé, & elle s'en feuſt vanchée ou fait vancher. Et auſſi lui a, lui qui deppoſe, oy dire par pluſieurs fois en ladite rue. Requis de la bature dudit Hannequin, dit que riens n'en ſcet. Requis de la vie & renommée de ladite Marguerite, dit que il a oy dire à aucuns de ſes voiſins que elle n'eſtoit pas proude femme de ſon corps, & que ſon mary l'avoit prinſe au bordel; & plus n'en ſcet.

JEHENNE, femme dudit Jehannin de Premont, examinée l'an & jour deſſus diz, dit & deppoſe par ſon ſerment que, environ a un mois, à un jour dont elle ne ſe recorde, environ heure de prime, elle eſtant à ſon huis, ladite Marguerite dit à elle qui deppoſe que leſdiz Hennequin & ſa femme lui avoient fait très-grant deſplaiſir, & que elle ne recevroit jamais ſon Creatour juſques ad ce que elle en feuſt venchiée. Et lors, elle qui deppoſe lui diſt que ce eſtoit mal dit, & que elle ne devroit pas dampner l'ame d'elle pour telles choſſes; laquelle reſpondi : *Vous avez bien ſceu & oy les villennies que il m'ont faites & dites.* Requiſe ſur ce leſdites batures dudit feu Hennequin, dit que riens n'en ſcet. Requiſe de la vie & renommée d'icelle Marguerite, dit que oncques elle ne vit mal en elle, mais elle a bien oy dire que ladite Marguerite, &c. (1).

LE MERCREDI xxiij^e jour d'avril (2) l'an mil ccciiij^xx & dix, après Paſques, par devant monſ. le prevoſt, preſens maiſtres Jehan Truquam, lieutenant, & Guillaume Drouart, Dreux d'Ars, auditeur; Jehan Delcy, Michel Marchant, Jaques du Bois, advocas; Jehan de Bar, Miles de Rou-

(1) Le reſte comme ci-deſſus, p. 257.
(2) *Sic,* pour le xx avril.

vroy, Robert de Pacy, Jehan de Tuillieres, Oudart de
Fontenoy, Robert de Tuillieres (1), Ernoul de Villers,
examinateurs du roy noftre fire en fon Chaftellet de Paris;
fu attainte & fait venir en jugement fur les carreaux ladite
Marguerite de Bruges, prifonniere, detenue oudit Chaftellet, laquelle, & par ferement fur ce jurée, cogneut &
confeffa de fa volenté, fanz aucune force ou contrainte,
avoir veu, compaignié, beu & mengié par plufieurs fois
avec ledit Jaquet. Et dift, fur ce requife, que oncques il
n'ot compaignie charneile à elle. Et quant aus paroles
contenues en ladite informacion, que l'en dift par ell
avoir efté dites, il ne fera jà fceu ne trouvé.

Cogneut avec ce, elle qui parle, que par plufieurs fois
ledit Rotiffeur & fa femme ont eu de grans noifes &
riotes enfamble, lefquelz lui ont dit plufieurs injures &
vilennies. Et peut bien eftre que, ou contempt defdites
injures, & pour la hayne qu'ilz ont à elle, ilz lui ont
pourchacé faire lefdites injures & contre elle propofée
ledit fait, jà foit ce que elle en foit pure & innocente;
& autre chofe ne voult cognoiftre. Si fut fait traire arriere
fur lefdiz quarreaux & mis à part.

Et, ce fait, par ledit monf. le prevoft fu demandé
aufdix prefens confeillers comment & par quelle maniere
l'en procederoit contre ladite prifonniere. Touz lefquelz,
veues lefdites confeffions & denegacions par elle faites,
ladite informacion & renommée d'icelle prifonniere, ouy
la refponfe de bouche dudit maiftre Nicolas Bertin, qui
dift que le mary d'icelle prifonniere lui a cogneu & confeffé avoir prins fadite femme lors feante au bordel de
Glatigny, & l'eftat de fa perfonne, delibererent & furent
d'oppinion que, pour favoir par elle la verité par fa

---

(1) Le manufcrit porte *Jehan*, mais c'eft fans doute *Robert* qu'il faut
fubftituer ici.

bouche de la mort dudit Rotiffeur, elle feuft mife à queftion. Veu lequel procès cy-deffus efcript, & ouy les oppinions defdiz confeillers, ledit monf. le prevoft condempna ad ce icelle prifonniere.

Après lefqueles choufes ainfi faites, ledit monf. le
prevoft fift de rechief venir par devant lui ladite prifonniere, & lui dift que des cas deffus diz elle deift la verité, ou il la lui feroit dire par queftion, à quoy il la
feroit mettre. Laquelle ne voult autre chofe confeffer
que dit & efcript eft cy-deffus; &, pour ce, en enterinant
ledit jugement, fu ladite prifonniere mife à queftion fur
le petit trefteau; & illec ne voult aucune chofe confeffer
qui li portaft prejudice. Et pour ce qu'il nous fu dit que
elle eftoit entechiée du hault mal, fu oftée & mife hors
d'icelle queftion, & menée choffer en la cuifine en la
maniere acouftumée, & en après remife en la prifon dont
elle eftoit aujourd'uy partie, pour ce que elle n'avoit riens
voulu cognoiftre.

Jeudi xxje jour d'avril, oudit an iiijxx & dix, par devant monf. le prevoft, prefens maiftres Jehan Truquam,
lieutenant; Dreux d'Ars, auditeur; Nicolas Bertin, Ernoul de Villers, Miles de Rouvroy & Gieffroy Le Goybe,
examinateurs ou Chaftellet; rapporta & tefmoigna par
fon ferement, honorable homme & fage maiftre Jehan
Merlet, promoteur de la court l'official de Paris, que,
famedi derrenierement paffé, Jaquotin de Tournay, prifonnier detenu en la court dudit official, ainfi comme
l'en le vouloit avaler en oubliete, en laquelle il avoit
efté condempnez pour fes demerites, &, par efpecial,
pour le fait de la mort dudit Rotiffeur, pour lequel icelle
Marguerite eftoit prifonniere, cogneut & confeffa que,
à la promocion & requefte d'icelle Marguerite, qui lui
avoit dit & requis par plufieurs fois qu'il batift icellui

Rotiffeur, lequel & fa femme auffi lui avoient, & au
mary d'icelle Marguerite, fait & dit plufieurs injures,
vilenis & dommages, &, en efpecial, que icellui Rotiffeur
avoit voulu eftre païé d'eulx de certain argent qu'il leur
avoit prefté, & auffi que c'eftoit l'omme du monde que
elle hayoit le plus, fans ce que icellui Rotiffeur lui euft
meffait ou mefdit aucune chofe, mais feulement à la peticion d'icelle prifonniere, feri, bati & navra icellui Rotiffeur. Ne favoit fe d'icelles il eftoit alez de vie à trefpaffement, mès avoit requis à la femme dudit Rotiffeur,
qui prefente eftoit, que ces chofes elle li voulfift de-
clairier.

LAQUELE prifonniere, après ces chofes, fu faite venir
en jugement fur les carreaux, requife & jurée par ferement de dire verité fur ce que dit eft. Laquelle ne voult
autre chofe confeffer ou cognoiftre que dit a cy-deffus.
Requife [fe] de la mort dudit Rotiffeur elle fe veult rapporter en ce que ledit Jaquotin en a dift & depofé par
davant l'official de Paris, dit par fon ferement que non,
pour ce que icellui Jaquotin eft fon hayneur, pour ce
que nagueires il a requife elle qui parle d'avoir compaignie charnelle à elle, & que elle feuft fon amye par
amours, leiffaft fon mary, & s'en alaft avecques lui au
païs de Tournefis, dont il eftoit. Laquelle qui parle, pour
ce que elle ne s'eftoit voulue accorder à fa volenté, icellui Jaquotin avoit plufieurs fois dit qu'il la courrouceroit
du corps.

ET, POUR CE que autre chofe ne voult cognoiftre que
dit eft, icelle prifonniere, veues icelle accufacion &
procès deffus dit, par l'advis & deliberacion defdis prefens confeillers, fu de rechief mife à queftion fur le
petit & le grant trefteau; & illec ne voult aucune chofe
confeffer qui lui portaft prejudice. Si fu oftée hors

d'icelle queſtion, menée choſſez en la maniere acouſtumée, & remiſe ès priſons dont elle avoit aujourd'uy eſté
attainte.

LE MERCREDI premier jour de juing, oudit an iiij$^{xx}$ &
dix, par davant monſ. le prevoſt, lui eſtant en jugement
ſur les carreaux, preſens maiſtres Guillaume Porel, conſeiller du roy noſtre ſire en parlement; Jehan Truquam,
lieutenant dudit monſ. le prevoſt; Dreux d'Ars, auditeur; Girart de La Haye, Ernoul de Villers & Gieffroy
Le Goybe, examinateurs; fu examinée, à la requeſte de
Jehenne, femme dudit Rotiſſeur, Marion d'Orgemont,
chamberiere des eſtuves de la rue.... (1), laquelle, ſur
ce juré aus ſains Evangiles de Dieu de dire verité,
cogneut & afferma par ſerement, & requiſe de ce, que
l'en dit que certains compaignons vindrent parler à ladite priſonniere ausdites eſtuves le jeudi precedent du
lundi que ledit Rotiſſeur fu tué, que elle ſe recorde bien
que ledit jeudi, environ veſpres, precedent dudit lundi,
trois aſſez honneſtes compaignons court veſtus (2), n'eſt
recorde des couleurs ne des fourrures ou doubleures de
leurs habis, chaſcun tenant un baton par maniere de
coſteret affaitié en leurs mains, vindrent en hault en la
chambre ou ſale deſdites eſtuves, demanderent à elle qui
parle ſe ladite priſonniere, laquelle ilz appellerent Marguerite de Bruges, eſtoit oudit hoſtel aus eſtuves, auſquelz elle qui parle reſpondi que ouïl. Lors lui dirent &
requirent que elle feïſt tant que elle parlaſt à eulx; &,
ce fait, elle qui parle ala appeller à icelle priſonniere,
laquelle, ſitoſt comme elle vit leſdiz trois compaignons,

---

(1) Il manque ici un ou deux mots, remplacés par un eſpace blanc
dans le manuſcrit. Il s'agit peut-être ici de la rue Saint-Martin, où il
y avoit des étuves. Voy. ci-deſſus, p. 199 & 200.

(2) La Fontaine s'eſt ſervi avec bonheur de cette expreſſion, liv. VII,
fable 10 (*la Laitière & le Pot au lait*).

leur dift tout hault, ou au moins telement que elle qui parle le ouy bien & entendi, ces paroles ou en fubftance : *Vous fôiez les bien venuz. Avez-vous fait ce que promis m'aviez? Et fe fait ne l'avez, fi le faites. J'ay quatre frans pour boire.* Ne fcet elle qui parle quelle chofe lefdiz compaignons refpondirent à icelle prifonniere, pource que elle ne les pot ouyr; mais elle vit que au partement que firent iceulx compaignons de ladite Marguerite, l'un d'iceulx, par maniere d'admitié, fi comme il eft advis à elle qui parle, le fery de fa pallme en la poitrine. Et autre chofe n'en vit, fcet ou ouyt, elle qui parle, des chofes qu'ilz deiffent enfemble.

Après lefquelles chofes ainfi faites, ladite prifonniere fu faitte venir en jugement fur les carreaux, par devant les deffus dis. Li demandé & requis que, fur la depofi-cion d'icelle Marion, qui li fut leue, elle deift verité. Laquele prifonniere refpondi que, fauve la grace de la depofant, il n'en eftoit riens, & que oncques oudit jour de jeudi elle n'avoit efté efdites eftuves; & autre chofe ne voult cognoiftre.

Ce fait, par l'advis & deliberacion des deffus dis, & auffi de maiftres Jehan de Tuillieres, Milles de [Rou]vroy, Nicolas Bertin, Nicolas Chaon, Robert de Tuillieres & Gieffroy Le Goebe, examinateurs, le famedi iiijᵉ jour de juing mil ccciiijˣˣ & dix, veu le procès, confeffions, de-negacions & depoficions deffus dites, fu dit & deliberé que pour favoir par fa bouche la pure verité des fais deffus dis, elle feuft mife à queftion; & ainfi fu jugée par ledit monf. le prevoft, & en fa prefence.

En entrefuïant lequel jugement, ladite Marguerite fu faite defpoiller, liée à la queftion par les piez & par les mains, & avant ce que l'en meift ou jettaft point de eaue

fur elle, requift que de ladite queftion l'en la oftaft, &
elle diroit verité. Si fu oftée & admenée fur les quarreaux oudit Chaftellet, en la prefence des deffus dis confeillers, & illec, en leurs prefences, fanz aucune force
ou contrainte, cogneut & confeffa que, paravant quarefme prenant derrenierement paffé, autrement du temps
ne fe recorde, par le moyen & acointance de Jehennete,
fille de Jaquemart Le Guiterneur, demourant en la rue
du Bourc-l'Abbé, affez près de l'oftel d'elle qui parle,
elle s'en ala en la compaign[i]e d'icelle Jehennette veoir
les jeux que les menefterelz fefoyent ès hales. Après ce
que elles y f'orent efté par plufieurs fois, icelle Jehennete
lui dift que ledit Jaquotin l'amoit de très-grant & parfaite
amour, & qu'il ne povoit durer s'il n'avoit compaignie à
elle. Et tant fift par fes paroles, que ledit Jaquotin &
elle qui parle ont eu compaignie charnelle enfamble par
trois foiz & plus; pendant lequel temps, ainfi comme
icellui Jaquotin, elle qui parle & ladite Jehennete, buvoyent enfamble en l'oftel de ladite Jehennete, environ
heure de prime, icelle Jehennette fe complaigni audit
Jaquotin de la femme dudit Rotiffeur, difant que elle li
avoit dit, & à fon mary auffi, plufieurs injures & vilenies, en difant que elle, Jehennete, qui eftoit mariée,
avoit fortroit un homme marié, qui la maintenoit, & que
elle vouldroit bien que icellui Rotiffeur feuft très-bien
batus, & que defdites injures à li faites & dites par iceux
Rotiffeur & fa femme elle en vouldroit bien eftre ven-
giée. Et lors elle qui parle, recordant que iceulx Rotiffeur & fames avoient faiz plufieurs grans dommages, en
les faifant executer pour certain argent qu'ilz leur devoient, & que fa femme lui avoit dit plufieurs injures &
vilenies, dift audit Jaquotin que auffi eftoient iceux Rotiffeur & fa femme les gens du monde qui plus d'injures &
vilenies li avoient fait & à fondit mary, & que elle hayoit
le plus, & que elle voudroit bien qu'il feuft très-bien batus

de batons, fanz coufteaux, & que, fur l'amour que il
avoit à elle, il le vengaft defdiz Rotiffeur & fa femme,
qui ainfi les avoient injurié. Et lors icellui Jaquotin
refpondi à elle & à ladite Jehennete, en termes generaulx,
que, le roy venu à Paris, le premier homme qu'il bateroit feroit ledit Rotiffeur.

Cogneut auffi que, le jeudi precedent du lundi que Le
Rotiffeur deffus dit fu tué par ycellui Jaquotin, environ
heure de nonne, que elle eftoit aufdites eftuves, deux
compaignons, dont elle ne fcet les noms, vindrent parler
à elle aufdites eftuves, & li dirent que fondit mary ilz
avoient leiffié en la foire de Compeigne, fain & en bon
point, lequel la faluoit, difant que fondit mary li mandaft
que elle penfaft de bien faire. Et autre chofe ne li dirent;
& ne fera jà fceu ou prouvé contre elle que elle leur
deift chofe quelconques, ne qu'il la feriffent fur l'efpaule
ou fur la poitrine.

Dit avec ce, fur ce requife, que du jour que elle &
ladite Jehennete requirent ledit Jaquotin qu'il batift ledit
Rotiffeur, jufques au temps que icellui Rotiffeur fu batu,
qui furent environ troys fepmaines, que elle ne parla er
aucune maniere audit Jaquotin de batre icellui Rotiffeur,
jà foit ce que plufieurs fois elle & auffi ladite Jehennete
ayent beu & mengié plufieurs fois enfamble.

Et dift avec ce que, durant ledit temps, icellui Jaquotin n'ot oncques compaignie charnelle à elle, jà foit ce
que, paravant ce, elle & lui euft efté enfamble par trois
fois, comme dit eft. Et auffi dit que le dymenche precedent, au foir, du lundi que ledit Rotiffeur fu batu par
Jaquotin, icellui Jaquotin vint veoir elle qui parle qui
eftoient à fon huys emmi la rue, affez près de l'oftel dudit Rotiffeur, lui dift & demanda comment elle faifoit,
& elle auffi femblable demande fift audit Jacotin, fanz ce
qu'ilz euffent oncques autres paroles quelconques enfamble.

Cogneut avec ce, elle qui parle, que, depuis ce, elle fu emprifonnée ou Chaftellet, pour foufpeçon d'avoir efté confentant des bateures faites & navreures audit Rotiffeur. Icellui Jaquotin, avant ce que ledit Rotiffeur alaft de vie à trefpafement, vint veoir fur les quarreaux dudit Chaftellet elle qui parle, & beurent enfamble. Et dift, par fon ferement fur ce requife, que des bateures faites audit Rotiffeur, ilz n'orent oncques lors oudit Chaftellet paroles quelconques enfamble. Et autre chofe ne voult confeffer.

Ce jour, en la prefence de monf. le prevoft, de maiftres Jehan Truquam, Guillaume Drouart, lieutenant dudit monf. le Prevoft; Andrieu Le Preux, procureur du roy; Denis de Baufmes, Nicolas Blondel, Elies Jenglier, Jehan Marchant, advocas; meff. Baudes de Vauviller, chevalier du guet; Jehan de Bar, Jehan de Tuillieres, Girart de La Haye, Robert Petit-Clert, Nicolas Bertin, Robert de Tuillieres, Robert de Pacy, & Nicolas Chaon, examinateurs oudit Chaftellet, fu de rechief fait venir en jugement fur lefdiz quarreaux ladite Marguerite, prifonniere, laquelle continua & perfevera ès confeffions par elle faites, difant & affermant par ferement icelles eftre vrayes par la forme & maniere que efcriptes font cy-deffus, fans aucune force, ou contrainte, ou violence; & lors fu fait traire & mis arriere à part fur lefdiz quarreaux.

Et, ce fait, ledit monf. le prevoft demanda aufdiz prefens confeillers qu'il eftoit bon de faire d'icelle prifonniere, & la maniere comment l'en avoit à proceder contre elle. Tous lefquelz, atendu, veu & leu en leurs prefences les accufacions, denegacions & confeffions faites par ycelle prifonniere, contenu & efcript en ce prefent procès, ce auffi que elle avoit efté tout le temps de fa vie femme de petite renommée, & d'avoir efté en plain bordeau comme femme publique, le cas & maniere du murdre, propofé & appenfé de longue main, & à fait appenfé, à fanc meur & à grant deliberacion, delibererent & furent d'oppinion que l'en ne la povoit efpargnier qu'elle ne feuft jufticée comme murdriere, c'eft affavoir arfe comme telle qui avoit efté confentant, &, à fa promocion & requefte, faït murdrir par ledit Jaquotin, fon amy, le deffus dit Rotiffeur. Veu lequel procès, & ouys lefdites opinions, ledit monf. le prevoft, en la prefence d'icelle prifonniere & des deffus diz, condempna icelle prifonniere à eftre arfe comme murdriere.

LEQUEL jugement fu executé ledit famedi iiij<sup>e</sup> jour de juing iiij<sup>xx</sup> & dix.

Et n'avoit aucuns biens foubz le roy.

AL. CACHEMARÉE.

## PERRIN MICHIEL, DIT PONTIGNIAU.

### 9 avril 1390.

L'AN DE GRACE MIL TROIS cens quatrevins & dix, le famedi ix<sup>e</sup> jour d'avril, après Pafques, par davant monf. le prevoft, lui eftant en jugement fur les carreaux, prefens maiftres Jehan Truquam, Guillaume Drouart, lieutenans dudit monf. le prevoft; Dreux d'Ars, auditeur; Andrieu Le Preux, procureur du roy; Miles de Rouvroy, Jehan Soudant, Jehan de Bar, Ernoul de Villers, Nicolas Bertin & Gieffroy Le Goibe, examinateurs oudit Chaftellet; fu attaint des prifons où il eftoit Perrin Michel, dit Pontigniau, demourant à Guerart (1), oultre

_____

(1) Guérard, arrondiffement de Coulommiers (Seine-&-Marne).

la ville de Meaux, prifonnier detenu oudit Chaftellet, pour foufpeçon de la mort feu Jehan Le Telier, cordouennier. Lequel prifonnier, fur ce juré & par ferement, cogneut & confeffa eftre nez de la ville de Paris, en icelle ville avoir ouvré du meftier de cordouenier, dont il eft ouvrier, & par plufieurs fois avoir ouvré dudit meftier avec & en la compaignie dudit defunt, & beu & mengié par plufieurs fois avec icellui; lequel defunct il qui parle ne vit paffez font douze ans & plus, parce que, puis ledit temps, il ne demoura en icelle ville de Paris, mais eft alez gaignier fa vie à Soiffons, à Laon, Noyon, Rouen, à Meaux & ou païs d'environ; & nagueres, puis deux ans ença, foy marié à une feme demourant en ladite ville [de] Guerart, laquelle avoit efté autrefois marié, & avoit & encore a une fille. Requis s'il cognoift Perrete, femme Guillaume Le Courfon, & jadis femme dudit defunct, qui mouftrée li fu en jugement, dift par fon ferement que non, & que oncques jour de fa vie il n'ot afaire par compaignie charnelle avec elle. Et autre choufe ne voult cognoiftre.

ET, POUR ce, fu faite venir, & en la prefence dudit Michelet, ladite Perrete, laquelle, fur ce jurée & par ferement, cogneut & confeffa que durant le temps dudit mariage dudit defunct & d'elle qui parle, icellui prifonnier, qui avoit moult grant acointance avec fondit feu mary, beut, menga & coucha par plufieurs fois en l'oftel de fondit mary, & avecques elle. Pendant lequel temps, pour l'oppreffion des requeftes & prieres à li faites par icellui prifonnier, elle fe accorda à faire fa volenté, laquelle volenté elle par plufieurs fois a acompli, beu, mengié & couchié par plufieurs fois avec lui & il avec elle; & tant que pour ce que fondit feu mary ot foufpeçon qu'il ne s'entreamaffent, bati, feri & blafma par plufieurs fois celle qui parle moult enormement; & fes chofes elle n'ofa oncques dire à fondit mary, de paour que noife & defcort ne fe meut entre eulx.

Dit auffi que depuis, & nonobftant lefdites injures à elle faites par ledit prifonnier, icellui prifonnier eft alez par plufieurs fois devers elle, eue compaignie charnelle à elle qui parle, & tant que fondit feu mary lui dift qu'il s'eftoit aperceu que ledit prifonnier frequentoit avec elle, &, ou contempt de ce, bati & feri de coups orbes moult durement ladite depofant. Pour lefqueles bateures, afin de foy faire guerir & garder mieulx que elle n'euft efté en fa maifon, pour ce qu'il eftoient très-povres gens, elle qui parle fe fift mener & porter à l'Oftel-Dieu de Paris, ouquel hoftel elle jeut & fut malade l'efpace de fix fepmaines ou environ; durant lequel temps icellui prifonnier vint veoir elle qui parle ij ou iij fois, auquel elle dift que elle eftoit en ceft eftat par le fait de lui, & que fondit mary l'avoit ainfi batue pour ce qu'il y aloit & venoit trop fouvent, difant que plus n'i venift, & que elle vouldroit que lui & fondit mary feuffent à tous les deables, & que jamais elle ne les veift.

Dift auffi que, ij ou iij jours après ce que elle ot dit lefdites paroles audit prifonnier, il lui dift qu'il n'yroit ne vendroit plus vers elle, & que auffi oudit jour derrenierement qu'il parlerent enfamble, fondit mary luy avoit dit plufieurs injures & vilenies, & que s'il venoit en temps & en lieu, qu'il lui monftreroit qu'il lui en defpleroit. Et autre chofe ne lui ouy lors plus dire; mais verité eft que, ou jour qu'il lui ot dift lefdites paroles ou le landemain, n'eft record autrement du jour, fondit mary fu apporté oudit hoftel moult grandement & enormement navré; defquelles navreures, environ deux ou trois jours après icelles, il ala de vie à trefpacement. Pendant lequel temps qu'il eftoit malades oudit Hoftel-Dieu, elle lui ouy par plufieurs fois dire que il avoit efté ainfi navré par ledit prifonnier feul, & non par autre, & que aucuns n'en feuſt chergiez, feuſt elle qui parle ou autres quelconques, que ledit priſonnier. Lequel defunct, & en preſence de bonnes gens, deſcoulpa du tout elle qui parle du fait ou conſentement de la navreure de lui, ſi comme il appert par un inſtrument duquel la teneur eſt telle :

*In nomine Domini, amen. Per hoc preſens publicum inſtru-mentum, cunctis pateat evidenter quod anno ejuſdem Domini milleſimo ccc<sup>mo</sup> ſeptuageſimo ſeptimo, ſecundun morem & con-putacionem Eccieſie galicane, martis, in feſto glorioſe Purifica-cionis beate Marie Virginis, que fuit dies ſecunda menſis fre-bruarij, pontifficatus ſanctiſſimi in Chriſto patris ac domini noſtri domini Gregorii, divina providencia, pape undecimi, anno octavo, in mei notarij publici & teſtium infraſcriptorum ad hec vocatorum ſpecialiter & rogatorum preſencia, perſonaliter conſtituta Perreta Gradamours, uxor Guilloti Gradamours, fratris, ut dicebat, germani Perrete, uxoris quondam Johannis Le Teiller nuper deffuncti, requirens honeſtas perſonas, videlicet dominum Philibertum de Glanden, capellanum in Domo Dei Pariſ. conſtitutum ad audiendum confeſſiones pauperum Chriſti in eadem domo infirmorum & eis in eorum ultimis voluntatibus ſa-crum corpus Domini ſolemniter & devote adminiſtrandum, Johan-nem Guerart, Johannem de Inſula & Aliſonnam, ipſius Johan-nis de Inſula uxorem, in domo habitacionis mee, ad interſignum ymaginis Beati Victoris, ſite Pariſius, in vico Novo Beate Ma-rie, preſencialiter exiſtentes, cum qua plus poterat inſtancia, & eiſdem miſericorditer & humiliter ſupplicans dixit quod preno-minate perſone coram me tamquam notario & teſtibus ſubſcrip-tis refferre dignarentur & vellent per eorum juramenta illa verba que ab ore proprio dicti deffuncti Johannis Le Teillier, ipſo predie, dum vivebat, gravi infirmitate in Domo Dei Pariſ. detento, in earum preſencia dici audiverant. Qui quidem Johan-nes Guerart, Johannes de Inſula & Aliſonna, ibidem preſente predicta Perreta, reſpondendo dixerunt & per eorum juramenta michi notario & in manu mea vice, nomine & ad opus illius vel illorum cujus ſceu quorum poteſt ſeu poterit intereſſe legitime*

*stipulenti & recipienti preſtita teſtificati fuerunt tam conjunctum*
*quam diviſim ſe fuiſſe preſentes cum pluribus aliis valentibus homi-*
*nibus die martis poſt feſtum Nativitatis Domini ultimo preterita*
*in Domo Dei predicta quod, & quando Johannes Le Teillier*
*tunc infirmus in eadem Domo in quodam lecto exiſtens & jacens*
*dixit & retulit ex ore ſuo proprio verba ſua dirigens Perrete La*
*Teilliere, ſue uxori, ibidem preſenti verba in gallico ſequencia,*
*vel ſaltim conſimilia :* Perrete, ma femme, qui es cy devant
moy, je te dy devant ces bonnes gens que, dymenche
darrenierement paſſé, ſouppay en l'oſtel de Guilliot Gartdamours, ton frere, & après ſoupper, moy alant en noſtre
hoſtel, fu navré d'aguet fait apenſé, ou ventre, par Perrin
Pontigniau, pour laquelle navreure je fu cy hyer apporté;
& aujourd'uy ay eſté confeſſé & ordonné par meſſire Guy
Briere, chappelain de ceans. Si te di comme bien adviſé,
ſur le dampnement de mon arme, que de ladite navreure
à moy par ledit Perrin faite, tu n'en es coulpable en
aucune maniere, ne en ſavoies rien, ne aucun conſentement d'icelle as donné ou preſté; & te repute & tieng
dudit fait & de la mort, ſe elle enſuivoit, pour pure &
vraye innocent, & ne vueil pas que, pour cauſe de ce,
l'en te puiſſe, par juſtice ou autrement, aucune choſe
demander ou temps advenir; meſmement que tu ne ſavoies lors aucunes nouvelles de moy, & auxi que tu
eſtoies lors geſant ceans malade, & dès xv jours ou environ paravant ledit fait. Et te pardonne, & Dieux ſi face,
tous courroux, ires & maltalens que tu peues avoir eux ou
encourrous envers moy, par quelque [cauſe] ou raiſon que
ce ſoit, de tout le temps paſſé juſques aujourd'uy. Laquelle femme, en merciant de ce ſondit mary, auxi lui
pardonna tous corrous, ires & maltalens que ſondit mary
povoit avoir faites, dittes & encourues envers elle, par
quelque maniere que ce ſoit, du temps paſſé juſques à
hui. *De & ſuper quibus omnibus & ſingulis prefata Perreta*
*Gartdamours peciit a me notario publico infraſcripto ſibi, ad*

*opus & commodum illorum quorum interest seu potest aut poterit interesse in futurum, dari atque tradi litteras testimoniales per modum publici instrumenti confectas. Acta fuerunt hec Parisius, in domo habitacionis mee predicte, sub anno, indictione, mense, die & pontifficatu quibus supra, presentibus Petro de Ulmo, Georgio Gilleberti, Johanne Carnificis, & Gilloto Guinot, in civitate Parisii, ut dicebant, commorantibus, testibus cum pluribus aliis ad premissa vocatis specialiter & rogatis. Et ego Johannes Fernicle, clericus, Meldis oriundus, publicus apostolica & imperiali auctoritate notarius (1) venerabilisque curie episcopalis Parisiensis juratus, dicte Perrete requisicioni, predictorumque domini Philiberti, Johannis, Johannis & Alisone dicto & testificacioni hujusmodi, ceterisque premissis omnibus & singulis, dum, sicut suprascribuntur, agerentur & fierent, una cum supranominatis testibus presens fui; eaque sic fieri vidi & audivi, ideo presenti instrumento, licet per alium scripto, me aliis occupato negociis, signum meum apposui consuetum, hic me subscribens requisitus & rogatus.*

Dit avec ce, elle qui parle, que, puis ledit fait advenu, & que sondit feu mary fu alé de vie à trespassement, elle ne compaigna ou fu avec ledit prisonnier, ne icellui ne vit, jusques audit jour d'uy; & a environ xij ans que le cas advint.

Lequel prisonnier de rechief fu fait jurer sur les sains Evengiles de dire verité sur la deposicion de ladite Perrete, faitte en sa presence, comme dit est; lequel, par serement, nya que oncques il eust batu ou feru ladite femme, qui lui eust rendu icelles paroles, ne qu'il feust consentant, faisant ou participant desdites navreures faites audit deffunct.

---

(1) Jehan Fernicle ou Frenicle est qualifié notaire public de l'auctorité de N. S. P. le pape & de l'empereur, dans un document de l'an 1384, & dans d'autres pièces publiées par Secousse, *Mémoires sur Charles le Mauvais*, t. II, preuves, p. 386, 435, 436 & 494.

I                                                              S

VEUES lefqueles denegacions & confeffions faites par ledit prifonnier, avec la depoficion d'icelle Perrete, & veu ledit inftrument, iceulx prefens confeillers delibererent & furent d'oppinion que pour favoir par la bouche dudit prifonnier la verité dudit cas advenu en la perfonne dudit defunct, confideré auffi que il eftoit prefumpcion contre icellui prifonnier, qui xij ans avoit n'avoit repairé en la ville de Paris, par devers Jehenne, femme Jehan Gaffe, fa mere, fi comme il a confeffé, jà foit ce que fadite mere l'ait efté veoir plufieurs fois, depuis ledit temps, en ladite ville de Meaulx & à Guerart, il feuft mis à queftion. Et ad ce fu ledit prifonnier, & en fa prefence, condempnez par monf. le prevoft.

EN excecutant lequel jugement, ledit prifonnier fu fait defpouillier, liez & mis à queftion fur le petit trefteau; & ainfi comme [l'en] lui voult donner ou jetter de l'eaue fur lui en la maniere acouftumée, requift inftaument que d'ilec l'en le voulfift ofter & mettre hors, & dudit crime par lui commis diroit verité.

ET, POUR ce, fu mis hors d'icelle queftion, & mené choffer en la cuifine, & en après & frefchement ramené fur les quarreaux, ou petit parc du Chaftellet de Paris, par devant ledit monf. le prevoft, & en la prefence defdiz confeillers. Lequel, fur ce que dit eft, fu fait jurer aus fains Evangilles de Dieu de dire verité. Et illec, non obftant lefdites accufacions, variacions & denegacions par lui autrefois faites, & fans aucune force ou contrainte de gehine, cogneut & confeffa par ferement que verité eftoit qu'il, durant le mariage dudit feu Jehan Le Teillier & Perrete, fa femme, deffus nommez, il avoit eu par plufieurs fois compaignie charnelle avec icelle femme, laquelle, fauve fa grace & depoficion cy-deffus efcripte, il ne feri, bati ou navra oncques jour de fa vie, en quel-

que maniere que ce feuſt; mais eſt verité que pluſieurs
fois ledit defunct Telier diſt à lui qui parle qu'il ne lui
plaiſoit point qu'il alaſt ne veniſt vers ſadite femme, &
que s'il lui trouvoit plus, qu'il lui mouſterroit qu'il lui
en deſplairoit, avec pluſieurs autres paroles injurieuſes
à lui par ledit defunct lors dites & proferées. Nonobſtant
leſqueles choſes, il qui parle eſt alez par pluſieurs & diverſes fois avec icelle Perrete, & eu compaignie charnelle avecques elle. Et pour ce qu'il lui fu diſt que ladite
Perrete eſtoit couchiée malade en l'Oſtel-Dieu de Paris,
pour les bateures faites par ſondit mary, ala par deux
ou trois fois veoir icelle Perrete, à laquelle il parla moult
longuement, &, entre les autres paroles qu'ilz orent enſamble, diſt icelle Perrete à lui qui parle, que, pour
l'amour de Dieu, il ne voulſiſt plus aler ne venir vers
elle; quar pour ce que ſon mary ſe ſouſpeçonnoit des
amours qui eſtoient entre euix, avoit-elle eſté batue par
lui par la maniere que elle l'eſtoit, & pour leſqueles
bateures elle giſoit malade au lit; & que elle ne povoit
nullement à ſondit mary, pour cauſe de lui qui parle, &
ne la faiſoit chaſcun jour que blaſmer, tencer & rioter;
&, pour ce, vouldroit que ſondit mary feuſt à tous les
deables. Et lors lui qui parle re[ſpo]ndi à icelle Perre[te]
que oudit jour que dites lui avoit leſdites paroles, que
en venant icelle veoir oudit Hoſtel-Dieu, ſondit mary lui
avoit dit pluſieurs injures. Et, ſans plus avant parler ou
dire de ceſte matiere enſamble, ſe parti, lui qui parle,
de la compagnie d'icelle Perrete, & print congié d'elle.

Dit avec ce, il qui parle, que, le landemain enſuïant
leſdites paroles eues entre lui & ladite Perrete, en ſoy
en alant couchier en l'oſtel de ſa mere, au ſoir, environ
jour faillant, vit & aperceut ledit defunct Jehan Le Telier qui ſe partoit de l'oſtel du Corbeillon, en la rue du
Temple, & s'en aloit en ſon hoſtel, en la rue des Gra-
veliers; & ouquel hoſtel aucuns des voſins dudit Telier,

qui [font] demourant affez prez de l'oftel d'icellui defunct
& de lui [qui] parle, avoient dit qu'il eftoit alez fouper.
Au devant duquel il qui parle vint, lui dift comme plufieurs fois il lui avoit dit plufieurs injures, blafmes &
vilenies, & batu fa femme en defpit de lui; &, ce fait,
fans plus de paroles, facha un badelaire qui pendoit à fa
fainture, duquel il fery d'eftoc icellui defunc parmi le
ventre un feul [cop], & attant le leffa illec en la place
cheoit à terre comme tout mort; &, ce fait, s'en retourna
coucher en l'oftel de fadite mere, ala & vint parmi la
ville de Paris le landemain dudit fait advenu, environ ij
ou iij jours après, & ainfi euft continué, fe ne fcuft ce
qu'il vint à fa cognoiffance que ledit Telier eftoit, de ladite navreure, alez de vie à trefpaffement; pour doubte
& occafion duquel fait, il qui parle fe abfenta de ladite
ville de Paris, ala ès païs de Laon, Soiffons, Noyon,
Meaulx & environ, pour gaignier fa vie, & fe maria audit lieu de Guerart, ne en ladite ville de Paris ne retourna puis ledit cas advenu, qui fu fait xij ans a & plus.

Dift avecques ce, fur ce requis, que puis ledit fait
advenu, il ne compaigna ou parla aucunement avec à
ladite Perrete, ne ne la vit, jufques à aujourd'uy que
monftrée lui a efté en jugement; & plus ne poult cognoiftre. Si fu fait traire arriere à part fur les quarreaux
oudit Chaftellet.

ET, CE FAIT, par ledit monf. [le prevoft] fu demandé
aufdiz prefens confeillers leurs advis & oppinions qu'il
eftoit bon de faire dudit prifonnier, & la maniere comme
l'en avoit à proceder contre lui. Tous lefquelz, confiderées les denegacions deffus dites, adverées en après par
la confeffion d'icellui, les cas & moyens pour lefquelz il
fery & navra ledit defunct, qui contre lui n'a propofé
aucune hayne, noife, riote ou bateure par lui faite, delibererent & furent d'oppinion que, comme murdrier,

il feuſt executez, c'eſt aſſavoir traynez & pendus. Veu lequel procès & ouyes les oppinions deſdiz conſeillers, ledit priſonnier fu ad ce condempnez par ledit monſ. le prevoſt, & icellui jugement prononcié & diſt en la preſence dudit priſonnier.

Lequel jugement fu executé ledit ſamedi ixe jour d'avril l'an mil ccciiijxx & dix.

Et n'avoit nulz biens.

Al. Cachemarée.

OUDIN DE SERY.

9 juin 1390.

L'an de grace mil trois cens quatrevins & dix, le ſamedi ixe jour de juing, par devant monſ. le prevoſt, lui eſtant en jugement ſur les carreaux, preſens noble homme meſſire Baude de Vauviller, chevalier du guet; Jehan Truquam, lieutenant dudit monſ. le prevoſt; Miles de Rouvroy & Hutin de Ruit, examinateurs en Chaſtellet, & Raoul Dauquans, bourgeois de Paris; fu attaint & fait venir des priſons dudit Chaſtellet, eſqueles [il] eſtoit detenus priſonnier, Oudin de Sery, demourant à Pontoiſe, pour ce que, par le guet du roy eſtant à la Chappelle Saint-Denis, il a eſté trouvé entre le champ du Lendit & ladite Chappele Saint-Denis, deſpeçant une bourſe de cuir, laquelle n'en ſouſpeçonne qu'il n'ait coppée. Depuis laquelle prinſe il a eſté trouvé garny de deux frans en or, leſquelz eſtoient couſus en la cornete de ſon chaperon. Lequel priſonnier, examiné ſur ce, & par ſerement, diſt & afferma qu'il eſtoit clert, en habit & poſſeſſion de tonſure, & n'eſtoit tenus de reſpondre par devant monſ. le prevoſt. Requis s'il eſt mariez, & s'il ſcet lire

S 3

ou cognoiſtre lettre aucune, dit qu'il eſt mariez à une famme appelée Yſableau de La Sauſſoye, née de la ville de Saint-Denis en France, aagée de lx ans ou environ, laquelle il qui parle, puis iiij ans, a eſpouſée en la ville de Meaulx; & ſcet bien, il qui parle, que paravant ce que dit eſt, elle avoit eſté mariée à un homme dont il n'eſt record du nom; & au temps qu'il eſpouſaſt ou fianſaſt icelle Yſableau, elle avoit unne fille de ſondit feu mary.

Dit avecques ce que oncques il n'epouſa ycelle Yſableau en ſainte Egliſe; mais verité eſt que, après ce qu'il ot eu compaignie charnelie à elle, ii qui parle & elle, de leurs communs aſſentemens & volenté, ont fiancé li uns l'autre, depuis leſquelles fiançailles il a eu par pluſieurs fois, & au devant d'icelles, compaignie charnelle, & depuis couchié & demouré en la compaignie d'icelle Yſableau par l'eſpace de ij ans & plus.

Veue laquelle confeſſion faite par icellui priſonnier, par la forme que dit eſt cy-deſſus, ledit monſ. le prevoſt, par l'advis, & deliberacion, & conſeil des deſſus dis preſens conſeillers, dit, juga & prononça, en la preſence dudit priſonnier, qu'il n'eſtoit pas homme abille à porter le ſigne de tonſure ſur ſa teſte, au moins qu'il en deuſt joïr ne uſer, ne auſſi du previlege de clert, & que, veue ſadite conffeſſion, il le tenoit & reputoit comme homme pur lay, bigaſmes, &, comme tel, le condempna à eſtre rez tous jus. Lequel jugement fu executé incontinent.

Et, ce fait, ledit monſ. le prevoſt de rechief fiſt venir ledit priſonnier par devant lui ſur leſdiz quarreaux, & en la preſence des deſſus dis, lequel, juré de dire verité ſur les accuſacions deſſus dites, dit & afferma par ſerement que icelle bourſe coppée, pour ſouſpeçon de laquele il a eſté empriſonné, il, ou jour d'yer, coppa ſur ſoy-

meifmes, & laquelle, oudit jour d'yer & paravant, paffez
font trois ou quatre mois, avoit pendu à fon juppon ou
petite cofte qu'il avoit veftue, en laquele bourfe avoit
deux blans neufs. Et quant aufdis deux frans trouvez en
fa cornete, dit qu'il les y avoit mis & muffiez de paour
qu'il ne les perdefift, ou que l'en les li oftaft. Et pour ce
que autre chofe ne voult cognoiftre, lui feuft dift qu'il
deift verité, ou l'en la lui feroit dire par force, & feroit
mis à queftion. Lequel prifonnier, quant il vit que l'en
lui vouloit mettre, dift que, pour Dieu, l'en ne lui meift
pas, & il cognoiftroit verité. Et lors lui, fur ce juré, dift
& afferma par ferement que icelle bourfe, en laquele avoit
deux blans neufs, il avoit trouvée emmi les champs du
Lendit, & icelle avoit levée, & l'argent mis & appliqué
à fon prouffit; & icelle bourfe de cuir, pour ce qu'elle
ne valoit riens, il avoit defpecée & jettée aval lefdiz
champs du Lendit. Et autre chofe ne voult cognoiftre.
Si fu fait traire arriere à part fur lefdis quarreaux.

Après lefqueles chofes, ledit monf. le prevoft demanda
aufdiz prefens confeillers leurs advis & oppinions comment l'en procederoit contre ledit prifonnier. Tous lefquelz, veu l'eftat & perfonne d'icellui prifonnier, qui eft
homme vacabond & de nul meftier, les variacions, confeffions & denegacions par lui faites, attendu la chofe
par lui prinfe, qui eft foufpeçonneufe, que pour favoir
par fa bouche la verité defdis cas, & auffi des autres crimes
par lui fais & commis, qu'il feuft mis à queftion; & ad
ce fu condempné par ledit monf. le prevoft, & en fa
prefence.

En enterinant lequel jugement, icellui prifonnier fu
fait venir en jugement par davant ledit monf. le prevoft,
lequel, pour ce que aucune chofe ne voult confeffer, fu
mis à queftion fur le petit trefteau, & ainfi comme l'en

li voult donner de l'eaue, requift inftaument que d'icelle
l'en le meift hors, & il diroit verité. Si fu mis hors d'icelle
queftion, & mené choffer [en la cuifine] en la maniere
acouftumée.

Hors de laquelle queftion, & fans aucune force ou
contrainte, icellui prifonnier, fur ce juré & par ferement,
cogneut & confeffa que, oudit jour d'yer, ainfi comme
l'en mouftreoit le jeu des basteaux à la foire du Lendit,
il fe approcha auprès d'une femme qui regardoit lefdiz
jeuz, à laquelle il, le plus doucement qu'il pot, reftourfa
fa robe, & foubz icelle robe, d'un petit couftel qu'il
tenoit en fa main, coppa la bourfe de cuir d'icelle femme,
en laquelle, quant il fe fu trait arriere aus champs, il
trouva les deux frans qui ont efté trouvez en la cornete
de fon chaperon, & les deux blans de viij deniers piece
donc cy-deffus eft faite mencion en fa premiere confeffion. Et dit, fur ce requis, que c'eft le premier larrecin
qu'il feift oncques, & que icellui il fift par temptacion
de l'ennemi. Et autre chofe ne voult cognoiftre. Si fu
mis en la prifon donc il eftoit partis.

Le lundi enfuïant, xiije jour dudit mois de juing, l'an
deffus dit, fu fait venir le deffus dit prifonnier en jugement fur les carreaux, par devant ledit monf. le prevoft,
prefens maiftre Jehan Truquam, Guillaume Drouart,
lieuxtenans; Dreux d'Ars, Miles de Rouvroy, Jehan de
Tuillieres, Robert de Pacy, examinateurs; lequel, fans
aucune force ou contrainte, perfevera ès confeffions cy-
deffus efcriptes par lui faites. Et pour ce que autre
choufe ne voult confeffer que dit eft, fu, & par l'oppinion defdiz confeillers, mis de rechief à queftion fur le
petit & le grant trefteau; & ainfi comme il ot efté un
petit fur ledit grant trefteau, requift humblement que
d'icelle l'en le meift hors, & il diroit verité des crimes

& delis par lui fais & commis, dont il en y avoit plufieurs. Si fu mis hors d'icelle queftion, mené choffer en
la cuifine en la maniere accouftumée, &, affez touft après,
ramené en jugement fur lefdiz carreaux, en la prefence
des deffus diz confeillers; & illec, fanz aucune force ou
contrainte, cogneut & confeffa, & par ferement fur ce
fait aus fains Evangiles de Dieu, que il eft un très-fort
larron, & que paffez font vint ans & plus qu'il commença
premerement à embler. Et eft verité que, trois mois a ou
environ, il & fadite femme eftans logiez en la ville de
Mante, en une hoftellerie où il eftoient, prindrent, d'um
commun affentement une chandellier de cuivre & une
efcuelle d'eftain, qu'ilz porterent hors dudit hoftel, &
iceulx chandellier & efcuelle il vendirent, en icelle ville
de Mante, la fomme de xviij d. par.

Cogneut avec ce, que dix ans a ou environ, qu'il fervoit un chanoine de Noftre-Dame de Paris, appellé Le
Boitouffet, icellui chanoine lui bailla un fien cheval pour
aler ou païs de Gaftinoiz, faire certaines befoignes que
fondit maiftre lui encharga faire, lequel cheval il qui parle
vendi, en la ville de Gyen, la fomme de xij frans, fans
en faire depuis aucune reftitucion audit chanoine, jà foit
ce qu'il en ait efté requis plufieurs fois par ledit chanoine.

Dift avec ce, que en vendant le vin qu'il a vendu pour
Guillemin Doregerat, par maniere de tail, il, dudit argent par lui reçu, print, & appliqua, & retint à fon prouffit, la fomme de xxiiij f. par.

Cogneut oultre, que vingt ans a ou environ, qu'il eftoit
varlet & ferviteur de meffire Guy Buverail, preftre, chanoine du Sepulcre, ainfi comme il ot couché à un foir
ledit preftre, & qu'il dormoit, il qui parle ala à la taffe
ou bourfe dudit prefte, qu'il avoit mife & mufiée foubz
le chevez de fon lit, & en celle bourfe print la fomme
de iiij frans en or, lefquelz il appliqua à fon prouffit.

Item, en la ville de Saint-Denis en France, iiij ans [a]

ou environ, ainſi comme heure de marché, il ſe aproucha près d'um homme qui marchandoit certaines denrées
deſquelles il n'eſt record, en la taſſe duquel homme il
mal print deux frans en or qu'il y trouva.

Item, que durant le temps que il a vendu les vins du
prieur de L'Eſtrée, il, de l'argent qu'il a prins & receu
ou nom dudit prieur, a retenu & appliqué à ſon prouffit
la ſomme de deux frans.

Item, le mardi enſuïant, xiiije jour de juing, l'an deſſus
dit, par davant ledit monſ. le prevoſt, lui eſtant en jugement ſur les carreaux, preſens maiſtres Jehan Truquam,
lieutenant; Dreux d'Ars, auditeur; Ernoul de Villers,
Robert de Pacy, Nicolas Chaon & Gieffroy Le Goybe,
examinateurs oudit Chaſtellet; fu attaint & fait venir, des
priſons dudit Chaſtellet, le deſſus dit priſonnier Oudin
de Sery, lequel, juré aus ſains Evangiles de Dieu de dire
verité, cogneut & confeſſa, & par ſerement, en la preſence des deſſus dis, ſans aucune force ou contrainte,
que les confeſſions cy-deſſus eſcriptes, & à lui leues mot
après autre, il avoit faites en la fourme & maniere que
eſcriptes ſont; & ès dittes confeſſions perſevera.

Et, oultre ce, cogneut & confeſſa que, deux ans a ou
environ, lui eſtant couchié en la ville de Provins, en
certaine hoſtellerie où il eſtoit logiez avec pluſieurs compaignons, ſe leva de nuit du lit où il eſtoit couchez, &
ſur une table eſtant en ladite chambre, ſur laquele il
avoit veu au ſoir que l'um des compaignons qui coucherent en ladite chambre où il qui parle avoit jeu, avoit
mis une taſſe de cuir & ſa ſainture, mal print & embla
en celle taſſe la ſomme de dix ſoubz par.

Item, cogneut que, xvj ans a ou environ, ainſi comme
l'en faiſoit un ſermon ou cymetiere Saint-Innocent, à un
jour de vendredi aouré, s'aprocha près d'une femme qui
ouyoit ledit ſermon, qui avoit pendu à ſa ſainture une

bourſe de cuir, laquelle il qui parle li coppa; & quant il euſt coppée, regarda que dedens icelle bourſe avoit vint ſoubz par. en pluſieurs menues monnoyes.

Cogneut auſſi que, quatre ans a ou environ, il eſtant couchié en une hoſtellerie en la ville de Condé ſur Aiſne (1), avec un bon homme, ſe leva de nuit durant le temps que ledit homme dormoit, auquel homme il, de nuit, vuida ſa bourſe qui eſtoit pendue à ſa petite coſte, en laquele avoit deux frans en or & deux frans en menue monnoye. Et diſt, ſur ce requis, qu'il n'eſt pas record, quant de preſent, des crimes & autres delis par lui fais & commis, donc il en y a pluſieurs. Et, pour ce, fu fait traire arriere à part ſur leſdiz quarreaux.

Ouyes leſqueles confeſſions faites par icellui priſonnier, ledit monſ. le prevoſt demanda auſdiz preſens confeilliers leurs advis & oppinions comme l'en avoit à proceder contre icellui priſonnier. Tous leſquelz, veu l'eſtat & perſonne dudit priſonnier, les confeſſions & reiteracions de larrecins par lui faites, avec la traïſon faite à ſeſdis maiſtres, dont mention eſt faite eſdites confeſſions, delibererent & furent d'oppinion qu'il eſtoit un très-fort larron, & qu'il feuſt executez & pendus comme tel. Veues leſqueles confeſſions, & ouy les oppinions deſdiz confeillers, ledit monſ. le prevoſt le condempna à eſtre pendu comme larron; & icellui jugement prononça en la preſence dudit Oudin, priſonnier.

LEQUEL jugement fu executé ledit xiiij[e] jour de juing. Et n'avoit aucuns biens.

AL. CACHEMARÉE.

_____

(1) Arrondiſſement de Soiſſons (Aiſne).

# PIERRE GAUCHIER.

## 30 juin 1390.

L'AN DE GRACE MIL TROIS cens quatre vins & dix, le jeudi darrenier jour de juing, par davant maiftre Dreux d'Ars, lieutenant de monf. le prevoft, lui eftant en jugement fur les quarreaux, prefens maiftres Miles de Rouvroy, Nicolas Bertin, Robert de Pacy & Gieffroy Le Goybe, examinateurs de par le roy noftre fire ou Chaftellet de Paris ; fu attaint & fait venir des prifons dudit Chaftellet Pierre Gauchier, prifonnier detenu oudit Chaftellet, à la denonciacion de Adin Brebiat, Jehan Beautas & Perrin Beautas, logiez près des molins du Temple, difans qu'il eft larron & murdrier, & que il a emblé un cheval chergié de laines, lequel il a vendu à Chambly le Hambergier.

LEQUEL prifonnier, fur ce examiné & interrogué, & fur fa vie & gouvernement, cogneut & confeffa par ferement qu'il eftoit nez de la ville de Forez en Weuqueffin le Normant, pelletier, & aucune foiz a tenu des terres affermes & moyfon oudit païs, à Heudouville (1) & païs d'environ ; & pour ce que nouvelment il avoit prins terres à labourer en ladite ville de Heudouville, il, afin d'avoir un cheval pour labourer lefdites terres, fe tranfporta, trois mois a ou environ, autrement du temps n'eft record, en un jour de vendredi ou famedi, que le marchié eftoit en la ville de la Sauffoye, appartenant à monf. le conte de Harcourt, en laquele ville il acheta, d'un compaignon qu'il ne cognoift, un petit cheval de poil noir, & environ xiij ou xiiij livres de laine qui fur

_____

(1) Hédouville, arrondiffement de Pontoife (Seine-&-Oife).

ledit cheval eſtoient, dont il païa deux eſcus d'or de
xviij ſ. par. piece. Et, ce fait, admena en ladite ville de
Heudouville ledit cheval & auſſi la laine. Et pour ce que
ledit cheval eſtoit trop petit & feible, vendi ou eſchanga
ſondit cheval en la ville de Villers-Adam (1), au plaſtrier
d'icelle ville, le pris et ſomme de xviij ſextiers de plaſtre,
lequel plaſtre il n'a pas oncore eu; & ladite laine il vendi,
en la ville de Chambly le Haubergier, xxiiij ou xxx ſ.,
ne ſcet lequel ne à qui.

Dit avec ce, que des choſſes deſſus dites il ſe rapporte
à la voix & commune renommée dudit païs, & auſſi de ſa
vie, eſtat & gouvernement; & ne ſera jà ſceu ou prouvé
contre lui que autrement ſoit deſdites accuſacions que
ce qu'il en confeſſe. Requis pour quel cauſe il s'eſt abſentez dudit païs, dit pour ce qu'il n'y veoit plus ſon
prouffit à faire. Requis ſe de la commune renommée de
ſon eſtat & gouvernement, & auſſi de ladite accuſacion,
il ſe vieult rapporter & croire ou dit & depoſicions de
Adenat Le Brebiat, Jehan Beautas & Perrinet Beautas,
qui preſens eſtoient pour ce en jugement par devant ledit
priſonnier, dit par ſon ſerement que ouyl pour mort &
pour vie, & qu'il cognoiſt & ſcet iceulx eſtre gens de
bonne vie, fame & renommée.

Lesquelz Brebiat & Beautas, pour ce preſens, comme
dit eſt, & en la preſenſe dudit priſonnier, après ce qu'il
orent juré aus ſains Evangiles de Dieu de dire verité,
cogneurent & affermerent par leurs ſermens que ilz ſont
nez de la ville de Houdan, à une petite lieue dudit lieu
de Heudouville & de Villers-Adam, & que puis iij ſepmaines a ou environ, eulx eſtans en icelle ville de Villers-
Adam, virent deux hommes, dum l'un d'iceulx ſe diſoit
eſtre frere & l'autre filz d'um homme qui avoit eſté mur-

---

(1) Villiers-Adam, arrondiſſement de Pontoiſe (Seine-&-Oiſe).

dry entre la ville de Floury fur Odeile (1) & la ville
d'Andely, au bout d'un bois, en un feigle; lefquelz deux
hommes recogneurent le cheval que ledit prifonnier avoit
baillé audit plaftrier, & auffi une houfpelande que le varlet dudit prifonnier avoit veftue, & lefquelz cheval &
houpelande ilz firent arefter par la juftice dudit lieu de
Villers-Adam, comme les biens de leurdit frere & pere
occiz, comme dit eft, difans & affermans par leurs fermens icelles chofes eftre fiennes, & le voulans prouver.
Lefqueles chofes venues à la cognoiffance de la juftice
dudit lieu de Villers-Adam, ilz envoyerent en l'oftel &
domicille dudit prifonnier, pour le cuider prendre &
emprifonner; mais icellui prifonnier, faichant lefdites
plaintes d'iceulx frere & filz, fe abfenta d'icelle ville, &
leffa fa femme & enfans à la table où ilz eftoient afis à
difner, fi comme eulx qui parlent, lors eftans en ladite
ville, ouyrent dire à plufieurs des gens & habitans d'icelle
ville; & dient que il eft voix & commune renommée
oudit païs que icellui prifonnier avoit emblé ledit cheval
& leine qui deffus icellui eftoit, & foufpeçonné d'avoir
occiz & murdri icellui homme à qui ledit cheval eftoit;
ne oncques, puis que ledit cheval & houpelande furent
prins & arreftez en main de juftice, comme dit eft, icellui prifonnier ne converfa ou repaira oudit païs, mais
c'eft tousjours, depuis ce que dit eft, abfenté & fuy du
païs.

Après lefqueles chofes ainfi faites, il fu demandé par
ledit lieutenant audit prifonnier s'il eftoit vray ce que
les deffus dis avoient depofé. Lequel, après ce qu'il ot
fait ferement de dire verité, dit & depofa par fon ferment que verité eftoit que, pour ce qu'il avoit efté foufpeçonné d'avoir mal prins lefdiz cheval & houpelande,

(1) Fleury-fur-Andelle, arrondiffement des Andelys (Eure).

& qu'il avoit de ce esté advisé par aucuns de ses amis, il estoit partiz & absentez d'icelle ville & pays d'environ, & avoit leissé sadite femme & enfans puis vj sepmaines a ou environ, mais dudit crime il estoit pour innocent.

Et POUR CE que autre chose ne voult cognoistre, veu l'estat & variacion d'icellui prisonnier, avec la deposicion des tesmoings cy-dessus nommez & escrips, fu dit & deliberé par les oppinions desdis presens conseillers que, pour en savoir plus à plain par sa bouche la verité, il feust mis à question; & ad ce fu condempné, & en sa presence, par ledit lieutenant.

EN ENTERINANT lequel jugement, le dessus dit prisonnier fu despouillé, mis & lié à la question, & estendu sur le petit tresteau; & aussi, comme l'en lui voult donner & jetter de l'eaue sur lui, requist instaument que l'en le meist jus, & il diroit [verité] dudit crime & larrecin par lui fais & commis, & qui vrayes estoient par la maniere que lesdis tesmoings l'avoyent ouy dire, & aussi qui le deposoyent. Si fu mis hors d'icelle question, & admené en jugement sur lesdis quarreaux oudit Chastellet, en la presence des dessus diz.

HORS de laquelle question, & sans aucune force ou contrainte, icellui prisonnier, après ce qu'il ot juré aus sains Evangiles de Dieu de dire verité, cogneut & confessa par son serement que, nonobstant quelconques variacions ou denegacions par lui cy-devant faites & escriptes, il estoit & est verité que, trois mois a ou environ, à un soir après soleil couchant, au partir qu'il fist de la ville de Floury sur Odelle, vit un homme qui aloit à pié le chemin droit à Andely sur Saine, & menoit un petit cheval, sur lequel cheval avoit certaine leine, avec lequel il se acompaigna au dessus de la riviere dudit lieu de

Floury, & alerent enfamble l'un avec l'autre environ une lieue de chemin; & quant ilz furent au dehors d'un bois qui eft au deffus de ladite ville d'Andely, il, mal meu & tempté de l'ennemy, fe tint derriere ledit homme, &, d'um gros baton de nefflier qu'il portoit en fa main, auquel avoit au bout un petit de fer, afin d'avoir & recouvrer icellui cheval pour faire fon labour, fery icellui homme par derriere deux coups en la tefte, tant qu'il chei illec à terre tout mort; &, ce fait, print le cheval dudit homme, avec la laine qui deffus eftoit, &, par un autre chemin qu'il print dedens ledit bois, vint feul gefir en la ville de Saint-Cler fur Ette (1), & le landemain matin fe parti d'icelle ville, & ala en ladite ville de Viilers-Adam, en fon hoftel, avec fa femme & enfans, &, depuis ce, vendi ledit cheval, & auffi ladite laine, par la maniere que dit l'a & efcript eft cy-deffus en la premiere depoficion. Et autre chofe ne voult confeffer; &, pour ce, fu mis en la prefente prifon donc il eftoit partis.

LE SAMEDI enfuïant, fecond jour du mois de juillet m ccc iiijxx & dix, par davant monf. le prevoft, lui eftant en jugement fur les quarreaux, prefens maiftres Pierre de Vé, advocat en parlement & confeiller du roy noftre fire en Chaftellet; Jehan Truquam, lieutenant dudit monf. le prevoft; Dreux d'Ars, auditeur; Girart de La Haye, Ernoul de Villers, Jehan de Tuillieres, Nicolas Bertin, Robert de Pacy, Nicolas Chaon & Gieffroy Le Goybe, examinateurs de par le roy noftre fire en fon Chaftellet de Paris; fu attaint & fait venir en la prefence des deffus diz Pierre Gauchier, deffus nommé, lequel, après ce qu'il ot juré aus fains Evangilles de Dieu de dire verité, cogneut, fans aucune force ou contrainte, perfevera & continua ès confeffions cy-deffus efcriptes par lui faites.

(1) Saint-Clair-fur-Epte, arrondiffement de Mantes (Seine-&-Oife).

icelles afferma eftre vrayes. Requis s'il ot la houpelande
dudit homme par lui occiz & murdry, & qui fu trouvé
veftu fur fon varlet, & auffi fe il print de l'argent que
ledit homme occiz avoit fur foy & en fa bourfe, dit par
fon ferment que non, & que autrement n'eft que dit,
cogneu & confeffé l'a cy-deffus.

Et, ce fait, ledit monf. le prevoft demanda aufdis pré-
fens confeillers leurs advis & oppinions comment l'en
avoit à proceder contre icellui prifonnier. Tous lefquelz,
veu ce prefent procès, delibererent & furent d'oppinion
qu'il feuft executez comme murdrier & lerres, c'eft affavoir trainé & pendu. Oyes lefqueles oppinions & veu
icellui procès, ledit monf. le prevoft condampna icellui
Pierre Le Gauchier, prifonnier, à eftre executé par la
forme & maniere que dit eft, & icellui jugement prononça en la prefence dudit prifonnier.

Lequel jugement fu executé ledit ij^e jour de juillet
mil ccciiij^xx & dix.

Et n'avoit aucuns biens.

Al. Cachemarée.

## GUILLEMIN CHAUVIN.

### 5 juillet 1390.

L'an de grace mil trois cens quatre vins & dix, le
mardi v^e jour de juillet, par davant monf. le prevoft,
lui eftant en jugement fur les quarreaux, prefens maiftres
Jehan Truquam, lieutenant dudit monf. le prevoft; Dreux
d'Ars, auditeur; Denis de Baufmes, advocat; Girart de
La Haye, Ernoul de Villers, Robert de Pacy, Nicolas
Chaon & Gyeffroy Le Goybe, Oudart de Fontenoy &

I            T

Nicolas Bertin, examinateurs du roy noftre fire en fon Chaftellet de Paris; fu attaint & fait venir des prifons dudit Chaftellet Guillemin Chauvin, demourant à Mouftereau-Belay (1), prifonnier detenu oudit Chaftellet, pour ce que l'en dit qu'il a mal prins & emblé certaine quantité de laine en la maifon du maire de Nougent fur Marne, laquelle il a vendue, en la ville de Laigny fur Marne, à un nommé Guillaume Marchant, demourant en ladite ville, la fomme de xvj f. tournois. Lequel prifonnier, fur ce juré aus fains Evangiles de Dieu de dire verité, & auffi de fa vie & gouvernement, cogneut & confeffa par fon ferment qu'il eftoit nez d'icelle ville de Mouftereau-Belay, homme vigneron & de labour, auquel meftier il a gaignié fa vie le mieulx qu'il a peu & fceu, & auffi a frequenté & fuy les gens d'armes comme varlet ès voyages fais par le roy, & ou païs de Flandres; & dift que puis naguaires, en un jour dont il n'eft record, vit l'uys de l'oftel du maire d'icelle ville de Nougent ouvert, ouquel hoftel, par temptacion de l'ennemi, il qui parle, ou milieu de ladite maifon, vit & aperceut un drap linge ouquel avoit laine blanche qui dedens eftoit; & pour ce qu'il ne vit ou aperceut aucune perfonne oudit hoftel, print icellui drap & laine qui dedens eftoit, les emporta avec foy, &, le landemain matin, porta vendre icelle laine en ladite ville de Laigny, laquelle il vendi, audit Guillaume Marchant, la fomme de xvj f. t. Et dift que c'eft le premier meffait ou larrecin qu'il commeift oncques ou feift.

VEUES lefqueles accufacions & confeffions faites par icellui prifonnier, ledit monf. le prevoft demanda aufdiz prefens confeillers leurs advis & oppinions comme il eftoit bon à proceder contre ledit prifonnier. Tous lefquelz, veu l'eftat & perfonne dudit prifonnier, la maniere

(1) Montreuil-Bellay, chef-lieu de canton (Maine-&-Loire).

dudit larrecin par lui fait & commis tapineufement (1) &
à fait appenfé, la pourfuite dudit larrecin, & ce qu'il a fuy
routes de gens d'armes, delibererent & furent d'oppinion
que, pour favoir plus à plain des autres crimes & delis
par lui fais & commis, il feuft mis à queftion. Et ad ce
fu condempné par ledit monf. le prevoft, & en fa prefence.

En enterinant lequel jugement, ledit Guillemin
Chauvin, pour ce que autre chofe ne voult cognoiftre
que dit eft deffus, fu mis à queftion fur le petit trefteau,
&, en après, fur le grant trefteau; & ainfi comme l'en
lui ot donné un petit d'eaue, requift inftaument que hors
d'icelle queftion il feuft mis, & il diroit verité de plufieurs larrecins par lui fais & commis. Si fu mis hors
d'icelle queftion, mené choffer en la cuifine en la maniere acouftumée, &, en après ce, ramené fur lefdiz
quarreaux en jugement par devant les deffus diz prefens
confeillers.

Hors de laquelle queftion, & fans aucune force ou
contrainte, icellui prifonnier, fur ce juré aus fains Evangiles de Dieu, cogneut & afferma par ferement, oultre
& par deffus la confeffion cy-deffus efcripte, par lui faite,
que deux ans & demi a ou environ, autrement du temps
n'eft record, en foy venant du païs d'Angers à Paris, fe
logea en la ville de Noftre Dame de Clery, à deux lieues
de la ville d'Orliens, &, par l'oftefle où il eftoit herber-
giez, fu mis couchier avec un autre homme qui eftoit
couchié oudit hoftel, auquel homme, de nuit, il qui
depofe print en fa taffe, qu'il avoit muffée foubz le che-
velz de fon lit, la fomme de 1 f. en blans de viij d. par
piece, &, le landemain matin, fe parti dudit hoftel le

_____

(1) En tapinois.

premier, fans le fceu de cellui homme auquel il avoit mal prins & emblé iceulx 1 f.

Cogneut oultre, que, quatre ans a ou environ, lui & un compaignon nommé Jehannin Oudin, d'Orliens, ne fcet de quel meftier il eftoit, eftans logiez en la ville de Dour-dan, en la compaignie d'un leur maiftre, marchant de pourceaux, & auquel ilz, comme fes varlés, avoient gardez plufieurs pourceaux ès forez d'environ la ville d'Orliens, Eftamptes ou païs d'environ, fachans que leur-dit maiftre avoit, en un certain jour dont il n'eft record, receu très-grant quantité de finance, après plufieurs pa-roles & traitez par entre eulz fais enfamble, & eulx eftans couchiez en la chambre de leurdit maiftre, en un petit lit affez prez de celui où ilz eftoient couchiez, fe leverent de nuit, prindrent la taffe de leurdit maiftre, qu'il avoit muffée foubz le chevez de fon lit, en laquelle taffe eulx, d'um commun affentement, mal prindrent & emblerent en or la fomme de lx frans; lefquelz, par eulx ainfi prins, ilz, fans le fceu ou congié de leurdit maiftre, ne auffi qu'ilz fe apperceuft qu'il feuft defrobé par la maniere que dit eft, fe leverent le landemain des premiers de la-dite chambre, &, eulx partis loings d'icelle ville, fu par ledit Jehannin, fon compaignon, baillé dudit argent ou or à lui qui parle, pour fa part & porcion, la fomme de vint-cinq frans, lefquelz il appliqua à fon feul & fingulier prouffit; & d'ilec fe partirent, lui & ledit Jehannin, & oncques puis ne virent ou compaignerent li uns l'autre, ne auffi ne vit, il qui parle, fondit maiftre.

Item, cogneut, ledit Guillemin, prifonnier, que à la foire Saint-Andrieu derrenierement paffée, lui eftant à Neauffle-le-Chaftel, il & Martin Duremort, de la ville d'Eftrepigny, lequel, pour fes demerites, a, puis ledit temps, efté executé pour fes demerites à Montfort-l'Amaury, à un foir, de nuit, en l'oftel Thomas du Buiffon, mal prindrent & emblerent une piece de drap pers de la façon de Beauvaiz, contenant xij aulnes, une autre piece dudit drap contenant x aulnes, & une autre piece de blanchet contenant iiij aulnes, qui font en fomme xxvj aulnes de drap (1), lequel drap ilz emporterent en la ville de Saint-Germain en Laye, & illec par moittié le departirent enfamble, laquelle moitié appartenant à lui qui parle il apporta en la ville de Talevende, pour vendre (2), laquele il vendi, à un marchant qui s'en aloit ou païs de Normendie, la fomme de xij frans d'or. Et dift, fur ce requis, que oncques plus ne fift de larrecins. Si fu fait traire erriere & appart fur lefdiz quarreaux.

Après lefqueles chofes ainfi faites, ledit monf. le prevoft demanda aufdiz prefens confeillers leurs advis & oppinions qu'il eftoit bon de faire dudit prifonnier. Tous lefquelz, attendu l'eftat dudit prifonnier, les larrecins par lui fais & commis, & reiterés par plufieurs & diverfes fois, avec la traïfon & fauffeté par lui commife contre fondit maiftre, & la valeur defdiz larrecins, delibererent & furent d'oppinion que l'en ne le povoit efpargnier qu'il ne feuft executez comme un très-fort larron. Veu lequel procès & confeffions faites par ledit prifonnier, avec les oppinions defdiz confeillers, icellui Guillemin, prifonnier, fu par ledit monf. le prevoft, & en fa prefence, condampné à eftre pendu comme larron.

Lequel jugement fu executé ledit mardi v<sup>e</sup> jour de juillet mil ccc iiij<sup>xx</sup> & dix.

Et n'avoit aucuns biens.

AL. CACHEMARÉE.

---

(1) Le manufcrit porte xxxvj, fans doute par erreur.
(2) Talevende-le-Grand ou Talevende-le-Petit, arrondiffement de Vire (Calvados).

# ERNOUL DE LATES.

## 6 juillet 1390.

L'AN DE GRACE MIL trois cens quatre vins & dix, le
mercredi vj<sup>e</sup> jour de juillet, par davant monf. le prevoſt, lui eſtant en jugement ſur les quarreaux, prefens
maiſtres Jehan Truquam, lieutenant dudit monf. le prevoſt; Martin Double, advocat du roy; Oudart de Fontenoy, Jehan Soudant, Nicolas Bertin, Gieffroy Le
Goybe, Dreux d'Ars, auditeur; Andrieu Le Preux, procureur du roy; Girart de La Haye, Robert de Pacy &
Robert de Tuilliere, examinateurs de par le roy noſtre
fire ou Chaſtellet de Paris; fu attaint & fait venir des
priſons dudit Chaſtellet Ernoul de Lates, priſonnier detenu oudit Chaſtellet, pour fouſpeçon d'avoir mal prins
& emblé à Jehan Petit, oblyer, demourant à Saint-Denis
en France, deux taſſes d'argent.

LEQUEL priſonnier, juré aus ſains Evangiles de Dieu
de dire verité ſur ce que dit eſt, & de ſa vie et gouvernement, cogneut & confeſſa par ſon ſerement qu'il eſt nez
de la ville de Bruicelles, homme qui, tout le cours de
ſa vie, a uſé du meſtier de boulengierie, & qu'il eſt clert,
en habit & poſſeſſion de tonſure, non tenu de reſpondre
par davant ledit monf. de l'accuſacion deſſus dite, & diſt
que par l'eveſque de Picardie que l'en dit de Beauvaiz (1)
lui fu jà pieçà donné couronne en la ville de Bruicelles,
en la grant egliſe, lui fiſt dire le vers de *Dominus pars*,
lui donna une buffve, & le fiſt lier la teſte d'un bendeau
de toille. Requis s'il ſcet lire ou cognoiſtre lettre aucune,

---

(1) L'accuſé veut ſans doute déſigner Milon II de Dormans, évêque de
Beauvais du 6 août 1376 au 17 août 1387, ou Guillaume III de Vienne,
qui occupa le même ſiége du mois de ſeptembre 1387 au 26 février 1389.
(Voy. *Gall. Chriſt.*, t. IX, col. 754-755.)

& fe de ladite tonfure il ot lettre, & qui eftoit prefent, dit par fon ferement que oncques il n'en ot lettre, ne ne faroit par qui prouver, & auffi ne cognoift lettre quelconques. Et après plufieurs variacions & propos par lui faiz & cogneuz fur la maniere de fadite tonfure, & quant il la print premierement, cognent & confeffa, fans aucune force ou contrainte, que, quelques variacions ou denegacions que faites euft, verité eft tele qui enfuit : c'eft affavoir, que pour ce que famedi darrenierement paffé ot xv jours ou environ, que ledit Jehan Petit, en l'oftel duquel il avoit demouré par l'efpace de iij mois ou environ, en ladite ville de Saint-Denis, le trouva en la cité de Paris, en la rue de la Viez-Peleterie, & lui dift & requift que lefdiz deux hannaps d'argent par lui perdus, & prins par icellui prifonnier en fon hoftel, fi comme l'en lui avoit dit, il li voulfift rendre & reftituer; & qu'il ot doubte de fondit maiftre qu'il ne feift pugnir par juftice, & afin d'efchever la juridicion temporelle, fe parti haftivement & print congié de fondit maiftre, s'en ala feul fur un barbier demourant devant l'Oftel-Dieu de Paris, par lequel barbier il qui parle, lors & premierement, fift faire de nouvel fa tonfure; ne onques mais jour de fa vie, paravant ce que dit eft, n'avoit porté ou eu fur fa tefte figne de tonfure quelconques.

Oye laquele confeffion faite par icellui prifonnier, ledit monf. le prevoft demanda aufdiz prefens confeillers leurs advis & oppinions que bon eftoit faire dudit prifonnier, & s'il devoit jouir de previlege de clert. Tous lefquelz delibererent & furent d'oppinion qu'il n'eftoit pas homme qui deubft joïr de previlege de clert, & qu'il avoit abufé & mefufé d'icelle tonfure, & qu'il devoit eftre rez tout jus comme homme lay. Et ainfi fu jugié & condempné ledit prifonnier, & en fa prefence, par ledit monf. le prevoft; & ledit jugement, d'eftre rez tout jus,

enteriné, executé & acompli aſſez touſ. après ledit jugement, & oudit jour d'uy.

LE JEUDI enſuïant, vij<sup>e</sup> jour dudit moiz, l'an deſſus
dit, ledit monſ. le prevoſt eſtant en jugement ſur les
quarreaux, preſens maiſtres Jehan Truquam, lieutenant
dudit monſ. le prevoſt; Dreux d'Ars, auditeur; Andrieu
Le Freux, procureur du roy; Girart de La Haye, Robert
de Pacy & Robert de Tuillieres, examinateurs du roy
noſtre ſire en Chaſtellet; vint & fu preſent honorable
homme & ſage maiſtre Jehan de Ceſſieres, nottaire du
roy noſtredit ſeigneur & greffier criminel de ſon parlement, lequel expoſa de bouche à mondit ſeigneur le prevoſt, comme par [monſ. l'eveſque de Paris avoit eſté
preſentée à] la court & [à] meſſeigneurs de parlement,
une ſuplicacion contenant en effect que ledit monſ. le
prevoſt detenoit priſonnier ledit Ernoulet de Lates, lequel il lui avoit fait requerre par pluſieurs fois, comme
ſon clert non marié, prins en habit & poſſeſſion de tonſure; que depuis la repeticion faite par lui ou ſes promoteurs dudit clert, icellui monſ. le prevoſt ne l'avoit
voulu ne ne vouloit rendre à lui ou ſeſdiz promoteurs;
& pour ce vouloit que par ledit monſ. le prevoſt lui feuſt
dite la cauſe pour laquelle fait avoit ce que dit eſt, ou
qu'il veniſt par devers meſdiz ſeigneurs la dire & expo-
ſer de bouche.

APRÈS leſqueles choſes ainſi faites, ledit monſ. le prevoſt, en la preſence dudit maiſtre Jehan de Ceſſieres, &
auſſi deſdiz preſens conſeillers, manda & fiſt venir ledit
Ernoulet de Lates, priſonnier, lequel, après ce qu'il ot
juré aus ſains Evangiles de Dieu, & par la foy & ſerement de ſon corps, dire verité de la maniere comme
premierement prins avoit le ſigne de tonſure, cogneut &
confeſſa, ſans aucune force ou contrainte, & perſevera

en la confeſſion cy-deſſus eſcripte, par lui faite; & oultre, cogneut que, puis trois ſepmaines a ou environ, il eſtant en l'oſtel dudit Jehan Petit, à Saint-Denis, environ heure de diſner, que ledit Jehan Petit, ſon maiſtre, eſtoit alez diſner en ville, entra en une chambre de ſondit maiſtre, en laquelle, par temptacion de l'ennemy, il print deux taſſes d'argent qui eſtoient en une ailmaille en ladite chambre, leſqueles il porta en un jardin eſtant derriere l'oſtel dudit Jehan Petit, & illec les muça au bout d'une haye, ouquel lieu elles furent environ iiij jours; &, ce fait, ſe parti du ſervice de ſondit maiſtre, print icelles deux taſſes d'argent, les apporta à Paris, & icelles depeça en pluſieurs piecces, & en vendi l'once x ſous, à pluſieurs merciers portans tabletes parmi la ville de Paris. N'eſt record des noms d'iceux ne auſſi de leurs demeures.

Lesquelles confeſſions faites par icellui Ernoulet, priſonnier, ouyes, ledit maiſtre Jehan de Ceſſieres diſt que ce que il avoit ouy cognoiſtre audit priſonnier il reporteroit & diroit de bouche à meſdiz ſeigneurs de parlement, afin qu'ilz en ordonnaſſent comme il verroient que bon feroit à faire.

Et assez toſt après les choſes deſſus dites, vint ſur leſdiz quarreaux du Chaſtellet ledit maiſtre Jehan de Ceſ-fieres, lequel, en la preſence dudit monſ. le prevoſt, de maiſtres Jehan Truquam, lieutenant dudit monſ. le pre-voſt; Dreux d'Ars, auditeur; Jehan de Tuillieres, Girart de La Haye, Jehan de Bar, Nicolas Bertin, Robert de Pacy, Robert de Tuillieres & Gieffroy Le Goybe, exa-minateurs; rapporta & diſt que, du comandement de bouche à lui fait par meſdiz ſeigneurs de parlement, & ouy le rapport par lui fait de ſa confeſſion faite par icel-lui priſonnier, meſdiz ſeigneurs de parlement, tout con-ſideré & veu, avoient, & ont dit & ordonné que par ledit monſ. le prevoſt ſoit procedé à l'encontre dudit prisonnier, à ſon abſolucion ou condempnacion, ainſi qu'il ſera à faire de raiſon, nonobſtant la repeticion faite par le promoteur dudit monſ. l'eveſque pour avoir ledit prisonnier.

CE FAIT, ledit monſ. le prevoſt demanda auſdiz prefens conſeillers leurs advis & oppinions comme l'en avoit à proceder contre ledit prisonnier. Touz leſquelz, veu la confeſſion dudit prisonnier, avec les denegacions par lui faites ſur la maniere de ſavoir où il avoit prins les plas & eſcuelles d'eſtain trouvées en ſa chambre, & un couſteau ployé aus plas & eſcueles, les noms de ceulx à qui ſaing ou merq ilz avoyent eſté & eſtoient ſignez, qui avoyent eſté ratiſſiez & effaciez, afin que l'en ne les cogneuſt, delibererent & furent d'oppinion que il feuſt mis à queſtion. A quoy ledit monſ. le prevoſt le condempna en la preſence dudit prisonnier.

EN ENTERINANT lequel jugement, ledit Ernoulet, prisonnier fu mis à queſtion ſur le petit & le grant treſteau, & requiſt inſtaument que hors d'icelle l'en le meiſt, & il diroit verité des meffais, crimes & deliz par lui fais, dont il en y avoit pluſieurs. Si fu mis hors d'icelle queſtion, mené choffer en la cuiſine en la maniere acouſtumée, &, en après, ramené en jugement ſur leſdiz quarreaux en la preſence deſdiz conſeillers.

HORS de laquelle queſtion, & ſans aucune force ou contrainte, icellui Ernoulet, prisonnier, cogneut & confeſſa, oultre & par-deſſus la confeſſion cy-deſſus eſcripte, que, demi-an a ou environ, il, pour lors demourant en la Cité de Paris, en l'oſtel Margot la paſticiere, auprès des Marmouſés, & que en l'oſtel Jaquin Jobon, boulengier, demourant illuec près, il fu appellé pour boire, &,

après ce qu'il ot beu oudit hoftel, & alé & venu en icellui, il print un gobelet d'argent qui eftoit fur une table
emmi l'oftel dudit Jaquin, lequel il depeça en plufieurs
pieces & parties, l'a vendu n'eft record à qui, ne combien.

Cogneut avec ce, que affez touft après ce qu'il ot prins
ledit gobelet d'argent, il mal print en l'oftel dudit Jaquin,
à une fois, deux falieres d'eftain, par lui vendues, & par
deux autres foiz, l'une affez toft après l'autre, deux facs
de toile, qui font en fa chambre, avec un mantel fengle
par lui prins, iiij ans a, en l'oftel dudit Jaquin Jobon,
lequel il porta mucier foubz les piliers du Petit-Pont de
Paris, & que quant il le cuida retrouver là où il avoit
mis, l'en le lui avoit ofté.

Item, cogneut que le grant plat d'eftain, ij efcueles &
une fauffiere d'eftain prins & trouvez en fa chambre, il,
puis la Chandeleur ençà, print & embla en l'oftel de ladite Margot la pafticiere, durant le temps qu'il eftoit fon
varlet.

Item, un autre petit plat & iij efcueles, trouvés en ladite chambre, avoir mal prinfes en l'oftel d'un boulengier demourant vers le foffé Saint-Germain; aufquelz plas
& efcueles, d'un petit couftel ployé qui lui fut mouftré,
& qui avoit efté trouvé en fadite chambre, il cogneuft
avoir effacié & ratiffié les noms de ceulx qui eftoient
efcrips ou fons d'iceulx, afin que n'en ne les cogneuft.

Item, avoir mal prins, en l'oftel du boulengier de la
royne, puis Pafques ençà, deux plas, une efcuele & deux
fauffieres d'eftain, lefquelz il vendi, à un fellier donc il
ne fcet le nom, la fomme de cinq foubz.

Item, cogneut oultre que, puis trois fepmaines ençà,
il mal print & embla, en l'oftel d'um pafticier demourant
en la Coffonnerie, quatre efcuelles d'eftain, par lui vendues n'eft record à qui, ne combien. Et dift, fur ce requis, qu'il ne fe recorde pas qu'il ait fait plus autres
larrecins que ceulx deffus diz par lui cogneuz & confeffez.

VEUES lefqueles confeffions faites par ledit prifonnier Ernoulet, le deffus dit monf. le prevoft demanda aufdiz prefens confeilliers leurs advis & oppinions comment il eftoit bon de proceder à l'encontre dudit prifonnier. Tous lefquelz, veu ce que dit eft, les reiteracions & multitudes de larrecins par lui faiz, cogneuz, commis & perpetrez, & la trayfon faite en l'oftel de fefdiz maiftres & maiftreffes, delibererent & furent d'oppinion qu'il feuft executé comme larron, c'eft affavoir pendu. Oyes lefqueles oppinions, & le procès deffus dit veu, ledit monf. le prevoft condampna ledit Ernoulet, prifonnier, & en fa prefence, à eftre executé & pendu comme larron.

APRÈS lefqueles chofes ainfi faites, vint en jugement fur les quarreaux dudit Chaftellet maiftre Robert Caret, promoteur de monf. l'evefque de Paris, requift inftaument audit monf. le prevoft que ledit Ernoulet, prifonnier, qui avoit efté prins en habit & poffeffion de tonfure, il lui voulfift rendre comme fon clert, ou au moins qu'il voulfift furfeoir de proceder à l'execucion dudit prifonnier jufques ad ce que, ledit monf. l'evefque ou fon confeil ouy en la court de parlement, en feuft autrement ordonné.

LEQUEL monf. le prevoft, ouy la requefte dudit prifonnier, & par le confeil & advis defdis confeilliers, ala incontinent en la court de parlement, par devers meffeigneurs dudit lieu, en fa compaignie ledit promoteur, & auffi maiftre Andrieu Le Preux, procureur du roy; Ernoul de Villers & Robert de Tuillieres, examinateurs oudit Chaftellet, lefquelz, ouys en ladite court, & ledit monf. le prevoft retourné fur lefdis quarreaux du Chaftellet, & en la prefence defdiz confeillers, dit & rapporta que par mefdiz feigneurs de parlement, prefens ledit monf. l'evefque & fon confeil, le procureur general du roy noftre fire audit lieu, & eulx ouys en tout ce qu'ilz ont voulu dire, ont dit, ordonné, deliberé & commandé audit monf. le prevoft, que le jugement deffus dit, par lui donné & fait contre ledit Ernoulet, prifonnier, ou autre tel, comme bon lui femblera, il face & execute comme il verra que à faire fera de raifon, nonobftant ladite repeticion faite par icellui monf. l'evefque ou fon promoteur, dudit Ernoulet, prifonnier.

CE FAIT, ledit monf. le prevoft commanda, & par l'advis & deliberacion defdiz confeilliers, que ledit jugement fait & donné contre le deffus dit Ernoulet, prifonnier, feuft executé.

LEQUEL jugement, affez toft après ce que dit eft, fu executé ledit jeudi vij<sup>e</sup> jour dudit mois de juillet m ccc iiij<sup>xx</sup> & dix.

Et n'avoit aucuns biens.

AL. CACHEMARÉE.

# OLIVIER LE RUFFET ET THEVENIN DE LA ROCHE.

### 3 juillet 1390.

L'AN DE GRACE MIL TROIS cens quatrevins & dix, le dymenche iij<sup>e</sup> jour de juillet, par davant maiftre Jehan Truquam, lieutenant de monf. le prevoft, prefens maiftre Ernoul de Villers & Jehan Soudant, examinateurs de par le roy noftre fire en fon Chaftellet de Paris, furent attains & fait venir en jugement fur les carreaux Olivier Le Ruffet & Thevenin de La Roche, vignerons, demourans a Marly-le-Chaftel, prifonniers detenus oudit Chaftellet, & admené par les meffiers de la porte du

Temple, pour ce qu'ilz les ont trouvez yſans des vignes
garnis de vint & une grappe de vergus; & oultre, pour
la deſobeiſſance par eulx faite auſdis meſſiers. Leſquelz
priſonniers, jurez de dire verité ſur ce que dit eſt, cogneurent & confeſſerent par leurs ſeremens qu'ilz eſtoient
nez du païs de Bretaigne, & que, puis deux ans en ençà,
ilz ſont venuz demourer & ouvrer environ la ville de
Paris, ès villes de Charronne & autres voiſines, & auſſi
ès vignes eſtant environ la ville de Paris, tant à Montmartre que vers la porte du Temple.

Dient avec ce, que les roiſins ſur eulx prins, ilz cueil-
lyrent ès vignes de meſſire Jehan Rigaut, chevalier, eſtans
vers ladite porte du Temple; & que lundi matin derrenierement paſſé, qu'ilz ſe partirent de l'oſtel dudit chevalier pour venir ouvrer eſdites vignes, ledit chevalier
& madame leur dirent que quant ilz leiſſeroient l'ouvrier
à midi, le ſamedi prochain enſüiant, que ilz leur appor-
taſſent du vergus deſdites vignes pour mettre en paſtes(1),
diſans que encore, vers le lieu de leurs demeures, ilz
n'en avoient point d'aſſez gros; & pour ce, eulx recordans
ou jour d'ier deſdites paroles à eulx dites, cueillirent
iceulx roiſins ès vignes dudit chevalier, en entencion de
les lui porter au giſte en ſon hoſtel, quant ilz iroient
querre leurs journées de ſervices fais en ladite ſepmaine,

---

(1) En confitures ou en poudre. On a peine à ſe faire une idée de la
conſommation & des uſages du verjus au moyen âge (voy. *le Ménagier
de Paris*, t. II, p. 249, note 5) : il entroit dans la plupart des mets
comme aſſaiſonnement (*id., ibid.*, p. 96-277); il étoit employé même à
détacher les étoffes & à beaucoup d'autres uſages (*id., ibid.*, p. 66-251).
On trouvera dans *le Ruſtican*, traduit de Pierre de Creſcens par *J. Cor-
bechon*, une recette pour la conſervation du verjus, ſoit en poudre, ſoit
liquide (Bibl. imp., Mss fr., 7473, fol. 71 v° & 72 r°). Il devoit être
gardé dans des fûts comme le vin, & il étoit l'objet des mêmes ſoins
(voy. *le Ménagier de Paris*, t. II, p. 67 & 71). Pour la manière de le
recueillir & de le préparer en boiſſon, voyez encore le même ouvrage,
t. II, p. 229, 232, 249, 250.

fe mirent à chemin pour y aler; mais ilz furent prins &
rencontrez par lefdiz meffiers, & admenez, pour ladite
caufe, prifonniers au Chaftellet.

Dient oultre, par leurs feremens fur ce requis, que
telle eft la verité que dit eft deffus, & non autrement,
& de ce fe rapportent pour ou contre eulx en ce que
ledit chevalier en vouldra dire & depofer par ferement.
Ce fait, fu deliberé par l'oppinion des deffus diz que,
avant que l'en procedaft plus avant à l'encontre defdiz
prifonniers, ledit chevalier feroit envoyé querre d'office
de juftice, à certain jour, pour eftre examiné fur ce que
dit eft en la prefence defdiz prifonniers.

LE LUNDI xj^e jour dudit mois de juillet, l'an deffus dit,
par davant monf. le prevoft, lui eftant en jugement fur
les quarreaux, prefens maiftres Jehan Truquam, lieutenant; Dreux d'Ars, auditeur; Jehan Villequin, advocat
du roy; Miles de Rouvroy, Girart de La Haye, Ernoul
de Villers, Robert de Tuillieres, Robert de Pacy &
Gieffroy Le Goybe, examinateurs, &c.; Jehan Filleul,
lieutenant du receveur de Paris; Jehan Chandelier, procureur en Chaftellet; vint & fu prefent le deffus dit meffire Jehan Rigaut, chevalier, lequel, en la prefence defdiz prifonniers, fur ce juré & par ferement, dit & depofa
qu'il eftoit bien vray que aucune fois il avoit veu lefdiz
prifonniers qui avoient ouvré à lui & en fes vignes; mais
il ne fera jà fceu que par lui, de fon commandement, ne
auffi de fa femme, ilz ayent prins ou cueilly le vergus
dont mencion eft faite cy-deffus; &, qui plus eft, durant
toute icelle fepmaine, il qui depofe ne vit iceulx prifonniers, ne ne les alloua pour ouvrer en fefdites vignes;
mais eft vray que les vignes qu'il a environ ladite porte
du Temple, il a alloués à faire en tache à un homme
demourant près ladite porte, d'un nom duquel il n'eft
record, qui lui a dift que, en ladite fepmaine, iceulx

prisonniers ont ouvré à ses despens & journées ès vignes de lui qui parle ; & est la verité tele comme dit est dessus, & nom autrement. Toutesvoies dist, il qui parle, que par occasion dudit vergus prins par iceulx prisonniers en sesdites vignes, il ne leur demande riens, mais se tient pour content de eulx.

Après lesqueles choses ainsi faites, ledit monsf. le prevost demanda ausdis presens conseillers [leurs advis] & oppinions comment il estoit bon & expedient de proceder contre iceulx prisonniers. Tous lesquelz, veu l'accusacion dessus ditte & denegacion faite par iceulx prisonniers, avec la confession ou deposicion dudit chevalier, les ordonnances & estatus anciens fait sur la pugnicion de ceulx qui sont trouvez delinquans ès cas & matiere dessus dit, le cry & edit solempnel sur ce fait & crié publiquement (1), qui est & doit estre chose notaire à tous, attendu l'estat & personnes d'iceux prisonniers, qui d'aucune chose ne pourroyent satiffaire partie, pour la pouvreté d'iceulx, delibererent & furent d'oppinion que

---

(1) Sans parler des ordonnances rendues, au Louvre, le 1er octobre 1372, & à Paris, au mois de juillet 1383, dans le but de protéger la culture & la conservation des vignes chargées de leurs fruits (*Ordonn. des rois de Fr.*, t. V, p. 529, & t. VI, p. 27), il est à remarquer que les prévôts de Paris, d'accord avec les rois de France, semblent s'être préoccupés de la nécessité de régler le commerce de verjus & de raisin, & d'empêcher les marchands de dépouiller les vignes. A cet effet, les vendeurs devoient apporter un certificat du seigneur haut justicier constatant l'origine de leurs denrées. Le plus ancien réglement que j'aie trouvé sur le verjus est une ordonnance publiée au nom du roi & du prévôt de Paris, le 21 juillet 1394. Le 1er juillet 1402, G. de Tignonville, prévôt de Paris, défendit d'entrer dans les marais & *jardinages* près Paris, & d'y cueillir des fruits, des légumes & du verjus. Enfin, une ordonnance royale du 16 juillet 1404, renouvelant les prohibitions antérieures, interdit formellement la vente à Paris du verjus & du raisin qui ne seroit point accompagné d'une attestation d'origine. (De La Mare, *Tr. de la Police*, t. III, p. 350 & 351, & *Le Livre rouge vieil*, Bibl. imp., cartul., 8, fol. 61 r° & v°, 97 r°, 199 r° & 222 r°.)

iceulx prifonniers & chafcun d'eulx feuffent condampnez à eftre menez en une charrete depuis le Chaftellet jufques au pilory, ès hales, en un jour de famedi, ayans environ leurs teftes chappeaux de vigne, & plufieurs grappes de vergus pendus à icellui chappel, &, avec ce, que en ceft eftat ilz feuffent tournez ou pillory, &, en après, ramenez oudit Chaftellet, &, partant, mis hors de prifon. Veu lequel procès & oppinion defdiz confeillers, ledit monf. le prevoft condampna iceulx prifonniers à eftre menez & tournez oudit pillory, par la maniere que dit eft, & en la prefence d'iceulx prifonniers.

LEQUEL jugement fu executé le famedi xvj<sup>e</sup> jour de juillet m ccc iiij<sup>xx</sup> & dix.

AL. CACHEMARÉE.

## GILETE LA LARGE.

### 27 avril 1390.

L'AN DE GRACE MIL TROIS cens quatrevins & dix, le mercredi xxvij<sup>e</sup> jour d'avril, en jugement fur les quarreaux, par davant monf. le prevoft, prefens maiftres Jehan Truquam, lieutenant; Dreux d'Ars, auditeur; Andrieu Le Preux, procureur du roy; Jaquet du Bois, advocat; Miles de Rouvroy, Jehan de Bar, Jehan de Tuillieres, Girart de La Haye, Ernoul de Villers, Nicolas Bertin & Gieffroy Le Goybe, examinateurs du roy noftre fire oudit Chaftellet de Paris; fu attaint & fait venir en jugement Gilete La Large, prifonniere detenue oudit Chaftellet, à la requefte de Jehan de Maalmes, fon maiftre, demourant aus Coquelez, en la Savonnerie, pour foufpeçon d'avoir mal prins & emblé en fon hoftel, lui eftant alez en pelerinage à Noftre-Dame de Montfort, trois cueilliers d'argent, trois ou quatre verges ou aneaux

I                        V

d'argent, un anel d'or à iiij pelles, cinq pefnes de table ouvrez de lin, & environ xxviij fous en argent comptant, toutes icelles choffes prinfes ou coffre dudit de Malmes, eftant en fa chambre. Laquelle prifonniere, fur ce jurée & par ferement de dire verité, & auffi de fon eftat & gouvernement, cogneut & confeffa eftre née de la ville de Rouen, en laquele elle a demoré tout le temps de fa vie, ouvré de carder & filer laine & lin, fans aucune autre chofe quelconques, juques environ Noël derrenie-rement paffé que elle vint demourer en la ville de Paris, en laquelle elle a demouré puis eu un lieu & en l'autre, jufques environ l'entrée de Quareifme derrenierement, que elle fe mift à fervir ledit de Maalmes, avec lequel elle a continuelment demouré jufques à prefent, que fon-dit maiftre l'a fait emprifonner, ne fcet la caufe, finon celle accufacion deffus dite, dont elle eft pure & inno-cent; & ne fe veult aucunement de ce rapporter audit de Malmes ou autre perfonne quelconques.

JEHAN de Maalmes, deffus nommé, juré, en la pre-fence de ladite Gilete, dit & afferma par ferement que des biens deffus diz à lui emblez, ladite prifonniere lui a rendu deux aneaux d'or chafcun à quatre pelles, avec une cuillier d'argent; lui a auffi, icelle prifonniere, co-gneu que defdiz xxviij f. d'argent elle a acheté une cofte hardie de drap marbré fengle à ufage de femme, laquelle cofte eft encore en fon hoftel, par devers lui qui parle, & en fa garde.

LAQUELE prifonniere, interroguée de rechief & par ferement fur lefdiz aneaux & cuillier d'argent, & auffi fur lefdiz xxviij f. par lui cogneues avoir rendues audit de Maalmes, fon maiftre, nye plainement & abfolument icelles chofes par lui avoir prinfes ou reftituées audit de Malmes, fon maiftre.

Veues lefqueles accufacions, denegacions & tefmoi-
gnage dudit de Malmes, qui eft homme d'onneur & d'eftat,
la perfonne d'icelle prifonniere, lefdiz confeillers delibererent & furent d'oppinion que pour favoir par fa bouche
la verité des chofes deffus dites, elle feuft mife à queftion. Ouyes lefqueles oppinions & veu ledit procès,
icelle femme fu condempnée ad ce par ledit monf. le
prevoft.

En enterinant lequel jugement, pour ce que elle ne
voult autre chofe confeffer que dit eft, fu mife à queftion
fur le petit & le grant trefteau; & ainfi comme l'en ot
mis un petit d'eaue fur elle, requift que d'icelle queftion
l'en le meift hors, & elle diroit verité. Si fu mife hors
d'icelle queftion, mené choffer en la cuifine en la maniere
acouftumée, &, en après ce, ramenée fur lefdiz quarreaux;
& illec, en la prefence des deffus diz, hors d'icelle gehine
& queftion, fans aucune force ou contrainte, cogneut &
confeffa que, jeudi derrenierement paffé ot viij jours,
ainfi comme fefdiz maiftre & maiftrefce eftoient en pelerinage à Noftre-Dame de Montfort, à un matin, & que
elle faifoit les lis dudit hoftel, trouva d'aventure un
coffre ouvert, ouquel elle print les trois cueillers d'argent, trois aneaux d'or & les xviij fols par. deffus diz;
defqueles cuilliers elle en a rendue une à fondit maiftre;
les deux autres cuilliers font ou feurre de fon lit, au
droit fon chevct, au lez deftre, & deux d'iceulx aneaux
d'or appelles (1) auffi rendues à leurdit maiftre, un d'iceulx
vendu fur Grant-Pont, à Thomas Prevoft orfevre, la
fomme de xx fols. Cogneut auffi que defdiz xxviij f. elle
acheta ladite cofte hardie de marbré. Et autre chofe ne
vuelt confeffer. Si fu ramené en la prifon de laquele elle
avoit efté admenée.

---

(1) Sic, pour à pelles, c'eft-à-dire à perles.

Le jeudi vij<sup>e</sup> jour de juillet enfuivant, l'an deffus dit, par davant monf. le prevoft, prefens maiftre Jehan Truquam, lieutenant; Dreux d'Ars, auditeur; Girart de La Haye, Jehan de Bar, Jehan de Tuillieres, Nicolas Bertin, Robert de Tuillieres, Robert de Pacy & Gieffroy Le Goybe, examinateurs, &c.; fu attainte & fait venir en jugement fur lefdiz quarreaux la deffus dite Gilete La Large, prifonniere, qui continua & perfevera ès confeffions cy-deffus efcriptes, par elle faites; & pour ce que elle ne voult dire la verité où elle avoit mifes lefdites ij cuilliers d'argent autrement que dit, & que par ledit de Maalmes, prefens Jaquet Le Picart & Jehan Raimbout, fergens à verge, ot efté dit & affermé, en la prefence d'icelle prifonniere, que le feurre du lit où elle avoit dit que lefdites cuilliers d'argent eftoient, avoit efté ferchié & vifité diligenment, ouquel ilz n'avoient aucune chofe trouvé, par l'avis & oppinions defdiz confeilliers, fu dit & deliberé que de rechief elle feuft mife à queftion, pour en favoir la verité. Si fu faite defpouillier, mife, liée & attachiée à ladite queftion fur le petit & le grant trefteau; & ainfi comme l'en li ot donné & jetté de l'eaue, requift inftaument que hors d'icelle l'en la meift, & elle diroit verité. Et, pour ce, fu defliée d'icelle queftion, mife hors & menée choffer en la maniere acouftumée.

Hors de laquelle queftion, & fans aucune force ou contrainte, icelle Gilete, prifonniere, cogneut & confeffa que l'une des deux cuilliers d'argent par elle prinfes en l'oftel dudit de Maalmes, fon maiftre, elle, pour lors que elle le print, porta icelle vendre fur Grant-Pont, à un orfevre du nom duquel elle ne fe recorde, & d'icellui orfevre ot la fomme de v f. Cogneut avec ce, que en l'oftel de fondit maiftre elle mal print un viel drap linge bien ufé, qui ne valoit pas ij f., lequel elle bailla à Jehenne

du Mefnil, fa commerc, pour faire des drapeaux (1) à fon
enfant.

SAMEDI ix⁹ jour dudit mois de juillet mil ccciiij²² &
dix, par davant monf. le prevoft, lui eftant en jugement
fur les quarreaux, prefens maiftres Guillaume Porel, confeillier du roy noftre fire en fon parlement; Jehan Truquam, lieutenant dudit monf. le prevoft; Andrieu Le
Preux, procureur du roy; Martin Double, advocat du
roy; Dreux d'Ars, auditeur; Oudart de Fontenoy, Jehan
Soudant, Nicolas Bertin & Gieffroy Le Goybe, examinateurs du roy noftre fire en Chaftelle[t] de Paris; fu attainte
& fait venir Gilete La Large, prifonniere, deffus nommée, laquelle, après ce qu'elle ot continué & perfeveré
ès confeffions cy-deffus efcriptes, par elle faites, cogneut
oultre, & par deffus ce que dit eft, les chofes deffus
dites par elle prinfes en l'oftel dudit de Maalmes, fon
maiftre. Ainfi comme elle neftoioit & balyoit la maifon
d'icellui, trouva un efcu d'or de xviij f. par. foubz une
table eftant oudit hoftel, lequel elle bailla à fondit
maiftre.

VEUES lefqueles confeffions & denegacions faites par
ladite prifonniere, ledit monf. le prevoft demanda aufdiz
prefens confeillers leurs oppinions comme il eftoit expedient proceder contre ladite prifonniere. Tous lefquelz,
attendu ce que contre elle l'en n'a aucune informacion
ou accufacion d'aucuns autres cas, & que c'eft le premier
larrecin par elle commis, au moins qui foit venu à cognoiffance dudit monf. le prevoft; ce que ledit larrecin
fut fait, par ladite confeffion, tout à une fois; veu l'aage
& povreté d'icelle prifonniere, & que partie c'eft tenue

---

(1) Des langes. Ce mot fe trouve encore aujourd'hui avec le même fens
dans le *Dictionnaire de l'Académie.*

pour contente; delibererent & furent d'oppinion que elle feuſt menée ou pillory, tournée illec, l'oreille deſtre coppée, &, en après, banye de la ville de Paris & dix lieux environ à tousjours, ſur peine d'eſtre enfouye toute vive. Ouyes leſquelles oppinions & veu ce preſent procès, ledit monſ. le prevoſt le condampna ad ce.

LEQUEL jugement fu executé le famedi xvjᵉ jour de juillet mil cccⁱⁱⁱⁱʲˣˣ & dix.

AL. CACHEMARÉE.

# JEHAN LE PORCHIER, HERMITE.

### 22 juillet 1390.

L'AN DE GRACE MIL trois cens quatrevins & dix, le vendredi xxijᵉ jour de juillet, par davant monſ. le prevoſt, preſens maiſtres Guillaume Porel, conſeillier du roy noſtre ſire en ſon parlement à Paris, & Guillaume Drouart, lieutenant dudit monſ. le prevoſt, eulx eſtans en l'abbaye de Saint-Germain des Prez leiz Paris, vint & fu preſent honorable homme & ſage maiſtre Pierre du Moulin, maiſtre en ars, demourant ou mont Saint-Hilaire de Paris, lequel, après ce qu'il ot fait proteſtacion eſpreſſe, & de ce appellé les deſſus diz preſens à teſmoings, que pour choſe qu'il entendiſt à dire, il ne le faiſoit pour aucun injure, mais pour verité dire, & auſſi qu'il ne tendoit que à fin civile, diſt & afferma pour verité & en ſa conſcience, par ſerment ſur ce par lui fait aus ſains Evangiles de Dieu, qu'il eſt vray que lui & autres ſes compaignons demourant oudit hoſtel & lieu, ainſi comme un pou après heure de tierce, & avoient diſner, emmi la rue, au devant de ſondit hoſtel, il vit & ouy un homme qui ſe fait appeller & nomme Jehan Le Porchier, lequel eſtoit en icelle rue, en habit d'ermite, criant aſſez hauit les paroles qui enſuient : *Au povre Criſt hermite, pour Dieu!* &, en ce faiſant, ce bouta à l'entrée de ſondit hoſtel. Lequel maiſtre Pierre, quant il y vit icellui hermite, lui diſt qu'il entraſt plus avant, pour ce que l'alée d'icelle maiſon eſtoit & eſt longue, & que le varlet eſtoit loings ; & en ce diſant, s'aprocha dudit hermite, lequel lui demanda s'il eſtoit preſtre, & il lui reſpondi que non, jà ſoit ce qu'il feuſt ès ſaintes ordres, comme diacre ; & lors icellui hermite lui diſt à part qu'il, & deux autres hermites en ſa compaignie, eſtoient venuz naguieres à Paris pour vouloir enpoyſonner le roy (1) & monſ. de Touraine, en la compaignie du chevalier qui eſtoit priſonnier au Louvre. Leſqueles paroles ouyes & entendues par icellui maiſtre Pierre, il appella ſes compaignons, qu'il avoit leiſſiez au devant de ladite porte, & leur diſt ce que ledit hermite lui avoit dit ; mès icellui hermite, veant iceulx compaignons enſemble, commença à muer & changier leſdites paroles, diſant qu'il lui avoit diſt qu'il avoit ouy dire que au Louvre avoit un chevalier priſonnier, qui avoit voulu empoiſonner le roy & monſ. de Touraine. Et, ce fait, icellui maiſtre Pierre & ſeſdiz compaignons demanderent audit hermite qu'il avoit bouté en ſa taſſe, qu'il avoit pendue à ſa ſainture, qui eſtoit ſi gros. Liſquelz leur reſpondi que c'eſtoit fil, & non autre choſe, qu'il lui avoit mucé. Mais, nonobſtant icelles reſponſes faites

---

(1) Sous les années 1388 & 1390, la Chronique de Juvénal des Urſins fait mention de deux ermites & d'un religieux venus à Paris pour voir le roi. Un de ces ermites & le religieux furent reçus par Charles VI lui-même ; quant au troiſième, il ſe préſenta à l'hôtel Saint-Paul, & fut immédiatement renvoyé par les membres du conſeil du roi chargés de le recevoir (voy. Deny Godefroy, *Hiſtoire de Charles VI*, p. 66, 71, 83 & 84). On trouve encore, dans les comptes de la prévôté de Paris pour les années 1390 & 1391, les noms de pluſieurs empoiſonneurs de fontaines, &, entre autres, celui d'Étienne de Domachien, ermite. (Sauval, *Antiquités de Paris*, III, 262.)

par icellui hermite audit maiſtre Pierre & ſeſdiz compaignons, ilz ſercherent & garderent en icelle taſſe, en laquelle ilz trouverent une petite boiſte de bois qui dedens
eſtoit, &, ſans la ouvrir, demanderent audit hermite
qu'il avoit dedens icelle boiſte; lequel leur reſpondi qu'il
n'y avoit riens. Après leſqueles reſponſes ainſi faites
par icellui hermite, & pour ce auſſi qu'ilz trouverent en
icelle boiſte pluſieurs feuilles d'erbes, ne ſcevent queles,
& que ilz orent de rechief demandé audit hermite à quoy
faire elles eſtoient bonnes & queles vertu elles avoient,
& qui leur euſt reſpondu que c'eſtoit pour garir fluit de
ventre, ledit maiſtre Pierre, par l'avis de ſeſdiz compaignons, fiſt arreſter ledit hermite, & mettre ou celier de
leur hoſtel, ſoubz une queue wide, là où il l'a leiſſié
juſques ad ce qu'il euſt venu dire ce que dit eſt deſſus
audit monſ. le prevoſt, afin d'en ordonner par lui comme
il verroit que bon ſeroit.

Ouye la depoſicion duquel maiſtre Pierre, ledit monſ.
le prevoſt, par l'advis & oppinion des deſſus diz, envoya
querre ledit hermite par Henriet Le Clerc, ſergent de la
xij^e; lequel hermite venu audit lieu de Saint-Germain
des Prez, & en la preſence des deſſus diz conſeilliers &
dudit hermite, ledit maiſtre Pierre recita ſadite depoſicion deſſus dite eſcripte; &, ce fait, après que icellui
hermite ot juré aus ſains Evangiles de Dieu de dire verité, cogneut & confeſſa par ſerement qu'il eſt nez de la
ville d'Eſtrepigny, homme chartier & de labour, & que,
puis vj ans ençà, a prins l'abit d'ermite par devocion.
Et diſt que, puis Quareiſme prenant derrenierement
paſſé, il ſe parti de ladite ville d'Eſtrepigny, & s'en ala à
Noſtre-Dame de Bouloigne ſur la mer, & depuis en pluſieurs autres pelerinages, juſques à ſamedi derrenierement
paſſé qu'il arriva à Paris; depuis lequel temps, il eſt alez
& venuz parmi Paris, deſpendu ſon argent, quis & ſer-

chié fon pain pour Dieu parmi la ville de Paris, & jufques à aujourd'uy que par aucuns efcoliers il fu prins &
arefté prifonnier, ne fcet la caufe pourquoy.

Et dift que la boifte fur lui trouvée lui fu faite & baillié
par un hermite d'Eftrechy, nommé frere Jehan, & en laquele boifte avoit ix feuilles d'une herbe appellé mateflon,
laquelle herbe eft pour guarir des poux, & fy y avoit une
fueille qui garift de mal d'avertin. Requis queles paroles
il dift audit maiftre Pierre quant il parla aujourd'uy à lui,
& fe de ce qu'il lui dift il fe vuelt rapporter audit maiftre
Pierre, dift qu'il ne s'en rapporte point au dit dudit
maiftre Pierre, & n'eft record qu'il lui dift, finon qu'il
fe recorde bien qu'il leur dift qu'il avoit ouy dire à Ou-
dinet de Rochefort, fergent à verge du Chaftellet, qu'il
avoit un chevalier au Louvre qui eftoit prins pour ce
que il avoit voulu empoifonner le roy; lequel Odinet il
trouva au devant du Chaftellet de Paris, ou jour d'ier
qu'il burent enfamble. Et autre chofe ne voult cognoiftre.

Et, POUR ce, en fa prefence, fu fait venir Richart de
Bules, herbier, demourant devant rue Neuve Noftre-
Dame de Paris, auquel lefdites herbes deffus dites furent mouftrées, & lui commandé que icelles il regardaft
& advifaft bien & deuement, rapportaft la verité de ce
qu'il en trouveroit. Lequel Richart, après ce qu'il ot
icelles veus à grant diligence, rapporta que en la boifte
où lefdites herbes eftoient, il a trouvé vj fueilles d'erbe,
c'eft affavoir : une fueille de *jacia nigra*, & une de plantain
ront, appellé en latin *plantago minor*, & les quatre font de
lafferon, appellé en latin *rofti poterugni* (1); & dit que la

_____

(1) Le *ruftus* ou *rufcus* eft une efpèce de ronce qui croit dans les champs
& dans les haies (voy. *Gloff. medic. Simon. de Jan.*, fol. 240 v° & 242 v°,
Biblioth. imp., lat., 6823, & Suppl. lat., 1319, fol. 176 r°). Il fembleroit cependant que le lafferon eft ce qu'on nomme aujourd'hui le

fueille de *jatria nigra* (1) eft venimeufe, & ès autres il n'y a quelque venin que il qui depofe fache.

CE FAIT, fu ledit hermite, & par le commandement dudit monf. le prevoft, mené prifonnier ou Chaftellet du roy noftre fire, à Paris, par ledit Henriet Le Clert, fergent de la xij<sup>e</sup>.

LE MARDI enfuïant, xxvj<sup>e</sup> jour de juillet, l'an deffus dit, par devant monf. le prevoft, lui eftant en jugement fur les quarreaux, prefens maiftre Guillaume Porel, confeiller du roy noftre fire en fon parlement; Jehan Truquam & Guillaume Drouart, lieutenans dudit monf. le prevoft; Dreux d'Ars, auditeur; Martin Doble, advocat du roy; Jehan de Bar, Miles de Rouvroy, Ernoul de Villers, Jehan Soudant, Robert de Tuillieres, Robert de Pacy, Nicolas Chaon & Gieffroy Le Goybe, examinateurs en Chaftellet; fu mandé & fait venir fur lefdiz quarreaux Robert de Cantelou, efpicier, demourant en la grant rue

---

laiteron. Ce n'eft qu'avec beaucoup de réferve que je propofe encore la pimprenelle, nommée en latin *poterium.*

(1) *Sic,* pour *jacia nigra.* Ce doit être la centaurée jacée, *centaurea nigra,* plante dépourvue de propriétés malfaifantes. Le matefion, dont il a été queftion plus haut, feroit la même plante que cette jacée (Bauhin, *Hift. univ. plantarum, Ebroduni,* 1650, t. III, p. 28). Je ne l'ai trouvée dans aucun des herbiers du moyen âge confervés à la Bibliothèque impériale; mais elle eft repréfentée affez fidèlement fur deux des planches du livre d'Heures d'Anne de Bretagne, publié en ce moment par M. Curmer, p. 66 & 107. C'eft une plante au feuillage étroit & pointu, dont les rameaux font terminés par des fleurs purpurines d'un affez bel effet. On a pu croire qu'elle poffédoit quelques principes malfaifants, parce que les anciens auteurs femblent l'avoir confondue avec l'ellébore, plante aux propriétés vénéneufes, très-connue & très-employée dans l'antiquité. Voy. le *Gloff. medic. Simon. de Janua,* fol. 226 r°, placé à la fuite du traité *de Herbis & Plantis* de *Manfredus de Monte Imperiali,* manufcrit du xiv<sup>e</sup> fiècle, accompagné de bonnes figures coloriées de toutes les plantes décrites; & un manufcrit du ix<sup>e</sup> fiècle, renfermant plufieurs synonymies, fol. 176 r° & 189 r° & v°. Biblioth. impér., lat., 6823, & Suppl. lat., 1319.

Saint-Denis, né de la ville d'Eftrepigny, pour ce que l'en difoit qu'il favoit bien de quel eftat, vie & renommée ledit hermite eftoit; lequel, après ce qu'il ot juré aus fains Evangiles de Dieu dire verité, dift & afferma par ferement qu'il avoit ouy dire oudit païs d'Eftrepigny, & auffi à un qui eft cirurgien du roy noftre fire, que ledit hermite eftoit homme de mauvaife vie & renommée, & foufpeçonné d'eftre larron, & qui avoit mené lonc temps une fille de pechié par pays, & que auffi, puis un an ençà, il eftant prifonnier en la ville de Lonc-Champ, près d'icelle ville d'Eftrepigny, appartenant à monf. de Tanquarville, rompi icelles prifons, & s'en ala là où il lui pleuft, ne oncques puis ne fu veu ou pays.

Lequel hermite, ce fait, fu attaint en jugement fur les quarreaux, &, en la prefence defdiz confeillers, juré & interrogué par ferement de dire verité, cogneut & confeffa que, lonc temps a, il fe acointa d'une fille nommée Marion, pour lors demourant à Vittry, avec laquelle il a continuelment efté, n'eft record combien de temps, laquelle a eu de lui plufieurs enfans.

Dift avec ce, fur ce requis, qu'il eft mariez, & que fa famme va par le pays querant & ferchant aumounes pour Dieu paffez font xiiij ans, & que, puis ledit temps, il a alé & venu par pays, tant à Rome la grant, à Sainte-Katherine du mont Signay (1), oultre mer, que en plufieurs & divers pelerinages. Et dift que puis naguaires, ainfi qu'il queroit les aumofnes en la ville de Lonc-Champ, il fu prins par la juftice dudit lieu, fans autre meffait ou delit, & miz ès prifons dudit feigneur de Tanquarville. Et dift, fur ce requis, que lui eftant efdites prifons, il

---

(1) Le mont Sinaï, ou Sina, en Arabie. Sur le penchant de cette montagne, il exifte encore une églife & un couvent fortifié. Le pic le plus élevé porte aujourd'hui même le nom de Sainte-Catherine.

fu accufé, par la garde de la juftice dudit lieu, de larrecin; defquelles prifons il fe parti par l'uys d'icelles prifons, qu'il rompy avec le fueil deffoubz ledit huys; &,
lui parti defdites prifons, s'en ala en pelerinage à Noftre-
Dame de Bouloigne, ouquel lieu il trouva un hermite qui
fe difoit hermite de Rouffillon, vers Avignon; lefquelz,
après ce qu'ilz orent parlé enfamble, appointerent qu'ilz
cueilleroyent très-grant quantité de certaines herbes que
ledit hermite de Rouffillon mouftra à lui qui parle, &
quant ilz en auroyent grant quantité, ilz vendroient à
Paris, & feroyent de la poudre pour empoifonner le roy
& monf. de Touraine, & auffi que ledit hermite de Rouffillon vendroit à Paris, & là attendroit lui qui parle, &
que lui qui parle yroit par devers l'ermite de Bethinie,
le feroit venir à Paris, & que eulx trois eftans enfamble à Paris, ordonneroyent defdites poudres comme ilz
avoient paravant dit, ordonné & appointé enfamble. Et
dift, fur ce requis, que icellui complot de faire lefdites
poudres & poifons pour enpoifonner le roy & monf. de
Touraine, ilz ont fait par entre eulx, de leur mauvaife
volenté, fans le fceu, requefte, moucion ou ennortement
de perfonne quelconques.

Après lefqueles chofes ainfi faites, cogneues & confeffées par ledit hermite, prifonnier, demandé fu par
ledit monf. le prevoft, aufdiz confeillers prefens, leurs
advis & oppinions comment l'en procederoit contre ledit
hermite. Tous lefquelz, veue ladite accufacion faite
contre ledit hermite, la boifte & herbes dont il fu trouvez faifis, l'eftat d'icellui, les denegacions, confeffions &
variacions faites par icellui hermite, avec le tefmoing
dudit herbier, la matiere qui eftoit grande & pefant, delibererent & furent d'oppinion que pour favoir plus à
plain par fa bouche la vie & eftat dudit hermite, & auffi
defdites herbes & poifons, qu'il feuft mis à queftion.

Ouyes lefqueles oppinions & veu le procès deffus dit, ledit monf. le prevoft condempna icellui hermite à eftre miz à queftion, & en fa prefence.

En enterinant lequel jugement, ledit hermite fu fait defpouillier, mis, lié par les mains à la queftion, & ainfi comme l'en le vouloit eftendre en ladite queftion, requift humblement que hors d'icelle l'en le voulfift mettre, & il diroit verité. Si fu deflié & ramené en jugement fur lefdiz quarreaux. Et hors d'icelle queftion, fans aucune force ou contrainte, cogneut & confeffa par fon ferement que, quatre ans a ou environ, il & Jehan Jourdan, de la ville d'Ableville, & tifferrant de draps, pour lors demourans en ladite ville d'Eftrepigny, ainfi comme eulx venoyent enfemble de la ville de Gournay en Normendie en icelle ville d'Eftrepigny, encontrerent d'aventure, en un boys qui eftoit ou chemin, Jehan Bafin, drapier, demourant à Gifors. Lequel Jourdan, recordant que entre luy & ledit Bafin avoit eu certain defcort de paroles, ainfi comme il avoit ouvré audit Bafin en icelle ville de Gifors, dift à lui qui parle qui le bateroit, &, ce fait, le afalli, bati & navra, & lui qui parle avec lui, & tant que illec ilz le leifferent pour mort. Sur lequel Bafin ilz trouverent trois frans d'or, dont il qui parle ot à fa part xxiiij f. en blans de quart d. par. piece.

Item, cogneut que, xx ans a ou environ, lui qui parle & Jehannin Bailleharche, lors eftans & demourans en la ville d'Eftrepigny, de nuit, prindrent en l'oftel de Jehannin Baillehache, pere dudit Jehannin, un lit, lequel ilz vendirent, en icelle ville d'Eftrepigny, la fomme de xij f., dont il qui parle ot à fa part vj f.

Item, dift que, xviij ans a ou environ, lui & autres compaignons, jufques au nombre de v, dont il n'eft record des noms, de nuyt, prindrent en la court de l'oftel de Jehennete La Bonarde, demourant à Eftrepigny, un fep-

tier de blé, lequel ilz mirent en un fac qu'ilz avoient
porté avec eulx, le vendirent xiiij f., lefquelz ilz burent
enfamble celle dite nuit. Et dift, fur ce requis, que pour
foufpeçon de la mort dudit Jehan Bafin, dont il fu accufé
ou pays, il fe parti dudit pays d'Eftrepigny, &, pour
cefte occafion, il fu prins & emprifonné audit lieu de
Lonc-Champ. Les prifons duquel lieu il a rompues par
la maniere que dit eft.

Item, cogneut que, iiij ans a ou environ, lui qui parle
& Jehannin Botheron, foulon, demourant à Saint-Denis,
eftans logiez aux Maillés, à Saint-Denis en France, prindrent, de nuyt, une cofte hardie à femme de drap pers,
laquele ilz vendirent à un cordouennier demourant en
ladite ville Saint-Denis, à l'enfeigne des Quatre-Finaux,
la fomme de xxiiij f. Et avec eulx, à prendre ladite cofte,
fu Jehannin Vyon, laboureur de bras, demourant à Ville-
Painte.

Item, cogneut que, troys ans a ou environ, après la
Chandeleur, il eftant logiez à l'enfeigne de l'Efpée, en
la ville de Villeblovain (1), & ainfi comme il & plufieurs
autres compaignons foupoyent enfamble, des noms defquelz il n'eft record, ne n'avoit auffi à eulx que pou ou
neant de cognoiffance, vint à eulx un varlet d'icelle ville
de Villeblovain, qui leur dift que le prevoft de ladite
ville de Villeblovain, en l'oftel duquel eftoient logiez un
chevalier ou efcuïer, ne fcet lequel, qui eftoit à troys
chevalx, le avoit mandé afin que ilz convoyaft iceulx
chevalier ou efcuïer, & les conduifift avant jour oultre
les boys qui eftoient entre icelle Villeblouvain & Moi-
reet. Lefquelz le avoyent fait foufper avec eulx, & li
avoyent prié qu'il fe levaft très-bien matin, afin qu'il
peuffent eftre audit lieu de Moret au point du jour, &
qu'il convenoit qu'ilz veniffent au gifte à Paris, pour be-

_____

(1) Villeblevin, arrondiffement de Sens (Yonne).

foigner à une journée qu'ilz avoient en parlement audit landemain. Lefquelz compaignons & lui qui parle eftans à ladite table, & auffi ledit varlet, ouyes ces choffes, diftrent par entre eulx à icellui varlet qui les devoit conduire le chemin qu'il tendroit, & les meneroit, & qu'ilz feroient au devant d'eulx & de lui environ le point du jour. Et affez toft après qu'ilz orent fouppé, fe partirent enfamble jufques au nombre de xij compaignons, la plus grant partie defquelz eftoyent bocherons, & demouroyent en icelle ville, fi comme ilz fe recorde qu'ilz difoient lors à lui qui parle; lefquelz tous enfamble s'en alerent ès bois par où iceulx chevalier & homme de cheval devoyent paffez, & quant ilz furent entrez & alez bien avant efdiz bois, les aucuns d'iceulx xij compaignons, n'eft record lefquelz, pour ce qu'il eftoit nuit & faifoit moult obfcur, prindrent icellui chevalier & efcuïer, le aterrerent à terre de coups qu'il ouy que l'en lui donnoit; & lequel, en ce faifant, difoit, en criant moult haut, ces paroles en fubftance : *Pour Dieu, beaus feigneurs, que me demandez-vous? Prenez ce que j'ay d'argent, & me laiffiez la vie, ou au moins ne tuez pas mon filz qui cy eft avec moi, ne le varlet auffi; car il n'eft pas à moy, & le m'a prefté le bailli de Senz, pour venir avec moy jufques en la ville de Paris.* Mais, nonobftant toutes ces chofes, iceulx iij hommes de cheval furent illec aterrez & leffiez mors en la place; & fe recorde que, il qui parle, que il ne fery oncques aucun d'icelx chevalier ou efcuïer & filz d'icellui, mais il eft bien record que d'un bafton gros qu'il tenoit en fa main, & à quoy il fe appoyoit, il feri le varlet d'iceulx en la tefte, ne fcet quans coups. Et dift que fur ledit chevalier ou efcuïer fu trouvé en or xl fr., dont il ot à fa part iij frans; & les chevaulx fur quoy ilz eftoient montez furent par aucuns defdiz compaignons admenez vendre en la ville de Paris, & illec vendus, dont il qui parle ot depuis à fa part vj frans.

Item, cogneut & confeſſa que, en may derrenierement
paſſé, au retour de la foire de Morigny l'Abbaye, qui eſt
près d'Eſtampes, ot troys ans ou environ, lui qui parle,
acompaigniez de Jehannin Godart, demourant à Dourdan,
tiſſerrant de draps; Colin Guerart, demourant à Chaſtres
ſoubz Montlehery (1), laboureurs de draps; com Verart
des Ermences, près de Ableville, faiſeur de gans; Robinet
Guerout, dit Goulet, près Andeli, & Jehannin Greſillon,
demourant à Liſois, en la foreſt de Lyon; ainſi comme
ilz buvoient en une taverne en la ville d'Eſtrechy, tous
à un eſcot, en l'oſtel du prevoſt d'icelle ville, ſurvindrent
aſſeoir près d'iceulx, pour boire, deux compaignons à
pié, marchans; & en buivant, lui qui parle & ſeſdiz compaignons ouyrent & entendirent que iceulx marchans diſoient li uns à l'autre que ladite foire de Morigny ne leur
avoit riens valu, & que l'un d'eulx n'avoit vendu de ſes
denrées que pour dix frans, & l'autre pour vj fr. Leſqueles paroles ouyes & entendues par eulx, iceulx
vj compaignons delibererent par entre eulx enſamble &
furent d'acort que trois d'iceulx, c'eſt aſſavoir leſdiz Godart, Guerart & Berart, yroient au devant deſdiz deux
marchans, qui devoient paſſer par les bois de Tarſo, &
lui qui parle, & leſdiz Guerout & Greſillon, yroient
après, & que quant ilz auroient attains li uns l'autre,
qu'ilz deſroberoyent iceulx ij marchans. Leſquels vj com-
paignions firent & acomplirent leurdite promeſſe & accort. Mès ſitoſt comme iceulx iij premiers compaignons
virent & aperceurent iceulx ij marchans, ilz les aſſaillie-
rent & tuerent illec; deſquelz marchans ilz prindrent environ xvj frans qui eſtoient ſur eulx, les departirent enſamble, & en ot, il qui parle, à ſa part & porcion, iij fr.
Et diſt, ſur ce requis, que tele eſt la verité que dit eſt &
eſcript cy-deſſus; & pour ce qu'il ne voult autre choſe

(1) Arpajon, arrondiſſement de Corbeil (Seine-&-Oiſe).

cognoiſtre deſdites poiſons & herbes ſur lui trouvées, dont cy-deſſus eſt faite mencion, pour en ſavoir plus à plain la verité, diſt fu & deliberé, par l'advis & oppinion deſdiz conſcilliers deſſus nommez, qu'il feuſt très-bien queſtionnez & fort.

Et, ce fait, pour entretenir & acompiir ledit jugement, fu icellui hermite mis & lié à la queſtion, &, en ce faiſant, diſt & afferma par ſon ſerement que, quelque confeſſion, variacion ou denegacion qu'il euſt cy-deſſus faite, ſur la maniere deſdites poiſons & herbes ſur lui prinſes & trouvées, toutefvoyes il eſtoit vray que ces choſes il avoit dites afin d'eſchever qu'il ne feuſt pendus, mais en entencion que l'en lui coppaſt le coul, afin de ſouffrir mort plus haſtivement; & n'eſtoit riens de choſe qu'il euſt dite touchant ceſte matiere, mais l'avoit dit afin d'alongier ſa vie. Et neantmoins, par l'advis deſdiz conſeillers, fu diſt qu'il feuſt queſtionnez, lequel le fu ſur le petit & le grant treſteau, & tousjours perſevera en ladite denegacion par lui faite pour raiſon deſdites herbes. Et pour ce que autre choſe ne voult confeſſer, fu mis hors d'icelle queſtion, mené choffer en la cuiſine en la maniere acouſtumée; & après ce qu'il ot beu & mengié, choſſé & ſoy refreſchi, fu de rechief ramené en jugement ſur leſdiz quarreaux. Et en la preſence deſdiz conſeilliers, ſans aucune force ou contrainte, continua & perſevera ès confeſſions cy-deſſus eſcriptes, & par lui faites & à lui releues, & diſt & afferma par ſerement icelles eſtre vrayes, & par lui eſté commiſes en la maniere que dit eſt & eſcript cy-deſſus.

Veues leſqueles confeſſions & procès cy-deſſus eſcript, fait par ledit hermite, ledit monſ. le prevoſt demanda auſdiz preſens conſeilliers leurs advis & oppinions comment l'en avoit à proceder contre ledit hermite, priſon

I           X

nier. Tous lefquelz, veu l'eftat & perfonne d'icellui, les
variacions, denegacions & confeffions par lui faites, delibererent & furent d'oppinion qu'il eftoit un très-fort
larron & murdrier, & que, comme tel, il feuft executé,
c'eft affavoir trainé & pendu, fauf lefdiz Tuillieres, Pacy,
Chaon & Goybe, qui furent d'oppinion que, jà foit ce
que ledit hermite, par fadite confeffion, euft bien defervi
à eftre executé comme traitre & murdrier, que l'en fur-
feift de faire icelle execucion jufques au landemain, afin
de favoir fe ledit hermite perfeverroit efdites confeffions
par lui faites. Ouyes lefqueles oppinions & veu ledit procès, ledit monf. le prevoft condampna icellui hermite, &
en fa prefence, pour les caufes deffus dites, par lui cogneues
& confeffés, à eftre trainé & pendu, & en fa prefence.

LEQUEL jugement fu executé ledit mardi xxvje jour de
juillet mil ccciiij xx & dix.
Et n'avoit aucuns biens.

AL. CACHEMARÉE.

❧

# MARGUERITE LA PINELE.

## 25 juin 1390.

L'AN DE GRACE MIL TROIS cens quatrevins & dix, le
famedi xxve jour de juing, par devant maiftre Jehan
Truquam, lieutenant de monf. le prevoft, prefens maiftres
Dreux d'Ars, auditeur; Miles de Rouvroy, Oudart de
Fontenoy, Nicolas Bertin, Robert de Pacy & Gieffroy
Le Goybe, examinateurs de par le roy noftre fire ou
Chaftellet de Paris; fu attainte des prifons dudit Chaftel-
let, & fait venir en jugement fur les quarreaux, Margue-
rite La Pinelle, demourant à Meaulx, prifonniere detenue
oudit Chaftellet, pour ce qu'elle a prins & emblé, de-

dens le mouſtier de Saint-Jehan en Greve, en la bourſe
de Perrin Le Champuiſeur, demourant en la rue Jehan
Le Conte, un anel d'or à une groſſe pierre, lequel anel
fu trouvé en la bource d'icelle Marguerite. Laquelle priſonniere, examinée de dire verité ſur ce que dit eſt, &
de ſes autres fais par elle commis & perpetrez, dit &
afferma par ſerement eſtre née du pays de Meaulx, &
que tout le temps de ſa vie elle a eſté & demouré en la
ville de Paris, & ſervi comme chamberiere, ſans eſtre
reprinſe d'aucun cas villain ou reprouche. Et quant audit
anel que l'en dit eſtre trouvé ſur elle, dit par ſon ſerement qu'il n'en eſt riens, ne jà ne ſera ſceu ou prouvé
contre elle. Requiſe la cauſe pourquoy elle fu priſonniere oudit Chaſtellet au temps que la royne vint nouvelment à Paris, dit que ce fu pour ce que elle fu accu-
ſée d'une bourſe à femme, que l'en diſoit que elle avoit
vendue en la rue de la Viez-Peieterie, à Paris, & que de
ce ladite royne li fiſt grace & pardon, jà ſoit ce que elle
n'en ait aucunes lettres. Requiſe là où elle a prins l'argent & or qui a eſté trouvé en ſa bourſe, dit par ſon
ſerement que un eſcu de Flendres qui eſt en ſadite
bourſe, avec environ deux frans en blans, elle avoit euz
de la penne de la robe que elle qui parle a veſtue, laquele
elle a vendue ladite ſomme. Et diſt que en ſadite bourſe
n'avoit plus d'argent que dit eſt deſſus.

Veues leſqueles accuſacions, denegacions & confeſſions faite par icelle priſonniere, ledit lieutenant demanda
auſdiz preſens conſeilliers leurs advis & oppinions comme
l'en avoit à proceder contre icelle. Tous leſquelz, attendu
l'eſtat & perſonne d'icelle priſonniere, qui eſt femme de
vie diſſolue, les denegacions par elle faites, la valeur dudit anel d'or, priſié par les orfevres & perriers (1) deſſus

(1) Lapidaires, marchands de pierres précieuſes.

le pont à iiij fr. & demi, que autrefois elle avoit esté
reprinfe pour cas de crime, comme par fadite confeffion
appert, que dudit anel elle fu trouvée faifie, & en fa
bourfe, fi comme tefmoignié a efté par ceulx qui prifonniere l'admenerent, ce auffi que eile ne fcet à dire quel
fomme d'argent il avoit en fa bourfe, en laquele fu trouvé
un franc de xvj f., & un efcu de Flendres de xviij f., &
en blans de viij d., iiij d. & xij d. par., la fomme de
iij frans & vj f., que pour en favoir plus à plain par fa
bouche la verité dudit larrecin, & des autres crimes &
delis par elle fais, commis & perpetrez, elle feuft mife à
queftion.

En enfuïant lequel jugement, ladite prifonniere fu de
rechief faite venir en jugement par devant ledit lieutenant
& en la prefence des deffus diz confeilliers, à laquele fu
dit que de ce que dit eft elle deift verité, ou l'en le li
feroit dire, & feroit mife à queftion. Laquele prifonniere,
pour ce que elle ne voult autre chofe cognoiftre que dit
eft deffus, fu mife à queftion fur le petit & le grant trefteau; & requift inftaument que hors d'icelle l'en la meift,
& elle diroit verité. Si fu miffe hors d'icelle queftion,
mené choffer en la cuifine en la maniere acouftumée, &,
en après, ramenée en jugement fur lefdiz quarreaux, par
devant lefdiz lieutenant & commiffaires.

Hors de laquelle queftion, fans aucune force ou contrainte, icelle Marguerite, prifonniere, jurée & par ferement, cogneut & confeffa que, ou jour d'yer, environ
heure de vefpres, elle eftant en l'eglife de monf. Saint-
Jehan en Greve, fe tray près d'un homme qui eftoit en
ladite eglife, & regardoit ies malades qui en icelle eglife
prenoyent congié de monf. faint Jehan, en la taffe duquel homme eile qui parle print ledit anel d'or, & icellui
bouta & muffa en fa bouche.

Cogneut avec ce, que les deux pieces d'or trouvées
en fa bourfe lui furent bailliées par un freppier nommé
Christon, demourant au carrefour Saint-Severin, auquel
elle avoit vendu certaine plante de vigne que elle fouloit
avoir ou terroir de Vittry; & quant à ladite monnoye
blanche, dist par fon ferment que elle l'avoit eu d'un
frepier demourant ès hales, duquel elle ne fcet le nom,
auquel elle avoit vendu la penne de fa cofte hardie que
elle a veftu. Et pour ce que autre chofe que dit eft deffus
ne voult confeffer, elle fu ramenée en la prifon de laquelle
elle avoit efté attainte; &, ce fait, fu commandé à maiftre
Robert de Pacy, examinateur oudit Chaftellet, qu'il fe
tranfportaft par devers ledit Christon, & de ce que a dit
& depofé ladite femme touchant icellui Christon il fceuft
la verité, & raportaft ce qu'il en trouveroit.

Le JEUDI vij<sup>e</sup> jour de juillet l'an deffus dit, par davant
monf. le prevoft, prefens maiftre Jehan Truquam, lieutenant dudit monf. le prevoft; Dreux d'Ars, auditeur;
Girart de La Haye, Jehan de Bar, Jehan de Tuillieres,
Nicolas Bertin, Robert de Pacy & Gieffroy Le Goybe,
examinateurs; fu prefent ledit maiftre Robert de Pacy,
lequel rapporta qu'il avoit parlé au deffus dit Christon,
lequel lui avoit dit que verité eftoit que, demi-an avoit
paffé ou plus, il fe recordoit bien que de ladite Marguerite, prifonniere, & laquelle il lui avoit mouftrée fur les
quarreaux dudit Chaftellet, & d'un homme qui eftoit
avec elle, il avoit d'eulx deux acheté environ demi-quar-
tier de vigne qu'ilz avoyent enfamble pour indivis, affis
ou terrouir d'Ivry, & de ce leur avoit dès lors baillée
l'argent, c'eft affavoir, à ladite prifonniere ij frans en or,
& à l'omme un franc en or & environ xx ou xxiiij f. en
menue monnoye, n'eft record lequel. Et pour ce fu
mandé & fait venir en jugement ladite prifonniere en la
prefence defdiz confeillers, laquele, fur ce interroguée,

cogneut qu'il eſtoit vray ce que ledit commiſſaire & examinateur avoit dit & rapporté; mais elle avoit iceux
ij frans par eſpargne que elle avoit faite, muez eſdites
deux pieces d'or ſur elle trouvées. Oy le rapport duquel
commiſſaire, avec la confeſſion & reſponce de ladite
priſonniere, deliberé fu par leſdiz conſeilliers que elle
feuſt encore miſe à queſtion, pour ſavoir par ſa bouche
de ce la verité plus à plain. Laquelle, ce fait, fu miſe à
queſtion ſur le petit & le grant treſteau, & autre choſe
ne voult cognoiſtre que dit eſt deſſus, mais tousjours
perſevera & continua eſdites confeſſions par elle faites;
&, pour ce, fu miſe hors d'icelle queſtion, menée choſſer
en la cuiſine en la maniere acouſtumée, &, en après,
remiſe en la priſon dont elle avoit eſté attainte.

MARDI, ſecond jour d'aouſt, l'an mil ccciiij$^{xx}$ & dix,
par davant monſ. le prevoſt, preſens maiſtres Guillaume
Porel, conſeiller du roy noſtre ſire en parlement; Aubery
de Troye (1), conſeillier du roy; Jehan Truquam, lieutenant dudit monſ. le prevoſt; Dreux d'Ars, auditeur; Nicolas Bertin, Ernoul de Villers, Jehan Soudant, Robert
de Pacy & Gieffroy Le Goybe, examinateurs; fu attainte
des priſons où elle eſtoit la deſſus dite Marguerite La
Pinele, priſonniere, & fait venir en jugement ſur les
quarreaux, laquelle, ſans aucune force ou contraintre,
continua & perſevera ès confeſſions cy-deſſus eſcriptes,
à li leus mot après autre, diſant & affermant par ſerement
icelles avoir faites, cogneues & confeſſées par la fourme
& maniere que deſſus ſont eſcriptes, & auſſi icelles eſtre
vrayes. Et, ce fait, fu ladite priſonniere faite traite
arriere ſur leſdiz quarreaux, & par ledit monſ. le prevoſt

---

(1) *Sic*, pour de Trie. On le trouve déſigné comme réformateur ès
bailliages de Meaux & de Melun, dans les regiſtres du parlement, *Conſeil & plaid.*, VIII, fol. 325 r°, Arch. de l'Emp., X, 1475.

demandé aufdis prefens confeilliers leurs advis & oppinions qu'il eftoit bon eftre fait d'icelle prifonniere. Tous
lefquelz, veu l'eftat & perfonne d'icelle prifonniere,
les denegacions & confeffions par elle faites, cy-deffus
efcriptes, & que autrefois elle a efté accufée & reprinfe
de larrecin, attendu auffi la valeur du larrecin dudit anel
d'or, le lieu là où elle le print & la maniere comment,
delibererent & furent d'oppinion que elle eftoit une forte
larreneffe, & que, comme telle, elle feuft executée, c'eft
affavoir enfouye toute vive. Ouyes lefqueles oppinions
& veu ledit procès, ledit monf. le prevoft condempna
icelle Marguerite à eftre executée pour fes demerites &
enfouye toute vive; [lequel jugement il] prononça en la
prefence de ladite prifonniere.

LEQUEL jugement fu executé le mercredi iij^e jour
d'aouft mccciiij^{xx} & dix.
Et n'avoit aucuns biens.

AL. CACHEMARÉE.

# MARGOT DE LA BARRE, DITE DU COINGNET.

30 juillet 1390.

L'AN DE GRACE MIL CCC quatrevins & dix, le famedi
xxx^e jour de jullet, par davant monfeigneur le prevoft, prefens maiftre Jehan Truquam, lieutenant dudit
monf. le prevoft; Dreux d'Ars, auditeur; Martin Double,
advocat du roy; Jehan de Tuillieres, Jehan de Bar, Robert Petit-Clerc, Miles de Rouvroy, Ernoul de Villers
& Robert de Tuillieres, examinateurs du roy noftre fire
en fon Chaftellet de Paris; fu attainte & faite venir en
jugement fur lefdiz quarreaux Margot de La Barre, dite
du Coignet, prifonniere detenue oudit Chaftellet, pour

X 4

foufpeçon que elle ne foit faifante & confentant des
enforcelemens ou poifons faites & données à Hainffelin
Planiete & Agnefot, fa femme, fille de Jehenne Herberde,
dite la Petite, demeurant en l'oftel du Griffon, ou foffé
Saint-Germain. Laquelle prifonniere, fur ce jurée de dire
verité aus fains Evangiles de Dieu, & auffi de fa vie &
gouvernement, congneut & conffeffa eftre née de la ville
de Beaune en Gaftinoiz, & que d'icelle ville elle fe parti
en fa junefce, paffez font xliiij ans, avec un compaignon
qui le mena tout le temps de fon aage; elle a fait de fon
corps fa volenté, & icellui a abandonné à tous bons compaignons qui d'elle ont volu faire leurs plaifirs & vou-
lentez, tant ès bonnes vfilles du royaume, où elle eft
allée, puis en une ville, puis en l'autre, que aus champs,
où elle a efté affife lonc temps avec les autres filles de
vie & de pechié; & dift que, pour ce qu'il li fu dit &
prié, par aucuns des amis d'une jeune femme nommée
Agnefot, femme dudit Hainffelin, que elle avoit moult
grant mal en fa tefte, & que le fervel de la tefte li cheoit
fur les yeulx, fur le nez & en la bouche, elle recordant
des paroles & bons enfeignemens que fa feue mere li
avoit dittes & enfeignées en fa jeunefce, dift à ceulx
qui la venoient prier & requerre que elle garrifift ladite
Agnefot, que au plaifir de Dieu, & bien brief, elle le
garriroit. Se parti de fondit hoftel oudit jour d'uy, &
print en fondit hoftel des herbes que achetées avoit la
veille de la Saint-Jehan derrenierement paffée, & en paffant
par l'ouftel de monf. de Bourbon, affez près du Louvre,
cueilly un petit d'erbe nouvelle apellée aumofniere (1),
laquelle elle lya & entorteilla environ icellui chappel.

---

(1) C'eft peut-être la plante dite en latin *burfa paftoris* ou *pera paftoris*, ainfi nommée à caufe de la forme des follicules qui contiennent la
graine. Voy. *Georgii Franci Naumburgenfis lexicon vegetabilium ufualium.
Argentorati*, 1672. D'après cette donnée, l'herbe aumofniere feroit la
*capfella burfa paftoris*, du genre *thlafpi*, famille des crucifères.

qui eſtoit fait de vieilles herbes; &, ce fait, vint en
l'oſtel & au lit où icelle Agneſot eſtoit couchiée, laquele,
quant elle l'ot veue & regardée, & adviſé de ſon povoir
la maladie que elle avoit, li diſt les paroles qui enſuient :
*Agneſot, m'amie, je ne vous donnoy point de chappeau à voz
noces, &, pour ce, je vous donray ce chappel-cy que je tiens en
ma main; & vous promectz que il a grant temps que vous ne
portaſtes meilleur chappel pour vouſtre ſanté recouvrer, & eſt
un chappel pour vous deſvouter, ou autre perſonne quelconques
qui ſeroit envoulté.* Et en ce diſant, print icellui chappel,
lequel elle miſt & aſſiſt ſur les coiffe & envelope de la
teſte d'icelle Agneſot, &, en le metant ſur icelle teſte,
diſt iij fois la patrenoſtre & iij fois l'*Ave Maria*, & ſeignoit
icellui chappel de ſa main, en faiſant croix par-deſſus ou
nom du Pere, ou nom du Fil & du Saint-Eſperit; [& diſt]
les mos qui enſuivent : *Deux te ont ſené, & trois te deſſe-
nent, ou nom du Pere, du Fil & du Saint-Eſperit.*

Et diſt avec ce, que paravant ledit jour d'uy, & puis
iiij ou v jours a, ledit Hainſſelin ala à elle qui parle & en
ſon hoſtel, li diſt qu'il avoit fievres, & li pria que de ce
elle li voulſiſt donner conſeil & remede; laquelle qui
parle, pour l'afinitié & amour que elle avoit audit Hainſ-
felin, qui avoit pluſieurs fois alé & venu en ſon hoſtel
en la compaignie de Marion L'Eſtalée, qui eſtoit ſon amie
& acointe paravant ce qu'il l'eſpouſaſt, icelle Margot li
diſt que volentiers elle li feroit tout le bien que elle porroit. Et lors print d'icelles herbes aumoſniere & terreſtre,
que elle lya en un petit drapelet blanc, &, en les y lyant,
ſeigna icelles herbes de ſa main, en faiſant croix & diſant
ſa paternoſtre tout au lonc; & auſſi diſoit, en ſeignant
icelles : *Ou nom du Pere, du Fil & du Saint-Eſperit.* Leſqueles herbes, ainſi liées enſamble oudit drapelet, elle
bailla lors audit Hainſſelin, li diſt que il le meiſt en ſa
bourſe, & le gardaſt bien juſques environ xj jours, &
que, dedans ledit temps, il ſe apercevroit bien qu'il gar-

riroit d'icelles fieuvres au plaifir de Dieu. Lequel Hainffelin partant fe parti lors d'elle qui parle, & avec foy
apporta ledit drapelet. Et autre chofe n'en fcet. Requife
fe elle fcet point la maniere comment l'en envoulte aucune perfonne, dit par fon ferment que non.

Dift auffi, fur ce requife, que oncques, à maiftre examinateur de par le roy noftre fire ou Chaftellet de Paris,
elle ne dift que icelle Agnefot, femme dudit Hainffelin,
feuft prinfe, mais elle li dift bien que dedens iij ou
iiij jours après ce que elle li avoit baillié le chappel dont
cy-deffus eft faite mencion, il fe aperceveroyent bien de
la fanté d'icelle Agnefot.

Après lefqueles chofes ainfi faites, ledit monf. le prevoft demanda aufdiz prefens confeilliers leurs advis &
oppinions qu'il eftoit expedient eftre fait de laditte Margot. Tous lefquelz, attendu l'eftat, vie & converfacion
d'icelle, qui avoit efté femme de vie diffolue, la confeffion & denegacion d'icelle Margot, les herbes & drapelez
foufpeçonnez trouvez en l'oftel d'icelle, ce que bonnement, & à vray entendement d'homme, telle perfonne
ne puet favoir defvoulter qu'il ne foit necceffité qu'il
fache la maniere comment l'en envoulte, veue auffi l'informacion faite fur la vie, renommée & eftat d'icelle
prifonniere, les circonftances & dependences du fait &
accufacion deffus dis par ledit maiftre Jehan Soudant,
examinateur, delibererent & furent d'oppinion que, pour
en favoir plus à plain la verité par fa bouche, elle feuft
mife à queftion, & ad ce eftre la condempna ledit monf.
le prevoft, & ainfi le prenonça en la prefence d'icelle
Margot.

En enterinant lequel jugement, pour ce que ladite
Margot ne voult autre chofe cognoiftre que dit eft cy-
deffus, fu faite defpouillier, liée à queftion & miffe fur

le petit & le grant trefteau, & illec ne voult chofe cognoiftre qui li portaft prejudice. Si fu mife hors d'icelle
queftion, menée choffer en la cuifine en la maniere acouftumée, &, en après, remife en la prifon là où elle eftoit
paravant.

## MARION LA DROITURIERE, DITE L'ESTALLÉE.

ITEM, le lundi enfüiant, premier jour d'aouft, l'an mil
ccciiij$^{xx}$ & dix deffus dit, par davant monf. le prevoft,
prefens maiftres Jehan Truquam, lieutenant dudit monf.
le prevoft; Dreux d'Ars, auditeur; Miles de Rouvroy,
Jehan Soudant & Gieffroy Le Goybe, examinateurs de
par le roy noftre fire en fon Chaftellet de Paris; fu faitte
venir & attainte en jugement, & fait venir fur les quarreaux dudit Chaftellet, Marion La Droituriere, ditte
L'Eftallée, prifonniere detenue oudit Chaftellet, pour
foufpeçon que elle ne fcet confentant des enforcelemens fais à iceulx Hainffelin & Agnefot, fa femme; &
auffi que des cheveux qui ont efté trouvez en un coffret
appartenant à icelle Marion, prins en fa chambre par
ledit examinateur, elle n'ait fait iceulx enforcelemens.
Laquele, fur ce interroguée & par ferement, cogneut &
confeffa que elle eft née de la ville de Paris, en laquelle
elle a tousjours demouré, fuy & frequenté la court du
roy, & auffi aucuns autres compaignons, entre lefquelz
elle, puis un an ençà, s'eft acointiée par amours dudit
Hainffelin Planite cy-deffus nommé, auquel elle a eu &
encore a la plus grant amour & affinité que elle ot oncques
à homme qui foit ou monde, ne qui jà fera.

Et dift que verité eft que jà pieça, ainfi comme elle &
fondit ami Ainffelin fe jouoyent enfamble, & qu'il fe
voult partir plus toft de fa compaignie que elle ne vouloit, elle qui parle print le chaperon de fondit ami, &,
en le prenant, print & appoigna partie des cheveux de la

tefte dudit Hainfelin, & de la cornete du chaperon de
fondit ami Hainfelin, que elle tenoit, li demoura partie
en fa main; en laquelle partie, qui eft de cornete vermeille, du chaperon dudit Hainfelin, fon ami, elle en-
volepa iceulx cheveux, lefquelz elle a tousjours, depuis
ledit temps, gardé & encore garde en fcn coffre. Et quant
aus menaces que l'en dift par elle avoir efté faites & dites
d'iceulx Hainfelin & Agnefot, dit par fon ferement qu'il
n'en eft riens, & auffi que elle n'a point cueilly les herbes
environ les foffez du Louvre, donc accufée eft cy-deffus.

Dit avec ce, que quant elle fceuft que fondit ami
Ainffelin eftoit fiancé, elle feuft moult couroucée, & encore eftoit & eft plus grandement que de chofe ou monde
qui li venift à cognoiffance. Et autre chofe ne voult cognoiftre ou confeffer, fors tant que elle fe recorde bien
que alors elle peuft bien dire ces paroles en fubftance :
que avant qu'il feuft un an, fondit ami pourroit bien eftre
courroucié, & que jamais il ne trouveroit femme qui tant
de biens li feift comme elle li avoit fait. Dift auffi & cogneut que la mouffe qui fu trouvée liée en un petit drapelet ou coffre d'icelle Marion, eft mouffe que un efcuïer
du païs d'Engleterre, avec lequel elle fu nagaires en fa
compaignie, li pria que ladite mouffe, pour l'amour de
lui, elle gardaft, & laquelle mouffe il difoit avoir prinfe
auprès d'une fontaine où une vierge avoit efté decolée,
afin que toutes foiz que elle verroit icelle mouffe, qu'il
lui fouvenift de lui. Et ladite Margot, affin auffi que
icellui efcuïer d'Engleterre euft tousjours memoire de
lui, li bailla de fes cheveux à garder. Et autre chofe ne
voult cognoiftre quant alors, & pour ce fu fait traire à
part & remife en la prifon.

Et, POUR ce, par l'advis & deliberacion des deffus diz
confeillers, & auffi de maiftre Pierre de Lefclat, confeiller du roy noftre fire en fon parlement, & maiftre Guil-

laume Porel, confeiller du roy noftre fire oudit lieu; Ernoul de Villers, Nicolas Bertin, examinateur, & Simon Spifame(1), efleu fur le fait des aydes; attendu l'eftat, vie & gouvernement d'icelle Marion, les accufacions contre elle faites, [les chofes] trouvées en fon coffre, fu deliberé que, pour favoir la verité des fais deffus diz, elle feuft mife à queftion. Et ainfi fu jugié & prononcié par ledit monf. le prevoft.

ITEM, par l'advis & deliberacion desdiz confeillers, fu demandé de rechief la deffus dite prifonniere Margot du Coignet, laquelle, pour ce que autre chofe ne voult cognoiftre que dit eft deffus, fu deliberé que de rechief elle feuft mife à queftion pour en favoir la verité. En enterinant lequel appointement, elle fu faite defpouillier & mife à queftion fur le petit & le grant trefteau, & ne voult aucune chofe cognoiftre qui li portaft prejudice; &, pour ce, fu mife hors d'icelle, mené choffer en la

_____

(1) Simon Spifame, déjà défigné en cette qualité dans une inftruction donnée, le 8 mai 1372, par Charles V, à fon gouverneur, pour la confervation de fes droits royaux dans la ville & baronnie de Montpellier, cédées au roi de Navarre, exerça ces mêmes fonctions au moins jufqu'au 21 décembre 1401 (voy. *Ordonn. des rois de Fr.*, t. V, p. 477, & cab. des titres, *Extr. des reg. des audiences du Châtelet*, doffier *Spifame*). Il étoit fils de Barthélemy Spifame, qui, dans deux quittances des 18 février & 31 mars 1355-6, & dans une cédule du 28 février 1360-1, relatant un prêt fait par lui au tréfor royal, prend le titre de marchand de Lucques & bourgeois de Paris (*Catal. des archives de Jourfanvault*, t. I, p. 5, n° 27, & p. 154, n° 895; Douët d'Arcq, *Comptes de l'Argenterie des rois de Fr.*, p. 186 & 200; & *Ordonn. des rois de Fr.*, t. V, p. 301 & 334). C'eft le premier & le plus ancien membre de cette famille, d'origine italienne, qui a tenu un rang diftingué en France aux XVe & XVIe fiècles. On peut citer, parmi les membres les plus connus de cette maifon, Jacques Spifame, évêque de Nevers, qui fe fit proteftant, & eut la tête tranchée à Genève en 1566, & Raoul Spifame, fon frère, auteur de l'ouvrage intitulé : *Dicæarchia Henrici, regis chriftianiffimi, &c.*, ouvrage plein de curieux aperçus fur la réformation de l'État, dont le titre a trompé prefque tous les bibliographes, qui l'ont cru écrit en latin.

cuifine en la maniere acouftumée, & après remife en la prifon dont elle avoit efté attainte.

LE MERCREDI enfuïant, iij° jour dudit mois d'aouft, l'an deffus dit, par davant monf. le prevoft, prefens maiftre Auberi de Trie, confeiller du roy noftre fire; Jehan Truquam, lieutenant dudit monf. le prevoft; Martin Double, advocat du roy; Ernoul de Villers, Nicolas Bertin, Jehan Soudant, Robert de Tuillieres & Robert de Pacy, examinateurs, &c.; fu faite venir en jugement fur lefdiz quarreaux la deffus dite prifonniere Marion L'Eftallée, à laquele par ledit monf. le prevoft fu dit & commandé que, defdites accufacions contre elle dites & propofées, elle deïft verité, ou l'en la li feroit dire par [fa bouche], à force, & feroit mife à queftion. Et ainfi comme comandé fu à Oudin de Rochefort que il meïft icelle à ladite queftion, elle dift que du tort que ledit monf. le prevoft li faifoit, attendu que elle fe dift eftre femme de bonne famme [&] renommée, & que defdites accufacions elle eftoit pure & innocent, elle appeloit en la court de parlement.

CE FAIT, ledit monf. le prevoft envoya par devers meffeigneurs de la court de parlement maiftre Robert de Tuillieres, examinateur, deffus nommé, leur dire qu'il leur pleuft envoyer oudit Chaftellet aucun des feigneurs dudit parlement, pour ouyr les caufes pour lefqueles icelle Marion avoit appellé dudit monf. le prevoft, afin que à fon abfolucion ou condempnacion feuft procedé comme au cas appartendroit.

LESQUELZ mefdiz feigneurs de parlement envoyerent fur les quarreaux dudit Chaftellet honorable homme & fages maiftres Pierre de Lefclat & Guillaume Porel, confeillers du roy noftre fire oudit parlement; & après ce qu'ilz orent ouyes les caufes d'appel propofées & dites

par icelle Marion, & que ilz orent ce dit & raporté à ladite court de parlement, & en après retournez fur lefdiz
quarreaux oudit Chaftellet, dirent & raporterent que par
mefdiz feigneurs avoit efté deliberé & appointié que par
ledit monf. le prevoft feuft procedé à l'encontre d'icelle
Marion ainfi qu'il verroit convenir & à faire feroit de
raifon, nonobftant ladite appellacion par elle faite.

Et, pour ce, fu faite de rechief venir en jugement fur
lefdiz quarreaux ladite Marion L'Eftallée, prifonniere, &
li dift par la bouche dudit monfeigneur le prevoft l'ordonnance & appointement fait par mefdiz feigneurs de
parlement, rapporté par iceulx maiftres Pierre de Lefclat
& Guillaume Porel, confeillers du roy noftredit feigneur,
& li dift & enjont que des accufacions deffus dites, contre
elle propofées, elle deift la verité, ou l'en la li feroit dire
à force par fa bouche, & feroit mife à queftion. Laquelle
Marion ne voult aucune chofe cognoiftre que ce que dit
eft; & pour ce, en enterinant ledit primier jugement &
fentence interlocutoire donnés contre elle, fu mife à queftion fur le petit & le grant trefteau, & illec ne voult
aucunne chofe confeffer qui li portaft prejudice. Si fu
mife hors d'icelle queftion, menée choffer en la cuifine
en la maniere acouftumée, &, en après, remife ès prifons
dont elle eftoit partie & attainte.

Cedit jour, par l'advis & deliberacion defdiz confeillers, fut dit & ordonné que ladite Marget, prifonniere,
feuft mandée pour favoir ce elle vouldroit aucune chofe
cognoiftre de ce que dit eft. Laquelle, venue en jugement fur lefdiz quarreaux, prefens les deffus diz confeilliers, pour ce que autre chofe que dit a deffus ne voult
cognoiftre, fu de rechief mife à queftion fur le petit &
le grant trefteau, & ne voult aucune chofe dire ou confeffer. Si fu mife hors d'icelle queftion, menée choffer

comme dit eſt, & remiſe en la priſon dont elle avoit eſté attainte.

Le jeudi enſuïant, iiij<sup>e</sup> jour d'aouſt, l'an deſſus dit, par davant maiſtre Jehan Truquam, lieutenant dudit monſeigneur le prevoſt, preſens maiſtres Dreux d'Ars, auditeur; Miles de Rouvroy, Jehan Soudant & Gieffroy Le Goybe, examinateurs ou Chaſtellet du roy noſtre ſire, à Paris; fu attainte & fait venir en jugement ſur les quarreaux dudit Chaſtellet la deſſus dite priſonniere Marion L'Eſtallée, laquele, pour ce que autre choſe ne voult cognoiſtre que dit eſt deſſus, fu faite deſpouillier, miſe & liée à la queſtion ſur le petit treſteau; & avant ce que ſur elle l'en li jettaſt eaue, requiſt inſtaument que hors d'ilec l'en la meiſt, & elle diroit verité de tout ce que l'en li avoit demandé; &, pour ce, fu miſe hors & admenée en jugement ſur leſdiz quarreaux, &, en la préſence des deſſus diz, cogneut & confeſſa, ſanz aucune force ou contrainte de gehine, elle ſur ce bien adviſée, & après ce qu'elle ot fait ſerement aus ſains Evangiles de Dieu dire verité, les choſes qui enſuïant, c'eſt aſſavoir: que, quelque variacion ou denegacion que faite a cy-deſſus, verité eſt que, quatre mois a & plus, ainſi comme elle qui parle & Marion La Daynne, dite de Flandres, fille de pechié, buvoient & parloient de leurs amis, c'eſt aſſavoir, elle qui parle dudit Hainſſelin, ſon ami, & ladite de Flandres de Jehan de Savoye, taillandier de madame de Touraine, & comment ilz amoyent li une l'autre leurſdiz amis, icelle de Flandres diſt à elle qui parle & enſeigna que, pour eſtre plus enamourée de ſondit ami Hainſſelin, & auſſi ſe ledit Hainſſelin eſtoit plus enamouré d'elle qui parle, elle regardaſt le temps & heure que elle ſeroit en ſes fleurs, deſqueles fleurs elle reteniſt un pou, & d'icelles fleurs meiſt ou vin que elle & ſondit ami buroyent enſemble, & qu'il en beuſt, & s'il avoit bien amé elle qui parle, encore le ameroit-il plus que paravant n'avoit fait. Laquelle chofe ouye & conceue, elle qui parle acomplift, & d'icelles fleurs mifes en vin fift boire à fondit ami, & en beut auffi, elle qui parle, fa part.

Dit avec ce, que depuis ledit temps, & qu'il vint à fa cognoiffance que fondit ami eftoit fiancé de nouvel & fe vouloit marier, elle qui parle, qui avoit acouftumé d'aler & venir en la compaignie de Margot de La Barre, dite du Coignet, deffus nommé, fc complaigny de ce à icelle Margot, en difant les grans amours qui avoient efté entre eulx, & la parfaite & très-grant ardeur d'amour que elle avoit à lui; laquelle li refpondi que c'eftoit mauvaife fiance que d'amour de ribaut & de ribaude. Et après plufieurs paroles eues entre elles, & que elle qui parle li ot dit que elle en voudroit bien eftre vengié, ladite Margot li dift que fe elle vouloit faire ce que elle li diroit, & li jurer & promettre que elle ne l'accuferoit point, elle li enfeigneroit la maniere comment. Laquele qui parle, ces paroles ouyes, & que elle ot promis, & juré, & promis par la foy & ferement de fon [corps], à icelle Margot, que nul jour de fa vie elle ne le accuferoit, icelle Margot li dift les paroles qui enfuient, c'eft affavoir : que elle prenift un coq blanc, icellui eftaignift ou evanuyft à tourner entour foy, ou eftaignift foubz fes feffes; auquel coq ainfi eftaint elle prenift les deux c......ns, les brulaft & en feift de la poudre, les meift dedens un oreillier de plume, & y demouraffent viij ou ix jours; &, ce fait, reprenift iceulx c......ns, les brullaft & en feift de la poudre, & d'icelle poudre meift en la viande & vin que fon ami vouldroit mengier ou boire, &, par ce, à tousjours mais fondit ami auroit en elle plus grant ardeur d'amour que oncques n'avoit eu affez; en defendant à elle qui parle que fur cedit oreillier elle ne meift ou couchaft fa tefte deffus aucunement, & que ladite chofe feroit de nulle valeur & effeft; lequel fondit ami elle feift

I                                              Y

dormir fur ledit oreillier. Laquelle chofe elle qui parle fift ce que enfeignié li avoit icelle Margot, & li en donna à boire partie d'icelle poudre, & le refidu, elle qui parle jetta l'aval. Et dift, fur ce requife, que depuis ladite poudre baillée, faite, par la maniere que dit eft, en vin vermeil & en certaine porée (1) qu'ilz burent & mengerent enfamble, & l'autre partie d'icelle poudre elle qui parle jetta l'aval. Et dift, fur ce requife, que depuis ladite poudre bailliée & beue par fondit ami, elle s'eft bien perceue que il l'a amée auffi parfaittement & de grant ardeur d'amour comme il faifoit paravant, & non plus.

Dit, avec ce, que fondit ami a couché & dormi fur ledit oreillier, durant le temps que les deux c......ns y furent, deux ou troys nuis ou environ, & nomplus; & que quant elle vouloit baifier, acoler ou foy esbatre, par aucune avanture, avec fondit ami, elle li oftoit ledit oreillier de deffoubz la tefte, & le boutoit arriere, de paour que, par aucune aventure, elle ne meift fa tefte fur ledit oreillier.

Dit auffi que depuis ce qu'elle ot donné à boire d'icelle poudre à fondit ami, icelle Margot li demanda fe fondit ami avoit beu d'icelle poudre, laquelle refpondi que ouyl, & icelle Margot li refpondi : *C'eft bien.*

Cogneut avec ce, que la veille de la Saint-Jehan derrenierement paffée, elle eftant ès hales de Paris, acheta deux chapeaux de rofes d'oultre-mer (2), avec plufieurs autres herbes, à foy faindre & mettre environ fon corps, comme jeufnes femmes font à tel jour; &, entre les autres herbes, acheta l'erbe aumoufniere. Et quant elle ot efté un petit par ville en ceft eftat, porta icelles herbes

_____

(1) Sur les diverfes efpèces de porées, & fur la manière de les préparer, voy. *le Ménagier de Paris*, t. II, p. 139-142.

(2) C'eft-à-dire rofes de Provins. Une tradition en attribuoit l'importation à Thibaut le Pofthume, comte de Champagne. (*Biblioth. de l'Éc. des Chartes*, 4e férie, t. IV, p. 421.)

aumoufniere en l'oftel d'icelle Margot, fans ce que lors elle penfaft à aucun mal; laquelle Margot, quant elle ot veu icelle herbe aumoufniere, laquelle herbe elle qui parle laiffa en fondit hoftel, dift lors que d'icelle herbe elle feroit bien tel chofe que ledit Hainffelin, fon ami, nonobftant qu'il feuft mariez, retourneroit à elle, & l'ameroit autant comme fait avoit paravant. Et dift, fur ce requife, que après plufieurs paroles eues entre elles, & que icelle Margot l'ot fait jurer que jamais elle ne l'accuferoit de chofe que elle feift ou deift, li dift que elle feroit deux chapeaux de l'erbe aumoufniere deffus dite, parquoy fondit ami ne porroit avoir compaignie à fa femme, & que elle s'en aperceveroit bien briefment après ce que elle auroit fait ce que elle li diroit. Et atant, fans plus faire ou dire, fe partirent l'une d'avec l'autre, fors ce que ladite Margot li dift que ledit Hainffelin, fon ami, retourneroit devers elle.

Cognent oultre, que à un jeudi ou vendredi precedent du dimenche que les noces dudit Hainffelin furent, n'eft record lequel defdiz deux jours ce fu, elle qui parle, & qui avoit acouftumé d'aler fouvent en l'oftel d'icelle Margot, ala oudit hoftel, ouquel d'aventure elle trouva ladite Margot, &, après plufieurs paroles eues par esbatement entre elles, et fans parler, quant alors, de la matiere deffus dite, icelle Margot la fift jurer, comme dit eft deffus, que elle ne le accuferoit aucunement, pour chofe qui li peuft advenir. Et lors li dift que elle feroit deux chapeaux de ladite herbe aumofniere que apportée avoit en fondit hoftel, la veille de la Saint-Jehan deffus dite, &, eulx fais, que ledit dymenche après difner, elle venift devers elle, & lors li diroit que elle en feroit, en difant que ce elle faifoit ce, de la très-grant ardeur d'amour que elle avoit à fondit ami Hainffelin, dift à icelle qui parle que en ce elle li feift le mieulx que elle porroit; & que comme autrefois elle li avoit promis de la aler veoir

souvent, de mener en sondit hoftel des compaignons le
plus qu'elle porroit; & auffi de tout le bien qu'elle li
porroit faire, elle, de tout son povoir & chevance, le
aideroit à gouverner, & la feroit gaignier le plus qu'elle
porroit & sauroit.

Dift oultre & confeffa, elle qui parle, que ledit dimenche matin que sondit ami dot efpoufer, elle se leva
affez matin, le vit aller par davant la rue où elle demouroit, le salua, & en après ce, & sur l'eure que elle sceuft
que sondit ami devoit aller efpoufer, se mift au devant
du chemin & en la rue par où sondit ami devoit aller
efpoufer, la vit aler efpoufer, & en après l'efpoufée auffi.
Laquelle qui parle salua iceulx efpoufez bien & doucement, ala après eulx à mouftier, & les raconvoya (1) jufques à l'hoftel d'Alençon, où ilz difnerent, & elle qui parle
s'en ala difner en fa chambre. Ouquel jour de dimenche,
environ deux heures après midi, elle qui parle, recordant des paroles à elle dites par icelle Margot, s'en ala
en l'oftel d'icelle Margot, ouquel elle le trouva feule, &
illec li dift que elle venoit devers elle afin que elle li
baillaft les chapeaux defquelz elle li avoit parlé lefdiz
jeudi ou vendredi derrenierement paffez. Laquelle Margot, après ce que elle ot fait jurer elle qui parle que de
ce que elle li diroit elle ne le accuferoit point à nul jour,
& tendroit fecret ce que elle li diroit, ala querre en fa
chambre deux chapeaux d'erbe aumofniere, & en la prefence d'elle qui parle, & tenant iceulx deux chapeaux en
une de fes mains, figna de la main deftre & fift plufieurs
croix fur iceulx deux chapeaux, & dift auffi plufieurs
paroles que elle qui parle ne pot ouyr (2), pour ce que
ladite Margot parloit moult bas, & ne povoit entendre

---

(1) Reconduifit.

(2) Voy. ci-après, p. 355 & 356, les paroles & les détails de cette
évocation.

ce que elle difoit; & n'eft recorde quantes croix elle fift
fur iceulx chapeaux; &, en après ce, bailla icelle Margot à
elle qui parle lefdiz deux chapeaux (1), & li dit les paroles
qui enfuivent : *Marion, tu porteras ces chapeaux-cy & yras
en l'oftel où les noces font, & quant tu verras que l'efpoufe &
efpoufée danferont, leiffe cheoir & meeî cefdiz deux chapeaux
à terre, en feignant que tu relies ta chaufe, ou qu'il te foit cheu
aucune chofe à terre, & fay tant que iceulx efpoufez marchent
par deffus; & s'ilz y paffent ou marchent des piez, ta befoigne
fera faite, & te promeeîz que tu vendras à ton entente.* C'eft
affavoir : que fon ami deffus nommé retourneroit par devers elle comme fait avoit paravant, & que à grant peine
auroit-il afaire à fadite femme efpoufée.

Lefqueles paroles ouyes par elle qui parle, dift à ladite Margot que fe elle faifoit ce que ladite Margot li
avoit dit, que elle dampneroit l'ame d'elle. Mais icelle
Margot li dift que lefdiz deux chapeaux ne porteroient
point de dommage ou dangier aus autres gens eftans efdites noces qui danceroyent & pafferoient fur iceulx
chapeaux, finon aufdiz efpoufe & efpoufée. Ces chofes
ainfi dites par ladite Margot à elle qui parle, icelle Margot li bailla lefdiz deux chapeaux, lefquelz elle qui parle
print & mift foubz fa robe, & s'en vint oudit hoftel
d'Alençon, ouquel, quant elle y fu arrivée, vit les gens
eftans illec danffer bien & longuement; & après ce qu'elle
ot danffé un petit efdites danffes avec un nommé Thomas
Le Borgne, qui eft familier & ferviteur dudit monf. de
Touraine, & durant le temps qu'elle danffa avec ledit
Thomas, elle ot mucé iceulx deux chapeaux au-deffus de
fa fainture, entre deux robes, elle qui parle regarda les
gens defdites noces qui danffoyent à danffe ronde.

Et en après ce qu'ilz ce prindrent à dancer à la tref-

---

(1) On a dù fupprimer un membre de phrafe que le manufcrit répé-
tuit ici par erreur.

che (1), & que ledit Hainsselin, son ami, & sa femme espousée, danssoient ensemble & s'entretenoyent par les mains,
elle qui parle, en feignant que aucune chose li feust
cheue à terre, ou que elle reliast sa chausse, mist à terre
iceulx deux chapeaux par entre les piez de ceulx qui
danssoient illec, & en tel lieu que iceulx espouse & espousée povoyent bien passer & marchier dessus iceulx, & vit,
elle qui parle, que iceulx mariez marcherent dessus iceulx
chapeaux, ou l'un d'iceulx, n'est record lequel.

Lesqueles choses ainsi veues par elle, qui parle & faites
par la maniere que dit est dessus, elle se parti desdites
noces & s'en ala en sa chambre sousper.

Et, en après, s'en ala veoir ladite Margot, à laquelle
elle dist ce que fait auroit, & Margot li dist qui ensuient
les paroles dessus dites, c'est assavoir : que elle vendroit
à son entente, & que sondit ami retourneroit à elle, que
à grant peine & force auroit-il compaignie à sadite femme;
& atant se partirent, sans autre chose pour lors dire, ensemble. Et le lundi & mardi ensüiant ledit dimenche,
elle qui parle, avec plusieurs compaignons, s'en ala esbatre en la ville de Montmarte; ouquel mardi, ainsi que
plusieurs compaignons parlent, dirent à elle qui parle
que ledit Hainsselin avoit eu afaire à sa femme par très-
grant nombre & quantité de foiz. Mais assez tost après ce
que elle fu retournée en la ville de Paris, ouy dire à plusieurs autres compaignons, qui se rigoloyent & jouoyent
à elle, que lesdiz mariez estoient moult malades, & que
puis leurdites noces ilz n'avoient eu santé; & aussi ouy
dire lors, que icelli Hainselin n'avoit point eu de compaignie avec sadite femme. Et, pour ce, retourna devers
icelle Margot en un certain jour duquel elle se recorde,
li dist les paroles que elle avoit ouy dire d'iceulx mariez;

---

(1) C'est peut-être une espèce de ronde. Voy. du Cange, au mot *Tris-
care*, & Raynouard, *Lexique roman*, au mot *Trescar.*

laquelle Margot li refpondi les paroles qui enfuient en fubftance : que ce qu'ilz n'avoient point eu de compai-gnie charnelle l'une avec l'autre povoit bien eftre, & que c'eftoit par le moyen defdiz chapeaux, & auffi que la femme avoit beau loifir d'eftre malade.

Ouquel jour, après difner, & en la prefence de maiftre Jehan Truquam, lieutenant dudit monf. le prevoft; Dreux d'Ars, auditeur; Andry Le Preux, procureurs du roy; Jehan Soudant, Nicolas Bertin & Gieffroy Le Goybe, examinateurs, &c.; fu de rechief faitte venir & attainte en jugement fur les quarreaux la deffus dite Marion L'Ef-tallée, laquelle, après ce qu'elle ot juré par ferement de dire verité, & que la confeffion cy-deffus efcripte, par elle faite, li ot efté leue mot après autre, icelle prifon-niere, fans aucune force ou contrainte, mais fur ce bien advifée, & pour dire & cognoiftre verité, [continua & perfevera en fadite confeffion] par la fourme & maniere que elle contient, & que efcripte eft cy-deffus, & que autre chofe ne favoit des chofes deffus devifées, & dont elle fu fouffifamment requife, examinée & interroguée; &, pour ce, fu faite traire à part fur lefdiz quarreaux.

Après lefqueles chofes ainfi faites, & en la prefence des devant diz confeilliers, ladite Margot de La Barre, prifonniere, fu faite venir en jugement fur lefdiz quar-reaux, laquelle, après plufieurs interrogatoires à elle faits fur la maniere defdiz enforcelemens, & que aucune chofe ne voult d'iceulx cognoiftre avoir fais, ne donné ou prefté ayde, confeil ou confort, dift, fur ce requife, que de tout ce que la deffus dite prifonniere Marion L'Eftallée voul-droit dire, feuft pour ou contre elle propofées, [elle s'en veult raporter au dit d'icelle Marion]. Et, pource, fu de rechief icelle Marion L'Eftallée, prifonniere, faite venir en jugement en la prefence defdiz confeilliers, & auffi de ladite Margot, prifonniere. Laquele Marion, jurée aus ſains Evangiles de Dieu de dire verité, comme autrefoiz avoit fait, continua & perſevera ès confeſſions cy-deſſus eſcriptes, par elle autrefoiz faites, qui li furent leues mot après autre, diſant & affermant par ſerement icelles contenir verité, comme dit eſt & eſcript cy-deſſus, & les avoir faites par l'advis & conſeil d'icelle Margot, & non d'autre.

CE FAIT, fu de rechief fait jurer ladite Margot, priſonniere, que elle deïſt verité des faiz deſſus diz, contre elle propoſez, & que elle avoit bien veu & ouy ce que ladite Marion avoit dit & cogneu en ſa preſence. Laquelle Margot perſevera & continua ès negacions par elle autres fois faites, diſant & affermant par ſon ſerement, & ſur la dampnacion de ſon ame, qu'il n'en eſtoit riens, mais avoit menti & mentoit mauvaiſement & fauſſement icelle Marion, en li offrant & baillant ſon gaige de bataille (1); &, qui plus eſt, diſt que elle vouloit prouver que audit mercredi ou jeudi precedent du dimenche que les noces dudit Hainſſelin, ami d'icelle Marion, furent, elle & un homme chartier en ſa compaignie, donc elle ne ſcet le nom, alerent enſamble en la ville de Pontoiſe, en entencion que d'illec elle feïſt admener pluſieurs couſtes de lis,

---

(1) On lit en marge du manuſcrit, d'une écriture du XVIᵉ ſiècle : *Le dementy*, & au-deſſous : *Le duel de femme*. La pratique du duel, ou combat judiciaire, eſt fort ancienne. Pour en retrouver l'origine, il faut ſe reporter aux premières années de la troiſième race de nos rois. Un des plus anciens exemples que l'on puiſſe citer ſe trouve dans une notice de l'an 1098, qui conſtate qu'un procès entre le prieur de Fontaines, en Poitou, & l'abbaye de Talmont, s'eſt terminé par un combat judiciaire (*Biblioth. de l'Éc. des Chartes*, 1ʳᵉ ſérie, t. I, p. 561). Pluſieurs chartes de coutumes, entre leſquelles il faut placer en première ligne celle de Lorris, en 1155, & celle de Méru, en 1191, mentionnent cet uſage (*Ordonn. des rois de Fr.*, t. XI, p. 201 & 202; *Biblioth. de l'École des Chartes*, 2ᵉ ſérie, t. I, p. 66 & ſuiv.). On ſait que ſaint Louis prohiba abſolument le duel en 1260; mais cette défenſe ne fut pas maintenue auſſi ſévèrement par ſes ſucceſſeurs, qui ſe contentèrent de prohibitions

bans, tables, fourmes & autres eftormens d'oftel, que elle
& une fienne fille avoient lors en icelle ville de Pontoife.
Mais eulx venuz audit lieu de Pontoife, ne porent recouvrer point de charrate, &, pour ce, s'en retournerent en
la ville de Paris donc il eftoient partis, ne fe recorde pas
bien du jour ne de l'eure.

Et dift oultre, que le famedi, veille des noces dudit
Hainffelin, environ heure de midi ou d'une heure après,
elle qui parle, en fa compaignie un homme nommé Ancel Gohier & deux varlés chartiers, n'eft recorde de leurs
noms, & une charrete qu'ilz menerent, fe partirent de la
ville de Paris pour aler en la ville de Pontoife querre les
mefnages dont deffus eft faite mention, en laquelle ville
de Pontoife ilz arriverent ledit famedi au foir, jurent &
coucherent illec, & le landemain, entre foleil levant &
heure de prime, chargerent ladite charrete & s'en vindrent à Paris, en laquelle ville ilz arriverent environ
heure de vefpres, & fi tart ariverent, que quant ilz orent
defchargié icelle charrete & ilz vouldrent foufper, ilz
convient qu'ilz foupaffent à la chandelle. Et autre choufe
ne voult plus cognoiftre, &, pour ce, fu faite remettre,
& auffi ladite Marion, ès prifons donc elles avoient efté
attaintes.

---

temporaires. Enfin Philippe IV enjoignit de renvoyer au parlement de
Paris toutes les caufes où le duel pourroit être ordonné (Poitiers,
1ᵉʳ mai 1307). Voy. *Ordonn. des rois de Fr.*, t. I, p. 87, 390, 435 &
558, & XI, p. 367. C'eft cette dernière ordonnance qui femble avoir
régi la matière pendant tout le cours du xivᵉ fiècle. Les regiftres du
parlement, à l'époque qui nous occupe, font pleins d'affaires où il eft
queftion de gages de bataille, & il feroit difficile de confidérer ces mentions comme de fimples formules, fans valeur réelle (*Confeil & Plaid.
criminelles*, fol. 21 vᵒ, 93 vᵒ, 152 rᵒ & 162 rᵒ; & *Conf. & Plaid. civ.*,
fol. 83 rᵒ; Arch. de l'Emp., X, 8845, & X, 1474). L'exemple de
Jacques Le Gris & de Jean de Carrouges fuffiroit d'ailleurs pour lever
tous les doutes. Quoi qu'il en foit, il n'en eft pas moins curieux de
voir une femme fe fervir ici de la formule ufitée en pareil cas pour pro-
voquer en duel fon adverfaire.

Et par ledit maiftre Jehan Truquam, lieutenant dudit monf. le prevoft, commandé audit maiftre Jehan Soudant qu'il parlaft & examinaft ledit Ancel Gohier, & autres qu'il verroit que bon feroit, pour favoir fe l'*alibi* propofé par ladite Margot eftoit vray ou nom, & que ce que fait auroit en cefte partie il rapportaft le landemain matin, ou le plus toft que bonnement porroit.

Ouquel landemain, qui fu le vendredi, v^e jour dudit mois d'aouft, l'an mil ccciiij^xx & dix deffus dit, par davant monf. le prevoft, lui eftant en jugement fur les quarreaux, & en la prefence de maiftres Guillaume Porel, confeiller du roy noftre fire en parlement; maiftre Jehan Truquam, lieutenant dudit monf. le prevoft; Guillaume Drouart, lieutenant dudit monf. le prevoft; Andry Le Preux, procureur du roy; Ernoul de Villers, Jehan Soudant, Nicolas Bertin & Gieffroy Le Goybe, examinateur; icellui maiftre Jehan Soudant prefenta & bailla certaine informacion par lui faite fur l'*alibi* propofé par icelle Margot, prifonniere, de laquelle la teneur enfuit:

Informacion faite du commandement de honorable homme & faige maiftre Jehan Truquam, lieutenant dudit monf. le prevoft de Paris, par moy, Jehan Soudant, examinateur, &c., fur ce que Margot de La Barre, dite du Coignet, à prefent prifonniere oudit Chaftellet, dit & maintient que, dimenche prouchain venant aura un mois, elle eftoit au matin en la ville de Pontoife, en laquelle elle eftoit allée, dès le famedi jour precedent, en la compaignie de Symonnet le charreftier & de Anceau Gohier, demourant en la rue du Cog, oultre la porte Saint-Honoré, & que ledit jour de dymenche elle c'eftoit partie de ladite ville de Pontoife avec les deffus nommez & un autre compaignon qu'il ne cognoift, & fift admener avec elle par ledit charreftier, en fa charrete, plufieurs biens meu-

bles appartenans à Martine, fa fille, & les fit mettre &
defcharger à Paris, en la chambre de fadite fille, icellui
jour de dymenche, environ l'anuitement, à laquelle heure
elle & les deffus nommez arriverent à Paris, en l'an mil
ccciiij<sup>xx</sup> & dix, ès jours qui s'enfuient.

ET EST affavoir que Hainffelin & Agnefot, pour foufpeçon d'avoir enforcelé lefquelx, ladite Margot eft prifonniere, furent efpoufez le jour de dymenche declairé
en la rebriche.

ANCEL Gohier, cardeur de laine, demourant (1) en ladite rue du Coq, aagé de l ans, fi comme il dit, examiné le
venredi v<sup>e</sup> jour d'aouft, l'an deffus dit, juré & requis fur les
faiz contenuz en la rebriche deffus efcripte, dit & depofe
par fon ferement que il eft bien recors & fcet que, demain
aura un mois, environ heure de midi, il, ladite Margot
du Coignet, un charretier nommé Symonnet, & un varlet
dont il ne fcet le nom, ne le cognoift, fe partirent de Paris
avec la charrette & iij chevaux dudit charreftier, & alerent à gefir à Pontoife, delez le port, à la Lufche, l'oftel
autrement ne le fcet nommer; & le landemain, qui fu jour
de dymenche, bien matin, chargerent ladite charrefte de
deux lez, deux huches, de veixelle d'eftain, & autres
biens qui eftoient appartenans à la fille de ladite Margot,
fi comme elle leur difoit & dift dès lors; &, icelle charrete chargée, fe partirent enfuïent de ladite ville de Pontoife, environ heure de foleil levant, & s'en vindrent à
boire à Saint-Denis, & d'illec à Paris, xij heures fonnans
eulx eftans defoubz la porte de Montmartre, par laquelle
ilz entrerent.

Et dit que quant ladite charrefte fu & ot efté defchar-
giée, & lefdiz biens mis en la chambre de ladite fille, en

---

(1) Le manufcrit porte dit.

la rue de Saint-Marcel, il fonna une heure après mifdi;
après laquelle heure, ilz burent, & ledit charreftier fe
parti & enmena fadite charrete & chevax; & il qui parle
demoura avec ladite Margot & avec fadite fille en ladite
chambre, & leur aida à ordonner lefdiz biens jufques environ iij heures après mifdi, que il qui parle fe parti de
ladite chambre, en laquele lefqueles Margot & fa fille
l'avoient leiffé, environ demie-heure avoit, pour piquer
des clofs contre les murs d'icelle chambre, & ordonner
comme dit eft, en difant à il qui parle, à leur partement,
qu'elles aloient querir de l'argent, pour ce que ladite
Margot devoit & encore doit, il qui parle, fon falere dudit voïage, duquel il n'ot depuis denier, & auffi en de-
voit-elle audit charreftier.

Et dit, fur ce requis, qu'il ne vit ladite Margot ledit
jour de dymenche jufques environ vefpres, qu'elle paffoit
& paffa feule par davant l'oftel d'il qui parle, & portoit
ne fcet quoy en fon giron.

Et requis fe eulx eftans en ladite chambre, ou defchar-
gans ladite charrefte, une jeune femme ou autres perfonnes furvindrent pour parler à ladite Margot ne à fadite fille, dit que, eulx eftans en icelle chambre, après
ce qu'ilz orent beu (1), & que ledit charretier ce fu parti,
une jeune femme haulte & grefle, bien veftue, ne fe recorde de quelle coulour, ne la fcet nommer, bien la cognoiftroit s'il la veoit, furvint en ladite chambre moult
corrociée, fi come il fembloit & fi comme elle difoit, en
difant que c'eftoit tellement qu'elle ne favoit fon fens,
donc ladite Margot la reconfortoit, & difoit qu'elle fe
teuft & prenift effiefcement en foy. Et après ce qu'elles
orent parlé à part enfemble & fecretement bonne piece,
ladite jeune femme envoïa querir une pinte de vin par
ladite Margot, en faifant bonne chiere & liée, donc il qui

---

(1) Le manufcrit porte : à Paris, ce qu'ilz orent veu.

parle fe emerveilla, pour ce que paravant elle eftoit cy
corrociée, fi comme elle difoit. Et, ledit vin beu, elles
fe partirent de ladite chambre & leifferent il qui parle,
comme deffus a depofé. Et plus n'en fceit.

Symonnet, ouvrier charreftier, demourant à l'Efcole
Saint-Germain, en l'oftel de Jehenne La Champie, aagée
de xxx ans ou environ, fi comme il dit, examinée l'an &
le jour deffus diz, juré & requis fur lefdiz faiz, dift par
fon ferement que, demain aura un mois, environ une
heure après midi, ilz fe parti de Paris atout fa charrefte
& trois chevaux, en la compaignie de Margot du Coignet & d'um bon homme dont il ne fcet le nom, bien
fcet que c'eft le tefmoing precedent, & d'un autre varlet
charreftier nommé Jehannin Le Prefcheur, ne fcet où il
demeure.

Et dit que, ledit jour, alerent à Pontoife au gifte, en un
hoftel en l'Oftel-Dieu, ouquel hoftel ilz chargerent, l'endemain très-bien matin, qui s'ajourna de dymenche,
ij lez, ij huches, vaixelle d'eftaing, poz, pailles & autres
biens, qui eftoient & appartenoient à la fille de ladite
Margot, fi comme elle difoit. Lefquelz biens chargiez
comme dit eft, ilz fe partirent environ heure de foleil
levant, & s'en vindrent boire à Saint-Denis, & d'illec à
Paris, & entrerent par la porte de Montmartre xij heures
fonnans; & fu une heure avant qu'ilz euft defchargié fadite
charrete. Laquelle defchargée, après ce qu'ilz orent beu,
il fe parti & envoïa des chevaux & charrefte, en difant
à ladite Margot & à fadite fille, qui eftoit furvenue,
qu'elles feiffent tant qu'il fuft païé d'un franc qui devoit
avoir dudit voïage, & elles lui refpondirent que cy auroit-il.

Et dift que ledit jour de dimenche, environ vefpres,
lefdites Margot & fille alerent par devers lui qui parle,
en fondit hoftel, & lui diftrent qu'il n'auroit point d'ar-

gent jufques à l'endemain; & plus ne les vit ledit jour de
dymenche. Bien dit que depuis elles l'ont païé jufques à
iij f.; que elles lui en doivent de refte. Et dit, fur ce
requis, que en defchargent de ladite charrefte, il ne vit
aucunes femmes ne autre perfonne furvenir, fors fadite
fille, comme dit eft. Et plus n'en fcet.

Jehenne de La Heufe, demourant en la chambre de
Martinete, fille de Margot du Coignet, en la rue de Froit-
Mantel, aagée de xl ans, examinée l'an & le jour deffus
dit, jurée & requife fur lefdiz faiz, dit par fon ferement
que depuis & environ un mois a, autrement le temps ne
le jour ne fcet declarer, Margot du Coignet, Ancel, tefmoing precedent, & un charreftier qu'elle ne fcet nommer, fe partirent enfemble de Paris atout une charrefte
& iij chevaux, & s'en alerent à Pontoife, & l'andemain,
environ heure de difner, retournerent & amenerent plufieurs biens meubles en ladite charrefte. Et dit que ladite
charrete defchargée, & ainfi qu'ilz buvoient, il furvint
en ladite chambre une jeune femme qu'elle ne cognoift,
qui parla à ladite Margot, & eftoit moult corrociée, fi
comme il fembloit, & puis envoïa querir une pinte de
vin, laquelle beue, ilz fe partirent enfemble de ladite
chambre, c'eft affavoir : ladite Margot, & ladite Martinete, & jeune femme; & s'en alerent ne fcet quel part.
Et plus n'en fcet.

Veue laquelle informacion par les deffus diz confeilliers, ledit monf. le prevoft de rechief fift venir ladite
Margot, prifonniere, en jugement fur lefdiz quarreaux,
& li demandé fe de l'eure que elle parti, & du jour, de
la ville de Paris, pour aler audit lieu de Pontoife, & auffi
du temps, jour & heure qu'ilz arriverent, au rettour, en
la ville de Paris, elle s'en vieult raporter & croire en ce
que ledit Ancel en dira & depofera. Laquele Margot dift
que ouyl, mès que elle le ouyft parler & qu'il juraft en

la prefence. Et, pour ce, fu fait mander en jugement le
deffus dit Ancel, lequel, après ce qu'il ot juré aus fains
Evangiles de Dieu de dire verité, dift & depofa, & en
la prefence d'icelle Margot, ce que deffus eft efcript en
la depoficion par lui faite par davant ledit maiftre Jehan
Soudant, qui lui fut leue mot après autre (1); & en icelle
continua & perfevera, difant & affermant que elle contenoit verité; &, pour figne de verité, avoit mis & efcript
de fa main fon propre nom, efcript en la fin de fadite
depoficion.

Et, CE FAIT, fu ladite Margot, prifonniere, interroguée
fur aucuns des poins declairés en la depoficion dudit Ancel touchant la venue de la fille qui vint icelle Margot
querre en l'oftel de fadite fille, laquelle, par ferement,
nya oncques, oudit jour, lieu & heure, avoir veu, oudit
hoftel de fa fille, femme aucune, ne auffi beu du vin que
ledit Ancel dift que elle païa oudit hoftel, ne auffi que
avec icelle femme elle s'en alaft dudit hoftel, jà foit ce
que elle fe recorde bien que une femme nommée Katherine, qui eft de la court de la royne, la vint demander
oudit hoftel, mais elle ne la vit point.

Dift auffi que, elle & ladite Marion eftans enfemble en
la prifon de la Griefche (2), dift à ladite Marion que elle
ne deift choufe aucune d'elle qui parle que elle ne fceuft
bien & euft veu en elle.

Après lefqueles chofes ainfi faites, de rechief & en la

<hr/>

(1) Voy. ci-deffus, p. 347-349, cette depofition.
(2) Sur cette prifon, fpécialement deftinée aux femmes, voir les ftatuts de la geôle du Châtelet de Paris, & la révifion de ces mêmes ftatuts
publiée par Hugues Aubriot, le lundi 28 juin 1372 (Bibl. imp., *Suppl.
franç.* 108, fol. 144 r° & v°, & *Tell. Louv.* 9350 A. 39, fol. 91 r°-
93 v°), ainfi que les autres documents cités ci-deffus, p. 245-246,
note 3.

prefence defdiz confeilliers fu mandée ladite Marion
L'Eftallée, prifonniere, & faite venir en jugement fur les
quarreaux; & illec, fans aucune force ou contrainte de
gehine, mais fur ce bien advifée & confeillée, continua
& perfevera en la confeffion cy-deffus efcripte, par elle
autrefois faite, & à li leue mot après autre, comme dit
eft, & que elle contenoit verité par la fourme & maniere
que efcripte eftoit & eft cy-deffus.

Oyes lefqueles confeffions & perfeveracions faites par
icelle Marion, prifonniere, avec les denegacions faites
par icelle Margot, par l'advis & deliberacion defdiz confeilliers, fu deliberé que de rechief elle feuft mife à queftion, pour en favoir par fa bouche la verité. Et. ce fait.
fut defpouillée, mife & liée à queftion fur le petit trefteau, en après fur le grant, & illec ne voult aucune
chofe confeffer qui li portaft prejudice. Si fu mife hors
d'icelle queftion, & menée choffer en la cuifine en la
maniere acouftumée, & an après remife en la prifon dont
elle avoit efté attainte.

Le samedi enfuïent, vj<sup>e</sup> jour d'aouft, l'an deffus dit,
par davant monf. le prevoft, meffire Baudes de Vauviller,
chevalier du guet, prefens maiftres Guillaume Porel,
confeillier du roy noftre fire en parlement; Guillaume
Drouart, Jehan Truquam, lieutenant dudit monf. le prevoft; Dreux d'Ars, auditeur; Andrieu Le Preux, procureur du roy; Robert Petit-Clerc, Ernoul de Viellers,
Jehan Soudant, Nicolas Bertin, Robert de Pacy, Robert
de Tuillieres, Nicolas Chaon, Gieffroy Le Goybe, examinateurs; Michel Pailler, Oudart de Monchauvet, advocas; Jehan Filleul, clerc du receveur, & Robert Le
Moyne, lieutenant du chevalier du guet; fu de rechief
faite venir en jugement fur lefdiz quarreaux la deffus dite
Marion L'Eftallée, prifonniere, laquelle, en la prefence de

ladite Margot, prifonniere, qui pour ce fu faite venir en
jugement, continua & perfevera ès confeffions cy-deffus
efcriptes, par elle autres fois faites, affermant par ferement icelles eftre vrayes par la forme & maniere que
autres fois les a faites & cogneues, & que efcriptes font
cy-deffus; & pour ce que les feremens & promeffes que
elle avoyent faites l'une à l'autre, elle avoit efté queftionné, dont elle fe repentoit, & en avoit fes membres
moult debilitez & affeibliz, pour cuider efchever que
contre lefdites promeffes & ferement elle ne deift aucune
chofe qui leur portaft prejudice (1).

L'an & jour derreniers dis, par l'advis & deliberacion
defdiz confeilliers, pour ce que ladite Margot ne voult
autre choufe cognoiftre que dit eft, fu mife de rechief à
queftion fur le petit trefteau, & en après fur le grant; &
ainfi comme l'en voult mettre & jetter eaue fur elle, re
quift inftaument que hors d'icelle queftion l'en la meift,
& elle diroit verité. Si fu mife hors d'icelle queftion,
menée choffer en la cuifine en la maniere acouftumée,
& après ce que elle fu choffée & refrefchie bien & affez,
fu ramenée en jugement fur lefdiz quarreaux; &, en la
prefence defdiz confeilliers, fans aucune force ou contrainte de gehine, cogneut & confeffa que, nonobftant
quelques variacions ou denegacions que elle a cy-deffus
faites, la verité eft tele qui enfuit, c'eft affavoir : que,
quatre mois a ou environ, la deffus dite Marion, qui
avoit, paravant ce, acouftumé d'aler en fon hoftel foy
esbatre avec les compaignons, vint en fondit hoftel moult
dolante, corrociée & defconfortée, difant que fondit amy
Hainffelin eftoit fiancé de nouvel, & que elle ne povoit

---

(1) Peut-être faudroit-il corriger ainfi cette phrafe : *& pour ce que
elle gardaft les feremens & promeffes*, &c., ou bien, *& pour ce que fur les
fere ens*, &c.

vivre ne durer de la grant ardeur d'amour que elle avoit
à lui, & que elle ne favoit que faire, que dire ne que
devenir, en foy deftordant & defchirant fa robe & fes
cheveux. Laquelle qui parle, veant icelle Marion ainfi
malmenée & defconfortée, li dift que elle fe appaifaft, &
que elle li enfeigneroit bien tel chofe que par le moyen
d'icelle fondit ami Hainffelin l'ameroit autant & plus que
oncques n'avoit fait; & foy confiant d'elle & de fon amour,
après ce qu'elle li ot promis que elle ne l'accuferoit point
par la foy & ferement de fon corps, li dift les paroles cy
après devifées, & que elle en ufaft par la maniere que
elle li enfeigneroit, & lors fondit ami l'ameroit comme
dit eft deffus, c'eft affavoir : que elle preniff un coq
bianc, &c. (1)

Et dit, fur ce requife, que huit jours ou environ après
ce que ladite Marion ot dit à elle qui parle que elle avoit
donné à boire & mengier à fondit ami ladite poudre, &
que elle li ot demandé fe elle fe apercevoit point que
fondit ami le amaft mieulx ou plus que fait avoit paravant, icelle Marion li refpondi que elle ne s'en eftoit
point aperceue, mais toutefvoies li avoit-il fait & faifoit
auffi bonne chiere & femblant comme il avoit acouftumé
de faire aus autres fois qu'ilz avoient efté enfemble. Mais
toutefvoyes icelle Marion, lors & depuis, dift à elle qui
parle que nullement elle ne povoit durer de la grant ardeur d'amour que elle avoit audit Hainffelin, fon ami, &
que s'il fe marioit ainfi fans la fatiffaire de grans maux &
frais qu'elle li avoit plufieurs fois [faiz] en maladies où elle
avoit gardé, que elle eftoit en aventure d'en yffir hors de fes
fens; & fembloit mieulx eftre fole femme, à fon maintien
& contenance, que autre. Et pour ce, elle qui parle, en
entencion de bien faire, pour cuider refrefner l'ire, cour-

---

(1) Ce qui fuit eft une répétition de la recette imprimée ci-deffus,
p. 337-338.

roux & male volenté de ladite Marion, li dist que elle
se appaisast, & que se elle li vouloit tenir verité & secret
ce que elle li diroit & feroit faire, que sondit ami Hainsselin l'ameroit mieulx que femme du monde, feust sa
femme espousée ou autre. Laquelle Marion li promist lors
& jura, comme dit dessus, que jamais à nul jour du monde,
ne à personne, quel que elle feust, ne le accuseroit.

Et dist lors, elle qui parle, à icelle Marion, que à un
jeudi ou vendredi ensuïant lesdites paroles, & lequel
jeudi ou vendredi furent precedens du jour de dymenche
que ledit Hainsselin espousa, elle venist devers elle qui
parle en son hostel, & lors ilz feroyent ensemble tele
chose donc ladite Marion vendroit à son entente & volenté. Ouquel jour de jeudi ou vendredi que ladite Marion
fu venue en son hostel, heure de vespres ou environ, ladite Marion la requist & amonnesta de faire les choses que
elle li avoit promises; laquele qui parle, voulant encliner
à la peticion & requeste d'icelle Marion, & pour la hoster
des maulx, peines, & travaux, & courroux que elle veoit
que ladite Marion disoit que elle souffroit pour sondit
ami qui ce marioit, comme dit est, fist lors deux chapeaux
d'erbe terreste & d'erbe aumosniere, & en la presence
d'icelle Marion. Lesquelz chapeaux par elle ainsi fais,
comme dit est, elle dist à ladite Marion que elle s'en alast,
& revenist devers elle le dimenche ensuïant, dessus disner, qui seroit jour des espousailles, & que lors elle li
enseigneroit que elle feroit desdiz deux chapeaux. Auquel jour de dimenche, ainsi comme environ entre ij &
iij heures après midi, icelle Marion de rechief vint en
hostel d'elle qui parle, & sembloit lors comme toute
ediote; & requist elle qui parle que lesdiz deux chapeaux
elle li baillast, & aussi li deist que elle en feroit. Et lors
elle qui parle, par l'invocacion du deable que elle apella
à son ayde en la maniere qui ensuit, c'est assavoir : *Ennemi,
je te conjure, ou nom du Pere, du Fil & du Saint Esperit, que*

*tu viengnes à moy ycy.* Et lefqueles paroles elle qui parle
dift & repetta continuelment par trois fois & fans aucun
interval de temps; & lefdites paroles ainfi dites, & en
les proferant, elle qui parle fift de rechief un autre petit
chappel de ladite herbe terreftre & aumofniere, lequel
elle jetta fur une huche qui eftoit affez près d'elle qui
parle & de ladite Marion. Et lors, ainfi comme elle qui
parle tenoit lefdiz deux chapeaux, fais oudit jeudi ou vendredi, en une de fes mains, s'apperu à elle un annemi en
façon & eftat des ennemiz que l'en fait aus jeux de la
Pacion, fauf tant qu'il n'avoit nulles cornes. Li dift fes
paroles : *Que demandes-tu?* Et elle qui parle li dift : *Je te
donne ceft chapeau que tu vois, que je mis fur cefte huche, &
te requier que en Haincelin deffus nommé, ami de Marion, qui
cy eft, & auffi en la femme que a efpoufée de prefent ledit Haincelin, tu te boutes en tel maniere qu'ilz ne fe puiffent ayder,
jufques ad ce qu'ilz auront fait raifon à Marion des maux &
dommages qui li ont fais.* Et atant fe parti ledit ennemi de
fon hoftel, & en fu emporté ledit chapel par elle mis fur
ladite huche; & vit, elle qui parle, iffir, par une feneftre
qui eftoit ouverte en fa chambre, ledit ennemi; & à l'iffir
dudit hoftel, fift icellui ennemi grant noife & en maniere
de tourbeillon de vent, dont elle qui parle ot moult grant
paour & freour.

Et dift, fur ce requife, que lefdites invocacions de
deable par elle ainfi faites, & ledit ennemi yffir hors de
fadite maifon (1), elle, à per foy, conjura iceulx deux
chapeaux par trois fois en cefte forme : *Deables, aydez-
moy, gardez-moy, & que Hainffelin ne puift avoir compaignie
à autre que à moy.* En feignant iceulx, en faifant la croix
par-deffus, & difant ces paroles : *Ou nom du Pere, & du
Fil, & du Saint-Efperit, deables, viens ycy.* Et, ce fait, &

_____

(1) *Sic.* Il faudroit peut-être : *à l'iffir dudit ennemi hors de fadite
maifon.*

en la prefence d'icelle Marion, elle qui parle bailla à ladite Marion lefdiz deux chapeaux, li dift que elle les
portaft foubz fa robe aus noces, & que quant elle verroit que l'efpoufe & efpoufée danferoyent, que elle feift
femblant de recueillir à terre aucune chofe qui li feuft
cheu, ou que elle faignift relier les lyens de fes chaufes,
&, en ce faifant, meift à terre iceulx deux chapeaux, &
en tel lieu & place que iceulx efpoufe & efpoufée peuffent paffer & marchier par-deffus, & atant s'en retournaft
fans autre chofe dite ou faire, & que bien briefvement
elle auroit des nouvelles d'iceulx efpofez, & vendroit à
fon entente, & que fondit ami retourneroit par devers
elle, & à moult grant peine & force auroit-il compaignie
a fadite femme efpoufée.

Dift auffi, elle qui parle, que elle fe recorde bien que,
a un mardi ou mercredi enfuïant le dimenche defdites
noces, icelle Marion la vint veoir en fon hoftel, ainfi
comme elle avoit acouftumé de faire, laquelle li dift que
l'en li avoit dit que l'efpoufe & efpoufée eftoient forment
malades, & par efpecial l'efpoufée, & qu'ilz n'avoient
point eu compaignie enfamble. A laquelle Marion elle
qui parle refpondi les mos qui enfuient ou femblables :
qu'il povoit bien eftre qu'ilz n'avoient point eu de compaignie charnelle l'un avec l'autre, par le moyen defdiz
chapeaux, & auffi que la femme avoit beau loifir d'eftre
malade.

Et dift oultre & cogneut que, depuis ce que elles deux
ont efté prifonnieres en la Griefche, pour foufpeçon de
ce que dit eft deffus, elles ont parlé enfamble de cefte
matiere, & que elles s'entredirent que elles gardaffent
bien que elles ne deiffent aucune chofe de la matiere
deffus dite, & n'en accufaffent point li une l'autre (1).

Requife qui li aprint la maniere du coq deffus dit,

_____

(1) Ce fait a déjà été mentionné ci-deffus, p. 351.

Z 3

comment elle feroit venir à foy le deable & le invoque-
roit, dit par fon ferement que, xxiiij ans font paffez ou
plus, elle qui parle, qui pour lors feoit aus champs foubz
Montmartre, avec un autre fille de pechié comme elle
qui parle, & eftans oudit lieu enfemble, commencerent
à parler des amis que elles avoient lors; laquelle fille,
qui eftoit du païs de Flandres, & du nom duquel elle ne
fe recorde, le aprint à faire icelles invocacions du deable;
& de fait, & en fa prefence, lors fift lefdites invocacions,
& ouy, elle qui parle, que elle conjuroit l'ennemi par la
forme & maniere que dit a deffus, en difant : *Deable,
ayde-moy, garde-moy, & que mon ami,* lequel elle nommoit
lors par fon nom, *ne puiſt avoir compaignie à autre que à
moy;* & que aucune perfonne li refpondoit, laquele elle
ne povoit veoir. Et de la paour que elle avoit & ot lors,
elle qui parle fe bouta en une petite loge qui eftoit auprès d'illec, en laquelle elles avoient acouftumé d'eux
retraire avec les compaignons, pour eulx esbatre.

Le dimenche enfuïant, vij[e] jour dudit moiz d'aouft,
l'an deffus dit, par davant maiftre Jehan Truquam, lieutenant dudit monf. le prevoft, prefent maiftre Beraut
Briffon, efleu fur le fait des aydes, fu faite venir en
jugement fur les quarreaux ladite Margot de La Barre,
prifonniere, laquele, fans aucune force ou contrainte,
cogneut, continua & perfevera en la confeffion cy-deffus
efcripte, par elle faite, qui li fu leue mot après autre, &
afferma par ferement icelle eftre vraye, & par elle avoir
efté faite en la forme & maniere que efcripte eft cy-
deffus.

Item, le lundi enfuïent, viij[e] jour d'aouft, l'an deffus
dit, par davant monf. le prevoft, prefens maiftres Jehan
Truquam & Guillaume Drouart, lieuxtenans dudit monf.
le prevoft; Martin Double, advocat, & Andry Le Preux.

procureur du roy; Robert Petit-Clert, Jehan de Bar, Miles de Rouvroy, Nicolas Bertin, Ernoul de Villers, Jehan Soudant, Robert de Pacy, Robert de Tuillieres, Nicolas Chaon, examinateurs; Jehan de La Folie, receveur de Paris; Jehan Filleul, fon clerc, & Oudart de Montchauvet, advocat; fu de rechief attainte & fait venir en jugement fur les quarreaux du Chaftellet la deffus dite prifonniere Margot de La Barre, laquelle, après ce que ce prefent procès & confeffions par elle faites li orent efté leues [mot] après autre, fans aucune force ou contrainte, continua & perfevera efdites confeffions par elle faites, & icelles afferma par ferment eftre vrayes en la forme & maniere que dites & efcriptes font cy-deffus.

ITEM, & femblablement en la prefence dudit monf. [le prevoft] & defdiz confeilliers, fu faite venir & attainte des prifons dudit Chaftellet la deffus dite Marion La Droituriere, dite L'Eftallée, laquelle, & par ferement, fans aucune force ou contrainte, continua & perfevera ès confeffions cy-deffus efcriptes, à li leues mot après l'autre, & icelles afferma par li avoir efté faites & cogneues ainfi que efcriptes font en ce prefent procès, & ne y fauroit que metre ne que ofter.

ITEM, le mardi enfuïant, ixe jour d'aouft, l'an deffus dit, par davant monf. le prevoft, prefens monf. Baude de Vauvillers, chevalier du guet; maiftres Pierre de Lefclat, Guillaume Porel, confeillers du roy noftre fire en fon parlement; Jehan Truquam, Guillaume Drouart, lieuxtenans dudit monf. le prevoft; Martin Double, advocat du roy; Michel Marchant, Jaques du Bois, Helies Jengoulour & Oudart de Monchauvet, advocas; Dreux d'Ars, auditeur; Jehan de Tuillieres, Robert Petit-Clerc, Miles de Rouvroy, Nicolas Bertin, Ernoul de Villers, Jehan Soudant, Robert de Tuillieres, Nicolas

Chaon & Gieffroy Le Goybe, examinateurs du roy noftre
fire en fon Chaftellet de Paris; furent faites venir en jugement fur les quarreaux les deffus dites Margot de La
Barre, dite du Coignet, & Marion La Droituriere, dite
L'Eftallé, prifonnieres detenues oudit Chaftellet, lefqueles, fans aucune force ou contrainte, continuerent &
perfev[er]erent ès confeffions cy-deffus efcriptes, par elle
faites, qui leur furent leues mot après autre, & affermerent
par ferement icelles eftres vrayes par la forme & maniere
que efcriptes font cy-deffus.

Après lefqueles chofes ainfi faites, ledit monf. le prevoft demanda aufdiz prefens confeilliers leurs advis &
oppinions comment il eftoit bon à proceder à l'encontre
defdites prifonnieres. Tous lefquelz, attendu les infor-
macions & denegacions faites par icelles femmes, avec
les herbes trouvées en leurs hoftelz & auffi en leurs coffres,
qui font chofes foufpeçonneufes, les confeffions faites
par iceulx, l'envoultement fait à la requefte d'icelle Marion par ladite Margot, qui a cogneu avoir fait le def-
voultement d'iceulx Hainffelin & Agnefot, fa femme, &
confideré l'invocacion de l'ennemi fait par icelle Margot
au conjurement de Noftre Seigneur Jhefu-Crift, delibererent & furent d'oppinion que icelles Margot & Marion
eftoient dignes de mort comme forcieres, & que pour
teles elles feuffent executées en la maniere qui enfuit,
c'eft affavoir : que elles feuffent menées ou pillory ès hales,
illec tournés, & crié publiquement leurs meffais & delis
par elles fais, & pour lefquelz elles eftoient mifes en icellui pillory; & oultre, que elles feuffent menés ou marché aus pourceaux, hors de la ville de Paris, & illec,
pour leurs demerites & cas deffus diz, par elles cogneues
& confeffés, arfes; fauf tant que iceulx chevalier du guet,
maiftres Pierre de Lefclat, Robert de Tuillieres, Nicolas
Chaon & Gieffroy Le Goybe, deffus nommez, delibererent

& furent d'oppinion que, en tant qu'il touche icelle Marion, que elle ne feuſt pas arſe; mais après ce que elle auroit eſté tournée ou pillory par la maniere que dit eſt,
que elle feuſt banye à tousjours de la ville, viconté &
prevoſté de Paris, ſur peine d'eſtre arſe. Oyes leſqueles
oppinions & veu ledit procès, ledit monſ. le prevoſt condampna icelles Margot & Marion à eſtre tournées ou pillory par la maniere que dit eſt, & en après, pour leurs
demerites & confeſſions deſſus dites, à eſtre arſes.

ITEM, le jeudi enſuïant, xjᵉ jour dudit mois d'aouſt, l'an
deſſus dit, par davant monſ. le prevoſt, prefens maiſtres
Baudes de Vauviller, chevalier du guet; maiſtres Guillaume Porel, confeiller du roy noſtre ſire en ſon parlement à Paris; Jehan Truquam, lieutenant dudit monſ. le
prevoſt; Dreux d'Ars, auditeur; Jehan de Tuillieres,
Miles de Rouvroy, Nicolas Bertin, Arnoul de Villiers,
Robert de Tuillieres, Nicolas Chaon & Gieffroy Le Goybe,
examinateurs; fu attainte & faitte venir en jugement ſur
les quarreaux dudit Chaſtellet ladite Margot de La Barre,
dite du Coignet, priſonniere deſſus nommée, laquelle,
ſans aucune force ou contrainte, continua & perſevera
ès confeſſions cy-deſſus eſcriptes, par li faites, & afferma
par ſerement icelles eſtre vrayes, & les avoir cogneues,
par la forme & maniere que eſcriptes ſont cy-deſſus, &
que leues li ont eſté mot après autre.

APRÈS leſqueles choſes ainſi faites à ladite priſonniere,
en enterinant ledit jugement contre elle donnée, fu menée ou pillory ès hales, illec tournée, &, en après, le
ſeurplus dudit jugement executé en tant qu'il touche
icelle Margot.

ET n'avoit aucuns biens ſoubz le roy.

AL. CACHEMARÉE.

LE MARDI xxiij<sup>e</sup> jour d'aouſt, l'an deſſus dit, par davant monſ. le prevoſt, lui eſtant en jugement ſur les quarreaux, preſens maiſtre Guillaume Porel, conſeillier du roy noſtre ſire en ſon parlement; Guillaume Drouart & Dreux d'Ars, lieuxtenans dudit monſ. le prevoſt; Martin Double, advocat; Andrieu Le Preux, procureur du roy; Michel Marchant, Jaques du Bois, Denis de Bauſmes, advocas en Chaſtellet; Jehan de Bar, Miles de Rouvroy, Nicolas Bertin, Robert de Pacy, Robert de Tuillieres & Nicolas Chaon, examinateurs du roy noſtre ſire en ſon Chaſtellet, fu faite venir & attainte la deſſus dite priſonniere Marion L'Eſtallée, dite La Droituriere, laquelle continua & perſevera par ſerement ès confeſſions cy-deſſus eſcriptes, par elles faites & cogneues, & leſqueles li furent leues mot après autre, diſant que elles contenoyent verité, & icelles avoir faites par la fourme & maniere que eſcriptes ſont, & que autre choſe ne ſavoit du fait que dit eſt deſſus. Et, ce fait, fu remiſe en la priſon donc elle eſtoit partie; & par ledit monſ. le prevoſt demandé auſdiz preſens conſeilliers leurs advis & oppinions qu'il eſtoit bon eſtre fait d'icelle priſonniere. Tous leſquelz, ſauf les deſſus nommez maiſtre Robert de Pacy, Robert de Tuillieres & Nicolas Chaon, diſtrent que, depuis leurs premiers advis & oppinions cy-deſſus eſcrips, par eulx fais & dis, ilz avoient penſé & eſtudié à la matiere deſſus dite, & eu regart ad ce que les drois (1) dient de ſemblables fais, & auſſi en avoient fait pluſieurs demandes & queſtions entre pluſieurs perſonnes auſquelz ilz en avoient parlé. Et en continuant & perſeverant en leurs premiers advis & oppi-

---

(1) Prohibées par pluſieurs articles des capitulaires de Childéric III, en 742; de Carloman, en 743; de Charlemagne, en 769 & 789; & de Charles le Chauve, en 867 & en 873; les pratiques de la ſorceilerie ont été condamnées dans un grand nombre de conciles, parmi leſquels il ſuffira de citer les conciles d'Ancyre, en 314, can. 23 & 24; de Nicée, en 325, can. 20; de Laodicée, en 366 ou 367, can. 36; d'Agde, en 506,

nions, delibererent que l'en ne povoit efpargnier icelle Marion que de elle ne feuſt faite juſtice par la maniere que dit ont cy-deſſus. Oyes leſquelles oppinions & veu ledit procès, ledit monſ. le prevoſt condampna icelle Marion à eſtre menée ou pillory, illec tournée & crié fes meſſais, &, en après ce, menée ou marché aus pourceaux, & illec, pour fes demerites, arſe.

LE MERCREDI enfuïant, xxiiij<sup>e</sup> jour, oudit moiz & an deſſus dit, par maiſtre Dreux d'Ars, lieuxtenans dudit monſ. le prevoſt, prefens maiſtre Oudart de Fontenoy, Nicolas Chaon & Gieffroy Le Goybe, examinateurs du roy noſtre fire ou Chaſtellet de Paris, fu faite venir en jugement & attainte fur les quarreaux dudit Chaſtellet la deſſus nommée Marion L'Eſtallée, dite La Droituriere, à laquelle, par la bouche dudit lieutenant, fu proferé & prononcé ledit jugement fait contre icelle Marion, priſonniere.

EN ENTERINANT lequel jugement, ladite Marion fu menée oudit pillory, tournée illec, & le cry deſſus dit fait, &, en après, menée ou marché aus pourceaux, & illec arſe.

ET n'avoit aucuns biens foubz le roy.

AL. CACHEMARÉE.

can. 42; d'Auxerre, en 578, can. 3 & 4; le quatrième concile de Tolède, en 633, can. 29; & le concile de Conſtantinople, dit *in Trullo*, en 692, can. 61. (Baluze, *Capitularia reg. Francor.*, t. I, col. 148, 151, 191, 254, 824, 961, 1050, 1285, & t. II, col. 230 & 365; & Labbe, *Sacroſancta Concilia*, édit. Coleti, t. I, col. 1494, 1500, 1505, 1538, 1546, 1553; t. II, col. 307; t. V, col. 528; t. VI, col. 643, 1460; t. VII, col. 1375.)

# HENRIET TESTART.

10 août 1390.

L'AN DE GRACE MIL troys cens quatrevins & dix, le mercredi x<sup>e</sup> jour d'aouft, par davant maiftre Jehan Truquam, lieutenant de monf. le prevoft, prefens Guillemin Haguenot, fergent d'armes du roy noftre fire; Raoulet Le Breton, lieutenant du chevalier du guet; Loyfet Joffum, geolier du Chaftellet, & Perrin de Sains, fergent à verge du roy noftre fire ou Chaftellet de Paris; fu attaint & fait venir en jugement fur les quarreaux dudit Chaftellet Henriet Teftart, prifonnier detenu oudit Chaftellet, à la requefte de Jehan de La Rue, faifeur de cloches, dit en la rue Saint-Anthoine, difant & affermant par ferement, & en la prefence dudit prifonnier, que, ou jour d'yer, de nuit, à la ville de Saint-Lorens, ainfi comme il avoit veillé en l'egleife d'icelle ville, eftant au dehors des portes Saint-Denis & Saint-Martin de Paris, jufques environ xj heures de nuit, il, par fain de dormir qui le furprint, s'en ala coucher dormir fur un fiege eftant auprès de l'autel & en la chappelle Noftre-Dame, affiz en ladite paroiffe & eglife de Saint-Lorens; & lui eftant auffi couchié, vint gefir affez près de lui & couchier le deffus dit prifonnier Henriet Teftart, & illec s'endormi il qui parle; & au refveillier qu'il fift, trova ledit prifonnier qui avoit une de fes mains à fa taffe. Li demanda qu'il faifoit illec, & qu'il lui rendefift fon or & argent qu'il lui avoit emblé; lequel prifonnier de ce faire fu refufant. Et pour ce qu'il regarda en fa taffe, & trouva que l'en lui avoit emblé deux efcus en or de xviij f. la piece, & vij blans neufs de viij d. piece chafcun; un role de parchemin ouquel font efcrips plufieurs oroifons, & un efchanteillon de bois, qui eft par maniere de compas, à prendre & faire le tour de cloches; requift au guet du roy noſtre ſire eſtant en ladite egliſe de Saint-Lorens que ledit priſonnier feuſt prins & arreſtez, &, à ſa requeſte, admenez priſonnier oudit Chaſtellet, afin d'eſtre de ce que dit eſt reſtituez.

Dit auſſi que quant ledit guet miſt la main audit priſonnier, & qu'il fu ſerché, il fu ſur lui trouvé leſdiz ij eſcus d'or, rollet d'oroiſons & compas à fere cloches.

Lequel priſonnier fu fait jurer aus ſains Evangiles de Dieu de dire verité ſur ce que dit eſt, & des autres choſes qui li ſeroyent demandées. Et cogneut qu'il eſt nez de la ville de Senlis, homme de labour & variet à maçon, marié à une femme nommée Gilete, qui eſt vendereſſe de fromages, demourant en la rue du Frant-Noyer; & quant audit or ſur lui trouvé, diſt qu'il l'a gaigné à ſoyer blez en ceſt aouſt preſent, avec & en l'oſtel ſire Jaques Lempereur (1), eſtant aſſiz à Foirez (2), prez de Laigny; & quant auſdiz rolet à [o]roiſons & compas, dit & afferma par ſerement que, ou jour d'yer, ilz lui furent donnez en la foire & marchié dudit Saint-Lorens, par un compaignon qu'il ne cognoiſt. Requis en quoy ledit or eſtoit lyé, & de quoy, & s'il y avoit autre choſe que leſdiz deux eſcus enſamble en la taſſe que prinſe a eſté ſur lui, & dont il a eſté trouvé ſaiſis, dit qu'il ſont en or, mis en un petit bourſelot d'icelle taſſe, ſans y avoir autre choſe lié en l'environ. Requis audit Jehan de La Rue en quoy leſdiz deux eſcus eſtoyent en ſa taſſe, & où, dit par ſerement, en la preſence dudit priſonnier, qu'ilz eſtoient enſamble

---

(1) Jacques Lempereur, après avoir paſſé par divers emplois financiers, fut inſtitué, le 10 mai 1376, maître enquêteur des eaux & forêts. Créé maître des eaux & forêts de Champagne & de Brie le 12 juillet de la même année, il fut élevé, en 1381, à la charge de maître enquêteur des forêts & garennes du roi par tout le royaume, fonctions qu'il exerçoit encore en 1386 & 1387. (*Hiſt. généal. & chronol. de la Maiſon roy. de France*, t. VIII, p. 876, C.)

(2) Forêt, canton de Lagny (Seine-&-Marne).

liez en un petit drapellet blanc, & entour liez de fil blanc,
boutez en la faulſe bourſe de ſa taſſe.

Aprés leſqueles choſes ainſi faites, par l'advis & deliberacion des deſſus [diz conſeilliers], conſideré la denegacion d'icellui priſonnier & eſtat d'icellui, l'afirmacion
dudit Jehan de La Rue, que icellui priſonnier, veu ſon
eſtat, n'eſt pas homme qui deuſt avoir tel nombre d'argent ſur lui qu'il ne ſceuſt bien en quoy il euſt mis icellui, & qu'il eſt vray que ledit or a eſté trouvé lié enſamble
en un petit drapelet blanc, & lié par la maniere que a
depoſé icellui de La Rue; ce auſſi que ledit priſonnier,
pour jeu de dez & cabuſerie, a pluſieurs fois eſté priſonnier ou Chaſtellet & mis hors de priſon, & la povreté
d'icellui; attendu auſſi que dudit or & autres choſes deſſus dites il fu trouvé ſaiſy, delibererent que, pour ſavoir
par ſa bouche la verité, il feuſt mis à queſtion. Et ainſi
fu prononcé par ledit lieutenant, & en la preſence dudit
priſonnier.

En enterinant lequel jugement, ledit priſonnier fu
fait deſpouillier & mis à queſtion ſur le petit treſteau; &
ainſi comme l'en li vouloit donner de l'eaue, requiſt inſtaument & ſupplia que l'en le meiſt hors d'illec, & dudit
larrecin donc il a eſté accuſé, par lui fait & commis, &
pluſieurs autres, il diroit verité. Si fu mis hors d'icelle
queſtion, & ramené en jugement ſur leſdiz quarreaux.

Hors de laquelle queſtion, & ſans aucune force ou
contrainte, icellui priſonnier, en la preſence des deſſus
diz [conſeilliers], & de maiſtres Nicolas Chaon & Gieffroy Le Goybe, examinateurs &c., cogneut & confeſſa
par ſerement avoir fait & commis, & aidié à faire & commettre les crimes & larrecins qui enſuient, c'eſt aſſavoir:
que herſoir, ainſi comme environ entre xj & xij heures

en la nuit, il, qui pour lors eftoit en l'eglife de Saint-Lorens lez Paris, pour fommeil de dormir qu'il avoit, s'en ala couchier en la chappelle Noftre-Dame, eftant en icelle eglife, auprès dudit Jehan de La Rue, qu'il ne cognoiffoit; & ainfi qu'il fu iilec couchié, vit & aperceuft que icellui de La Rue dormoit moult fort; & lors, par la temptacion de l'ennemi, fe leva, & en la taffe dudit de La Rue print iceulx deux efcus deffus dis, qui eftoyent envelopez en un petit drapelet, avec le rolet à oroifons & compas deffus dis (1), & les mift hors de fa taffe, & dudit mouftier ou eglife cuida partir; mais il fu prins & arrefté par icellui de La Rue, avec le guet du roy, qui illec furvint.

Item, cogneut que, aujourd'ui a huit jours, de nuit, il qui parle, en fa compaignie Jehannin Porte-Pennier, Jehannin au Court-Bras (2) & un nommé Symonnet, reperans à la porte de Paris & portans le pennier, alerent au port au fain en Greve, fur la riviere, ouquel lieu il trouverent un homme qui dormoit, & à icellui ofterent & prindrent viij f. qui eftoient en fa bourfe, avec une houpelande fengle & de drap gris donc il eftoit couvers, & laquelle ilz vendirent, au carrefour Saint-Sevrin, viij f. Et dudit larrecin ot, il qui parle, à fa part, iiij f.

Item, le jeudi enfuïant, audit lieu du port au fain & heure deffus dis, lui & les deffus nomez trois compaignons mal prindrent femblablement, à un homme qui illec dormoit, une longue houpelande de drap gris, avec un couftel qui pendoit à fa fainture, lefqueles chofes ainfi prinfes il vendirent, le lendemain, xij f., & de ce ot, il qui parle, à fa part, trois foulx.

Item, le vendredi enfuïant, de nuit, lui & les deffus diz compaignons, eftans fur les murs devant Saint-Poul,

---

(1) Voy. ci-deffus, p. 364.
(2) On trouvera fon procès plus loin, p. 373-379.

trouverent un homme qui dormoit, auquel ilz ofterent en fa bourfe viij f., & d'iceulx ot à fa part ij f.

Item, le dimenche enfuïant, foubz le pont des Celeftins de Paris, il & les deffus diz iiij compaignons trouverent d'aventure un homme qui dormoit illec, auquel ilz ofterent une houpelande qui eftoit fur lui & un couftel qui pendoit à fa fainture, laquelle fu vendu n'eft record quelle fomme, mais de ce il ot à fa part xij d.

Item, cogneut que lui & Guillemin du Val, aumuffier, ij ans a ou environ, de jour, & en une hoftellerie à Poiffy, mal prindrent & emblerent, en l'eftable, un cheval de poil bay, lequel ilz amenerent & vendirent, en la ville de Paris, vj frans, & d'iceulx ot à fa part iij frans.

Item, cogneut que, lui & les iij premiers compaignons deffus diz, par lui nommez, à un jeudi, de nuit, iiij fepmaines a ou environ, alerent audit port au fain, auquel lieu ilz defroberent un homme, li ofterent fa robe, fa fainture & fon chaperon. En après, ce mift [à] deffenfe, &, pour ce, le defpouillerent tout nu, nonobftant qu'il criaft. Lequel qui parle eftoit lors un po arriere d'eulx, & faifoit le guet, que nul ne venift; & lors fu par l'un defdiz compaignons, n'eft record lequel, jetté en la riviere de Saine, & illec fu noyez.

Item, cogneut que nagueires, lui & Jehannin Baudet, aumuffier, demourant en la rue au Lyon, ainfi comme ilz eftoient en la chambre Baudet, & que aus feneftres d'icellui hoftel pendoyent, tant hault que bas, plufieurs nappes & touailles, que la dame de l'oftel ouquel icellui Baudet demouroit avoit mis au dehors, ilz prindrent grant quantité defdites nappes, lefquelles ilz vendirent la fomme de iij frans, & en ot à fa part xxiiij f.

Item, cogneut, il qui parle, que lui & un nommé Perrin, qui eft bouchier, demourant à Senlis, près de l'oftel du Chat, ij ans a ou environ, eftans en la ville d'Amiens, logez en une hoftellerie, mal prindrent & emblerent,

oudit hoftel, iij chevaulx, c'eft affavoir : l'un rouge,
l'autre noir & l'autre gris; & lefquelz chevaulx par euix
prins en l'eftable dudit hoftel ilz amenerent en la ville de
Lihons en Sancters (1), & illec les vendirent la fomme de
xvj frans, dont il qui parle ot à fa part viij frans.

Item, cogneut que lui & un nommé Perrin Libert, né
de Normandie, & demourant à Laigny, eftans en la ville
de Montmirail en Brie, & à un jour de dimenche, que le
maiftre dudit Libert eftoit allez au mouftier, icellui Libert, en la prefence de lui qui parle, ouvry, à unes tenailles de fer, la huche de fondit maiftre, & en icelle
print vj frans en or, defquelz il ot à fa part ij frans; &
atant fe partirent dudit hoftel de Montmirail, n'eft record du temps autrement que dit eft deffus.

Item, dift que un nommé Guillemin Le Bourguignon,
qui eft mariez, & a fa femme nom Jehennete, qui eft une
très-petite femme, & lefquelz font logiez au Plat d'Eftain,
en la rue Saint-Jaques, lui mouftra nagaires ij draps de
lit & une couverture de farge pour lit, lefquelz il vendoit à Paris, & d'iceulx receupt icellui Bourguignon
iiij francs; auquel Bourguignon il qui parle demanda où
il les avoit prins, & il lui refpondi que fur leur maiftre,
fire Jacques Lempereur, où il avoient fervi en enfamble
en aouft, au partement que fait avoit de l'oftel dudit fire
Jaques, eftant à Forez, près de Laigny, avoit iceulx draps
& couverture prins en fondit hoftel. Et dift, fur ce requis, que defdiz iiij frans il n'ot oncques denier aucun.

Item, dift qu'il a ouy dire à Jehannin & Phelipot, qui
font faifeurs de bailaiz de genefte, & demourant en la rue
Saint-Victor, de leurs fournoms n'eft record, que jà pieçà
ilz emblerent, en la ville de Trappes, un lit, lequel ilz
apporterent vendre à Paris. Et dift, fur ce requis, que de
prefent il n'eft pas record qu'il ait fait ou commis aucuns

---

(1) Lihons-en-Santerre, arrondiffement de Péronne (Somme).

autres crimes, mais il s'en advifera, & demain en dira
tout ce dont il porra eftre record. Et, ce fait, fu mis en
la prifon dont il eftoit partis.

ITEM, le jeudi enfuïant, xj[e] jour dudit mois d'aouft
mil ccciiij[xx] & dix, par davant monf. le prevoft, prefens
monf. Baudes de Vauvillier, chevalier du guet; maiftres
Jehan Truquam, lieutenant dudit monf. le prevoft; Dreux
d'Ars, auditeur; Jehan de Tuillieres, Miles de Rouvroy,
Nicolas Bertin, Ernoul de Villers, Robert de Tuillieres,
Nicolas Chaon & Gieffroy Le Goybe, examinateurs de
par le roy noftre fire en fon Chaftellet de Paris, fu aut-
taint & fait venir en jugement fur les quarreaux le deffus
dit prifonnier Henriet Teftart, lequel, fans aucune force
ou contrainte, continua & perfevera ès confeffions cy-
deffus efcriptes par lui faites, & afferma par ferement
icelles avoir efté faites par lui cogneues en la forme &
maniere que elles font efcriptes, & lefqueles li ont efté
leues mot après autre.

Et, oultre ce, cogneut & confeffa que, puis un an a
ou environ, il qui parle, lors demourant en la ville de
Sens en Bourgogne, en l'hoftel Jehan Godefroy, à l'enfeigne du Coq, près de l'abbaye de Sainte-Colombe, &
lequel Godefroy il fervoit lors de appareillier fes chevalx, & comme un varlet d'oftel fait, un nommé Thevenin Le Bourguignon, clert dudit Godefroy, lui dift que
fondit maitre ne le vouloit païer de ce qu'il avoit gaigné
& deservi à lui, difant que s'il le vouloit aider à faire ce
qu'il lui diroit, qu'ilz feroient riches à tousjours; & il
qui parle s'acorda faire fa volenté. Et dift, icellui Thevenin, à lui qui parle, qu'il fe tenift en bas par terre à
l'uys, & regardaft que ledit Godeffroy, leur maiftre, qui
eftoit alez à une frarie en ladite ville, ne venift. Ouquel
lieu il qui parle fe tint par tel temps que ledit Thevenin
monta en hault en une chambre, & qu'il fift illec il qui

parle ne ſcet, fors parce que, au retour qu'il fiſt de ladite
chambre, il lui diſt qu'il avoit rompu le coffre dudit Godeffroy, & en ycellui avoit prins certaine quantité d'or.
Et, eulx venus enſemble en la ſale de l'oſtel dudit Godeffroy, ycellui Thevenin bailla à lui qui parle la ſomme
de xlv fr.; & diſt lors icellui Thevenin à lui parle qu'il
en avoit autant à ſa part. Et d'ilec ſe partirent enſemble
d'un accord, & en alerent chaſcun où bon leur ſembla, &
il qui parle vint à Paris, & oncques puis ne vit ycellui
Thevenin. Et autre choſe, ne plus, ne ſcet deſ larrecins
faiz ou commis, dont il ſoit ad preſent record.

APRÈS LESQUELLES choſes ainſi faites, ledit monſ. le
prevoſt demanda auſdiz conſeilliers leurs advis & oppinions comment il eſtoit expedient à faire à proceder à l'encontre dudit priſonnier Henriet Teſtart. Tous leſquelz,
veus les denegacions par lui faites, & auſſi les confeſſions,
multiplicacions & reiteracions de crimes & deliz par lui
faiz & commis, par pluſieurs & diverſes foiz & journées,
l'eſtat & perſonne dudit Henriet, avec les perſeveracions
d'icelles larrecins, delibererent & furent d'oppinion que
il eſtoit un très-fort larron & murdrier, & que, comme tel,
il feuſt executez, c'eſt aſſavoir trainé & pendu. Oyes leſqueles oppinions, & veu ledit procès & confeſſions faites
par icellui Henriet, ledit monſ. le prevoſt condempna
icellui Henriet à eſtre trainé & pendu comme larron &
murdrier, & icellui jugement prononça en la preſence
dudit Henriet Teſtart.

ITEM, le ſamedi enſuïent, xiije jour dudit mois d'aouſt,
mil ccciiijxx & dix, par davant monſ. le prevoſt, lui eſtant
en jugement ſur les quarreaux, preſens maiſtre Jehan
Truquam, lieutenant, & Guillaume Porel, lieuxtenant
dudit monſ. le prevoſt; Martin Double, advocat; Andrieu
Le Preux, procureur du roy; Dreux d'Ars, auditeur;

Miles de Rouvroy, Nicolas Bertin, Ernoul de Villers, Robert de Pacy, Robert de Tuillieres, Nicolas Chaon & Gieffroy Le Goybe, examinateurs, &c.; maiftre Michiel Paillier, advocat; fu de rechief attaint & fait venir en jugement fur lefdiz quarreaux le deffus dit Henriet Teftart, prifonnier, lequel, après ce qu'il ot perfeveré & continué ès confeffions cy-deffus efcriptes, affermant ycelles eftre vrayes, & par lui avoir efté faites par la forme & maniere que efcriptes font, oultre & par deffus lefqueles, & nonobftant icelles, il cogneut que, ij ans a ou environ, il qui parle, en fa compaignie Jehannin Freuillet, prifonnier ou Chaftellet, & Jehannin Le Marefchal, né du païs de Normandie, alerent de nuit en Glatigny, en la chambre d'une fille de pechié eftant illec, en laquelle il rompirent l'uys de devant, & en icelle prindrent, en l'abfence d'icelle fille, une cofte hardie de drap pers, fourrée de gris, laquele ilz vendirent le landemain, ès hales de Paris, la fomme de ij frans, qu'ilz departirent entre eulx. Le landemain au foir, de nuyt, ainfi comme ilz eftoient au dehors de la porte de Montmartre, trouverent un bon homme de village qui yffoit hors de la ville de Paris; auquel homme il ofterent une paire de draps de lit qu'il portoit fur fon col, lefquelz draps il vendirent la fomme de xvj f. par., par entre eulx devifez enfemble.

Item, cogneut que, en Kairefme derrenierement paffé, il qui parle, en fa compaignie le deffus dit Courbras, eftans logiez à la Verriere (1), vers Trappes, où ilz eftoient alez, & ou païs d'environ, en entencion d'embler, ilz prindrent & emblerent de nuyt, en l'oftel Berthaut Galot, de ladite ville, & ouquel hoftel ilz eftoient couchiez, un lit, & un couffin, & une paire de draps de lit, que ilz aporterent à Paris, & illec le vendirent à Lorence La

---

(1) La Verriere, arrondiffement de Rambouillet (Seine-&-Oife.)

Picarde, demourant au bout de la rue aus Juifs, la fomme de xvj f. par., lefquelz ilz partirent enfemble par moitié.

ET, CE FAIT, ledit prifonnier fu mené à fon derrenier tourment, & illec fu ledit jugement executé oudit famedi, xiij⁰ jour dudit moiz d'aouft, le deffus dit [an], après ce qu'il ot perfeveré & continué ès confeffions cy-deffus efcriptes par lui faites.

Et n'avoit aucuns biens.

AL. CACHEMARÉE.

## JEHANNIN MACHIN, DIT COURBRAS.

### 11 août 1390.

L'AN DE GRACE MIL TROIS cens quatrevins & dix, le jeudi xj⁰ jour d'aouft, par davant maiftre Jehan Truquam, lieutenant de monf. le prevoft, prefens maiftre Guillaume Porel, confeillier du roy noftre fire en fon parlement à Paris; Beraut Buiffon (1), efleu fur le fait des aydes; Dreux d'Ars, auditeur; Andrieu Le Preux, procureur du roy; Ernoul de Villers, examinateurs, & Michel Paillier, advocat; fu fait venir en jugement fur les quarreaux Jehannin Machin, dit au Courbras, prifonnier detenu oudit Chaftellet, par l'accufacion de Henriet Teftart (2), prifonnier illec. En la prefence duquel Courtbras, ledit Henriet dift & accufa icellui que, eulx deux enfemble & autres en leur compaignie, iij fepmaines a ou environ, alerent au port au Fain, en Greve, & en icellui

---

(1) Sic, pour Briffon.

(2) Au moyen âge, & à une époque affez rapprochée de nous, on arrêtoit en même temps le dénonciateur & le dénoncé. On a déjà vu, dans notre Regiftre, plus d'un exemple de cet ufage.

lieu trouverent un homme qui fe dormoit, auquel ilz
ofterent fa robe, fa fainture & fon chaperon; & que pour
ce que icelui homme fe mift à deffence, le defpouillierent
tout nu, nonobftant qu'il criaft bien hault, &, en après
fe, par l'un de leurfdiz compaignons fu jetté en la riviere
de Saine & noyé.

Item, que mercredi derrenierement paffé ot viij jours,
lui, & ledit Courtbras, & les autres nommez en fa confeffion, alerent de nuyt audit port au Fain, & le jeudi &
vendredi enfuïent, & en chafcune defdites nuys, defroberent illec plufieurs genz, c'eft affavoir : ledit mercredi,
à un homme, viij f. qui eftoient en fa bourfe, & une
houpelande longue fengle, de drap gris, par eulx vendue,
au carrefour Saint-Sevrin, viij f., dont chafcun d'eulx ot
à fa part iiij f.; &, le jeudi enfuïant, une femblable houpelande & un couftel, vendu xij f.; & de ce ot auffi chafcun iij f.; & le vendredi enfuïant, en la bourfe d'um
homme qui dormoit illec, viij f., & en ot chafcun ij f.

Lequel prifonnier fu fait jurer aus fains Evangiles de
Dieu de dire verité fur ce que dit eft, & autres chofes
qui lui feroient demandées; &, ce fait, dit & afferma
par ferement qu'il eft nez de la ville de Paris, & a tous les
cours (1) de fa vie gaigné à faire fon meftier de boullen-
gerie & paftifcerie, jufques au voyage que le roy fift nagaires ou païs d'Alemaigne, qu'il ala en icellui païs fervir
comme varlet; & que, à certain debat qui fut contre
aucuns Alemans dudit lieu, il fu feru & navré ou bras,
donc il eft affolez à tousjours. Et pour ce que bonnement
il ne povoit plus ouvrer dudit meftier, s'eft mis à porter
le pannier à la porte de Paris. Et quant aufdites accufacions contre lui dites & propofées par icelui Henriet,
dift & afferme par ferement qu'il n'en eft riens, mais a
menti icelui Henriet, & les a controuvées à l'encontre

_____

(1) *Sic*, fans doute pour tout le cours ou tous les jours de fa vie.

de lui, & ne fera jà fceu qu'il en foit aucunement coulpable. Et dift, fur ce requis, qu'il ne cognoift aucunement ledit Henriet, & ne le vit oncques mais jufques à
prefent; & autre chofe ne voult cognoiftre, fur ce interrogué & examiné à grant diligence. Et, pour ce, fu fait
maittre en la prifon dont il eftoit partis.

ITEM, le vendredi enfüient, xijᵉ jour dudit mois d'aouft,
l'an deffus dit, par davant monf. le prevoft, lui eftant en
jugement fur les quarreaux, prefens maiftres Jehan Truquan & Guillaume Drouart, lieutenans dudit monf. le
prevoft; Dreux d'Ars, auditeur; Andrieu Le Preux, procureur du roy; Robert Petit-Clert, Miles de Rouvroy,
Nicolas Bertin, Robert de Pacy, Nicolas Chaon & Gieffroy Le Goybe, examinateurs; fu veu & leu, mot après
autre, le procès & confeffion fais par ledit Henriet, & les
accufacions par lui faites & dites contre ledit Jehannin
au Courbras, prifonnier. Tous lefquelz, confideré l'eftat
& perfonne dudit Courbras, qui eft home vacabond, les
denegacions par lui faites, fans autres clerificacions ou
refponces dire, propofer ou alleguer pour icellui Courbras, prifonnier, & l'affirmacion d'icellui Henriet, lequel
en faifant & confeffant icelles charge, delibererent &
furent d'oppinion que, pour en favoir par fa bouche la
verité, il feuft mis à queftion. Oyes lefqueles oppinions,
& veu ledit procès, ledit monf. le prevoft commanda &
ordonna que ainfi fu fait, & le prononça en la prefence
dudit Courbras, prifonnier.

EN ENTERINANT lequel jugement, ledit monf. le prevoft, lui eftant en jugement fur les quarreaux dudit Chaftellet, en la prefence de maiftres Jehan Truquam, lieutenant dudit monf. le prevoft; Miles de Rouvroy, Ernoul de Villers, Nicolas Bertin, Robert de Pacy, Gieffroy
Le Goybe, examinateurs; Jehan Le Conte & Jehan Le

Grant, cirurgiens jurez du roy noftre fire; fift venir &
attaindre par devant lui le deffus dit prifonnier Jehannin
à Courbras, lequel, pour ce que autre chofe ne voult
cognoiftre que dit eft deffus, fors que il dift qu'il eftoit
nez de Louviers en Normendie, fu mis à queftion fur le
petit trefteau; & ainfi comme il ot un petit beu d'eaue,
requift que hors d'illec l'en le meift, & il diroit verité.
Si fu mis hors d'icelle queftion, & ne voult aucune chofe
confeffer; &, pour ce, fecondement fu mis & lié à ladite
queftion feulement, & après requift qu'il feuft defliez,
& il diroit verité defdiz larrecins par lui fais, & autres
plufieurs. Si fu deflié & ramené en jugement fur lefdiz
quarreaux, en la prefence [des] deffus diz, & illec, hors
de toute queftion, fans aucune force ou contrainte, cogneut & confeffa que, quelques variacions qu'il euft faites
paravant cy-deffus, verité eft que, iij fepmaines a ou
environ, lui qui parle, ledit Henriet Teftart, prifonnier,
Simonnin & Jehannin, des feurnoms defquelz il n'eft record, & lefquelz font compaignons vacabondes & repairans à la Servaife du Molinet, trouverent li uns l'autre à
ladite Cervoife, & après plufieurs paroles entre eulx dites,
icellui Henriet dift qu'il n'avoit point d'argent, & qu'il
failloit qu'ilz alaffent gaignier, qu'il qui parle entent
embler.

Et, ce fait, eulx iiij enfemble fe partirent de ladite
Servoife, & alerent couchier fur le port au Fain, en
Greve, ouquel lieu ilz trouverent un homme dormant,
aufquel ilz ofterent une hopelande fengle, n'eft record
de quel drap, & un couftel; & pour ce que ledit homme
fe voult revengier, il le jetterent en l'eaue de Saine, où
il fu noyé. Laquelle houpelande il qui parle vendi, en la
freperie, iiij f., & en ot à fa part xij d., & chafcun defdiz compaignons autant, & le couftel fu beu par entre
eulx.

Item, confeffe que, diz ans a ou environ, qu'il fervoit

un efcuïer appellé Albert, du païs d'Alemaigne, pour ce que ledit efcuïer ne li vouloit riens donner, à un jour dont il n'eft record, il print ou coffre dudit efcuïer, duquel il avoit la clef, iij frans d'or, pour lequel fait il fu mis en prifon en la ville de Chafteauleraut, & depuis delivré, pour ce qu'ilz les reftitua.

Item, confeffe que, un an a ou environ, qu'il fervoit à Paris meffire Jehan de Gaucourt (1), chevalier, il print & embla ij ou iij frans en menue monnoye fur le comptoir d'icellui chevalier, & fut ainfi comme fondit maiftre l'avoit envoyé en fa chambre querir une de fes robes.

Item, confeffe que, en Quareifme derrenierement paffé, lui & ledit Henriet eftans en la ville de Verrieres, vers Trappes, où ilz eftoient alez, & ou pays d'environ, en entencion d'embler, ilz prindrent & emblerent de nuit, en l'oftel Berthaut Galot, de ladite ville, ouquel hoftel ilz eftoient logiez & couchiez, un lit, & un coiffin, & une paire de draps de lit, que ilz aporterent à Paris, & illec les vendirent à Lorence La Picarde, demourant au bout de la rue aus Juifs, la fomme de xvj f. par., qu'ilz partirent enfamble.

Item, confeffe que, fus les foffez de Paris, lui qui parle, lefdiz Henriet, Simonnin, Perrinet, François, & un appellé Guillemin, autrement de leurs noms n'eft record, ne là où il demourent, ont defrobé x ou xij perfonnes fur les foffez de Paris, depuis iij fepmaines ençà, & d'icculx larrecins ont eu iij ou iiij frans, n'eft record lequel, lefquelz ilz ont parti enfamble; & dift que, en ce faifant, ilz contrefaifoient les fergenz.

Item, cogneut que, puis un an a ou environ, il a fait

_____

(1) Il étoit maître d'hôtel du roi, & feigneur de Maifons-fur-Seine, de Viry, & de Villiers en partie. Il reçut, le 15 mars 1392, cinq cents livres en récompenfe de fes fervices, & mourut le 22 février 1393. (*Hift. généal. & chronol. de la Maifon royale de France*, t. VIII, p. 369, B. C.)

plufieurs menues larrecins, tant à Paris, ou pays de Meu-
cyen (1), de Brie, & ailleurs donc il n'eft record, & ef-
quelz païs ilz aloit en bribes en pourchaffent fa vie.

ITEM, le famedi enfuïant, xiij<sup>e</sup> jour dudit mois d'aouft,
l'an iiij<sup>xx</sup> & diz deffus dit, par devant monf. le prevoft,
lui eftant en jugement fur les quarreaux, prefens maiftre
Jehan Truquam, Guillaume Drouart, lieuxtenans dudit
monf. le prevoft; Dreux d'Ars, auditeur; Martin Double,
advocat; Andry Le Preux, procureur du roy; Miles de
Rouvroy, Nicolas Bertin, Ernoul de Villers, Robert de
Pacy, Robert de Tuillieres, Nicolas Chaon, Gieffroy Le
Goybe, examinateurs, & Michel Paillier, advocat, fu
attaint & fait venir des prifons dudit Chaftellet le deffus
dit Jehannin Mahi, dit au Courbras, prifonnier deffus
nommé, lequel, fans aucune force ou contrainte, après
ce qu'il ot juré & affermé par ferement dire verité, continua & perfevera ès confeffions cy-deffus efcriptes, par
lui faites, & afferma icelles eftre vrayes, & par lui avoir
efté faites, par la forme & maniere que efcriptes font cy-
deffus.

ET, CE FAIT, ledit monf. le prevoft demanda aufdiz
prefens confeilliers leurs advis & oppinions qu'il eftoit
[bon] à faire dudit prifonnier. Tous lefquelz, attendu
l'eftat & perfonne d'icellui, les denegacions par lui faites,
avec les confeffions par lui faites, les reiteracions des
crimes par lui commis, tant de fait appenfé comme autrement, & la multiplicacion d'iceulx, mefmement dudit
homme jetté & noyé en la riviere, delibererent & furent
d'oppinion qu'il eftoit dignes de foufrir mort, & eftre
pugnis comme murdrier & larron très-fort, c'eft affavoir :
trainé & pendu. Oyes lefqueles oppinions, & veu ledit

(1) Multien.

procès, ledit monf. le prevoft le ordonna, prononça &
juga ainfi eftre fait, & en la prefence dudit Courbras,
prifonnier.

LEQUEL jugement fu executé oudit xiijᵉ jour d'aouft
iiijˣˣ & dix.

Et n'avoit aucuns biens.

AL. CACHEMARÉE.

# HENNEQUIN DU BOS, DIT LE BASTART DE GOMMIGNIES.

### 18 août 1390.

L'AN DE GRACE MIL TROIS CENS quatrevins & dix, le
jeudi xviijᵉ jour d'aouft, par davant monfeigneur le
prevoft, lui eftant en jugement fur les quarreaux, prefens
maiftres Guillaume Porel, confeillier du roy noftre fire
en fon parlement à Paris; Jehan Truquam, lieutenant
dudit monf. le prevoft; Dreux d'Ars, auditeur; Andry
Le Preux, procureur du roy; Jehan de Tuillieres, Jehan
de Bar, Robert Petit-Clert, Oudart de Fontenoy, Ernoul
de Villers, Robert de Tuillieres & Nicolas Chaon, examinateurs de par le roy noftre fire en fon Chaftellet de
Paris; vint & fu prefent honorable homme & maiftre
Jehan de Ceffieres, notaire du roy noftre fire & criffier
criminel en fon parlement, lequel, de bouche, dift &
rapporta audit monf. le prevoft, prefens les deffus diz,
que, du commandement de bouche à lui aujourd'uy fait
par meffeigneurs de parlement, il eftoit venus oudit
Chaftellet, & avec foy apportoit certaines confeffions &
procès fais par Hennequin du Bos, dit le baftart de Gon-
mignies, que l'en dit eftre de prefent prifonnier ou Chaftellet de Paris, & que par mefdiz feigneurs de parlement

avoit esté entendu que ledit bastart avoit esté emprisonné du commandement de mondit seigneur le prevost ou son lieutenant, &, pour ce, avoient ordonné & appointé, & aussi commandé audit maistre Jehan de Cessieres, que ledit procès & confession dudit bastart il apportast par devers mondit seigneur le prevost, & que, veu icellui procès & ouy ledit bastart, ledit mons. le prevost lui feist raison & justice; lequel appointement & ordonnance de mesdiz seigneurs de parlement icellui maistre Jehan de Cessieres avoit enregistré par devers lui, en la maniere que dit, commandé, ordonné & appointé avoit esté par iceulx messeigneurs de parlement (1); & affin que ledit mons. le prevost peust plus plainement proceder & seurement à l'asolucion ou condempnacion dudit prisonnier, baillia deux roles en parchemin, lesquelz il dist estre la confession & procès dudit bastart, cy après accousuz, & contenir ceste forme :

C'est la confession de Hennequin du Bos, soy-dissant bastart de Gommegniers, & ce qu'il a dit & cogneu par devant monseigneur Robert de Bethune, visconte de

(1) Sous la date du jeudi 18 août 1390, on trouve, dans les registres du parlement, la mention d'une ordonnance ou appointement qui prononçoit la nullité de la demande formée par les doyen & chapitre de Saint-Quentin en Vermandois, à l'effet de réclamer Hennequin du Bos comme leur prisonnier. Quelque temps avant, Hennequin s'étant échappé des prisons de Montlhéry, où il avoit été enfermé, & n'ayant point profité de l'immunité que lui offroit l'église de Saint-Quentin pour se soustraire aux poursuites, il avoit été arrêté par le prévôt de Paris. Dans ces circonstances, la cour, considérant que c'étoit la fin de son parlement, adressa au prévôt les pièces du procès, avec l'ordre de prononcer d'une manière définitive sur le sort du prisonnier. Cette affaire duroit déjà depuis plusieurs années; une demande en restitution avoit été formée, le vendredi 21 février 1388, par le chapitre de Saint-Quentin, qui avoit obtenu un sursis; & la cour avoit enjoint à Étienne Dargies, geôlier du Châtelet, de mettre Hennequin du Bos dans l'état qu'il étoit ès basses prisons du Châtelet. (Registr. du parlem., Conseil & Plaid. crim., fol. 108 vº & 14 vº, Arch. de l'Emp., X, 8845.)

Meaulx, feigneur de Venduel, chevalier, & prefens le prevoft de Saint-Quentin, & le clerc fermenté & homme feal du roy noftre fire en ladite ville, ad ce appellées par ledit chevalier, liquels Hennequins a efté par ledit monf. le vifconte prins en l'iglefe de Saint-Quentin, & enprifonné, pour foufpeçon & renommée d'eftre Engleis, & d'avoir fait ferement aus Englès, & fait plufieurs mauls & criefmes de leze-magefté. Laquelle confeffion ledit vifconte envoye par devers fes très-chiers & grans feigneurs monf. le chancellier d'Orgemont, & nos feigneurs de parlement, & chafcun d'euls, encloffes foubz fon feel, pour avoir fur ce advis, & luy remander s'il leurs plaift, ce que il leur plaira qu'il en foit fait. Et confeffa ledit Hennequin les choffes qui s'enfuient, le penultime jour du mois de janvier, l'an mil ccciiij$^{xx}$ & fis. Et paraillement ont mis leurs fcaulx à cefte prefente confeffion lefdit prevoft de Saint-Quentin & le clerc fermenté & home feal du roy noftre fire.

Premiers, eft verité que ledit monf. le vifconte, qui eftoit à Saint-Quentin, fceut & oy dire que ledit Hennequin eftoit & avoit efté par plufieurs jours en ladite ville de Saint-Quentin; & pour ce qu'il tenoit que ledit Hennequin feuft Englès, & que fa renommée & grace eftoit autre que bonne, & pour doubte que ledit Hennequin ne feuft là venus pour efpier ou porter damaige à ladite ville de Saint-Quentin & au royaume, il manda audit Hennequin que il alaft parler à lui, pour favoir la caufe pourquoy il eftoit là venus & arrefté en ladite ville, & pour fur ce pourvueir & ordonner ainfy que raifon donroit. Liquels Hennequins fur ce fu refufant, & ne voult aler parler audit monf. le vifconte, liquels eft cappitainne ordonné de par le roy en ladite ville de Saint-Quentin; mais en demouftrant figne de eftre malvais & de luy doubter, print le inmunité & fe mift en francife en l'eglife de Saint-Quentin en ladite ville. Pour quoy ledit visconte, quant il sceut qu'il l'avoit refusé de venir parler à luy, & qu'il s'estoit transportés en ladite eglise, ala parler audit Hennequin, &, après plusieurs paroles, li demanda pourquoy il n'estoit venus parler à luy, & pourquoy il avoit prins franchise de l'eglise. Liquels Hennequins dist & respondi que il n'avoit que parler audit visconte; & lors li dist ledit visconte que s'il se sentoit proudome, il faisoit folie de prendre francise de l'eglise, & qu'il alast hors & parlast à luy; & ledit Hennequin respondi que non feroit, & qu'il estoit là bien.

ITEM, que pour ladite cause, & autres dessus declairées, ledit visconte print en ladite eglise ledit Hennequin, & le mist au belfroy de la ville de Saint-Quentin, ouquel il a esté prisonnier par l'espace de xv jours ou environ, & encor est, pendant lequel temps ledit visconte c'est informés dudit Hennequin, & de sa vie & estat, à plusieurs personnes, chevaliers & autres, qui le cognoisoient, adfin qu'il le peust traitier & mener par voye de justice ressonnable, &, après cela, examiné & questionné de paroles, & bien pau de fait, & a ledit Hennequin cogneu & confessé les chosses qui s'ensuivent :

PREMIERS, dist que, environ la mi-aoust eut un an, il estoit passés en Engleterre en la compaignie de monsf. l'amiral, avec plusieurs autres seigneurs; & dist que là il fu pris des Englès, & menez à une ville nommée Carly (1), en Engleterre, & là se renomma de monsf. de Gommegnies (2), son pere, si comme il dist à un chevalier nommé

---

(1) Aujourd'hui Carlisle, chef-lieu du comté de Cumberland.
(2) C'est sans doute lui dont il est souvent question dans Froissart, où il est appelé le sire de Gommegnies. On sait qu'il prit part à plusieurs tournois & s'y distingua par de glorieux faits d'armes. Froissart paroît bien renseigné sur son compte quand il dit qu'il avoit séjourné plusieurs

le feigneur de Nuefville; & femblablement dift que il li
requift que il fuft Englès. Liquels Hennequins devint
Englès, & fift ferement de tenir leur partie tousjours, &
s'arma depuis avec euls.

Dift encor que mefire Guy La Perfonne eftoit alors
prifonnier des Englois, & que ledit de Nuefville li de-
demanda s'il cognoiffoit ledit mefire Guy, liquels fe nommoit aus Englois Jean de Nuefcaftel, & ledit Hennequin
refpondi qu'il ne cognoiffoit point tel nom s'il ne le veoit;
& adonc li mouftra l'en ledit mefire Guy, & il le cougnut
tantouft, & dift que c'eftoit meffire Guy La Perfonne.
Et adonc li demanda ledit de Nuefville combien il pourroit païer de renfon, & ledit Hennequin li refpondi qu'il
paieroit bien fix miles frans, & feroit affés; & fu ledit
mefire Guy renchonné à fix milles, fi comme on dit.

ITEM, dift que ledit de Nuefville li demanda de l'eftat
& de la richefce de plufieurs chevaliers & efcuïers de
nom, des parties de par deçà, qui eftoient, en la compaignie de monf. l'amiral, paffées la mer, & combien il pourroient païer de renchon; liquels Hennequin luy nomma
par ordre ceuls qu'il cognoiffoit, & quelle renchon ilz
porroient fouffrir & païer s'il eftoient pris.

ITEM, dift que quant il euft efté avec les Englois par
delà environ v mois, il fu ordonné par les Englois & par
ledit feigneur de Nuefville, mefire Richart de Rademain
& mefire Guillaume de Gommegnies, à qui il fe dift freres
baftars, à revenir par defà, pour favoir de l'eftat du roy
& de l'armée, que on difoit que le roy entendoit à faire

---

fois en Angleterre, & qu'il connoiffoit bien les Anglois. (Froiffart, de
l'édition du *Panthéon littéraire*, liv. I, chap. XXX, CV, t. I, p. 21, 93;
liv. II, chap. LVIII, CVII, CXII, t. II, p. 79, 152, 157; liv. III, chap.
& XVI, t. III, p. 10, 94, 95, 97 & 98.)

en Engleterre ou en Efpaingne (1); & promift à le faire ainfi, & en raporter tout ce qu'il en porroit trouver, & avoir avifé & fceu, à mefire Villaume de Beaucamp, cappitainne de Calais, ou dedens le Pafque enfuïant, qu'il fu darrenierement; & de là fe partift d'Engleterre, & s'en vint à Mildebourc (2) avec un Englès nommé Thiery de Sonniens, qui le conduyfy jufques là.

PREMIER, un nommé Hange, qui fu pallefrainier de madame de Saint-Pol, & va en eftat de varlet pour efpier & favoir l'eftat, comme dit eft, ès parties de la conté de Retelle & de Champaingne; & doit retourner à Calais en habit de moifne.

ITEM, un autre nommé Hermant Le Fevre, tondeour de grans forces, & eft de Coloingne fur le Rin, qui va en maniere de varlet ès marches de Boulenoys, de Terrouenne & là entour; & doibt retourner à Calais en guyfe de chevalier fauvage.

ITEM, un autre nommé Loys de Droudeler, & eft Zelomdois, & demeure à Droudeler (3), & va fouvent ou royaume de France en guyfe de marchant de draps & de chevaulx, & eft communement au lendit & au mi-quarefme à Compiengne, & doit retourner à Calais en guyfe d'ofpitalier.

ITEM, un autre nommé Guillaume de Liege, & eft Liegois, & devoit aler en Poiteu, & va en eftat d'orfevre.

---

(1) Il veut fans doute parler du projet d'expédition contre l'Angleterre, formé par Charles VI en 1386, projet refté, comme on fait, fans exécution.

(2) Middelbourg, chef-lieu de la province de Zélande.

(3) Peut-être Dordrecht.

ITEM, un autre nommé Guerquin, & eſt d'Argentueil
en Liegois, & eſt mareſchauls, & devoit aler en Flandres
& par les bonnes villes, & doit retourner en habit des
moignes de Saint-Vremet, emprès Calais.

ITEM, un autre nommé Henry, & a eſté fauconnier, &
fu à monſ. de La Riviere, & ſe merle de oyſeaux vendre,
& eſt de Louvaing.

ITEM, un autre nomé Rogier de Merſe, & eſt devers
Ays en Alemaingne (1), & eſt foulons, & devoit aler demourer à Gant, & a environ xxx ans de aage, & doit r'aler
à Calais en habit d'ermite.

ITEM, diſt ledit Hennequin que touz les cept deſſus
nommez furent, au mi-quareſme darrain paſſé, à Calais,
& firent ſerement au cappitainne de fere les choſſes deſſus
dites, & devroient touz retourner à la Candeliere à Calais, comme dit eſt.

ITEM, diſt ledit Hennequin que quant il ſe fu parti des
Englès, il s'en ala ès parties de Poutieu, & n'i fu mie
granment, quant il fu prins des gens du roy, & a bien
eſté là priſonnier l'eſpace de dix mois, ſi comme il diſt,
& depuis eſt venus à Saint-Quentin, lau il a eſté prins &
detenu, & oncor eſt. Et diſt, quant on li demande qu'il
venoit là querre, que il aloit en pelerinage à Saint-Nico-
lay; laquelle choſe ne ſemble pas eſtre vraye, quar il
avoit jà, quant il fu pris, demeuré en ladite ville pluſieurs
journées, & s'acointoit des riches homes, & aloit diſner
& mengier avec euls & en leurs maiſons, & enqueſtoit
grandement de leurs eſtas, & mis grant paine, avant ce
que il fu pris, à veoir les priſons du roy; & ſi n'avoit

(1) Aix-la-Chapelle.

denier ne maille, & aloit à piet en guyſe de varlet ou de garçon.

C'EST ce que Hennequin du Bos, baſtars de Gonmegnies, ſi comme il diſt, detenus perſonniés, ad preſent ès priſons du roy noſtre ſire à Saint-Quentin, admenés & mis eſdites priſons par monſ. le viſconte de Meauls, cappitaine de la ville de Saint-Quentin, ordonné de par le roy noſtre ſire, a congneu & confeſſé de ſa voulenté, par devant monſ. le bailli de Vermendois, ledit monſ. le viſconte, Jehan de Vauls, prevoſt de Saint-Quentin, & par devant monſeigneur de Montguy, chevalier; Raoul Payen, Jehan de Le Barre & Jehan d'Eſtrées, hommes feaux du roy noſtre ſire, juganz en ſa court à Saint-Quentin, ad ce appellées; laquelle confeſſion, & ce que ledit Hennequin, leſdis monſ. le bailli, monſ. le viſconte prevoſt de Saint-Quentin, & autres deſſus nommez, envoient par devers nos très-chiers & grans amis noſſeigneurs tenant le preſent parlement du roy noſtre ſire, enclous ſoubz leurs ſeaulx, le xxvᵉ jour du mois de fevrier, en la fourme & maniere qui là après s'enſuit :

PREMIERS, diſt ledit Hennequin que, environ la mi-aouſt darrain paſſé eut un an, dont il eſtoit paravant paſſés en Eſcoche (1) avec les gens du roy, ou ſervice de monſeigneur de Vondenay, il fu pris des Englois, &

---

(1) Cette expédition, entrepriſe pour ſecourir l'Écoſſe contre l'Angleterre, eut lieu ſous le commandement de Jean de Vienne, amiral de France. Ceux qui devoient y prendre part ſe réunirent à Amiens vers le milieu du mois d'avril de l'année 1385. Froiſſart place leur départ au mois de mai de cette même année. Il exiſte un mandat de payement & une quittance de Hue de Montmorency pour ſes gages comme chevalier banneret, & ces mandat & quittance ſont datés d'Édimbourg, le 3 août 1385. (Biblioth. impér., Collection du Saint-Eſprit, t. XCV, & Froiſſart, de l'édition du Panthéon littéraire donnée par Buchon, t. II, p. 314-316, liv. II, chap. CCXXVIII.)

fu menés en une ville nommée Carly, en Engleterre, &
fu là livrés au feigneur de Nuefville; & dift que il fift
ferment en la main dudit feigneur d'eftre Englès & de
tenir la partie des Englès; & dift que le fift pour ce qu'il
ne favoit comment efchaper ne iffir de la main des Englès;
& depuis s'arma une nuit avec euls, & fift le gait avec
les autres Englès, &c.

ITEM, dift que ledit feigneur de Nuefville luy demanda
s'il cognoiffoit les feigneurs du royaume, & mefmement
ceuls qui eftoient paffés en Efcoche, & li demanda fe il
cognoifoit un chevalier de dechà qui eftoit prifonnier,
& luy mouftra, & ledit Hennequin li dift que c'eftoit
mefire Guy La Perfonne, & dift que ledit mefire Guy
ce faifoit autrement nommer par-delà; & adonc li demanda
ledit feigneur de Nuefville quelle renchon il porroit bien
païer, & ledit Hennequin li dift qu'il paieroit bien fis milles
frans, & fe feroit affés. Et auffi dift qu'il nomma audit
feigneur de Nuefville plufieurs autres feigneurs de par-
dechà, comme monf. Waleriam de Raineval & plufieurs
autres.

ITEM, dift que quant il eut efté une pieche par-delà
avec les Englès & avec monf. Wuillaume de Gommegnies, à cuy il dift eftre freres baftars, il s'en parti par
leur congié, & leur promift à venir par-dechà pour advifer le fait du roy, que on difoit qu'il metoit fur grant
nombre de gens d'armes pour aler en Engleterre ou ailleurs, & devoit advifer tout à fon pooir, & favoir, s'il
pooit, quel voïaige le roy vouloit faire, & où il vouloit
emploïer & envoïer ou mener fes gens d'armes, ou [en]
Engleterre, ou en Efpaignie; & devoit aler à Calais par
devers mefire Wuillaume de Beaucamp, cappitaine de
Calais, pour dire & reporter tout ce qu'il en porroit
avoir fceu & trouvé.

ITEM, dift que quant il fe parti d'Engleterre, il, avec
un nommé Thierry de Sommaing, qui eft Englet, & avec
aucuns autres, s'en vint à Mildebourt en Zelande, & dift
que là eftoit le feigneur de Levere, Henry de Sommaing,
cappitaine de Mauny (1), & luy. Et dit que là burent &
furent fept compaignons de diverfes nacions & de divers
langaige, qui tous avoient fait ferement de tenir la partie
des Englès, & avoient juré & promis en la main de meffire Wuillaume de Beaucamp, cappitaine de Calais, qu'il
iroient par le royaume du temps que le roy mift darrain-
nement fus fes gens d'armes, & que il yroient efpier les
pays & les fortereches & bonnes viles du royaume, &
rapporteroient, à la Candeleur enfuïant & darrainement
paffée, tout ce qu'il aroient fceu & trouvé de l'eftat & du
fait qu'il avoient empris par devers ledit mefire Willaume,
à Calais. Et dift qu'il cognoifoit & cognoît bien tous les
fept compaignons; & fu la chofe de ce defcouverte à
Mildebourt, prefens lefdiz fire de Levere, Henry de So-
maing, Fourquin, cappitaine de Mauny, & luy, defquels
fept compaignons les noms s'enfuient, & lau il devoient
aler, &c.

C'EST affavoir : un nommé Hange, qui fu palfrainnier
de madame de Saint-Pol, & doit aler, &c. (2)

ITEM, un nommé Guerquin, qui eft d'Argentueil en
Liegois, & eft marefchal, & doibt aler & repairer en
Flandres, comme à Gravelines, à Durbarque (3), à l'Ef-
clufe, & doit retourner en habit dez moifnes de Saint-
Vremet (4).

_____

(1) Arrondiffement de Rouen (Seine-Inférieure).
(2) Répétition de ce qui a été dit ci-deffus, p. 384.
(3) Durbach, village du cercle de la Kinzig (grand-duché de Bade).
(4) Répétition de deux articles imprimés ci-deffus, p. 385.

ITEM, diſt que Hange, le premier des ſept compaignons
eſpies deſſus nommez, devoit retourner à Calays. Il devoit aler par Saint-Pol (1), & devoit là trouver ledit Hennequin du Bos, baſtart, en la maiſon du pere de ſa femme,
nommé Thomas Dourdin, & de là s’en devoient aler à
Calais enſemble. Et diſt que, ce pendant, ledit baſtart
fu pris, par le galois de Ronci, à Mouſtruel ſur la mer,
lau il eſtoit alés, pour certaines ſouppechons que on eut
ſur & contre luy, lau il fu priſonniers bien viij mois, &
fu delivrés bien le nuit de Noël darrain paſſée, &, aſſés
toſt après, s’en a’a à Saint-Quentin, lau il a de nouvel
eſté pris par ledit monſ. le viſconte, ſi comme il appert.

ITEM, il eſt vray que quant ledit baſtart ala à Saint-
Quentin, il y areſta, & enquiſt fort de l’eſtat des bourgois
& des bonnes gens, & en cougnut tantoſt une partie, &
ſi ne vieult aler parler audit monſ. le viſconte quant il le
manda, mais priſt la tuicion & munité de l’egliſe Saint-
Quentin, en laquelle ledit monſ. le viſconte le priſt de
lui-meſmes, & le mena ès priſons du roy.

APRÈS leſqueles choſes ainſi dites & raportées par ledit
maiſtre Jehan de Ceſſieres, & veuz deux rolles cy-deſſus
couſuz, ledit monſ. le prevoſt demanda auſdiz preſens
conſeilliers, & auſſi à noble homme meſire Baudes de
Vauvillers, chevalier du guet; meſtres Martin Double,
advocat; Andrieu Le Preux, procureur du roy; Jehan
de La Haye, Milles de Rouvroy, Nicolas Bertin, examinateurs ou Chaſtellet, & Jaques du Bois, advocat oudit
Chaſtellet; leurs advis & oppinions comment l’en avoit à
proceder contre ledit baſtart, priſonnier. Tous leſquelz,
ouy la relacion & rapport dudit maiſtres Jehan de Ceſſieres, la maniere de la prinſe d’icellui baſtart, avec les

(1) Saint-Pol ſur Ternoiſe (Pas-de-Calais).

confeffions cy-deffus efcriptes, que l'en dift eftre faites
par ledit baftard, delibererent & furent d'oppinion que
l'en feift venir icelui prifonnier, & fur icelles confeffions
feuft examinez, pour veoir s'il perfeverroit en icelles confeffions, ou non.

CE FAIT, ledit prifonnier fu fait venir & attaint en
jugement fur les quarreaux dudit Chaftellet, &, en la
prefence des deffus nommez, interrogué & examiné par
ferement de dire verité fur lefdites confeffions. Et, après
plufieurs variacions & denegacions par lui faites, congnut
& confeffa par ferement que, pour caufes des fais contenus en icelles confeffions, que l'en dift par lui avoir efté
faites, cy-deffus efcriptes & à lui leuz, il fu jà pieçà, par
monf. le vifconte de Meaulx, prins & emprifonné en la
ville de Saint-Quentin en Vermendois, &, en après,
admené prifonnier en Chaftellet, où defdiz cas il a efté
accufez par devant meffeigneurs de parlement; & à iceulx
cas a refpondu par devant eulx, & fait aucunes confeffions aufqueles il fe raporte.

Congnut avec ce, que depuis ladite refponce par lui
faite, il a efté prifonnier oudit Chaftellet jufques environ
un an a, & que par mefdiz feigneurs il fu envoyé prifonnier ou chaftel de Montlchery, ouquel chaftel il qui parle,
par le moyen de Sohier, qui tenoit un couftel en fa main,
duquel il vouloit ferir lui qui parle, fe parti dudit chaftel
à l'ayde d'icellui Sohier & de la corde du puys dudit
chaftel, par le moyen de laquelle il qui parle, ledit Sohier,
& autres qui prifonniers eftoient oudit chaftel, defcen-
dirent ès foffez dudit chaftel par-deffus les murs, & s'en
alerent bouter en franchife à Noftre-Dame de Loncpont.
Et dift, fur ce requis, que du cep (1) où il eftoit mis

_____

(1) Une quittance du famedi 1er avril avant Pàques 1395-6, nous fait
connoitre l'ufage de ces ceps. Par devant Étienne de Chenevelles, garde

oudit chaſtel de Montlehery, il yſſi par le fait dudit
Sohier, qui rompi icellui cep dudit couſtel nu qu'il tenoit, & en veult ferir lui qui parle, pour ce qu'il ne ſe
vouloit partir dudit chaſtel de Montlehery.

Cogneut auſſi que dudit lieu de Loncpont, quant il y
ot eſté environ viij jours, il ſe parti, & illec leſſa ledit
Sohier, lequel il ne vit aucunement depuis ledit partement,
& s'en ala ou païs de Picardie, où il avoit, ou temps paſſé,
acouſtumé à repairer, tant à la court de monſ. de Saint-
Pol, du ſeigneur de Sempi, comme de meſſire Regnaut
de Roye, chevalier, duquel il eſt de lignage, & avec lequel, & aſſez toſt après, ou au moins aſſez toſt après lui,
il eſt venus à Paris aus noces qui ont eſté de Montagu (1),
ſecretaire du roy noſtre ſire; & durant la feſte d'icellui,
& qu'il a eſté à Paris, il a eſté prins & admené priſonnier.

Cogneut avec ce, après pluſieurs variacions & denegacions par lui faites, que verité eſt que, lui eſtant priſonnier areſté en la ville de Saint-Quentin en Vermendois,
par devant monſ. le viſconte de Meaulx & autres pluſieurs, & auſſi par devant meſſeigneurs de parlement, qu'i
fu accuſez des fais deſſus declairez, il a cogneu & oncore
cognoiſt iceuls eſtre vrais, & par lui avoir eſté faiz, com-

---

du ſcel des obligations de la vicomté de Neufchàtel, Jehan Fromont,
charpentier, reconnoît avoir reçu de la reine Blanche, par la main de
Simon de Maubuiſſon, ſon vicomte & receveur, la ſomme de ſept francs
d'or, « pour avoir fait, en la nouvelle priſon dudit Neufchaſtel, l'euvre
de charpenterie qui enſuit : premierement, deux ceps tous neufs, bons
& ſouffiſans; & ſeront ordonnez que on y porra mettre un homme par
les piés & par les poings, &c. » (Bibl. imp., coll. *Beaumarchais*, provenant de la Ch. des Comptes, ſérie des quittances.)

(1) On lit en marge du manuſcrit, d'une écriture du xve ſiècle : *Montagu*. Les renſeignements qui précédent permettent de déterminer plus
exactement qu'on ne l'a fait juſqu'ici la date du mariage de Jean de
Montagu avec Jacqueline de La Grange, mariage que l'on ſuppoſoit avoir
été célébré dans les premières années du règne de Charles VI. (Voy. la
Notice biographique ſur Jean de Montagu, publiée par M. L. Merlet,
*Biblioth. de l'École des Chartes*, IIIe ſérie, t. III, p. 248-284.)

mis & perpetrez, par la fourme & maniere que efcriptes
font cy-deffus & efdites confeffions par lui faites, qui
furent leues mot après autre; continua & perfevera, &
icelles continua & afferma par ferement eftre vrais, par
ia fourme & maniere que efcriptes font cy-deffus.

Cogneut avec ce, que au temps des excez deffus diz
par lui commis, il eftoit mariez, & demouroit en la ville
de Saint-Pol en Tardenois, en l'ouftel Thomas Dourdin,
demourant illec, duquel Thomas il pour lors avoit efpoufé
ia fille, & laquelle, puis ij ans en çà, eft alée de vie à
trefpaffement.

Oyes lefqueles confeffions faites par ledit baftart, prifonnier, iedit monf. le prevoft demanda aufdiz prefens
confeiiliers leurs advis & oppinions comment il eftoit à
proceder contre ledit prifonnier. Tous lefquelz, veues
les denegacions audit jour d'uy faites par lui, & les confeffions cy-deffus efcriptes, efqueles il a perfeveré &
continué; ce auffi que, au temps d'iceulx crimes par lui
commis, il eftoit mariez & habitant du royaume; que,
depuis ce, qu'il fu accufé d'iceulx crimes & fait certaines
confeffions & litisconteftacion, comme dit eft deffus, par
devant meffeigneurs de parlement, &, en après ce, rompu
prifons par la maniere que dit eft; delibererent & furent
d'oppinion que il eftoit traites du roy, & que, comme
tel, il feuft executez, c'eft affavoir : trainé, decapité ou
pillory ès hales, &, en après, le corps mené au gibet, &
illec pendus. Oyes lefqueles oppinions, & veu ledit procès & confeffions cy-deffus efcriptes, ledit monf. le prevoft condempna icellui baftard à eftre executez par la
maniere que dit eft, & icellui jugement prononça en la
prefence dudit baftard, prifonnier.

Ouquel jeudi, xviij⁰ jour dudit mois d'aouft, mil
ccciiijˣˣ & dix deffus dit, ledit baftart, prifonnier, fu

mené à son darrenier tourment, & illec fu ledit jugement executez.

Et n'avoit aucuns biens.

AL. CACHEMARÉE.

## ERNOUL LE BARBIER.

24 août 1390.

L'AN DE GRACE MIL TROIS CENS quatrevins & dix, le mercredi xxiiij<sup>e</sup> jour d'aoust, par devant maistre Dreux d'Ars, lieutenant de monf. le prevoft, presens maistres Miles de Rouvroy, Oudart de Fontenoy & Gieffroy Le Goybe, examinateurs du roy noftre fire en Chaftellet, fu fait venir & attaint en jugement fur les quarreaux Ernoul Le Barbier, prifonnier detenu oudit Chaftellet, accufé en fa prefence par Jean Prevoft, labeureur & couvreur de chaume, demourant à Vanves, difant & affermant par ferment, & en la prefence dudit prifonnier, que, lundi darrainement paffé, il alloua ledit prifonnier pour eftre fon varlet & le fervir pour ledit jour, parmi la fomme de xij d. par. & fes defpens. Auquel prifonnier il leffa une befche & une truelle, afin qu'il ouvraft & feift fa befoingne comme enchargé li avoit, pour ce qu'il convenoit qu'il venift à Paris par devers fire Jehan de Vaudeter (1), fon maiftre, & que, pendant le temps qu'il vint à Paris, ledit prifonnier leiffa ouvrer en ce que ledit depofant lui avoit enchargé de faire. Et vint en icelle ville de Paris, &, avec ce, apporta iceulx befche & truele, &

_____

(1) _Sic_, pour _Vaudetar._ D'abord valet de chambre de Charles V & de Charles VI, il fut enfuite maître des comptes & général des aides. On le trouve mentionné en cette qualité dans plufieurs documents des années 1384, 1387 & 1405. (Biblioth. impér., Cab. des titres, 1<sup>re</sup> férie des titres orig., doffier _Vaudetar._)

les vendi à un ferron demourant fur Petit-Pont, fans ce
qu'il li ait voulu enfeigner ou rendre iceulx; mais ainfi
comme ou jour d'ier il paffa par-deffus Petit-Pont, il aperceut lefdiz beche & truele, & les recogneuft comme les
fiens. Et lors lui fu dit par celui ferron qui les avoit achetez
que ledit prifonnier les lui avoit bailliés & vendues. Et,
pour ce, icellui depofant fercha tant qu'il a trouvé ledit
prifonnier, & afin d'eftre de ce defdomagé & reftitué, l'a
fait mettre & emprifonner ou Chaftellet de Paris. Lequel
prifonnier fu fait jurer aus fains Evangiles de Dieu de
dire verité fur ce que dit eft, & auffi de que ce l'en lui
demanderoit. Et cogneut & confeffa par ferement qu'il eft
nez de la ville de Guife en Thieraiffe (1), en laquelle il a
demouré par lonctemps, a aprins & fuy le meftier de
chartier, & mené chars & charretes chargiez de vins &
de marchandifes, tant à Bourges en Berry, en Flandres,
en Picardie & en Alemaigne. Et dift que verité eft que
dudit Jehan Prevoft, fon maiftre, & fans fon fceu, depuis
qu'il l'ot mis en befoigne, comme dit eft, auffi qu'il lui
ot païé fon desjeuner, print lefdiz befche & truelle, &
iceulx aporta vendre & vendi à Paris, fur Petit-Pont, la
fomme de viij d. par. Et dift par fon ferement que c'eft
le premier meffait & larrecin qu'il commeift ou feift oncques; & requift que de ce il fuft tenu pour execufé, veu
la petite valeur de la chofe.

Après lefqueles chofes, fu par ledit lieutenant demandé
aufdiz confeilliers leurs advis & oppinions que bon eftoit
à faire dudit prifonnier, & comment l'en avoit à proceder contre lui. Tous lefquels, veu l'eftat dudit prifonnier, qui eft vacabond, fa maniere de refpondre, la faulte
& traïfon faite par ledit prifonnier, delibererent & furent
d'oppinion que, pour favoir plus à plain par fa bouche la

---

(1) En Thiérache. Arrondiffement de Vervins (Aifne).

verité de fes meffais & larrecins par lui fais, il feuft mis à
queftion. Et ainfi fu dit & prononcé par ledit lieutenant.

EN ENTERINANT lequel jugement, ledit prifonnier fu
de rechief fait venir en jugement fur les quarreaux par
ledit lieutenant, & lui fu dit que des larrecins par lui fais
& commis il deift verité, ou l'en li feroit dire par force,
& feroit mis à queftion. Et pour ce que autre chofe ne
vieult cognoiftre que dit eft deffus, fu fait defpouillier,
mis & lié par les bras à ladite queftion, & ainfi comme
l'en le voult mettre fur le petit trefteau, requift que l'en
le defliaft, & des larrecins par lui fais, donc il y avoit
plufieurs, il diroit la verité. Si fu deflié & mis hors, &,
en après, ramené en jugement fur lefdiz quarreaux; &
illec, fans aucune force ou contrainte, cogneut & confeffa par ferement que, quelque variacion ou denegacion
qu'il ait faites, verité eft que, v ans a ou environ, il avoit
admené par charroy, de la Rochelle en la ville de Valenciennes, certaine quantité de vins appartenant à Jehan
Gauchier, fon maiftre, & que en un jour qu'il fceuft que
fondit maiftre avoit vendu iceulx vins en ladite ville de
Valenciennes, au foir, ainfi qu'ilz eftoient couchiez enfamble en un lit, il print, par temptacion de l'ennemi,
en la bourfe de fondit maiftre, la fome de xl frans en or,
donc il y avoit environ xxx frans en frans, & le refidu
en moutons. Lefquelz deniers ainfi par lui prins, il fe
parti le matin de ladite ville de Valenciennes atout ledit
or & argent, & ala en la ville du Quefnoy, en laquelle
ville fondit maiftre le fift prendre & emprifonner par la
juftice du lieu, &, en après ij ou iij jours ou environ,
fu mis hors de prifon, parce que fondit maiftre, auquel
il reftitua xxxv frans d'icelle fomme, afferma par ferement qu'il lui avoit prefté icelle fomme de xl [fr.], & que
pour ce qu'il n'en avoit point d'obligacion, il le avoit
pourfui.

Cogneut avec ce, que, iij ans a ou environ, ainſi comme il parle, & un nommé Caillou, demourant à Eſtreis au Pont, près de Guiſe, eſtoient couchiez enſamble en la ville de Tournay, en l'oſtel au mouton, il, de nuit, print & embla, en la bourſe dudit Caillou, la ſomme de x ſ. en blans de iiij d. par. piece.

Cogneut auſſi que, viij ans a ou environ, qu'il demouroit en la ville de Vreurin, en l'oſtel Jehan Caillou, tavernier, demourant à l'enſeigne du Chauderon, & lequel Jehan il ſervoit comme varlet de taverne, il, par pluſieurs & diverſes fois, retint & appliqua à ſon prouffit, de l'argent qu'il recevoit des eſcos de ceuls qui buvoyent oudit hoſtel, juſques à la ſomme de dix franz ou plus.

Item, cogneut que, vj ans a ou environ, en la ville de Moncornet en Thieraiſſe (1), il ala en l'oſtel Jehan Baudet, drapier, demourant en icelle ville, fere ſemblant qu'il voulſiſt parler à lui, pour ce que de ſa perſonne il avoit aſſez cognoiſſance; & quant il vit que oudit hoſtel n'avoit que un enfant, il print une hache qu'il trouva en icellui hoſtel, & d'icelle rompi un coffre eſtant audit drapier, & oudit coffre print la ſome de lxx frans en or & environ x frans en menue monnoye, & atant ſe parti d'icelle ville.

Cogneut oultre, que, aſſez toſt après ce que dit eſt, & en la ſepmaine meiſmes dudit larrecin par lui fait, ainſi comme il eſtoit en la ville de Choux (2), à un quart de lieue près dudit Moncornet, en l'oſtel Betrix La Couluniere, taverniere, icelle Bietrix, par la cognoiſſance que elle avoit à lui, li pria qu'il lui donnaſt garde de ſondit hoſtel juſques ad ce que elle feuſt retournée du mouſtier, où elle vouloit aler pour ouyr meſſe. Pendant lequel temps que icelle Bietrix fu au mouſtier, il qui parle print une hache à deſpecier buche qu'il trouva oudit hoſtel, &, à

(1) Montcornet, arrondiſſement de Laon (Aiſne).
(2) Peut-être Chouy, arrondiſſement de Château-Thierry (Aiſne).

l'ayde d'icelle hache, rompi un coffre ouquel icelle Bietrix avoit acouftumé de meftre l'argent que elle recevoit
de fa taverne, dedens lequel coffre il print viij frans en
or, & atant fe parti de l'oîtel d'icelle Bietrix, fanz ce
qu'il attendift aucunement que elle revenift dudit mouftier. Et dift, fur ce requis, que ce font touz les larrecins
par lui fais & comifes, & auffi touz les crimes par lui
commis. Requis s'il fu oncques à homme tuer, murdrir
ou occir, dit par fon ferement que nom, & que tout l'argent deffus dit par lui prins & emblé par la maniere que
dit eft cy-deffus, il a defpendu à boire, mengier, jouer &
esbatre avec les filles de vie, fanz ce qu'il jouaft oncques
aus dez. Et, ce fait, fu remis en la prifon donc il eftoit
partis.

Item, le jeudi enfuïant, xxvᵉ jour dudit mois, l'an
deffus dit, par devant monf. le prevoft, prefens maiftres
Guillaume Porel, confeillier du roy noftre fire en fon
parlement à Paris; Dreux d'Ars, lieutenant dudit monf.
le prevoft; Jehan de Tuillieres, Nicolas Bertin, Robert
de Tuillieres & Nicolas Chaon, examinateurs, &c.; Robert Le Moifne, lieutenant du chevalier du guet; fu fait
venir & attaint en jugement fur les quarreaux dudit Chaftellet Ernoul Le Barbier, deffus nommé, prifonnier, lequel, après ce qu'il ot fait ferment de dire verité, & fans
aucune force ou contrainte, continua & perfevera ès confeffions cy-deffus efcriptes, par lui faites, & leues mot
après autre en fa prefence, & afferma par ferement icelles
eftre vrayes par la fourme & maniere que efcriptes font
cy-deffus, & les avoir faites & comifes.

Veues lefqueles confeffions faites par icellui prifonnier, ledit monf. le prevoft demanda aufdis prefens confeilliers leurs advis & oppinions comment l'en procederoit contre ledit prifonnier, & qu'il eftoit bon d'en faire.

Tous lefquels, attendu l'eftat & perfonne d'icellui prifonnier, la multiplicacion & reiteracions de larrecins par
lui fais & commiz, & la traïfon faite à fefdis maiftres, &
la continuacion d'iceulx, delibererent & furent d'oppinion qu'il eftoit un très-fort larron, & que, comme tel,
il feuft executez, c'eft affavoir pendu. Ouyes lefqueles
oppinions & veu ledit procès, icellui prifonnier fu ad ce
condempné par ledit monf. le prevoft (1).

ITEM, le famedi enfuïant, xxvij⁰ jour d'aouft, mil ccciiij×× 
& dix, fu ledit Hernoulet Le Barbier mené à fon darrenier tourment, & illec continua & perfevera ès confeffions
cy-deffus efcriptes, par lui faites, & autre chofe ne voult
cognoiftre que dit eft cy-deffus; &, pour ce, fu ledit
jugement executé au jour deffus dit.

Et n'avoit aucuns biens.

AL. CACHEMARÉE.

## JEHANNIN MENEL.

### 19 mars 1390.

L'AN DE GRACE MIL TROIS cens quatre vins & dix, le
famedi xix⁰ jour de mars, par devant monf. le prevoft,
prefens maiftres Jehan Truquam, lieutenant dudit monf.
le prevoft, & Dreux d'Ars, auditeur du roy noftre fire
ou Chaftellet de Paris, fu fait venir & attaint en jugement fur les quarreaux dudit Chaftellet Jehannin Menel,
varlet cordouennier, prifonnier detenu oudit Chaftellet,
pour ce qu'il a prins & emblé en l'oftel de la Limace, en

---

(1) Les feuillets 120 v° & 121 r° font reftés en blanc dans le manufcrit. Le mot *vacat* écrit fur ces feuillets indique que cette lacune vient
d'une erreur du copifte.

la viez place aux Pourceaux, une houpelande de vert, doublé d'autre drap, & un pourpoint, qui eſtoient aus clercs de ladite taverne. Lequel priſonnier, ſur ce juré aus ſains Evangiles de Dieu de dire verité, cogneut & confeſſa par ſon ſerement, & ſans aucune force ou contrainte, que mercredi derrenierement paſſé, environ heure de diſner, ainſi comme il avoit porté toute la matinée de la buche ès greniers de l'oſtel de la Limace deſſus dit, il, par temptacion de l'ennemi, entra en une des chambres dudit hoſtel, &, en deſcendant d'iceulx greniers, mal print iceuls biens declarriez en ladite accuſacion. Leſquels biens ainſi par lui prins, il ſe parti dudit hoſtel, & iceulx porta en la ville de Fontenoy, près le bois de Vincennes, en une taverne d'icelle ville, & illec les leiſſa & engaiga pour la ſomme de viij par.; & diſt que c'eſt le premier larrecin qu'il feiſt oncques ou commeiſt, en requerant humblement que à ſa delivrance ledit monſ. le prevoſt voulſiſt proceder, & avoir de lui piⁿtié & compaſſion.

LE LUNDI enſuïant, xxjᵉ jour dudit mois, par devant monſ. le prevoſt, preſens maiſtres Jehan Truquam, lieutenant dudit monſ. le prevoſt; Dreux d'Ars, auditeur; Andri Le Preux, procureur du roy; Nicolas Bertin, Robert Petit-Clerc, Miles de Rouvroy, Robert de Pacy, Nicolas Chaon, examinateurs; fu attaint & fait venir en jugement ſur les quarreaux le deſſus dit priſonnier Jehannin Menel, auquel fu dit que des crimes & larrecins autres que celui deſſus dit, par lui fais & commis, il cogneut & deiſt verité, ou l'en le li feroit dire par ſa bouche. Lequel priſonnier, après ce qu'il ot fait ſerement de dire verité, diſt & reſpondi que de ce il n'eſtoit tenus de reſpondre par devant nous, pour ce qu'il eſtoit clerc, non marié, en habit & poſſeſſion de tonſure, & requeroit inſtaument que par devant ſon juge ordinaire, c'eſt aſſa-

voir l'office de Paris, nous le voulſiſſons renvoyer. Et
diſt, ſur ce requis, que, xx ans ſont paſſez & plus, par
l'eveſque de Troyes (1) lui fu donnée premierement le
ſigne de tonſure en ſa chappelle de Troyes, lui donna
une buffe, & le fiſt lire n'eſt record en quoy, ne quel
choſe il diſt lors, pour le lonc temps qu'il ꝛ que ce fu.
Requis s'il ſcet lire, & ſe de la tonſure qu'il dit que lors
li fu donnée par ledit eveſque il a aucune lettre, teſmoins
ou enſeignement, diſt par ſon ſerement qu'il ne ſcet lire
ne cognoiſtre lettre aucune, & auſſi que lorſque icelle
tonſure li fu donnée, il n'en print lettre ou enſeignement
aucun; mais qu'il plaiſe audit monſ. le prevoſt lui donner
terme competent d'enſeigner de ce, & il le fera bien &
diligenment.

Ouye laquelle requeſte faite par ledit priſonnier, ledit
monſ. le prevoſt, par l'advis & deliberacion des deſſus
diz preſens conſeilliers, lui fu donné terme d'enſeigner de
ce que dit eſt dedens vj ſepmaines du jour d'uy, ſur peine
d'en eſtre forclos & debouté du tout, & que ad ce jamais
ne fu receu; & icelle prefixion, par le commandement
dudit monſ. le prevoſt, a eſté ſignifiée & dite à maiſtres
Jehan Merlet, Gautier de Lengres & Robert Caret, promoteurs de la court de l'official; & en leurs preſences fu
interroguez ſur la maniere d'icelle tonſure, & cogneut ce
que dit eſt. Leſquelz promoteurs, ouy icelle prefixion,
dirent que ſur ce il feroient tele diligence comme bonnement porroyent.

Ꮖᴛᴇᴍ, le mercredi premier jour de juing mil ccciiij<sup>xx</sup>

_____

(1) Ceci nous reporteroit à l'épiſcopat de Henri II de Poitiers, qui
occupa le ſiége de Troyes de 1354 au 25 août 1370, ou à Jean VI de
Braque, qui tint le même ſiége de 1370 au 10 août 1374 ou 1375 (voy.
Gall. Chriſt., t. XII, col. 512 & 513). Mais nous verrons plus loin l'accuſé revenir ſur cette dépoſition menſongère, imaginée par lui dans le
but de ſe ſouſtraire à la juridiction civile.

& dix, par davant monſ. le prevoſt, preſens maiſtres
Jehan Truquam, lieutenant general dudit monſ. le prevoſt; Dreux d'Ars, auditeur; Andrieu Le Preux, procureur du roy; Ernoul de Villers, Nicolas Bertin, Girart
de La Haye, Miles de Rouvroy, Jehan de Bar, Robert
de Pacy, examinateurs; fu fait venir & attaint en jugement ſur les quarreaux le deſſus dit Jehan Menel, priſ-
ſonnier, auquel fu demandé qu'il deiſt verité du fait du
ſigne de tonſure par lui allegué & propoſé, &, s'il en
avoit fait aucune diligence, qu'il en enſeignaſt ou mouſ-
traſt ce que fait en avoit. Lequel diſt qu'il n'en avoit
lettre ou enſeignement aucun, ne teſmoins par qui il le
peuſt prouver, ſinon par un nommé Petit-Sain, familier
de monſ. l'eveſque de Paris. Et de tout ce qu'il diroit
ſur le fait d'icelle tonſure, ſe raportoit en lui, & requeroit inſtaument que nous voulſiſſons faire ouyr & examiner icellui Petit-Sain, car il avoit eſté preſent quant ledit eveſque de Troyes lui avoit donné ladite tonſure. Et
afin que l'en ſceuſt de ce la verité, fu commandé & commis à maiſtres Nicolas Chaon, examinateur, que ledit
Petit-Sain il ouyſt ſur ce & examinaſt, meiſt ſa depoſicion
par eſcript, & ouyt auſſi tous les autres teſmoins que
ledit priſonnier vouldra produire ſur la proprieté de la
poſſeſſion du ſigne de tonſure dudit priſonnier. Pour ouyr
leſquelz teſmoins & autres enſeignemens que ledit priſ-
ſonnier vouldra produire & mouſtrer, ledit monſ. le prevoſt donna terme juſques à la Noſtre-Dame mi-aouſt prochainement venant, & lui enjoint que en dedens ledit
temps il enſeignaſt de la propiété de ladite tonſure, ſur
penc d'en eſtre forcloz & debouté du tout à tousjours.
Lequel delay & terme prefix fu ſignifié aus promoteurs
deſſus nommez, & par ledit monſ. le prevoſt, audit jour
d'uy.

L'AN de grace mil ccciiij$^{xx}$ & dix, le mardi xxx$^e$ jour

d'aouft, par devant monf. le prevoft, prefens maiftres
Guillaume Porel, confeillier du roy noftre fire en fon parlement; Dreux d'Ars, lieutenant dudit monf. le prevoft;
Jehan de Tuillieres, Miles de Rouvroy, Robert Petit-
Clerc, Nicolas Bertin, Robert de Pacy & Nicolas Chaon,
examinateurs du roy noftre fire ou Chaftellet de Paris; fu
fait venir & attaint en jugement, fur les quarreaux dudit
Chaftellet, Jehannin Menel, pafticier, né de la ville de
Troyes, prifonnier deffus nommé, auquel fu demandé s'il
favoit lire ou cognoiftre lettre aucune; lequel, comme dit
a cy-deffus, dit par fon ferement que non; &, pour ce,
afin de favoir par fa bouche la verité de ce, confideré
les temps à lui prefix cy-deffus devifez, qui font paffez,
& qu'il n'eft aucunement apparu de procès fait par l'e-
vefque fur la propieté de fa tonfure, & que Petit-Sain,
familier de l'evefque de Paris, a efté ouy fur ce que ledit
Menel difoit qu'il avoit efté prefent quant l'en li donna
tonfure à la ville de Troyes, par l'evefque dudit lieu,
lequel a depofé qu'il n'en eft aucunement record, & ne
cognoift icellui prifonnier; attendu l'ordonnance fur ce
faite & relatée, par ledit monf. le prevoft, de la maniere
de proceder contre ceulx qui, en tel cas, fe font effor-
ciez & ce efforcent de porter tonfure, & qui ne fcevent
lettre aucune, ne de ce n'ont aucun tiltre ou enfeigne-
ment; delibererent & furent d'oppinion que, pour en
favoir par fa bouche la verité, il feuft mis à queftion.
Oyes lefqueles oppinions, & veu ledit procès, il fu ad
ce condampné par ledit monf. le prevoft.

EN ENTERINANT lequel jugement, ledit prifonnier fu
fait defpouillier, lié & mis à la queftion, & eftandu fur
le petit & le grant trefteau; & avant que l'en lui donnaft
ou jettaft eaue fur lui, eftant fur ledit trefteau, requift
inftanment que hors d'icelle l'en le meift, & il diroit
verité. Si fu mis hors & deflié de ladite queftion, mené

choffer en la cuiſſine en la maniere acouſtumenée, &, en
après, ramené en jugement ſur leſdiz quarreaux; & illec,
ſans aucune force ou contrainte, après ce qu'il ot fait
ſerement aus ſains Evangiles de Dieu de dire verité, cogneut & confeſſa que, puis quatre ans a ou environ,
qu'il ſervoit en l'oſtel de Yvonnet Le Rotiſſeur, demourant à la porte Saint-Honoré, ainſi comme à heure de
midi, que ſondit maiſtre eſtoit alez en la ville, il monta
en la chambre de ſondit maiſtre, & en un coffre qu'il
trouva ouvert, mal print en icellui vj frans en or, &,
iceulx ainſi prins, ſe parti de l'oſtel de ſondit maiſtre ce
jour meſmes qu'il print iceulx vj frans, & s'en ala au
deceu dudit Rotiſſeur, ſon maiſtre.

Cogneut auſſi que, quelque variacion ou denegacion
par lui faite cy-deſſus ſur la maniere du ſigne de tonſure
qu'il a porté ſur ſa teſte, verité eſt que, pour paour &
doubte qu'il ot que ledit Rotiſſeur, ſon maiſtre, le reco-
gneuſt ou aviſaſt, & que, afin d'eſtre reſtituez, il ne le
feiſt mettre en priſon, & que par la juſtice laye il ne feuſt
dudit cas pugny, il nouvelement fiſt faire lors le premier
ſigne de tonſure qu'il euſt oncques ſur ſa teſte, & que
lors il fiſt icelle faire au-devant de Saint-Sevrin, à un
barbier demourant illec; & que paravant ce que dit eſt,
il n'avoit oncques mais porté ou eu ſur la teſte ſigne de
tonſure.

Cogneut auſſi que, puis un [an] ençà, qu'il demouroit
en la ville de Melum, en l'oſtel de Jehan Rouſeau, paſti-
cier, à un matin que ſondit maiſtre eſtoit alez en la ville,
il monta en une chambre en hault, & en icelle trouva un
coffre, la ſerrure duquel coffre il rompi & froiſſa à un
martel qu'il trouva en ladite chambre, & oudit coffre
print en or la ſomme de x frans; leſquelx ainſi par lui
prins, il ſe parti ſans le ſceu où congié de ſondit maiſtre.

Cogneut avec ce, que, ſix ans a ou environ, qu'il eſtoit
logiez & demouroit comme varlet en l'oſtel Thierry Go-

dehaire, porteur d'affeutrure (1), & que fondit maiftre fu alez hors en la ville, il ala en la chambre de fondit maiftre à un matin, environ heure de prime, & illec trouva le coffre de fondit maiftre ouvert, ouquel coffre il print troys frans en or qui y eftoient, lefquelz, ainfi par lui prins, il emporta, & fe parti de l'oftel de fondit maiftre fans fon fceu; & au partir qu'il fift, mal print en icellui hoftel une houppelande de drap pers doublé de camelin, laquelle il porta en la ville de Dijon, & illec la vendi la fomme de x f. par., qu'il en ot & receupt, & lefquelz il appliqua à fon feul & fingulier prouffit.

Item, cogneut que, puis un an a ou environ, qu'il fer-voit en Avignon, en l'oftel Jehan Aubery, pafticier du pappe, & que fondit meftre eftoit alez en la ville pour faire fes befoingnes, & auffi que la dame eftoit au mouftier, il qui parle trouva unnes aurmailles ouvertes, efqueles il trouva une efcuelle d'eftain, & en icelle avoit deux ducas d'or, lefquelz il print, &, fanz attendre la venue de fondit maiftre, & auffi fans fon fceu, fe parti de l'oftel d'icellui, & iceulx deux ducas appliqua à fon prouffit.

Item, cogneut que, au partement qu'il fift de l'oftel d'um nommé Phelipe, pafticier, demourant en la ville de Dijon, il, au deceu de fondit maiftre, mal print & embla un mantel de drap camelin, lequel qui parle apporta en la ville de Troyes, & illec le vendi la fomme de xij f. par. Et autre chofe ne voult lors plus cognoiftre; &, pour ce, fu fait remettre en la prifon dont il eftoit partis.

(1) Ce mot, comme l'a expliqué M. le baron Jérôme Pichon (*Ména-gier de Paris*, t. II, p. 53 & 54), femble défigner ici cette pièce de feutre que les portefaix mettoient fur leur tête ou fur leurs épaules, pour mieux foutenir leurs fardeaux. Aux exemples cités dans *le Ménagier*, nous en ajouterons un tiré de l'*Hiftoire de meffire Bertrand du Guefclin*, par Claude Ménard, Paris, 1618, in-4, p. 79, où le connétable de France eft comparé à « un porteur d'affeutrures qui foit nez de Paris. »

LE MERCREDI derrenier jour d'aouſt, l'an deſſus dit,
par davant monſ. le prevoſt, lui eſtant en jugement ſur
les quarreaux, preſens maiſtres Dreux d'Ars, lieutenant;
Andry Le Preux, procureur du roy; Miles de Rovroy,
Petit-Clerc, Jehan de Tuillieres, Jehan de Bar, Robert
de Pacy, Nicolas Chaon & Gieffroy Le Goybe, examinateurs; fu attaint & fait venir des priſons dudit Chaſtellet
le deſſus nommé priſonnier Jehannin Menel, lequel, ſans
aucune force ou contrainte, continua & perſevera ès confeſſions cy-deſſus eſcriptes, par lui faites, qui lui furent
leues mot après autre, & afferma par ſerment icelles eſtre
vrays par la fourme & maniere que eſcriptes ſont; &,
oultre ce, cogneut, en adjouſtant eſdites confeſſions cy-
deſſus eſcriptes, qu'il ſe recorde que, cinq ans a ou environ, qu'il ſervoit à Laon, en l'oſtel Jehan Billet, boulengier, à un ſoir que ſondit maiſtre eſtoit allez ès vignes
pour païer ſes ouvriers, il monta en un ſolier en la chambre
de ſondit maiſtre, en laquele il trouva le coffret d'icellui ſon maiſtre ouvert, & en icellui print la ſomme de
xxx frans en or; leſquelz par lui ainſi prins, il ſe parti,
& à l'eure deſſus dite, de l'oſtel de ſondit maiſtre, &
oncques puis ne demoura ou repaira au païs. Et diſt, ſur
ce requis, que ce ſont tous les crimes & larrecins par lui
fais & commis; &, pour ce, fu fait traire appart ſur leſdiz quarreaux.

APRÈS leſqueles choſes ainſi faites, ledit monſ. le prevoſt demanda auſdiz preſens conſeillers leurs advis &
oppinions comment l'en avoit à proceder contre ledit
priſonnier Jehannin Menel. Tous leſquelz, conſiderées
les larrecins cy-deſſus eſcriptes, par lui faites, la quantité
& qualité d'icelles, avec la maniere des prinſes, la multiplicacion d'icelles larrecins & la trayſon par lui faite à
ſeſdiz maiſtres, avec l'eſtat & perſonne dudit priſonnier,
delibererent & furent d'oppinion que l'en ne le povoit

efpargnier qu'il ne feuft executez comme larron. Oyes lefqueles oppinions & veu ledit procès, icellui monf. le prevoft condempna ledit prifonnier Jehannin Menel [à] eftre, pour fes demerites & caufes dites, executé comme larron, c'eft affavoir à eftre pendu; & icellui jugement prononça en la prefence dudit Menel, prifonnier.

LEQUEL jugement fu executé ledit derrenier jour d'aouft, l'an deffus dit.

Et n'avoit aucuns biens.

AL. CACHEMARÉE.

## JEHAN DE LA RAMÉE.

### 14 feptembre 1390.

L'AN DE GRACE MIL trois cens quatre vins & dix (1), le mercredi xiiij^e jour de feptembre, par devant monf. le prevoft, lui eftant en jugement fur les quarreaux, prefens maiftres Dreux d'Ars & Guillaume Drouart, lieuxtenans dudit monf. le prevoft; Oudart de Fontenoy, Miles de Rovroy & Gieffroy Le Goybe, examinateurs de par le roy noftre fire en fon Chaftellet de Paris; fu attaint & fait venir des prifons où il eftoit Jehan de La Ramée, prifonnier detenu oudit Chaftellet, pour foufpeçon d'eftre confentant, confortant & aydant de l'omicide fait & perpetré en la perfonne de feu Jehan de Criquetot, & des navreures faites à Gieffroy Olivier, nommez en certaine informacion faite fur yceulx cas par maiftre Robert de Pacy, examinateur. Lequel prifonnier, fur ce juré aus fains Euvangiles de Dieu de dire verité, con-

---

(1) En cet endroit le manufcrit eft écrit d'une autre main. Il y a ici deux pages & demie écrites de l'écriture curfive & ferréc qui remplit les premiers feuillets de notre Regiftre.

gnut & confeſſa par ſerement que le jour Saint-Berthe-
lemy darrenierement paſſé (1), au ſoir, ainſi qu'il venoit
des champs esbatre, & qu'il vouloit entrer en ſa maiſon
pour ſoy coucher, vit & aperçut Jehan Euſtace l'aiſné
qui eſtoit au devant de ſon huys, armé & veſtu d'un
jaques, garny d'une eſpée & d'une demie-lance; & avecques lui eſtoit Jehannin Euſtace, ſon filz, qui ne tenoit couſteau ou armeure quelconques; leſquelx pere & filz parloient enſemble; & à yceulx demanda, il qui parle, pour
quel cauſe ilz eſtoient illec, & pourquoy ycellui Euſtace
l'aiſné eſtoit ainſi armé; lequel lui reſpondi très-arrogau-
ment : *Que en avez-vous à fere?*

Dit auſſi que, aſſez toſt après leſdites parolles dites entre
eulx, deux compaignons, dont l'un a nom Gieffroy Olivier, & l'autre il ne congnoiſt, ne ne ſcet dont il eſt nez,
où il demeure, ne de ſon nom n'eſt record, vindrent &
paſſerent au devant de lui qui parle & deſdiz Euſtace &
ſon filz; leſquelx veuz & apperceuz par ycellui Euſtace
l'aiſné, ledit Euſtace, ſanz mot dire à lui qui parle, couri
ſus, aſſailly & navra ledit homme qu'il ne congnoiſt de
ladite lance par la poitrine, &, aſſez toſt après, chey à
terre au devant de lui qui parle tout mort; &, aſſez toſt
après auſſi, navra & bati d'icelle lance ledit Gieffroy Olivier; &, leſdiz deux hommes ainſi navrez par ycellui
Euſtace l'aiſné, il ſe parti dudit lieu; & lui qui parle,
tout deſconforté & esbay, ſe ala coucher en ſa maiſon,
& illec leſſa ledit homme mort. Et diſt, ſur ce requis,
que quant yceulx deux hommes furent batus & navrez,
il ne tenoit en ſa main ou avoit ſur lui hache, couſtel,
baton ou armeure quelconques. Et nye avoir oncques
appellé le filz dudit Euſtace, ne auſſi lui dit les parolles
dont eſt faite mencion en l'informacion, de laquelle mencion eſt faite cy-deſſus.

(1) Le mercredi 24 août de cette année.

Dit auſſi, ſur ce requis, qu'il ſe rapporte en Phelipot Danet, munier, ſe, après ledit fait advenu, il ala parler à lui en ſa maiſon, ou non; & nye y avoir eſté ne parlé à lui aucunement.

Diſt auſſi qu'il ſe rapporte en ce que ledit Gieffroy Olivier dira ſur ce que l'en accuſe il qui parle de tenir, au temps dudit debat, couſteau, baton, hache ou harnois quelconques, & des parolles auſſi que l'en diſt qu'il & ledit Olivier orent enſemble au devant deſdites bateures & navreures faites eſdiz compaignons, dont l'un fu tué en la place, comme dit eſt deſſus.

Le samedi xvije jour dudit mois, l'an deſſus dit, après heure de diſner, en la preſence de maiſtres Dreu[e] d'Ars, lieutenant; Nicolas Bertin, Robert de Pacy & Gieffroy Le Goybe, examinateurs, &c.; fu fait venir le deſſus dit priſonnier Jehan de La Ramée, &, en ſa preſence, fu fait jurer ledit Phelipot Danet. Et ainſi comme l'en le vouloit examiner, ycellui priſonnier diſt qu'il ſe recordoit bien que, depuis ledit murtre fait par ycellui Euſtace l'aiſné, & qu'il vit ycellui homme mort à ſon huys, il vint hurter à l'uys dudit Phelipot, & tant fiſt qu'il ala parler à lui en ſa chambre, où il eſtoit couchez en ſon lit, lui recorda ce qui eſtoit advenu au devant de ſon huys, & inſtanment lui requiſt que de ce il le voulſiſt conſeiller. Et après pluſieurs paroles eues entre eulx, ycellui Danet lui diſt que s'il avoit eſté preſent, conſeillant ou aydant audit murtre fere, qu'il s'en alaſt & gardaſt bien qu'il ne feuſt prins; & s'il n'en eſtoit conſentant, qu'il ſe alaſt coucher en ſon lit, ſanz autre choſe lui dire. Leſquelles parolles entre eulx dites, il qui parle s'en ala coucher en ſondit hoſtel. Et nye lors avoir aporté couſ[tel], baton, hache ou armeure quelconques.

Le lundi enſüiant, xixe jour dudit mois, l'an deſſus

dit, par devant monf. le prevoft, lui eftant en jugement
fur les carreaux, prefens maiftres Dreux d'Ars, lieutenant; Andry Le Preux, procureur du roy; Miles de
Rovroy, Nicolas Bertin, Robert de Pacy, Robert de
Tuillieres, Hutin de Ruit & Gieffroy Le Goybe, examinateurs, &c.; fu veu, leu & recité ceft prefent procès,
avec l'informacion faite fur le cas de l'emprifonnement
dudit de La Ramée. Et, ce fait, par ledit monf. le prevoft
fu demandé aufdiz prefens confeillers leurs advis & oppinions fur ce. Tous lefquelx, veu ce que dit eft, les variacions & denegacions par lui faites, & qu'il eft trouvé
que, paffez font dix ans, ycellui feu de Criquetot eftoit
demourant audit lieu de Saint-Marcel, que ycellui prifonnier dift qu'il ne congnoift ledit deffunct, & auffi le
baton trouvé en fa maifon, & confideré tout, delibererent & furent d'oppinion que, pour en favoir par fa bouche la verité, il feuft mis à queftion. Et ainfi fu jugié &
prononcié par ledit monf. le prevoft, & en la prefence
dudit prifonnier; oy auffi maiftre Jehan Le Conte, cirurgien juré du roy, qui dift que la playe faite audit feu
Criquetot en la tefte fu d'une hache, fi comme il croit
en fa confcience.

En enterinant lequel jugement, ledit Jehan de La
Ramée, prifonnier, pour ce que autre chofe ne voult
congnoiftre que dit eft, fu mis à queftion fur le petit &
le grant trefteau; & ainfi comme l'en lui voult donner à
boire, requift inftanment que hors d'icelle l'en le meift,
& il diroit verité dudit fait par lui commis & aidié à fere.
Si fu mis hors d'icelle queftion, mené chauffer en la cuifine en la mani[ere] acouftumée, & après ce qu'il fu
efchauffé, fu ramené en jugement fur les carreaux; &
illec, en la prefence des deffus diz, fanz aucune force ou
contrainte de gehine, congneut & confeffa, en foy corrigant des autres confeffions par lui faites, que, quelque

chofe qu'il euſt dit, congneu ou nyé paravant le jour
d'uy, verité eſt que au ſoir que ledit Criſtot fu tué &
ycellui Olivier batu & navré, ainſi comme il faiſoit à un
ſoir ſon lit pour ſoy coucher, oy ledit Jehan Euſtace
l'aiſné & Guillemin Le Grant, pelletier, demourant audit
Saint-Marcel, & eulx eſtans en l'oſtel dudit Euſtace, qui
parloient moult hault enſemble, & crioit ycellui Euſtace :
*Haro! haro! j'ay eſté batu.* Leſquelles parolles par lui oyes,
il qui parle, pour l'amitié qu'il avoit à lui, qui eſt ſon
compere, ami & voiſin, & qui demeure au devant de lui,
print en ſa main le baton dont il faiſoit ſon lit, en entencion de aidier à ſondit compere, s'il avoit aucun beſoing,
& yſſi hors de ſondit hoſtel; lequel yſſu, il qui parle vit
& apperçut ledit Euſtace l'aiſné qui eſtoit auprez de ſa
porte, qui avoit veſtu un jaques & ſaint une eſpée, & en
ſa main tenoit une demie-lance; & ainſi comme il qui
parle demanda à ſondit compere pourquoy il eſtoit en
ceſt eſtat, & que ycellui Euſtace l'aiſné lui ot reſpondu
qu'il avoit eſté batu en l'oſtel aus Corneilles, par l'oſte
dudit lieu, & en ces parolles diſant, arriverent illec deux
compaignons, à l'un deſquelx ycellui Euſtace donna &
fery d'icelle demie-lance un coup parmi la poitrine, &
dudit coup tout chancellant ala cheoir mort illec aſſez
prez.

Dit auſſi que ledit Euſtace, d'icelle demie-lance, couru
ſus & navra ledit Olivier, diſant que puiſqu'il en avoit
tué l'un, il tueroit l'autre. Et, ledit fait advenu, yceulx
Euſtace & ſon filz s'en alerent là où bon leur ſembla, &
lui qui parle vint parler audit Danet par la fourme & maniere que dit eſt. Et diſt que, ledit fait advenu, il de ſon
povoir cria lors : *Harou le murtre!*

Dit auſſi, ſur ce requis, que, oudit jour & heure, ne
dudit baton, il ne fery aucunement nul d'iceulx deux
compaignons, & que quant il vit que ledit Euſtace l'aiſné
s'enfuïoit, il eſt vray qu'il cria au filz dudit Huitaſſe, qui

demouroit auprez de la maifon dudit Euftace, fon pere,
& de lui qui parle, qu'il defcendeift aval, alaft avecques
lui, & qu'il faifoit que mauvez garçon de s'enfouir &
leffier fon pere en ceft eftat. Et autre chofe ne fcet, fur
tout diligenment requis, interrogué & examiné.

Et, ce fait, par l'advis & deliberacion defdiz confeilliers deffus nommez, eft ordonné que ledit Gieffroy Olivier fera mandé & fait venir en la prefence dudit prifonnier, & fur les circonftances & deppendences dudit cas
interrogué & examiné par maiftre Robert de Pacy, examinateur. Et ainfi lui fut commandé par ledit monf. le
prevoft, & par ycellui maiftre Robert, ledit examen fait
par la fourme & maniere qui enfuit.

L'an de grace mil trois cens quatre vins & dix, le
mercredi xxj^e jour du mois de feptembre, fu attaint en
jugement devant monfeigneur le prevoft, fur les quarreaux, Jehan de La Ramée, lequel, après plufieurs inter-
rogacions à lui faittes fur le cas de la mort & occifion de
Jehan de Crifquetot, dont ycellui Jehan de La Ramée
eft accufé, fe rapporta du tout au ferement & à la deppoficion de Gieffroy Olivier, varlet cordouennier, demourant à Saint-Marcel, en la boucherie, en l'oftel de
Guillaume Morin, cordouennier. Lequel Gieffroy, après
ce qu'il ot juré & affermé par ferement que il diroit verité, en la prefence dudit Jehan de La Ramée, dift &
deppofa que huy a un mois, après ce que meffire Jehan
Chafteau, preftre & moynne, demourant en l'Oftel-Dieu
de Saint-Marcel; Guillaume Le Grant, pelletier; Pierre
Morin, cordouennier; lui qui parle & ledit defunt, orent
fouppé en l'oftel d'icellui defunt, que l'en dit l'oftel des
Corneilles, à Saint-Marcel, & que lui qui parle & ledit
meffire Jehan Chafteau & auftres fe furent partiz dudit
hoftel, & eftoient en la rue, lui qui parle, fon maiftre,

& un appellé Pignon, plaftrier, & eulx là eftans, virent venir Jehan Eutaffe l'ainfné, qui fembloit avoir bien beu, & fe adreça à lui qui parle & aus autres qui là eftoient, & leur dift : *Vous ne eftes pas à fi grant efcole comme il y a dont je vieng.* Et leur dift que ce eftoit à la Souche, où il avoit beau jeu de dez, & que fon fiiz y eftoit. Et refpondu lui fut que il avoit eu oudit hoftel des Corneilles beau jeu de paulme, & que il y en avoit eu un qui avoit perdu huit ou nuef fols, & que tout avoit païé au fouper.

Et alors ledit Jehan Eutaffe hurta à l'uis dudit hoftel des Corneilles, pour aler veoir ceulx qui eftoient dedens encores; auquel huis eftoit la femme dudit defunt, qui lui refufa l'entrée; &, pour ce, icellui Jehan Eutaffe fe efforça de y entrer, & y entra auffy que par force. Et alors ladite femme, en difant que elle eftoit groffe, & que il l'avoit moult blecée; & ce oy par ledit deffunt fon mary, qui bien avoit beu, fe leva de la table où il eftoit, & print une pinte, de laquelle il s'efforça de ferir ledit Jehan Eutaffe; mais il ne pot, pour ce que il en fu deftourné. Et jà eftoit ledit Jehan Eutaffe hors dudit hoftel & à l'uis.

Et, ce nonobftant, ycellui deffunt print une fourche à fiens, & yffy en la rue, & d'icelle de rechief fe efforça de ferir parmy le corps ledit Jehan Eutaffe; mais il ne pot, pour ce que il en fu deftourné & que on lui ofta. Et ce veu par ledit pelletier, il dift audit trefpaffé que puifqu'il vouloit grever fon compere, il le comparroit; & tenoit en fa main un bafton de cotheret, dont il fe efforça de ferir ledit trefpaffé; mais il ne pot, pour ce que ledit bafton lui fu ofté par lui qui parle. Et de rechief en ala querir un autre; qui auffy lui fu ofté; car il fe efforçoit d'en vouloir grever ledit defunt. Toutefvoyes dit-il que ledit deffunt bouta par terre ledit Jehan Eutaffe de ladite fourche, fenz le navrer; & en conflit fu la

femme dudit peletier, qui frappa ledit defunt, ſy comme
il lui a oy dire. Et ſy vit que ledit Jehan Eutaſſe s'enfuy
vers ſa maiſon, & que eulx eſtoient pour lors tous devant
l'oſtel du Patriache; & s'en retournerent, lui qui parle
& ledit defunt, en la maiſon d'icellui deffunt, & ledit
peletier ala avecques ledit Jehan Eutaſſe. Et tantoſt retourna juſques devant l'uis dudit deffunt, & là diſt que
ſe ledit defunt yſſoit hors en ycelle nuit, que il le comparroit. Et lors lui qui parle, qui eſtoit dehors, mena
ycellui peletier en ſa maiſon, & là le leſſa, & retourna
audit deffunct, qui eſtoit à ſon huis, & le miſt dedens ſon
hoſtel, & fiſt traire une choppine de vin, affin de le deſ-
mouvoir, & qu'il ne alaſt hors; &, ce nonobſtant, ledit
deffunt diſt que il ne vouloit avoir rencune à aucun, &
que il yroit veoir s'il trouveroit ledit Jehan Eutaſſe, &
lui donrroit pinte; & print de ſa femme un blanc de deux
blans, que il bailla à lui qui parle, & s'en alerent eulx
deux, chaſcun un petit baſton en ſa main, juſques oultre
la maiſon dudit Jehan Eutaſſe, ſenz mot dire à aucun,
cuidans aler oultre les Cordelieres, en l'oſtel de la maiſtreſſe de lui qui parle, & de là s'en feuſſent retournez
par les champs. Et ſy toſt que ilz eurent paſſé auſſy que
une maiſon ou deux oultre la maiſon dudit Jehan de La
Ramée, ycellui Jehan de La Ramée, qui eſtoit à ſon huis,
appella ledit deffunt en diſant : *Vien çà, vien çà.* Lequel
defunt reſpondi auquel s'eſtoit que il parloit, & il reſpondi : *A toy.* Et, pour ce, ycelui defunt retourna; &
incontinent ycellui Jehan de La Ramée lui diſt : *Où vas-
tu?* Et ycelui defunt lui reſpondi : *Que en veulz-tu? Gardes-
tu les gens qui paſſent le chemin?* Et ledit de La Ramée lui
diſt : *Tu quiers ta male meſchance.* Et, à ces paroles, retourna lui qui parle, & fu emprès ledit defunt qui parloit
audit de La Ramée; & vit, & dit que bien s'en recorde,
que ycellui de La Ramée tenoit une hache, ſur laquelle
il ſe apuyoit, à ſon huis, & avoit ycelle hache le manche

quarré, & tenoit le fer contremont, fur lequel il fe
apuyoit. Autrement ne fcet defclairer quele eftoit ladite
hache. Et fy vit en la court d'icelui de La Ramée, & affez
près de l'uis, ledit Jehan Eutaffe, qui eftoit veftu d'un
jaques noir (1), avoit une efpée fainte & une taloche (2),
& fy tenoit un demi-glayve, duquel il fe efforça de vouloir ferir ledit defunt; mais lui qui parle lui retint le cop,
& tint à une main ledit glayve, & l'autre mift fur ladite
efpée & taloche, en difant que fe ledit deffunt leur avoit
riens meffait, il leur amanderoit à leur voulenté. Et, en
ces paroles difant, ledit Deframe appela le filz dudit
Jehan Eutaffe, en difant : *Jehannin, larron, laifferas-tu tuer
ton pere?* Et lors ledit filz defcendi tout nu, excepté d'une
houpelande que il avoit fur fes efpaules & un chapperon
fur fa tefte, fenz brayes, fenz foulers, & fenz aucun bafton
ou armeure, & fe adreça à fondit pere en lui difant : *Mon
pere, que voulez-vous faire? Vecy Jehan de Crifquetot, votre
voifin, qui ne vous vouldroit nul mal faire. Et fy y eft le varlet
Guillemin Morin, voftre ami.* Et tant parlerent que lefdiz
Jehan Euftace & ledit defunt promirent, ès mains de lui
qui parle & dudit filz, que l'andemain ilz buroient enfemble, & feroient mis à accort par yceulx deux. Et là eftoit
prefent ledit de La Ramée, tenant fadite hache comme
deffus a dit, qui nul mot ne difoit. Et alors lui qui parle,
cuidans que lefdites promeffes teniffent, laiffa aler ledit
glefve & ofta la main que il avoit fur ladite efpée. Et
ledit filz dift à fon pere que ilz fe alaffent couchier. Et
lui qui parle & ledit Crifquetot s'en cuidierent retourner;
mais ledit pere, fenz mot dire, fe mift au devant dudit
defunt, & dudit glefve que il tenoit il le frappa parmy
le corps, & tant que il chey. Et fy toft comme il fu feru,
lui qui parle dift audit Jehan Euftace que il avoit fait

(1) Efpéce de furtout, ordinairement piqué.
(2) Petit bouclier. Voy. du Cange, au mot *Talochia.*

que faulx & que traitre de l'avoir ainſy feru, après l'accort deſſus dit, & lui gecta le baſton de fagot que il tenoit, duquel cy-deſſus eſt faite mencion, & l'en aſſena
par la teſte. Et alors ledit Jehan Euſtace frappa lui qui
parle dudit gleſve par la poitrinne, &, lui feru, ſe baiſſa
pour prendre une pierre, & ſy toſt que il fu baiſſié, ledit Jehan Euſtace le refrapa par derriere tellement que
il lui perſa le corps & le braz tout oultre, & tout à un
cop. Et, ce nonobſtant, lui getta il qui parle ladite pierre,
& puis ſe eſchapa ; & vit que ledit Jehan de La Ramée
& ledit filz eſtoient entour ledit deffunt, mais que ilz lui
faiſoient ne avoient fait, dit que il ne ſcet ; car il dit qu'il
avoit aſſez affere à ſoy. Et puis après, retourna & trouva
qu'il eſtoit mort. Toutefvoyes dit-il que ilz ne furent
audit debat que eulx cinq, c'eſt aſſavoir : ledit treſpaſſé,
ledit Jehan Eutaſſe, ſon filz, ledit Jehan de La Ramée &
lui qui parle. Et plus n'en ſcet, ſur tout diligenment
requis.

OUQUEL xxj° jour dudit mois de ſeptembre, l'an deſſus
dit, & en la preſence de monſeigneur le prevoſt, maiſtres
Dreux d'Ars, lieutenant ; Jehan de Bar, Nicolas Bertin,
Robert de Pacy & Gieffroy Le Goybe, examinateurs ; le
deſſus dit priſonnier, après la deppoſicion Gieffroy Olivier, à lui leue mot après autre, ſe rapporta & creut du
tout, pour ou contre lui, ou dit & deppoſicion d'icellui
Gieffroy. Et pour ce que de rechief il nya, & par ſerement, avoir veu ou tenu ladite hache, nonobſtant ladite
deppoſicion, ycellui de La Ramée, priſonnier, par l'avis &
deliberacion deſdiz conſeilliers, affin de ſavoir plus à plain
de ce la verité, fu mis & lié à la queſtion ſur le petit treſteau ; & avant ce que l'en gettaſt aucune eaue ſur lui,
requiſt inſtaument eſtre mis hors d'icelle queſtion, diſant
qu'il diroit verité dudit cas advenu. Lequel fu mis hors
d'icelle queſtion, mené chauffer en la cuiſine en la ma-

niere acouftumée, &, en après, ramené en jugement fur
les quarreaulx, en la prefence des deffus diz confeilliers;
& illec, fenz aucune force ou contrainte, & quelques
variacions, confeffions ou denegacions que fait a cy-deffus, & en foy corrigent d'icelles, congneut & confeffa,
par ferement fur ce fait aus fains Euvangiles de Dieu,
que en un jour de mercredi au foir, & ouquel [foir] feu
Jehan Criftot fu tué, ainfy comme il qui parle venoit,
environ jour faillant, de foupper de l'oftel de une fienne
fille, & qu'il fu affez près de fon hoftel de Saint-Marcel,
où il aloit pour foy couchier, vit & apperçut ledit Jehan
Eutaffe l'ainfné qui eftoit tout armé d'un jaques, une
efpée & taloche fainte à fon cofté, & une demie-lance en
fa main, au devant de fon huis, & auffy comme au milieu
de la rue, & affez près de l'oftel de lui qui parle, qui eft
vis-à-vis de l'oftel dudit Euftace, auquel Euftace il qui
parle dift ces parolles ou en fubftence : *Jehan Euftace,
mon compere & ami, qu'avez-vous? Que vous a l'en meffait ou
mefdit?* Et ycelui lui refpondi que par ledit Jehan Criquetot il avoit efté batuz en fon hoftel des Corneilles, &
que l'en lui avoit dit que encores le devoit-il venir veoir
& batre en celle nuit mefmes. Et, ce fait, requift lui qui
parle qu'il voifift eftre avec lui, & lui aidier s'il veoit
qu'il euft aucun befoing. Et, en ces parolles difant, bailla
ycellui Euftace à lui qui parle une hache, laquelle il qui
parle print & mift en fes mains. Et lors dift audit Euftace,
fon compere, que il ne fe courrouçaft point, & que s'il
y avoit aucun qui lui euft aucune chofe meffait ou mefdit, qu'il lui feroit amandé, & ne fe doubtaft en riens.

Dift auffy que, ainfy comme ilz parloient enfemble
dudit debat eu aus Corneilles, ycellui Euftace vit & apperçut deux hommes qui venoient de Louveceines (1) à

--------

(1) D'après l'orthographe de ce nom, il fembleroit que c'eft ici Louveciennes ou Luciennes, arrondiffement de Verfailles, canton de Marly-

Saint-Marcel, & avoient chafcun un bafton de fagot en
leurs mains. Lequel Euftace, ainfy comme il vit l'un
d'iceulx deux compoingnons paffer au devant de la maifon de lui qui parle, il, de ladite demie-lance, jetta un
coup contre ycellui Criquetot d'eftoc, & l'euft feru, fe
ce n'euft efté ledit Gieffroy Olivier, qui print & em-
poingna ycelle lance. Pourparlerent ycellui Euftace &
ledit Olivier de faire accort entre lui & ledit feu Criftot,
& promiftrent que le landemain matin ilz buvroient enfemble & feroient amis; & de ce baillerent leurs mains,
yceulx Euftace & Olivier, l'une dedens l'autre. Mais, ce
nonobftant, & ainfy comme yceulx deux compoingnons
s'en vouloient retourner audit leu de Louveceines, &
que ledit Olivier ot laiffié aler la lance que tenoit ycelui
Euftace, ledit Euftace recula en la court de lui qui parle,
& d'efcourfe (1) vint ferir ledit Criftot en la poitrinne de
ycelle lance, tellement que il le fift chanceler & cheoir
affez près illec adans (2) comme tout mort. Et lors, pour
ce que ledit Olivier getta audit Euftace le bafton de fagot
qu'il tenoit à la tefte dudit Euftace, & qu'il fe print à le
batre & navrer, il qui parle, veant ycellui homme que
l'en appelle Criftot cheu à terre comme dit eft, fe aproi-
cha dudit Criftot, & de ladite hache fery ycellui Criftot
en la tefte un feul coup.

Dit auffy que depuis ce que ledit Criftot fu à terre en
ladite place, & illec mort, & que ledit Olivier ot efté
batu & navré par ycellui Euftace l'ainfné, il qui parle
appella le filz dudit Euftace, & lui dift qu'il faifoit que

---

le-Roi (Seine-&-Oife); mais le fens de la phrafe donne à penfer qu'il
s'agit plutôt de Lourcinnes, bourg fitué au fud de Paris, & qui s'étendoit à l'oueft & au nord-oueft du bourg Saint-Marcel, auquel il tou-
choit. On trouve d'ailleurs Lourcine appelée *Loaceines*. (Guérard, *Cartul.
de N.-D. de Paris*, t. I, p. 5.)

(1) D'un élan.
(2) Étendu le vifage contre terre. Voy. du Cange, au mot *Adentare*.

mauvais garſon de laiſſier ſondit pere en l'eſtat que dit
eſt. Lequel filz venu enmi la rue, pour ce qu'il vit qu'il
ne avoit couſteau ou armeure quelconques, lui bailla ladite hache, & diſtrent alors li uns à l'autre que chaſcun
s'en alaſt là où bon lui ſembleroit. Leſquelx pere & filz
ſe partirent d'illec, & alerent ne ſcet où, ne oncques,
puis ledit fait advenu, ne les vit ou parla à eulx aucunement. Et il qui parle vint en ſondit hoſtel, ferma ſa porte
& ſon huis, & vint parler au deſſus dit Phelipot Danet
en ſon hoſtel par la maniere que dit & deppoſé a cy-deſſus, &, en après, s'en retourna couchier en ſondit hoſtel,
ouquel, pour ſouſpeçon dudit fait, il fu prins par les ſergens du roy, & admené priſonnier ou Chaſtellet, ouquel
il eſt ad preſent.

Le jeudi enſuivant, xxij<sup>e</sup> jour de ſeptembre mil ccc
quatre-vins & dix, par devant monſ. le prevoſt, lui eſtant
en jugement ſur les quarreaux, preſens maiſtres Dreux
d'Ars, lieutenant; Andrieu Le Preux, procureur du roy;
Oudart de Fontenoy, Nicolas Bertin, Robert de Pacy &
Gieffroy Le Goibe, examinateurs; fu fait venir & attaint
le deſſus dit Jehan de La Ramée, priſonnier, lequel, après
ce qu'il ot fait ſerement de dire verité, & ſenz aucune
force ou contrainte, continua & perſevera en la confeſſion & deppoſicion cy-deſſus eſcripte, autrefois par lui
faitte, & afferma par ſerement ycelle contenir verité par
la fourme & maniere que elle contient, & laquelle lui fu
lue mot après autre. Et, ce fait, fu remis en la priſon
dont il eſtoit partiz.

Samedi enſuivant, xxiiij<sup>e</sup> jour dudit mois de ſeptembre, l'an deſſus dit, par devant monſ. le prevoſt, preſens
maiſtres Jehan Truquam, Guillaume Drouart, lieutenant
dudit monſ. le prevoſt; Dreux d'Ars, auditeur; Andrieu
Le Preux, procureur du roy; Martin Double, advocat;

Robert Petit-Clerc, Gerart de La Haye, Oudart de Fontenoy, Nicolas Bertin, Jehan Soudant, Nicolas Chaon & Gieffroy Le Goibe, examinateurs, fu attaint & fait venir en jugement fur les quarreaux dudit Chaftellet le deffus nommé prifonnier Jehan de La Ramée, lequel, après ce que fadite deppoficion cy-deffus efcripte lui ot efté leue mot après autre, continua & perfevera en ycelle confeffion, & afferma par ferement icelle contenir verité, & par lui avoir efté faite en la fourme & maniere qu'elle contient. Et, ce fait, par ledit monf. le prevoft fu demandé aufdiz prefens confeilliers leurs advis & oppinions qu'il eftoit bon d'eftre fait dudit prifonnier. Tous lefquieulx delibererent & furent d'oppinion, attandues les denegacions & variacions par lui faites, avec les confeffions & reyteracions d'icelles, par lui congneues, & la maniere du fait advenu, que l'en ne le povoit efpargnier qu'il ne feuft tenus dudit fait comme de homicide, & que, comme tel, il feuft excecutez, c'eft affavoir : pendus & les mains liées devant. Oyes lefquelles oppinions & veu ledit procès, ledit monf. le prevoft, & en la prefence dudit prifonnier, condempna ycellui à eftre excecuté par la fourme & maniere que dit eft.

Et lequel jugement fu excecuté oudit jour de famedi xxiiij<sup>e</sup> jour dudit mois de feptembre.

Et n'avoit aucuns biens foubz le roy.

Al. Cachemarée.

# REGNAUT DE POILLY, DIT GROSSE-C...LLE.

5 feptembre 1390.

L'an de grace mil trois cens quatrevins & dix, le lundi v<sup>e</sup> jour de feptembre, par devant monfeigneur le prevoft, lui eftant en jugement fur les quarreaulx, prefens meffire Ymbert de Boify, chevalier & confeillier du roy noftre fire en fon parlement à Paris, & maiftres Jehan Truquam, lieutenant dudit monf. le prevoft; Dreux d'Ars, auditeur; Martin Double, advocat du roy en Chaftellet; Andrieu Le Preux, procureur du roy illec; Jehan de Bar, Miles de Rouvroy, Ernoul de Villiers & Robert de Pacy, examinateurs de par le roy noftre fire en fon Chaftellet de Paris; fu fait venir & attaint fur lefdiz quarreaulx Regnaut de Poilly, dit Groffe-C...lle, prifonnier detenu oudit Chaftellet, pour ce qu'il a jetté poifons (1) en plufieurs puis & fontennes, en plufieurs & divers lieux, fy comme il a dit & confeffé à maiftres Jehan Truquam & Gerart de La Haye, examinateurs du roy noftre fire ou Chaftellet de Paris, & commiffaires ordonnez par le roy noftredit feigneur fur ledit fait (2); & oultre,

---

(1) Sous l'année 1390, le Religieux de Saint-Denis (t. I, p. 682-685 de l'édition in-4 donnée par M. Bellaguet) rapporte l'empoifonnement des fontaines & des puits dans le pays chartrain; il ajoute que le bruit de cet horrible attentat fe répandit dans le courant du mois de juillet. Les renfeignements fournis par cette chronique fur la condition des empoifonneurs & fur la nature des poifons font affez exacts, & peuvent être utilement rapprochés de ceux qui reffortent de la lecture des procès criminels de notre regiftre. Il eft à remarquer auffi que le Religieux de Saint-Denis fe rend l'écho des bruits fâcheux qui avoient circulé fur le compte des jacobins, fans en garantir l'authenticité. Les mêmes faits font encore confignés dans la petite chronique attribuée, par M. Vallet de Viriville, à Guillaume Coufinot (fol. 63 v°, Bibl. imp., anc. fonds franç., 10297). Les jacobins, en effet, étoient très-déconfidérés aux yeux du peuple depuis l'affaire de Jean de Montfon, & le parlement crut devoir interdire à tous fes membres de les injurier ou de les tourner en dérifion, le mardi 16 & le famedi 20 juin 1388. (Reg. du parlement, Confeil & Plaid., VIII, fol. 107 r° & 109 v°, Arch. de l'Emp., X, 1474.)

(2) Ils furent chargés d'aller informer contre les empoifonneurs de fontaines dans la Touraine, le Blefois & le Vendômois, par mandement royal daté du 17 août 1390, relaté dans des extraits de comptes de la prévôté de Paris. Par un autre mandement royal, en date du 12 feptembre 1390, ils furent envoyés au Mans, à Tours & à Rouen, pour

pour ce que ycellui Regnault a baillié defdites poifons à
plufieurs gens pour jetter en puis & fontennes. Lequel
prifonnier, après ce qu'il ot efté fait jurer aus fains Euvengiles de Dieu qu'il diroit verité des chofes deffus
dites & autres qui lui feroient demandées, & qu'il ot efté
requis fe la confeffion par lui autrefois faite par devant
lefdiz commiffaires, & auffy de aucunes autres confeffions
par lui femblablement faites par devant le juge de la
Ferté-Bernart, & lefquelles lui furent leues mot après
autre, eftoient vrayes, & defqueles confeffions, & premierement de celle faite par devant lefdiz commiffaires,
la teneur s'enfuit :

Regnaut de Poilly, autrement dit Groffe-C...lle, povre homme charretier, querant fa vie, né de la ville de
Troyes en Champaingne, aagé de l ans ou environ, fy
comme il dit, ad prefent prifonnier ès prifons du roy
noftre fire à Orliens, où il a aujourd'ui efté admené
des prifons de la Ferté-Bernart, où il eftoit prifonnier,
pour foupeçon d'avoir jetté en plufieurs fontennes &
puis dudit païs plufieurs poifons, & par nous fur ce examinez. Lequel dift & afferma, par fon ferement fait aus
fains Euvengiles de Dieu, que le dimenche après la be-
neiffon derrenierement paffée, lui eftant ou champ du
Lendit, où il queroit fa vie, deux hommes que oncques
mès n'avoit veuz ne congneuz, vindrent à lui & le hu-
chèrent à part, difans que ilz vouloient parler à lui. Et
eulx mis eulx trois à part, lui dirent : *Mon ami, vous eftes
povres homs, & fe vous voulez faire ce que nous vous dirons,
nous vous ferons riche homme;* fenz lui defclairier quele chofe
il feroit pour eulx. Et il leur refpondi que il avoit bien
befoing de gangnier, & qu'il eftoit povres homs, & que

---

faire les procédures contre les empoifonneurs. (Voy. Sauval, *Antiquités
de Paris*, III, 665.)

voulentiers feroit pour eulx ce qu'il pourroit, fenz leur demander quelle chofe ilz vouloient que il feift pour eulx. Et atant fe departirent de lui.

Et dit que, l'andemain au matin, il ala querir fa vie & foy pourchaffier vers les Cordelieres de Saint-Marcel, hors Paris; & lui eftant devant la porte defdites Corde-lieres, vit yceulx deux compoingnons qui pafferent par devant lui, & le faluerent fenz lui autre chofe dire. Et ycellui jour mefmes les vit ou parviz Noftre-Dame de Paris, fens ce que ilz parlaffent lors enfemble.

Et dit que le lundi avant la Saint-Jehan-Baptifte der-renierement paffée, il & un autre avugle alerent feoir enfemble fur la chaucée enmy la villete Saint-Ladre, lez Paris, pour demander les aumofnes aus paffans. Et eulx eftans là, yceulx deux compoingnons pafferent d'aven-ture par devant eulx, & fe arefterent à il qui parle, & lui dirent que le lundi après le Lendit il alaft parler à eulx en la place Maubert, à Paris, en l'oftel enfeingne du Plat d'Eftain, près d'une maifon où l'en vent fervoife, où ilz eftoient logiez, auquel jour de lundi au matin il ala de-vers eulx, fy comme dit lui avoient, &, en y alant, les encontra, & aloient defjà de leur hoftel vers le carrefour Saint-Severin; & lui dirent que il retournaft, & que le landemain bien matin il alaft devers eulx, & que il les trouveroit encores couchiez en leurs liz.

Et dit que, ycellui jour de l'andemain, ala au matin ou-dit hoftel où eftoient yceulx deux compoingnons logiez, & lui fu dit par la dame ou chamberiere dudit hoftel, ne fcet laquelle, à qui il demanda [où] yceulx compoingnons eftoient, que ilz eftoient encores couchiez, & que il les attandift, & que tantoft ilz vendroient à lui. Adonc fe ala affeoir à l'uis de l'oftel de laditte Servoife, & tantoft vindrent à lui yceulx deux compoingnons, & lui dirent que il alaft après eulx; lefquelx prindrent leur chemin, & alerent par la rue de Biefvre, lez la place Maubert,

droit fur la riviere de Saynne, & il qui parle après eulx;
&, eulx trois là affemblez, yceulx deux compoingnons
attaingnirent deux eftuiz de cuir, l'un rond & gros comme
une groffe boule, & l'autre plat comme unes grans tabletes,
& les ouvrirent, &, eulx ouvers, il qui parle vit & apperçut que yceulx deux eftuiz, & chafcun d'eulx, eftoient
tous plains de poudre trayant fur la couleur de poudre
de poivre. Et, ce fait, refermerent leurs eftuiz & s'en
retournerent en leur hoftel, & il qui parle après eulx,
fenz ce que ilz lui baillaffent lors aucune chofe. Et eulx
revenuz à l'oftel, dirent à ii qui parle que il les attandift
fur le fueil de l'uis de l'oftel de laditte Cervoife, & tantoft vendroient à lui, & que ilz aloient un pou en leur
chambre; & affez toft après retournerent à lui.

Et dit que, avant que ilz retournaffent à lui, ilz demourerent par l'efpace d'environ une heure. Et eulx retournez à lui, lui dirent que il alaft après eulx. Et alerent
jufques au-deffus de ia Croiz-Hemon, endroit le Carme,
& là lui baillerent un petit fachet de toile, ouquel avoit
dedens v frans en blans de quatre deniers parifis pour
piece, fy comme ilz difoient; car pas ne les compta.

Et, avecques ce, dift que ilz lui dirent que oudit fachet avoit quarante piece des chofes que ilz lui avoient
promifes de baillier, pour mettre & faire ès puis & ès
fontennes, fenz le lui compter ne monftrer pour lors, en
lui difant que il les meift & feift mettre & jetter ès puis
& ès fontennes du païs, fenz lui defclairer les parties
dudit païs; & que il baillaft d'icelles chofes à qui que
bon lui fembleroit en alant fon chemin, & qui en vouldroit prendre; & que ceulx à qui il en baudroit, qu'il
leur departift & baillaft de l'argent que baillié lui avoient,
ainfy comme il verroit qu'il leur appartendroit en fa confcience; & que il gardaft bien à qui il les baudroit, &,
en le baillant, il leur enchargaft bien que ilz les meiffent
ès puis & ès fontennes ès parties où ilz yroient fur ledit

D d 4

pays. Et atant se departirent de lui, &, en eulx depar-
tant, lui dirent que il alast & tenist le pays droit au Mans,
& que, en la ville du Mens, il alast à eulx à la mi-aoust
prouchaine à venir & derrenierement passée, & il les
trouveroit devant l'eglise mons. Saint-Julien; & que là,
se les choses que ilz lui avoient baillées estoient faillies
& employés, ilz lui en baudroient des autres & de l'argent avec. Ne oncques depuis ne les vit.

Et dit que, en recevant lesdites choses, il demanda
aux compoingnons qui les lui baillerent quelles chose
c'estoient, & de quoy elles servoient; & ilz lui respon-
dirent que il n'en avoit que faire, & que ce estoit mauvaise viande, & que tel en pourroit bien mengier & user
à qui il ne feroit jà bien.

Et dit, il qui parle, que après que yceul deux compoingnons furent departiz de lui, il print son chemin à Saint-
Germain des Prez, hors Paris, où il avoit autrefois demouré, &, de là, s'en ala aus champs près de ladite ville
de Saint-Germain, & là se assist tout seul, & regarda que
c'estoit ou sachet que on lui avoit baillié, & trouva qu'il
y avoit cinq frans en la monnoye dessus dite, & avecques il trouva vint noëz de drapel liez d'un peu de fil,
chascun noët gros comme environ une noiz, & assez durs;
& oultre, y trouva xx choses de drapeau rons, longs &
gros comme la moitié d'un doy d'un homme, ou plus,
fais en la façon d'un doytier à quoy les orfevres mettent
leurs anneaux.

Et dit que il ne regarda point queles choses il avoit
dedens les noëz, & n'y osa regarder, pour ce que ceulx
qui les lui avoient bailliez lui avoient dit que ce estoit
mauvaise viande. Et dès lors qu'ilz les lui baillerent &
qu'ilz lui dirent que c'estoit mauvaise viande, conçupt
en soy que ce estoient poisons.

Et dit que après ce que il ot compté l'argent & visité
les choses qui lui avoient esté baillées, comme dit est, il

se parti & s'en ala tout seul droit le chemin de Chartres,
&., en y alant, passa par la ville de Galardon, & y coucha
par une nuit, & entra en la ville après soulail couchant;
& dit que au dehors de la ville, environ le trait d'une
arbalestre, encontra, en une ruelle enclavée entre vin-
gnes, un compoingnon tout seul, senz aucune chose porter, fors un baston rond en sa main, & lequel il cognois-
troit bien se il le veoit; lequel, après ce que ilz orent
salué l'un l'autre, lui demanda se il avoit point d'argent;
& il qui parle lui respondi que il en avoit à faire, & que
se il en avoit, n'estoit-ce pas pour ycellui compoingnon.
Et toutesvoyes lui dist, il qui parle, que se il vouloit
faire ce que il lui diroit, sy lui en baudroit-il; & il lui
respondi que oyl voulentiers. Adonc lui dist, il qui parle,
que il avoit certaines poisons que on lui avoit baillées
pour mettre en puis & en fontennes; & ycellui compoignon lui respondi que il lui baillast de l'argent, & il le
feroit voulentiers. Adonc lui bailla, il qui parle, xij sois
parisis de l'argent dessus dit, &, avecques ce, lui bailla
six noëz. Et atant se partirent l'un de l'autre, ne oncques
depuis ne le vit, ne ne l'avoit oncques mès veu paravant.
Et s'en ala, ycellui compoingnon hors la ville, & il qui
parle ala couchier en ladite ville.

Et dit que ycellui compoingnon estoit assez hault, &
de l'aage d'environ quarante ans, & avoit la barbe façon-
née & aguë, noire, & petiz cheveulx, & avoit le visaige
megre, brun, & un nez assez long & begu (1), & parloit
bon langaige & attrait ainsy comme sur le françois, &
estoit vestu d'une cotte hardie longue jusques au genoul,
noulée par devant jusques au dessus du nombril, & estoit
d'un drap gris-brun, & estoit assez entiere, & doublée par

---

(1) Nez aquilin. Voy. le *Glossaire roman-latin du* xve *siècle*, publié par
M. Émile Gachet, dans les *Mémoires de la Commission royale d'histoire*,
p. 5. *Nasus aquillus* y est traduit *nés bécus*.

dedens d'une vielle cotte, ne fe recorde de quelle couleur, & avoit un chapperon de drap de mabré brun double
fur le vifaige, & eftoit noullé foubz la gorge, & ne avoit
aumuce ne chappiau, & eftoit chaucé d'unes chauces
pareilles au chapperon, & d'uns folers à bouclettes fenz
efcoleteure (1), & affez grant poulaynne.

Et dit que, le landeman au matin, il fe parti de Galardon, & print fon chemin droit à Chartres; & en y alant,
ainfy comme à mi-voye, il trouva enmi les champs, fur
le chemin, un homme & une femme feans à terre, join-
gnans l'un de l'autre, emprès lefquelx il fe affift; &, après
plufieurs parolles, demanda à ycellui homme fe il vouloit
gangnier, & il lui refpondi qu'il n'eftoit riens qu'il ne feift
pour gangnier. Adonc lui bailla, il qui parle, fix foulz
de la monnoye deffus dite, & quatre noëz, ou des doy-
tiers, il n'eft record lequel; & lui dift que ce eftoient
poifons, & que il les gettaft ès puis & ès fontennes dudit
païs par où il pafferoit. Et il lui refpondi que voulentiers
le feroit, & s'en charga. Et atant fe departi, il qui parle,
fenz dire à ycellui compoingnon à quel propos il faifoit
mettre lefdites poifons ès puis & ès fontennes, ne que
ycellui compoingnon lui demandaft, ne oncques depuis
ne vit ycellui compoingnon ne fa femme, ne ne les avoit
oncque mez veuz, fy comme il dit.

Et dit que ledit homme qu'il trouva affis avecques ladite femme eftoit affez grant homme, & de l'aage de
xl ans, à un vifaige rond, affez craffet & affez court, nez
rond, & parloit bon françois & attrait, & eftoit veftu
d'un vielz mantel de mabré brun & d'une vielle cotte de
pers deffoubz, efquelx mantel & cotte avoit plufieurs
pieces de plufieurs & diverfes couleurs; & avoit un chap-

_____

(1) C'eft-à-dire fans découpures. On appeloit fouliers efcolettez des
fouliers dont l'entrée étoit découpée avec art fur le cou-de-pied.
(Voy. du Cange, aux mots *Scotatus* & *Subtulares*.)

peron, ne fcet de quelle couleur, qui ne valoit pas deux
deniers.

Et dit que ladite femme eftoit affez grande, & de l'aage
d'environ xl ans, & parloit affez bon françois, & eftoit
veftue d'une vielle robe playnne de paleteaux de plufieurs & diverfes couleurs, & eftoit fainte d'un ofyer par
deffus fa robe; & dit que elle n'avoit nulles treffes, &
avoit fa tefte envelopée d'un vielz drappiau.

Et dit que, au departir d'iceulx homme & femme, il
s'en ala en la ville de Chartres, où il fu par l'efpace de
quatre jours, jufques ad ce qu'il oy dire qu'il devoit
avoir une fefte à Saint-Arnoul en Yveline, en laquelle
ville il ala à ycellui jour, & y trouva plufieurs compoingnons querant leurs vies.

Et dit que, après ce qu'ilz orent faite leur quefte au
matin, ilz fe affemblerent enfemble jufques au nombre
de fept, & alerent boire tous enfemble en une taverne,
ne fcet à quelle enfeingne, à cinq ou à fix maifons près de
la boucherie de ladite ville, & burent en une chambre
par bas, & ne but pour lors autres que eulx en ladite
chambre, & mengierent du pain & de la char que on leur
avoit donnée pour Dieu en laditte ville, & burent vin
vermail à quatre tournois la pinte, & defpendi chafcun
quatre deniers parifis.

Et dit que pour lors il n'avoit oncque maiz veu amis
de yceulx compoingnons, ne ne fcet s'il les congnoiftroit
ad prefent fe il les veoit, excepté deux, que aujourd'ui
nous avons fait venir par devant lui, & qui ad prefent
font prifonniers ès prifons du roy noftre fire, à Orleans, pour foufpeçon d'avoir mis & jetté defdittes poifons. Et lequel, après ce que il les ot veuz & advifiez,
dit que ilz eftoient de ceulx qui avoient beu avecques lui
audit Saint-Arnoul, comme deffus eft dit. Et que après
ce que ilz orent beu & que ilz furent levez de la table,
deux d'iceulx compoingnons, qui ad prefent font prifon-

niers, alerent piffier hors de l'oftel, & il qui parle après eulx.

Et dift lors à l'un, nommé Jehan de Bloys, prefent l'autre, nommé Pierre Loyfiau, que fe il vouloit gangnier de l'argent à faire ce que il lui diroit, que il lui en baudroit. Et lors ledit Jehan de Bloys tendi la main en difant : *Sà, l'argent.* Et lors il qui parle lui dift que on lui avoit baillié certaines poifons pour mettre ès puis & ès fontennes dudit païs, & que, pour ce faire, on lui avoit baillié de l'argent, en difant audit Jehan de Blois que s'il vouloit prendre defdittes poifons, & mettre ès puis & ès fontennes dudit païs, que il lui en baudroit, & de l'argent avecques, & il lui refpondi que voulentiers le feroit. Et lors il qui parle attaingny lefdites poifons, & en bailla audit de Blois douze pieces, &, avecques ce, lui bailla de l'argent, c'eft affavoir dix folz de la monnoye deffus dite; & ledit Jehan de Blois lui promift que en ce n'auroit pas deffault qu'il n'en feift fon devoir de les mettre ès puis & fontennes. Et atant fe departi ledit Jehan de Blois, ne oncques puis ne le vit, jufques ad ce que on lui monftra hier efdites prifons. Et, après le departement dudit Jehan de Blois, ledit Pierre Loifiau vint à lui qui parle, & lui demanda quelle chofe ce eftoit qu'il avoit baillié audit Jehan de Blois, & il lui refpondi que c'eftoient poifons pour jetter ès puis & ès fontennes dudit païs, & que s'il vouloit autel faire, qu'il lui en baudroit, & de l'argent avecques; & il lui refpondi que voulentiers le feroit. Adonc lui bailla, il qui parle, quatre pieces d'icelles poifons, & quatre blans de quatre deniers parifis la piece, & quatre blans chafcun de huit deniers parifis. Et atant fe departirent l'un de l'autre. Requis à il qui parle fe il dift point audit Jehan de Blois & Pierre Loifiau en quelz parties dudit païs ilz porteroient & mettroient lefdites poifons, dit que non, & que auffy ne lui en demanderent-il rien; ne auffy ne fcet-il, fur ce requis, en quelles

parties dudit païs ilz mirent lefdites poifons. Et dit, fur
ce requis, que les autres compoingnons qui burent avecques eulx audit Saint-Arnoul ne fceurent riens des poifons qui furent baillées audit Jehan de Blois & Pierre
Loifiau, & que tous ceulx de la compoingnie eftoient
yvres & fe combatirent au partir de ladite taverne.

Et dit que, au departyr de Saint-Arnoul, il print fon
chemin à aler droit au Mans; & dit que, à environ
xij lieues de Chartres, près d'une ville plate dont il ne
fcet le nom, & en laquelle ville a une fontenne près d'un
moulin affis en une petite riviere, & en ycelle fontenne
mift un noëau defdites poifons, lequel, tantoft qu'il fu
jetté, ala à fons. Et dit que ladite fontenne eftoit petite
& fe vuidoit à ruiffiau.

Et dit que, à deux lieues de là, a une ville qui a nom
Saint-Selerin (1), où il a un puis du cofté de devers le Mans,
ouquel il jetta une piece defdites poifons; & là fe tranfporta l'andemain à une autre ville à deux lieues près du
Mens, où il y a un clochier couvert d'ardoife, de laquelle
ville il ne fcet le nom; & en paffant au long d'icelle ville,
trouva un puis fur le chemin enmi ladite ville, ouquel il
getta une piece defdites poifons. Et de là fe tranfporta,
l'andemain, au Mans, enmy laquelle a deux fontennes
près l'une de l'autre, en chafcune defquelles il jetta une
piece defdites poifons.

Et dit que en alant de Chartres au Mans, il en jetta en
plufieurs autres lieux dont il n'eft record, & tant que il
fcet de certain que quant il entra en ladite ville du Mans,
il n'avoit que cinq pieces defdites poifons, defquelles
cinq pieces il en jetta deux efdittes fontennes de ladite
viile, comme deffus a dit.

Et dit que l'andemain il jetta une piece d'icelles poifons en un puis qui eft devant l'eglife Saint-Julien du

---

(1) Saint-Célerin, arrondiffement du Mans (Sarthe).

Mans. Et dit qu'il fu & demoura par environ fept jours en ycelle ville du Mans, en tousjours querant fa vie, & par chafcun foir gifoit à l'ofpital.

Et dit que, après ce qu'il ot efté par quatre jours en laditte ville du Mens, à certain jour dont il n'eft record, environ heure de grant meffe, lui eftant devant l'eglife de Saint-Julien, deux jeunes hommes, l'un d'environ l'aage de xxxvj ans, & l'autre de xxx, d'affez bon hault, qui avoient les vifaiges bruns, parlans langaige fur le normant, & veftus de longues cottes blanches jufques aus piez, &, par-deffus, cappillaires (1) noirs & chapperons de drap gris fur le brun, fenz cornette, ainfy comme convers, & eftoient furçains fur leurs cottes blanches, foubz leurs capilaires, de faintures blanches de fil, vindrent à lui qui parle, & lui dirent que il alaft après eulx & les fuivift de loings. Et lors les fuyvi tant que il ies vit entrer en l'eglife des Jacobins du Mens, après lefquieulx il entra.

Et dit que quant ilz orent paffé la porte, ilz le treyrent à part près d'un mur, & lui baillerent quatre foulz en blans nuefs & quatre noëaux de poifons, & lui dirent : *Tien, bon homme, va t'en, & mez ces nouëz ès puis & fontennes par où tu paferas;* fenz lui dire ne defclairer en quelle contrée il les mettroit.

Et dit que yceulx quatre nouëz eftoient bien auffy gros & auffy pefans comme ceulx qui bailliez lui furent à Paris, mais ilz n'eftoient pas fi bien faiz. Et dit que depuis que les quatre noëz lui furent bailliez au Mans, & avant qu'il fe partift de ladite ville & du païs d'environ, il en mift un noët en une fontenne qui eft en une valée au dehors de la ville, près de la riviere.

Et dit que, avant qu'il fe partift, il ala à Saint-Chrif-

---

(2) Scapulaires, longues bandes d'étoffe qui couvroient les épaules, & faifoient partie du coftume de divers religieux.

tofle, près du Mens, où eftoit la fefte, & trouva deux puis enmi ladite ville, en chafcun defquieulx il jetta une piece defdites poifons. Et dit que, en retournant de Saint-Chriftofle au Mans, & paffant par une petite villete dont il ne fcet le nom, il trouva un puis, ouquel il jetta une piece d'icelles poifons.

Et dit que, au departir de ladite ville du Mens, il print le chemin & s'en ala droit à la Ferté-Bernart, où il mift par deux jours à y aler.

Et dit que, après ce que il ot efté par deux jours en ladite ville de la Ferté, il ala ès forbours de ladite ville pour boire une choppine de vin, &, en venant, fu prins par les fergens de ladite ville, & mené ès prifons, pour fouppeçon d'avoir mis & getté lefdites poifons ès puis & fontennes dudit païs.

Et dit que, en le menant en prifon, il bouta fa main en fa taffe, pour prendre & getter à terre deux noëaux qui encores y eftoient, afin que l'en ne les trouvaft fur lui; mais il dit que il n'y en trouva que un, lequel il print & getta à terre tout fecrettement, & marchié du pié deffus, & foula en la boë, fenz ce que nul le veift ou apperceuft.

Et dit, fur ce requis, que il ne fcet que l'autre noët devint, ne en quel lieu il le perdi; mais il dit que, pour ce qu'il fu fceu qu'il avoit jeu à l'Oftel-Dieu, les gens de ladite juftice alerent ferchier le fuerre du lit où il avoit jeu, pour favoir fe ilz y trouveroient aucunes poifons, dont aucunes n'y furent trouvées, fy comme il a oy dire.

Et dit qu'il a efté prifonnier efdites prifons de la Ferté depuis le premier jour d'aouft jufques à mardi derreniement paffé, que il fu prins, efdites prifons de la Ferté, par les fergens de Orleans, & amené prifonnier ès prifons à Orleans par l'ordonnance du lieutenant du baillif d'icelle ville, où il eft encores ad prefent.

Et dit que, lui eftant prifonnier à la Ferté, comme dit eft, il fu examiné par le lieutenant du baillif d'icelle ville fur le cas de fon emprifonnement, auquel il n'en volt aucune chofe dire ou confeffer, mais nya tout, difant que riens n'en favoit, & que point coulpable n'en eſtoit; &, pour plus avant favoir la verité par fa bouche, fu mis à queſtion par cinq fois en plufieurs & divers jours; en laquelle gehaine, & dehors, il dit que il diſt & con- feffa ce que cy-deſſus eſt efcript, ou parolles en fubftence, ou au moins felon ce qu'il lui fu demandé & requis, & felon ce que contenu eſt & efcript en un feuillet de pap- pier à nous envoyé par le baillif de ladite Ferté; laquelle confeffion, dont cy après fera faitte mencion (1), nous lui aïons leue mot après autre; lequel, après ce qu'il ot oy ladite lecture, diſt & confeffa que de ce qui en ycelle confeffion eſtoit efcript & contenu, il avoit dit & con- feſſé par devant ledit baillif, ès prifons de ladite Ferté.

Requis à il qui parle fe les deux religieux qui lui bail- lerent les quatre noëz de poifons & les quatre fols parifis en ladite ville du Mens eſtoient ceulx qui lui baillerent les poifons & les cinq frans à Paris, comme deſſus eſt dit, dit que non. Requis à il qui parle fe il veoit les deux hommes qui lui baillerent les poifons & l'argent à Paris, fe il les congnoiſtroit, dit que oyl. Requis de quel eſtat ilz eſtoient, de quel païs & quel langaige ilz parloient, dit que il ne ſcet de quel langaige ilz eſtoient; mais ilz parloient bon françois, & eſtoient veſtuz en habit feculier.

Et dit que ilz eſtoient chafcun d'environ xxxvj ans d'aage; & dit que ilz avoient mantheaulx chafcun d'un marbré plommé (2), & chapperons de mefmes; & eſtoient les mantheaulx rons, fenz faulte, à trois ou quatre noyaulx foubz la gorge, & eſtoient longs juſques au deſſoubz du genouil; & avoient chafcun une aumuſſe fur couleur vio-

---

(1) Pag. 436 & 437.
(2) D'un gris tirant fur la couleur du plomb. Voy. du Cange, aux mots *Plumbatus* & *Plonquatus*.

lete; & fermoient leurs chapperons foubz la gorge; & eftoient veftuz deffoubz de cottes hardies defpareillés, noulées par devant jufques au nombril, & longues jufques un peu au deffoubz du genouil.

Et dit que le drap de la cotte de l'un eftoit de pers plombé, doublé par dedens d'un camelin gris; & le drap de la cotte hardie de l'autre eft d'un pers entredoublée de drap, n'eft record de quelle couleur.

Et dit que eulx deux eftoient chafcun chauciez de chaucces de brunette & de foulers rons à bouclettes. Et dit que ilz avoient pou de barbe, & avoient les vifaiges rons, craffez, affez vermeillez. Et dit, il qui parle, que combien qu'il ait dit ou confeffé, fa confeffion faite par devant le baillif de la Ferté, que il euft veu, à Paris & environ, trois ou quatre compoingnons avecques les deux qui lui baillerent les poifons, comme deffus eft dit, toutefvoyes dit-il qu'il les a veuz aler enfemble parmy païs, & non pas que ilz feuffent prefens quant les poifons lui furent baillées, ne quant les deux compoingnons deffus nommez lui en parlerent, ne qu'ilz en foient coulpables ne confentans en aucune maniere, ne ne les congnoift.

Item, dit, il qui parle, que environ & paravant xv jours, que lefdites poifons lui furent baillées à Paris, l'en lui en avoit desjà parlé, il ala d'aventure ès halles de Paris, où l'en vent le pain, foubz les pilliers, & là trouva trois compoingnons, lefquieulx il n'avoit oncque maiz veuz, & fe adreça à eulx & leur dift : *Dieu gart les compoingnons!* Et après ce que ilz lui orent refpondu, il entendi à ieur langaige que ilz eftoient de Champaingne. Adonc leur demanda-il dont ilz eftoient, & l'un lui refpondi que il eftoit de Chaalons, & l'autre lui dift que il eftoit de Rains, l'autre lui dift que il eftoit d'une ville qui a nom Dampierre, à huit lieues près de Troyes; &, après ce, leur demanda comment ilz avoient nom, lefquieulx lui nommerent leurs noms & furnoms, & defquieulx il n'eft re-

I            E e

cord ad prefent. Adonc leur dift que il avoit entencion
d'aler en leur païs briefment pour gangnier de l'argent.
Et lui demanderent à quoy faire, & que auffy en gan-
gneroient-il voulentiers. Et lors leur dift-il que ilz feuf-
fert à Chartres dedens cinq ou fix jours après enfuivent,
& que il leur feroit gangnier de l'argent, senz leur dire
la caufe à quoy ilz le gangneroient. Et dit que ilz difoient
que ilz eftoient laboureurs.

Et dit que celui qui fe difoit eftre de Chaalons eftoit
veftu d'un gros drap velu noir, & celui de Rains & de
Damppierre eftoient veftus de blanchet, & eftoient chaf-
cun environ de l'aage de xxx ans, & eftoient affez hauls.
Et dit que, environ trois jours après, il ala vers Saint-
Marceau querir fa vie.

Et dit que, à l'eure d'après difner, au retour, il paffa
par derriere les Jacobins, & vit, fur les foffés hors la
ville, quatre compoingnons parlans enfemble, defquieulx
deux eftoient de ceulx qu'il avoit veuz avecques les deux
compoingnons qui lui avoient baillées les poifons, comme
deffus eft dit; mais les deux autres compoingnons ne con-
gnoift-il; mais eftoient bien veftus de bons mantheaulx
rons.

Et dit qu'il fe adreça à eulx; &, en y alant, les deux
qu'il avoit veuz avecques ceulx qui lui avoient baillié
les poifons fe partirent & s'en alerent avant qu'il feuft à
eulx, & les deux autres demourerent, aufquieulx il parla
& leur demanda de quoy ilz avoient parlé à ceulx qui
s'en eftoient alez; & ilz lui refpondirent que ilz leur devoient baillier de la grainne & de l'argent. Et lors il qui
parle demanda quelle grainne ce eftoit, & pourquoy
c'eftoit faire; & ilz lui refpondirent que l'en leur devoit
dire quant l'an leur baudroit. Et atant fe partirent l'un
de l'autre, ne oncques puis ne les vit, fy comme il dit.

Et dit que, environ cinq ou fix jours après, il ala à
Chartres, & y arriva à un jour de famedi; &, le lundi

enfuivant, ala en Noître-Dame de Chartres pour querir
fa vie, où il trouva les trois compoingnons à qui il avoit
parlé ès halles de Paris, & trois autres que ilz avoient
amené avecques eulx, fy comme ordonné leur avoit quant
il parla à eulx efdites halles de Paris.

Et dit que, lui & les trois autres compoingnons cham-
penois à qui il avoit parlé ès halles, comme dit eſt, fe
treyrent à part hors des autres trois, & bailla à celui de
Rains, prefent les deux autres, xx ſ. parifis en blans nuefs,
& douze noëz defdites poifons; &, en les leur baillant,
leur diſt que ce eſtoient poifons, & que ilz les meiſſent
ès puis & ès fontennes par où ilz paſſeroient, fenz venir
dire en quel païs ilz les mettroient. Et atant ſe departi
de eulx, ne oncques depuis ne les vit.

Item, requis à il qui parle fe ceulx qui lui baillerent
lefdites poifons dirent point de quoy on les faifoit, & fe
ilz le firent point jurer qu'il ne reveleroit point qui les
lui avoit baillées, ne que on lui en euſt aucunes baillées,
ne auſſy qu'il feiſt jurer & promettre à ceulx à qui il en
bailloit que ilz ne le diroient point, dit que non.

Item, requis à il qui parle comment il efchappa defdites prifons de la Ferté, dit que, environ huit jours
après qu'il fu mis efdites prifons, compoingnons de ladite
ville fe combatirent enfemble, & furent admenez prifonniers, & fu, il qui parle, oſté de la prifon où il eſtoit,
pour mettre lefdiz compoingnons, & fu mis prifonnier
en une maifon où le four eſtoit, & y coucha une nuit,
& le landemain fu laiſſié ouvert; & au foir, & l'anuitement, il s'en yſſy par l'uis, & de là s'en ala enmi la ville,
& paſſa la riviere à nef, & s'en ala toute nuit à deux
lieues de la Ferté, à une ville qui a nom Forges; & le
landemain fu reprins & admené ès prifons de ladite Ferté.

Item, cy-après s'enfuit la confeſſion par lui faitte ès
prifons de la Ferté, dont cy-deſſus eſt faite mention.

REGNAUT de Poilly, né près de Troyes en Champaingne, accusé de ce que l'en dit contre lui, que il est cause, confentant & principal, de empoifonner les eaues des puis, fontennes & autres lieux, parmy le royaume de France, examiné fur ce le xxij<sup>e</sup> jour d'aouft iiij<sup>xx</sup> & dix, confeffe que il eft coulpable & confentant dudit fait, & que les premieres paroles en vindrent à fa congnoiffance en efté derrenier, à Saint-Denis en France, environ le Landit.

Et dit que ilz eftoient fix d'une compoingnie pour porter lefdites poifons; & leur furent baillées hors de la vi'le de Paris, à la porte Saint-Marcel, près de l'abbaye des Cordelieres de Saint-Marcel. Et dit que d'iceulx fix, il en y avoit deux bien appareilliez, qui gouvernerent le fait defdiz empoifonnemens, qui livrerent les poifons aux autres. Requis s'il fcet comment ilz ont nom, dit que il n'en favoit nommer que trois, dont l'un eft appellé Perrin, & eft de Rains, & eftoit veftu de camelin fourré de blanchet; & l'autre eftoit de Chaalons, & avoit nom Jaquinot; & l'autre avoit nom Guillaume, & eftoit du païs de Orleans. Et, de ces fix, n'y avoit qui querift le pain, fors que il qui deppofe & un autre. Et dit que il qui parle ot huit noëz defdites poifons, defquieulx il mift l'un en une fontenne fur le grant chemin de Paris, entre Chartres & la Ferté, & les y getta toutes efpandues, fenz drapel, pource que elles eftoient defvelopées en fa taffe; & quant il vint au Mans, en deux fontennes & en deux puis; & en une fontenne entre le Mans & la Ferté.

Item, dit que deux jacobins, ou au moins gens veftus en leur habit, le menerent chiez les Jacobins au Mans, & le treyrent à cofté en un jardin, près un mur, & lui en baillerent quatre noëz, defquieulx il mift l'un en la fontenne de Gourdainne du Mans, & l'autre en une fontenne qui a nom.... (1), & deux en deux puis à Saint-

---

(1) Le nom eft refté en blanc dans le manufcrit.

Chriftofle de la chappelle Saint-Albin, du cofté devers la ville du Mans. Et quant il vint à la Ferté, il en avoit encore deux, dont il mift l'un en un lit, ou il lui chey, ne fcet lequel, en l'Oftel-Dieu de la Ferté, & l'autre qu'il getta en la boë quant il fu prins, & marcha deffus, ou marchié de la Ferté, près le pilory.

Et dit que il ne receut que vint foubz de fon falere quant l'en lui bailla les poifons, defquieulx il prefta xv f. à un talmelier de Sens, appellé Thomas. Mais ilz fe devoient affembler au Mans ou à Vendofme, à l'eglife de Saint-Gorge, à la mi-aouft, & devoient avoir chafcun trois frans en Chartain (1); & quant ilz auroient fait leur voyage parmi le païs, ilz devoient retourner en Chartain, & s'entredevoient trouver à la porte de Chartres, à un grant hoftel, à une grant porte près d'un bordel, & y avoit deux tavernes devant. Requis pourquoy ilz ne empoifonnerent le païs en venant de Paris, dit que leur ordonnance eftoit telle que ilz devoient commancier ès baffes marches; & dit que ilz font plufieurs maiftres & gouverneurs à gouverner la befongne, & ne baillent pas les poifons les uns comme les autres : les uns les baillent en noëz, les autres en tuyaux de plumes, les autres coufus du long en petiz drappiaulx, comme l'en met les efguilles; & y a une autre maniere de poifons qui doit eftre poudrée tout enmy les fontennes.

Et dit que le plus grant reffort d'icelles manieres de gens eft à Saint-Marcel, à Paris, & à Saint-Germain dez Prez, & à l'oftel de Neelle.

Ainfy figné : J. DE VALEUR.

Et après cefte prefente confeffion, leue à il qui parle mot à mot, dit que ainfy l'a-il dit & confeffé par devant le baillif de ladite Ferté.

---

(1) Pays de Chartres.

NYA, & par ferement, que le contenu en ycelles feuft
verité, jaffoit ce que ycelles il ait autreffois congneus &
confeffées; & dift que icelles il fift par doubte, crainte &
paour des queftions & tourmans en quoy il fu mis audit
lieu de la Ferté, &, en après, pour doubte & paour qu'il
ot femblablement que yceulx commiffaires ne le feiffent
queftionner ès prifons dudit lieu d'Orleans, & que de ce
qu'il avoit dit, il avoit menti. Et ne volt autre chofe
congnoiftre qui lui portaft prejudice.

APRÈS lefquelles chofes ainfy faites, par ledit monf. le
prevoft demandé fu aufdiz confeilliers leurs advis & oppinions comment l'en procederoit contre lui. Tous lefquieulx, veues les confeffions par lui faites, cy-deffus
efcriptes, & les variacions & denegacions par icellui aujourd'ui faites, & veu l'eftat d'icellui, delibererent &
furent d'oppinion que, pour en favoir plus à plain par fa
bouche la verité, il feuft mis à queftion. Oyes lefquelles
oppinions, veu icelles confeffions, ledit monf. le prevoft
le condempna à eftre mis à queftion.

EN enterinant lequel jugement, ledit Regnaut de Poilly
fu mis à queftion fur le petit trefteau, &, en après, fur
le grant, & requift inftaument que hors d'icelle queftion
il feuft mis, & il diroit verité des chofes deffus dites
Et, pour ce, fu mis hors d'icelle queftion, mené chau-
fer en la cuifine en la maniere acouftumée, & illec ne
volt aucune chofe confeffer qui lui portaft prejudice; &,
pour ce, fu fait remettre en la prifon dont il eftoit partiz.

ITEM, le mardi enfuivent, vj<sup>e</sup> jour de feptembre mil
ccc cens quatrevins & diz, par devant monf. le prevoft,
lui eftant en jugement fur les quarreaulx, prefens maiftre
Guillaume Porel, confeillier du roy noftre fire en fon
parlement; Jehan Truquam, lieutenant dudit monf. le

prevoſt; Martin Double, advocat; Andrieu Le Preux, procureur du roy; Girart de La Haye, Jehan de Bar, Miles de Rouvroy, Arnoul de Villiers, Robert de Pacy, Nicolas Chaon & Gieffroy Le Goibe, examinateurs, & Oudart de Monchauvet, advocat; fu de rechief fait venir & attaint le deſſus dit priſonnier Regnaut de Pouilly, dit Groſſe-C...lle, lequel, pour ce que autre choſe ne volt congnoiſtre que dit eſt, fu mis à queſtion ſur le petit treſteau, &, en après, ſur le grant, & requiſt que l'en le volſiſt mettre hors d'icelle, & il diroit verité. Sy fu mis hors d'icelle queſtion, mené chauffer en la cuiſine en la maniere acouſtumée, & illec, après ce qu'il ot fait pluſieurs confeſſions, variacions & denegacions, requiſt que l'en lui volſiſt donner terme & delay de ſoy conſeillier & adviſer, affin que de tout le cas deſſus dit il peuſt veritablement deppoſer; lequel terme lui fu donné juſques à demain matin, & commandé que, audit jour, il deiſt verité, ou l'en lui feroit dire par force ou contrainte. Et, partant, a eſté laiſſié & remis en la priſon dont il eſtoit partiz.

### JEHAN DE BLOYS.

L'AN de grace mil trois cens quatrevins & dix, le mardi vj<sup>e</sup> jour de ſeptembre, par devant monſ. le prevoſt, lui eſtant en jugement ſur les quarreaulx, preſens maiſtres Guillaume Porel, conſeillier du roy noſtre ſire en ſon parlement; Jehan Truquam, lieutenant dudit monſ. le prevoſt; Dreux d'Ars, auditeur; Martin Double, advocat du roy en Chaſtellet; Andrieu Le Preux, procureur du roy illec; Gerart de La Haye, Jehan de Bar, Miles de Rouvroy, Ernoul de Villiers, Robert de Pacy, Nicolas Chaon & Gieffroy Le Goibe, examinateurs; fu attaint & fait venir des priſons du Chaſtellet, où il eſtoit detenus priſonnier, Jehan de Bloys, priſonnier, detenu pour ſouſpeçon d'avoir jetté pluſieurs poiſons en certains puis &

fontaines du païs de Beauffe; auquel, après ce qu'il ot
fait ferement de dire verité aus fains Euvengiles de Dieu,
& fenz aucune force ou contrainte, & que certaines confeffions autreffois par lui faites par devant maiftre Jehan
Truquam & Gerart de La Haye, examinateurs & commiffaires en cefte partie, de laquelle la teneur eft tele (1):

Le jeudi xxv<sup>e</sup> jour du mois d'aouft, l'an deffus dit,
nous tranfportafmes en ladite geole, & feifmes venir par
devant nous Jehan de Blois, auquel, en !a prefence dudit
prevoft d'Orleans, de Guillaume Haultbois, lieutenant
de monf. le baillif de Orleans, fu leue une deppoficion
autreffois faite par ledit Jehan de Blois, à nous baillée
par ledit prevoft, & faite par devant ledit prevoft & autres deffus nommez, fy comme il appert par l'infpeccion
d'icelle, de laquelle la teneur s'enfuit :

L'an mil trois cens cens quatrevins & dix, le dimenche
xiiij<sup>e</sup> jour d'aouft, en la prifon du Chaftellet de Orleans,
prefent maiftre Jehan Euftace, Jehan Le Tixier, bourgois
d'Orleans; Vincent Barberon, Pierre Le Barbillier, fergens d'Orleans; Guillemin Girart, clerc du bailliage;
Eftienne Gimbert, clerc de la prevofté d'Orleans; Nolin
Prieur & Guillemin Afcelin, nottere en Chaftellet d'Orleans; Jehan de Blois, nez de Saint-Paer lez Orleans,
aagé de lxx ans, fy comme il difoit, prifonnier, &c., &
admené des prifons de Chafteaudun ès prifons d'Orleans,
confeffa, dift & afferma par fon ferement, à nous, Guillaume Haultbois, lieutenant de monf. le baillif d'Orleans,
& Jehan Chiefdeville, prevoft d'Orleans, que lui pourchaffent fa vie par le païs, fe trouva en la ville de Saint-
Arnoul en Yveline, le dimenche après la fefte dudit Saint-
Arnoul (2) derrenierement paffé, que l'en en faifoit la

_____

(1) Voir la fuite de cet interrogatoire à la page 446.
(2) La fête de Saint-Arnoul, qui fe fait le 18 juillet, tomboit,

fefte en laditte ville, & fe acompoingna pour aler boire en
l'oftel de la Corne-de-Serf avecques cinq autres qui pour-
chaffoient leur vie, dont l'un eft appellé Groffe-C...lle,
& des autres quatre il ne fcet les noms, ne dont ilz font,
fors que deux qui fe difoient eftre du païs de Normandie. Et à lui qui parle fe defcouvroit ledit Groffe-C...lle
& aus autres quatre deffus diz, & les fift jurer qu'ilz ten-
droient fecret ce qu'il leur diroit. Et lors leur dift qu'il
avoit des poifons pour empoifonner puis & fontaines; &
en bailla à il qui parle xij noëz envelopez de pappier, dont
chafcun noët eftoit auffy gros comme une groffe noizille,
& lui dift qu'il les jettaft en xij puis ou fontaines, affin
que ceulx qui en buvroient moruffent.

Et dit que ledit Groffe-C...lle lui dift que s'il eftoit
faify ou prins pour ce fait, qu'il deift que jacobins les
lui avoient baillées, & qu'ilz eftoient en Normandie dix
ou douze jacobins d'Evreux & de Rouen qui avoient
compaffé & faittes lefdites poifons. Requis s'il lui nomma
aucuns defdiz Jacobins, dit que non. Lefquieulx douze
noëz de poifons il qui parle print, & vit que femblablement ledit Groffe-C...lle en bailla à deux des quatre deffus diz chafcun xij noëz, & leur dift à tous que s'ilz vouloient revenir à Vendofme le jour de la mi-aouft, ilz
auroient chafcun deux frans; & que tout le fait fe faifoit
par les Anglois de Cherbourt & de par les jacobins.

Et dit que quant il fe partit dudit Groffe-C...lle, il ala
à Dourdan & en plufieurs autres lieux & villes, & d'iceulx
xij noëz de poifons en mift & jetta l'un en un puis eftant
en la ville de Boiffy foubz Saint-Yon (1), le fecond en un
puis en une petite ville, près d'une eglife, à quatre lieues
ou environ de Saint-Soupplice de Favieres, ne fcet le

---

en 1390, un lundi. Peut-être cette fête avoit-elle été remife au dimanche fuivant, 24 juillet.

(1) Arrondiffement de Rambouillet (Seine-&-Oife).

nom de ladite ville; le tiers il mift en un puis d'un vilaige qui eft au-deffoubz de Sermefes, & le quart en un
puis en la ville de Saint-Fare, à une lieue dudit Saint-
Arnoul; & les autres huit noëz, pour ce que confcience
le reprint, il jetta en un buiffon lez la foreft de Dourdam,
lequel buiffon il dit par fon ferement qu'il ne fauroit
trouver. Requis s'il fcet ne oyt point dire audit Groffe-
C...lle, ne à autres, pour quelle caufe, à quelle fin ilz
mettoient lefdites poifons, ne pourquoy ilz vouloient
ainfy faire morir le peuple, dit qu'il n'en fcet rien, ne
oncques n'en oy parler, & ne fcet pas que aucune perfonne en foit mort. Requis s'il fcet qu'il avoit efdiz noëz
à lui bailliez par ledit Groffe-C...lle, ne de quoy ont efté
faites lefdites poifons, dit que non, & que oncques riens
n'en fceut, fors que ledit Groffe-C...lle lui dift que
c'eftoient poifons. Requis s'il fcet que aucuns jacobins
ou autres en foient confentens, dit que non; mais que
tant qu'il oy dire audit Groffe-C...lle qu'ilz eftoient bien
xxx portans poifons par le païs, & en tant qu'il avoit dit
& confeffé à la juftice de Chafteaudun & à nous, que un
appellé frere Pierre, du couvent des Jacobins d'Orleans,
lui avoit baillié lefdites poifons, & ce que dit avoit que
il devoit venir devers le prieur defdiz Jacobins pour lui
dire ce que fait auroit, il n'eft pas vray. Il le avoit & a
controuvé pour caufe du ferement que lui avoit fait faire
ledit Groffe-C...lle de non l'encufer; & femblablement
de ce que il avoit dit qu'il avoit laiffié les noëz de poifons,
il n'eft pas vray.

ITEM, ledit jour, en jugement en la fale du roy, prefens
meffire Jehan de Mafcon, meffire Raoul du Refuge, meffire
Giraut Bagoil, docteurs, &c.; maiftre Jehan du Buiffon,
maiftre Jehan Euftace, Jehan Pataut, receveur; Jehan
Paris, Blanchet de Vingnetes, maiftre Pierre Morant,
Jehan Le Tixier, Girart Guibert, Jehan de Troies,

Afcelin & autres; ledit Jehan de Blois confeffa, dift & afferma tout ce que deffus eft dit, & defcoulpa du tout frere Pierre Le Brun & le prieur des Jacobins, qui eftoient prifonniers, pour ce que accufez les avoit à Chafteau-dun, &c. Et par ce, eu fur ce confeil aus deffus diz & autres, lefdiz prieur & frere Pierre ont efté delivrés defdites prifons, &c. Quant ad prefent, &c. Refervé au procureur du roy, &c.

ITEM, & après cette prefente deppoficion ainfy à lui leue, dift & afferma par fon ferement que ainfy l'avoit-il dit & confeffé, & eft vray; & encores le dift & confeffa devant nous, commifferes deffus nommez; &, après ce, lui leufmes autres deppoficions par lui faites ès prifons de Chafteaudun, où il avoit efté prifonnier, pour raifon des cas deffus diz, par devant le lieutenant du baillif de monf. le conte de Blois. Et après qu'il en oy ladite lecteure, dift & confeffa que ainfy l'avoit dit & confeffé par devant le lieutenant du baillif de monf. le conte de Blois, & que il eft vray ce qui eft efcript & contenu efdites deppoficions, excepté que il dit que, combien qu'il confeffaft & deift lors que un jacobin nommé frere Pierre, du couvent d'Orleans, les lui euft baillées, toutefvoyes dift-il & afferma par fon ferement que oncques ledit frere Pierre ne autre jacobin ne les lui bailla, ne ne lui parlerent defdites poifons, ne ne furent prefens, ne aucun de eulx, quant elles lui furent baillées à Saint-Arnoul en Yveline, le dimenche de ladite fefte, qui eft la fefte folempnelle de ladite ville, par un qui fe nomme Groffe-C...lle, lequel nous lui avons aujourd'hui monftré en fa prefence, & lequel avoit ledit jour d'ui efté admené des prifons de la Ferté-Bernart ès prifons d'Orleans; &, après ce qu'il a veu & advifé, dift que c'eft celui qui les lui a baillées.

Et dit que au baillier avec lui qui parle & ledit Groffe-C...lle furent prefens quatre compoingnons que il ne congnoiſt, dont l'un eſt ad preſent ceans priſonnier, & a eſté boulengier, & deux des autres eſtoient du païs de Normandie, d'entre Evreux & Vernon, & eſtoient aſſez hauls hommes, chaſcun de l'aage d'environ lx ans, & eſtoient veſtuz chaſcun d'un mantheau de camelin brun, & ne print pas garde de quelles robes ilz eſtoient veſtuz deſſoubz leurs mantheaulx. Et dit que en lui baillant leſdites poiſons, ilz buvoient tous enſemble à un eſcot en une chambre par bas, à part, en l'oſtel de la Corne de Serf, devant la boucherie de ladite ville.

Et dit que ſytoſt qu'il ot receu leſdites poiſons, il païa quatre deniers pariſis pour ſon eſcot, & atant ſe parti & s'en ala, & laiſſa encores les autres buvant.

Et dit que quant ledit Groſſe-C...lle lui ot baillées leſdites poiſons, il lui diſt que ſe aucun lui demandoit qui lui avoit baillées leſdites poiſons, ne quelle part il les avoit prinſes, que il deïſt que les jacobins de Orleans les lui euſſent baillées, ſenz aucun nommer par nom ne ſurnom. Et que pour ce que il lui fu dit par ledit Groſſe-C...lle que il deïſt que les jacobins les lui euſſent baillées, comme dit eſt, le diſt-il & confeſſa par devant le lieutenant du baillif de monſ. le conte de Bloys; &, en le confeſſant, nomma ledit frere Pierre, combien que ledit Groſſe-C...lle ne lui nommaſt point ledit frere Pierre ne autres, & que tout ce qu'il diſt deſdiz jacobins eſtoit contre verité. Et avecques dit, ſur ce requis, que il ne ſcet ſe ledit Groſſe-C...lle bailla oncques aucunes poiſons aus autres quatre compoingnons ou à aucun d'eulx. Et dit que au departement de ladite taverne, il porta & miſt leſdites poiſons par la fourme & maniere & ès lieux que contenu eſt en ſa deppoſicion faite par devant le prevoſt d'Orleans, cy-deſſus eſcripte.

Et dit, ſur ce requis, que il ne vit oncques aucune choſe qui feuſt dedens leſdiz noëz, qui eſtoient aſſez durs; & dit que il ne ſcet ſe ilz flotoient ſur l'eaue ainſy

comme il les jettoit ès puis, car il les jettoit de loing, &
s'en aloit le plus haftivement que il povoit, affin que il
ne feuft apperceu, &, par ce, ne fcet fe ilz flotoient fur
eaue, ou fe ilz aloient à fons.

Et, avecques ce, dit, fur ce requis, que il ne fcet, par
oyr dire ne autrement, que ès parties où il a jettées lefdites poifons, depuis qu'il les ot jettées ne paravant, ait
mort aucunes perfonnes ou beftaulx, ne que aucuns autres y aient mis ne jettées aucunes poifons.

Et dit, il qui parle, que quant ledit Groffe-C...lle lui
bailla lefdites poifons, il lui dift que fon entencion eftoit
d'aler ou païs du Perche, pour mettre des poifons en
plufieurs lieux; & lui demanda le chemin pour y aler,
auquel il qui parle dift que c'eftoit bon chemin que par
Chartres; & il lui refpondi que il ne vouloit point aler
à Chartres. Et atant fe departi, il qui parle, dudit Groffe-
C...lle.

Et dit oultre, il qui parle, fur ce requis, que quant
ledit Groffe-C...lle lui bailla lefdites poifons, il les print
en un fac de toile qu'il avoit foubz fa robe; & dit qu'il
lui femble que le fac où il le print eftoit auffy gros, pour
caufe de ce qui eftoit dedens, comme un pain de deux
deniers ou environ.

Et, avecques ce, dit, fur ce requis, que ledit Groffe-
C...lle ne lui dift point qui lefdites poifons lui avoit
baillées, ne à quelle requefte, ne pourquoy il mettoit ne
faifoit mettre lefdites poifons, ne auffy ne lui en demanda
riens, il qui parle. Et, avecques ce, dit que, pour lors ne
depuis, ledit Groffe-C...lle ne lui bailla point d'argent,
mais il lui dift qu'il feuft à la mi-aouft à Vendofme, &
que il auroit trois frans; auquel jour il n'eft point alé,
pour ce qu'il a efté emprifonné paravant le jour de la
mi-aouft. Requis fe ledit Groffe-C...lle le fift jurer que
il ne l'encuferoit point, dit que il lui dift, quant il les lui
bailla, que il ne deift pas qui les lui avoit baillées. Requis

se il lui dist que il feïst aucun sain sur les puis ou fontaynnes où il jetteroit les poisons, dit que non.

[Auquel Jehan de Bloys, prisonnier, après ce que lesdites confession & depposicion par lui faite par devant
lesdiz commissaires] lui ot esté leue mot après autre, continua & persevera en ycelles confessions, & afferma par
serement ycelles par lui avoir esté faites & congneues par
la fourme & maniere que elles contiennent, & icelles contenir verité par la maniere que escriptes sont. Et requist
que, pour Dieu & en aumosne, l'en ne lui volsist faire ou
donner pour ce aucun destourbier, tourment ou empes-
chement de son corps. Et, pour ce, fu fait remettre en
la prison dont il estoit partiz, sanz faire autre chose.

## MARTIN LE BRETON.

ITEM, & semblablement oudit jour, & en la presence
des dessus diz conseilliers, fu fait venir & attaint en jugement sur les quarreaulx Martin Le Breton, prisonnier
detenu oudit Chastellet, pour soufpeçon d'avoir mis &
jetté poisons en plusieurs puis & fontaynnes, auquel furent leues mot après autre certaines confessions par lui
autreffois faites par devant lesdiz maistres Jehan Truquam
& Gerart de La Haye, examinateurs & commissaires en
ceste partie, desquelles la teneur ensuit :

LE samedi xxvij<sup>e</sup> jour d'aoust l'an dessus dit, nous trans-
portasmes ès prisons de la geole de Orleans, & fu admené
devant nous Martin Le Breton, prisonnier en ycelles prisons, esquelles il avoit esté amené des prisons de Yenville
en Beausse (1), où il avoit esté mis & emprisonné, pour
soufpeçon de avoir mis & jetté poisons en plusieurs puis
& fontaynnes estans ou pays d'environ Bloys, & par nous

---

(1) Janville, arrondissement de Chartres (Eure-&-Loir).

examiné fur le cas de fon emprifonnement, lequel dift &
afferma par fon ferement que il fu né à Lande (1), à trois
lieues près de Blois, & que il eft vingneron, & aagé de
lx ans ou environ, & que, environ fix fepmaines a, à un
jour de famedi au matin, lui & un homme qui n'a point
de main feneftre, trouverent l'un l'autre d'aventure en
la ville de Grantville (2), entre Bloys & Paris, où chafcun
queroit fa vie par le païs; & dit que eulx deux ainfi en-
tretrouvez, alerent boire enfemble; & dit que avant que
ilz beuffent, ycellui qui n'avoit que une main attaingny
de fon fain plain fon poing de noëz, & les lui monftra
en lui difant que ce eftoient poifons, & que fe il les vouloit jetter & mettre ès puis & ès fontaynnes du païs d'environ Bloys, il lui feroit donner & baillier deux frans à la
fefte de la mi-aouft lors prochaine venant & derrenierement paffée, mais qu'il les aïaft querre en la ville de Puif-
fay (3), près de Grantville, & les lui feroit baillier enmy
les champs, près un tas de gluy (4), par deux jacobins, defquieulx il ne lui nomma pas les noms ne les furnoms, ne
de quel païs ilz eftoient, ne en quel lieu ilz demouroient;
& que ou cas que les jacobins ne les lui baudroient, que
il-mefmes les lui baudroit & apporteroit. Et ad ce fe confenti & accorda il qui parle; &, après ce, ycellui qui n'a
que une main bailla à il qui parle plain fon poing de
yceulx noëz, il ne fcet pas quel nombre, que pas ne furent comptez, mais il lui femble & croit qu'il en y avoit
bien quarante pieces ou environ; & lefquelles poifons,
quant il les ot receues, les mift en un fachet qu'il avoit, &
les bouta en fon faing. Et, après ce, mengierent du pain que
on leur avoit donné parmi le païs pour l'amour de Noftre

---

(1) Arrondiffement de Blois (Loir-&-Cher).
(2) Grandville-Gaudreville, arrondiffement de Chartres, canton de
Janville (Eure-&-Loir).
(3) Le Puifet, arrondiffement de Chartres (Eure-&-Loir).
(4) Chaume, paille. Voy. du Cange, aux mots *Gluen* & *Gelima*.

Seigneur, & burent une choppine de vin blanc à quatre
deniers parifis la pinte, & laquelle choppine que ilz burent icelui qui n'a que une main païa. Et, ce fait, fe partirent l'un de l'autre, fenz ce que celui qui n'a que une
main lui baillaft aucun argent ne autre chofe, ne oncque
mez il qui parle ne l'avoit veu ne congneu, ne oncques
depuis ne le vit ne parla à lui, fy comme il dit.

Et, avecques ce, dit, fur ce requis, que à ladite fefte
de la mi-aouft, qu'il devoit aler querre les deux frans,
comme deffus eft dit, il n'y ala point, pour ce que, avant
que ladite fefte feuft venue, il fu prins & emprifonné
comme dit eft, &, par ce, n'a aucune chofe receu d'iceulx
deux frans.

Et dit que, environ deux jours après qu'il fu departi
dudit manchet, il commença à jetter les poifons.

Et dit que la premiere ville où il commença à jetter
ycelles poifons, il en jetta un noët en un puis en une
ville nommée Mefvilliers, en Beauffe, près du Puifet, à
environ x lieues de Bloys.

Et dit que d'illecques en avant, par toutes les villes
où il paffoit, lefquelles il ne fauroit nommer, il jettoit
des poifons ès puis qu'il trouvoit.

Et dit que il en jetta ès puis de bien xl villes, & ne
jettoit en chafcun païs que un noët. Et dit qu'il les jetta
par telle maniere que oncques ne fu veu ne apperceu de
aucune perfonne. Et dit que les noëz eftoient gros comme
noiz, envelopez en viel drapel, & liez de fil, & eftoient
affez molez & legiers. Et dit que il n'en deflya aucuns,
ne ne veift chofe qui feuft dedens.

Et dit, fur ce requis, que il ne fcet, par oyr dire ne
autrement, aucunes autres perfonnes qui aient jettées
poifons, ne qui les aient baillées, ne autrement que deffus
a dit. Requis à il qui parle fe il fcet que celui qui n'a
que une main euft nulles autres poifons que celles que il
lui bailla, dit que riens n'en fcet, & que il n'en vit, fors

celles qui baillées lui furent, & que celui qui les lui
bailla bouta fa main en fon fain, & les en faicha dehors,
&, par ce, ne fcet fe il en avoit aucunes autres en fon
fain ou non. Requis à il qui parle fe il fcet que ès païs
où il a jettées lefdites poifons, depuis qu'il les a jettées,
aient efté aucunes perfonnes ou beftaux mors, dit que
non; & le fcet, parce que depuis qu'il les ot jettées, il
a efté fur le païs bien par environ trois fepmaines.

Et dit, fur ce requis, que les poifons qui baillées lui
furent eftoient, en fomme toute, du gros du poing d'un
homme qui auroit grant main & groffe. Et dit que pour
foufpeçon d'avoir mis & jetté defdites poifons, il fu prins
à Yenville en Beauffe environ huit jours a, & mis ès
prifons du roy noftre fire à Orleans, & encores eft ad
prefent.

Et dit que lui eftant prifonnier ès prifons de Yenville,
il fu examiné par le prevoft d'icelle ville fur le cas de
fon emprifonnement, & pour ce que aucune chofe n'en
volt dire ne confeffer, il fu mis à queftion, pour en favoir par fa bouche la verité; en laquelle gehayne, &
dehors, il confeffa ce que cy-deffus eft efcript, fy comme
il dit; & laquelle confeffion par lui faite par devant ledit
prevoft, fu mife & redigée par efcript en fa prefence, &
icelle confeffion, fy comme il appert par l'infpeccion
d'icelle, ledit prevoft nous a apportée, & l'avons leue
mot à mot, prefent ledit prifonnier, lequel, après ce qu'il
oy ladite lecteure, dift & confeffa que ainfy l'avoit-il dit
& confeffé par devant ledit prevoft, & eftoit vray.

Et dit, fur ce requis, que à chafcun noët qu'il jettoit
efdiz puis, il lioit une tieule ou une petite pierre, pour
enfoncer, ainfy comme celui qui les lui avoit baillées lui
avoit dit. Requis à il qui parle pourquoy il n'a auffy
bien nommé par devant nous les villes où il les avoit
jettées comme il a fait audit prevoft de Yenville, dit que
ilz nommoient les villes en lui demandant fe il y avoit

I　　　　　　　　　　　　　　　　　　　　　Ff

jetté lefdites poifons, & il difoit que oyl, & il leur difoit
que oyl, combien que il ne fceuft les noms des villes fe
ilz ne les lui euffent nommées, & encores ne les fcet
nommer.

Et dit, fur ce requis, que celui qui n'a que une main,
qui lui bailla les poifons, n'eft pas moult hault homme,
& eft de l'aage d'environ l ans, & a gros vifaige & plain,
& n'a gueires barbe, & a le nez begu & non pas trop
long, & parle affez bon françois & brief, & a petiz cheveux, & eftoit veftu d'une mauvaife cotte de blanchet,
fenz noëlleure, longue jufques au-deffoubz du genouil,
fenz mantel, & a un chapperon de drap gris qui n'eftoit
point noëllé foubz la gorge, fenz aulmuce, & eftoit
chauffé d'unes mauvaifes chauces de blanchet, & eftoit
faint fur fa cotte d'un lien de drap. Et dit, fur ce requis,
que il ne fcet de quel païs ledit manchet qui lui bailla
lefdites poifons eft nez, que pas ne lui oy dire, ne riens
ne lui en demanda. Avecques ce, dit, fur ce requis, que
celui qui lui bailla lefdites poifons lui fift jurer aus fains
Euvengiles de Dieu que point ne le accuferoit, ne ne
reveleroit ce qu'il lui avoit dit & baillié.

Item, s'enfuit la deppoficion par lui faite par devant
le prevoft de ladite ville de Yenville, le famedi xxᵉ jour
d'aouft, l'an quatrevins & dix.

En la prefence du lieutenant du tabellion d'Yenville
en Beauffe, Martin Le Breton, de Gentilly, emprès Paris, né de la Lende, emprès Bloys, aagé de lx ans, prifonnier du roy noftre fire, a dit & confeffé fans gehayne,
à honnorable homme & faige Symon Curé, prevoft
d'Yenville, que un quaymant veftu de blanchet, auquel il fault la main feneftre, lui bailla un petit fachet,
ou lieu de Gyantville, ouquel avoit des poifons, & lui
dift ledit caymant qu'il les jettaft ou puis dudit lieu de

Giantville; lequel Breton obey audit quaymant, & les
jetta ou puis dudit lieu de Giantville, & gangna, pour
ce faire, une pinte de vin que ledit quaymant lui donna
à Puſſay. Et dit, ledit Martin Le Breton, que ledit quaymant lui diſt que les jacobins lui avoient leſdites poiſons
baillées.

ITEM, le dimenche enſuivent, après ce que ledit Martin fu gehaynné le ſamedi deſſus dit, & avant qu'il feuſt
gehaynné ledit dimenche, confeſſa audit prevoſt que il
avoit empoiſonnez quarante puis, dont le puis au fire de
Mezvillier eſt l'un, le puis qui eſt devant le cymitiere de
ladite ville l'autre, le puis qui eſt à Brandelon (1) l'autre,
& un puis qui eſt à Baſoches les Haultes (2), devant une
court; & des villes où il a miſes les poiſons ès puis, ne
ſcet les noms.

Et dit que les poiſons que il jetta eſdiz puis eſtoient
en un petit drapel, & y mettoit une tieule lyée avecques
pour enfoncer aval emprès terre. Et ledit quayment lui
diſt que les poiſons dureroient trois ans; & lui devoit
baillier pour empoiſonner leſdiz quarante puis, ledit
quaymant, à la mi-aouſt derrenierement paſſée, à Puſſay,
darrieres un tas de chaume, xxxij ſ. pariſis.

LESQUELES ainſy veues & leues, & que ledit Martin
Le Breton ot fait ſerement aus ſains Euvengiles de Dieu
de dire & congnoiſtre verité des choſes deſſus dites,
congneut & afferma par ſerement, ſanz aucune force ou
contrainte, icelles confeſſions par lui avoir autreffois eſté
faites, dittes & congneues, & que elles contenoient vérité par la fourme & maniere que cy-deſſus ſont eſcriptes,
& en ycelles continua & perſevera. Et pour ce, ſanz

_____

(1) Commune de Bazoches-les-Hautes (Eure-&-Loir).
(2) Arrondiſſement de Châteaudun, canton d'Orgères (Eure-&-Loir).

aucunement plus avant, quant à prefent, proceder contre ledit Martin, fu furcis, & fu ycelui Martin fait remettre en la prifon dont il eftoit partiz & avoit efté attaint.

LE MERCREDI VII<sup>e</sup> jour dudit mois de feptembre, l'an mil ccc quatre vins & dix, par devant monf. le prevoft, lui eftant en jugement, prefens maiftres Jehan Truquam, lieutenant dudit monf. le prevoft; Dreux d'Ars, auditeur; Martin Double, advocat du roy en Chaftellet; Andrieu Le Preux, procureur du roy illec; Girart de La Haye, Miles de Rouvroy, Robert de Pacy & Gieffroy Le Goibe, examinateurs oudit Chaftellet; fu ataint & fait venir des prifons où il eftoit le deffus dit Regnaut de Poilly, dit Groffe-C...lle, prifonnier detenu oudit Chaftellet, lequel, pour ce que autre chofe ne volt cognoiftre que dit eft deffus, par l'avis & deliberacion defdiz confeilliers, fu fait defpouiller tout nu, mis & lyé à la queftion fur le petit trefteau; &, comme l'en lui ot donné à boire de l'eaue, requift inftaument que hors d'icelle queftion l'en le volfift mettre, & de tout ce dont il eftoit foufpeçon- nez & accufez il diroit verité. Sy fu mis hors d'icelle queftion, mené chauffer en la cuifine en la maniere acouf- tumée, &, en après, ramené en jugement fur les quar- reaulx dudit Chaftellet, en la prefence des deffus nommez confeilliers, & illec, fanz aucune force, paour ou con- trainte de gehayne, après ce qu'il ot fait ferement aus fains Euvangiles de Dieu de dire verité, dit, congneut & confeffa pour verité que, quelconques confeffions ou denegacions que faittes euft par devant ledit monf. le prevoft, fes commis ou autres juges quelconques, & en corrigant fefdites confeffions ou deppoficions, la verité eftre tele, c'eft affavoir : que le lundi precedent de la fefte faint Jehan-Baptifte derrenierement paffée, ainfy comme il qui parle eftoit au Lendit, en la compoingnie d'autres povres hommes mendiens & querans leurs vies

pour Dieu, deux compoingnons, l'un nommé Thomas de
Meaulx, homme de labour, ſy comme il diſoit, & né de
la ville de Meaulx, aagé de xxxvj ans ou environ, veſtu
d'une houppelande ſangle de drap camelin, & d'un blanchet deſſoubz, & qui a un chapperon à noyaux ſoubz la
gorge, ne ſe recorde de quelle couleur, & unes chauces
de toile; & l'autre nommé Perrin de Meaulx, aagié de
xxxij ans ou environ, tous d'icelle ville de Meaulx, ſy
comme ilz diſoient, & laboureurs de braz, veſtu d'une
houpelande de drap pers, doublée de blanchet, & a unes
chauces de bureau (1), & un chapperon de drap pers ſenz
nouyaux; vindrent à lui qui parle, & lui requirent qu'il
alaſt boire avecques eulx; & ainſy comme ilz buvoient
enſemble en la taverne des Pies, eſtant audit Lendit,
l'un d'iceulx compoingnons, n'eſt record lequel, lui diſt:
*Mon ami, vous eſtes moult povres homs; ſe vous nous voulez
croirre, vous ſerés riches homs.* Auſquelx il qui parle reſpondi qu'il feroit voulentiers ce qu'ilz vouldroient, &
que l'en ne lui donnoit riens, ne aux autres mendiens &
querans leur pain & vie comme lui qui parle. Et lors lui
dirent qu'ilz feroient des poiſons pour empoiſonner tout
le monde & peuple par les païs par où ilz yroient &
vendroient.

Et diſt, ſur ce requis, que leſdites parolles ilz dirent
entre eulx trois d'un commun aſſentement, pour leurs
mauvaiſtiez, ſanz autre pourparler quelconques; & ad
ce faire ſe accorda & conſenti lui qui parle. Et, ces parolles ainſy dites par entre eulx, fut dit à lui qui parle,
par l'un deſdiz deux compoingnons, que le landemain
matin ilz vendroient à Paris pour aſſembler les choſes
neceſſaires à fere leſdites poiſons, & que ilz en y recou-

---

(1) Étoffe de laine groſſière qui ſervoit ordinairement à l'habillement
des gens pauvres. Voy. Douët d'Arcq, *Comptes de l'argenterie des rois de
France*, p. 353, & Boileau, ſatire I.

verroient bien pour leur argent, & s'entretrouveroient
à Saint-Innocent pour faire & acomplir ycelles poifons.
Lequel qui parle dift lors à yceulx deux compoingnons
qu'ilz queiffent & feiffent ce qu'ilz vouldroient, & que
il ne s'y congnoiffoit, mais voulentiers feroit devers eulx
audit landemain matin à Saint-Innocent, & tout ce que
ilz lui ordeneroient à faire, il le feroit voulentiers, difant
qu'il ne povoit pas eftre fy toft à Paris comme eulx, pour
ce qu'il eftoit homme impotent, foible & anxien, & auffy
qu'il convenoit qu'il parlaft à Thibaut La Loge & autres
marchans de la ville de Troyes, dont il eft nez, affin que
d'iceulx il peuft avoir ou recouvrer, par don ou emprunt,
argent pour foy vivre. Et, ces chofes dites, yceulx deux
compoingnons & lui qui parle s'en alerent au gifte en la
ville de Saint-Denis, & coucherent tous trois en un hoftel
d'une femme vefve demourant en ladite ville de Saint-
Denis, au devant de la grant eglife, du nom de laquelle
il qui parle n'eft record, ne auffy s'il y a point d'enfeingne
à fon huis.

Et dit que, celle dite nuit paffée, le landemain matin,
yceulx deux compoingnons fe partirent de lui qui parle,
& lui dirent qu'ilz venoient à Paris pour faire provifion
defdittes poifons, & il qui parle demoura audit Lendit
jufques ad ce qu'il euft parlé audit Thibaut. Et dit que
quant il ot parlé audit Thibaut, & qu'il lui ot prefté cinq
fols, il qui parle vint à Paris après lefdiz deux compoingnons, lefquieulx il trouva ou cimitiere Saint-Innocent;
& lui dirent qu'ilz avoient recouvré ce qu'il leur convenoit; &, de fait, lui monftrerent un fachet de cuir ouquel avoit de la poudre auffy gros comme il qui parle a
le poing; & dit qu'ilz ne lui dirent pas les noms d'icelles
poudres, jaçoit ce.qu'il les en requift. Et après plufieurs
parolles eues entre eulx, diftrent enfemble qu'il ne feroit
pas bon qu'il feiffent illec ce qu'ilz avoient pourparlé;
&, pour ce, alerent boire enfemble en une taverne ès

halles, & illec prindrent accort d'aler le landemain en la
ville du pont de Chalenton, veoir un leur ami que yceulx
deux compoingnons difoient avoir audit lieu, & que,
felon ce que leurdit ami leur diroit & confeilleroit, ilz
ordonneroient lors qu'ilz feroient defdites poudres. Lefqueles parolles ainfy par entre eulx dites, & qu'ilz orent
beu & païé leur efcot, chafcun fe parti d'illec, & alerent
gefir chafcun ià où bon leur fembla. Et le landemain
matin, il qui parle fe mift à chemin pour aler audit lieu
du pont de Chalenton, &, affez près d'icellui lieu, fu
attaint par lefdiz deux compoingnons; & eulx eftans en
ladite ville, pour ce que yceulx deux compoingnons ne
trouverent pas leurdit ami, alerent boire enfemble en
une taverne, en laquelle, pour paour qu'ilz orent que
l'en ne les apperceuft defdites poudres, ilz ne oferent
ordonner d'icelles poudres. Et pour ce, quant ilz orent
difné enfemble comme dit eft, alerent fur la riviere auprès des batheaux, & illec departirent la poudre qu'il
avoit veue oudit fachet audit lieu de Saint-Innocent, &
d'icelle firent environ xl nouëz de poudre, envelopez en
petiz drapelez linges, auffy gros chafcun d'une noiz
moyenne; & yceulx xl noëz ainfy par eulx faiz, lefdiz
compoingnons dirent à lui qui parle qu'il meift fur foy
& les jettaft par les puis & fontaynnes par où il pafferoit,
& qu'il prenift fon chemin là où bon lui fembleroit, &
que, à la my-aouft prochaine enfuivent, il venift en la
ville de Vendofme, & illec trouveroit yceulx deux compoingnons, & que lors, fe lefdites poudres avoient ouvré,
bien feroit, & que, ou cas que elles n'auroient aucunement befongnié, ilz lui bailleroient d'autres poudres nouvelles; & auffy devoient avoir de l'argent que aucuns
compoingnons leur devoient lors baillier, & que d'icellui
argent il auroit fa part & le paieroient très-bien.

Et dit, fur ce requis, que yceulx deux compoingnons
ne lui voldrent oncques nommer ceulx qui audit jour

leur devoient baillier ledit argent. Dit auſſy que yceulx
deux compoingnons ne departirent aucunement en ſa
preſence le reſidu de la poudre qui eſtoit oudit ſachet,
& que, par ſon advis, il en demoura bien en ycellui ſai-
chet deux fois autant comme il en fu mis en yceulx quarante noëz à lui bailliez.

Dit avecques ce, que, leſdites poudres ainſy departies
par entre eulx, ilz ſe departirent li uns de l'autre & prindrent congié, & il qui parle ſe miſt à chemin en s'en
alant droit à Chartres; & ainſy comme il fu aſſez près de
la ville de Galardon, entre les hayes, trouva d'aventure
un homme qu'il ne congnoiſſoit, auquel il qui parle bailla
ſix deſdiz noëz, & lui diſt que par les puis & fontaynes
par où il paſſeroit il jettaſt en chaſcun d'iceulx un d'iceulx
noëz; lequel homme, ſenz autre choſe dire ou reſpondre,
ſe charga de le ainſy faire.

Dit auſſy que d'ilec il retourna en la v··· de Saint-
Arnoul en Yveline; & illec, ainſy qu'il ··· parle, un
nommé Jehan de Bloys & Perrot Loiſiau, buvoient enſemble audit lieu de Saint-Arnoul, & après pluſieurs parolles eues entre eulx à cauſe d'icelles poiſons, bailla audit
de Bloys xij d'iceulx noëz, & audit Loyſiau quatre, &
lui promiſtrent les mettre ès puis & fontaines par où ilz
paſſeroient.

Dit avecques ce, que entre la ville de Galardon &
Chartres, ainſy comme il aloit audit lieu de Chartres,
trouva d'aventure ſur le chemin un homme & une femme
qui eſtoient aſſiz à terre aus champs; &, après pluſieurs
parolles qu'il qui parle & yceulx homme & femme orent
d'icelle matiere parlé enſemble, il bailla à yceulx quatre
d'iceulx nouëz, & leur charga que yceulx il jettaſſent ès
puis & fontennes par où ilz paſſeroient. Et dit que des
autres nouëz qui lui demourerent, en ſoy en alant en
païs ou Mans & illec environ, jetta d'iceulx noëz en pluſieurs puis & fontaines par où il paſſa, juſques au nombre

de huit d'iceulx noëz; & que quant il fu prins à la Ferté-
Bernart, il avoit en fa taffe, fy comme il cuidoit, deux
d'iceulx noëz; mais il ne y en trouva que un, lequel il
jetta en la boë & le foula aus piez, affin que l'en ne le
trouvaft de ce faify. Et dift, fur ce requis, que yceulx
deux compoingnons lui dirent que lefdites poifons n'a-
voient vertu que xix jours, & non plus.

## JULIEN BERNIER, DIT GROSSE-C...LLE.

L'AN DE GRACE mil trois cens quatrevins & dix, le
mercredi vije jour de feptembre, par devant monf. le
prevoft, lui eftant en jugement fur les quarreaulx, prefens maiftres Guillaume Porel, confeillier du roy noftre
fire en fon parlement à Paris; Jehan Truquam, lieutenant dudit monf. le prevoft; Dreux d'Ars, auditeur;
Andrieu Le Preux, procureur du roy en Chaftellet; Girart de La Haye, Miles de Rouvroy, Robert de Pacy &
Gieffroy Le Goibe, examinateurs; fu attaint & fait venir
des prifons dudit Chaftellet Julien Bernier, dit Groffe-
C...lle, prifonnier detenu en ycellui Chaftellet, pour
caufe de plufieurs poifons par lui avoir congneues avoir
jettées & mifes en certaines fontainnes & puis, plus à
plain defclairés en certaines confeffions par lui faites en
la ville d'Orleans & prifons dudit lieu, par devant les
deffus nommez maiftres Jehan Truquam & Gerart de La
Haye, commiffaires du roy noftre fire en cefte partie,
defqueles la teneur enfuit :

JULIEN Bernier, autrement dit Groffe-C...lle, né de
Chafteau-Gontier, povre homme teffier, querant fa vie,
aagé de lx ans ou plus, fy comme il dit, examiné par
nous commiffaires deffus nommez, en la geole de ladite
ville d'Orleans, où il avoit efté amené des prifons de
Vendofme, le mercredi deffus dit, fur le cas de fon em-

prifonnement, c'eft affavoir pour foufpeçon d'avoir mis
& jetté poifons en plufieurs puis & fontaynes, ruyffiaulx
& rivieres; lequel, par fon ferement fait aus fains Euvengiles de Dieu, par devant nous dift & confeffa de fa
voulenté, fenz contrainte, en la prefence des deffus
nommez, & de Eftienne Molet, grenetier à Orleans;
Jehan Qui Dort, contreroleur du grenier de ladite ville,
& Guillaume Charron, fergent du roy noftre fire à Orleans, que le dimenche avant la Saint-Jehan-Baptifte,
environ heure de prime, fy comme lui & Phelipot Belon,
né du païs de Touraynne, venoient eulx deux enfemble
de querir leur vie d'une petite ville près de Patay, & s'en
aloient en la ville de Tournoy, &, en y alant, virent aler
devant eulx deux hommes & deux jacobins; lefquieulx
deux hommes, quant ilz virent & apperceurent il qui
parle & fon compoingnon venans après eulx, ils fe arrefterent, & les deux jacobins alerent tousjours devant bien
environ le trait d'un arc, & fe arrefterent affez toft après.

Et dit, il qui parle, que comme il & fon compoingnon
furent affemblez aus deux hommes qui les attandoient, il
congnut lors iceulx deux hommes; & eft l'un nommé
Pierre Le Texier & l'autre Colin Befnon, & les avoit
veuz & congneuz dès environ demi-an paravant, parce
que il lez avoit veuz au marchié, à Angiers & aillieurs,
ce entremettre du fait de mercerie. Et dit qu'il leur oy
lors dire que ilz eftoient du païs de Berry, il ne fcet de
quel lieu.

Et dit que eulx quatre alerent enfemble jufques aus
deux jacobins qui les attandoient; & dit que en alant à
yceulx deux jacobins, ledit Pierre demanda à il qui parle
& à fon compoignon fe ilz avoient point d'argent, & ilz
lui refpondirent que ilz n'avoient que trois mailles. Adonc
leur demanda ycellui Pierre fe ilz vouldroient fervir lefdiz Pierre, Colin, fon compoingnon, & les deux jacobins, en leur difant que fe ilz le vouloient faire, ilz les

feroient riches hommes; & il qui parle & fon compoignon
refpondirent que voulentiers le feroient; &, en parlant
de cefte matiere, affemblerent aux deux jacobins; &, eulx
là affemblez tous enfemble, ledit Pierre parla à part auxdiz deux jacobins, il qui parle ne fcet de quoy; &, après
ce qu'ilz orent parlé enfemble, ledit Pierre appella il qui
parle & fon compoignon, &, en leur prefence, dift aux
deux jacobins : *Meffeigneurs*, *j'ay trouvé ces deux bons*
*hommes-cy*, *aufquieulx j'ay demandé fe ilz vouldroient fervir*,
*& ilz m'ont refpondu que ilz le feront voulentiers.* Et les deux
jacobins refpondirent que c'eftoit bien fait; &, après ce,
ledit Pierre dift à il qui parle & à fon compoignon que
on leur certainaft que ilz mettroient ès puis & ès fontaynes que ilz trouveroient par où ilz pafferoient, en
leur difant que ce eftoient poifons. Et lors ledit [Pierre]
print, en un fac que ledit Colin portoit fur fon efpaule,
un petit fachet gros comme un oef d'oë, dedens lequel
petit fac il print xvj petiz noëllez de drapeau, liez chafcun d'un pou de fil, chafcun noët gros comme une noi-
fete, & en bailla à il qui parle huit, & à Phelipot Belon,
fon compoignon, autres huit, & leur dift que ilz en meiffent un en chafcun des puis & fontaynes du païs de Ven-
dofmoiz, & qu'ilz en feroient bien païez; & que, à la
mi-aouft lors prouchainement à venir & derrenierement
paffée, ilz alaffent à Vendofme, & que là ilz trouveroient
ledit Perrot Le Texier & Colin, fon compoignon, lefquieulx baudroient à lui qui parle & à fon compoignon
à chafcun trois frans. Et baillerent lors à il qui parle &
à fon compoignon à chafcun trois blans, chafcun blanc
de quatre parifis. Et atant fe departirent ledit Perrot &
fon compoignon, & les deux jacobins, & s'en alerent
eulx quatre enfemble, & difoient que ilz s'en aloient en
Salongne & en Berry; ne oncques depuis ne les vit.

Et dit, il qui parle, que il & Phelipot, fon compoignon, s'en alerent enfemble jufques en la paroiffe de Ville-

mardi (1), à deux lieues près de Vendofme. Et dit que
en un petit vilaige d'icelle paroiffe, duquel il ne fcet le
nom, trouverent une fontayne fur le chemin, en laquelle
ledit Phelipot, compoingnon de lui qui parle, mift un
noët defdites poifons. Et dit, fur ce requis, que ladite
fontaine fe vuide par un ruiffiau courant. Et auffi dit que
ilz ne regarderent point fe ledit nouët a fondu, ou fe il
demoura à fleur de l'eaue. Et, ce fait, fon compoingnon
fe parti de lui, & lui dift qu'il s'en aloit à Laverdin, à
trois lieues près de Vendofme, ne oncque puis ne le vit.
Et il qui parle s'en ala à Villegrimon, en la conté de Blois,
& à vj lieues près de Blois. Et dit que, en alant, il paffa
par une ville nommée Courtis, près de laquelle, fur le
chemin, trouva deux fontaynes l'une près de l'autre, en
chafcune defquelles il mift un nouët defdites poifons. Et
dit que elles font petites & fe vuident par ruiffiaulx cou-
rans. Et dit, fur ce requis, qu'il ne regarda point fe les
noëz affondroient, ou fe ilz demouroient à fleur d'eaue.

Et dit que, ycellui jour mefmes, en paffant par devant
un villaige duquel il ne fcet le nom, à deux lieues près
de Vendofme, il trouva une fontaine, en laquelle il mift
un nouët d'icelles poifons. Et dit que de là il s'en ala en
un vilaige nommé Chauffour (2), de la parroiffe de Limay,
où il coucha par une nuit, fans aucune chofe y meffaire;
& l'andemain fe parti, & s'en ala le chemin droit à un
villaige nommé la Barre, où il trouva fur le chemin une
fontaine en laquelle il mift un noët d'icelles poifons; &,
ce fait, s'en ala en la ville de Limay, en laquelle il a un
puis qui eft devant le monftier d'icelle ville, ouquel il
mift un noët defdites poifons; & de là fe parti & s'en ala
au gifte en la ville de Rochelevefque, & l'andemain au
matin paffa par la riviere de Ler, qui cuert delez ycelle

---

(1) Villemardy, arrondiffement de Vendôme (Loir-&-Cher).
(2) Chaufour, arrondiffement de Mantes (Seine-&-Oife).

ville, & s'en ala droit à Noſtre-Dame d'Uuſſeau ; &, en y
alant, trouva ſur le chemin une fonteaine en laquelle il
miſt un noët deſdites poiſons. Et dit que tantoſt & freſ-
chement que ledit Phelipot, ſon compoingnon, fu derrenierement departi de lui, il trouva, aſſez près de Ville-
mardi, d'aventure, un compoingnon duquel il ne ſcet le
nom, lequel n'avoit que une main, & l'avoit premierement, il qui parle, veu & congneu, environ un an avoit,
à Saumur en Enjou ; &, à cauſe d'icelle congnoiſſance,
eulx deux alerent boire en un vilaige près d'illec, duquel
villaige il ne ſcet le nom ; &, en y alant, ledit manchet
lui demanda ſe il avoit nulles poiſons, & il lui reſpondi
que oyl, & que ledit Pierre Le Texier lui en avoit baillié
huit noëz ; & lors ledit manchet lui diſt que auſſy lui en
avoit baillié ledit Pierre, mais il ne lui diſt pas quel
nombre ; &, après ce, pria à il qui parle qu'il lui volſiſt
donner deux de ſes nouëz, lequel les lui bailla ; & dit
que depuis qu'il euſt mis le derrenier noët, comme deſſus
a dit, il fu & demoura ſur le païs, en querant ſa vie, par
l'eſpace de quinze jours, en la fin deſquelz quinze jours
il print ſon chemin en entencion d'aler à Vendoſme ; &,
en y alant, ainſy comme il fu à deux lieues près, il fu
prins, lui & un autre compoignon du païs de Auvergne,
qui auſſy queroit ſa vie, & duquel il ne ſcet le nom, &
eſtoit de l'aage de environ lx ans, & n'eſtoit pas trop
hault homme, & eſtoit veſtu d'un buriau de thiretaynne
ſur le brun.

Et dit qu'ilz furent prins par les gens d'une ville nommée Ville-Rommain (1), & menez ès priſons de Vendoſme, pour ſouſpeçon d'avoir mis & jetté en puis &
fontaynnes leſdites poiſons ; eſquelles priſons ilz furent
& demourerent juſques à vendredi derrenierement paſſé,
que il qui parle fu mené priſonnier ès priſons du roy

---

(1) Villeromain, arrondiſſement de Vendôme (Loir-&-Cher).

noftre fire à Orleans, où il a tousjours depuis efté & encores eft ad prefent.

Et dit que le compaingnon qui fu prins avecques lui
demoura prifonnier à Vendofme, fenz eftre amené à Orleans ne ailleurs que il faiche. Et auffy dift-il, fur ce requis, que il ne fcet pas que ycellui compoingnon foit
confentent d'avoir mis & jetté aucunes defdites poifons.

Et dit que lui eftant prifonnier à Vendofme, un Flament y fu admené prifonnier, pour foufpeçon que il ne
feuft confentant defdites poifons; mais pas ne fcet, il
qui parle, fe il en eft coulpables, ou non. Et difoit, ycellui Flament, que il eftoit pelerin, & qu'il aloit en pelerinaige droit à Saint-Jaques en Galice (1); & le laiffa
encores prifonnier à Vendofme quant il fu admené à
Orleans.

Et dit, oultre, que quant il fu nouvellement admené
prifonnier à Vendofme, il y trouva ledit compoingnon
qui n'avoit que une main, auquel il avoit baillié les deux
noëz defdites poifons, comme deffus eft dit, qui desjà y
eftoit prifonnier.

Et dit que eulx eftans prifonniers à Vendofme, comme
dit eft, lui, ledit manchet & le Flament, furent menez
eulx trois enfemble à Chaftiau-Regnaut, pour veoir &
favoir fe ilz congnoiftroient point Pierre Tariafton, qui
y eftoit prifonnier, pour foufpeçon defdites poifons, &
lequel eft ad prefent prifonnier à Orleans.

Et dit que quant ilz virent ledit Cariafton en ycelles
prifons, il dift que il ne l'avoit oncques veu ne congneu,
& ainfy le difoient lefdiz manchez & Flament. Et, après
ce, furent ramenez prifonniers à Vendofme.

Et dit oultre, que efdites prifons, fanz ce que il feuft
examiné ne interrogué, ne que aucune chofe lui feuft

(1) Saint-Jacques (en efpagnol *Santiago*) de Compoftelle, lieu de pèlerinage très-célèbre au moyen âge.

demandé ne requis fur le cas de fon emprifonnement, ne autrement, & au iij<sup>e</sup> jour que il fu emprifonné, les gens de la juftice du lieu, defquieulx il ne fcet les noms, le firent mettre à queftion & en gehaynne par une fois, en laquelle gehaynne, & dehors, il dift & confeffa ce que cy-deffus a dit & confeffé, ou parolles femblables en fubftence, ou au moins tout ce dont il eftoit pour lors record, touchant le fait defdites poifons; &, nonobftant ladite confeffion, le firent l'andemain remettre par deux fois en gehaynne, pour favoir & enquerir fe defdites poifons il favoit autre chofe que confeffé n'avoit, ne fe il favoit aucuns autres qui en feuffent confentans ou coulpables; aufquieulx il n'en dift ne confeffa autre chofe qu'il en avoit dit & confeffé à la première queftion.

Et dit, fur ce requis, que Pierre Le Teffier eft hault homme, & aagié de environ lx ans, & a le vifaige barbu roux, grant nés & cras vifaige, & eft veftu d'une robe de gris camelin, manteau fangle de mefmes, fendu au cofté de la longueur de ladite cotte, qui eft longue juf-ques au gros de la jambe, fendue par devant, & un chap-peron & chauces de pers, le chapperon noëllé foubz la gorge, & une barrete rouge. Et ledit Colin Befnon, com-poignon dudit Pierre eft petit homme maigre, aagé de l à lx ans, a une barbe noire, & petit nés, & petiz che-veux, & veftu de tiretaine plaine par devant, fenz no-leure (1), & mantiau de mefmes, fendu au cofté, fanz noyaux aucuns deffoubz la gorge ne fur les efpaules, & un chapperon de gros drap brun, fans aumuffe ou chappiau, & unes chauces de blanchet. Et parlent tous deux tout un langaige, & bien attrait & largement, & difoient que ilz eftoient de Touraine ou de Berry, il qui parle n'eft pas bien record lequel. Requis à il qui parle comment il fcet que les deux qui fe difoient jacobins eftoient d'icelle

---

(1) Garniture de boutons ou agrafes. Voy. du Cange, au mot *Nodellus*.

ordre, dit que il le fcet parce que ilz fe difoient telz &
en portoient l'abit, c'eft affavoir que iïz eftoient veftus
de leurs chappes noires, fendues devant, & deffoubz
veftuz de blanc. Et auffy difoient, ledit Pierre & fon
compoingnon, que fe eftoient jacobins. Et difoit ledit
Pierre que le plus grant & le plus hault jacobin, & le
pius ainfné, eftoit nommé frere Yves, & l'autre frere
Eftienne (1): mais il ne lui oy pas dire quelx furnoms
ilz avoient, ne de quel coliege ilz eftoient, ne où ilz
demouroient.

Et, avecques ce, dit, fur ce requis, que ilz parloient
un langaige eftrange, & tel que il qui parle ne fon compoingnon ne entendoient point leur langaige, & ne fcet
quelx langaige ilz parloient; & point ne leur oy dire
dont ilz eftoient nez, ne auffy ne l'oy-il point dire audit
Pierre ne à fon compoingnon.

Et dit, il qui parle, fur ce requis, que ledit Phelipot,
fon compoingnon, fe difoit eftre du païs de Thouraine,
il ne fcet de quelle ville, & n'eftoit pas hault homme,
& avoit le vifaige graffet, pale, & barbe noire, petiz
cheveux & affez grant nez, & parloit affez attrait & peu,
& eftoit veftu d'une cotte hardie noire, longue jufques
au-deffoubz du gros de la jambe, & n'eft point noulée
par devant, & un chapperon de drap vermail fangle,
noulé foubz la gorge, fanz aumuffe & chappel, & n'avoit
nulles chauces.

Et dit que, lui eftant prifonnier à Vendofme, il vit &
oy gens qui fe difoient devers Tours, qui difoient qu'ilz
avoient prins & emprifonné à Tours un homme nommé

---

(1) Ne feroit-ce pas Étienne de Domachien, ermite, amené des prifons du Châtelet dans les prifons d'Angers & du Mans par trois fergens
à cheval, fous l'inculpation d'avoir empoifonné les puits & fontaines
du royaume de France? Le peu de renfeignements fournis par notre
texte femble autorifer cette conjecture. (Sauval, *Antiquités de Paris,*
III, p. 262.)

Le Manceau & ſa femme avecques lui, pour ſoufpeçon
d'avoir mis & jetté des poiſons, comme deſſus eſt dit.

Et, avecques ce, diſoient qu'ilz avoient oy dire que
un manchet, lequel il ne leur oy point nommer, eſtoit
auſſy conſentent de porter & jetter leſdites poiſons, en
demandant à il qui parle ſe il les congnoiſſoit; lequel diſt
& reſpondi que il les congnoiſſoit bien de veue dès environ un an avoit, parce qu'il leur avoit veu querir leur
vie à Saumur & aillieurs; mais pas ne ſauroit que ilz
euſſent eſté conſentens de porter & jetter leſdites poiſons, & encores ne le ſcet-il de preſent, ſy comme il dit.

Et dit que ledit Manſſeau eſtoit petit homme, de l'aage
de lx ans ou environ, & avoit le viſaige craſſet, aſſez
coulouré, une barbe courte, noire, petiz cheveux gris,
& le nez long, & parloit attrait & aſſez, & eſtoit veſtu
d'une cotte hardie de drap brun, ſans noëlleure, & longue juſques au gros de la jambe, & un mantheau de
meſmes, unes chauces blanches & un chapperon vermail
ſangle, noulé ſoubz la gorge, ſanz aumuce & ſenz chapel;
& une petite femme plus aagée que ſon mary, veſtue
pareil que ſon mary. Et dit, ſur ce requis, que ledit
manchet eſt aſſez hault, & eſt de l'aage de xl à l ans, &
a le viſaige craſſet, & aſſez grant nez, & la barbe & cheveux noirs & petiz, & n'a point de main du coſté feneſtre,
ſi comme il lui ſemble. Et dit que il eſtoit veſtuz par
deſſus d'un mantheau rougaſtre, n'eſt record quelz robes
il avoit deſſoubz, ne de quel païs il eſt, & parle aſſez
bon langaige, ne ſcet quel.

Et dit encores oultre, que il oy dire audit Pierre Le
Teſſier que il avoit baillié à ſept autres compoingnons,
que point ne lui nomma, deſdites poiſons, voire à pluſieurs autres perſonnes, juſques au nombre de ſoixante,
pour porter & jetter ès puis, fontaines & ruiſſiaulx eſtans
en pluſieurs païs & divers lieux; & que ilz devoient tous
enſemble venir querre leur paiement à Vendoſme, à la

I                                                        G g

mi-aouſt lors prouchainement à venir & derrenierement
paſſée; mais pas ne ſcet combien chaſcun devoit avoir
d'argent, fors tant que lui qui parle & ſon compoingnon
devoient avoir chaſcun trois frans, comme deſſus eſt dit,
dont ilz n'ont riens eu, pour ce que, à ladite feſte de la
mi-aouſt, il eſtoit priſonnier, & a tousjours depuis eſté
& encores eſt ad preſent; mais pas ne ſcet, ſy comme il
dit, ſur ce requis, ſe les autres compoingnons, portans
poiſons à eulx baillées par ledit Pierre Le Teſſier, ont
eſté païez ou non.

Et, après ceſte preſente deppoſicion faite, leumes à lui
qui parle une deppoſicion par lui autreffois faite, lui eſtant
priſonnier à Vendoſme, ſy comme il apparoit par l'inſ-
peccion d'icelle; lequel, après ce qu'il en ot oye ladite
lecteure, diſt & confeſſa que tout ce qui eſtoit eſcript &
contenu en ycelle deppoſicion, il avoit dit & confeſſé
eſdittes priſons de Vendoſme, par devant les gens de la
juſtice dudit lieu; &, après ce, lui demandaſmes ſe ès
parties où il avoit mis & jetté leſdites poiſons, aucunes
gens ou beſtaulx en eſtoient mors, dit que riens n'en
ſcet, quelque choſe qu'il ait autreffoiz deppoſé. Requis
ſe ceulx qui lui baillerent les poiſons le firent jurer que
il ne les encuſeroit point, dit que non. Requis ſe ès puis
ou fontaines où il jetta les poiſons il faiſoit ou fiſt aucun
ſaing, que il y faiſoit un tel ſaing, O; & lui avoit monſtré
& enſeignié ledit Pierre Le Texier; & lui bailla, ledit
Pierre, une pierre noire pour faire ledit ſaing.

Auquel Julien, priſonnier, après ce que leſdites confeſſion & deppoſicion par lui faite par devant leſdiz com-
miſſaires lui ot eſté leue mot après autre, bien & attrait,
fu fait jurer, ycellui priſonnier, ſur les ſains Euvengiles
de Dieu, qu'il diroit verité; &, ce fait, par ledit monſ.
le prevoſt lui fu demandé ſe les confeſſions à lui leues
eſtoient vrayes, s'il avoit faittes ycelles, & ſe elles con-

tenoient verité; lequel prifonnier, & par ferement, dift
que verité eftoit que autreffois il avoit dit & confeffé ce
que deffus eft dit, & qui li avoit efté leu, pour doubte &
paour qu'il avoit que par lefdiz commiffaires il ne feuft
tormentés de queftions; mais toutefvoyes il n'eftoit pas
vray qu'il euft fait ou commis les deliz dont mencion eft
faite en ycelles. Et autre chofe ne volt congnoiftre, mais
que en y nyant tousjours de fon povoir le contenu efdites
confeffions eftre vray. Et, pour ce, fu fait traire à part
fur les quarreaulx dudit Chaftellet.

Et, après ce, par ledit monf. le prevoft fu demandé
aufdiz prefens confeilliers leurs advis & oppinions qu'il
eftoit bon eftre fait dudit Julien, prifonnier. Tous lefquieulx, veus lefdites confeffions & l'original d'icelles,
qui font tabellionnez foubz les fignez de deux nottaires
royaux, & que par l'infpeccion d'icelles, & auffi par l'af-
cercion defdiz commiffaires, apparoit qu'il n'avoit point
efté mis à queftion, mais avoit ycelles faites fenz aucune
force ou contrainte, delibererent & furent d'oppinion,
attandu l'eftat de la perfonne dudit prifonnier, que pour
en favoir par fa bouche la verité, il feuft mis à queftion. Et ainfi le fu dit en fa prefence par ledit monf. le
prevoft.

En enterinant lequel jugement, ledit Julien Bernier fu
mis à queftion fur le petit trefteau, & en après fur le
grant; & incontinent requift que hors d'icelle l'en le
meift, & il diroit verité de tout le fait dont il eftoit
accufez; &, pour ce, fu mis hors d'icelle queftion, mené
chauffer en la cuifine en la maniere acoftumée, &, en
après ce qu'il ot efté efchaufé compettenment, fu ramené
en jugement fur lefdiz quarreaulx; & illec, hors d'icelle
queftion, & fans aucune force ou contrainte, après ce
qu'il ot fait ferement aus fains Euvengiles de Dieu de

dire verité, continua & persevera ès confessions par lui autreffois faites, cy-dessus transcriptes, & lesquelles lui furent leues mot après autre, & afferma par serement ycelles estre vrayes par la fourme & maniere que escriptes sont; &, pour ce, fu fait remettre en la prison [dont] il avoit esté attaint.

Item, le samedi ensuivant, xe jour dudit mois de septembre mil trois cens quatrevins & dix dessus dit, furent assemblez en jugement sur les quarreaulx dudit Chastellet messeigneurs maistres Symon Foison, president en parlement; messire Ymbert de Boissy, chevalier; Pierre de Lesclat, Pierre Le Fevre, Guillaume Porel, Jehan du Drac & Jehan Acart, conseilliers du roy nostre sire en son parlement; monf. le prevost de Paris, Jehan Cuignot & Jehan Jouvenel, advocas en parlement; Jehan Truquam & Guillaume Drouart, lieuxtenans dudit monf. le prevost; Dreux d'Ars, auditeur; Girart de La Haye, Oudart de Fontenoy, Miles de Rouvroy, Jehan de Bar, Ernoul de Villiers, Nicolas Bertin, Robert de Tuillieres, Robert de Pacy & Gieffroy Le Goibe, examinateurs de par le roy nostre sire en son Chastellet de Paris, par devant lesquieulx furent faiz venir li uns après l'autre, & attains des prisons dudit Chastellet, les dessus nommez prisonniers Regnaut de Pouilly, dit Grosse-C...lle, Jehan de Blois, Martin Le Breton & Julien Bernier, dit Grosse-C...lle, ausquieulx furent leucs separéement leurs confessions cy-dessus escriptes, & en ycelles, sanz aucune force ou contrainte, continuerent & percevererent, & affermerent par leurs seremens, sur ce fais aus sains Euvengiles de Dieu, & chascun de soy, que elles contiennent verité par la fourme & maniere que escriptes sont, & que elles sont vrayes & les ont faites ainsy, & par la maniere que contenu est esdittes confessions, qui leur furent leues mot après autre.

Et, ce fait, par ledit monſ. le prevoſt fu requis à meſdiz feigneurs les preſidens & autres meſſeigneurs de parlement que de ce ilz le volſiſſent conſeillier, & auſdiz
preſens conſeilliers leurs advis & oppinions. Tous leſquieulx, veues les confeſſions cy-deſſus eſcriptes, faites
par un chaſcun deſdiz priſonniers, la matiere dont queſtion
eſt, les perſeveracions & continuacions d'icelles poiſons
par eulx priſes, jettées & miſes eſdiz puis & fontaynnes,
& l'eſtat d'iceulx priſonniers, & que le cas eſt de très-
mauvais exemple contre le univerſel monde, aïant regart
à crime de leſe-majeſté, diſtrent que l'en ne les povoit
eſpargnier qu'ilz ne feuſſent dignes de mort comme trai-
tres, & que, comme telz, ilz eſtoient dignes d'eſtre excecutez, c'eſt aſſavoir decapitez & penduz. Oyes ieſquelles
oppinions, & veu les procès & confeſſions cy-deſſus
eſcriptes, ledit monſ. le prevoſt condempna yceulx Re
gnaut, Jehan, Martin & Julien, à eſtre excecutez par la
maniere que dit eſt.

Lequel jugement, en tant qu'il touche yceulx Regnaut, Jehan, Martin & Julien, fu excecuté le lundi
xxvj<sup>e</sup> jour de ſeptembre mil ccc iiij<sup>xx</sup> & dix.

Et n'avoient aucuns biens.

Al. Cachemarée.

## PIERRE DE THOULOUSE.

### 30 ſeptembre 1390.

L'an de grace mil trois cens quatrevins & dix, le vendredi derrenier jour de ſeptembre, par devant monſ.
le prevoſt, lui eſtant en jugement ſur les quarreaulx du
Chaſtellet de Paris, preſens maiſtres Guillaume Porel,
conſeillier du roy noſtre ſire en ſon parlement; Jehan

Gg 3

Jouvenel, Jehan Cuignot, advocas en parlement; Jehan
Truquam & Guillaume Drouart, lieuxtenans dudit monf.
le prevoft; Martin Double, advocat du roy oudit Chaftellet; Jaques du Bois & Denis de Baumes, advocas oudit Chaftellet; Robert Petit-Clerc, Jehan de Bar, Miles
de Rouvroy, Girart de La Haie, Jehan de Tuillieres,
Jehan Soudant, Nicolas Bertin, Robert de Pacy, Robert
de Tuillieres & Nicolas Chaon, examinateurs oudit Chaftellet; fu fait venir & attaint des prifons dudit Chaftellet
Pierre de Thouloufe, nez d'icelle ville de Thouloufe,
prifonnier detenu en ycellui Chaftellet, pour foufpeçon
d'avoir jetté poifons en plufieurs puis & fontaynnes, fy
comme contenu & defclairié eft plus à plain en certaine
confeffion faite par ledit Pierre de Thouloufe, en la ville
ou chaftel du Chafteau-de-Loir, de laquelle confeffion
apportée oudit Chaftellet par maiftres Jehan Truquam,
lieutenant dudit monf. le prevoft, & Gerart de La Haie,
deffus nommez, commiffaires (1) du roy noftre fire, dep-
putez en cefte partie pour aler ès païs du Maine & de
Thouraine, & aillieurs par ledit royaume, prendre &
amener tous ceulx qu'ilz trouveroient prifonniers detenuz & accufez pour avoir jetté ou fait lefdites poifons,
& lefquieulx commiffaires ont aujourd'hui dit & affermé
icelle leur avoir efté baillée par les gens & garde de la
juftice dudit Chafteau-de-Loir, en la fourme & maniere
qui s'enfuit :

Le xxvj° jour d'aouft l'an mil trois cens quatrevins &
dix, fu amené Pierre de Thouloufe par devant Thibaut
Le Miant, juge ordinaire d'Anjou & du Maine, & meffire
Pierre de La Grefille, chevalier, lieutenant de monf. le
fenefchal d'Anjou & du Maine; Robin Heriçon & Ger-

---

(1) Voyez, au fujet de ces commiffaires, la note de la page 420, ci-
deffus.

vaife Auderon, confeilliers de la court; Jehan Le Bau-
droyer, procureur au Maine de madame la royne de Jhe-
rufalem & de Secille, ducheffe d'Anjou & conteffe du
Maine (1). Lequel Pierre a congneu & confeffé les cas
cy-après defclairés, & dont la teneur s'enfuit : Le iiij^e jour
dudit mois d'aouft, l'an deffus dit, ledit Pierre, fy comme
il dit, fu trouvé entre le gué de la Fougiere & la foreft
de Burçay, lequel fu prins & amené ou Chafteau-du-Loir
par Guillaume Ratteau, fergent d'Oftillé, accufé d'eftre
malveuillant du roy noftre fire, & foufpeçonné d'eftre
empoifonneur de puis & de fontaynes, & autres cas. A
confeffé, ledit Pierre, que le mercredi après la Saint-
Chriftofle derrenierement paffée, un appellé Jehan de
Flandres, né de la ville de Ganz, lequel eftoit en habit
d'ermite, & here veftue, nuz piez, grande barbe & grelles
cheveux, tenant un bourdon ferré, l'encontra au plus
près de la ville du Mans; & que ycellui hermite demanda
audit Pierre de quel païs il venoit; & il lui refpondit
qu'il venoit du mont Saint-Michel. Et ledit hermite lui
demanda de quel païs il eftoit; & ledit Pierre lui refpondit que il eftoit de la ville de Thouloufe. Et lors lui dift
ledit hermite : *Compains, fi tu veulx gangnier, je te feré riche,*
*& que tu ne m'encufes point de chofe que je te die.* Et ledit
lui refpondi que il gangneroit voulentiers. Lors li dift
ledit hermite : *Je te bailleré chofes que tu mettras en puis &*

---

(1) Marie de Blois, fille de Charles de Blois, duc de Bretagne. Elle
avoit époufé, le 9 juillet 1360, Louis I^er, duc d'Anjou & comte du
Maine. Après la mort de fon mari, arrivée en 1384, elle paroît avoir
confervé, dans les actes de fon adminiftration, les titres de reine de
Jérufalem et de Sicile. C'eft ce qui réfulte de la fufcription d'un acte
par lequel elle conftitue une rente de quarante livres au chapelain &
au chapitre de Tours, le 20 juin 1397. Voici cette fufcription : « Marie, &c., reine de Jérufalem & de Sicile, ducheffe d'Anjou, comteffe
de Provence, de Fourcalquier, du Maine, de Piedmont & de Roucy,
ayant le bail, garde & adminiftration de Loys, roy defdits royaumes,
& Charles, prince de Tarente, nos enfants, &c. » (Bibl. imp., *Suppl.*
*lat.,* 1412, fol. 290 v°, 291 v°.)

*en fontaines par les païs où tu passeras.* Et lors lui respondi
ledit Pierre, sy comme il dit : *Quelles choses font-ce que vous
me voulez baillier à y mettre?* Et ledit hermite lui dist : *Tien-
toy certain que ce font poisons pour faire morir le peuple & les
bestes qui buvront desdites eaues.* Et ledit Pierre lui demanda,
sy comme il dit : *Pourquoy me voulez-vous faire fere celle
chose, ne de par qui?* Et ledit hermite lui respondi : *Certes,
amis, c'est pour les grans domaiges que le roy de France a fais
& fait faire en Flandres, & la cause que les gens de Flandres
ne regardent pas ne ne pevent veoir que autrement ilz puissent
grever ne avoir vengence du roy de France ne de ses aliez, se
ce n'est par empoisonnement.* Et lors dist ledit Pierre, sy
comme il dit : *Alas! je ne saroye où les porter ne mettre; car
se je y estoye trouvé, je seroye mort & perdu.* Et lors ledit
hermite lui respondi : *Ne t'en doubte point, l'en ne se pren-
dra jà garde de toi.* Et par ainsy ce que dessus est dit, furent à accort que le jeudi au matin ensuivant, que ledit
Pierre yroit & porteroit un noët que il lui bailleroit pour
mettre en la fontaine qui est à la porte de rue Dorée du
Mans, appellée ycelle fontaine Seutaine. Et ledit Pierre
lui respondit, sy comme il dit : *Alaz! je n'y oseroye aler.
Et que ne les y avez-vous mis & portez vous-mesmes?* Et ledit
hermite lui respondi : *Je y ay esté, mais je n'ay eu oncques
licence de les y mettre, pour les gens qui me regardoient qui
estoient à la barriere.* Et que icellui jeudi, ledit hermite
lui bailla un noëz en un drappel tout noir, aussy gros
comme une noiz, & dist audit Pierre : *Compains, va apper-
tement & revien. Tu me trouveras à celle taverne de la petite
Maison-Dieu, & nous y bouteron.* Et lors ledit Pierre se
partit & ala audit lieu & fontaine de ladite porte, & regarda que nul ne le vit, sy comme il dit, & tantost mist
& lança celui noët en ladite fontaine, & tantost se mist
ledit Pierre à s'en retourner audit hermite, au lieu où
ilz avoient accordé ensemble, & illec trouva ledit hermite, & burent ensemble trois choppines de vin, dont

la pinte couſtoit quatre deniers; &, après tout ce, ledit
hermite trey d'une bourſe qu'il avoit trois autres noëz
ſemblables au premier qui lui avoit baillé, & li diſt :
*Beaux amis, tu emporteras ces trois noëz ycy en toy alant par*
*là où tu paſſeras,* en lui demandant quel chemin il tendroit. Et lors ledit Pierre lui reſpondi que c'eſtoit ſa
penſée de ſoy en aler par Tours. Et lors ledit hermite lui
diſt que ès p. ouchains lieux où il paſſeroit il meiſt ces
trois noëz en puis ou en fontaines; & ledit Pierre lui
reſpondi que il faloit que il le ſatifiaſt de ce qu'il lui
avoit accordé. Et ledit hermite lui reſpondi : *Amis, tu*
*ſeras bien païé; car tu peues bien ſavoir, à l'eſtat dont je ſuy*
*& où je vois, je ne puis pas porter finence pour toy ſatiffier, toy*
*& tous les autres qui ſont en ceſte alience. Mais je te diré que*
*tu feras : tu me promettras par la ſoy de ton corps que tu te*
*rendras, le jour de la mi-aouſt, en la ville de Bourdeaux, là où*
*tous ceulx qui ſont de ceſt aliance ont juré & promis de eulx y*
*rendre, & y eſtre à une eſgliſe appellé Saint-Sauvrain, ou debors*
*de la ville; & là, tien-toy certain que tu ſeras bien ſatifié, toy*
*& tous les autres, tant que il te ſouffira.* Et, avec ce, dit &
deppoſe, ledit Pierre, que ledit hermite li diſt qu'il avoit,
en celle compoingnie qui devoit aſſembler, pluſieurs manieres de gens, de jacobins & autres; & dit que il lui diſt
que la premiere aſſemblée en avoit eſté faite à Chere-
bourc. Et ainſy ſe departirent, celui jeudi, après ce que
deſſus eſt dit, & s'en vint à Ouſtillé (1), &, en un puis qui
eſt à Ouſtillé, miſt un des autres trois nouëz, & les deux
autres à la fontaine de la forge du gué de la Fougiere &
au gué de la Fougiere. Enquis audit Pierre ſe c'eſtoit
ſon entencion de ſoy rendre à Bourdeaux, dit par ſon
ſerement que oy. Requis de quelle vie il a veſqu, dit
que touſjours il a eſté portefais.

Item, enquis audit Pierre ſe il avoit autre choſe meſ-

---

(1) Outillé, commune de Saint-Mars d'Outillé (Sarthe).

fait qu'il dift, & refpondi : *Alaz! j'ay affez meffait & trop.*
*Je fçay bien que j'ay mort deffervie; & pour Dieu, monf., que*
*vous ne me faciez point languir!* Prefens ad ce Gieffroy Pelerin, procureur, &c.; Perrot Bihès, Macé de La Foffe,
Gilet Berthelin, Jehan Naneau, Guillaume Girouft, Mi-
chelete, femme de Gilet Herment, banier du Chafteau-
du-Loir. Et par la congnoiffance deffus dite, o l'avis defdiz confeillers, a efté jugié par mondit feigneur le juge
que il avoit mort deffervie, c'eft affavoir d'eftre ars. Prefens ad ce Olivier Roueilloy, Jehan Verdun, maiftre Yves
Hoftellier, Huet de Tuffé, Phelipot Morin, Jehan des
Planches, maiftre Guillaume Hue, Jehan Richart l'ainfné
& Jehan Richart le joeufne, Yvonnot de Momblaut,
Jehan de Couftences & de plufieurs autres.

AUQUEL fu leue, mot après autre, ycelle confeffion.
Et, ce fait, & auffy qu'il ot juré aus fains Euvangiles de
Dieu de dire verité, & fanz aucune force ou contrainte
de gehaine, & en la prefence des deffus nommez, continua & perfevera en ycelle confeffion cy-deffus efcripte,
& laquele de rechief lui fu leue mot après autre, difant
& affermant par ferement ycelle par lui avoir autrefois
efté faite en la fourme & maniere que elle contient, &
eftre vraye en la maniere que efcripte eft cy-deffus, &
ce que contenu eft en ycelle confeffion par lui avoir [efté]
faiz, commis & perpetrez comme efcriptes font cy-deffus;
& autre chofe ne volt plus congnoiftre. Et, pour ce, fu
fait remettre en la prifon dont il avoit efté attaint.

APRÈS lefqueles chofes ainfy faittes, demandé fu par
ledit monf. le prevoft aus deffus diz confeilliers leurs
advis & oppinions qu'il eftoit bon eftre fait, & comment
l'en procederoit contre ycellui Pierre de Thouloufe, prifonnier. Tous lefquieulx dirent & furent d'oppinion que,
veue ladite confeffion, ycelli Pierre, qui avoit commis

crime de lefe-magefté, feuft decapitez & puis pendu.
Lefquieulx oppinions cyz, ycellui Pierre fu ad ce condempné par ledit monf. le prevoft l'an & le jour deffus
diz.

Lequel jugement fu exceecuté le famedi premier jour
d'ottobre l'an mil ccc iiij$^{xx}$ & dix.

Et n'avoit aucuns biens.

AL. CACHEMARÉE.

❧

## ALIPS LA PICHOISE.

29 feptembre 1390.

L'an de grace mil trois cens quatrevins & dix, le jeudi
xxix$^e$ jour de feptembre, par devant monf. le prevoft,
lui eftant en jugement fur les quarreaulx du Chaftellet
de Paris, & en la prefence de maiftres Jehan Truquam,
lieutenant dudit monf. le prevoft; Dreux d'Ars, auditeur;
Miles de Rouvroy, Hutin de Ruit & Gieffroy Le Goybe,
examinateurs de par le roy noftre fire oudit Chaftellet,
fu faitte venir & attainte des prifons dudit Chaftellet
Alips La Pichoife, detenue prifonniere oudit Chaftellet,
pour foufpeçon d'avoir jetté poifons & venins en plufieurs puis & fontaines du païs du Mans & de Nogent-le-
Retrou. Laquelle prifonniere, après ce qu'elle ot efté
faite jurer aus fains Euvangiles de Dieu de dire verité
fur ce que dit eft, & auffy qui lui feroit demandé, congnut & confeffa, fanz aucune force ou contrainte, que
elle eft femme feule, non mariée, & qui a acouftumé
querre & avoir fa vie pour Dieu en alant par le païs d'environ la ville & parroiffe d'Aveifié (1), à demie-lieue de

---

(1) Avezé, arrondiffement de Mamers (Sarthe).

la Ferté-Bernart, dont elle eft née, non fachant faire autre euvre ou labour que dit eft. Et dift que environ l'entrée d'aouft derrenierement paffée, que elle eftoit en la ville de Nogent-le-Retrou pour querir fa vie pour Dieu, en laquelle avoit efté par plufieurs fois paravant le temps deffus dit, & y avoit fervi comme chamberiere, & que en un famedi, environ heure de prime, ainfy comme elle s'en venoit de la ville de Nogent, & en paffant fur le pont d'icelle ville pour s'en venir en la ville du Mans, trouva d'aventure fur ledit pont un homme qui fe nommoit Guillot Sotin, & difoit eftre marchant de fromaiges, & demourer alors en ladite ville de Nogent; lequel homme lui pria & requift que elle volfift prendre un certain nouët de drappelet blanc qu'il lui bailla, ouquel avoit une pierre en mote blanche, auffy gros comme un oeuf de poulete; lequel homme lui monftra ycelle pierre, laquelle n'eftoit pas moult dure, par ce que dit fera cy-après, & que d'icelle pierre elle volfift faire des petiz noëz le plus que elle pourroit, & que en chafcun des puis & fontaines que elle pafferoit, elle volfift jetter un d'iceulx nouëz, difant, ledit homme, à elle qui parle, que ycelle pierre eftoient poifons. Lui dift auffy, ycellui homme, que fe ainfy le vouloit faire, que il lui donrroit de l'argent & la paieroit très-bien, & que elle retournaft par devers lui en ycelle ville de Nogent le mardi enfuivant, & là, la fatifieroit telement que il lui devroit fouffire. A la requefte & peticion duquel homme elle qui parle, fenz ce que alors ne depuis elle euft dudit homme aucun dom ou prouffit, fe accorda faire la voulenté d'icellui homme, print devers foy ycelle pierre blanche groffe comme un petit oeuf de poulete, & icelle, à l'aide de fes ongles, fanz pierre, coufteau ou bafton aucun, ainfy comme elle fu au dehors d'icelle ville de Nogent, & aus champs, defpeça ladite pierre tant en pouldre comme en menues picces. Laquele, ainfy departie & defpecée, elle qui parle fift trois noëz de drappeau chafcun auffy gros comme une petite noyz, & yceulx ainfy faiz & nouez chafcun à part foy, mift en fa bourfe; l'un defquelz nouëz, ainfy comme elle qui parle paffa par devant un puis qui eft au dehors d'icelle ville de Nogent, & près d'une très-belle croix qui eft fur le chemin en alant audit lieu du Mans, elle qui parle jetta oudit puis. Et, icellui ainfi jetté, elle qui parle, fanz ce que depuis elle jettaft aucuns d'iceulx nouëz en puis ou fontaines, s'en ala en ycelle ville du Mens, en laquelle, après ce que elle y ot efté environ trois ou quatre jours, & que elle eftoit ou marchié d'icelle ville où l'en vent oeufs & fromaiges, vint à elle qui parle un frere qui fe dit cordelier, nommé frere Jehan Heraut, prifonnier detenu oudit Chaftellet, & lequel lui a aujourd'ui efté monftré en jugement fur les quarreaulx du Chaftellet, lequel lui pria & requift que de lui elle volfift prendre quatre nouëz de drappeaulx blans, chafcun auffy gros comme une petite noys, & yceulx voulfift mettre & jetter ès puis & fontaines d'icelle ville du Mans & païs d'environ, & que l'en ne apercevroit pas, ne donrroit d'elle fy toft garde comme l'en feroit de lui s'il jettoit lefdiz nouëz efdiz puis & fontaines; efquieulx noëz il difoit avoir poifons. Et afin que de ce fe volfift chargier, dift à elle qu'il parle qui lui donrroit trois efcuz d'or. Et, de fait, lui bailla trois pieces que elle cuidoit eftre efcuz, & cuida eftre telx plus d'un jour après ce qu'il les lui ot bailliées, & lefquelx iij pieces n'eftoient que comptoirs (1), fy comme elle qui parle vit & apperçut, & auffy li fu dit en ladite ville ou jour mefmes qu'ilz lui furent bailliez par ycellui frere Jehan. Lefquelles requeftes &

---

(1) C'étoient fans doute de ces jetons, dits getouers, qui fervoient à faire les comptes au moyen âge, & dont il eft fi fouvent queftion furtout au xiv° fiècle. Voy. la *Notice des émaux, bijoux & objets divers, expofés dans les galeries du mufée du Louvre*, par M. de Laborde, II° partie, documents & gloffaire.

prieres dudit frere Jehan oyes par elle qui parle, temptée
de l'anemi, & par convoitife dudit argent en or que ledit
frere Jehan lui avoit baillié, fe accorda faire la voulenté
dudit frere Jehan, & de lui print yceulx quatre nouëz
de poifons, lefquelx ledit frere Jehan attaint de deffoubz
fon aiffele; & yceulx ainfy bailliez à elle qui parle par la
maniere deffus dite, ledit frere Jehan dift à elle qui parle
que elle jettaft yceulx nouëz de poifons ès puis d'icelle
ville le plus toft que elle pouroit, & que fytoft comme
elle auroit yceulx jettez & mis, que elle fe gardaft le
mieulx que elle pourroit, affin que elle ne feuft prinfe
ou apprehendée par juftice, & que il ne demourroit ou
arrefteroit point en ycelle ville. Et atant fe parti ledit
frere Jehan d'elle qui parle, & oncques puis ne le vit,
jufques ad ce que par devant lui elle fu menée en
ycelle ville du Mans, où ycellui frere Jehan eftoit prifonnier.

Dit avecques ce, que environ un jour après ce que
ledit frere Jehan li ot baillié yceulx quatre nouëz de poifons, fy comme il les nommoit & appelloit, elle qui parle,
environ iij ou quatre jours enfuivant ce que dit eft, jetta
lefdiz quatre noëz en quatre puis eftans en icelle ville
du Mans; & lefquieulx ainfy par elle jettez, elle fe parti
de ladite ville du Mans pour s'en venir en icelle ville
de Nogent-le-Retrou, veoir fe elle trouverroit ou pourroit recouvrer le deffus nommé Guillot Sotin, afin que
de lui elle feuft fatiffette des promeffes & convenances
deffus dites à li faites; & en paffant par la ville de Touvoye (1), fu par la juftice & garde dudit lieu prinfe & arref-
tée prifonniere, & mife ès prifons dudit lieu; en laquelle
prifon elle fu par ceulx qui gardoient icelle juridicion
ferchée, & en la bourfe d'elle qui parle furent trouvez
deux des nouëz d'icelles poifons à lui bailliées par ledit

---

(1) Commune de Savigné-l'Évêque, arrondiffement du Mans (Sarthe).

Guillot Sotin, & qui par elle avoient esté mis en un des petiz bourselioz de sa bourse; & lesqueles poisons ceulx de la justice dudit lieu de Touvoye retindrent & encores ont par devers eulx. Esqueles prisons elle qui parle fu jusques à tant que par l'official elle fu mandée estre menée audit lieu pour veoir & parler audit frere Jehan, & en après, par les commissaires du roy qui ont esté au païs, a esté amenée comme prisonniere dudit lieu du Mans ou Chastellet du roy nostre sire à Paris, où elle est encores prisonniere, comme dit est dessus, & pour les causes dessus dites.

Le vendredi ensuivent, derrenier jour dudit mois de septembre, par devant monf. le prevost, lui estant en jugement sur les quarreaulx oudit Chastellet, en la presence de honnorables hommes & saiges maistres Guillaume Porel, conseillier du roy nostre sire en son parlement; Jehan Jouvenel, Jehan Cuignot, advocas oudit parlement; Guillaume Drouart, Jehan Truquam, nos lieutenans; Martin Double, advocat du roy nostre sire en sondit Chastellet; Jaques du Bois, Denis de Baumes, advocas illec; Robert Petit-Clerc, Jehan de Bar, Miles de Rouvroy, Gerart de La Haye, Jehan de Tuillieres, Jehan Soudant, Robert de Tuillieres, Nicolas Chaon, Nicolas Bertin & Robert de Pacy, examinateurs; fu attainte & fait venir la dessus nommée Alips La Pichoise, prisonniere, à laquelle fu leue de mot à mot sa confession cy-dessus escripte, laquelle elle afferma estre vraye, & en ycelle persevera. Et, ce fait, fu par ledit monf. le prevost demandé à tous les dessus nommez leurs advis & oppinions qu'il estoit à faire d'icelle Alips. Tous lesquieulx dirent & furent d'oppinion, sauf lesdiz maistres Martin Double, Nicolas Chaon & Robert de Tuillieres, que, veue ladite confession, avecques l'estat de ladite Alips, prisonniere, que ycelle Alips avoit fait & commis crime

de lefe-magefté, & en devoit recevoir mort, c'eft affavoir
que elle devoit eftre arfe, & n'en povoit ne devoit eftre
efpargnée. Lefquieulx oppinions oyz, & veue ladite confeffion, icelle Alyps fu ad ce condempnée par ledit monf.
le prevoft, l'an & le jour de vendredi deffus diz.

Et icellui jugement excecuté le famedi premier jour
d'ottobre mil ccc quatrevins & dix.

Et n'avoit aucuns biens.

AL. CACHEMARÉE.

# JEHAN JOUYE,

## FORGEUR DE FAULCE MONNOYE.

### 2 octobre 1390.

L'AN DE grace mil trois cens quatrevins & dix, le dimenche fecond jour du mois d'ottobre, par devant
maiftre Jehan Truquam, lieutenant de monf. le prevoft,
prefens maiftres Guillaume Porel, confeillier du roy noftre
fire en fon parlement à Paris; Nicolas Chaon & Gieffroy
Le Goibe, examinateurs de par le roy noftre fire en fon
Chaftellet de Paris; fu attaint & fait venir en jugement
fur les quarreaulx dudit Chaftellet Jehan Jouye, orfevre,
detenu prifonnier oudit Chaftellet, pour caufe de ce qu'il
eft accufez par Robinet Le Cauchois, orfevre, d'avoir
lui aidié à faire certains coings pour faire & forger monnoye de viij d. par. pour piece, & d'eftre confentant &
aidant dudit Robinet au fait d'icelles monnoyes, fy comme
appert plus à plain par certaine confeffion faite par ledit
Robinet, lui eftant prifonnier ès prifons du roy noftre fire
à Amiens, par devant le bailli dudit lieu d'Amiens, de
laquelle confeffion la teneur eft telle :

Robinet Le Cauchois, orfevre, né de Boilehart, entre Dieppe & Rouen, congneut & confeſſa par devant monſ. Gobert de La Boire, chevalier, bailly d'Amiens, preſens Pierre de Talemars, lieutenant dudit monſ. le bailli; Vincent de Guiſi, procureur du roy; Jehan Plantehaye, maiſtre Raoul de Bery, Paſquier du Mont, advocas; Pierre de Le Viſcongne, prevoſt de Beauvoiſis au ſiege d'Amiens; Regnaut de Bucy, eſcuïer, & Taſſin Gracien; que environ a deux ans, ouquel temps il demouroit en la ville de Harfleur, Jehan Jouye, orfevre, demourant à Paris, entre la Croix du Tiroir de Saint-Germain en l'Auxerrois, ou rent de ladite egliſe, s'acointa de lui, & li diſt qu'il avoit eſté defrobez à Rouen du temps des Maillez, & lui pria qu'il lui feiſt aucune choſe gangnier. Et finablement furent d'accort, par l'ennortement dudit Jouye, qu'il forgeroit blans ſemblables de façon aus blans de viij d. que avoit lors de nouvel fait encommencer à courre le roy noſtre ſire (1). Et en firent en une maiſon appartenant à Emont de Bulles, ſeant en ladite ville de Harfleur (2), là où ilz demourerent, bien juſques à la valeur de iiij$^{xx}$ frans ou environ. Et diſt, ſur ce requis, que ledit Emont n'en ſavoit riens, mais leur avoit louée ſadite maiſon pour ouvrer de leur meſtier d'orfaverie.

Et dit que ledit Jehan Jouye tailla les coings pour faire

---

(1) Sous l'année 1385, la Chronique du Religieux de Saint-Denis fait mention de l'établiſſement d'une nouvelle monnoie d'or & d'argent, ordonnée par Charles VI (t. I, p. 346, de l'édit. in-4 donnée par M. Bellaguet). Mais il eſt plus probable qu'il s'agit ici des blancs deniers d'argent de huit deniers pariſis, dont la fabrication & le cours furent preſcrits par ordonnances royales des 29 février 1387-8 & 27 novembre 1388. (Ordonn. des rois de France, t. VII, p. 178-179, 212-213, 213-214.)

(2) Ce n'étoit pas ſans raiſon que l'accuſé avoit établi ſa coupable induſtrie dans un pays où beaucoup d'eſpèces étrangères, & même des eſpèces défendues, avoient cours au gré de chacun, par ſuite de l'abandon de la monnoie de Saint-Lo, depuis longtemps reſtée ſans maître

ladite monnoye, eſt aſſavoir : le coin de deſſoubz ſur
une petite englume là où ilz forgoient hannaps d'argent,
& celui de deſſus en la teſte d'un martel à orfevre. Et
leur livra billon pour ce faire une changerreſſe demourant audit lieu [de] Harfleur, nommée Alips Nicole, lors
vefve de feu Andrieu Nicole, & ad preſent femme de
Jehan de Bruyeres, changeur; & leur vendoit le marc
ſix frans & demi, qui ne valoit par raiſon que cinq frans
& demi, & la païoient de la monnoye que ilz faiſoient
par la maniere ditte, laquelle monnoye elle alouoit avec
autres blans du roy à ſon cange. Et, en ce faiſant, demourerent environ demi-an audit lieu de Harfleur; mais
la plus grant partie du temps ilz ouvrerent de leurdit
meſtier d'orfaverie. Et quant ilz ſe partirent de ladite
ville, ledit Jehan Jouye s'en ala demourer à Paris, &
vendi audit Robinet les coings dont deſſus eſt faite mencion la ſomme de xiiij frans, qu'il lui païa en bonne monnoye du roy. Et ledit Robinet ala ouvrer en l'abbaye de
Saint-Wandrille de ſondit meſtier d'orfaverie, & de là à
Arras, où il ouvra de ſondit meſtier d'orfaverie, tant en
la maiſon Claylours comme ès maiſons de Jehan de Le-
gode, Jaquemart de Terouane, & derrenierement en la
maiſon maiſtre Jehan de Breubant, tous orfevres, eſquieulx
lieux, ou en aucun d'iceulx, il ne ouvra oncques de ladite monnoye. Mais environ a xv jours, que il entendoit
à lui partir de ladite ville, il loua une chambre en la

---

particulier. Ce fut pour remédier à cet abus, & peupler le pays de
bonne monnoie, que Charles VI, par un mandement donné à Paris, le
15 avril 1390, accorda à Pierre Le Marié le bail de la monnoie de Saint-
Lo. Le même fait du cours & de la miſe en circulation arbitraires d'eſpèces défendues s'étoit déjà produit, deux ans auparavant, à Montreuil-
ſur-Mer & aux environs, avec cette circonſtance que les habitants de
cette ville ſe prétendoient autoriſés par lettres royaux à recevoir les
eſpèces décriées. Des lettres de Charles VI, datées de Paris, 13 février
1387-8, les deboutèrent de ces prétentions. (*Ordonn. des rois de Fr.*,
t. VII, p. 177, 339 & 340.

maifon Colart Le Roy, affez près de la maifon du bailli
d'Arras, & là forga environ pour quarante folz defdiz
blans. Et, ce fait, lui & Jehan de La Rue, né du païs
de Boulenois, pour ce que icellui Jehan lui avoit dit
qu'il favoit bien faire argent fin, fe partirent enfemble
de ladite ville, & alerent à Terouane. Et pour ce que
ledit Jehan difoit que il n'avoit de quoy commancer fon
ouvraige, ledit Robinet fe charga de lui faire finence de
la valeur de deux mars d'argent, & lui dift que pour les
avoir il forgeroit monnoye, & en forga jufques à la valeur de fix frans ou environ de la monnoye ditte, au veu
& fceu dudit Jehan, en ladite ville de Terrouane, en la
maifon de Jehan Horel, orfevre, lequel, & un fien compaignon nommé Raoul du Fay, favoient ce qu'il faifoit,
& devoient partir au proufit, excepté Jehan de La Rue,
qui n'y prenoit aucun proufit; & en alouerent environ
douze fols. Et avoit entencion d'aler à Saint-Omer pour
acheter des eftoffes, pour ouvrer de la fcience que ledit
Jehan de La Rue lui avoit dit, quant lui & les autres qui
eftoient avecques lui audit lieu de Terouane furent prins
par les gens monf. de Terouane. Requis fe la femme dudit Jehan Horel & la fille dudit Raoul du Fay, qui furent
prins avecques lui, favoit qu'ilz forgoient ladite monnoye, dift qu'il tient que non, & qu'ilz ne l'euft point
forgié s'il euft penfé que elles l'euffent fceu.

　Dift oultre que il avoit bien dit audit de La Rue qu'il
forgeroit & avoit forgié lefdiz blans; & il lui dift que s'il
avoit ouvré trois ou quatre mois à faire ledit argent, il
ne lui feroit plus meftier de forgier de ladite monnoye.
Et favoit bien que il avoit les coings, car il lui aida à
porter d'Arras à Terouane, & li en vit forgier. Ce fu
fait ou Beffroy d'Amiens, le xxviij$^e$ jour de feptembre,
l'an mil ccc iiij$^{xx}$ & dix. En tefmoing de ce, nous avons
mis le feel dudit bailliage à ces prefentes, faittes & données à Amiens, l'an & jour deffus diz.

ET, ce fait, congneut & confeſſa pour verité, & par ſerement, après ce qu'il fu fait jurer aus ſains Euvangiles de Dieu qu'il diroit verité de tout ce qu'il lui ſeroit demandé, qu'il eſtoit nez de la ville de Paris, & que, paſſez ſont xij ans, il eſpouſa par mariage à Jehanne, ad preſent ſa femme, & jadiz fille de feu maiſtre Eſtienne de Marueil, advocat en Chaſtellet.

Diſt auſſy, ſur ce requis, que pour le temps de la commocion derrenierement advenue en la ville de Rouen (1), il pour lors eſtoit demourant en icelle ville de Rouen, jà ſoit ce que tousjours ſadite femme demouraſt en la ville de Paris ; & que au temps qu'il demouroit en ycelle ville, il preſta à uſure tant petit d'argent qu'il povoit avoir pour lors, afin d'avoir à recouvrer ſa vie pour la ſuſtence de lui & de ſadite femme. Et pour ce que par les gens qui firent icelle commocion il fu du tout deſrobé & mis à povreté, afin de gangnier ſa vie, comme dit eſt, ſe parti d'icelle ville, & ala ouvrer en la ville de Hareflleu, & illec trouva le deſſus nommé Robinet Le Cauchois, lequel il avoit au-

---

(1) Il s'agit ici de la ſédition dite *la Harelle*, qui éclata à Rouen dans les premiers mois de l'année 1381-2, ſuivant le religieux de Saint-Denis (t. I, p. 129 & 145, de l'édition donnée par M. Bellaguet). Si l'on a pu dire avec beaucoup de raiſon que le chroniqueur s'étoit trompé quant à la date & à la durée du ſéjour de Charles VI à Rouen (*le Ménagier de Paris*, t. I, p. 135, en note), au moins faut-il reconnoître qu'il n'a point exagéré la gravité de cette révolte, & qu'elle fut ſignalée par des déſordres auſſi regrettables que nombreux. Sans parler des vols & du pillage, dont on trouve ici la mention, comment qualifier les violences inouïes exercées ſur la perſonne des chanoines de Rouen, contraints d'abandonner une rente que leur avoit conſtituée Charles V ſur les revenus de la ville de Rouen, à charge de célébrer ſept cent cinquante meſſes ? Le document où ſont conſignés ces faits importants nous apprend, entre autres détails, que les gens du commun de la ville firent aſſeoir les chanoines à terre, & qu'après avoir déchiré la charte conſtitutive de la rente, ils exigèrent des chanoines une renonciation à leurs droits ſur la rente. De pareils actes ne préſentent-ils pas tous les caractères d'une véritable rébellion, & d'une rébellion triomphante ? (Arch. de l'Emp., *Reg. du Parlement*, Conſeil & Plaid., VIII, fol. 162 v°.)

treffois veu, & plufieurs fois ouvré avec lui dudit meftier
d'orfaverie, & là raconta les mefchiez, peftilences & dom-
maiges deffus diz, à lui faiz en ycelle ville de Rouen, lui
pria & requift qu'il le volfift aidier à gangnier & faire
ouvrer dudit meftier; avec lequel il ouvra longtemps en
l'oftel & chambre dudit Robin, & jufques ad ce que
icellui Robin & fadite femme s'en alerent demourer en
la ville de Honnefleu; pendant lequel temps, ledit Robinet & lui qui parle prindrent par plufieurs & diverfes
fois de l'argent, pour ouvrer dudit meftier de orfaverie,
de Alips Nicole, changerreffe, demourant en ycelle ville
de Harfleu.

Dit auffy qu'il eft clerc, en poffeffion & habit de tonfeure, & requiert que à fon ordinaire l'en le volfift rendre, afin que dudit cas & accufacion il fe puift purgier
comme innocent qu'il eft de ce que dit eft, & auffy que
à fa perfonne l'en ne attemptaft aucunement.

Après lefquelles chofes ainfy faittes, pour ce qu'il
apparu aus deffus diz que fur la tefte dudit Jouye, prifonnier, n'avoit aucun figne ou caratère de tonceure, &
qu'il fe advoit comme clerc deffus dit, fu dit & ordonné
par ledit lieutenant que prefentement feroient mandez
les barbiers jurez de la ville de Paris & autres plufieurs
maiftres expers oudit meftier, afin de veoir & vifiter icellui prifonnier, & que l'en peuft favoir la verité s'il avoit
vray figne de tonfure ou caratere fur fa tefte, ou non.

Et, pour ce, furent faiz venir en jugement fur les
quarreaulx dudit Chaftellet Maciot Mifery, barbier juré
du roy noftre fire oudit Chaftellet; Jehan de Chartres,
barbier juré de la ville de Paris; Mahiet Rabeuf, Jehan
d'Andrezel, Guillemin Aubel, Guillemin Brebion, Pierre
Bernart, Regnaut Videt, Guillaume de Houffay, Jehan
Forget, Richart Le Tailleur, Regnaut Emar & Thomas

Preftrel, tous barbiers expers & congnoiffans oudit mef-
ftier, demourans à Paris, aufquieulx par ledit lieutenant
fu fait commandement de par le roy qu'ilz alaffent vcoir
& vifiter ledit prifonnier, & rapportaffent la verité de ce
qu'ilz trouveroient du figne de tonfure que difoit avoir
& porter icellui prifonnier fur fa tefte. Et, ce fait, après
ce qu'ilz eurent veu & diligenment vifité icellui prifonnier, & auffy qu'ilz eurent juré, & chafcun d'eulx, aus
fains Euvangiles de Dieu dire verité, rapporterent par
leurs feremens, par la bouche dudit Jehan de Chartres,
qu'ilz avoient veu & diligenment vifité & pignié ledit
prifonnier, & que là où le figne de couronne a acouftumé
d'eftre, les cheveux dudit prifonnier font auffy grans li
uns comme l'autre & que les autres cheveux de la tefte
dudit prifonnier, combien que à un cofté deftre, hors
& près de la place où la couronne ou figne de couronne
doit eftre, a une petite place, & en plufieurs autres lieux
de la tefte dudit prifonnier, qui ont efté plumées & rompues, fy comme il leur eft advis. Et, pour ce, dient que
fur la tefte dudit prifonnier n'a aucun figne ou caratere
vray de tonfure, ne autre quelque figne de tonfeure que
dit eft cy-deffus.

ITEM, le lundi enfuivant, tiers jour dudit mois, par
devant maiftre Jean Truquam, lieutenant de monf. le
prevoft, lui eftant en jugement fur les quarreaulx, pre-
fcns maiftres Guillaume Porel, confeillier du roy noftre
fire en parlement; Dreux d'Ars, auditeur; Martin Double,
advocat; Andrieu Le Preux, procureur du roy; Jehan de
Tuillieres, Miles de Rouvroy, Girart de La Haye, Oudart de Fontenoy, Robert Petit-Clerc, Robert de Pacy,
Hutin de Ruit & Gieffroy Le Goibe, examinateurs de
par le roy noftre fire oudit Chaftellet; fu veu & leu ce
prefent procès; &, après ce, par ledit lieutenant fu demandé aufdiz confeilliers leurs advis & oppinions qu'il

eſtoit bon de faire & comment l'en procederoit contre ledit priſonnier. Tous leſquieulx, veu l'accuſacion faite par la deppoſicion dudit Robinet Le Cauchois contre ledit priſonnier, l'eſtat de icellui, ce qu'il eſt mariez, & qu'il eſt uſé & acouſtumé de tout temps que nul homme marié ne puet ne ne doit joïr de previlege de clerc, s'il n'eſt en habit ou poſſeſſion de tonſure, le rapport deſdiz barbiers jurez, l'eſtat dudit priſonnier & la matiere dont l'en traitte ad preſent, qui eſt choſe très-hayneuſe, touchant crime de leſe-mageſté, & regardant le bien & choſe publique, delibererent & furent d'oppinion que, pour ſavoir par ſa bouche la verité dudit cas & accuſacion, il feuſt mis à queſtion; & ad ce fu condempné par ledit maiſtre Jehan Truquam, lieutenant, conſideré que il n'eſtoit pas en poſſeſſion & habit de tonſure, par le rapport deſdiz barbiers jurez.

En enterinant lequel jugement, icellui Jehan Joye, priſonnier, fu attaint & fait venir en jugement ſur les quarreaulx, en la preſence des deſſus diz conſeilliers, & par ledit lieutenant, après ce qu'il ot juré aus ſains Euvangiles de Dieu qu'il diroit verité de ce que l'en lui demanderoit, & requis & demandé que de l'accuſacion deſſus dite contre lui faite il deïſt verité, ou l'en la li feroit dire par force & contrainte, diſt & afferma par ſerement qu'il ne ſavoit d'icelle accuſacion autre choſe que deſſus en a deppoſé. Et pour ce que autre choſe ne volt congnoiſtre, fu fait deſpouillier tout nu, mis, lié & ataché à la queſtion ſur le petit treſteau, &, avant ce que l'en lui euſt gueires ou pou d'eaue jetté ſur lui, requiſt humblement que l'en le volſiſt mettre hors d'icelle queſtion, & il diroit verité d'icelle accuſacion, dont il eſtoit coulpable, conſentant & faiſeur; &, pour ce, fu mis hors d'icelle queſtion haſtivement, mené choffer bien & deuement en la cuiſine en la maniere acouſtumée, &, aſſez toſt après,

ramené en jugement fur lefdiz quarreaulx, en la prefence
de tous les confeilliers deffus nommez.

Hors de laquele queftion, après ce que de rechiet
ledit lieutenant ot fait faire ferement audit prifonnier
qu'il diroit verité, icellui prifonnier, fanz aucune force
ou contrainte de gehine, congnut & confeffa, en enfuivant la premiere confeffion cy-deffus efcripte, autrefois
par lui faite, que verité eft que quant il fu venu en la
ville de Harfleu, trois ans ou environ aura à la Touffains
prochainement venant, par devers le deffus dit Robinet
Le Cauchois & Jehanne, fa femme, pour lors demourans
en ycelle ville de Harfleu, & que du meftier d'orfaverie
ilz orent par plufieurs journées ouvré enfamble, ainfy
comme il qui parle, à un jour de matin, dont il n'eft
record en quel temps ou faifon ce fu, ainfy comme il fu
entré en la chambre d'iceulx mariez, & ou lieu où ledit
Robinet faifoit fes fontures, trouva d'aventure uns coings
gravez à faire blans de xij deniers par. piece, lefquieulx
par lui veuz, il fu moult esbahi & courroucé; & fytoft
comme il trouva icelli Robinet, le blafma de ce & fift
blafmer par un frere des Billetes de Paris, nommé frere
Gile, qui lors demouroit en icelle ville de Harfleu; mais
affez toft après ce que dit eft, icellui Robinet dift à lui
qui parle que de leur meftier d'orfaverie ilz ne faifoient
ne ne gangnoient denier aucun en icelle ville de Harfleu;
&, pour ce, leur eftoit befoing qu'ilz gangnaffent leurs
vies à quelque chofe que ce feuft.

Dift auffi ledit Robinet, à lui qui parle, que s'il vouloit faire ce qu'il lui diroit, ilz feroient riches hommes à
tousjours. Laquele parole oye & entendue par il qui parle,
& auffy que par plufieurs fois ledit Robinet le amonnefta
de faire ce qu'il lui difoit, c'eft affavoir qu'ilz feiffent
coings nuefs pour forgier blans de viij deniers par. la
piece, & qu'il trouveroit bien en ycelle ville une per-

fonne qui leur baudroit de l'argent pour faire icelle monnoye, & y auroient très-grant prouffit. De laquelle matere
ilz parlerent par plufieurs & diverfes fois longuement, &
tant firent que ilz accorderent li uns à l'autre, & d'un
commun affentement, que ilz feroient yceulx coings à
faire monnoye de viij deniers par. pour piece. Lefquieulx
coings, lui qui parle, & en fa compaignie ledit Robinet,
firent & graverent enfamble en la chambre dudit Robinet, & au fceu de la femme dudit Robinet. Et dift que
avant ce que iceulx coings feuffent du tout efchevez de
faire & graver, ilz y ouvrerent l'efpace d'un mois, à divers jours & heures, & que la croix d'iceulx blans il qui
parle grava en la tefte d'un gros martel à orfevre, & la
pile en une anglufme appartenant audit Robinet.

Congnut auffy que depuis ce que iceulx coings furent
forgiez & gravez par la maniere que dit eft, eulx deux
enfamble ont fait & fondu billon d'argent & de cuivre
enfamble, & fait de l'aloy de icelle matiere, &, icelui
aloy fait, ont ordonné billes de ladite monnoye, qu'il
qui parle a aplaties, rongnées, arondies & blanchies en
l'aide & compaignie dudit Robinet & de ladite Jehanne,
fa femme; mais oncques jour de fa vie il ne fery monnoye en coing, pour ce qu'il n'euft fceu, & qu'il n'eftoit
pas affez fort homme pour ferir en coings. Et dift, fur ce
requis, qu'il ne fe recorde pas jufques à quel nombre ou
fomme d'argent il & ledit Robinet firent lors d'icelle
monnoye, jà foit ce qu'il eft bien record que d'un marc
d'argent qu'ilz mettoyent oudit aloy, ilz faifoient quatre
mars de ladite monnoye de blans de viij deniers la piece.
Et dift que l'argent dont ilz faifoient ledit billon ou aloy,
il a aucune fois efté querre en l'oftel de Alips Nicole,
changerreffe, nommée plus à plain en la confeffion dudit
Robinet; & que quant ilz avoient faite icelle monnoye,
il qui parle a aucune fois porté de ladite monnoye au
change d'icelle Alips, & li baillié ladite monnoye, la-

quelle elle merloit & boutoit parmi l'autre monnoye qui
eſtoit ſur le change d'icelle Alips.

Diſt avecques ce, que ladite Alips livroit audit Robinet tout l'argent qu'il lui demandoit à avoir, par l'affinité
& acointance qui eſtoit entre eulx deux, & que à lui qui
parle elle n'euſt baillié denier ne maille, parce que elle
n'avoit aucune congnoiſſance à lui qui parle, ſinon par le
moyen dudit Robinet.

Et diſt que d'icelle monnoye il ne miſt ou aloua oncques denier aucun, parce que quant il avoit aucune choſe
gangnié icellui Robinet le payoit de bonne monnoye &
de bon argent. De laquelle ville de Harfleu, pour doubte
& paour que icellui Robinet ot qu'il ne feuſt apperceuz
de fere ladite monnoye, ledit Robinet ſe parti d'icelle
ville de Harfleu, & ala demourer en la ville de Honnefleu, & avec ſoy porta iceulx coings; &, en icelle ville,
il qui parle ala veoir par pluſieurs fois & ouvra avec ledit Robinet en icelle ville de Honnefleu, tant d'orfaverie
comme à faire d'icelle monnoye ès coings deſſuz diz, par
lui aidiez à graver, comme dit eſt; & la monnoye qu'ilz
faiſoient de ce, apportoit ou envoyoit ledit Robinet à la
deſſus ditte Alips Nicole, tant par lui qui parle comme
par aucuns des varlez que avoit lors en ſondit hoſtel ledit
Robinet.

Et diſt que de tout le prouffit qu'il ot oncques de
faire yceus coings, il n'ot oncques prouffit en argent
comptant, jà ſoit ce que icellui Robinet, quant il ſe volt
partir de ladite ville de Honnefleu pour aler demourer
en la ville de Dieppe, pria & requiſt lui qui parle que
leſdiz coings il lui volſiſt laiſſier, & il le acquitteroit de
l'argent qu'il devoit à ladite Alips.

Et diſt, il qui parle, que pour faire & ouvrer de ſondit meſtier d'orfaverie, durant le temps qu'il demoura
en ladite ville de Harfleu en la compaignie dudit Robinet, depuis ce auſſy que icellui Robinet ala demourer

en la ville de Honnefleu, il qui parle, par pluſieurs &
diverſes fois, a emprunté à icelle Alips la ſomme de dix
ou douze frans; &, au partement de la compoignie que
firent enſamble iceulx Robinet & lui qui parle, icellui
Robinet deſcompta en la preſence de lui qui parle, &
miſt en ſa charge, par devers icelle Alips, iceulx x ou
xij frans, n'eſt record lequel; & lors icelle Alips diſt à il
qui parle que, pour ce que ledit Robinet avoit fait ſa
propre debte de ce qu'il povoit eſtre tenuz à icelle Alips,
elle en quitta il qui parle, ſanz ce que alors ne depuis il
euſt dudit Robinet aucun dom ou prouſſit quelconques.
Et auquel Robin[et], pour raiſon dudit acquit, il qui parle
laiſſa les coings deſſus diz par entre eulx fais, comme dit eſt.

Et diſt que d'iceulx coings ilz ouvrerent & forgerent
l'eſpace de deux mois, & non plus, de ladite monnoye
de viij deniers par. la piece. Après lequel departement
fait entre leſdiz Robinet & deppoſant, pour ce qu'il
n'avoit point d'argent pour ouvrer dudit meſtier d'orfaverie, il qui parle ſe parti d'icelle ville de Harfleu, &
vint demourer en la ville de Paris avec ſadite femme.

Dit avecques ce, ſur ce requis, que depuis ce que
ledit Robinet fut parti d'icelle ville de Harfleu, pour
aler demourer audit lieu de Dieppe, il ne vit icellui, ne
auſſy n'ot oncques puis ne ne vit leſdiz coings, jà ſoit ce
qu'il ait bien oy dire pluſieurs fois que icellui Robinet
eſtoit alez ou païs de Caen, de Bayeux & de Couſtentin,
pour ouvrer dudit meſtier d'orfaverie. Et autre choſe ne
ſcet, ſur tout diligenment requis. Et, ce fait, fu fait
traire à part ſur les carreaux, &, en après, remis en la
priſon dont il avoit eſté attaint.

Oye laquele confeſſion faitte par icellui priſonnier,
veue & leue icelle en la preſence deſdiz conſeilliers, fu
demandé par ledit lieutenant à iceulx conſeilliers leurs
advis & oppinions qu'il eſtoit bon de faire ſur ce. Tous

lefquieulx, veu icelle confeffion, la matiere du cas, la
reiteracion dudit crime, qui eft de leze-magefté & contre
tout le bien publique, fait par ledit prifonnier, avec l'eftat
d'icellui & les ordonnances royaulx (1) faittes fur ce, delibererent & furent d'oppinion que l'en ne povoit ou
devoit efpargnier qu'il ne feuft digne de fouffrir mort,
comme homme qui avoit fait faux coings & forgé faulfe
monnoye, c'eft affavoir qu'il feuft bouilly. Et, ce fait,
veu icellui procès & oyes icelles oppinions, ledit Jehan
Joye, prifonnier, fu ad ce condemné par ledit licutenent.

LE mardi enfuivant, iiije jour dudit mois d'ottobre,
l'an deffus dit, fu ledit Jehan Jouye, prifonnier, mené
ou marchié aus Pourciaux à fon derrenier tourment; &
illec, en la prefence de maiftres Jehan Truquam, lieutenant dudit monf. le prevoft, illec envoyé, & Gieffroy
Le Goibe, examinateur oudit Chaftellet, ledit Jehan Jouye
continua en la confeffion cy-deffus dite & efcripte, par lui
faite. Et oultre, dift que icelle Alips avoit efté prefente

---

(1) Sous la feconde race, le crime de fauffe monnoie étoit puni par
l'amputation d'une main (voy. *Capitulaires*, liv. IV, chap. xxxiii & lv).
Les chap. xiii, xvi & xvii de l'édit de Piftes (25 juin 864), portent des
peines non moins févères contre les faux monnoyeurs (Baluze, *Capitularia reg. Franc.*, t. I, col. 604, 783, 787; t. II, col. 178-181). Sous la
troifième race, ils étoient punis de mort, ou on leur crevoit les yeux
(voy. *Établiffements de faint Louis*, liv. I, chap. xxix, & *Coutume de
Beauvoifis*, chap. xxx). Enfin, un grand nombre d'ordonnances de la fin
du xive fiècle portent que nul ne pourra imiter ou altérer les monnoies
royales, sous peine de corps & d'avoir. On peut citer à cet égard les
ordonnances rendues à Paris, en date des 7 juillet, 20 feptembre, 14 novembre, 25 novembre, 11 mars 1384; 3 mai 1385, 5 feptembre 1386,
28 février 1387, 15 feptembre & 27 novembre 1388, &c. (*Ordonn. des
rois de Fr.*, t. VII, p. 83, 89, 94, 97, 108, 120, 157-159, 178-179,
210-211.) Enfin, on fait que Clément V lança une bulle d'excommuni-
cation contre les faux monnoyeurs en 1309. Cette même bulle fut renou-
velée par Jean XXII, fous Charles le Bel, & par Clément VI, fous Philippe de Valois & fous le roi Jean. (Le Blanc, *Traité hift. des monnoies
de France*, p. 195 & 196.)

& en la compaignie de il qui parle, & auffy defdiz Robinet & Jehanne, fa femme, où plufieurs d'iceulx blans deffus diz avoient efté roigniez; & elle-mefmes avoit aidié à rongnier iceulx (1); & icelles rongneures avoit, ladite Alips, portées en fon hoftel & fait fondre par fes gens, fy comme elle, par plufieurs fois, a dit & congneu à lui qui parle, & auffy aufdiz Robinet & fa femme.

Dift avecques ce, que en karefme derrenierement paffé, il qui parle eftant en la ville de Harfleu, où il eftoit alez pour befongnier, oy dire à Bertram des Moulins, marchant d'argent, demourant en icelle ville, que le frere de la femme du confierge de meffire Guillaume de La Tremouille, chevalier, eftoit compaignon dudit Robinet, & avoient ouvré de laditte monnoye enfamble, & eft, icellui compaignon, frere de la femme dudit confierge, né de la ville de Troyes.

Dift avecques ce, que icellui Bertram eft auffy femblablement marchant de monnoye, fy comme il a oy dire & maintenir publiquement en icelle ville de Harfleu, paravant ledit karefme derrenierement paffé & depuis. Et auffy que un compaignon entameur d'eftain, nommé Jehannin, & qui eftoit du païs de Picardie, & lequel avoit naguerres demouré avec le curé de Noftre-Dame de Montfort, avoit aidié audit Robinet à faire icelle monnoye, & eftoit fon compaignon, fy comme il oy ce dire pour lors audit Bertram. Et atant fini ledit Jehan Jouye fes jours, & moru en la chaudiere (2), où il avoit efté

---

(1) Aux termes des lettres de Charles VI données à Paris, le 13 août 1388 (*Ordonn. des rois de Fr.*, t. VII, p. 208), & d'autres ordonnances du même roi qui renouveloient les mêmes défenfes, les blancs qui avoient été rognés ne pouvoient être reçus dans le commerce; on devoit les porter chez les changeurs, qui étoient tenus de les couper en deux, pour les démonétifer.

(2) C'étoit le fupplice réfervé aux faux monnoyeurs. On trouvera, dans les extraits des comptes de la prévôté de Paris, de nombreux exemples de femblables exécutions aux XIVe & XVe fiècles (Sauval,

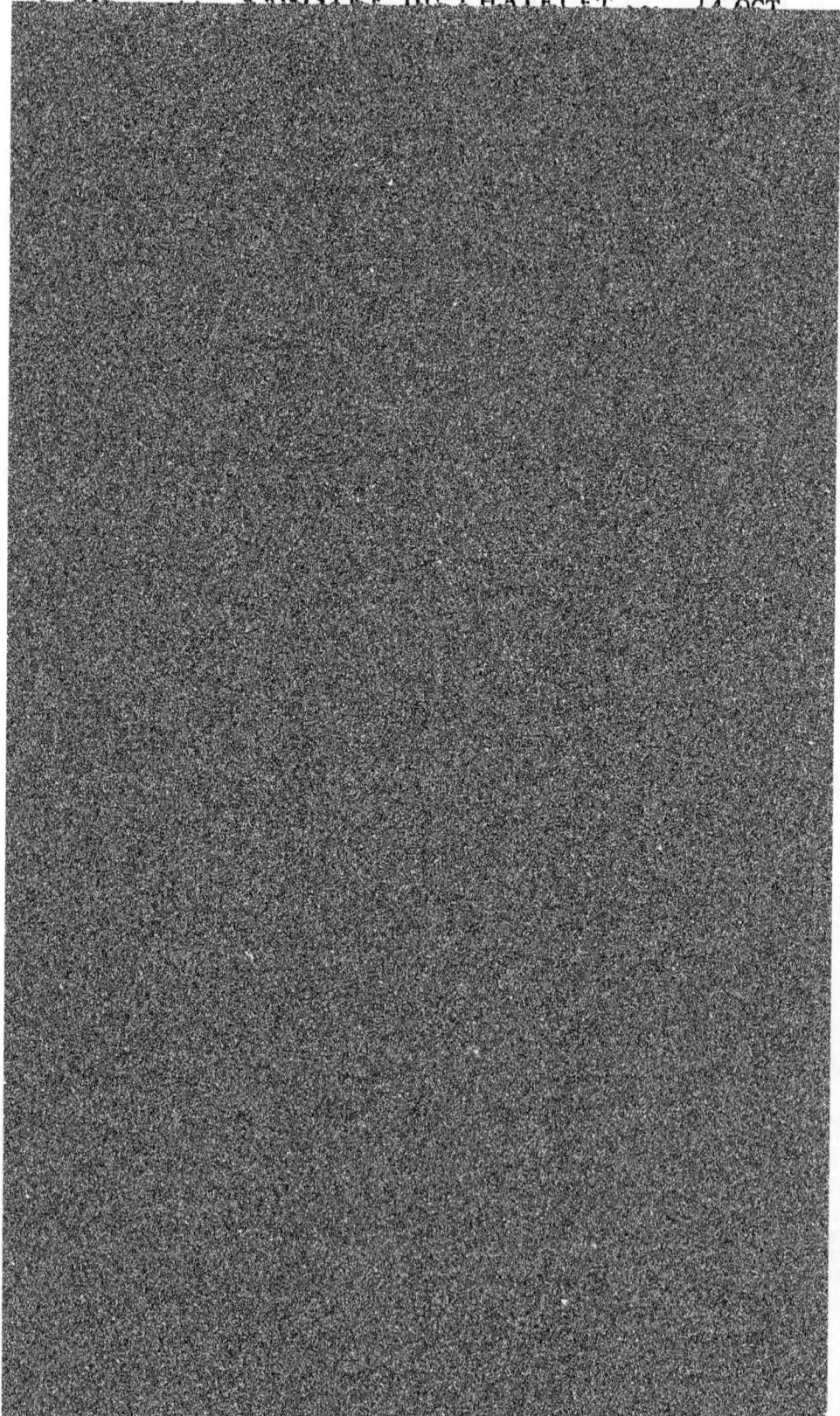

& confeffa, par ferement fur ce fait aus fains Euvangiles
de Dieu, que, un an a ou environ, qu'il fervoit un charretier nommé Le Monde, demourant en la ville de Fon-
taine-lez-Marigny, & menoit fes chevaulx, & qu'il & fondit maiftre aloient aus champs querre des jarbes, lequel
fon maiftre eftoit couché enmi ladite charrette & dormoit, il, en alant leur chemin, vint en ladite charrete &
à fondit maiftre ainfy dormant, comme dit eft, print &
ofta de fa taffe un franc en or. Lequel ainfy par lui prins,
environ un ou deux jours après qu'il fe fu partiz du fervice de fondit maiftre, icellui fon maiftre le pourfuy &
rataint, & icellui franc lui ofta, & atant li donna congié,
fanz autre chofe lui faire.

Item, congnut que, x ans a ou environ, ainfy comme
il qui parle & un varlet, duquel il ne fcet le nom, eftoient
couchiez enfamble en un lit, en la ville de Culevrede,
il print de nuit, en la bourfe dudit compaignon, viij d.

Item, congneut que, en karefme derrenierement paffé
ot un an, qu'il demouroit en la ville de Chafteau-Thierry,
& menoit les chevaux du feigneur des Maillez, demourant en ladite ville, ainfy comme il entra en la chambre
de fondit maiftre à un foir, trouva un coffre ouvert, ouquel il print deux frans en or qu'il y trouva. Et dift que
celle nuit mefmes, que par fes maiftre & maiftreffe il fu
mandé leur porter boire à un foir, de nuyt, en leur
chambre, &, en s'en revenant, eftaingny la chandelle
qu'il tenoit en fa main, & en la bourfe de la dame dudit
hoftel, qu'il trouva fur un coffre au pié du lit d'iceulx,
print dix foulz en petiz blans. Lequel argent ainfy par lui
prins, le landemain matin, il qui parle fe parti de l'oftel
de fondit maiftre, & s'en retourna en la ville de Troyes,
dont il eft né.

Item, congnut que, en karefme derrenierement paffé,
ainfy comme il fervoit à Troyes en l'oftel de l'Efcu d'Ef-
tempes, appartenant à Jehan Le Lorrain, & ouquel hoftel

il fervoit les maçons qui y ouvroient, vit & apperceut fondit maiſtre qui s’eſtoit deſpouilliez en ſa chambre, & avoit mis ſa taſſe & ſa ſainture en ſa chambre, ſur ſon lit; en laquelle chambre il print en la taſſe de ſondit maiſtre deux frans en or qui y eſtoient; &, iceulx par lui ainſy prins, ſe parti dudit hoſtel ſanz congié, & d’ilec ala en la ville d’Auxerre, en laquelle ville il ſe miſt à ſervir un nommé Jehan, marchant vendeur d’oignons. Et ainſy comme il ot ſervy ſondit maiſtre environ xv jours, & que icellui ſon maiſtre fu alé en ſa marchandiſe, & qu’il qui parle, environ heure de midi, fu alez en la chambre de ſondit maiſtre pour faire ſon lit, pour ce que ſa maiſtreſſe eſtoit lors hors de la ville, trouva un coffre ouvert en icelle chambre, ouquel coffre il print, en un hannap de madre, cinq frans en blans de viij deniers & de xij deniers par., &, iceulx par lui ainſy prins, miſt en un ſac de toile & ſe parti dudit hoſtel. Et ainſy comme il fu environ une lieue par deçà ladite ville d’Auxerre, fu rataint par ſondit maiſtre, lequel lui oſta leſdiz cinq frans par lui ainſy prins en ſon hoſtel, &, ſans lui faire aucune choſe, & pour ce lors lui donna congié.

Diſt & afferma par ſerment que, en kareſme derreniement paſſé, ainſy comme lui qui parle & ledit Jaquet parlerent enſamble de venir à Paris, & lors promiſtrent l’un à l’autre que tout ce qu’ilz gangneroient, ilz departiroient par moitié; & entendoit lors, il qui parle, & encores entend que c’eſtoit des larrecins qu’ilz feroient. Et diſt, ſur ce requis, que, en la compaignie dudit Jaquet, il ne embla oncques denier ne maille aucun, ne auſſy n’ot, icellui qui parle, denier de choſe que icellui Jaquet ait gaignié. Et autre choſe ne volt congnoiſtre, &, pour ce, fu fait mettre en la priſon dont il eſtoit partiz.

ITEM, ledit Jaquet fu attaint en jugement ſur leſdiz quarreaulx, en la preſence des deſſus nommez conſeilliers,

lequel, pour ce que autre chofe ne volt congnoiftre que
dit eft, & en enterinant ledit jugement, fu mis à queftion
fur le petit & le grant trefteau, & illec ne volt aucune
chofe congnoiftre qui lui portaft prejudice; &, pour ce,
fu mis hors d'icelle queftion, & mené chauffer en la cuifine en la maniere acouftumée, & en après remis en la
prifon dont il eftoit partiz.

ITEM, le mercredi v⁰ jour d'ottobre mil trois cens
quatrevins & dix deffus dit, par devant maiftre Jehan
Truquam, lieutenant dudit monf. le prevoft, prefens
maiftres Guillaume Porel, confeillier du roy noftre fire
en fon parlement; Guillaume Drouart, lieutenant dudit
monf. le prevoft; Dreux d'Ars, Pierre Piquot, auditeurs;
Robert Petit-Clerc, Miles de Rouvroy, Ernoul de Villiers, Jehan Soudant, Robert de Pacy, Robert de Tuillieres, Nicolas Chaon & Hutin d⌐ Ruit, examinateurs
oudit Chaftellet; fu fait venir & attaint en jugement fur
les quarreaux dudit Chaftellet Jehan Rubion, deffus
nommé, lequel, après ce qu'il ot juré aus fains Euvangiles de Dieu de dire verité, & que la confeffion cy-
deffus efcripte, par lui faite, lui ot efté leue mot après
autre, & que icellui prifonnier continua & perfevera en
icelle confeffion, & afferma par ferement icelle contenir
verité par la fourme & maniere que efcripte eft cy-deffus,
fans aucune force ou contrainte, par ledit lieutenant fu
demandé aufdiz confeilliers leurs avis & oppinions qu'il
eftoit bon de faire dudit prifonnier. Tous lefquieulx,
veu l'eftat dudit prifonnier, furent d'oppinion qu'il eftoit
prenable de juftice, & oultre, veu la confeffion cy-deffus
efcripte, les perfeveracions & reiteracions d'iceulx larrecins, & la multiplicacion d'iceulx faiz en plufieurs &
divers lieux, & la traïfon par lui faite à fes maiftres qu'il
avoit ferviz, delibererent que l'en ne le povoit efpargnier
qu'il ne feuft excecutez comme un très-fort larron. Ouyes

I                                              I i

lefquelles oppinions & veu ledit procès, icellui Jehan Rubion fu par ledit lieutenant, & en fa prefence, condempnez à eftre penduz comme larron.

ITEM, & par lefdiz confeilliers fu femblablement deliberé que, [veue] l'accufacion faite contre le deffus dit Jaquet de Dun, & la confeffion d'icellui, en laquelle il, fans aucune force ou contrainte, a continué & perfeveré en icelle cy-deffus efc⁓ipte, & veu l'eftat d'icellui Jaquet, prifonnier, qu'il foit encores une fois queftionné; & s'il ne confeffe aucune chofe, qu'il foit, pour le cas & compaignie deffus dite, mis à la queue de la charrette, & batu puis le Chaftellet de Paris jufques à la juftice, & que illec il foit laiffiez aler, fenz lui faire autre pugnicion ou condempnacion quelconques.

ITEM, le jeudi enfuivant, vjᵉ jour d'ottobre mil trois cens quatrevins & dix, par devant maiftres Jehan Truquam, lieutenant dudit monf. le prevoft, prefens maiftres Guillaume Porel, confeillier du roy noftre fire en fon parlement; Dreux d'Ars, auditeur; Jehan de Tuillieres, Miles de Rouvroy, Ernoul de Villers, Nicolas Bertin & maiftre Gieffroy Le Goibe, examinateurs; fu fait venir & attaint en jugement fur les quarreaux dudit Chaftellet le deffus dit Jaquet de Dun, prifonnier, auquel par ledit lieutenant fu dit que des larrecins deffus dites, & autres crimes & deliz par lui commis, il deift verité, ou l'en lui feroit dire par force & feroit mis à queftion. Et pour ce que autre chofe ne volt congnoiftre que dit eft, fu mis à queftion fur le petit & le grant trefteau, & lors requift inftanment que hors d'icelle l'en le volfift mettre, & il diroit verité. Sy fu mis hors d'icelle queftion, mené chauffer en la cuifine en la maniere acouftumée, & en après ramené en jugement fur les quarreaux dudit Chaftellet, en la prefence des deffus diz, où illec, fenz aucune force ou contrainte de gehine, il congnut & confeſſa les choſes qui enſuivent.

C'est aſſavoir : que au departement qu'il qui parle & ledit Jehan Rubion firent de la ville de Dun, près de Troyes, & qu'ilz prindrent complot enſamble de venir demourer à Paris, pour ſervir & gangnier leurs vies, ilz promiſtrent doreſenavant eſtre compaignons & amis, & que de tout ce qu'ilz pourroient avoir & gangnier enſamble à ſervir, ilz feroient bon, vray, juſte & loyal compte par entre eulx; & entendoit lors & encores entend, il qui parle, que le mot de gangnier eſtoit de ce qu'ilz embleroient d'une partie & d'autre.

Congneut auſſy que, en un jour de jeudi au ſoir, paravant ce qu'il feuſt prins & empriſonné, ledit Rubion vint par devers lui qui parle, en l'oſtel de la Treille, en la rue de la Calendre, en la cité de Paris, où il ſervoit un homme qui eſtoit logiez oudit hoſtel, auquel qui parle icellui Rubion diſt & monſtra grant quantité d'or & d'argent qu'il avoit muſſé en ſon ſaing, & lui diſt que ledit argent il avoit prins en l'oſtel de ſon maiſtre qu'il ſervoit, ſanz ſon ſceu, pour ce qu'il ne lui avoit volu baillier de l'argent qu'il lui avoit demandé; & tant fiſt icellui Rubion à lui qui parle, par ſes ſemonces & prieres, qu'il s'accorda aler avecques lui au giſte au pont à Chalenton, & là, icellui Rubion lui promiſt baillier la moitié dudit argent qu'il avoit ſur lui. Et au partir qu'il qui parle fiſt de l'oſtel de ſondit maiſtre, print en la chambre d'icellui ſon maiſtre unes vieilles chauces de brunette & une dague, ſanz aucune eſtoffe d'argent, & povoit ce valoir environ x ſols tour., ſans le ſceu ou congié de ſondit maiſtre.

Diſt avecques ce, que dudit lieu de la Treille ilz alerent geſir en la ville du pont de Chalenton, & illec lui diſt, icellui Rubion, toute la maniere comment il avoit prins ledit argent, li monſtra de rechief icellui argent,

qui eftoit en un hannap de fuft; & quant ilz orent departi
enfamble par moitié ledit argent, & qu'il qui parle en ot
eu à fa part trois frans en menue monnoye de xij d. parifis, viij & iiij d. par., defpecerent ledit hannap, & au
matin, au partir qu'ilz firent d'icelle ville, en alant en
ladite ville de Troyes, jetterent les pieces dudit hannap
en la riviere de Saine.

Dift auffy, lui qui parle, que environ karefme derrenierement paffé, ainfy comme il qui parle regardoit ouvriers qui ouvroient de maçonnerie en ladite ville de
Dun, dont il eftoit nez, vit & apperçut un compaignon
qui avoit mis fa taffe fur un coffre de l'oftel où ilz ouvroient, & en ycelle taffe print dix blans nuefs chafcun
de quatre deniers pour piece. Et dift, fur ce requis, que
ce font tous les crimes & larreceins qu'il ait faiz ou con-
miz, en requerant que de lui l'en volfift avoir pitié &
compaffion. Et atant fu fait remettre en la prifon dont il
avoit efté attaint.

ITEM, le vendredi enfuivant, fur les quarreaulx, par
devant maiftre Jehan Truquam, lieutenant de monf. le
prevoft, prefens maiftres Guillaume Porel, confeillier du
roy noftre fire en parlement; Guillaume Drouart, advocat du roy; Oudart de Montchauvet, advocat en Chaftellet; Robert de Pacy & Gieffroy Le Goibe, examinateurs; fu fait venir en jugement fur les quarreaux dudit
Chaftellet ledit Jaquet de Dun, lequel, après ce que,
fanz aucune force ou contrainte, il ot continué & perfeveré ès confeffions cy-deffus efcriptes, par lui faites, &
icelles par ferement affermé eftre vrayes en la fourme &
maniere que efcriptes font, & que icellui Jaquet ot efté
fait traire à part fur les quarreaux dudit Chaftellet, demandé fu par ledit lieutenant aufdiz confeilliers qu'il
eftoit bon de faire dudit prifonnier. Tous [lefquelx], veu
& confideré ce que dit eft, & la petite valeur des chofes

& biens par lui prins, comme dit eft, furent d'oppinion que l'on furferroit de faire aucun jugement contre ledit Jaquet jufques ad ce que le jugement donné contre ledit Rubion feuft enterinement (1) excecutez, & que felon ce que ledit Rubion continueroit & perfevereroit ès accufacions deffus dittes, par lui faites contre ledit Jaquet, en la fin de fes jours, que lors l'en auroit plus à plain avis & deliberacion comment l'en procederoit au jugement, abfolucion ou condempnacion d'icellui Jaquet, prifonnier. Et, pour ce, fut de prefent & par ledit lieutenant, oyes icelles oppinions, differé de proceder plus avant contre icellui Jaquet.

Le famedi enfuivant, viije jour dudit mois d'ottobre mil ccc iiijxx & x, fu ledit Jehannin Rubion mené à fon derrenier tourment, & illec, en la prefence de Aleaume Cachemarée, clerc criminel juré de la prevofté de Paris, envoyé par monf. le prevoft pour ledit jugement faire mettre à excecucion, ledit Jehannin Rubion continua & perfevera efdites confeffions par lui faites, & autrement que dit eft deffus ne charga ou accufa icellui Jaquet, prifonnier. Et, pour ce, en enterinant & acompliffant ledit jugement, icellui Jehannin Rubion fu excecuté par la fourme & maniere que dit & jugé eft contre lui cy-devant.

Et n'avoit aucuns biens.

AL. CACHEMARÉE.

_____

(1) *Sic*, pour entièrement.

## BERTHAUT LESTALON.

### 6 octobre 1390.

Accusé a eſté Berthaut Leſtalon, nez de Montleheri, en la paroiſſe de Saint-Merry de Linois (1), des fais & deliz qui enſuivent, & pour leſquieulx il eſt detenu priſonnier ès priſons du roy noſtre ſire à Montlehery, c'eſt aſſavoir : que ledit Berthaut, jà pieçà, ſe bouta en l'oſtel où demouroit alors Jehan Laumaille, devant la chappelle de la Roe, & là print une touaille, dont il fu trouvé ſaiſy, en un ſolier oudit hoſtel, où il eſtoit muſſé en un grant tas de chaume, par ledit Laumaille, ſa femme, ſa fille, Gieffroy Le Maire, Thomas Minier & pluſieurs autres; & contrefaiſoit le mort, & tant qu'il fu aporté en la voye ſur les quarreaulx. Le jour de la feſte de Touſ-ſains, l'an mil ccc iiijˣˣ & ſix, ledit Berthaut fu attaint deſdites priſons & fu examiné ſur ce, lequel, ainſy exa-miné, a volu croirre Jehan Laumaille, ſa femme & leur fille, & non pas Gieffroy Le Maire & Thomas Minier, pour ce qu'ilz ſont ſes hayneux, ſy comme il dit.

Item, ou temps dont l'article de deſſus fait mencion, & en la nuit, ycelli Berthaut ſe bouta en l'oſtel de Jehan Bertram, près de ladite chappelle de la Roe, ferma l'uis ſur lui au corail, & tantoſt la femme dudit Bertram, cui-dant que ce feuſt ſon mary, elle hucha icellui Bertram, lequel ne reſpondi neant; & pour ce que il ne lui reſpon-doit, elle ot effrayeur & paour, & commença à crier *Haro!* auquel cri vindrent pluſieurs perſonnes; & pour ce que icelle femme n'oſoit yſſir hors de ſa chambre, elle diſt à iceulx ſurvenans qui eſtoient à l'uis par dehors : *Rompez l'uis hardiment.* Et lors rompirent icellui huis par devant,

(1) Linas, arrondiſſement de Corbeil (Seine-&-Oiſe).

& fur l'eure icelui Berthaut rompi une feneftre & s'en failli dehors par icelle feneftre, mais laiffa fon chapperon, qui lui chey de la tefte, & s'en enfouy. Lequel chapperon fu mis & porté par devers Guillaume Pafture, ad ce temps gouverneur de la terre & juridicion de la Roe; lequel chapperon lui fu par ledit Pafture rendu de l'accort & confentement dudit Bertram, parmi ce que yrellui Berthaut fift refaire ladite feneftre qu'il avoit rompue; & fera ce fceu par ledit Pafture, par Jehan Laumaille, fa femme, Gieffroy Le Maire, Thomas Minier, Perrin Canivet, peletier, fa femme, Guillemin Le Page, fa mere & Guerin Lalement. Ledit jour fefte de Touffains fu icelli Berthaut examiné fur ledit article, & de tout le contenu en icellui a volu & veult croirre Guillaume Pafture, Jehan Laumaille, fa femme, & tous les autres contenus oudit article, excepté Gieffroy Le Maire, Thomas Minier & Guerin Lalement, qu'il dit eftre fes hayneux.

ITEM, que ledit Berthaut venoit de Paris, trouva en chemin le charretier de Jehan Torfol, auquel charretier il demanda s'il monteroit en fa charrete, à quoy fe confenti ledit charretier; & en ladite charrete avoit, dedens un fac, une piece de toile, que print, embla & emporta icellui Berthaut; & nonobftant, non adverti de ce, charia & s'en ala jufques à l'oftel de fon maiftre icellui charretier, jufques à Couldray, près & en la paroiffe de Saint-Jehan de Limville; & lui ainfy venu audit lieu, print icelui fac, cuidant prendre & trouver icelle toile, mais riens ne trouva. Et tantoft vint icelli charretier audit Berthaut, & lui demanda icelle toile, &, ce nonobftant, la lui denya. Et pour ce que icellui Berthaut ot paour de peril, d'ennuy & de domaige, intrepofitement fift rendre & reftituer ladite toile; & fera ce fceu & trouvé par ledit Torfol, par Jaquet Jeudi, lors fon charretier, & par Guillaume Pafture. Ledit jour de fefte de Touffains fu icellui

Berthaut examiné fur le contenu oudit article, & du contenu en ycellui a volu & veult croirre fin portant les
trois tefmoings dont oudit article eft faite mencion.

ITEM, ledit Berthaut, depuis ces chofes, furtivement
a prins & enmenez deux pourceaux, males ou fumelles,
gras, de l'eftable de Lorens Huart, à ce temps demourant
à Marcoucis, & les mena chez Guillemin Le Blont, demourant pour lors en l'oftel que Bourgeron, femme feu
Jehan Chartier, tixerrant, mere de la femme de Jehan
Villas, a à Guillerville; lefquelx pourceaulx il print de
nuit; & de l'oftel dudit Blont, pour ce que il ne volt
confentir qu'ilz feuffent tuez ne brulez oudit hoftel, icellui Berthaut les mena en l'oftel de Jehan Leftalon, fon
frere, qui ne les volt recevoir; d'ilec les mena en l'oftel
de Yvonnet Thias, fon ferourge (1), qui femblablement li
donna reffus; & d'illec les mena devant l'uis de Denifot
Le Paintre, lequel il fift lever de fon lit, qui femblablement ne le volt recevoir; & dudit lieu les mena en la
cheverue à Linois, devant l'uis de Perrin Landry, & fu
audit lieu encontré par Richart Le Chartier, tranchant de
Linois, avecques plufieurs autres qui eftoient en la compaignie dudit Richart, par lefquieulx ce pourra eftre fceu,
& auffy par fergens, regiftres & appeaulx contre lui faiz
fur ce. Ledit jour de fefte de Touffains fu ledit Berthaut
interrogué & examiné fur le contenu oudit article, lequel
Berthaut, du contenu en icellui, en nyant le cas, a volu
croirre Jehan Leftalon, Yvonnet Thiais, Denifot Le
Paintre, Avelot, fa femme, & non pas Guillaume Le
Blont, fa femme, ne leur filz, pour ce que ilz font fes
haynneux, fy comme il dit.

ENCORES fu ledit Berthaut attaint defdites prifons le
mardi vj<sup>e</sup> jour [de] novembre mil ccc iiij<sup>xx</sup> & fix, par de-

_____

(1) Son beau-frère. Voy. du Cange, au mot _Sororius_.

vant nous, Lorens Dure, lieutenant du prevoſt de Montlehery; le procureur du roy, Jehan Bouelle, Guillaume
Mitel, Jehan Le Roux, Deniſot Remi, tabellion de Montleheri; Guillemin Drapperie & Jehan Villas; auquel Berthaut furent expoſez les cas dont il eſt accuſez, cy-deſſus
eſcrips, & pour leſquieulx il eſt detenu priſonnier, ſur
leſquieulx il a reſpondu, comme autreffois a fait, que de
tout ce il ſe rapporte & veult croirre ceulx par lui autreffois deſclairés contenus ès reſponces par lui données
ſur chaſcun article, & auſſy a volu & veult croirre la
deppoſicion & rapport de Lorens Dure, cy-après eſcripte.

LORENS Dure, nagueires prevoſt de Montleheri, juré,
requis & examiné ſur ce que dit eſt en tant comme tou-
chent leſdiz pourceaulx, deppoſe que, deux ans a ou
environ, lui eſtant prevoſt, il vint à ſa congnoiſſance que
Lorens Huart, de Marcoucis, avoit adiré (1) deux pourceaux gras, & que l'en diſoit que Berthaut Leſtalon les
avoit oſtez de nuit en l'oſtel dudit Lorens; &, pour ce,
commanda aus ſergens de Montlehery, ou à aucun d'iceulx,
que ſe ilz le trouvoient en perſonne, ilz le admenaſſent
ès priſons de Montlehery, ou, ſe trouver ne le povoient,
il feuſt adjournez à trois briefs jours là où ilz pourroient
ſavoir ſa reſidance; & n'en ſceurent point trouver, ne ſa
perſonne apprehender, pour ce que il ſe abſenta & eſt
abſentez par longtemps, & ſanz ce que il puiſt ſavoir où
il feuſt comme il fu prevoſt. Et autre choſe n'en ſcet.

GUILLEMIN Le Blont le jeune, filz de Guillaume Le
Blonc, demourant à Guillerville, juré, oy & examiné ſur
ce que dit eſt, deppoſe par ſon ſerement que, deux ans
a ou environ, ſi comme il lui ſemble, environ heure de
minuit, Berthaut Leſtalon vint à Guillerville, en l'oſtel

_____

(1) Égaré, perdu. Voy. du Cange, au mot *Adirare*.

qui appartient à la femme feu Jehan Chartier, où fondit
pere & mere & lui, foubz. . . . . . . . . . . . . . . .(1).

[Le vendredi xije jour d'aouft mil ccc iiijxx & dix, en
la prefence de maiftres Jehan Truquam, lieutenant, &c.],
fu attaint en jugement fur les quarreaulx ou Chaftellet
de Paris Berthaut Leftalon, deffus nommé, qui prifonnier
avoit efté admené oudit Chaftellet des prifons de Montlehery, defquelles il s'eftoit efchappez, & où il eftoit prifonnier pour les caufes & confeffions cy-deffus efcriptes.
En la prefence duquel Berthaut fu leue & recitée fa confeffion cy-deffus efcripte, laquelle il afferma eftre vraye,
& en icelle perfevera. Et, ce fait, fu par ledit monf. le
prevoft demandé aus deffus nommez [confeilliers] qu'il
eftoit bon à faire dudit prifonnier. Lefquieulx dirent que,
veue fadite confeffion, l'eftat & gouvernement dudit prifonnier, & ce que lefdiz larrecins avoient efté reftituez,
il feroit bon de le mettre une fois à queftion, afin que par
fa bouche on fceuft d'aucuns autres faiz la verité, & en
furent d'oppinion. Lefquieulx oppinions oyz, fu dit par
ledit monf. le prevoft que ainfy feroit fait.

En enterinant lequel jugement donné contre icellui
Berthaut Leftalon, ledit xije jour d'aouft derrenierement
paffé, icellui Berthaut, prifonnier, fu attaint & fait venir
en jugement fur les quarreaulx dudit Chaftellet, le jeudi
vje jour d'ottobre mil ccc iiijxx & dix, & illec, en la prefence de maiftres Jehan Truquam, lieutenant dudit monfeigneur le prevoft; Guillaume Porel, confeillier du roy
noftre fire en fon parlement; Dreux d'Ars, auditeur;
Jehan de Tuillieres, Miles de Rouvroy, Nicolas Bertin,
Arnoul de Villers & Gieffroy Le Goibe, examinateurs
oudit Chaftellet; pour ce que autre chofe ne volt congnoiftre que dit a cy-deffus, & que ès confeffions cy-

---

(1) Il manque ici un feuillet.

deffus efcriptes, autreffois par lui faites, il continua & perfevera en icelles, après ce que elles lui orent efté leues mot après autre, fu mis à queftion fur le petit trefteau, & en après fur le grant; & illec ne volt autre chofe congnoiftre qui lui portaft prejudice; &, pour ce, fu mis hors de ladite queftion, mené chauffer en la cuifine, & en après remené en la prifon de laquelle il avoit efté attaint.

Le vendredi enfuivant, vij^e jour dudit mois d'ottobre, l'an deffus dit, en la prefence de maiftres Jehan Truquam & Guillaume Drouart, lieuxtenans de monf. le prevoft; Guillaume Porel, confeillier du roy noftre fire en parlement; Andrieu Le Preux, procureur du roy; Arnoul de Villers, Robert de Pacy & Gieffroy Le Goibe, examinateurs; fu demandé par ledit maiftre Jehan Truquam aufdiz confeilliers leurs advis & oppinions qu'il eftoit bon de faire dudit prifonnier. Tous lefquieulx, veu l'eftat d'icellui prifonnier, la petite valeur defdiz larrecins par lui oujourd'hui congneus en la fourme & maniere que efcript eft cy-deffus, & lefquelx larrecins font reftituez, delibererent & furent d'oppinion, attandu que icellui Berthaut eft homme vacabond, & l'eftat d'icellui, que il eftoit bon que de rechief il feuft mis encor une fois à queftion, & s'il ne confeffoit autre chofe que dit eft deffus, qu'il feuft menez en la cherete jufques à la juftice de Paris, & que illec l'en li coppaft l'oreille deftre (1), & feuft bany à tousjours de ladite ville de Paris & à x lieues environ, fur peine de la hart; & s'il confeffoit avoir faiz aucuns autres larrecins, qu'il feuft excecutez comme larron.

Oyes lefquelles oppinions, & en enterinant ledit juge-

---

(1) C'étoit la peine infligée à ceux qui s'étoient rendus coupables de vol pour la première fois. Voy. Sauval, *Antiquités de Paris*, II, p. 596, 597; & Laurière, *Gloffaire du Droit françois*, au mot *Efforillé*.

ment, ycellui Berthaut fu mis à queftion fur le petit &
le grant trefteau; & illeuc ne voult congnoiftre autre
chofe que dit eft deffus. Et, pour ce, par l'advis & deliberacion defdiz confeillers, fu dit que ycellui Berthaut
Leftalon, prifonnier, feroit banni & auroit l'oreille coppée par la maniere que dit eft cy-deffus. Et, ce fait, veu
ce prefent procès & la confeffion dudit prifonnier, avecques lefdites oppinions, ycellui Bertaut fu par ledit lieutenant condempné à eftre mené à ladite juftice, illec
l'oreille deftre coppée, & en après banny de la ville de
Paris & à dix lieues environ, fur pene de la hart.

SAMEDI viijᵉ jour dudit mois d'octobre mil ccc iiijˣˣ &
dix, le deffus dit prifonnier Berthaut Leftalon fu mené à
la juftice, pour ledit jugement contre lui acomplir; &
pour ce que illec il ne confeffa autre chofe que dit &
congneu a cy-deffus, icellui Berthaut ot l'oreille deftre
coppée, & publiquement fu illec crié le ban & jugement
deffus donnez contre icellui Berthaut, prifonnier; &,
après ce, fu laiffié aler & deflié, quant ad prefent, du
fait de juftice.

AL. CACHEMARÉE.

## ANDRY COINTEREAU.
### 18 octobre 1390.

. . . . . . . . . . . . . . . . . . . . . . . . . . . . . . (1)

[Andry] Cointereau, lequel confeffa, fans contrainte ne
force de gehine, les cas deffus diz, à lui leuz & expofez
de mot à mot, prefens maiftre Jehan Chartier, le procureur du roy, Michau de Louveciennes, Lorens Dure,

---

(1) Il manque ici un feuillet, qui paroit avoir été arraché à une
époque fort ancienne.

Martin Chartier, Lorens Lefcripvain, Guillaume Luillier,
Denis Le Lorrain, Jehan Villas, Auchier Granchier, Loi-
zet Andry, Jehan Le Roux, Jehan Boelle, Jehan Mar-
chant, Jehan de La Rochelle, Jehan de Grigny, Gieffroy
Vouffel, Jehannin Thomas, Jehan Bourdin, Pierre Lan-
cement, Gieffroy Le Cortillier, Anfcel Thomas, Hebert
Lucas, Jehan Cordean, Jehan Patroulet, Micheau Le
Bourguignon, Jehan des Effars, Guillemin Bertram, Pierre
Le Fevre, Boniface Le Charron, Jehan Le Maçon, Jehan-
nin de Grigny, Pierre Flamiche, Michau Le Peuvrier,
Denis de Lorrainne, Thomas Ramon & autres.

Le mardi xviije jour d'ottobre l'an mil ccc quatrevins
& dix, fu admené prifonnier ou Chaftellet de Paris le
deffus nommé Andry Cointereau, pour eftre monftré au
deffus nommé Jehannin Le Camus, qui auffy eftoit prifonnier oudit Chaftellet, pour foufpeçon des cas deffus
diz, & pour interroguer fur ce en la prefence l'un de
l'autre.

Le mercredi xxvje jour d'ottobre, en jugement fur les
quarreaulx, en la prefence de maiftre Jehan Truquam,
fon lieutenant; maiftre Dreux d'Ars, auditeur; maiftres
Jehan de Tuillieres, Robert Petit-Clerc, Gerart de La
Haye, Oudart de Fontenoy, Miles de Rouvroy, Robert
de Tuillieres & Andry Le Preux, examinateurs; fu attaint
le deffus nommé Andry Cointereau, auquel fu leue &
recolée fa confeffion autreffois faite par lui par devant le
prevoft de Montleheri, cy-devant efcripte, lequel l'afferma eftre vraye, & en ycelle perfevera, fors tant qu'il
dift que fa femme ne la femme dudit Jehan Le Camus
n'eftoient point confentens des larrecins deffus avoir efté
faiz, mais bien favoient que ilz avoient efté faiz, pour ce
que ilz leur avoient dit après ce qu'ilz furent retournez
en fon hoftel.

Dift oultre & confeffa que, dès environ la Saint-Jehan-Baptifte derrenierement paffée, il qui parle & ledit Jehan Le Camus, qui eft fon ferourge, fe acompaignerent à demourer enfamble & à eftre à uns defpens communs, & y ont tousjours depuis efté & demouré; pendant lequel temps ilz fe acointerent des deffus nommez Jehan de La Noe & Phelipot Ligier, lefquelx les induirent à embler avecques eulx, & firent ferement l'un à l'autre de embler ce qu'ilz pourroient, & des larrecins qu'ilz feroient, lefdiz Jehan de La Noe & Phelipot devoient avoir les deux pars, & lui & ledit Camus le tiers; mais ledit Camus n'avoit point efté avecques eulx à faire les larrecins deffus diz.

### JEHANNIN LE CAMUS.

Jehannin Le Camus, marchant de grain, demourant à Auton en Beauffe, & nez de la ville d'Orliens, prifonnier, accufé par ledit Cointereau cy-deffus nommé, examiné fur les confeffions faites par icellui Cointereau, dit & afferme par ferement, & congnoift que il & ledit Cointereau ont efpoufées deux fuers, & que aucune fois ilz ont marchandé, alé & venu emfamble. Requis s'il fe rapporte en ce que ledit Cointereau dira pour lui ou contre lui, dit par fon ferement que non, & nye oncques avoir eu les promeffes & convenances dont eft faite mencion en la deppoficion dudit Cointereau; & dit qu'il eft homme laboureur, alé & venu en plufieurs païs pour gangnier fa vie.

Veue laquelle confeffion & accufacions faites par ledit Cointereau contre icelli Camus, prifonnier, les denegacions par lui faites, l'eftat d'icelli, qui eft homme vacabond, deliberé fu par l'advis defdiz confeilliers, attendu que les larrecins contenus en la confeffion dudit Cointereau, ou par la plus grant partie d'iceus, ont efté trouvez ou lieu & hoftel où ledit Camus eftoit logiez à Paris, fy comme relaté nous a efté par maiftre Miles de Rouvroy, examinateur, que pour en favoir par fa bouche la verité, il foit mis à queftion. Et ad ce fu condempné par ledit monf. le prevoft.

ITEM, par l'avis & deliberacion defdiz confeilliers, veue la deppoficion & confeffion faite par icelli Cointereau, avec les reiteracions des larrecins par lui fais, la perfeveracion & la continuacion d'icelle confeffion, fu dit que icelli Cointereau eftoit un très-fort larron, & que comme tel il feuft excecutez. Et ad ce fu par ledit monf. le prevoft condempné.

EN enterinant lequel jugement donné contre ledit Jehannin Le Camus, icellui Jehannin a efté mis à queftion fur le petit & le grant trefteau, & requift que l'en le meift hors d'icelle, & il diroit verité. Sy fu mis hors de ladite queftion, mené choffer en la cuifine en la maniere acouftumée, & illec, fanz aucune force ou contrainte, & hors de toute gehine, cognut & confeffa que le premier larrecin qu'il fift, c'eft affavoir iij mois a ou environ, à un jeudi, environ mienuit, lui, Andry Cointereau, fon ferourge, eftans en leur hoftel, au molin d'Aunoy, qui eft au feigneur d'Alainville (1), prez de Bretigny, où ilz demouroient enfamble, vindrent à eulx Phelipot Ligier, Jehan de Lance, blaftriers (2), & leur dirent qu'ilz alaffent embler du blé; & à cefte fin fe partirent tous enfamble atout chafcun un cheval, & s'en alerent à Moulon (3), en l'oftel Boutet, ouquel hoftel il ne demouroit homme, & y entra l'un, c'eft affavoir Phelipot Ligier, par la feneftre.

---

(1) Allainville, arrondiffement de Rambouillet (Seine-&-Oife).
(2) Regrattiers, marchands de blé en détail. Voy. du Cange, au mot *Bladarius.*
(3) Arrondiffement de Montargis (Loiret).

Lequel, quant il fu dedens, ouvry l'uis, & quant il fu
ouvert, ilz entrerent tous dedens, & prindrent les iij
chafcun iiij mines de blé, & lui un fextier, pour ce qu'il
avoit foible cheval. Lequel blé ilz enmenerent, c'eft affavoir, lui au molin d'Aunoy, lequel il vendi depuis j franc,
ne fcet en quel lieu, & les autres compoignons vendirent
le leur blé ne fcet où ne à qui.

Item, oudit temps de nuit, lui, fondit ferourge. furent,
fur chafcun fon cheval, à un molin qui eft à demie lieue
de Corbeil, ouquel molin fondit ferourge entra par un
trou qu'il fift, & puis ouvry l'uis; & prindrent cinq mi-
noz de blé & farine, qu'ilz miftrent en deux facs fur leurs
chevaulx audit molin, que ledit ferourge vendi depuis
ne fcet combien.

Item, cinq mois a ou environ, à un jeudi, environ mienuit, lui, Phelipot Ligier & Jehan de La Noe, fe partirent enfamble dudit molin d'Aunoy, où ilz eftoient venus, s'en alerent à cheval en un hameau en Beauffe, &,
en un hoftel de ladite ville ouquel entra par une feneftre
ledit Phelipot, prindrent xij aulnes de drap, viij draps de
lit, une nappe, une fliche (1) de lart. Et dit que à fa part
il ot le lart & quatre aulnes dudit drap, dont les deux
eftoient de blanchet; & les autres orent le remenant.

Item, cinq mois a ou environ, lui, Phelipot Ligier &
Cointereau furent par nuit en une ville qui eft entre
Montlehery & Loncjumel, de laquelle il ne fcet le nom,
& entrerent ou celier d'un hoftel d'icelle ville, & illec
prindrent huit pintes de vin en quatre bouteilles, & auffy
en burent. Et depuis, xv jours après, femblablement
illec.

Item, ij mois [a] ou environ, lui, fon ferourge & ledit
Phelipot, furent en une ville près de Chaftres, par nuit,
en un hoftel, ouquel entra par une feneftre icellui Phe-

____

(1) Tranche de lard coupée en long. Voy. du Cange, au mot *Fliches*.

lipot, & illec print dix pintes de vin en cinq bouteilles.

Item, que huit jours après, eux trois & La Noe furent
oudit celier, & rapporterent dix pintes.

Et, ce fait, icelli Camus fu ramené en jugement fur
les quarreaulx, en la prefence de monf. le prevoft, maiftres
Robert Broiffet, confeillier du roy noftre fire en parlement; Jehan Truquam & Guillaume Drouart, lieuxtenans
dudit monf. le prevoft; Dreue d'Ars, auditeur; Andrieu
Le Preux, procureur du roy noftre fire en Chaftellet;
Miles de Rouvroy, Jehan de Tuillieres, Robert de Tuillieres, examinateurs, & Oudart de Montchauvet, advocat oudit Chaftellet; & après ce que de rechief il ot juré
aus fains Euvangiles de Dieu de dire verité, & par ferement, continua & perfevera ès confeffions cy-deffus
efcriptes, par lui faites, & lefquelles li feurent leues mot
après autre. Et en après ce que demandé fu par ledit
monf. le prevoft leurs advis & oppinions qu'il eftoit bon
de faire fur ce dudit Camus, tous iceulx confeilliers delibererent & furent d'oppinion, veu l'aliance faite par
iceulx ferourges enfamble, la multiplication & reiteracions d'iceulx larrecins, la quantité & valeur d'iceulx,
que icelli Camus eft un fort larron, & que l'en ne le povoit efpargnier qu'il ne foit excecutez comme larron.
Oyes lefquelles oppinions & veu ce prefent procès, ledit
monf. le prevoft le condempna ad ce.

Le jeudi enfuivant, xxvije jour dudit mois d'ottobre,
par devant monf. le prevoft, prefens maiftres Jehan Truquam, lieutenant; Dreux d'Ars, auditeur; Robert Petit-
Clerc, Jehan de Bar, Robert de Tuillieres, examinateurs;
furent faiz venir en jugement fur les quarreaulx dudit
Chaftellet les deffus diz prifonniers Andrieu Cointereau
& Jehannin Le Camus, aufquelx, & à chafcun d'eulx fe-

I                                              K k

paréement, & en la prefence l'un de l'autre, furent leues leurs confeffions cy-deffus efcriptes mot après autre. Et après ce que ilz orent fait ferement aus fains Euvangiles de Dieu de dire verité, continuerent, fans aucune force ou contrainte, ès confeffions cy-deffus efcriptes, par eulx autreffois faites, difans & affermans par leurs feremens que elles font vrayes, & icelles avoir efté faites en la fourme & maniere que efcriptes font. Et, ce fait, & en leurs prefences, par la bouche dudit monf. le prevoft, ledit jugement contre eulx donné leur fu dit & prononcé.

Après lefqueles chofes, & que iceulx prifonniers furent menez à leur derrenier tourment auprès de la juftice, en la prefence de Aleaume Cachemarée, clerc criminel de la prevofté de Paris, commis par ledit monf. le prevoft à fere enteriner, accomplir & excecuter ledit jugement, & auffy de Jehan Le Foreftier; Guillaume Preudomme, François Dargies, fergent à cheval; Jehan Rainbot, Jehan Pluquet, fergens à verge, & plufieurs autres fergens tant à cheval comme à pié; iceli Andry, en continuant efdites confeffions par lui faites, congnut avecques ce, que, fix ans ot ou environ la Saint-Jehan derrenierement paffée, qu'il qui deppofe demouroit & eftoit demourant en l'abbaye de Porrez (1), s'acointa d'un nommé Courtaillon, mufnier, pour lors demourant à Germanville, affez près dudit lieu de Porrez, & en entencion d'embler, & par l'ennortement dudit Courtaillon, alerent en la ville de Trotigny (2), près de Chevreufe, de nuyt, & illec, en l'oftel d'un homme dont il ne fcet le nom, iceli Courtaillon entra par une feneftre, & en après ouvry l'uis dudit hoftel à lui qui deppofe, & dudit hoftel,

(1) Port-Royal des Champs.
(2) Hameau de la commune de Chevreufe (Seine-&-Oife).

fur leurs chevaulx qu'ilz avoient illec menez pour en
rapporter la larrecin qu'ilz feroient, prindrent environ
cinquante toifons de laine qu'ilz apporterent à Paris, &
illec la vendirent fix frans, dont il ot à fa part trois frans
ou environ.

Item, congnut que, environ un an après ce que dit eft, &
qu'il eftoit demourant en la ville Bourville (1) en Beauffe,
à demie-lieue de l'oftel Jehan Sainffe, laboureur & fergent d'une ville dont il ne fcet le nom, affife près de
Nogent-le-Roy, pour parler audit fergent, fe tranfporta
devers lui, &, en parlant à lui, vit en la granche qui
eftoit au devant de l'oftel d'icelli fergent qu'il y avoit
deux flefches de lart. Pour lefquelles avoir, il & ledit
Courtaillon alerent depuis audit lieu, &, en icelle granche, prindrent iceulx deux flifches de lart, & les emporta & vendi ledit Courtaillon, environ la ville de Chevreufe, la fomme de douze fols parifis. Et dift que icelle
granche eftoit fermée à corail de fer par dehors, & qu'ilz
n'y firent force ou violance quelconques.

Item, congnut que depuis trois ans, autrement du temps
n'eft record, lui & ledit Courtaillon alerent de nuit en un
moulin affez près dudit lieu de Porrez, duquel molin il
ne fcet le nom; & illec, le mufnier qui gardoit icelli molin abfent, prindrent & chargerent fur leurs chevaulx
deux fextiers que blé que ferine, qu'ilz porterent en leurs
maifons & defpendirent en leurfdiz hoftelz.

Et dift que nagueires icelli Courtaillon a efté emprifonné à Orleans, pour ce que l'en difoit qu'il avoit emblé
à lui deppofant xxx frans en or. Mais pour ce qu'il fe
doubtoit que icelli Courtaillon ne l'accufaft des chofes
deffus dites, il envoya en la ville d'Orliens une procura-
cion à un fien ami, duquel il n'eft record du nom, & li
manda qu'il fe confentift à la delivrance dudit Cour-

---

(1) Bouville, arrondiffement de Châteaudun (Eure-&-Loir).

taillon, lequel, affez toft après, fu mis hors de prifon, fi comme il a depuis oy dire; & ne fcet où icelli Courtaillon eft de prefent demourant, fi comme il dift fur ce requis. Et quand aufdiz xxx frans, dit qu'il a eu foufpeçon que par icelli Courtaillon, qui aucune foiz & fouvent rapairoit en fondit hoftel, lefdiz xxx frans . . . . . . . . (1)

# PIERRE FOURNET, DIT LE BRETON.
### 9 feptembre 1390.

. . . . . . . . . . . . . . . . . . . . . . . .

ITEM, quelle refponfe il lui fift.

ITEM, combien il lui donna.

ITEM, pourquoy il dift à fon retour qu'il avoit efté devers monf. de Berry (2).

CAR il confeffa depuis à Courcelles qu'il n'y avoit point efté, pource qu'il avoit perdu fes bouges (3) en un bois, dont il n'eft pas à croirre, car l'en trouvera le contraire.

PIERRE Le Breton, chevaucheur de l'efcuierie du roy noftre fire, prifonnier ou Chaftellet de Paris par le commandement & ordonnance dudit feigneur, examiné par nous Jehan, feigneur de Foleville, chevalier, confeillier

---

(1) Il manque dans le manufcrit un feuillet, qui paroît avoir été arraché de très-ancienne date.
(2) Jean, duc de Berry, oncle de Charles VI.
(3) Petit fac ou poche de cuir. Voy. du Cange, au mot *Bulga*.

dudit feigneur & garde de la prevoſté de Paris, le vendredi ixᵉ jour de feptembre l'an mil trois cens quatrevins
& dix, ſur ce que certaines lettres cloſes avoient eſté
baillées audit Breton pour porter, de par ledit ſeigneur,
devers monſ. le duc de Berry, dit & deppoſe par ſon ſerement que, dès ſix ſepmaines a ou environ, à un jour
dont il n'eſt record, deux paires de lettres cloſes, les unes
adreçans à monſ. de Berry, & les autres à l'eveſque de
Poitiers (1), ſon chancellier (2), lui furent baillées par
le clerc maiſtre Pierre Freſnel & par le clerc de l'eveſque de Meaux, pour les porter par devers ledit monſ.
le duc & ſondit chancelier. Et incontinant après ce
qu'il ot receu leſdites lettres, le propre jour qu'il les ot

---

(1) Simon de Cramaut, l'un des perſonnages les plus marquants &
les plus célèbres du règne de Charles VI. Après avoir été religieux à
Saint-Lucien de Beauvais, nommé maître des requêtes au conſeil du roi
le 21 décembre 1380, il fut ſucceſſivement évêque d'Agen, 16 juin 1382-
1383; de Beziers, 1383-1384, & de Poitiers, 1385-1391. Il obtint l'ad-
miniſtration de l'évêché d'Avignon en 1390, & de celui de Carcaſſonne
en 1391-1409. Élevé à la dignité de patriarche d'Alexandrie en 1390,
il fut chargé de pluſieurs miſſions importantes par le roi Charles VI,
aſſiſta au concile de Piſe en 1409, fut promu, le 10 juillet de la même
année, à l'archevêché de Reims, & devint, à ce titre, duc de Reims &
pair de France. Enfin, créé cardinal le 14 avril 1413, par le pape
Jean XXIII, il prit part en cette qualité aux délibérations du concile de
Conſtance, tenu en 1414-1418, où ſes conſeils prévalurent. Il mourut
le 15 décembre 1429. Il avoit compoſé, depuis ſa nomination au patriar-
chat d'Alexandrie, un traité intitulé : *Allegaciones domini Symonis de
Cremaut, patriarche Alexandrini, pro ſubſtractione obedientie fienda domino
Benedicto Pape XIII*, conſervé dans un manuſcrit du xvᵉ ſiècle (Bibl.
imp., *Lat.* 1475, n° 8). Voy. *Gall. Chriſt.*, t. II, col. 926, 1194-1196;
t. VI, col. 353, 903, 904; t. IX, col. 133, 134; *Tables des manuſcrits
de D. Fonteneau*, p. 311, 315, 317, 319, 321, 323, 326, 328, 332; &
*Hiſtoire généal. & chronol. de la Maiſon royale de Fr.*, t. II, p. 43 & 44.

(2) Les bénédictins émettent, ſous forme de doute, l'opinion que
Simon de Cramaut, évêque de Poitiers, ait conſervé cette charge avec
ſon évêché, & ils citent, à l'appui de leur conjecture, un titre de
l'an 1387 où ce prélat porte le titre de chancelier du duc de Berry
(*Gall. Chriſt.*, t. II, col. 1195). Notre texte lève tous les doutes à cet
égard.

receues, fe parti de Paris pour icelles porter par devers
ledit monf. le duc de Berry & fondit chancelier; &, en
chevauchant fon chemin, il & Jehannin de Mouftereul,
chevaucheur du roy noftredit feigneur, en la compaignic
de lui qui parle, furent affailliz par quatre compaignons,
qui les affaillirent en un bois qui eft entre Tours & Chaf-
teaulcraut; & defcendi, il qui deppofe, à pié, pour foy
deffendre, & lors s'enfouy son cheval ou bois. Et là furvindrent plufieurs perfonnes, tant de cheval comme de
pié, pour doubte defquelx ceulx qui les avoient affailliz
ou volu affaillir s'enfouyrent & fe bouterent dedens le
bois. Et lors ledit de Mouftreuil pourfui & ala après le
cheval de lui qui deppofe dedens le bois; & ala, il qui
parle, à pié l'efpace de deux lieues ou environ avant ce
que ledit de Mouftereuil lui ramenaft fon cheval; & quant
ledit cheval lui fu ramené, vit & apperçut que fes bouges,
qui eftoient fur ledit cheval quant il defcendi, n'y eftoient
pas, mais eftoient perdues & demourées oudit bois; efquelles bouges il avoit mis les lettres clofes qui fe adre-
çoient à monf. le duc de Berry & à fondit chancellier;
& fy y avoit mis plufieurs autres chofes qui furent perdues; & n'ofa retourner pour les querir, pour doubte que
il ne feuft rencontré des larrons & mauvaifes gens. Et
de là s'en ala droit en la ville de Poitiers, en laquelle il
fu & demoura par l'efpace de quatre jours & demi ou
environ.

Requis fe il ala devers monf. le duc de Berry, dit
que non, pour ce que il avoit perdu fes bouges efquelles
eftoient les lettres que le roy lui envoyoit, & celles que
il envoïoit à fon chancellier, avecques autres chofes. Requis pourquoy il demoura fi longuement en ladite ville
de Poitiers, dit que ce fu pour attendre ledit de Mouftereul, qui eftoit alez à Lizfignen (1), par devers monf.

_____

(1) Lufignan, arrondiffement de Poitiers (Vienne).

de Berry, porter lettres que le roy lui envoyoit, & auſſy
pour avoir reſponſe certaine de ſondit compaignon ſe
l'eveſque de Poitiers avoit eues ſes bulles de l'arceveſché
de Sens; lequel lui rapporta au retourner que il eſtoit
arceveſque de Sens, & tel nommez au lieu où il eſtoit.

Requis à il qui parle où il fu logié tant comme il fu en
la ville de Poitiers, où il but & menga, & en quelle compaignie, dit que il fu logié en l'oſtel d'une poiſſonniere
dont il ne ſcet le nom, qui demouroit ou marchié, & n'a
point d'enſeingne en ſa maiſon, & y diſna, ſouppa & jut
tout ſeul tant comme il fu en ladite ville de Poitiers.
Requis combien il fu en l'oſtel dudit eveſque de Poitiers,
& de par qui il lui preſenta les lettres cloſes, & quantes
paires il lui en preſenta, dit que il n'y entra oncques ne
ne lui preſenta aucunes lettres. Requis quelles parolles
ou reſponſe ledit eveſque lui fiſt & que il lui donna, dit
que il ne parla point audit monſ. l'eveſque & ne lui
donna oncques denier ne maille, ne autre choſe. Requis
pourquoy il diſt à ſon retour, à meſſire Jehan de Courcelle, que il avoit eſté devers monſ. de Berry, dit que
il lui diſt que il avoit eſté à Poitiers, & non pas devers
monſ. de Berry, pour ce que il avoit perdu ſes lettres &
les bouges où elles eſtoient, & que ſe il ne les euſt perdues, il les euſt portées par devers mondit ſeigneur de
Berry & ſondit chancellier. Requis pourquoi il ne retourna
par devers le roy quant il ot perdu les lettres qui lui
avoient eſté baillées pour porter devers monſ. de Berry,
dit que ce fu pour ce qu'il ala à Poitiers, où il attendi
ledit de Mouſtereul, ſon compaignon, pour avoir reſponce
ſe le chancelier de monſ. de Berry eſtoit arceveſque de
Sens, ou non. Et ainſi l'a dit & affermé ledit Breton, &
que ainſi a-il eſté & eſt, & non autrement.

L'an de grace mil trois cens quatrevins & dix, le ſamedi xvijᵉ jour de ſeptembre. par nous Jehan, ſeigneur

de Foleville, chevalier & garde de la prevofté de Paris,
fu fait venir & attaint en jugement fur les quarreaulx du
Chaftellet de Paris Perrin Le Fournet, dit Le Breton,
chevaucheur du roy noftre fire, prifonnier detenu oudit
Chaftellet de Paris, du commandement du roy noftre
fire; lequel, après ce qu'il ot fait ferement aus fains
Euvangiles de Dieu de dire verité fur ce que autreffois
par nous il avoit efté interroguez, confeffa que, quelque
confeffion ou denegacion que faites a autrefois par devant nous, verité eft, & en foy corrigant, dit & deppofe
que, fept fepmaines a ou environ, autrement du jour ne
du temps n'eft record, lui furent baillées deux lettres
clofes de par le roy, pour porter à monf. le duc de Berry,
que l'en difoit eftre à Poitiers, & à monf. l'evefque de
Poitiers, fon chancelier; & que de la ville de Paris, lui
& Jehannin de Mouftereuil, chevaucheur du roy, qui
famblablement portoit lettres clofes du roy audit monf.
de Berry, fe partirent enfamble de la ville de Paris pour
aler devers lefdiz monf. de Berry & evefque de Poitiers.
Et ainfy comme ilz furent au-delà de la viile d'Auneau (1),
encontrerent un chevaucheur dudit monf le duc, auquel
ilz demanderent où ilz le trouveroient, & ledit monf.
l'evefque auffy, le nom duquel chevaucheur il qui parle
ne fcet, mais bien le congnoift de veue. Et après plufieurs
parolles cues entre eulx fur favoir où eftoit le roy & ledit
monf. le duc, leur dift, ledit chevaucheur dudit monf.
le duc, que ledit monf. l'evefque de Poitiers eftoit fait
nouvellement arcevefque de Senz; &, fenz plus dire entre
eulx de cefte matiere, fe partirent l'un de l'autre & s'en
alerent audit lieu de Poitiers, auquel lieu & ville de Poitiers ilz arriverent à un foir, foupperent & coucherent
enfamble en l'oftel d'une femme dont il qui parle ne fcet
le nom, qui demeure ou marchié d'icelle ville de Poitiers.

---

(1) Arrondiffement de Chartres (Eure-&-Loir).

En laquelle ville, celle nuit, il qui parle oy dire publiquement & tenir par les habitans d'icelle ville que ledit monf. l'evefque de Poitiers eftoit fait nouvellement arcevefque de Sens, & que fes gens departoient & ordonnoient les biens & mefnaige de fon hoftel de Poitiers, pour mener en ladite ville de Sens. Lefquelles parolles par lui oyes & conceues, en foy regarda & advifa qu'il avoit perdu fon voyage, & s'eftoit pené & traveillié, & encores peneroit & traveilleroit fanz caufe, s'il aloit par devers ledit monf. le duc, qui eftoit au Merle (1), par delà ladite ville de Poitiers, ne auffy par devers ledit monf. l'evefque de Poitiers. Et ces chofes, il qui parle dift audit de Mouftereuil, fon compaignon, en eulx levant de leur lit l'andemain matin. Lequel de Mouftereuil lui dift qu'il difoit voir, & fe traveilleroit fanz caufe, fanz lui dire ou requerre autre chofe quelconques dont il qui parle foit record; ne auffy n'eft pas record fe ledit de Mouftereuil lui dift qu'il porteroit lefdites lettres clofes du roy par devers ledit monf. le duc, ne auffy audit monf. l'evefque, ou non, lefquelles lui avoient efté baillées à porter de par le roy, comme dit eft.

Et dift que quant ledit de Mouftereuil fe parti ledit matin d'icelle ville de Poitiers, il qui parle lui dift qu'il le attandroit jufques ad ce qu'il feuft retournez de devers ledit monf. de Berry, où il aloit porter les lettres clofes qui baillées lui avoient efté de par le roy, & deuft, il qui parle, demourer en icelle ville viij jours. En laquelle ville de Poitiers il qui parle, en attandant ycellui de Mouftereuil, demoura par l'efpace de quatre jours & demi ou environ, qu'ilz fe partirent enfamble pour retourner devers le roy; & arriverent à Saint-Germain en Laye à un certain jour dont il n'eft record, auquel lieu le roy eftoit. Et le landemain qu'il fu arrivé audit Saint-

---

(1) Melle-fur-Béronne, chef-lieu d'arrondiffement (Deux-Sèvres).

Germain, vint parler à lui qui parle un nommé Le Rouſſelet, clerc de maiſtre Pierre Freſnel, conſeillier & maiſtre
des requeſtes de l'oſtel du roy noſtre ſire, lequel lui demanda s'il avoit preſenté leſdites lettres cloſes du roy
auſdiz monſ. de Berry & monſ. l'eveſque de Poitiers.
Auquel clerc il qui parle reſpondi qu'il ne les avoit point
preſentées, & que elles lui avoient eſté oſtées ſur le chemin par la fourme & maniere que autrefois a dit &
deppoſé.

Dit avecques ce, que environ ſix jours après ce qu'il
fu arrivé audit lieu de Saint-Germain en Laye, & que le
roy y eſtoit, il ala parler à monſ. Le Begue de Vieulaines,
auquel ſemblablement il diſt que les lettres cloſes à lui
baillées par le roy pour porter audit monſ. de Berry &
audit monſ. l'eveſque de Poitiers lui avoient eſté oſtées
ſur le chemin, comme dit a deſſus. Et diſt, ſur ce requis,
que leſdites parolles il diſt lors auſdiz monſ. Le Begue &
clerc dudit maiſtre Pierre Freſnel, pour ce qu'il cuidoit
que quant un prelat eſt prononcié en ſon eſtat, que jamais
il ne feuſt muez (1); &, au devant de ſon empriſonne-
ment, ne cuidoit que jamais de ceſte choſe feuſt aucunement parlé, pour ce qu'il eſtoit tout commun & nottoire
que ledit monſ. l'eveſque de Poitiers eſtoit fait arceveſque de Sens.

Dit avecques ce, que la deppoſicion autrefois par lui

---

(1) Les tranſlations des évêques ont toujours été proſcrites par la
diſcipline eccléſiaſtique. Il ſuffira de citer les canons 14 & 15 des *Canons
des Apôtres*, & les conciles de Nicée, en 325, can. 15 & 16; d'Antioche,
en 341, can. 21; de Sardique, en 347, can. 1; le quatrième concile de
Carthage, en 398, can. 27; enfin le concile de Chalcédoine, en 451,
can. 5. Ceci réſulte encore de la deuxième lettre du pape Évariſte aux
évêques d'Égypte, d'une lettre du pape Antherus aux évêques des provinces de Bétique & de Tolède, & de la première lettre décrétale de
Pélage II. (Labbe, *Sacroſancta Concilia*, édit. Coleti, t. I, col. 27-28,
48, 539, 648-652; t. II, col. 39, 46, 594, 602-603, 658-659, 1439;
t. IV, col. 1683-1684, 1697, 1705; t. VI, col. 616-621.)

faite par devant nous, prevoſt deſſus dit, il fiſt pour ce
que l'en lui avoit donné à entendre que le roy avoit
mandé que de lui feuſt faite juſtice très-haſtivement, afin
d'eſchever ſon jugement par ſadite confeſſion.

Dit auſſy, ſur ce requis, que leſdites lettres cloſes du
roy adreçans auſdiz monſ. le duc de Berry & monſ.
l'eveſque de Poitiers, il, par ſa ſimpleſſe, non ſens, &
non cuidant offenſer ou meſprendre, leſſa à bailler &
porter à iceulx monſ. de Berry & monſ. l'eveſque pour
les cauſes deſſus dittes, & non autres, ſanz ce que durant
le temps qu'il fu audit lieu & ville de Poitiers, paravant
ne depuis, il parlaſt de ceſte beſongne audit monſ. l'eveſque, ou à aucun autre de ſes gens, ou perſonne de par li,
& que, pour ce faire, lui feuſt donné, promis ou conve-
nancié lui eſtre fait aucun don ou prouffit. Et diſt que
leſdites lettres cloſes à lui baillées par le roy, adreçans
auſdiz monſ. de Berry & monſ. l'eveſque de Poitiers,
ſont encores en ſon hoſtel à Paris, en tel eſtat comme
elles lui furent baillées.

Cy-après enſuit la teneur de certaines lettres cloſes
envoyées par noble homme monſ. Le Begue de Villaines,
chevalier & conſeillier du roy noſtre ſire, à monſ. le prevoſt de Paris :

*A mon très-chier & grant ami meſſire Jehan de Foleville,*
*conſeillier du roy & garde de la prevoſté de Paris.*

*Très-chier & grant ami, le roy m'a commandé que je vous*
*die de par lui, comment ſur quanque vous le doubtez, que vous*
*faciez mettre à queſtion Le Breton, ſon chevaucheur, telement*
*que vous ſachiez tout le vray de ce dont il eſt accuſé. Et ne ſe*
*tient pas le roy bien a content de l'informacion que l'en lui a*
*envoyée, ne des lettres auſſy; car il eſt bien informé du contraire.*
*Et ſe vous ne faites tant que la verité en ſoit ſceue, le roy y*

*fera pourveoir de tel remede comme bon lui femblera. Et fe ne*
*feuſt ce que le roy m'a encbargé faire trop d'autres beſongnes*
*qui lui toucbent, je feuſſe alé devers vous; mais, pour la baſte*
*que j'ay, je ne puis ad preſent. Très-cbier & grant ami, fe vous*
*voulez cboſe que je puiſſe faire, je le feray très-voulentiers &*
*du cuer. Noſtre Seigneur vous ait en ſa garde.*

    *Eſcript en mon boſtel, à Paris, le xvij<sup>e</sup> jour de ſeptembre,*
*après foupper. Je vous conſeille que vous faciez bonne diligence*
*de ce que dit eſt, pour ce que je vouldroye voſtre bien & voſtre*
*bonneur.*                LE BESGUE DE VILAINES.

    Pour le contenu eſqueles lettres enteriner & acomplir,
ledit monſ. le prevoſt ſe tranſporta en jugement ſur les
quarreaulx du Chaſtellet de Paris, en la preſence de pluſieurs conſeilliers, l'an mil ccc iiij<sup>xx</sup> & dix, le lundi
xix<sup>e</sup> jour de ſeptembre enſuivant, & illec fiſt mettre à
queſtion Pierre Le Fournet, dit Le Breton, chevaucheur du roy noſtre ſire, detenu priſonnier ou Chaſtellet
de Paris, lequel, après ce qu'il ot eſté mis à queſtion
& fait pluſieurs variacions & denegacions ſur les accuſacions contre lui autrefois propoſées, hors d'icelle queſtion, & ſanz aucune force ou contrainte, & en ſoy corrigant des confeſſions par lui autrefois faites, diſt & afferma
par ſerement ſur ce fait aus ſains Euvangiles de Dieu, la
verité eſtre telle, & deſdites accuſacions, qui s'enſuit,
c'eſt aſſavoir : que environ un ou deux jours paravant
ce qu'il partiſt de la ville de Paris pour aler devers monſ.
le duc de Berry & monſ. l'eveſque de Poitiers, ſon chancelier, porter certaines lettres cloſes à lui baillées de par
le roy, adreçans audit monſ. de Berry & eveſque, & que
par les gens de monſ. l'eveſque de Meaux & d'un nommé
Le Rouſſelet, clerc de maiſtre Pierre Freſnel, conſeillier & maiſtre des requeſtes de l'oſtel du roy noſtre ſire,
lui furent baillés xiiij eſcuz d'or pour faire ledit voyage,
icelli Rouſſelet, afin que il qui parle ſe avançaſt le plus

toſt que il pourroit de porter leſdites lettres cloſes du
roy, icelli Rouſſelet lui leut une minue en pappier qu'il
diſoit contenir la teneur deſdites lettres cloſes, & contenoient celles de monſ. de Berry, ſy comme il ſe recorde,
que le roy lui prioit que plus ne volſiſt eſcripre devers
le pappe (1) pour ledit eveſque de Poitiers, afin de obtenir à l'arceveſché de Sens; & celles dudit eveſque contenoient que ledit eveſque ne oppreſſaſt en aucune maniere
le pappe ou ledit monſ. de Berry de vouloir avoir icelle
arceveſché, & que s'il faiſoit le contraire, il en deſplairoit au roy. Et atant ſe parti il qui parle de ladite ville
de Paris, & ala, en la compaignie de Jehannin de Mouſtereuil, chevaucheur du roy noſtre ſire, juſques en la ville
de Poitiers, en laquelle ville ilz arriverent à un ſoir,
ſe logerent ou marchié, en l'oſtel d'une femme veufve,
anxienne, du nom de laquelle, ne de l'enſeingne de ſon
hoſtel, ne ſe recorde; ſouperent & couchierent celle nuit
eulx deux enſamble; & l'andemain matin, environ l'eure
du point du jour, ſe miſt à chemin ledit de Mouſtereuil
pour aler devers ledit monſ. de Berry, que l'en diſoit
eſtre à Marle, pour porter certaines autres lettres cloſes
du roy, qui lui avoient eſté baillées à Paris pour porter
audit monſ. de Berry. Auquel de Mouſtereuil il qui parle
diſt qu'il demourroit en ycelle ville de Poitiers pour faire
appareillier ſon cheval, qui eſtoit moult blecié & traveillié
du chemin que fait avoit. Et ainſy comme ledit de Mouſtereul ſe fu parti, il qui parle ala oyr meſſe, &, après,
fiſt rere & appareillier ſondit cheval, qui avoit mal ſur le
doz, lui fiſt donner à boire & à mengier, &, en s'en retournant oudit marchié où il eſtoit logié, encontra d'aventure, en une des rues d'icelle ville, un chevaucheur dudit monſ. de Berry, nommé Perrin, & lequel il a par

---

(1) L'antipape Clément VII, qui ſiégeoit àAvignon, 1378-16 ſept. 1394.
(*Art de vérifier les dates*, édit. de Saint-Allais, t. III, p. 395.)

plufieurs fois veu en l'oftel dudit monf. l'evefque; &
après ce qu'ilz orent parlé enfamble, alerent boire, &,
en buvant, demanda ledit chevaucheur à lui qui parle où
il aloit, & qu'il avoit à faire audit lieu de Poitiers; & il
qui parle lui refpondi qu'il portoit lettres de par le roy,
adreçans audit monf. de Berry & monf. l'evefque de Poitiers. Lequel chevaucheur, icelles parolles oyes, refpondi
& dift à il qui parle que icelli monfeigneur l'evefque
eftoit fait nouvellement arcevefque de Senz; &, fanz
autres parolles eues entre eulx, dift il qui parle à icellui
chevaucheur qu'il portoit audit evefque lettres de par le
roy faifans le contraire, c'eft affavoir que le roy ne vouloit pas qu'il obtenift à icelle arcevefché; &, en ce difant, lui repeta la teneur defdites lettres, à lui leues par
ledit Rouffelet. Lefquelles parolles oyes par icellui chevaucheur, il qui parle fu moult prié qu'il volfift aler
parler audit monf. l'evefque, qui eftoit à quatre lieues
près dudit lieu de Poitiers, & il lui feroit donner par
ledit monf. l'evefque très-bon vin; à laquele chofe faire
il qui parle ne fe volt accorder. Et après plufieurs parolles eues entre eulx fur cefte matiere, accorda il qui
parle audit chevaucheur que de ladite ville de Poitiers
il ne fe partiroit de tout ledit jour. Et icelli chevaucheur
lui dift que haftivement il yroit devers ledit monf. l'evefque, & briefment il aroit de lui nouvelles. En laquelle
ville de Poitiers il qui parle demoura tout ledit jour &
l'andemain jufques environ heure de difner, que ainfy
comme il fe vouloit affeoir pour difner en l'oftel où il
eftoit logié, furvint illec uns jeunes hommes de petite
fourme, homme rouffelet & du pays de Limofin, lequel
fe difoit eftre maiftre d'oftel dudit monf. l'evefque, &
autrement de fon nom n'eft record, jà foit ce que par
plufieurs fois il i'ait vèu en l'oftel dudit monf. l'evefque.
Lequel maiftre d'oftel dift à lui qui parle qu'ilz fe difne-
roient enfamble, & après parleroit à lui. Et, en difnant,

parlerent enfamble de la matiere deffus dite; & fu requis, il qui parle, très-inftanment, par icelli maiftre d'oftel, qu'il fe volfift deporter de baillier oudit monf. de Berry les lettres clofes que le roy lui envoyoit, & lui promettoit faire donner cent frans pour fondit maiftre monf. l'evefque, & d'iceulx faifoit fa propre debte, & les lui promettoit païer ou faire païer par ledit monf. l'evefque eulx venus à Paris, lefquieulx, pour ladite caufe, fe mettoient à chemin pour venir parler au roy. Et dift icelli maiftre d'oftel, à lui qui parle, que ledit monf. l'evefque, fon maiftre, n'avoit cure d'avoir lefdites lettres clofes à lui envoyées par le roy, pour ce qu'il favoit bien le contenu en icelles, à lui rapporté par le chevaucheur dudit monf. de Berry, & qu'il n'eftoit nul befoing que il qui parle les y portaft. Et, en ce faifant, bailla icelli maiftre d'oftel à lui qui parle xxx frans en or, dont il y avoit xj efcus en or; &, fanz plus faire ou dire, fe parti ledit maiftre d'oftel de lui qui parle; & il demoura & attendi en icelle ville de Poitiers le deffus dit Jehannin de Mouftereuil, fon compaignon, jufques ad ce que il feuft retourné de devers ledit monf. de Berry, où il eftoit alé, comme dit eft. Et, en ce faifant, demoura en ycelle ville de Poictiers par l'efpace de quatre jours et demi ou environ; de laquelle ville de Poitiers, lui qui parle et ledit de Mouftereuil vindrent enfamble & retournerent jufques en la ville de Saint-Germain en Laye, en laquelle le roy eftoit au temps qu'ilz y arriverent, qui y fu vij femaines a ou environ, autrement du temps n'eft record.

Cognut avecques ce, que depuis que ledit monf. l'evefque fu venu devers le roy à Paris, ainfy comme il qui parle s'en aloit en Compiengne devers le roy, & en paffant par la ville de Louvres en Parifi, trouva ledit monf. l'evefque & fes gens qui eftoient logiez à l'enfeigne du Signe en ycelle ville, lequel ledit monf. l'evefque il qui parle ala veoir & fe recommanda à lui, & lors lui demanda quant il auroit les cent frans que fondit maiftre d'oftel lui avoit promis en ladite ville de Poitiers. Lequel monf. l'evefque refpondi à lui qui parle que quant il feroit retourné à Paris, qu'il le venift veoir & boire de fon vin, & lui feroit tant qu'il lui fouffiroit.

Dift avecques ce, que ledit monf. l'evefque lui demanda lors s'il avoit rendues lefdites lettres clofes qui lui avoient efté baillées par le roy à porter audit monf. de Berry & à lui, auquel il refpondi que oyl, & que elles eftoient en fon hoftel à Paris. Et ledit evefque, ces parolles oyes, lui refpondi qu'il les gardaft bien, & qu'il le paieroit très-bien. Et dit, fur ce requis, que depuis ne parla oudit monf. l'evefque, & auffy qu'il n'a point eu les cent frans deffus diz.

Procès fait fur favoir la verité des confeffions & denegacions faites par Pierre Fournet, dit Le Breton, chevaucheur du roy, fur les excufacions propofées par meffire Symon de Cramaut, evefque de Poitiers & chancellier de monf. le duc de Berry, contre les confeffions ou accufacions faites par ledit chevaucheur contre ledit monf. l'evefque, par devant nobles & puiffans feigneurs monf. le chancellier, monf. le viconte de Meleun, monf. Le Begue de Vieulennes, monf. de Chevreufe, maiftre Symon Foifon, prefident en parlement; Pierre Lefclat & Jehan du Drac, confeillers du roy noftredit feigneur oudit parlement; Jehan Auchier, procureur general du roy, & Pierre L'Orfevre, advocat du roy; Jehan Truquan & Dreue d'Ars, lieuxtenans de monf. le prevoft de Paris; le jeudi xiij$^e$ jour d'ottobre l'an mil ccc iiij$^{xx}$ & dix, & les jours enfuivans.

Pierre Le Fournet, dit Le Breton, chevaucheur du roy noftre fire, aagé de xxviij ans ou environ, nommé ou procès cy-deffus efcript, & prifonnier detenu ès prifons du Chaftellet du roy noftredit feigneur, pour les caufes contenues plus à plain cy-deffus, fu admené des prifons dudit Chaftellet par devant meffeigneurs deffus diz, en la conciergerie du Palais, à Paris, en la chambre de derriere, l'an & le jour deffus diz; & illec, par la bouche dudit monf. le chancellier, fu examiné & fait jurer par ferement fur ce par lui fait fur miffel & canon de la meffe, qui lui fu monftré, & interrogué par icelli monf. le chancelier, qu'il deift la vraye verité des accufacions contre lui autreffois propofées, & auffy des confeffions qu'il avoit faites par devant monf. le prevoft, & ne laiffait, pour paour, crainte ou doubte de homme du monde, qu'il ne deift verité, & n'euft pas auffy regart à nulles des confeffions qu'il avoit faites devant ledit monf. le prevoft, mais feullement à verité dire; & que le roy, de par lequel ilz eftoient illec envoyez pour oyr tout ce qu'il vouldroit dire, & à lui rapporter, les avoit illec envoyez pour cefte caufe, & non autre. Lui dift auffy ledit monf. le chancelier que, afin que des chofes deffus dites il peuft plus propprement refpondre & dire verité, le roy avoit volu & ordonné que, aus excufacions & deffenses propofées par devant le roy, & par ledit monf. l'evefque de Poitiers, icelli Breton, prifonnier, euft efté prefent, pour foy mieulx advifer de dire verité; & que, attendu ce qu'il avoit oy deffendre de bouche icelli monf. l'evefque contre la confeffion ou accufacion par lui derrenierement faite par devant ledit monf. le prevoft, & auffy de fes maiftre d'oftel & Perrin, le chevaucheur dudit monf. de Berry, nommé en fadite derreniere confeffion, qu'il en deift plainement la verité.

Lequel Breton, prifonnier, après ce qu'il ot fait ferement de dire verité de ce que dit eft, print fur Dieu & fur l'ame de lui, & par le ferement que l'en lui avoit fait faire fur la part qu'il entendoit à avoir en Paradis, & par la dampnacion de l'ame de lui, que, quelconque confeffion ou accufacion

que autreffois ait faite contre icelli monf. l'evefque de Poitiers, que par ly lui fu promis à Louvres en Parify la fomme
de cent frans, qu'il parlaft oncques à lui audit lieu de
Louvres; que auffy par ledit Perrin, chevaucheur dudit
monf. le duc, feuft aucunement parlé à lui en ladite ville
de Poitiers, ne par aucun des gens, familliers, maiftre d'oftel
dudit monf. l'evefque, ou autre perfonne quelconques,
lui feuft baillié ou promis, en icelle ville de Poitiers, les
xxx francs defclairés en la derreniere confeffion par li
faite par devant ledit monf. le prevoft; qu'il parlaft à
eulx ou à aucun d'eulx, ne qu'il congnoiffe de veue ou
autrement les maiftre d'oftel & chevaucheur admenez
par ledit monf. l'evefque par devant le roy, il n'eft pas
vray; mais a de ce failly à dire verité, jà foit ce que il
foit vray que, par devant ledit monf. le prevoft, il ait
congneu & confeffé icelle derreniere confeffion par lui
faite, & qui lui a efté leue mot après autre. Et dift, fur
ce requis, que ycelle derreniere confeffion par ly faite
par devant ledit monf. le prevoft, il fift par force & contrainte de gehine, en laquelle il fu mis & tiré, & pour
doubte & paour qu'il avoit que fe autre chofe congnoiffoit que fait avoit en ycelle derreniere confeffion, que
de rechief il ne feuft queftionnez. En laquelle derreniere
confeffion par li faite devant icelli monf. le prevoft il a
depuis, par plufieurs & diverfes fois, continué & perfeveré, & icelle, tant de fois comme l'en lui euft demandé
fe elle euft efté vraye par la fourme & maniere que
efcripte eft, euft toufjours perfeveré & continué, & eftoit
fon entencion & voulenté de toufjours continuer & per-
feverer, jufques ad ce qu'il euft efté menez en la prefence
du roy & de fon grant confeil, ouquel lieu, & fy toft
comme de ce il a efté requis par ledit monf. le chancellier de dire verité, & en foy corrigant des autres confeffions par li faites, congnoift & afferme, par ferement fur
ce fait de rechief aus fains Euvangiles de Dieu, la vraye

verité de cefte matiere eftre tele qui enfuit, c'eft affavoir :
que, fept fepmaines a ou environ au devant de fon emprifonnement, qui fu le viij<sup>e</sup> jour de feptembre derrenierement paffé, &c. (1)

Jehan de Mouftereul, chevaucheur du roy noftre
fire, aagé de xxxv ans ou environ, juré, l'an & jour
deffus diz, dit & deppofe par fon ferement que, environ
xv jours en la fin du mois de juillet derrenierement paffé,
lui qui parle & Perrin Le Breton, chevaucheur, partirent
de la ville de Paris, après boire, pour aler devers monf. le
duc de Berry, porter certaines lettres du roy, dont eulx
deux avoient efté d'accort enfamble d'aler audit lieu le foir
precedent, lequel monf. de Berry, fi comme l'en difoit,
eftoit en la ville de Poitiers. Et, en alant ledit chemin, au-
delà ou près de la ville d'Anneau, encontrerent d'aventure
un nommé Le Camus, qui fu à meffire Pierre de Giac (2),
& en difnant enfamble en une ville dont il n'eft record
du nom, jà foit ce qu'il cuide que ce fu à Anneau, demanderent audit Camus de quel part il venoit, & où
eftoit monf. de Berry, lequel leur refpondi qu'il avoit
leffié ledit monf. de Berry à Lefignen. Auquel Camus
ledit Breton demanda où eftoit l'evefque de Poitiers, &
il lui refpondi qu'il eftoit fait arcevefque de Sens, & que
le chevaucheur en eftoit venu devers lui qui lui en avoit
apporté les nouvelles, & eftoit retourné en Advignon
querre fes bulles. Lequel Breton ne fe fift defdites parolles que rire, difant qu'il ne les creoit pas. De laquelle
ville ilz fe departirent, & alerent, lui qui parle & ledit
Breton, leur chemin en alant audit lieu de Poitiers, &
jufques en la ville de Vendofme, qu'ilz trouverent illec

---

(1) Ici l'accufé répète dans les mêmes termes fa dépofition du 17 feptembre. Voy. ci-deffus, p. 520-523.

(2) Celui-là même qui avoit été chambellan de Charles VI, puis chancelier de France. Il étoit alors membre du grand confeil du roi.

un nommé Le Barré, qui eſt famillier & ſerviteur de
meſſire Pierre de Craen (1); auquel, en ſaluant l'un l'autre,
ilz parlerent ſanz autre choſe dire. Et d'icelle ville de
Vendoſme, ainſy comme ilz eſtoient en la garenne qui
eſt au-delà de la ville de Chaſteauleraut, trouverent oudit chemin un chevaucheur de monſ. de Berry, nommé
Symonnet, auquel ledit Breton, & lui qui parle preſent,
demanda où eſtoit monſ. de Berry & l'eveſque de Poitiers, & il lui reſpondi que ledit monſ. de Berry eſtoit à
Leſignen, & que ledit eveſque eſtoit fait arceveſque de
Sens, & que il l'avoit veu ſervir comme arceveſque, &
auſſy que ledit arceveſque avoit donné au chevaucheur
qui lui en avoit apporté les nouvelles cinquante frans, &
auſſy l'aumoſnerie de la ville de Meleun; & lui diſt avecques ce, que icelli chevaucheur eſtoit retourné querre
les bulles. Et ledit Le Breton reſpondi lors audit Symonnet : *C'eſt bien.* Et atant ſe departirent & alerent chaſcun
leur chemin. Et ou jour qu'ilz parlerent oudit Symonnet,
vindrent au giſte en icelle ville de Poitiers, en l'oſtel
d'une femme veufve demourant ou marchié, du nom de
laquelle, & auſſy quelle enſeigne il a en ſon hoſtel, n'eſt
record; & eulx illec deſcenduz & leurs chevaux logiez,
icelli Breton diſt à lui qui parle qu'il vouloit aler veoir
en l'oſtel de l'eveſque de Poitiers ſe ledit eveſque ou
aucuns de ſes gens y eſtoient; & de fait y ala. Ne ſcet il
qui parle que ledit Breton y fiſt, ne à qui il parla, pour
ce qu'il demoura en l'oſtel où ilz eſtoient logiez, pour
appareillier ſondit cheval. Et incontinent retourna icelli
Breton, & diſt à lui qui parle qu'ilz ſouppaſſent, ſanz
autre choſe lui dire, ſoupperent enſamble avec leur hoſteſſe, &, en ſouppant, demanda il qui parle audit Breton ſe il vendroit avec lui le landemain matin devers

---

(1) *Sic*, ſans doute pour Craon. C'eſt ici le fameux Pierre de Craon,
qui ſe rendit ſi triſtement célébre par l'aſſaſſinat du connétable de France.

ledit monf. de Berry, lequel lui refpondi que oyl, &, fanz plus de ce parler enfamble, alerent couchier; & le landemain bien matin, en foy levant, il qui parle dift audit Breton qu'il fe levaft pour s'en aler avecques lui par devers ledit monf. de Berry; lequel Breton lui ref pondi : *Je n'y yray point, car je n'y faroie que faire.* Et lors il qui parle lui dift que s'il avoit aucunes lettres à porter audit monf. le duc, qu'il les lui baillaft, & qu'il les por- teroit voulentiers, & en rapporteroit la refponce avec- ques la refponce de celles qu'il y portoit. Et ces parolles dift il qui parle audit Breton, pour ce qu'il veoit bien & favoit que le cheval dudit Breton eftoit travcillié, afin qu'il fe repofaft & le fift appareillier, en lui demandant fe il le attendroit illec, & que au plaifir de Dieu il re- vendroit ce jour au foir, s'il povoit, de devers ledit monf. de Berry, pour ce qu'il n'avoit à aler que cinq lieues ou environ. Et ledit Breton lui refpondi qu'il le attendroit celui jour & le landemain jufques à heure de tierce. Et tant fe parti il qui parle de la compaignie dudit Breton, & ala à Mouftereul-Bonnyn, par devers ledit monf. de Berry, auquel il prefenta les lettres clofes à lui baillées par le roy, & lui requift qu'il lui pleuft lui en donner fa refponce le plus brief qu'il pourroit; & ledit monf. de Berry lui dift qu'il attendroit fon chancellier, qui devoit venir ce jour à lui, & que, lui venu, il le deliverroit. Et en la compaignie dudit monf. de Berry s'en ala en la ville de Lefeignen, & d'illec ala en la ville de Marle, là où le chancelier dudit monf. de Berry arriva environ quatre jours après ce qu'il ot prefenté audit monf. de Berry lefdites lettres clofes.

Dit avecques ce, que durant le temps que il qui parle fu avec ledit monf. de Berry pour attendre que fondit chan- celier venift devers lui, il oy dire aus gens dudit monf. le duc que ledit fon chancellier eftoit en un de fes chafteaulx, qui eft à quatre ou cinq lieues près de la ville de Poitiers.

duquel il faifoit vuidier fes biens qui dedens eftoient. Auquel lieu du Marle icelli chancellier dudit monf. de Berry
venu, il qui parle ot refponce & lettres dudit monf. le
duc; lefquelles par lui eues, il vint l'andemain matin, qui
fu le v<sup>e</sup> jour enfuivant celui jour qu'il fe parti le Poitiers,
au gifte en ladite ville de Poitiers, en laquelle il trouva
ledit Breton, acompaignié de Symonnet, le frere Thibaut, le barbier de monf. de Berry, & un chevaucheur
dudit monf. de Berry, qui eft mariez en la ville de Paris,
& duquel il ne fcet le nom, mais bien le congnoift de
veue. Et celle nuit foupperent enfamble aus defpens des
gens dudit monf. de Berry, & vindrent coucher, lui qui
parle & ledit Breton, en l'oftel deffus dit, & le landemain
fe mirent à chemin & vindrent enfamble jufques en la
ville de Saint-Germain en Laye. Et dit, fur ce requis,
que en alant audit lieu de Poitiers, demourant & retournant, icelli Breton ne lui dift oncques ou repeta le contenu efdites lettres adreçans audit monf. de Berry &
monf. l'evefque de Poitiers, ne auffy par lui qui parle
n'en fu aucunement requis, ne ne oy que icelli Breton
parlaft en aucune maniere de l'arcevefque de Sens, ne
auffy lui monftraft aucunes lettres clofes du roy.

Dit auffy que en la ville de Bonneval, en retournant
d'icelle ville de Poitiers, il emprunta dudit Breton quatre
frans en quatre frans d'or, pour acheter un cheval pour
lui, pour ce que le fien eftoit recreu. Et vit, il qui parle,
que fur le chemin, icelli Breton, toutes fois qu'il ot befoing de monnoye, changa deux frans d'or en menue
monnoye.

Dit oultre que, en alant de Paris audit lieu de Poitiers,
& la journée mefmes qu'ilz fe partirent de la ville de
Paris, fur le chemin, ledit Breton demanda à il qui parle
combien il avoit eu d'argent pour aler devers ledit
monf. de Berry, lequel lui refpondi qu'il avoit eu douze
frans. Et lors icelli Breton dift à lui qui parle que de

l'evefque de Meaulx il avoit eu xv efcuz pour faire ledit
voyage.

Dit auffy que, environ un jour après ce que ledit Breton ot efté mis prifonnier ou Chaftellet, il le vint veoir.
Auquel par icelli Breton fu dit comment il favoit bien
qu'il avoit perdu fes bouges & fes lettres qui dedens
eftoient, & qu'ilz avoient efté defrobez en un bois vers
la ville de Poitiers; & que fe aucune chofe lui eftoit de
ce demandé, que ainfy il volfift tefmoingnier. Lequel
qui parle lui refpondi que s'il le povoit faire fauf fon
honneur, qu'il le feroit voulentiers. Et atant fe parti
dudit Breton, ne oncques puis ne parla à lui. Et dit que
plus ne fcet du fait, fur tout diligenment requis & examiné.

GUILLAUME Blancpain, demourant à l'Efcu de France,
devant Saint-Gervaiz, aagé de quarante ans ou environ,
fi comme il dit, tefmoing juré, l'an & xiije jour deffus
diz, deppofe par fon ferement que, environ un mois, à
un jour dont il n'eft record, bien matin, la femme du
Breton, chevaucheur, acompaignée de fa mere & de fa
fuer, femme de Guillaume Girouye, demourant au Turbot, près de la porte Baudoïer, vindrent devers lui qui
parle à fondit hoftel; laquelle femme dudit Breton fup-
plia à il qui parle, pour l'amour de Dieu, que comme
fondit mary feuft prifonnier ou Chaftellet de Paris, qu'il
lui pleuft à parler à monf. Olivier de Mauny (1), duquel
il qui parle eft ferviteur, de la befongne de fondit mary,
iequel fondit mary avoit efté chargez de par le roy de
porter certaines lettres devers monf. le duc de Berry,
lefquelles fondit mary avoit perdues, fy comme il difoit,
en alant à Poitiers, en un bois qui eft fur le chemin, &

(1) Le neveu de du Guesclin, qu'il accompagna dans plufieurs expédi-
tions, un des vaillants capitaines qui illuftrèrent les règnes de Charles V
& de Charles VI.

avoit efté affailliz de trois ou quatre larrons, en fa compaignie un autre chevaucheur, lequel icelle femme lui
nomma, maiz de fon nom il n'eft record à prefent; &
que pour foy deffendre d'iceulx malfaitteurs, il eftoit
defcenduz de deffus fondit cheval, & l'avoit laiffié aler
parmy le bois, & en ce mofmant avoit ledit fon mary
perdu lefdites lettres, qui eftoient en fes bouges eftans
fur fondit cheval. A laquelle femme, prefentés les devant
dites, il qui parle refpondi que très-voulentiers il en
parleroit audit meffire Olivier, & que tout le bien qu'il
y pourroit faire, il feroit. Et, ces parolles dites, il qui
parle & lefdites fuers, & auffy la femme de lui qui parle,
fe partirent d'icellui hoftel, & frefchement s'en alerent
tous enfamble devers ledit meffire Olivier, en fon hoftel,
lequel eft en la rue aus Deux-Portes, derriere l'oftel
monf. le conneftable, ouquel hoftel ilz trouverent ledit
meffire Olivier qui fe levoit de fon lit, auquel il qui
parle, en la prefence d'icelles femmes, fift requefte telle :
*Très-cher fire, je vous requier tant comme je puis que vous
veuilliés entreprendre le fait d'un povre homme prifonnier ou
Chaftellet, qui eft mary de cefte femme-cy, qui a perdues unes
lettres qui de par le roy lui avoient efté baillées à porter devers
monf. de Berry; car la fuer de la femme dudit prifonnier a
efpoufé le coufin germain de ma femme & de fes enfans.* Lequel
meffire Olivier refpondi à il qui parle qu'il en feroit tant
comme il pourroit, en difant par ledit meffire Olivier à lui
qui parle qu'il alaft en Chaftellet parler audit Breton, &
favoir la maniere & verité de la perte d'icelles lettres,
& que tantoft il lui rapportaft la verité à Maubuiffon, là
où le roi eftoit, & là où ledit meffire Olivier aloit, afin
que du roy il peuft impettrer fa remiffion. Et, ces parolles dites par ledit meffire Olivier à lui qui parle, il qui
parle vint en Chaftellet parler audit Breton, & lui recita
les parolles deffus dites, en lui priant qu'il lui volfift dire
la verité, & comment ladite perte eftoit advenue. Lequel

Breton fe conjura fort qu'il avoit perdu lefdites lettres
par la maniere que dit eft deffus, en lui requerant que,
fur la fourme de ces parolles, il lui volfift faire impettrer
fa remiffion par ledit monf. Olivier. Et, fans autres paroles à lui dites par ledit Breton, s'en ala par devers ledit
meff. Olivier, lequel il trouva à Maubuiffon devers le
roy, &, là lui venu, parla audit meff. Olivier, & lui dift
les parolles que ledit Breton lui avoit dites, fur lefquelles
ledit meffire Olivier fift requefte au roy qu'il lui volfift
pardonner le cas, en la prefence de il qui parle. Et lors
le roy refpondi audit meff. Olivier qu'il lui donnoit le
corps dudit Breton, maiz il fauroit autrement la verité
dudit cas. Et, fanz plus faire, il qui parle fe parti dudit
lieu de Maubuiffon, & vint à Paris en fondit hoftel, &
auffy toft qu'il fu arrivé en fondit hoftel, pour ce que
l'en difoit communement que ledit Breton avoit confeffé
la verité du fait, il qui parle fe tranfporta ou jour mefmes
& frefchement oudit Chaftellet, en la chambre de derriere celle du geolier dudit lieu, en laquelle il trouva
ledit Breton, Phelipot de Trappes, fergent d'armes, le
receveur de Dieppe, & deux autres dont il ne fcet les
noms, devant tous lefquelx il qui parle dift audit Breton
les parolles qui enfuivent : *Breton, tu m'as envoyé par devers monf. Olivier de Mauny pour toy aidier à te fere faire
grace, & tu as fait que faulx, traitre & mauvais, d'avoir
donné tant de peine à mon maiftre & amy; car tu as jà dit une
autre voye que tu ne m'avoyes pas ditte, & je cuidoye que tu
me deiffes verité.* Et icelli Breton refpondi à lui qui parle :
*Ha! pour Dieu, ayes pitié de moy; car je l'ay dit par force de
gebine.* Auquel Breton il qui parle refpondi : *Tu mens; car
l'oftel de ceans n'eft pas tel que l'en fait par force de gebine
dire autre chofe que verité; & fy ay bien oy dire que tu n'as
pas efté fy fort tiré que tu deuffes avoir dit chofe qui ne feuft
verité.* Et atant fe partirent dudit Chaftellet lui qui parle
& ledit Phelipot de Trappes.

Requis fe, depuis le temps defdittes parolles eues entre eulx, il eft point venu parler audit Breton oudit Chaftellet, dit que oyl, par plufieurs fois, en toutes lefquelles il confeilloit tousjours audit Breton qu'il deift verité; & jufques lundi ot viij jours, fi comme il lui eft avis, que icelli Breton avoit envoyé querre lui qui parle en fon hoftel par la femme dudit Breton, & pour ce y ala; & quant il fu oudit Chaftellet, en fa compaignie un nommé Paulet, qui eft de l'efchançonnerie du roy, trouva ledit Breton en la chambre où autreffois l'avoit trouvé. Auquel qui parle icelli Breton demanda tout hault : *Blancpain, queles nouvelles?* Et il qui parle refpondi teles parolles : *Par ma foy, Breton, les nouvelles font teles que l'evefque de Poitiers eft venu à belle compaignie, & a parlé au roy longuement, & lui a mis terme à dimenche. Breton, monf. meffire Olivier, mon maiftre, vous mande que vous vous teniez bien en voftre bonne verité, & que, pour chofe qu'il foit du monde, vous ne chargiez homme fe il n'y a coulpe; car petite chofe eft de la vie de ce monde. Sy devez bien regarder que vous ne chargez voftre ame pour chofe qu'il foit, ne pour homme qui à vous parle, & gardez l'ame fur toutes chofes.* Lequel Breton refpondi à lui qui parle que l'evefque de Poitiers n'y avoit coulpe, mais que autrement ne diroit que ce qu'il avoit derrenierement deppofé par devant le prevoft de Paris, jufques ad ce qu'il feuft devant le roy, & que devant le roy il diroit verité, & puis le feift morir de tele mort qu'il lui plairoit. Et plus ne fcet du fait deffus dit, fur tout diligenment requis & interrogué.

CY-APRÈS s'enfuit la deppoficion que Robert Bourgois, aagé de xxxvj ans ou environ, juré, le vendredi xiiij[e] jour d'ottobre, l'an deffus dit, a dit fur le fait de Pierre du Fournet, autrement appellé Le Breton. Et premierement dit & deppofe ledit Robert, par fon ferement, que il a oy dire audit Pierre que il avoit perdu. entre Chafteau-

leraut & Poitiers, fes bouges efqueles il avoit ces lettres,
que il portoit à monf. de Berry & à l'evefque de Poitiers, pour ce que il avoit mis pié à terre fur ledit chemin, pour paour de certaines gens armez que il avoit
veuz en un bois. Et alors eftoit en fa compaignie un chevaucheur appellé Mouftereul, qui lui ala querre le cheval qui s'enfuyoit par le bois, & après ce lui admena,
ledit Mouftereul, le cheval. Lequel Fournet dift que
lefdites bouges eftoient perdues efqueles eftoient lefdites
lettres. Et, après ce, vit ledit Robert Mouftereul &
Pierre parler enfamble ou Chaftellet de Paris, lefquieulx
eftoient affez d'accort fur la perte defdites lettres; &,
un jour après ou deux, ledit Robert vit plufieurs che-
vaucheu:s qui dirent audit Fournet que ledit Mouftereul
avoit juré devant monf. Le Begue de Vieulaines que de
ladite perte n'eftoit riens; & à celle heure oy dire ledit
Robert audit Pierre que les lettres eftoient en fon hoftel;
& lors ledit Robert dift qu'il feroit bon que les lettres
feuffent baillées au roy ou à monf. le prevoft, puifque
elles eftoient entieres; mez que prefumpcion eftoit grant
contre ledit Pierre que il en avoit eu argent, puifque il
avoit rapporté lefdites lettres. Lequel Fournet refpondi
audit Robert & à ceulx qui là eftoient prefens, c'eft affavoir Blancpain & Raimbaut, des autres ne lui recorde
point, que en fa vie n'avoit eu denier ne maille, ne aucune promeffe, pour lefdittes lettres retenir, par homme
vivant. Et, après ce, fu queftionné, fi comme il qui parle
dit qu'il oy dire audit Fournet.

Et dift ledit Fournet que l'en lui avoit apporté un grant
rolle ouquel eftoient contenues plufieurs chofes, lefquelles il confeffa toutes, & par force de gehine, comme
il difoit & encores dit ledit Fournet, que qui de rechief
li vouldroit mettre, il diroit que il avoit vendu & trahy
tout le royaume de France; mais de tout ce qu'il avoit
confeffé, l'evefque de Poitiers eftoit pur & net, & tous

autres qui en ladite gehine avoient efté accufez n'y avoient
nulle coulpe, ne promis ne donné ne lui avoit riens efté;
ainçois difoit que les lettres deffus dites il avoit retenu
pour ce que il doubtoit eftre en indignance de monf. de
Berry pour caufe de certain logis, & auffy pour ce que il
avoit oy dire que desjà l'evefque eftoit arcevefque de
Sens, & que l'en le fervoit comme arcevefque.

Encores difoit fe jamès povoit venir devant fon prince,
que il en defcouperoit tout homme, & que là en diroit
la droite verité. Lequel Robert lui dift que il gardaft
bien fon ame, & que devant fon prince ne deift nulle
mençonge; & auffy fift ledit Blancpain.

Dift en oultre, ledit Robert, que il a bien oy dire
audit Fournet que les chofes que il avoit dites, lefquelles
eftoient par force, il diroit devant monf. le prevoft que
fa confeffion faifant mencion des xxx francs eftoit vraye,
& que le defdit que il avoit fait devant plufieurs tefmoings, ce eftoit pour fauver fon honneur ou pour la
garder.

Dift avecques ce, lui qui parle, que affez toft après
qu'il fu eflargiz de Gloriete (1), en la prefence de Blancpain, il dift audit Blancpain que il recouvraft de monf. le
prevoft de Paris fa confeffion que il avoit faite; & lors
fu dit que il ne la pourroit avoir. Sy requift, ledit Fournet, lui qui parle, que il lui efcripfift fadite confeffion,

---

(1) On peut confulter fur cette prifon, qui avoit donné fon nom à la
boucherie dite *Gloriette*, fituée dans le voifinage du Châtelet, les ftatuts
de la geôle du Châtelet, rédigés dans la première moitié du xive fiècle,
& la révifion publiée par Hugues Aubriot de ces mêmes ftatuts, le lundi
28 juin 1372 (Bibl. Imp., *Suppl. fr.*, 108, fol. 144 r° & v°, & *Tell.
Louv.*, 9350 A. 39, fol. 91 v°). On y trouvera le tarif des droits de geôlage que devront payer les détenus pour leur féjour dans cette prifon.
Les mêmes détails font confignés dans l'art. 164 de l'ordonnance de
Henri VI, roi d'Angleterre & de France (Paris, mai 1425), ordonnance
qui répète les difpofitions des anciens règlements relatifs au régime des
prifons du Châtelet. (*Ordonn. des rois de Fr.*, t. XIII, p. 101.)

affin que fur icelle il peuft avoir fa remiffion. Lequel qui
parle lui refpondi que fy feroit-il voulentiers; & ce que
ledit Fouinet lui dift, mot à mot il mift en efcript; & en
ce que il qui parle efcript, eftoit contenu que par un
efcuïer, maiftre d'oftel de l'evefque de Poitiers, lui avoient
efté bailliez xj efcuz & xviij frans, & que à Louvres en
Parifi, ledit Fournet avoit efté mené devant ledit evefque par ledit efcuïer, lequel efcuïer devoit avoir dit audit evefque : *Veez cy un homme à qui vous eftes bien tenuz,
car vous lui devez cent frans.* Lors ledit evefque refpondi :
*Vien boire de mon vin à Paris, en mon boftel, & je te baudray
cent frans.* Lequel efcript fait par lui qui parle, il bailla,
lorfqu'il ot efcript, à un homme dont il ne fcet le nom,
du commandement dudit Breton, lequel homme fe charga
de le porter audit Blancpain.

Dift auffy, ledit Fournet, que toutes fois qu'il revenoit
devant monf. le prevoft de Paris, il difoit à lui qui parle
que il avoit dit ce que paravant avoit dit par la gehine; 
maiz tout ce que il avoit dit, c'eftoit mençonge; car, 
comme il difoit devant & après, il n'avoit eu denier de
ceulx que il avoit accufez. Protefte que fe aucune chofe
il a baillié de ce que il a dit devant noffeigneurs, il eft
preft de l'efcripre. Et eft cefte deppoficion efcripte de la
main dudit depofant, fur la minue de ce prefent procès.

RAIMBAUT Beufet, chevaucheur du roy noftre fire,
aagé de xxx ans ou environ, juré, l'an & jour deffus
diz, dit & deppofe par fon ferement que, le lundi precedent de la veille Noftre-Dame en feptembre (1) derrenierement paffé, il arriva en la ville de Noyon ainfy
comme à heure de difner, & en laquelle ville le roy eftoit
lors, & en icelle trouva un de fes compaignons chevaucheur, nommé Le Breton, qui eftoit logié à l'Angle, là où

---

(1) Le lundi 5 feptembre 1390.

ceulx de l'efcuierie du roy eſtoient logiez; & affez toſt
s'en alerent-difner, lui qui parle, ledit Breton & autres
chevaucheurs, en l'eglife de Saint-Eloy de Noyon, là où
le roy difnoit; & affez toſt après que le roy ot difné, le
roy, monf. de Thouraine(1) & ceulx de leur compaingnie,
vindrent au giſte en la ville de Compiengne, & fu, il qui
parle & autres chevaucheurs du roy, logiez au Barillet,
en ladite efcuierie, & auffy fu le cheval dudit Breton,
mais icelli Breton ala geſir en un autre lieu en icelle ville,
lequel il ne fcet nommer. Et le landemain matin, il qui
parle, ledit Breton & un varlet de chambre de monf. de
Cambray (2), nommé Coppin, fe partirent de ladite ville
de Compiegne enfamble, & vindrent boire & desjuner à
Verbrie, & de là au giſte en la ville de Senliz, à l'enfeingne du Heaume, auquel lieu ilz arriverent environ
foleil couchant. Et quant ilz furent logez, ilz appareille-
rent leurs chevaux & leur foupper, & foupperent tous
trois enfamble en une chambre par terre; & en fouppant,
furvint oudit hoſtel un jeune homme rouffelet, nommé
Perrin, qui fe diſt chevaucheur monf. de Berry, lequel
demanda aus gens dudit hoſtel : *Où font ces chevaucheurs
du roy?* Et ou bouge dudit hoſtel trouva un des gens du
feigneur de La Roche, né d'Auvergne, lequel mena icelli
Perrinet en une chambre haulte, où icelli chevalier eſtoit
logez, lequel Perrinet y demoura l'efpace d'une heure
ou environ, &, après ce, defcendi icelli Perrinet de ladite chambre, & ala en la chambre où il qui parle & fefdiz compaignons eſtoient fur la fin de leur foupper, &
les falua; &, ce fait, icelli Breton adreça fa parolle audit

---

(1) Louis, duc de Touraine, frère puîné de Charles VI, qui lui donna
le duché de Touraine en augmentation d'apanage, par lettres datées de
Lille, novembre 1386. (*Art de vérifier les dates*, édition in-8 de M. de
Saint-Allais, t. XIII, p. 74.)

(2) André de Luxembourg, évêque de Cambrai, du 31 janvier 1389
à l'année 1396. (*Gall. Chriſt.*, t. III, col. 47, D. E.)

Perrinet, en difant ces parolles : *Tu ne fcez? il ne queurt autre monnoye à la court du roy que de voftre chancellier de Berry, qui m'a donné de l'argent ; mais, par le fanc Dieu! non a ; car j'ay perdues les lettres que je portoye devers monf. de Berry. Et auffy hier, quant je eftoie à Noyon, & portoye un plat de viande après ceulx qui fervoient au difner le roy à fa table, meffire Regnaut de Trye eftoit derriere le roy, près de fon efpaule, & me famble qu'il parloit à lui, & que, pour ce, le roy me regardoit partout là où je aloye, fe m'eft advis.* Et, ces parolles dites, icelli Perrinet dift audit Breton : *Se tu as perdu tes lettres & tu as prins de l'argent de monf. le chan-cellier de Berry, tu as fait que fol.* Et, fanz plus dire, icelli Perrin print congé de eulx & fe parti ; &, tantoft après ledit partement, alerent appareillier leurs chevaulx & fe coucherent. Et oy dire, il qui parle, à un chevaucheur de monf. de Berry, nommé Boute-Roe, qui paffoit par devant leurdit hoftel, que monf. le conte de Sancerre & l'evefque de Poitiers eftoient logiez en ladite ville, & qu'ilz s'en aloient devers le roy à Compiegne. Interrogué fe celle nuit ledit Breton fe parti point dudit hoftel là où logez eftoient, pour aler devers ledit evefque ou aillieurs en ladite ville, dit par fon ferement que non, & que eulx deux coucherent celle nuit enfamble en un lit, & ledit Copin en un autre lit auprès d'eulx, & en icelle chambre mefmes.

Dit encores que l'andemain bien matin, veille Noftre-Dame en feptembre, il qui parle & lefdiz Breton & Co-pin fe partirent de laditte ville de Senliz, & chevauche-rent enfamble jufques à la Chappelle à Somal (1), ouquel lieu ilz trouverent l'arcediacre de Paris, en fa compai-gnie maiftre Robert Caret (2) & plufieurs autres, & s'en vindrent desjeuner tous enfamble en la ville de Louvres,

---

(1) La Chapelle-en-Serval, arrondiffement de Senlis (Oife).
(2) Promoteur de l'évêché de Paris. Voy. ci-deffus, p. 400.

à l'enseingne des Coquelez, là où pou arresterent, & s'en
vindrent disner à Paris, là où ilz arriverent entre xj &
xij heures avant midi, & s'en ala chascun en son hostel,
sanz ce que, en cheminant ou autrement, feust plus parlé
du cas dessus dit.

Dist avecques ce, que environ cinq ou six jours après
ce que dit est, un nommé Jehannin de La Navie, demourant près de Saint-Pol, dist à lui qui parle que ledit Breton estoit prisonnier ou Chastellet de Paris; &, pour ce,
il qui parle & ledit Jehannin alerent environ l'eure de
disner, & trouverent ledit Breton sur les carreaulx dudit
Chastellet, lequel ilz saluerent, & les mena icelli Breton
boire en la cuisine dudit Chastellet, en faisant bonne
chiere; & à celle fois n'ot entre eulx autres parolles.
Mais environ x ou xij jours après, autrement n'est record
du temps, il qui parle, un nommé Albret & Folet, tous
chevaucheurs du roy, alerent veoir ensamble de rechief
ledit Breton, lequel ilz trouverent en une chambre derriere la chambre du geolier dudit Chastellet, & lui demanderent pourquoy il estoit prisonnier, & icelli Breton
leur respondi qu'il pensoit que c'estoit pour ce qu'il avoit
perdu les lettres du roy qui lui avoient esté chargié de
porter devers ledit monf. de Berry, sanz plus riens ouvrir à lui qui parle, ne aus dessus nommez, du cas pour
lequel il estoit prisonnier. Mais bien lui fu par eulx dit &
demandé que s'il vouloit chose qu'ilz peussent faire, qu'ilz
le feroient voulentiers, dont icelli Breton les mercia.
Interrogué se il qui parle fu depuis oudit Chastellet par
devers ledit Breton, dit que, environ xv jours a, il qui
parle, seul, ala de rechief oudit Chastellet pour veoir
ledit Breton, & le trouva sur lesdiz carreaux en la compaignie de Guillaume Giroim, qui a espousé la suer de
la femme dudit Breton; Robert Bourgois, prisonnier, &
Guillaume Blancpain, qui parloient ensamble; & salua, il
qui parle, ledit Breton, lequel Breton lui dist telles pa-

rolles : *Raimbaut, j'ay oy dire que l'evefque de Poitiers vient devers le roy.* Et il qui parle lui refpondi qu'il avoit oy dire, ne fcet à qui, que dedens deux ou trois jours enfuivans, il vendroit; & icelli Breton lui dift : *Sainte Marie! que puet-il venir faire?* Et adont ledit Blancpain ou Girouys, ne fcet lequel, lui refpondi qu'il povoit bien eftre que il fe venoit excufer devers le roy; & ledit Breton dift : *Et quel excufer?* difant : *Je vouldroye bien qu'il pleuft à Dieu que je feuffe une fois devant le roy en fon bon confeil, & je diroie la verité; car, par ma foy, c'eft ma negligence & ignorance, & auffy ma coulpe, que autre en eft en coulpe.* Et, ces parolles dites par ledit Breton, il qui parle, lefdiz Blancpain, Girouys & Bourgois, lui dirent que maudit feuft-il fe il ne difoit la verité. Et atant prindrent, il qui parle, lefdiz Girouys & Blancpain, congié dudit Breton, & oncques puis ne parla à lui. Et autre chofe ne fcet du fait deffus dit, fur ce diligenment examiné & interrogué.

PERRIN Machelart, laboureur, aagé de xxxvj ans, prifonnier ad prefent ou Chaftellet, en la compaignie du Breton, chevaucheur, juré, le lundi xvij<sup>e</sup> jour dudit mois d'ottobre, l'an deffus dit., dit & deppofe par fon ferement que, mardi derrenierement paffé, environ l'anuitement, Jehan Le Queux, l'un des varlez de la geole dudit Chaftellet, mift lui qui parle en une prifon nommée Gloriete la haulte, en laquelle eftoit prifonnier ledit Breton. Lequel Jehan Le Queu dift à lui qui parle que il feuft & demouraft avecques icelli Breton en ladite prifon, & fe prenift bien garde que icelli Breton ne fe defefperaft ne auffy fe feift aucun mal. Depuis lequel temps il a tousjours demouré en icelle prifon jufques ad prefent, fanz en yffir en aucune maniere. Auquel Breton il qui parle a oy dire par plufieurs fois que il aymeroit mieulx que l'en le feift morir que l'en le meift plus en gehine, & que il prendroit la mort en bon gré, & que, fur l'ame de lui, fe l'en le faifoit morir, qu'il prendroit la mort en bon gré, & que l'evefque de Poitiers ne fes gens n'avoient coulpe en chofe dont il les avoit accufez. Et lors il qui parle lui demanda pourquoy doncques il l'avoit doncques ainfy accufé devers monf. le prevoft, & que il n'avoit efté gueires gehiné; & icelli Breton lui refpondi qu'il avoit paour qu'il ne feuft trop tiré, & qu'il avoit veu un que l'en difoit eftre empoifonneur, qui avoit efté fy fort gehiné en ladite gehine qu'il en eftoit mort.

Dit avecques ce, que le jour que ledit Breton fu queftionné, & après ce, il oy dire audit Breton, en montant les degrez de la chambre du geolier, lequel Breton adreçoit ces parolles à un nommé Robert Bourgois, prifonnier oudit Chaftellet : *Ha! Robert Bourgois, j'ay dit à monf. le prevoft ce dont il ne fu oncques riens, & ainfy je le prens fur l'ame de moy.* Ne fcet, il qui parle, fur ce requis, quele refponce ledit Robert donna audit Breton. Requis fe, depuis ledit jour de mardi, aucune perfonne a parlé audit Breton autre que lui qui parle, dift par fon ferement que non, fauf ledit Jehan Le Queux, quant il leur apporte à boire & mengier. Requis fe il congnoift l'evefque de Poitiers ou aucuns de fes gens, dit par fon ferment que non, & que s'il les veoit, il ne les congnoiftroit. Et plus ne fcet du fait, fur tout diligenment examiné.

Jehan Le Coignac, efcuïer, famillier & ferviteur de monf. l'evefque de Poitiers, de l'aage de xxx ans ou environ, fi comme il dit, juré, ledit xvij^e jour du mois d'ottobre, l'an deffus dit, dit & deppofe par fon ferement que, le vendredi après la Saint-Jaques & la Saint-Chriftofle (1) derrenierement paffée, fi comme il qui parle

_____

(1) Cette fête, qui fe célèbre le 25 juillet, tomboit, en 1390, un

s'eftoit parti de la ville de Paris le mercredi precedent, &
s'en aloit à Poitiers devers ledit monf. l'evefque, trouva
en la ville de Boulay (1), à fix lieues près de Tours, devers
Paris, un chevaucheur du roy nommé Le Breton, & un
fien autre compaignon chevaucheur, lequel il qui parle
ne congnoiffoit & ne fcet fon nom, difnans en une hofte-
lerie où il qui parle & plufieurs autres en fa compaignie
fe logerent, & auffy il qui parle & ceulx de fadite compaignie difnerent en une chambre par bas, & iceulx chevaucheurs en une chambre en hault; & venoient iceulx
chevaucheurs de devers Poitiers, fi comme par aucuns
des gens dudit hoftel fu dit à lui qui parle. Et, après
difner, il qui parle, pour favoir des nouvelles dudit
evefque, monta en la chambre où iceulx deux chevaucheurs eftoient, qui encores feoient à table, lefquieulx
il falua & leur demanda là où eftoit monf. de Berry, &
auffy ledit evefque; & lors l'un d'iceulx chevaucheurs,
qu'il a depuis oy nommer Mouftereul, & auffy ledit Breton, fi comme il femble à lui qui parle, lui diftrent qu'ilz
avoient leffié ledit monf. de Berry à Lefeignen, & fe devoit partir briefment pour aller à Melle, fanz plus parler
que de parolles d'esbatement. Et firent ledit qui parle yceulx
chevaucheurs boire fur la fin de leur difner. Et atant fe
partirent & fe mifdrent chafcun d'eulx à leur chemin.

Dit avecques ce, que environ la Noftre-Dame en feptembre derrenierement paffée, & fu en un jour de mardi,
il qui parle fe parti avecques & en la compaignie dudit
monf. l'evefque de Poitiers, & alerent au difner en la
ville de Louvres en Parifi, & difnerent en l'oftel que l'en
dit l'enfeingne du Signe; & incontinent qu'ilz orent difné,
ledit monf. l'evefque dift à ii qui parle que tantoft il

_____

lundi; le vendredi après cette fête étoit le 29, et, le mercredi avant,
le 27 juillet de cette même année.
    (1) Le Boulay, arrondiffement de Tours (Indre-&-Loire).

montaſt à cheval & s'en alaſt devant, pour prendre logis
pour icelli monſ. l'eveſque & ceulx de ſadite compaignie en la ville de Compiegne, & entrementieres il ſe dor-
miroit un petit. Lequel qui parle le fiſt ainſy que commandé lui eſtoit par ledit monſ. l'eveſque; & ainſy comme
il aloit ſon chemin, en ſa compaignie Merigot (1), eſcuïer,
ad preſent priſonnier ou Chaſtellet, rencontrerent ledit
Breton & un autre chevaucheur du roy, nommé Raimbaut, au dehors de Verberie, par devers la ville de Senliz, près du lieu que l'en dit les Tumberiaulx de Verberie;
& là, ledit Raimbaut, lequel avoit aſſez congnoiſſance de
lui qui parle, lui diſt telles parolles : *Dieu gart Jehan de
Coingnat!* Et il qui parle lui reſpondi ſon ſalut, en demandant audit Raimbaut ſe le roy eſtoit à Compiegne;
lequel lui reſpondi que oyl. Et lors ledit Raimbaut demanda à il qui parle où eſtoit ledit monſ. l'eveſque, ſon
maiſtre; & il qui parle lui reſpondi : *Veez-le cy tantoſt
venir après moy au giſte à Senliz.* Sanz ce que par ledit Breton, ſur ce interrogué, lui parlaſt en aucune maniere
dudit monſ. l'eveſque de Poitiers, ne d'autre choſe quelconques dont il ſoit record. Et, ces parolles ainſy dites,
il qui parle chevaucha ſon chemin vers Compiegne, &
iceulx chevaucheurs s'en alerent droit à Senliz, ſanz
avoir entre eulx autres parolles. Requis ſe il qui parle
ſçot oncques, par oïr dire ne autrement, que ledit monſ.
l'eveſque de Poitiers donnaſt ne fiſt donner audit Breton
aucune ſomme de deniers, ou autre promeſſe lui feiſt,
afin qu'il ne preſentaſt pas les lettres du roy audit monſ.
de Berry, ne auſſy s'il preſenta oncques ledit Breton audit monſ. l'eveſque en icelle ville de Louvres ne aillieurs,
dit par ſon ſerement que non. Et plus ne ſcet du fait, ſur
tout diligenment examiné.

---

(1) On trouvera le procès de Mérigot Marchès au commencement du
ſecond volume de cet ouvrage.

GODEFROY Salmon, queux de monf. l'evefque de Poitiers, aagé de xxx ans ou environ, fi comme il dit, juré, l'an & jour deffus diz, dit & deppofe par fon ferement que, dès environ iij ans a qu'il a eu congnoiffance de la perfonne dudit Breton, chevaucheur, à caufe de ce que il qui parle a par plufieurs fois beu & mengié, comme en taverne, à l'enfeingne des Bourfes, à la porte Baudoir, en laquelle demeure la mere de la femme dudit Breton, & auffy en plufieurs autres places, defquelles il n'eft ad prefent record; & en efpecial dift, il qui parle, que environ iij femmaines avant la fefte de Noftre-Dame my-aouft derrenierement paffée, il pour lors eftant en la ville de Poitiers, & fervant ledit monf. l'evefque, qui femblablement y eftoit, fi comme il qui parle venoit de la boucherie d'icelle ville, pour querre de la char pour l'oftel dudit monf. l'evefque, fur heure de matin, entra en l'oftel d'un charpentier de Paris, qui ad prefent eftoit demourant en ladite ville de Poitiers, nommé Guillemin Ciraffe, ouquel hoftel il qui parle avoit acouftumé de frequenter & repairier, boire & mengier, par bonne amour & congnoiffance qu'il avoit dudit Guillemin, trouva d'aventure ledit Breton en une chambre, lequel avoit jeu leans, fe levoit & veftoit fon pourpoint, & deux autres compaignons que il qui parle ne congnoift, qui femblablement eftoient couchiez oudit lit; auquel Breton il qui parle dift telles parolles : *Breton, quel dyable te a ycy admené?* Lequel Breton lui refpondi : *Par faint Mor! je vins herçoir bien tart en cefte ville.* Et, fanz plus dire, il qui parle fe parti de ladite chambre, & laiffa yceulx Breton & ceulx de fadite compaignie en icelle chambre, après ce qu'il qui parle ot demandé audit Breton où eft[oit] Guillemin Ciraffe, leur hofte, lequel Breton lui refpondi qu'il ne favoit.

Dit avecques ce, il qui parle, qu'il fcet de certain que ledit jour qu'il parla audit Breton, ledit monf. l'evefque

estoit en icelle ville de Poitiers, & y difna, foupa & jeut
celle nuit; mais il n'eft pas record quel jour après enfuivant icelli monf. l'evefque de Poitiers fe parti d'icelle
ville, combien qu'il qui parle alaft devant là où ledit
monf. l'evefque devoit difner & foupper, en faifant fon
office de queux comme il avoit acouftumé. Requis fe il
qui parle dift point audit monf. l'evefque qu'il avoit veu
ledit Breton en la ville de Poitiers, & fe il fceut point
que ledit evefque ou aucuns de fes gens parlaffent audit
Breton, & auffy s'il vit point icelli Breton en l'oftel dudit monf. l'evefque, dit par fon ferement que non. Et
autre chofe n'en fcet que dit eft cy-deffus. Requis fe il
qui parle bailla oncques audit Breton aucune fomme de
deniers de par ledit monf. l'evefque, afin qu'il ne pre-
fentaft pas les lettres qu'il portoit aufdiz monf. de Berry
& evefque, ne auffy lui feift de par ledit monfeigneur
l'evefque aucunes promeffes d'or ou d'argent, chevaulx
ou autres chofes, dit que non, & que autre chofe ne
fcet du fait deffus dit, fur tout diligenment examiné &
interrogué.

JEHAN Le Lorrain, ad prefent prifonnier ou Chaftellet, geolier des prifons d'Orleans, aagé de cinquante ans
ou environ, juré, le mardi xviije jour d'ottobre mil ccc
iiijxx & dix, dit & deppofe par fon ferement que, dès fix
fepmaines a ou environ, ainfy comme il eftoit fur les
carreaulx dudit Chaftellet, il vit audit lieu & en laditte
prifon un prifonnier que l'en difoit eftre chevaucheur
du roy, nommé Le Breton. Durant lequel temps il qui
parle ne parla à icellui Breton, fors en le faluant, ne auffy
ne fift icelli Breton à lui qui parle, jufques à herfoir que,
environ l'anuitement, il fu mis en Gloriete la haulte, en
laquelle prifon eftoit ledit Breton, & y a demouré jufques ad prefent.

Et dift que, incontinent ou affez toft après qu'il qui

parle fu mis en ladite prifon, ledit Breton lui commença à dire teles parolles : *Mon ami, pourquoy vous a-l'en mis avecques moy? Vous eſtes jà le iij$^e$ qui y a eſté. Je ſçay bien que c'eſt pour ſavoir ma couvine*(1). Et lors il qui parle reſpondi qu'il ne ſavoit pas la cauſe pourquoy l'en lui avoit mis, mais il eſtoit priſonnier leans pour certaine grant ſomme d'argent qu'il devoit à un homme, lequel il ne nomma en aucune maniere. A quoy fu reſpondu par ledit Breton : *Haa! je ſçay bien que je ſuis mort ; car meſſeigneurs veulent que je dye ce que j'ay dit ſeans en la gehine. Mais facent de moy leur voulenté, car je prens ſur Dieu & ſur l'ame de moy que ce que j'ay dit n'eſt pas vray, ne jà, ſe Dieu plaiſt, l'ame de moy n'en ſera enculpée ; & tant de fois comme il me vouldront mettre en gehine, je leur accorderay ce qu'ilz vouldront.*

Dit encores, il qui parle, qu'il demanda audit Breton s'aucun prouffit il avoit oncques eu de l'eveſque de Poitiers, afin de non preſenter les lettres du roy qu'il lui portoit, ou d'aucuns de ſes gens, dit que ledit Breton lui reſpondi que non ; mais il ſavoit bien que pour ce que il ne les avoit pas baillées, il en recevroit mort. Et lors il qui parle lui demanda : *Pourquoy les avez-vous tant gardées ſanz les baillier ou rendre au roy?* Et icelli Breton lui reſpondi que le roy ne les lui avoit pas baillées, & qu'il cuidoit que jamaiz n'en feuſt parlé. Et plus n'en ſcet, ſur tout diligenment examiné.

Le lundi xiiij$^e$ jour dudit mois de novembre mil troi cens quatrevins & dix deſſus dit, furent aſſemblez en jugement ſur les carreaux dudit Chaſtellet

Meſſeigneurs

Maiſtre Symon Foiſon, preſident en parlement.

(1) Ses diſpoſitions, ſes intentions. Voy. du Cange, au mot *Covine.*

Meffire Phelippe Mainfart,
chevalier,
   Maiftre Jehan Darcies,
   Maiftre Pierre de Lefclat,    confeillers du roy oudit
   Maiftre Guillaume Porel,      parlement.
   Maiftre Jehan du Drac,
   Maiftre Jehan Auchier, procureur du roy.
   Maiftre Pierre L'Orfevre, advocat du roy.
   Monf. le prevoft de Paris.
   Maiftre Jehan Truquam, lieutenant.
   Maiftre Dreue d'Ars, auditeur.
   Maiftre Andry Le Preux, procureur du roy ou Chaf-
tellet.

PAR lefquelx meffeigneurs, veu le procès cy-deffus
efcript, confeffions & denegacions aujourd'ui & autreffois, en la prefence de mefdiz feigneurs, faittes par ledit
Breton, chevaucheur, qui dit que la derreniere confeffion par lui faite par devant ledit monf. le prevoft,
faifant mencion des xxx frans à lui bailliez par le maiftre
d'oftel dudit evefque de Poitiers, & des cent frans à lui
promis par ledit evefque de Poitiers, n'eft pas vraye ;
mais rapporta lefdites lettres clofes du roy à lui bailliées,
adreçans audit monf. de Berry & evefque de Poitiers,
par fa fimpleffe & innorance, & ne les bailla aucunement,
pour ladite caufe, pour ce que on lui dift, avant qu'il
vint à Poitiers & depuis qu'il y fut, que ledit evefque
eftoit arcevefque de Senz; delibererent & furent d'oppinion que pour en favoir par fa bouche la vraye verité,
attendues les continuacions & perfeveracions par lui
faites d'icelle derreniere confeffion faite par devant ledit
monf. le prevoft, il feuft mis à queftion.

LE jeudi enfuivant, xvij⁰ jour de novembre mil ccc
quatrevins & dix, fur les carreaux du Chaftellet de Paris.

furent affamblez meffeigneurs maiftre Symon Foifon, prefident en parlement; maiftre Pierre [de] Lefclat, maiftre
Guillaume Porel, maiftre Jehan du Drac, confeillers du
roy oudit parlement; monf. le prevoft de Paris, maiftre
Jehan Truquam, fon lieutenant; maiftre Dreue d'Ars,
auditeur, & maiftre Andry Le Preux, procureur du roy
ou Chaftellet de Paris.

En la prefence defquelx, & pour enteriner le jugement
cy-deffus prononcé, furent faiz venir & attains des prifons dudit Chaftellet, li uns après l'autre, & chafcun
feparéement, les deffus diz prifonniers Jehan Fournet (1),
dit le Breton, & Robert Bourgois, auxquelx, & à chafcun par foy & en abfence l'un de l'autre, furent fais jurer
aus fains Euvangiles de Dieu qu'ilz diroient verité des
chofes cy-deffus, autreffois & de prefent demandées; &
après ce qu'ilz orent fait ledit ferement, & que autre
chofe ne voldrent congnoiftre qu'ilz avoient confeffé
devant monf. le chancellier & le confeil, leur fu dit, par
la bouche dudit maiftre Symon, qu'il eftoit deliberé par
le roy & fon confeil que, pour en favoir par leurs bouches la verité, ilz feroient mis à queftion.

Et, ce fait, fu ledit Breton fait defpouillier tout nu,
mis en laditte queftion fur le petit & le grant trefteau en
la maniere acouftumée, & eftandu; & pour ce que, illec
ne aillieurs, ne volt autre chofe congnoiftre que fait avoit
par devant ledit monf. le chancellier & autres meffeigneurs
du grant confeil du roy, fu mis hors d'icelle queftion,
mené choffer en la cuifine ainfy qu'il appartient à faire,
&, en après, remis en la prifon dont il avoit efté attaint.

Après lefqueles chofes ainfy faites, déliberé fu par

(1) Sic, pour Pierre Fournet.

mefdiz feigneurs que demain matin à huit heures ilz fe
raffembleroient, & que de rechef iceulx prifonniers feroient queftionnez, pour favoir d'iceulx, par leurs bouches, fe l'en pourroit aucune chofe traire plus avant
qu'ilz n'avoient confeffé.

LE vendredi xviijᵉ jour de novembre mil ccc iiijˣˣ &
dix, furent affamblez de rechef fur les carreaux dudit
Chaftellet meffeigneurs maiftre Symon Foifon, prefident
en parlement; meffire Phelippe Mainfart, chevalier;
maiftre Jehan Darcyes, maiftre Pierre de Lefclat, maiftre
Jehan du Drac, monf. le prevoft de Paris, maiftre Jehan
Truquam, fon lieutenant, & maiftre Dreue d'Ars, auditeur.

PAR DEVANT lefquieulx le deffus dit prifonnier Jehan
Fournet (1), dit Le Breton, fu fait venir & attaint; &,
après ce que par ledit maiftre Symon Foifon il ot efté
interroguez & juré aus fains Euvangiles de Dieu de dire
verité des chofes deffus dittes, à lui expofées, congneut & confeffa, fanz aucune force ou contrainte, que
plufieurs fois depuis ce que il ot efté mis à queftion la
premiere fois, & fut la derreniere confeffion par devant
ledit monf. le prevoft, faifant mencion des xxx frans à
lui baillés par le maiftre d'oftel dudit monf. l'evefque, &
des cent frans à lui promis par ledit evefque audit lieu
de Louvres en Parify, ledit Robert Bourgois lui a dit que
s'il perfeveroit en ycelle confeffion, qu'il feroit penduz.
Lequel Breton, requis fe ladite confeffion eftoit vraye,
dit que non, & en ce a tousjours perfeveré. Et pour ce
que autre chofe ne volt congnoiftre, fu de rechief fait
defpouiller, mis à queftion fur le petit & grant trefteau,
& illec ne volt congnoiftre autre chofe oultre ce que

---

(1) *Sic*, pour Pierre Fournet.

deſſus confeſſé avoit devant monſ. le chancelier & mes
autres ſeigneurs du conſeil du roy. Si fu mis hors d'icelle
queſtion, mené chauffer en la cuiſine en la maniere acouſtumée, &, en après, remis en la priſon dont il eſtoit
partiz.

Le ſamedi xix<sup>e</sup> jour dudit mois de novembre, l'an
deſſus dit, furent aſſemblez ſur les carreaux dudit Chaſtellet meſſeigneurs maiſtre Symon Foiſon, preſident en
parlement, maiſtre Pierre Leſclat; maiſtre Jehan Darcyes,
maiſtre Guillaume Porel, maiſtre Jehan du Drac, conſeillers du roy noſtre ſire oudit parlement; maiſtre Jehan
Auchier, procureur general du roy; maiſtre Pierre L'Orfevre, advocat du roy; monſ. le prevoſt de Paris, maiſtre
Jehan Truquam, ſon lieutenant; maiſtre Dreue d'Ars,
auditeur; maiſtre Andry Le Preux, procureur du roy ou
Chaſtellet.

Par leſquieulx meſdiz ſeigneurs, après ce que le procès cy-deſſus eſcript ot eſté veu & leu mot après autre,
deliberé fu & appointié par meſdiz ſeigneurs que ledit
Breton, pour les variacions, menteries, confeſſions &
denegacions par lui faites, eſtoit digne d'avoir & emporter la peine qui enſuit, c'eſt aſſavoir : d'eſtre privez de tous
offices royaulx par lui obtenues & à obtenir (1); item,
qu'il ſoit tourné ou pilory ès halles publiquement, ſenz
faire aucun cry illec de la cauſe pour laquelle il ſera pi-

---

(1) Son nom figure ſur la liſte des ſeize chevaucheurs du roi, qui ſe
trouve dans la grande ordonnance de l'hôtel du roi Charles VI, donnée
à Vernon, en date du mois de février 1388-89. J'y rencontre auſſi le
nom de Folet, cité au cours de ce procès. Voy. ci-deſſus, p. 544. Il eſt
dit dans cette ordonnance que tous les chevaucheurs du roi devront
rapporter leurs commiſſions au maître d'hôtel du roi, de qui ſans doute
ils tenoient leurs pouvoirs & leur titre. (*Bibl. Imp.*, anc. fonds franç.,
8357, 53, fol. 286 v°.)

lorié, & que illec l'en lui perce la langue & foit flaftri de une fleur de liz chaude parmy les leffres de la bouche, fauf ledit maiftre Jehan Darcies, qui eft d'oppinion qu'il n'ait point la langue percée, pour la peine de prifon & queftions par lui fouffertes; & auffy ledit procureur général du roy, qui fu d'oppinion. . . . . . . . . . . (1).

## ROBIN LE FEVRE.

### 16 décembre 1390.

. . . . . . . . . . . . . . . . . . . . . . . . . . .

au nombre de xlvj f. ou environ, dit & deppofe par fon ferement que, famedi derrenierement paffé, Jehannin Cretot, vendeur juré de beftail ou marchié de Paris, vendi pour il qui parle, oudit marchié, xlj moutons & vij aumailles, le pris de quarante frans ou environ, que il qui parle mift dedans ledit gueulle (2) en monnoye deffus dite, avecques lefdiz xlvj f. que il avoit d'autre argent, en blans de quatre deniers & de huit deniers pour piece. Et le lundi enfuivant, fe parti de Paris & ala au gifte à Autueil.

Et dit que, le dimenche paravant, ledit prifonnier fouppa & coucha avecques lui en l'oftel dudit Cretot, & lui dift, il qui parle, fon eftat & l'argent que il avoit receu. Et dit que, le mardi matin, il fe leva & feingny fon guelle, où eftoit l'argent deffus dit, deffus fes rains, au-deffoubz de fa cotte, & s'en ala tout feul à Saint-Clout pour foy en aler en fon pays.

Et dit que fi comme il fu deffus fe pont par devers

---

(1) Il y a ici dans notre Regiftre une lacune d'un feuillet, indiquée par la mention fuivante, d'une écriture du xv° fiècle, placée en tête du fol. viijˣˣiij : *Hic deficit unum folium.*

(2) Gibecière, bourfe. Voy. du Cange, au mot *Gula.*

Boulongne la Petite (1), ledit prifonnier, qui venoit de
devers la ville fur ledit pont, encontra il qui deppofe,
& lui dift que par bonne compaignie il s'en voit en fon
pays avec lui; & il qui parle lui refpondi que il en avoit
grant joye. Et alerent enfamble jufques à Roquencourt (2),
où ilz arriverent à boire entre heure de prime & de tierce,
&, pour desjeuner & boire, alerent en l'oftel de Oudin
Luillier, tavernier; & dit que fi comme ilz desjeunoient
entre eulx deux enfamble ou bouge (3) dudit hoftel, ledit
prifonnier dift à lui qui parle que il volfift mettre dedens
le gueulle que il avoit, & où il avoit fon argent, xl f.
tournois ou environ que il tenoit en une de fes mains;
& difoit que il n'avoit point de bourfe où il les peuft
porter. Et il qui parle lui refpondi que il lui prefteroit
fa bourfe pour les mettre & porter; & il refpondi que
point ne le vouloit, & que il vouloit que ilz feuffent mis
dedens fondit gueulle avecques fon argent. Et tant l'en
preffa que il qui parle deffeingny fondit gueulle & le mift
fur la table, pour y mettre l'argent que ledit prifonnier
tenoit en fa main, & y fu mis; &, après, ledit prifonnier
ferma ledit gueulle & le feint fur fes rains, dont il qui
parle lui dift que il vouloit porter fondit gueulle; & ledit prifonnier lui refpondi que il n'euft pas paour, & que
il le porteroit avecques lui bien feurement. Et, affez toft
après, ledit prifonnier dift à il qui parle telz moz : *J'os
gens là hors; fe font de mes gens; je y vois veoir.* Et fe leva
de la table & ala hors dudit hoftel, & leffa fon couftel
fur la table. Lefquelles parolles il dift en la prefence de
la dame dudit hoftel & de fa fille. Et pour ce que il ne
retournoit pas, il qui parle commença à demander où il
eftoit, & quelle part il eftoit tournez; mais point n'en

(1) Boulogne, arrondiffement de Saint-Denis (Seine).
(2) Rocquencourt, arrondiffement de Verfailles (Seine-&-Oife).
(3) Cuifine, falle à manger. Voy. du Cange, au mot *Bougius*.

pot oyr nouvelles, &, pour ce, il qui parle, l'oſte dudit
hoſtel, Gervaiſe de Bray, & Yſambert, voiſin dudit hoſte,
le alerent querir & cerchier parmi les bois, mais point
ne le trouverent; & ot conſeil, il qui parle, de s'en retourner à Paris pour oyr nouvelles dudit priſonnier, &
en enquiſt & cercha tant que, le mercredi enſuivant, il
le trouva ou marchié de Paris, & le fiſt prendre & mener
priſonnier oudit Chaſtellet pour le fait deſſus dit. Laquelle clameur, qui fu faite & eſcripte le vendredi
xvjᵉ jour de decembre mil ccc iiijˣˣ & dix, ledit com-
plaignant afferma eſtre vraye par ſon ſerement.

GUILLEMETE, fille feu Jehan Le Grant, demourant à
Roquencourt, en l'oſtel dudit Oudin Luillier, de l'aage
de nuef ans ou environ, examinée en la preſence de ſa
mere ſur les faiz deſſus diz, dit par ſon ſerement que,
mardi au matin, tandis que ſa mere eſtoit alée à la fontaine, le marchant qui la produit, & un autre homme
priſonnier qui lui a eſté monſtré aujourd'ui ou Chaſtellet
de Paris, vindrent en l'oſtel de ſaditte mere, & demanderent une choppine de vin, laquelle choppine ledit
homme priſonnier ala traire, & elle leur bailla un pain
de deux deniers.

Et dit que ledit homme priſonnier tenoit en ſa main
de l'argent, & diſt à l'autre homme que il le meiſt dedens
ſa courroye, & ledit homme diſt que il le mettroit en ſa
bourſe, & touteſvoies elle dit que il fu mis dedens la
courroie, laquelle courroie ledit homme priſonnier ſain-
gny deſſus lui, malgré l'autre homme, qui ne vouloit pas
qu'il portaſt ladite ſainture; & ledit homme priſonnier
diſoit que il ne ſe doubtaſt, & que il la porteroit ſeure-
ment. Lequel homme priſonnier s'en ala hors dudit hoſtel,
& ne ſçot que il devint. Et plus n'en ſcet.

MARGOT, femme de Oudin Luillier, taverniere, demou-

rant à Roquencourt, jurée & examinée l'an & jour deſſus
diz, ſur la clameur deſſus dite, dit par ſon ſerement que
mardi derrenierement paſſé, entre prime & tierce, elle
qui parle venoit d'une fontaine où elle avoit eſté querir
de l'eaue en une cruche, arriva en ſa maiſon, & y trouva
le marchant cy-deſſus nommé & le priſonnier qui aujour-
d'ui lui a eſté monſtré en Chaſtellet, lequel priſonnier
elle congnoiſſoit de veue, qui buvoient enſamble ou
bouge dudit hoſtel, & lui diſt ſa fillete deſſus nommée
que ledit priſonnier avoit trait une choppine de vin, &
que elle leur avoit baillié un pain. Lequel priſonnier
demanda à elle qui parle que elle leur baillaſt de la char
ou du fromaige; laquelle qui parle leur bailla du fromaige
& du pain & du vin, & fiſt ledit priſonnier fondre ledit
fromaige, & firent des ſouppes dedens, leſqueles ledit
priſonnier menga à la pointe de ſon couſtel, & laiſſa ſondit couſtel ſur la table; & leur bailla, elle qui parle, du
pain & du vin; & compterent leur eſcot, qui monta à
xv deniers, dont ledit marchant ou ledit priſonnier, ne
ſcet lequel, bailla deux blans doubles, & demanda ledit
marchant à avoir un denier, & pour ce que elle ne l'avoit
point, ledit marchant lui reſpondi que il lui querroit
iij deniers, & les queroit en ſa bourſe; & dit que tandiz
que ledit marchant les queroit, ledit priſonnier diſt telz
moz : *Je os en la rue gens qui me devoient venir demander ; je
vois veoir ſe ſe ſont ilz.* Et ſe leva de la table & ala hors de
l'oſtel, & depuis n'y retourna.

Et dit que quant ledit marchant l'ot un pou attandu,
il ſe leva de la table & ala à la porte; mais point ne le
trouva, & s'en retourna tout effrayé & courroucé dedens
ledit hoſtel. Et lui demanda, elle qui parle, que il avoit,
& il lui reſpondi que ledit priſonnier l'avoit robé & em-
portée ſa finence. Et, pour le trouver, le mary d'elle qui
parle, Gervaiſe du Bray, marchant & autres, alerent avec
ledit marchant par les bois le cerchier, mais point ne le

trouverent, &, depuis, elle qui parle ne vit ledit prifonnier, jufques à hui que elle l'a veu oudit Chaftellet. Et
autre chofe n'en fcet.

OUDIN Luillier, laboureur & tavernier, demourant à
Roquencourt, mary de laditte Margot, precedent tefmoing, juré & examiné l'an & jour deffus diz, & requis
fur les fais de ladite clameur, dit par fon ferement que,
de tous les fais contenus en icelle, il ne fcet riens, fors
tant que, à la complainte & clameur dudit marchant, qui
eftoit moult effrayé & esbay, il ala avecques lui & autres
querir ledit prifonnier par les bois & geneftes d'illec
environ, mais point ne le trouverent; mais il dit que
aujourd'ui il a veu le prifonnier oudit Chaftellet, & lui
a dit la femme de lui qui parle que c'eftoit l'omme qui
avoit beu avecques ledit marchant en fon hoftel.

LE famedi enfuïant, xvije jour de decembre, l'an mil
ccc quatrevins & dix, par devant monf. le prevoft, lui
eftant en jugement fur les quarreaux, prefens maiftres
Dreux d'Ars, lieutenant; Gerart de La Haye, Jehan de
Bar, Miles de Rouvroy, Ernoul de Villiers, Nicolas Bertin, Nicolas Chaon & Geffroy Le Goibe, examinateurs
de par le roy noftre fire ou Chaftellet de Paris; fu fait
venir & attaint le deffus dit prifonnier Robin Le Fevre.
En la prefence duquel, après ce que lefdiz tefmoings
orent efté jurez & examinez par la maniere que efcript
eft cy-deffus, ledit prifonnier fu de rechief fait jurer aus
fains Euvangiles de Dieu; &, en foy corrigant de la confeffion par lui faite mercredi derrenierement paffé, dit &
afferme par ferement qu'il fe recorde que, oudit mardi
derrenierement paffé, àinfy comme heure de midi, qu'il
eftant en la ville de Roquencourt, en une taverne d'icelle
ville, ne fcet à quelle enfeingne, ainfy comme il, en la
compaignie d'une fillete dudit hoftel, avoit trait une

choppine de vin pour fon boire & desjeuner, arriva fur lui ledit Bechopois, lequel il avoit veu oudit dimenche derrenierement paſſé, au foir, foupper en l'oſtel dudit Criſtot, avec lequel il but d'une pinte de vin, menga du pain & du fromaige cuit & cru, païa fon efcot bien & deuement, &, depuis cedit jour de mardi ne paravant, n'avoit veu icelli Bechopois. Et nye oncques, oudit jour ne paravant, avoir veu le gueulle dont eſt plaintif icelli Bechopois, ne auſſy avoir veu l'argent qui dedens eſtoit, dont il eſt accufé par ledit Bechopois. Et, ce fait, fu fait traire à part fur les carreaux dudit Chaſtellet.

Après lefqueles chofes ainfy faites, demandé fu par ledit monf. le prevoſt, aus diz prefens confeilliers, leurs advis & oppinions comme l'en avoit à proceder contre ledit prifonnier. Tous lefquieulx, veu l'eſtat dudit prifonnier, fa maniere de refpondre, les confeſſions aujourd'ui & autrefois faites par ledit prifonnier, avec les denegacions par lui faites, l'informacion deſſus dite & accufacion de partie, delibererent & furent d'oppinion que, pour favoir par fa bouche la verité des cas deſſus diz, icelli prifonnier feuſt mis à queſtion; & ad ce fu condempnez par ledit monf. le prevoſt.

En enterinant lequel jugement, icelli Robin Le Fevre, prifonnier, fu fait venir en jugement fur les quarreaux dudit Chaſtellet, en la prefence des deſſus diz, & par ledit monf. le prevoſt interrogué, & par ferement, qu'il deiſt verité des accufacions deſſus dites, & que s'il ne le difoit, que l'en lui feroit dire par force, & feroit mis à queſtion; & pour ce que autre chofe ne volt congnoiſtre que dit a cy-deſſus, fu defpouillié, mis, lié & eſtandu fur le petit treſteau; & ainfy comme il ot eu à boire de l'eaue, requiſt inſtanment que hors d'icelle queſtion l'en le meiſt, & il diroit verité de ce que dit eſt, & autres crimes & larrecins par lui faiz & commis, dont il y avoit plufieurs. Si fu mis hors d'icelle queftion, mené chauffer en la cuifine en la maniere acouftumée, &, en après ce, ramené en jugement fur les quarreaux en la prefence defdiz confeilliers.

Hors de laquele queftion, & fanz aucune force ou contrainte, après ce que icelli prifonnier ot efté de rechief fait jurer aus fains Euvangiles de Dieu dire verité, congnut & confeffa que, quelque variacion ou denegacion que faite ait cy-deffus du gueulle appartenant audit Bechopois, verité eft que, oudit dimenche derrenierement paffé, il & autres en la compaignie d'icellui Bechopois foupperent & coucherent à Paris, en l'oftel dudit Criftot, & que l'andemain, qui fu lundi, environ heure de prime, il ala difner, fouper & couchier en la ville de Marne (1), près de Saint-Clou, & le landemain, qui fu mardi, ainfy comme il eftoit fur le pont dudit lieu de Saint-Clou, encontra d'aventure ledit Bechopois, & demanderent li uns à l'autre où ilz aloient, & tant firent & parlerent que ilz fe accorderent aler difner à Roquencourt, oultre la ville de Saint-Clou; auquel lieu il, par le commandement de la fille de l'oftel où ilz buvoient, trait du vin une choppine, beurent icelle enfamble & mengierent du pain & du fromaige fondu; & ainfy comme il qui parle oy dire audit Bechopois qu'il portoit entour foy un guelle ouquel avoit certaine monnoye qu'il portoit aus marchans du pays du Maine, pour lefquieulx il avoit vendu beftail à Paris, qui le grevoit moult à porter, pria & requift icelli Bechopois que la fomme de xl f. t. en blans de viij d. parifis qu'il tenoit en fa main, & lefquieulx ne povoient entrer en fa bourfe, pour l'autre argent qu'il portoit fur lui, icelli Bechopois voulfift mettre oudit gueulle. A la

(1) Marnes, arrondiffement de Verfailles (Seine-&-Oife).

requefte duquel prifonnier, icelli Bechopois attaint ledit
gueulle, qui eftoit faint entour lui foubz une de fes houp-
pelandes; lequel gueulle mis par icellui Bechopois fur la
table où ilz buvoient, il qui parle ouvry icelli, & ouquel
il mift iceulx xl f. t.; &, ce fait, print icelli gueulle, le faint
environ foy foubz fa houpelande, &, en la prefence dudit Bechopois, qui tousjours requeroit à lui qui parle
qu'il lui rendift ledit gueulle, auquel il qui parle refpondi
qu'il eftoit plus fort que n'eftoit icelli Bechopois, & qu'il
porteroit bien ledit gueulle. Et ainfy comme eulx eftoient
à debat dudit guelle, il qui parle faingny ouyr paffer au
devant de ladite taverne marchans de fon pays qui me-
naffent beftail à Paris, & dift audit Bechopois qu'il aloit
querre iceulx, afin qu'ilz beuffent en icelle taverne enfamble; &, en ce difant à icellui Bechopois, il qui parle
fe parti d'icelle taverne fanz le fceu, congié ou confentement dudit Bechopois, & emporta avec foy ledit gueulle,
& vint gefir en icelle ville de Marne avec plufieurs autres
compaignons & marchans, qui illec gardoient gros beftail
pour admener, le mercredi enfuivant, ou marchié de
Paris, pour vendre; avec lefquelz marchanz, & oudit
jour de mercredi derrenierement paffé, il vint à Paris &
s'en ala en l'oftel dudit Criftot, ouquel, & en la chambre
des clers d'icelli Criftot en laquelle ilz font leurs comptes
& paiemens, qu'il trouva ouverte, il qui parle mift &
muça ledit gueulle & toute la monnoye qui dedens eftoit
ou fuerre du lit qui eftoit en icelle chambre, & tout l'or
qu'il trouva en icelli gueulle print devers foy, mift en un
petit drappellet, & en defcendant les degrez par où il
eftoit montez en ladite chambre aus clers, au bas d'une
cheminée qui eft illec près, muça icelli or en un petit
pertuiz qu'il y trouva, fanz ce qu'il comptaft oncques
quele fomme d'or ou d'argent il avoit en icelli gueulle.
Et, ces chofes ainfi faites, il qui parle ala ou marchié au
Beftes, oultre la porte Saint-Honnoré, ainfy comme il

avoit acouſtumé d'aler, ouquel lieu il vit & apperceut icelli Bechopois. Et après ce que ledit Bechopois l'ot requis de lui rendre ledit gueulle & ce qui dedens eſtoit, pour ce qu'il lui reſpondi qu'il n'en ſavoit riens, ledit Bechopois, pour ceſte cauſe, le fiſt empriſonner ou Chaſtellet de Paris, eſqueles priſons il eſt encores.

CONGNEUT avec ce, que, deux mois a ou environ, ainſy comme il eſtoit couché en une hoſtelerie en la ville de Saint-Sanſon (1), en une chambre, avec pluſieurs marchans qui illec eſtoient, il qui parle ſe releva de nuit, & ès bourſes ou taſſes d'iceulx marchans print, c'eſt aſſavoir : en l'une, ſix frans en menue monnoye; en l'autre, quatre frans en or, & en l'autre, trois frans en or. Et, leſquieulx larrecins ainſy par lui faiz, il ſe coucha ou lit où il s'eſtoit couchez le ſoir precedent, afin que de ce ne s'aperceuſt contre lui. Deſquieulx treize frans, il qui parle, environ iij ou iiij jours après ce que dit eſt, acheta certain beſtail par lui nagueires vendu, & duquel, ou partie d'icellui, ledit Criſtot lui doit encores de reſte environ xxvj frans.

CONGNEUT auſſy avoir mal print de nuit, en la bourſe d'un homme avec lequel il eſtoit couchié, en la ville de Ciral, près Alençon, en l'oſtel Jehan Broucin, & puis un mois a ou environ, la ſomme de trois frans en or.

APRÈS leſqueles choſes ainſy faites, demandé fu par ledit monſ. le prevoſt auſdiz preſens conſeilliers leurs advis & oppinions qu'il eſtoit bon de faire dudit Robin Le Fevre, priſonnier. Tous leſquieulx, veu l'eſtat dudit priſonnier, les denegacions & confeſſions par lui faites,

---

(1) Peut-être Saint-Samſon, arrondiſſement de Pont-l'Évêque (Calvados).

avec les reiteracions de larrecins & traïfon par lui faiz contre icellui Bechopois; attendu ce auſſy que l'or qui eſtoit oudit gueulle a eſté trouvé à une part (1), ledit gueulle & monnoye en un autre lieu; delibererent & furent d'oppinion qu'il eſtoit un fort larron, & que l'en ne le povoit eſpargnier qu'il ne feuſt digne d'eſtre exce-cuté comme un très-fort larron. Oyes leſqueles oppinions & veu ledit procès, icelli monſ. le prevoſt condempna ledit priſonnier à eſtre pendu comme larron.

Le mardi xixᵉ jour de decembre enſuivant, l'an mil ccc quatrevins & dix, après ce que le jugement deſſus dit ot eſté prononcié en la preſence dudit priſonnier, icelli pri-ſonnier fu mené à ſon derrenier tourment, & illec, en la preſence de Aleaume Cachemarée, clerc criminel de la prevoſté de Paris, commis par ledit monſ. le prevoſt à fere mettre à excecucion ledit jugement; de Robin de La Queue, de Guillemin Le Lombart, Guillemin Cou-troy, Gervaiſe du Tartre, Jehan Tartarin, Jehan du Pré & Jehan Pelerin, ſergens à cheval; Regnaut de La Porte, Gervaiſe des Orgeries & Jehan Raimbaut, ſergens à verge; continua & perſevera ès confeſſions cy-deſſus eſcriptes, autrefois par lui faites.

Et, oultre ce, congneut que, environ la Saint-Jehan-Baptiſte derrenierement paſſée ot un an ou environ, n'eſt record ſi ce fu paravant ou depuis, en un villaige près d'Amboiſe, de laquelle il n'eſt record du nom, ainſy comme environ heure de nonne, lui eſtant au dehors d'icellui vilaige, vit & apperceut une vache qui, à ſon cri, ſambloit eſtre en ſa chaleur, laquele vache s'eſtoit boutée en un buiſſon, à laquele vache il, par temptacion de l'ennemi, ala à icelle vache, à laquelle, par l'aide

---

(1) On lit ici en marge dans le manuſcrit, d'une écriture du xviᵉ ſiècle : *Robin Le Fevre.*

d'une petite haye & foffé qui eftoit illec, il ot une fois compaignie charnelle à icelle, & en laquelle il mift fon membre en fa nature, & par derriere, pour la très-grant chaleur de nature qu'il avoit en lui.

Congneut avecques ce, que depuis un an a ou environ, ainfy comme il pour lors eftoit varlet d'un efcuïer nommé Guillaume, du furnom duquel il n'eft record, ala avec fondit maiftre, & au mandement de monf. de Luppres, chevalier, en un villaige dont il n'eft record du nom, eftant à deux lieues près de Saint-Jame de Bevron (1), ouquel vilaige il qui deppofe fu au fervice de fondit maiftre par l'efpace de huit jours ou environ, gardant fes chevaux en une eftable, en laquelle auffy eftoient logiées plufieurs jumens appartenans au feigneur de l'oftel, ouquel, de nuit, & à l'ayde d'une fele à chevaucher qu'il mift au derriere d'une petite defdites jumens, ot durant iceulx huit jours, par plufieurs & diverfes fois, compaignie charnele à icelle jument, & tant qu'il n'en fcet le nombre.

Congneut auffy que, deux ans a ou environ ot en feptembre derrenierement paffé, ainfy comme il s'eftoit aloué à mener les brebiz d'un homme dont il ne fcet le nom, demourant en la ville de Paffé (2), près d'Alençon, & à un matin, ainfy comme il vouloiu mener fes beftes aus champs, tempté de l'ennemi, & par la chaleur de nature qui eftoit en lui, print une defdites brebiz par derriere, s'agenouilla à terre, &, par fa chaleur, bouta fon membre, ou au moins fift fon povoir de mettre fondit membre en la nature d'icelle brebiz, & contre fon ventre, & fondit membre appoya la nature d'icelle brebiz. Et fe recorde que il ot compaignie par plufieurs fois à icelle brebiz, tant alors comme autres fois plufieurs, durant le temps qu'il fervy oudit hoftel & garda lefdites brebiz.

---

(1) Saint-James de Beuvron, arrondiffement d'Avranches (Manche).
(2) Pacé, arrondiffement d'Alençon (Orne).

Oyes lefquelles derrenieres confeffions faites par icelli Robin Le Fevre, les continuacions & perfeveracions efqueles il a continué & perfeveré en la prefence des deffus diz commis & fergens, par ferement fur ce fait, & qu'il a prins & prent fur Dieu & en l'arme de lui, & auffy par fa part qu'il entend à avoir ou faint Paradis, & fur le jugement, fauvement ou dampnement que fon arme attent à avoir, & la mort qu'il croit & penfe aujourd'ui recevoir en remiffion & pardon de fes pechiez, à la louange de Dieu noftre createur, de fa très-benoite mère, de toute la fainte Trinité de Paradis & de tous fains, toutes faintes qui font en Paradis, les confeffions cy-deffus efcriptes eftre vrayes, & qu'il ot requis inftanment que de lui feuft faite juftice, & le faire morir de tele mort comme en tel cas appartient eftre fait de raifon, fu icelli Robin mis & lyé à l'atache avec les bourrées, & le feu illec print pour ardoir icelli Robin, lequel, eftant en ceft eftat, continua en toutes les confeffions cy-deffus efcriptes, par lui faites, &, pour ce, fu jufticé & ars, & illec fini fes jours en l'an & jour deffus derrenierement dit.

AL. CACHEMARÉE.

FIN DU PREMIER VOLUME.

Imprimerie de Ch. Lahure & Cie, rues de Fleurus, 9, & de l'Oueft, 21.

www.ingramcontent.com/pod-product-compliance
Lightning Source LLC
Chambersburg PA
CBHW031724210326
41599CB00018B/2494